科学出版社"十四五"普通高等教育本科规划教材

普通高等教育基础医学类系列教材

供基础、临床、预防、口腔、护理等医学类专业使用

生理学

余华荣　赵春玲　主编

科学出版社
北京

内 容 简 介

生理学是研究生物体正常生命活动及其内在规律的一门科学,是医学院校各专业的必修课程。本教材从整体、器官和系统、细胞和分子水平系统地介绍了生理学的基本知识,共12章,包括绪论、细胞的基本功能、血液、血液循环、呼吸、消化和吸收、能量代谢和体温、尿的生成和排出、感觉器官、神经系统的功能、内分泌和生殖。本教材注重基础与临床、医学与人文的结合,包括纸质教材和数字资源两部分。纸质教材的每章包含导学、正文、科学小故事、课后拓展(思考题及推荐阅读);数字资源以二维码的形式呈现,包括29个微课及配套课件、课后练习题(附参考答案)、课后拓展思考题的解题思路。

本教材可供医学院校各专业本科、研究生及其他层次的师生使用,也可供住院医师、临床医生及科研人员等参考学习。

图书在版编目(CIP)数据

生理学 / 余华荣,赵春玲主编. —北京:科学出版社,2023.1(2025.1重印)
科学出版社"十四五"普通高等教育本科规划教材
普通高等教育基础医学类系列教材
ISBN 978-7-03-073380-1

Ⅰ.①生… Ⅱ.①余… ②赵… Ⅲ.①人体生理学－高等学校－教材 Ⅳ.①R33

中国版本图书馆 CIP 数据核字(2022)第189527号

责任编辑:闵 捷 马晓琳 / 责任校对:谭宏宇
责任印制:黄晓鸣 / 封面设计:殷 靓

科学出版社 出版
北京东黄城根北街16号
邮政编码:100717
http://www.sciencep.com

南京展望文化发展有限公司排版
常熟市人民印刷有限公司印刷
科学出版社发行 各地新华书店经销

*

2023年1月第 一 版 开本:889×1194 1/16
2025年1月第三次印刷 印张:20 3/4
字数:660 000
定价:70.00元
(如有印装质量问题,我社负责调换)

《生理学》编委会

主　编
余华荣　赵春玲

副主编
木丽仙　买文丽　潘际刚　陈　笛

编　委
（以姓氏拼音为序）

边　慧（昆明医科大学）	木丽仙（昆明医科大学）
陈　笛（重庆医科大学）	潘际刚（贵州医科大学）
陈　燕（西南医科大学）	申晶晶（重庆医科大学）
董宇华（贵州医科大学）	涂　柳（重庆医科大学）
耿艳清（重庆医科大学）	杨　媛（昆明医科大学）
李英博（重庆医科大学）	余华荣（重庆医科大学）
刘晓红（贵州医科大学）	赵春玲（西南医科大学）
买文丽（川北医学院）	竹　梅（西南医科大学）

学术秘书
竹　梅（西南医科大学）　　耿艳清（重庆医科大学）

前　言

生理学是研究生物体正常生命活动及其内在机制的科学，是各医学及相关专业的必修课程。新医科建设提出"生命健康全周期医学"的理念，要求医学生更加深入地理解生理学所阐释的正常生命活动及机制，这对生理学教材提出了更高要求；以学生为中心的人才培养模式，需要生理学教材既符合当今本科生学习特点，又便于教师进行教学，而且还要具有创新性。基于此，我们组织长期工作在教学、科研第一线的专家教授或中青年骨干教师编写了这本教材，旨在为医学院校的广大师生提供一本可读性高和实用性强的生理学教材。

（1）本教材坚持"三基"（基本理论、基本知识、基本技能）和"五性"（思想性、科学性、启发性、先进性、实用性）原则，以培养学生的学习能力为目的，满足基础、临床、预防、口腔、护理等医学及相关专业人才培养的教学要求。

（2）本教材在每章前有导学内容，可以帮助读者厘清该章的学习思路和重点，以便更好地学习和理解生理学的知识；章后的课后拓展部分，通过1~2个临床实例或生活现象等帮助读者进一步提升、融通所学的理论知识。

（3）党的二十大报告提出，我们要办好人民满意的教育，全面贯彻党的教育方针，落实立德树人根本任务，培养德智体美劳全面发展的社会主义建设者和接班人。为落实立德树人这一根本任务，本教材在章末以科学小故事的形式巧妙地融入了思政内容，实现知识教育与思政教育相得益彰。

（4）本教材附有配套的数字资源，包括29个微课、配套课件、课后练习题（附参考答案）、课后拓展思考题的解题思路。这些数字资源使课程内容呈现得更加生动、直观和形象，有助于学生理解复杂的生理学机制，同时也推动了教学过程的现代化和信息化。

为完成本教材编写的工作，全体编者付出了辛勤的劳动，哈尔滨医科大学张茜瑜同学及西南医科大学张成、卢敏和高洁等同学参与了制图和图文校对等工作，在此一并感谢。尽管各位编者本着高度负责和积极探索的精神，精诚合作完成了本教材的编写，但仍感时间仓促，教材中如有不足之处，欢迎读者和同行专家赐教指正，以期今后进一步改进完善。

主　编

2023年6月修订

目 录

第一章　绪　论　001

第一节　生理学的概念及其研究方法　001
　一、生理学的概念　001
　二、生理学与医学的关系　002
　三、生理学的认识层次和常用研究方法　002
第二节　生命活动的基本特征　004
　一、新陈代谢　004
　二、兴奋性　005
　三、适应性　005
　四、生殖　005
第三节　机体的内环境、内环境稳态和生物节律　006
　一、机体的内环境　006
　二、内环境稳态　006
　三、生物节律　007
第四节　机体功能的调节及人体内在控制系统　007
　一、机体功能的调节　007
　二、人体内在控制系统　008

第二章　细胞的基本功能　012

第一节　细胞膜的物质转运　012
　一、细胞膜的化学组成及其分子排列　012
　二、跨细胞膜的物质转运　014
第二节　细胞的信号转导　020
　一、离子通道型受体介导的信号转导　020
　二、G蛋白耦联受体介导的信号转导　021
　三、酶联型受体介导的信号转导　023
　四、招募型受体介导的信号转导　024
　五、核受体介导的信号转导　024
第三节　细胞的电活动　024
　一、生物电基本原理　024
　二、静息电位　026
　三、动作电位　028
　四、局部电位　032
第四节　肌细胞的收缩　033
　一、横纹肌　033
　二、平滑肌　040

第三章　血　液　043

第一节　血液的组成及理化特性　043
　一、血量和血液的组成　044
　二、血液的理化特性　045
第二节　血细胞生理　047
　一、血细胞生成的部位和一般过程　047
　二、红细胞生理　049
　三、白细胞生理　051
　四、血小板生理　053

第三节 生理性止血	055	第四节 血型和输血原则	061
一、生理性止血的基本过程	055	一、血型与红细胞凝集	061
二、血液凝固	056	二、红细胞血型	061
三、纤维蛋白的溶解	060	三、输血和输血原则	064

第四章 血液循环　　067

第一节 心脏的泵血功能	067	四、静脉血压和静脉回心血量	093
一、心脏的泵血过程和机制	068	五、微循环	096
二、心脏泵血功能的评价	070	六、组织液	097
三、心脏泵血功能的储备	072	七、淋巴液的生成与回流	099
四、影响心输出量的因素	073	第四节 心血管活动的调节	100
第二节 心脏的电生理	076	一、神经调节	100
一、心肌细胞的跨膜电位及其形成机制	076	二、体液调节	105
二、心肌的电生理特性	080	三、自身调节	108
三、体表心电图	085	四、动脉血压的长期调节	109
第三节 血管生理	087	第五节 器官循环	109
一、各类血管的功能特点	088	一、冠脉循环	109
二、血流动力学	089	二、肺循环	111
三、动脉血压与动脉脉搏	091	三、脑循环	112

第五章 呼　吸　　116

第一节 肺通气	117	一、O_2的运输	127
一、肺通气的原理	117	二、CO_2的运输	130
二、肺通气功能的评价	121	第四节 呼吸运动的调节	132
第二节 肺换气和组织换气	124	一、呼吸中枢与呼吸节律的形成	132
一、气体交换的基本原理	124	二、呼吸运动的反射性调节	134
二、肺换气	125	三、特殊条件下的呼吸运动及其调节	137
三、组织换气	127	四、临床监控呼吸状态的生理参数及意义	139
第三节 气体在血液中的运输	127		

第六章 消化和吸收　　141

第一节 消化生理概述	141	一、胃液的分泌	147
一、消化道平滑肌的特性	142	二、胃的运动	151
二、消化腺的分泌功能	143	第四节 小肠内消化	153
三、消化道的神经支配	144	一、胰液的分泌	153
四、消化道的内分泌功能	145	二、胆汁的分泌和排出	156
第二节 口腔内消化和吞咽	146	三、小肠液的分泌	158
一、唾液的分泌	146	四、小肠的运动	159
二、吞咽	147	第五节 大肠的功能	161
第三节 胃内消化	147	一、大肠液的分泌	161

二、大肠的运动和排便　161
第六节　吸收　162
　　一、吸收的部位和途径　162
　　二、小肠内主要物质的吸收　164
　　三、大肠的吸收功能　167
　　四、肠道微生态　167

第七章　能量代谢和体温　169

第一节　能量代谢　169
　　一、机体能量的来源与利用　169
　　二、能量代谢的测定　171
　　三、影响能量代谢的因素　172
　　四、基础代谢　173
第二节　体温及其调节　175
　　一、体温　175
　　二、机体的产热反应与散热反应　177
　　三、体温调节　178

第八章　尿的生成和排出　181

第一节　肾的功能解剖和血流量　181
　　一、肾的功能解剖　182
　　二、肾血流量的特点及其调节　184
第二节　肾小球的滤过功能　185
　　一、肾小球的滤过作用　185
　　二、影响肾小球滤过的因素　188
第三节　肾小管和集合管的物质转运功能　189
　　一、肾小管和集合管中物质转运的方式　189
　　二、肾小管和集合管中各种物质的重吸收与分泌　190
　　三、影响肾小管和集合管重吸收与分泌的因素　195
第四节　尿液的浓缩和稀释　196
　　一、尿液的浓缩机制　196
　　二、尿液的稀释机制　199
第五节　尿液生成的调节　199
　　一、神经调节　199
　　二、体液调节　200
第六节　清除率　203
　　一、清除率的概念及计算方法　203
　　二、测定清除率的意义　203
第七节　尿液的排放　205
　　一、输尿管的运动　205
　　二、膀胱和尿道的神经支配　205
　　三、排尿反射　206
　　四、排尿异常　206

第九章　感觉器官　208

第一节　概述　208
　　一、感受器和感觉器官　208
　　二、感受器的一般生理特性　209
第二节　视觉　211
　　一、眼的折光系统及其调节　211
　　二、眼的感光换能系统　215
　　三、几种与视觉有关的生理现象　218
第三节　听觉　219
　　一、外耳和中耳的传音功能　219
　　二、内耳耳蜗的功能　220
　　三、听神经动作电位　223
第四节　平衡感觉　224
　　一、前庭器官的感受装置和适宜刺激　224
　　二、前庭反应　225
第五节　嗅觉与味觉　226
　　一、嗅觉感受器和嗅觉的一般性质　226
　　二、味觉感受器和味觉的一般性质　227

第十章　神经系统的功能　230

第一节　神经系统功能活动的基本原理　230
　　一、神经元和神经胶质细胞　231
　　二、突触传递　233
　　三、神经递质和受体　238

四、反射活动的基本规律　241
第二节　神经系统的感觉分析功能　245
　　一、机体的一般感觉　245
　　二、机体感觉的投射通路　248
第三节　神经系统对躯体运动的调控　252
　　一、运动的中枢调控概述　252
　　二、脊髓对躯体运动的调控作用　253
　　三、脑干对肌紧张和姿势的调控　256
　　四、基底神经节对躯体运动的调控　258
　　五、小脑对躯体运动的调控　259
　　六、大脑皮层对躯体运动的调控　261

第四节　神经系统对内脏活动、本能行为和情绪的调节　262
　　一、自主神经系统　263
　　二、中枢对内脏活动的调节　265
　　三、神经系统对本能行为和情绪的调控　266
第五节　脑电活动及睡眠与觉醒　268
　　一、大脑皮层电活动　269
　　二、觉醒与睡眠　270
第六节　脑的高级功能　272
　　一、学习和记忆　272
　　二、语言和其他认知功能　275

第十一章　内分泌　278

第一节　内分泌与激素　278
　　一、内分泌与内分泌系统　278
　　二、激素的分类　281
　　三、激素的作用机制　281
　　四、激素作用的一般特征　282
　　五、激素分泌节律及其分泌的调控　283
第二节　下丘脑-垂体系统及松果体内分泌　285
　　一、下丘脑-腺垂体系统内分泌　285
　　二、下丘脑-神经垂体内分泌　289
　　三、松果体内分泌　290
第三节　甲状腺内分泌　290
　　一、甲状腺激素的合成与代谢　290
　　二、甲状腺激素的生物作用　292
　　三、甲状腺功能的调节　293
第四节　甲状旁腺、维生素D与甲状腺C细胞内分泌　295
　　一、甲状旁腺激素的生物作用与分泌调节　296
　　二、维生素D的活化、作用与生成调节　296
　　三、降钙素的生物作用与分泌调节　297
第五节　胰岛内分泌　297
　　一、胰岛素　297
　　二、胰高血糖素　299
第六节　肾上腺内分泌　300
　　一、肾上腺皮质激素　300
　　二、肾上腺髓质激素　302
　　三、肾上腺髓质素　302
第七节　组织激素及功能系统器官内分泌　303
　　一、组织激素　303
　　二、功能系统器官内分泌　303

第十二章　生殖　306

第一节　男性生殖功能及其调节　306
　　一、睾丸的功能　306
　　二、睾丸功能的调节　309
第二节　女性生殖功能及其调节　310
　　一、卵巢的功能及其调节　310
　　二、月经周期及其调控　312
　　三、卵巢功能的衰退　314
第三节　妊娠和分娩　314
　　一、受精　314
　　二、着床　315
　　三、妊娠的维持　315
　　四、分娩　316

主要参考文献　319

第一章

绪　论

导　学

绪论对所有的章节有提纲挈领的作用。绪论阐述生理学的概念及其研究方法和生命活动的基本特征等，并说明生理学在医学中的重要地位及对医学产生的巨大推动作用。因此，学好绪论对本课程后续内容的学习和理解有很大帮助。

本章主要从整体角度讲述生命的特征和基本活动规律，知识点的逻辑层次较多，并且有很多重要的知识点需要充分理解和掌握。建议同学们在学习本章时分层次梳理，以关键词信息抓住核心思想：① 生理学的任务——研究人体功能，抓住"功能"；② 对机体的认识层次——"三层次"，即整体水平、器官和系统水平、细胞和分子水平；③ 生理学常用研究方法——"两手段"，即人体生理研究和动物实验；④ 生命活动的基本特征——"四特征"，即新陈代谢、兴奋性、适应性和生殖；⑤ 生理学的核心理论——"内环境稳态"；⑥ 机体功能的调节及人体内在控制系统——"三调节和三控制"，即神经调节、体液调节和自身调节以及非自动控制系统、反馈控制系统和前馈控制系统。还建议同学们充分理解和牢记这些基本理论和核心思想，将它们贯彻到其他各章节的学习中，并将其应用于对后续医学相关课程的学习和理解。

生理学（physiology）是生物学的一个分支，是一门研究生物体生命活动的现象、过程、规律及机制的科学。生理学的研究对象是正常生命，依据研究对象的不同，生理学可分为动物生理学、植物生理学和人体生理学等。本教材主要讨论人体生理学。

人体的生命活动规律与一些动物（特别是哺乳类动物）有许多共同的基本特征，了解这些特征对认识人体的生理功能有重要的参考价值，为此，本教材常引用动物实验的结果。因此，生理学又是一门实验性科学，生理学理论均来自实验或实践。又因为人体正常活动与异常活动在一定条件下可以互相转化，了解异常活动有助于从反面加深对正常活动的理解，因此，本教材也引证一些异常现象并分析其发生机制，目的是帮助理解和掌握人体正常的生理功能及其活动规律。

第一节　生理学的概念及其研究方法

一、生理学的概念

人体生理学（human physiology）主要阐述正常人体生命活动规律，是一门重要的医学基础课程。只有从微观到宏观深入理解和充分掌握人体各组成部分（细胞、器官、系统）和整个人体生理功能活动的规律，才能在正常生理活动的基础上认识生理功能的变化和异常，从而有助于对疾病发生、发展、诊断和防治等的理解。

人体生理学的任务是阐明机体各种正常的生命现象、活动规律及其产生机制，以及机体内、外环境变化对这些功能性活动的影响和机体所进行的相应调节，并揭示各种生理功能在整体生命活动中的意义。人体生理学主要的研究内容包括循环、消化、呼吸、泌尿、生殖、肌肉运动、神经传导等的发生原理和活动规律，以及在神经、内分泌系统相互协调和配合、相互制约和影响下，各部分共同维持整个机体正常生命活动的机制。

进入20世纪以后，科学技术飞速发展，日新月异，再加上各学科的交叉和渗透，为生理学的研究增添了新的手段和内容，生理学研究不断纵深发展。生理学的研究进入了细胞、亚细胞和分子水平，在分子水平上的研究已成常态。生理学的研究由整体水平发展到分子水平，使得人类能够从细胞和分子水平阐明体内整体生理功能的机制。

近几十年来，随着转化医学的兴起，生理学与病理生理学、药理学等基础学科和各临床学科互相联系，不断从研究正常的生命活动规律和功能活动的内在联系跨越到研究正常活动与疾病发生发展和治疗干预的内在关系，成为连接基础医学和临床学科的重要桥梁。

二、生理学与医学的关系

生理学的形成和发展与医学的发展有着极其密切的关系。在漫长的人类发展史上，人们在寻求对疾病医治的过程中，必然要对疾病产生机制和人体正常功能的许多知识进行探索。生理学的知识是随着人类社会的发展，特别是在医学实践、科学研究和技术发展的过程中不断积累起来的。医学中关于疾病的研究需要以人体生理学基本理论为基础；同时，医学实践可检验生理学理论的正确性，使得人类在与疾病的长期斗争中积累了大量相关人体功能的知识，并不断以新的内容和新的问题进一步推动生理学深入发展。

生理学的每一个进展都会对医学产生巨大的推动作用。生理学生物电研究的成果，使诊断疾病的技术发生了革新，如心电活动、脑电活动、肌电活动的记录已广泛应用于临床诊断；对胃酸分泌机制和胃黏膜屏障作用机制的阐明，为消化性溃疡的治疗奠定了基础；气道平滑肌受体的研究为临床诊断和治疗高气道反应性疾病提供了依据，并促进了以受体为靶点的药物研究，从而提高了对该类疾病的治疗效果。由此可见，掌握了人体正常生理功能及机制之后，人们可以更好地认识疾病发生、发展规律，促进临床诊疗水平的进步。

鉴于生理学对现代医学提供重要的科学基础，生理学和医学的紧密联系被人类社会广泛认可，诺贝尔基金会也专门为此设立了"诺贝尔生理学或医学奖"，生理学与医学的紧密联系可见一斑。诺贝尔生理学或医学奖旨在表彰在生理学或医学领域有重要发现或发明的人，纵览历届诺贝尔生理学或医学奖获得者的重大成果无一不对人类的生命健康与发展产生了重大而深远的意义。

三、生理学的认识层次和常用研究方法

细胞是构成人体的最基本的结构和功能单位，不同的细胞群构成了各种组织和器官，而功能相同或相似的器官组成了各大系统，系统各司其职，互相联系，紧密配合，共同构成了完美运转的生命活动整体。而要充分地理解机体的各种完美而复杂的生命活动，必须从不同的层面和角度入手。

（一）生理学认识层次

机体正常生命活动离不开整体水平的调节，器官与系统相互配合，组织、细胞甚至分子水平的正常工作。因此，人们要认识生理学，通常从整体水平、器官和系统水平、细胞和分子水平三个层次展开。

1. 整体水平　研究对象是人体的整个机体，包括机体内各器官、系统的相互联系和相互影响，内、外环境变化对机体生理功能的影响，以及机体对环境变化所做出的各种适应性应答。例如，在日常社会生活中，运动、创伤及紧张、恐惧等各种生理、病理、精神、情绪等因素，或者地理、气候等环境因素对机

体生理功能的影响；人类在进行探索过程中对某些特殊环境，如失重（航天）、高压（潜水）等情况下，需要适应新环境而产生一系列适应性改变。

2. **器官和系统水平**　研究对象是器官和系统，包括阐明各器官和系统的功能（即在机体整体中所起的作用），各器官和系统的活动规律、调节机制和影响因素等。人们对生理学的研究最早是从这一水平开始的，在研究过程中积累了大量的相关基本知识。心脏如何射血、血液如何在血管内流动、肺如何实现通气、小肠如何进行消化和吸收、肾如何生成尿液等，均属于器官和系统水平的研究。器官和系统水平的研究有利于把复杂的整体化整为零，从而使人们能更加便捷、更加准确地把握整个机体生命活动的规律。

3. **细胞和分子水平**　研究对象是细胞及其所含的物质分子。细胞是组成机体最基本的结构和功能单位，而细胞及其亚显微结构又由多种生物大分子构成。所以，细胞和分子水平的研究旨在探索细胞及其所含生物大分子的活动规律。整体水平、器官和系统水平的功能活动与细胞活动密不可分，细胞的生理活动又取决于构成细胞的各种物质。例如，骨骼肌能够收缩，是因为肌钙蛋白、肌动蛋白等相关蛋白共同作用引起的肌丝滑行；肾小管部分节段对水的重吸收，有赖于水孔蛋白的"上膜"等。由此可见，细胞和分子水平的生理学研究，已经开始探讨生命活动最基本的细胞内物理化学变化及产生这些变化的本源机制。

需要注意的是，上述三个水平的研究是相互联系、相互补充的，不能孤立理解和研究，也不能认为某一水平更加"高级"或"低级"。要想阐明一个生理功能的机制，必须从整体、器官和系统及细胞和分子三个水平展开研究，才能全面、深入地阐明该生命活动的本质。

（二）生理学常用研究方法

生理学是一门实验性科学，生理学的认识或结论都来自临床实践和实验研究，来自对生命现象的客观观察和记录。但生理学真正成为一门实验性科学是从17世纪开始的。1628年，英国医生威廉·哈维（William Harvey）通过长期的实验和科学探索，写出了《心血运动论》一书，此书被认为是历史上第一部基于实验证据的生理学著作，为近代生理实验科学的发展奠定了基础。之后数百年间，众多的生理学家通过实验研究，推动了近、现代生理学的发展。

生理学实验（physiological experiment）是在人工创造的一定条件下，对生命现象进行客观观察和分析，以获取生理学知识的一种研究手段。根据实验对象的不同可将实验分为动物实验和人体实验两大类。动物实验有急性和慢性两种。生理学实验主要在动物身上进行。只有在不损害安全和健康，并得到受试者本人知情同意的情况下，人体实验才允许有限进行。

由于人与动物（尤其是哺乳动物）的机体在结构和功能上具有诸多相似之处，利用动物实验的结果推断人体生理功能才成为可能。另外，由于动物机体的结构和功能相对简单，或在某些方面更典型，因此在一些生命活动规律研究方面，动物实验成为首选。例如，生理学上通常将枪乌贼的巨大神经轴突用于记录神经生物电；将猫作为防御反应研究的首选动物；将两栖类的蛙或蟾蜍用于离体肌肉、神经和心脏实验研究。在进行动物实验时，应根据不同的研究内容选择适当的动物，并注意到人与动物结构和功能上的差异，不能简单地将动物实验的结果直接套用于人体。

1. **动物实验**

（1）急性动物实验：指在短时间内对动物标本或整体生理活动进行观察和干预的实验研究。该类实验通常是破坏性的、不可逆的，可能会造成实验动物的死亡。急性动物实验的优点是实验条件简单且易于控制，便于进行直接观察和细致分析。

急性动物实验可分为两种：① 在体实验，是在动物麻醉条件下，手术暴露某些所需研究的部位，观察和记录某些生理功能在人为干预条件下的变化。例如，以动脉插管记录动物血压，可用于观察某些神经或体液因素对血压的影响；将电极插入膈肌内，进行肌肉放电记录，观察呼吸过程中干预因素对膈肌放电活动的影响。② 离体实验，是从动物身上取出所需要的器官、组织或者细胞，置于一个能保持其正常功能活动的人工环境中，在短时间内对其特定的生理活动进行观察和干预，记录其实验结果，并以此作为分析推断该器官、组织或者细胞在整体活动情况的依据。例如，对离体家兔小肠进行灌流，可用于研究某药物对小肠平滑肌收缩力的影响；用膜片钳技术研究细胞膜上单个离子通道的电学特性，以揭示细胞生物电产生的机制。离体实验有利于排除无关因素的影响，通常更能深入细胞和分子水平，有助于揭示生命现象中最本质的基本规律。但此时被研究的对象细胞、组织、器官等已经脱离整体，它们所处的环境已发生很大的改变，其获取的结果不一定能代表其在自然条件下的整体活动情况。

（2）慢性动物实验：以完整、清醒的动物为研究对象，尽量使动物所处的外界环境接近自然常态，以便能在较长时间内观察和记录某些器官功能活动和生理指标的变化。实验前一般需要对动物做某些预处理，通常在无菌麻醉条件下，通过手术暴露体内某一器官，或破坏、摘除某一部分，然后缝合使动物从麻醉和手术中恢复，待动物康复后再进行观察。例如，研究小脑的功能时，可预先摘除实验动物（通常是犬）的小脑，然后在两年时间内观察去小脑动物的行为学表现；研究某种腺体的内分泌功能时，常先摘除动物某个内分泌腺，以便观察缺乏这种内分泌激素时生理功能的改变。慢性实验获得的结果比较接近整体的生理功能活动，适用于观察某一器官或组织在正常情况下的功能及其在整体中的作用地位，但不宜用来分析某一器官或组织细胞生理功能的详细机制。与急性动物实验相比，慢性动物实验的条件要求高，时间长，整体条件复杂，影响因素较多，所得的结果有时不易分析。

2. **人体生理研究** 是以人体作为受试对象，用科学的手段，有控制地对受试者进行观察和研究，以判断假说或真理的医学行为过程。人体生理研究对医学的发展进步具有重要的意义。例如，药物和疫苗的研发在通过动物实验之后，均必须进行临床试验，在其安全性和有效性得以保证的情况下才能进入临床使用。因此，为了医学发展和人类健康而开展的人体生理研究，是符合道德动机和人类社会道德伦理要求的。同时，在开展人体生理研究的过程中，需要遵循相应的法律法规和伦理学规范要求。

由于伦理学的限制，早期的人体生理研究主要是以调查和记录人体的一些生理参数资料为主，如人体血压、心率、肺通气量、肾小球滤过率及红细胞、白细胞和血小板数量等，通常是通过对大批人群采样，再进行数据的统计学分析而获得。

随着现代科学技术的迅猛发展，人体的无创性研究逐渐展开。心电图、脑电图、磁共振成像（magnetic resonance imaging，MRI）、X射线计算机断层成像等技术为人体生物电和器官形态功能的研究提供了条件。特别是随着近年来生物芯片、计算机微电子技术的发展，人们可以在伦理学的指导下，通过人类基因图谱的绘制和解码、破译，从基因水平重新认识生命的发生、发育、成熟、衰老，从而使得个体化生理功能研究和生物信息学研究成为可能。

总之，各种实验方法各有其优、缺点。对某种生理功能的研究，究竟适宜采用哪些实验方法，应根据实际情况加以选择。

第二节　生命活动的基本特征

生物机体都具有一些共同的基本生命特征，包括新陈代谢、兴奋性、适应性和生殖。

一、新陈代谢

新陈代谢（metabolism）是生命活动的基本特征之一，指机体不断与周围环境进行物质和能量交换，以及机体内物质和能量的自我更新。新陈代谢包括同化作用和异化作用两个方面。

机体从外界摄取营养物质，并转化成自身的组成物质，同时储存能量，这一过程称为同化作用。机体内的组织成分不断分解释放能量以提供机体生命活动的需要，同时将分解产物排出体外的过程称为异化作用。同化作用和异化作用同时进行，并且相互依赖。同化是异化的物质基础，没有同化就没有异化。但同化所需的能量是从异化中释放的。因此，同化是异化的前提，而异化是同化的必要条件。

新陈代谢是一切生命活动发生和发展的基础，其稳定进行的前提是体内各系统具有正常的功能活动。

消化系统不断补充代谢中消耗的营养物质；呼吸和血液循环系统可提供机体代谢所需的 O_2 和营养物质，同时将 CO_2 和其他代谢产物运送至相应的排泄途径以排出体外；排泄系统在重吸收有用物质的同时清除体内的代谢终产物和多余的物质；体内物质代谢不断产生能量以维持细胞活动和体温，正常的体温是维持新陈代谢正常进行所必需的。

综上所述，生命是机体不断同外环境进行物质交换和体内各种物质相互交换、联系及作用的过程。尽管不同种属的生命表现形式具有多样性，但新陈代谢却是一切生物存在和发展的共同规律。机体的一切生命现象，如生长、发育、生殖等都是以新陈代谢为基础，新陈代谢一旦停止，生命也就终止。

二、兴奋性

机体生活在一个不断变化的环境中。在生理学上，能引起机体发生反应的内、外环境变化称为刺激（stimulus）。机体受刺激后所产生的应答性变化称为反应（response）。例如，人的手接触到高温物体时，会马上缩回来；人的眼睛看到强光时，瞳孔会立即缩小。机体对刺激发生兴奋的能力称为兴奋性（excitability），它是机体生命活动的基本特征之一。

通常情况下，机体内不同的组织细胞对刺激所产生反应的表现形式不同。神经元对刺激表现出来的反应形式是产生和传导动作电位，骨骼肌、心肌、平滑肌表现为收缩和舒张，而各种腺体则表现为分泌腺液。

在生理学中，我们将这些接受刺激后能迅速产生某种特定生理反应的组织（神经、肌肉、腺体等）称为可兴奋组织。可兴奋组织在接受刺激产生反应时，其表现的形式主要有两种：一种是由相对静止变为明显的运动状态，或原有的活动由弱变强，称为兴奋（excitation）；另一种是由运动转为相对静止，或活动由强变弱，则称为抑制（inhibition）。在生物机体整体情况下，兴奋和抑制是一对矛盾的对立统一体，两者互为前提，对立统一，可以随条件的变化发生相互转化。

三、适应性

机体根据内、外环境因素的变化，调整自身生理功能，进而保持其生理活动的正常进行，这一过程称为适应（adaptation）。机体能根据内、外环境的变化调整体内各种活动，这种机体具有的适应环境变化的能力称为适应性（adaptability）。

适应可分为生理性适应和行为性适应。例如，长期居住在高原地区的人，其血中红细胞数量和血红蛋白含量比居住在平原地区的人要高，以适应高原缺氧的生存需要，这属于生理性适应。寒冷时，人们通过添衣和取暖活动来抵御严寒，这属于行为性适应。

四、生殖

生殖（reproduction）是机体繁殖后代、延续种系的一种特征性活动。成熟的个体通过无性或有性生殖方式产生或形成与自身相似的子代个体。无性生殖是指不经过两性生殖细胞结合，由母体直接产生新个体的生殖方式。有性生殖是指由亲代产生的有性生殖细胞，经过两性生殖细胞（如精子和卵细胞）的结合，成为受精卵，再由受精卵发育成为新的个体的生殖方式。人类通过有性生殖方式使新的个体得以产生，遗传信息得以代代相传。

人的生命是指从受精卵到人体死亡的完整存在过程。在这个过程中，个体经历了生命的发生、生长和发育、衰老和死亡。生命的发生包括生殖细胞即精子和卵子的发育成熟，精子在女性生殖道内的运动，排卵和输卵管对卵子的接收，精子与卵子相互作用形成受精卵等过程。受精卵形成标志着新生命的发生。受精卵分裂形成的胚泡必须植入子宫内膜才能孕育成具有生命活动的个体即胎儿，故排卵、受精、胚泡的植入及胚胎的生长发育等都必须相互精确衔接，否则，独立生命活动的个体不可能诞生。

虽然个体的生命是有限的，但由于个体具有繁衍与自身相似子代的能力，故生命现象又是无限的。没有生殖就没有生命的发生，因此，生殖也是生命的基本特征之一。

第三节　机体的内环境、内环境稳态和生物节律

机体可以看作是一个由许多不同细胞组成的复杂有机体，所有细胞赖以生存的关键是机体的内部环境，而机体的内部环境在正常情况下保持相对的稳定，这也是细胞发挥正常功能的前提条件。

一、机体的内环境

在生理学中，机体直接接触的外界环境称为外环境（external environment），包括自然环境和社会环境。人体处于不断变化的外环境中。由于人是多细胞生物，体内的绝大多数组织细胞不与外界环境发生直接接触，而是生存于细胞外液中，因此细胞外液称为机体的内环境（internal environment）。内环境主要由组织液和血浆组成，直接为细胞提供必要的物理和化学条件，也是细胞新陈代谢的主要场所。内环境这一生理学中重要的概念是由法国生理学家克洛德·贝尔纳（Claude Bernard）首先提出的。他指出，机体生存在两个环境中，一个是不断变化着的外环境，另一个是比较稳定的内环境，因而机体在外环境不断变化的情况下仍能很好地生存，内环境的相对稳定是机体能自由和独立生存的首要条件。

内、外环境不断进行着物质交换，是机体生命活动得以持续的保证。机体从外界摄入各种营养物质，必须通过细胞外液才能进入细胞；细胞的代谢产物也必须先进入细胞外液，然后才能经血液从相应的途径排出。因此，内环境是机体组织细胞相互作用、相互联系的媒介。

人体内的液体统称为体液，约占体重的60%。体液可分为两部分：约2/3的体液分布在细胞内，称为细胞内液；其余的1/3分布在细胞外，称为细胞外液（即内环境）。细胞外液中约3/4分布于细胞间隙内，即组织间液或组织液；约1/4在血管中不断地循环流动，即血浆。此外，还有少量的淋巴液和脑脊液等。体内部分液体如胃内、肠道内、汗腺管内、尿道内和膀胱内的液体等因与外环境直接相连通，故从严格意义上讲，它们不属于生理学内环境的范畴。

二、内环境稳态

机体的内环境需要保持相对稳定，这是细胞生存的必要条件。但是，内环境的理化性质不是绝对静止的，而是在不断变化中达到相对平衡的状态。因此，内环境的稳态（homeostasis）是指内环境的理化性质如温度、酸碱度、渗透压和各种液体成分等相对恒定的状态。稳态的维持需要机体细胞正常完成其功能，在内、外环境变化时，还需要机体调节过程使细胞功能活动发生适应性改变。机体一切调节活动的意义均旨在维持机体内环境的恒定。

内环境稳态的概念，由法国生理学家贝尔纳在1857年首先提出，他指出，内环境的相对稳定是机体能自由和独立生存的首要条件。美国生理学家沃尔特·坎农（Walter Bradford Cannon）于1926年将希腊语的"homeo"与"stasis"合为"homeostasis"，用该词来表述"稳态"这一重要概念。时至今日，稳态这一概念被一直引用并泛化到分子细胞水平、器官系统乃至机体整体功能活动的相对稳定状态。

保持机体内环境稳态具有十分重要的生理意义。细胞的各种代谢活动都是酶促反应，因此细胞外液中需要有充足的营养物质、氧气和水分，也需要适宜的温度、离子浓度、酸碱度和渗透压等。如果内环境的理化条件发生急剧或重大变化，超过机体自身维持稳态的能力，那么机体的正常功能会受到严重影响，可发生疾病甚至导致死亡。因此，维持稳态是保证机体正常生命活动的必要条件。

三、生物节律

机体内的各种功能活动按一定的时间顺序发生周期性变化，这一变化的节律称为生物节律（biorhythm）。生物节律是机体普遍存在的生命现象，是进化过程中经历环境选择、长期变化、行为模式选择和演化的产物，也是生物体用于预测时间变化、及时调整稳态的一种内在固有的调节机制。

体内的各种功能按生物节律发生的频率高低可分为日周期、月周期、年周期，如体温在一昼夜间有明显的周期性波动，表现为清晨最低而午后最高；月经呈现典型的月周期变化；人类的"春困"和动物的冬眠和迁徙则呈现年周期的特点。

生物节律对人类日常生活和工作具有重要意义，深刻影响着人类行为，其意义是可使机体对环境变化产生前瞻性的主动适应。例如，人体体温在一天当中以凌晨2~6时为最低，因为此时人体处于熟睡状态，机体将能量的消耗降到最低；而清醒后，为适应生活和工作的需要，体温逐渐升高，在午后达到最高。若生物节律被破坏，人体就会出现不适，最常见的例子是时差反应，即在快速跨越多个时区过程中出现的睡眠-觉醒周期紊乱、疲劳、认知能力下降等症状，但人类的适应能力较强，会在新的时空地点，建立起新的与当地相适应的生物节律，这一重新建立生物节律的行为，通常被称为"倒时差"。

目前，生物节律产生的机制尚未十分明确，通常认为其主要受下丘脑视交叉上核的控制。关于生物节律的研究目前已在多领域展开，如利用生物节律提高药物疗效、研究生物节律与肿瘤和睡眠障碍的关联、研究航天航海过程中生物节律的变化等。杰弗理·霍尔（Jeffrey C. Hall）等三位科学家，利用果蝇作为生物模型，分离出了能控制生物节律的基因，这种基因表达的蛋白质在夜间增加，白天减少。这项关于生物节律研究的研究人员在2017年被授予了诺贝尔生理学或医学奖。

第四节　机体功能的调节及人体内在控制系统

机体无时无刻进行着的新陈代谢不断扰乱内环境的稳态，外界环境的变化也可影响内环境的稳态，因此内环境也是始终处于动态变化中的。机体必须进行一系列的调节活动以适应内、外环境的变化，使内环境维持相对稳定，进而维持机体的血液循环、呼吸、消化、排泄等生理功能正常运转。这种过程称为生理功能的调节（regulation），它是机体功能活动在某调节下发生的适应性改变。

一、机体功能的调节

机体的调节包括神经调节、体液调节和自身调节等。作为一个有序的整体，人体主要通过上述三种调节方式对各系统、器官、组织和细胞的各种生理功能进行有效调节和控制，这些调节活动既可以单独存在、独立完成，也可相互配合、协同完成。

（一）神经调节

神经调节（neural regulation）是通过反射（reflex）影响生理功能的一种调节方式，是人体生理功能调节中最主要的形式。反射是机体在中枢神经系统的参与下，对机体内、外环境变化产生的规律性反应。例如，手接触到滚烫的开水后迅速回缩就是一种经典的反射。

反射活动的结构基础是反射弧，它由五个基本成分组成，即感受器、传入神经、神经中枢、传出神经和效应器。反射弧的任何一个部分受损，反射活动将无法进行。感受器是接受某种刺激的特殊感受装置，是一种能量转换器，可把各种形式的能量转化为神经冲动；效应器是产生反应的器官；神经中枢是位于脑和脊髓内的调节特定功能的神经元群，能对传入的神经冲动进行加工处理并发出冲动，经传出神经传至所支配的效应器。传入神经是从感受器到中枢的神经通路；而传出神经则为从中枢到效应器的神经通路。反射调节是机体重要的调节机制。

神经调节的作用特点是反应迅速准确、作用部位局限、持续时间短暂。

（二）体液调节

体液调节（humoral regulation）是指机体的某些组织细胞所分泌的特殊化学物质，通过体液运输到达并作用于靶细胞上的相应受体，影响靶细胞生理活动的一种调节方式。这些特殊的化学物质可以是内分泌细胞或内分泌腺分泌的激素，如甲状腺激素、胰岛素等；也可以是某些组织细胞产生的特殊化学物质，如白细胞介素、趋化因子、组胺等。在广义体液调节中，发挥调节作用的化学物质还包括组织细胞代谢过程中产生的某些代谢产物如腺苷、CO_2、H^+等。

上述所指的体液途径若需要通过血液循环作用才能发挥相应的调节作用，则称为远距分泌调节；若某些化学物质不通过血液循环而直接进入周围的组织液，经扩散作用到达邻近的细胞后发挥特定的生理作用，则称为旁分泌；还有些细胞分泌的化学物质在局部扩散，又反馈作用于分泌物质的细胞，称为自分泌。还有一种比较特殊的分泌形式，称为神经内分泌，主要是一些神经细胞能合成激素（如血管升压素等），激素进入轴突末梢并释放入血发挥调节作用。

人体内有大量内分泌腺或内分泌细胞受神经的支配，此时体液调节成为神经调节反射弧的传出部分，这种调节称为神经-体液调节（neurohumoral regulation）（图1-1）。

体液调节的作用特点是反应缓慢而弥散，作用时间持久，主要调节新陈代谢、生长发育等较为缓慢的生理过程。

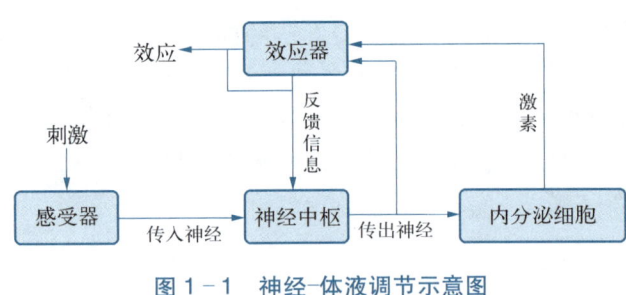

图1-1　神经-体液调节示意图

（三）自身调节

自身调节（autoregulation）是机体某些细胞或组织器官凭借本身内在特性，在不依赖神经调节和体液调节的情况下，对内环境变化产生适应性反应的过程。肾血流量的自身调节就是一个典型的例子，在没有外来神经和体液调控的情况下，肾血流量在动脉血压一定的变动范围内能保持恒定。

自身调节的作用特点是调节强度较弱，影响范围较小，灵敏度较低，调节范围较局限，但对于受调节的器官或组织细胞自身仍然具有重要的意义。

上述三种调节方式既有各自的特点，又互相补充和联系配合，共同使各器官系统的功能活动更加协调，从而更好地维持内环境的稳态，使整体能更好地适应内、外环境的变化。

二、人体内在控制系统

人体内存在许多不同类型的复杂控制系统，它们精密地调节着人体的生命活动。体内上述各种调节机制，都可以看作机体内部各组成部分之间精确信息的传递过程。这些信息的传送、调控，需要科学地运用数学和物理学的原理和方法加以分析研究。而研究机器和人体内的控制和通信的一般规律的学科，称为控制论（cybernetics）。1948年，美国数学家诺伯特·维纳（Norbert Wiener）建立了自动控制理论，随后控制论很快被运用到包括生理学与医学在内的各学科，形成了众多的交叉学科，推动科学的发展。控制论着重分析研究信息传送过程中的数学关系，不涉及过程内在的具体物理、化学、生物等现象。因此，生理学中主要探讨器官和系统水平及整体水平的控制系统。从控制论的观点分析，人体内的控制系统可分为非自动控制系统、反馈控制系统和前馈控制系统三类，其中反馈控制系统和前馈控制系统为自动控制系统（图1-2）。

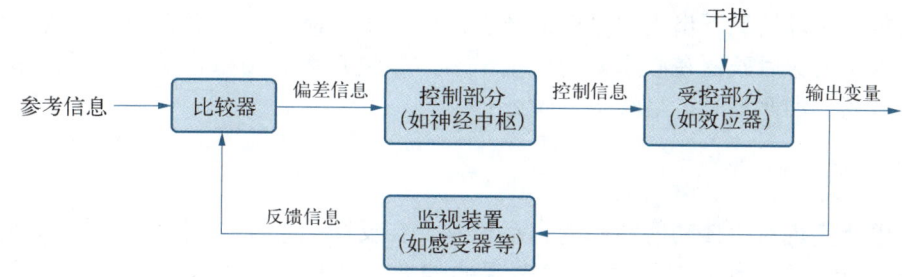

图1-2 自动控制系统模式图

(一) 非自动控制系统

非自动控制系统是一个开环系统,指的是控制部分发出指令控制受控部分的活动,而控制部分的活动不受受控部分活动或其他校正信息的影响,因而它没有自动控制的作用。非自动控制系统在人体生理功能调节中并不多见。

(二) 反馈控制系统

反馈控制系统是一个闭环系统,指的是控制部分发出指令控制受控部分的活动,而控制部分自身的活动又受来自受控部分返回信息的影响,因而具有自动控制的能力。由受控部分发出的信息反过来影响控制部分的活动,称为反馈(feedback)。反馈有负反馈和正反馈两种形式。

1. 负反馈(negative feedback) 指受控部分发出的反馈信息调整控制部分的活动,最终使受控部分的活动朝着与它原先活动变化相反的方向改变。负反馈调节的意义是使系统处于一种稳定状态。如果在某种外在或内在因素的作用下,该系统的受控部分活动过强时,这一信息可通过负反馈机制作用于控制部分,由控制部分输出信息令受控部分的活动减弱;相反,如果受控部分活动过弱,负反馈作用的结果则是使受控部分的活动增强。

在正常生理情况下,体内的控制系统绝大多数都属于负反馈控制系统,它们在维持机体生理功能的稳态中具有重要意义。动脉血压通过压力感受性反射快速维持稳定就是一个典型的例子。当动脉血压升高时,分布在主动脉弓和颈动脉窦的压力感受器就能感受到血压升高的变化,这一信息通过迷走神经和舌咽神经反馈到心血管中枢,经中枢分析和整合后,调整支配心脏和血管的传出神经的传出信息,使心脏活动减弱和血管舒张,血压回降。在神经调节、体液调节和自身调节的过程中有许多环节都可通过负反馈来实现自动控制,从而使得血糖浓度、血浆pH、渗透压等在负反馈控制系统的作用下保持稳定。

值得注意的是,负反馈控制系统都有一个调定点(set point),即该自动控制系统所设定的一个工作点,使受控部分的活动只能在这个设定的工作点附近的一个狭小范围内变动。例如,人体体温调定点约为37℃,动脉血压的调定点约为100 mmHg。

2. 正反馈(positive feedback) 指受控部分发出的反馈信息促进与加强控制部分的活动,最终使受控部分的活动朝着与它原先活动变化相同的方向改变。在正反馈的情况下,反馈控制系统的活动处于再生状态,即受控部分的活动可能是越来越强,直至达高潮、发挥最大效应而活动结束;也可能是越来越弱,直至活动停止。虽然体内的正反馈控制系统远不如负反馈控制系统多,但这并不意味着正反馈系统处于次要地位。从表面现象上看,正反馈与负反馈产生的效应相反,它不是维持系统稳态或平衡而是打破原先的平衡状态,因而对内环境稳态似乎没有意义。但实际上,正反馈促使某些生理活动过程及时地完成或终止,对维持整体稳态而言,正反馈与负反馈具有同样重要的意义。例如,血液凝固和排尿等生理活动中的正反馈调节对维持血容量和代谢产物水平的稳定等均很重要。在排尿反射过程中,当排尿中枢发动排尿后,由于尿液刺激了后尿道的感受器,后者不断发出的反馈信息进一步加强排尿中枢的活动,使排尿反射进一步加强,直至尿液排尽为止。自然分娩过程中,子宫收缩致胎头下降并牵张子宫颈,子宫颈受到牵张可进一步加强宫缩,使胎头继续下降,如此反复,直至胎儿娩出。

但需要说明的是，病理情况下出现的恶性循环也是一种正反馈，如发生心力衰竭时，由于心脏射血无力，心室搏出量减少，射血后残留在心室内的血量增多，导致心室扩大和心肌耗氧量增多，心脏因负担加重，收缩力进一步减弱，如此反复，最终将导致死亡。

（三）前馈控制系统

前馈控制系统也能实现对机体功能活动的自动控制。在反馈信息尚未到达前，控制部分已受到纠正信息（前馈信息）的影响，提前纠正其指令可能出现的偏差，这种自动控制形式称为前馈（feedforward）。前馈控制系统中，当控制部分发出信号，指令受控部分进行某一活动时，由于受控部分尚未发生活动的变化，故并未发出反馈信号，而此时由某一监测装置在受到刺激后发出前馈信号，作用于控制部分，使其及早做出适应性反应，及时调控受控部分的活动。

例如，在寒冷环境中，人们可根据气温降低的有关信息，通过视、听等感觉器官传递到脑，脑立即发出指令增加产热和减少机体散热。这些产热和散热活动并不需要等到寒冷刺激使体温降低以后才产生，而是在体温降低之前就已发生。条件反射也是一种前馈控制。例如，运动员在到达运动场地尚未开始比赛之前，循环和呼吸等活动就已发生改变以适应机体的运动状态，这些活动都属于条件反射，也属于前馈控制。

反馈具有"滞后"和"波动"的缺点，而前馈则较快速，并具有预见性，因而适应性更大。

※ 科学小故事

1628年，近代生理学之父英国医生威廉·哈维通过实验研究发现了血液循环和心脏的功能，出版了《心血运动论》一书，奠定了近代生理科学发展的基础，宣告了生命科学新纪元的到来。恩格斯（Friedrich Engels）高度评价了哈维的科学成就：哈维由于发现血液循环而把生理学确立为科学。哈维的贡献是划时代的，他成为与哥白尼（Nikolaus Kopernikus）、伽利略（Galileo Galilei）、牛顿（Isaac Newton）等齐名的科学革命的巨匠。

哈维从小对医学充满好奇心，喜欢动手做实验。在英国剑桥大学获得医学博士学位后，他成为英国皇室的御医。在此期间，他仍然坚持做科学研究，选择通过实验来实现对科学真理的追求。

为了解心脏的构造和血液的运动，哈维用十余年时间对青蛙、鱼、蛇、鸡、鸭、羊等80多种动物进行了大量的实验。他首先通过动物解剖实验弄清楚了心脏的结构，然后对活体动物心脏的跳动进行观察，并通过实验验证了血液流动的方向。在步步深入研究的基础上，他绘出了一幅较为完整的血液循环图，肯定了心脏是血液运动的中心，明确了心脏搏动是血液循环的推动力。

由此可见，哈维伟大的成就来自源源不断的、追根溯源的好奇心和探索精神及不厌其烦地对多种动物进行的实验研究。

※ 课后拓展

1. 思考题

生物体的生命活动能不断延续吗？

2. 推荐阅读

（1）BENJAMIN L, THOMAS P J, FELLOUS J M, 2020. A renewed vision for biological cybernetics [J]. Biological Cybernetics, 114: 315-316.

（2）GOLDSTEIN D S, 2019. How does homeostasis happen? Integrative physiological, systems biological, and evolutionary perspectives [J]. Am J Physiol Regul Integr Comp Physiol, 316 (04): R301-R317.

（余华荣　李英博）

※ 第一章数字资源

 第一章
课件

 第一章
课后练习题（附参考答案）

 第一章
课后拓展思考题的解题思路

 微课1-1
内环境与稳态

 微课1-2
机体生理功能的调控

第二章

细胞的基本功能

导　学

　　细胞是构成人体的基本结构和功能单位。细胞生理阐述细胞共性的功能活动，因此，学好细胞生理是理解整体、器官和系统、细胞和分子水平生理活动的基础。

　　对所有细胞而言，细胞膜物质跨膜转运和细胞信号转导的原理是相同的。细胞受到刺激后发生反应也是许多细胞的共同特征。细胞产生生物电的原理相同，只是不同细胞的表现和产生机制会有所不同。肌细胞分为骨骼肌细胞、心肌细胞和平滑肌细胞三类，肌细胞的收缩和舒张活动既有相似性，又具有个性特征。本章内容的特点是知识点多而细，细胞的生物电知识较抽象。

　　学习本章时，建议分三个板块厘清逻辑线索：① 细胞膜的物质转运。在理解细胞分类基础上，以每一种转运方式的"转运机制、转运特点和实例"为线索进行学习，在学习后续内容（如细胞的生物电、小肠的吸收和肾小管的重吸收等）时注意结合本内容。② 细胞的信号转导。以"信使物质-受体-细胞的后续信使物质或细胞反应"为学习线索，重在构建细胞在信使物质作用下产生反应过程的框架性认识。③ 细胞的电活动和肌细胞的收缩。以骨骼肌神经-肌标本为主线，学习由神经细胞的生物电至骨骼肌细胞收缩的完整过程，进而建立起对在体骨骼肌收缩和舒张活动控制的认识。后续学习心肌和平滑肌收缩采用比较法。对生物电产生机制及相关概念，需要建立起对电学基本知识的理解，并以动态变化的观点去理解。

　　细胞是生物体最基本的结构和功能单位。人是多细胞生物，体内所有组织、器官、系统直至整体都是以细胞的活动为基础的。一个成人机体约由 10^{14} 个细胞构成，按其功能的不同分为200余种类型。不同类型细胞的结构和功能各异，但也具有许多共同特征。本章主要对细胞的共有活动及规律进行阐述，内容主要包括细胞膜的物质转运、细胞的信号转导、细胞的电活动及肌细胞的收缩。

第一节　细胞膜的物质转运

　　细胞膜（cell membrane）将细胞内容物与周围环境分隔开来，使细胞相对独立于环境而存在。但细胞的新陈代谢、生物电活动和物质吸收等生理过程中，必然存在物质进出细胞，即发生物质跨细胞膜转运。物质跨膜以细胞膜的结构为基础，以多种转运方式进行。

一、细胞膜的化学组成及其分子排列

　　机体细胞的细胞膜又称质膜，由脂质、蛋白质及少量糖类物质组成。细胞内的膜结构（如线粒体、内质网和溶酶体等）与细胞膜的化学组成及其分子排列是相似的。公认的膜结构模型是辛格（Singer）和尼

克森（Nicholson）于1972年提出的液态镶嵌模型（fluid mosaic model）（图2-1）。这一学说认为，构成细胞膜的基架是脂质双分子层，而不同结构和功能的蛋白质则镶嵌其中。

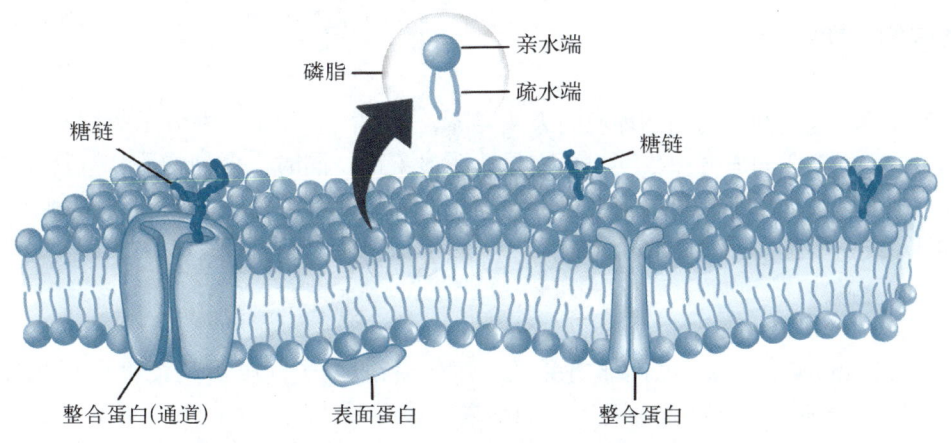

图2-1　细胞膜的液态镶嵌模型示意图

（一）细胞膜的脂质

细胞膜的脂质（即膜脂质）主要由磷脂（phospholipid）、胆固醇（cholesterol）和糖脂（glycolipid）构成，其中磷脂占总量的70%以上，胆固醇不超过30%，糖脂约10%。膜脂质都是双嗜性分子。磷脂的磷酸和碱基、胆固醇分子中的羟基及糖脂分子中的糖链为亲水端，另一端则是疏水端。由于细胞膜的内、外两侧均是含水的体液，所以脂质分子的亲水端朝向细胞外液或胞质，疏水端则彼此相对朝向细胞膜的中间，从而形成脂质双分子层（lipid bilayer）。膜脂质的熔点低于人的正常体温，故细胞膜呈液态，具有一定程度的流动性。膜脂质的流动性可使嵌入脂质双分子层中的膜蛋白也发生侧向移动、聚集和相互作用。细胞的许多活动都有赖于细胞膜保持适当的流动性，如细胞膜上功能蛋白的相互作用、膜泡运输及细胞的运动、分裂和细胞间连接的形成等。细胞膜的流动性与细胞膜的成分有关，细胞膜含胆固醇、长烃链脂肪酸及镶嵌的蛋白质越多，细胞膜的流动性越低。

（二）细胞膜的蛋白

细胞膜的蛋白质（即膜蛋白）是细胞膜的功能执行者。根据膜蛋白的存在形式，可将膜蛋白分为表面蛋白（peripheral protein）和整合蛋白（integral protein）两类。表面蛋白主要附着于细胞膜的内表面（如膜骨架蛋白和锚定蛋白），占膜蛋白的20%~30%。表面蛋白通过肽链中带电氨基酸残基与脂质的亲水基团以静电引力相结合，或以离子键与膜中的整合蛋白相结合。整合蛋白以肽链一次或多次穿越膜的脂质双分子层为特征，占膜蛋白的70%~80%。与物质跨膜转运有关的功能蛋白一般都属于整合蛋白，如载体、通道和离子泵等。整合蛋白穿越脂质双分子层的肽段是疏水性的，多以α螺旋结构的形式存在，而且需要18~21个氨基酸残基才足以跨越细胞膜疏水区；暴露于细胞膜外表面或内表面的肽段是亲水性的，常以直链形式存在，构成连接疏水性片段的细胞外环或内环。因此，可根据肽链中包含的足够长的疏水性片段的数目，推测蛋白是跨膜蛋白及其跨膜次数。例如，G蛋白耦联受体蛋白的肽链包含7个足够长的疏水性片段，由此推测，它是一个7次跨膜的受体蛋白。

（三）细胞膜的糖类

细胞膜中的糖类含量很少，主要以糖蛋白（glycoprotein）或糖脂（glycolipid）形式存在，其实质是一些寡糖和多糖链以共价键与膜蛋白或膜脂质结合。结合于蛋白或脂质上的糖链总是伸向细胞膜的外侧，形成细胞的分子标记，发挥受体或抗原等功能。例如，人的红细胞膜上ABO血型抗原物质的分子基础就是糖链，人类包括A、B和O三种红细胞膜上的血型抗原，它们的糖链结构基本相同，只是糖链末端的糖基有所不同（详见第三章第四节）。许多糖类所带的负电荷使细胞膜表面呈负电，可产生与带有负电荷物质接触时的相互排斥力。例如，血液中红细胞保持分开状态就与膜上一种带负电荷的糖链（唾液酸）有关。

二、跨细胞膜的物质转运

细胞膜的脂质双分子层是细胞与周围环境的天然屏障，各种离子和水溶性分子都很难穿越脂质双分子层的疏水区，因而细胞质中溶质的成分和浓度与细胞外液明显不同。同时，多种物质如气体、营养物质和代谢产物等必须不断穿过细胞膜进出细胞。细胞膜对不同理化性质的溶质具有不同的转运机制。小分子物质可经膜脂质分子间的间隙或由膜蛋白介导完成跨膜转运，大分子和颗粒物质则需要以膜泡运输方式进出细胞。

（一）单纯扩散

单纯扩散（simple diffusion）又称简单扩散，是物质经脂质分子间隙由高浓度向低浓度的顺浓度梯度跨膜扩散（图2-2）。单纯扩散是物质布朗运动的结果，属无须代谢耗能的被动转运。经单纯扩散跨细胞膜转运的物质主要包括脂溶性（非极性）小分子物质和少数不带电荷的极性小分子物质，如 O_2、CO_2、N_2、水、乙醇、尿素和甘油等。某物质单纯扩散的速度取决于该物质在膜两侧的浓度差和细胞膜对该物质的通透性，浓度差越大和通透性越高，扩散速度越快。例如，O_2、CO_2、N_2 等高脂溶性小分子的扩散速度很快；水是不带电荷的极性小分子，脂质对水的通透性很低，所以扩散速度很慢（某些组织对水的通透性大是因为细胞膜上存在水孔蛋白）。另外，物质的分子量越小、温度越高和膜的有效面积越大，扩散速度就越快。

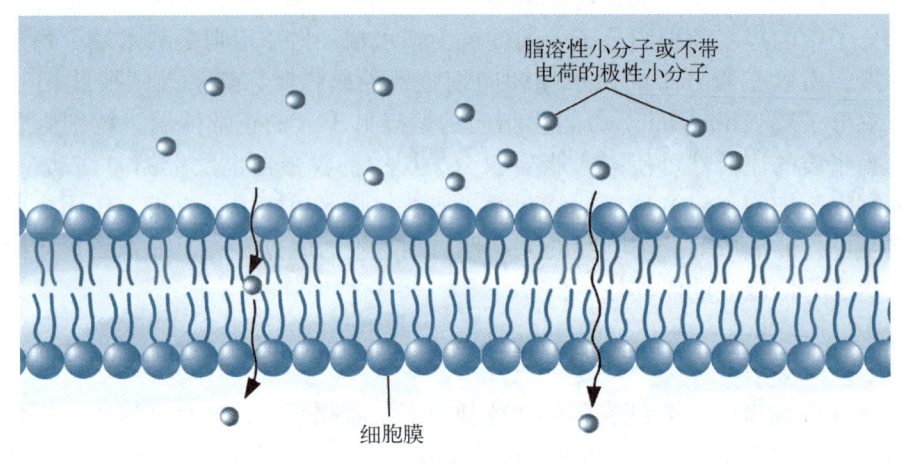

图2-2 单纯扩散示意图

（二）易化扩散

易化扩散（facilitated diffusion）是指物质（包括带电离子）在膜蛋白的帮助下，顺浓度梯度和（或）电位梯度进行的跨膜转运。易化扩散也属被动转运，转运过程不消耗腺苷三磷酸（adenosine triphosphate，ATP）。与单纯扩散直接通过膜脂质分子的间隙不同，易化扩散需要膜蛋白介导。根据膜蛋白帮助物质转运的机制不同，将易化扩散分为经通道的易化扩散和经载体的易化扩散。

1. 经通道的易化扩散（facilitated diffusion via channel） 指物质在通道蛋白的介导下，顺浓度梯度和（或）电位梯度进行的跨膜转运（图2-3）。经通道介导的溶质绝大多数是带电离子，故称这类通道蛋白为离子通道（ion channel）。带电荷的物质为非脂溶性物质，不能经单纯扩散进行跨膜。离子通道是中央有亲水性孔道的、贯穿脂质双分子层的整合蛋白。通道蛋白的亲水性孔道使脂溶性很低的带电离子无须穿越脂质双分子层即可跨越细胞膜。离子通道无分解ATP的能力，浓度差和（或）电位差的方向决定物质被动跨膜移动的方向。当通道关闭时，没有离子通过；当通道开放时，离子可顺浓度梯度和（或）电位梯

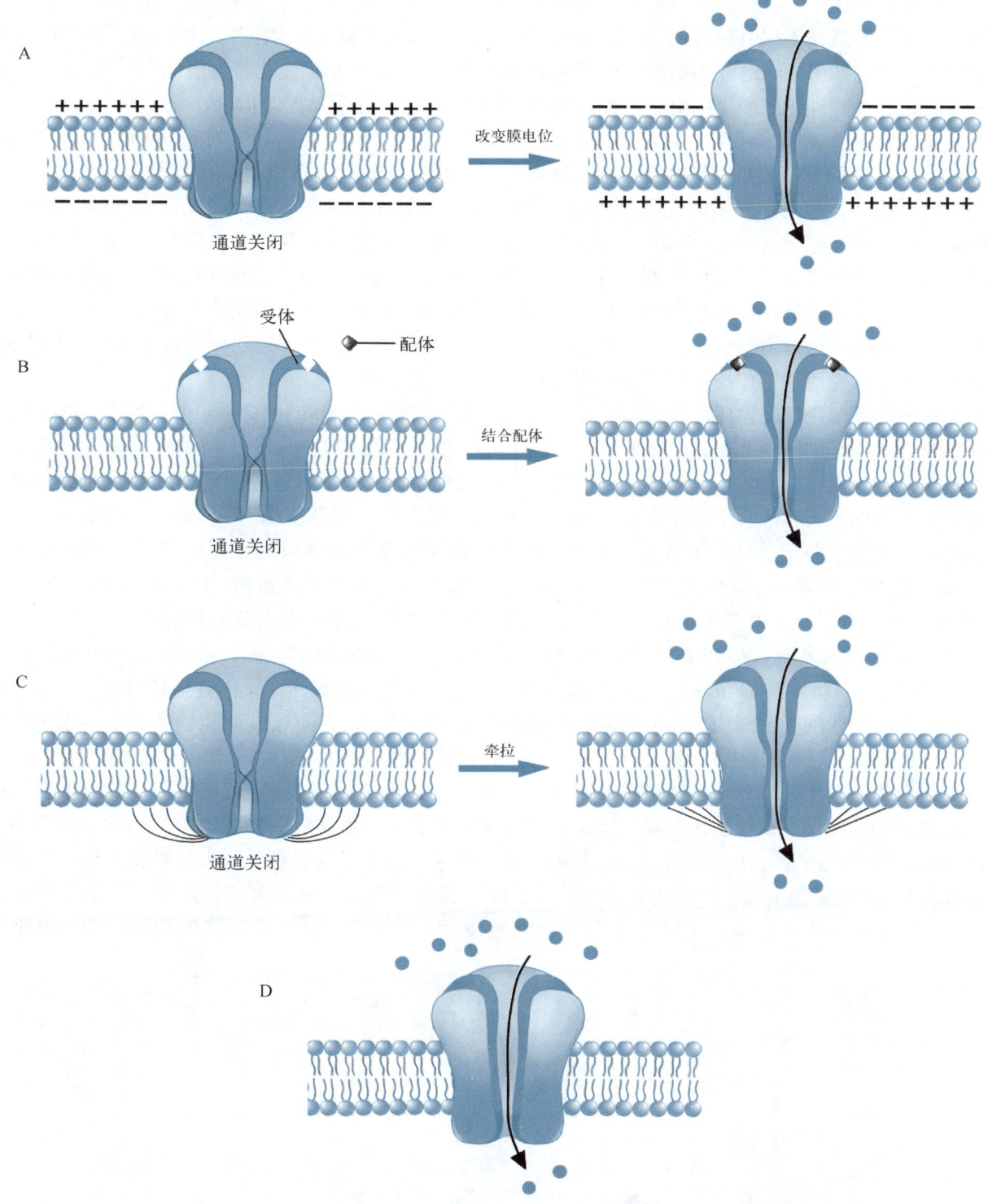

图 2-3 离子经通道易化扩散及通道的门控特性
A. 电压门控通道；B. 化学门控通道；C. 机械门控通道；D. 非门控通道

度经孔道跨膜流动。据测定，经通道易化扩散的转运速率可达每秒 $10^6 \sim 10^8$ 个离子，远大于载体介导的物质转运速率（每秒 $200 \sim 50\,000$ 个离子）。

离子通道主要具有选择性和门控性等特点。通道的离子选择性（ion selectivity）指一种通道只允许一种或几种离子通过，而对其他离子的通透性很小或不通透。据此可将通道分为钠通道、钙通道、钾通道、氯通道和非选择性阳离子通道等。大多数离子通道蛋白内部有一些可移动的结构或化学基团，在通道内起

"闸门"作用。"闸门"运动可引起通道的开放或关闭,这一过程称为门控(gating)。目前,对通道的门控机制尚不完全清楚,根据引起"闸门"运动的因素不同,将离子通道分为电压门控通道、化学门控通道和机械门控通道。如果通道的开闭是由细胞膜两侧电位差控制的,则该通道称为电压门控通道(voltage-gated channel),如神经细胞膜上的电压门控钠通道(图2-3A)。化学门控通道(chemically-gated channel)指通道的开闭受膜外或膜内化学物质(如神经递质、激素或药物)的控制,又称配体门控通道(ligand-gated channel)。这种类型的通道蛋白能与特异性化学物质结合,既是通道也是受体。配体(ligand)是能够与受体特异性结合的化学物质的统称,故化学物质与通道蛋白上的位点结合,又称为配体与受体的结合。例如,两个乙酰胆碱(acetylcholine,ACh)分子与乙酰胆碱受体阳离子通道膜外侧的两个位点结合后,将引起通道构象变化和"闸门"开放(图2-3B)。如果通道的开闭受机械刺激调控,则该通道称为机械门控通道(mechanically-gated channel),如内耳毛细胞顶端的听毛受到剪切力作用发生偏转,进而引起细胞顶端的机械门控通道开放,引起K^+内流(图2-3C)。另外,也有少数几种通道始终处于开放状态,这类通道称为非门控通道,如神经纤维膜上的钾漏通道(图2-3D)。

离子通道的开闭是调控物质跨膜转运的重要机制,也与细胞的信号转导和生物电产生等活动有关。

除离子通道外,细胞膜上还存在其他通道,如水通道和气体通道等。水分子经单纯扩散进行跨膜转运的速度很慢,这是由于膜脂质对水的通透性很低。而在某些细胞,水可以通过细胞膜上的水通道实现快速跨膜转运,如红细胞、肾小管上皮细胞等。组成水通道的蛋白称为水孔蛋白(aquaporin,AQP),其中的亲水性孔道只允许水分子通过,速率达每秒$2×10^9$个。由于细胞膜水通道的发现,彼得·阿格雷(Peter Agre)被授予2003年诺贝尔化学奖。近期的研究认为,细胞膜上存在水孔蛋白-1(aquaporin-1,AQP-1)、Rh蛋白和尿素转运体B等气体通道,在气体通过呼吸膜的过程中起着十分重要的作用。

2. 经载体的易化扩散(facilitated diffusion via carrier) 指物质经载体介导从高浓度一侧向低浓度一侧进行的被动的、不消耗ATP的跨膜转运方式(图2-4)。载体(carrier)又称转运体(transporter),它没有贯穿整个细胞膜的孔道结构,但能与被转运的物质特异性结合,进而通过空间构象改变实现物质的跨膜。如图2-4所示,当载体上的结合位点朝向被转运物质浓度较高的一侧时,物质与载体上的位点结合,随后载体蛋白构象发生改变,使载体蛋白的结合位点和与之结合的该转运物质朝向被转运物质浓度较低的一侧,被转运物质随即与载体蛋白分离。于是,物质就实现了从高浓度向低浓度的跨膜移动。经载体易化扩散的物质主要是一些小分子有机物,如葡萄糖、氨基酸等。在大多数细胞中(小肠黏膜和近端肾小管上皮细胞除外),葡萄糖都是经载体易化扩散跨过细胞膜而进入细胞的。介导葡萄糖跨膜过程的载体称为葡萄糖转运体(glucose transporter,GLUT)。葡萄糖转运体有多种亚型,分布于不同的组织,并具有不同的

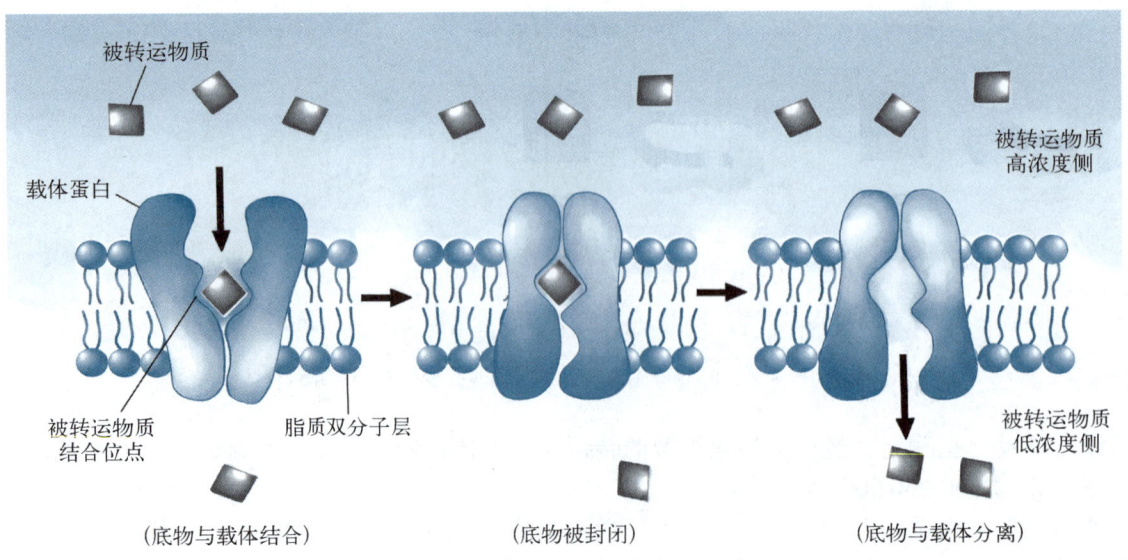

图2-4 经载体易化扩散示意图

功能特性。例如，骨骼肌和脂肪组织细胞有 GLUT1 和 GLUT4 两种亚型，其中 GLUT4 在细胞膜上的数量受胰岛素调节。在没有胰岛素的情况下，GLUT4 以囊泡的形式储存于胞质中。当胰岛素与其受体结合后，经一系列信号转导过程，GLUT4 在数分钟后即以出胞的方式插入细胞膜，实现细胞转运葡萄糖能力的提高。糖尿病患者常因有 GLUT4 数量或功能的下降而导致胰岛素抵抗。

经载体介导的易化扩散主要有结构特异性、饱和性和竞争性抑制等特点。结构特异性是指各种载体蛋白只能与一种或少数几种溶质分子或离子特异性结合，这是由于载体只能识别和结合有特定化学结构的物质。饱和性是指细胞膜一侧物质浓度增加超过某一限度时，物质的转运量将不再增加的现象。由于载体是以结构改变的方式帮助物质跨膜转运，转运速度慢，而且细胞膜上转运该物质的载体和载体上的结合位点数目均有限，这就使得载体对该物质的转运能力有一个最大限度，超过这个限度，再增加被转运物质的浓度，转运体对该物质的转运量不再增加。竞争性抑制是指通过同一载体跨膜转运两种结构相似的物质 A 和 B 时，在环境中加入物质 B 会减弱载体对物质 A 转运的现象，这是由于有一定数量的载体结合位点竞争性地被物质 B 占据。

（三）主动转运

主动转运（active transport）指某些物质在膜蛋白帮助下逆浓度梯度和（或）电位梯度进行跨膜转运的方式。与经载体介导的易化扩散相似，主动转运也是以结合位点与被转运物质结合，启动蛋白质变构效应，进而实现物质从膜的一侧向另一侧的转运。但主动转运是逆浓度梯度和（或）电位梯度的物质跨膜转运，故需要消耗细胞的代谢能。根据介导主动转运的膜蛋白是否直接利用 ATP，将主动转运分为原发性主动转运和继发性主动转运。

1. 原发性主动转运（primary active transport） 指直接利用细胞代谢能将物质或离子逆浓度梯度和（或）电位梯度进行跨膜转运的方式。原发性主动转运的物质通常是离子，介导这一过程的膜蛋白被称为离子泵（ion pump）。由于离子泵将物质逆浓度梯度和（或）电位梯度转运过程中所需能量直接来自 ATP 的分解，故离子泵的化学本质是 ATP 酶，同时泵蛋白上还必须有 ATP 结合的位点。常见的离子泵有钠-钾泵（sodium potassium pump）、钙泵（calcium pump）和质子泵（proton pump）等。

（1）钠-钾泵：普遍存在于哺乳动物细胞膜上，简称钠泵（sodium pump）（图 2-5）。生物学家延斯·克里斯蒂安·斯科（Jens Christian Skou）因发现钠泵而与他人共享了 1997 年的诺贝尔化学奖。钠泵由 α 和 β 两个亚基组成，α 亚基是催化亚基，其上有 3 个 Na^+、2 个 K^+ 和 1 个 ATP 分子的结合位点，β 亚基作用和意义尚不完全清楚。由于钠泵的 α 亚基在膜内的 Na^+ 和膜外的 K^+ 共同参与下才具有 ATP 酶活性，故

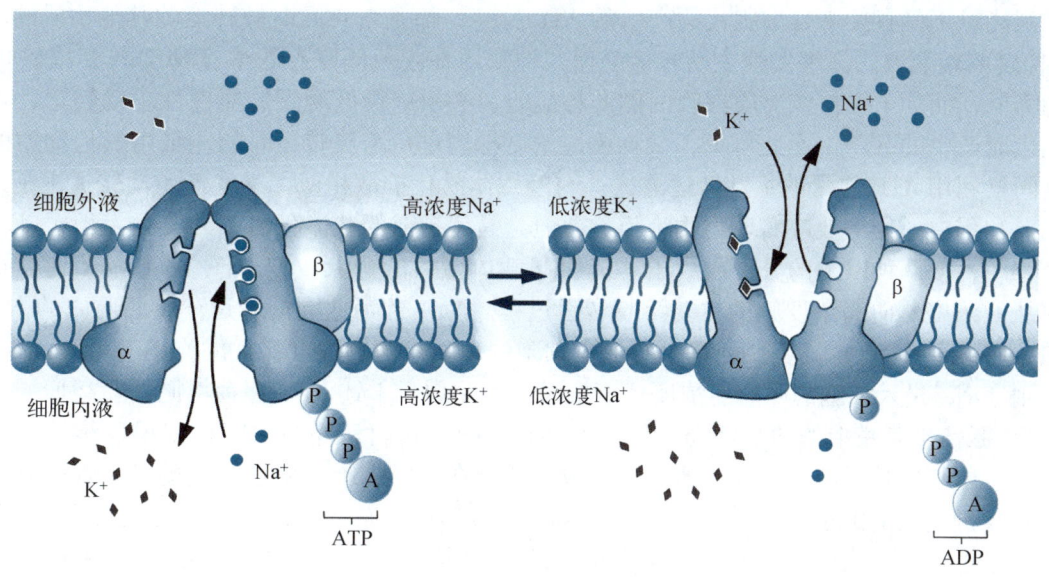

图 2-5　钠泵主动转运示意图

钠泵又称钠-钾依赖式 ATP 酶，简称钠-钾 ATP 酶（sodium-potassium adenosine triphosphatase，Na^+，K^+-ATPase）。钠泵 α 亚基的空间结构周期性变化，与 Na^+ 和 K^+ 结合的位点在朝向细胞内侧和外侧不断转换有关。当 α 亚基与 ATP 结合时，离子结合位点朝向细胞内侧，对 Na^+ 亲和力较高而对 K^+ 亲和力较低，细胞内 3 个 Na^+ 与 α 亚基结合，而已结合的 2 个 K^+ 被释放；α 亚基结合 Na^+ 使 ATP 酶激活并将 ATP 分解，α 亚基发生空间变构，离子结合位点朝向细胞外侧，对 Na^+ 亲和力降低而对 K^+ 亲和力增高，使已结合的 3 个 Na^+ 被释放到细胞外，并与细胞外的 2 个 K^+ 结合；随即 α 亚基与另一分子的 ATP 结合触发构象改变，离子结合位点再次朝向细胞内侧，开始钠泵的下一个转运周期。钠泵每分解 1 分子 ATP 可将 3 个 Na^+ 逆浓度差移出细胞外，同时将 2 个 K^+ 移入细胞内。故钠泵有生电效应，每次活动都产生一个净的正电荷外移。

钠泵的活动对维持细胞的正常功能具有重要作用。细胞膜钠泵活动消耗的能量在哺乳动物占细胞代谢产能的 20%~30%，在某些功能活动活跃的神经细胞甚至高达 70%。钠泵的直接作用是使细胞内 K^+ 增多而 Na^+ 减少。细胞内液中的 K^+ 浓度约为细胞外液的 30 倍，而细胞外液中的 Na^+ 浓度约为细胞内液的 10 倍。当细胞内的 Na^+ 浓度升高或细胞外的 K^+ 浓度升高时，可使钠泵激活，使细胞内高 K^+ 和低 Na^+ 状态得以维持。因此，钠泵主要有以下的生理意义：① 细胞内高 K^+ 为细胞质内许多代谢反应的必需条件。② Na^+ 的细胞膜内、外浓度梯度为继发性主动转运的物质提供势能储备（见下述）。③ Na^+、K^+ 在细胞膜内、外的不均衡分布是细胞产生生物电活动的前提条件，钠泵活动的生电效应也直接参与静息电位的形成（见本章第三节）。④ 维持细胞内正常渗透压和细胞容积。在静息状态下，细胞膜对 Na^+、K^+ 都有一定的通透性，K^+ 的外漏较少，而 Na^+ 和 Cl^- 漏入细胞内相对较多。钠泵活动可将漏入细胞内的 Na^+ 不断泵出，以保持细胞正常的渗透压和容积。钠泵抑制剂哇巴因使钠泵活动抑制，Na^+ 泵出减少，细胞内渗透压升高，水进入细胞而发生细胞水肿。

（2）钙泵：又称为 Ca^{2+}-ATP 酶。钙泵除分布于细胞膜上外，更集中地分布于内质网膜或肌质网膜上。细胞膜上的钙泵将 Ca^{2+} 逆浓度梯度从细胞内转运至细胞外，每分解 1 分子 ATP 只转运 1 个 Ca^{2+}。肌质网或内质网上的钙泵将 Ca^{2+} 逆浓度梯度从细胞质内转运至肌质网或内质网中，每分解 1 分子 ATP 可转运 2 个 Ca^{2+}。两种钙泵均可使细胞质内游离 Ca^{2+} 浓度保持在低水平，从而使细胞对细胞质内 Ca^{2+} 浓度的增加变得非常敏感，进而有助于相关生理过程的触发。例如，神经纤维轴突末梢膜外的 Ca^{2+} 经电压门控钙通道流入轴浆，触发囊泡中递质的释放；心肌细胞外和肌质网内的 Ca^{2+} 经钙通道进入细胞质中，触发心肌细胞的收缩。

（3）质子泵：可将 H^+ 逆浓度梯度进行跨膜转运。人体内重要的质子泵包括氢-钾泵和氢泵。氢-钾泵又称氢-钾 ATP 酶（H^+，K^+-ATPase），主要分布于胃内壁细胞膜和肾小管闰细胞膜。氢泵又称氢-ATP 酶（H^+-ATPase），主要分布于内质网、溶酶体等细胞器膜上。

2. 继发性主动转运（secondary active transport）　指某些物质能够逆浓度梯度和（或）电位梯度进行跨膜转运，其能量不是直接来自细胞代谢产生的 ATP 分解，而是来自同时被转运的其他物质的浓度梯度和（或）电位梯度的转运方式。继发性主动转运会使其他物质在膜两侧原有的浓度梯度和（或）电位梯度即电化学势能降低，而为了维持该物质在膜两侧的势能差，必须进行该物质的原发性主动转运，在此过程中分解了细胞代谢产生的 ATP。由此可见，某物质逆浓度梯度进行跨膜转运时的能量由其他物质的电化学势能提供，是间接利用 ATP 能量的主动转运方式。与经载体易化扩散相似，继发性主动转运也是通过转运体上的结合位点和蛋白的变构效应实现物质跨膜的。但与易化扩散的载体蛋白不同，继发性主动转运的载体需要同时结合两种或两种以上的分子或离子才能引起载体蛋白的构象改变。图 2-6 示葡萄糖在小肠黏膜上皮顶端膜从低浓度侧向高浓度侧的主动跨膜转运过程。Na^+-葡萄糖同向转运体将肠腔内的 Na^+ 和葡萄糖转运入细胞，属继发性主动转运。Na^+ 在小肠上皮细胞的顶端膜两侧浓度梯度的作用下，被动转入细胞内；葡萄糖分子则在 Na^+ 进入细胞的同时逆浓度梯度被带入细胞内。上述 Na^+-葡萄糖同向转运所导致的细胞内 Na^+ 浓度升高，激活细胞膜上的钠泵活动，从而使 Na^+ 在细胞膜内、外的浓度梯度得以维持。因此，Na^+-葡萄糖同向转运体与钠泵活动相耦联，才真正完成葡萄糖在小肠黏膜上皮顶端膜的继发性主动转运。氨基酸在小肠的吸收机制也是由小肠黏膜上皮顶端膜 Na^+-氨基酸同向转运体进行的继发性主动转运。心肌细胞在兴奋收缩耦联过程中流入细胞内的 Ca^{2+} 排出细胞的方式也属于继发性主动转运，它由细胞膜上的 Na^+-Ca^{2+} 交换体与钠泵活动相耦联完成。

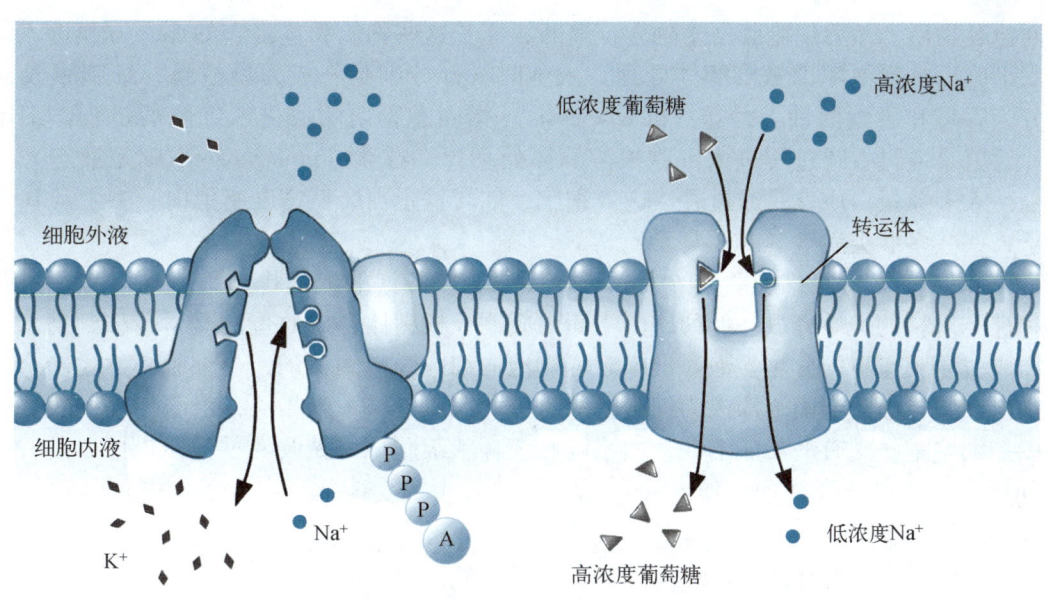

图 2-6 继发性主动转运示意图

（四）膜泡运输

大分子物质或物质团块不能直接穿越细胞膜，而是通过细胞膜包裹形成囊泡、囊泡与细胞膜的融合等过程完成跨膜转运，故称膜泡运输（vesicular transport）。膜泡运输是需要消耗能量的主动过程，包括入胞和出胞两种形式（图 2-7）。

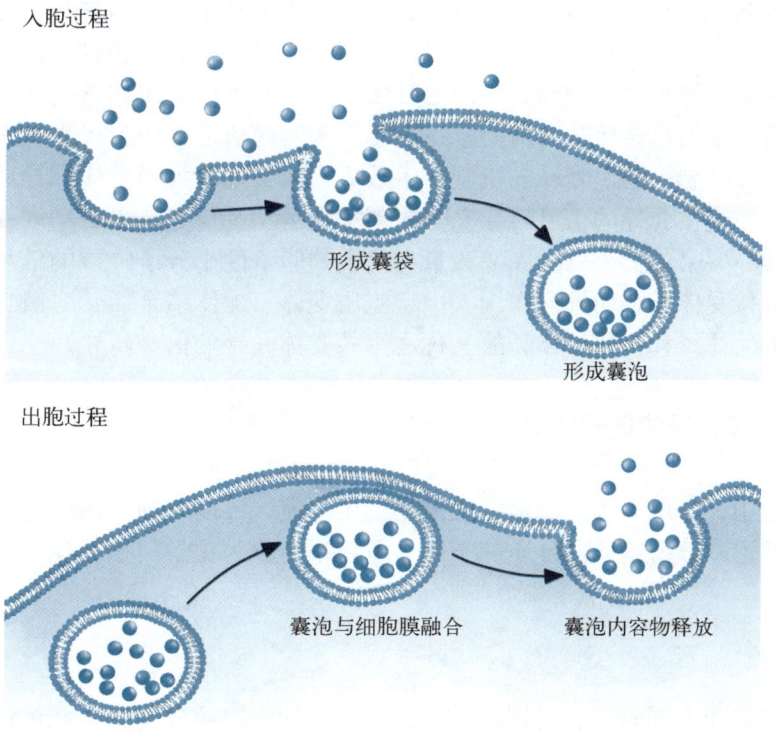

图 2-7 膜泡运输示意图

1. 入胞（endocytosis） 指大分子物质或物质团块（如细菌、细胞碎片等）被细胞膜包裹后以囊泡形式进入细胞的过程，又称内化（internalization）。在入胞过程中，首先是物质被细胞膜识别，随后细胞膜伸出伪足并逐渐包裹物质，然后细胞膜发生融合、离断，于是这些物质和包裹它的那部分膜进入细胞质内形成囊泡，进入细胞后的囊泡随即被溶酶体处理。入胞时一部分细胞膜成为囊泡膜，细胞膜表面积有所减小。入胞可分为吞噬和吞饮两种。吞噬（phagocytosis）指固态物质团块进入细胞的过程。细菌、死亡细胞、组织碎片等就是通过吞噬过程进入细胞被溶酶体处理掉。吞饮（pinocytosis）则是液态大分子物质进入细胞的过程。大多数蛋白质就是通过吞饮进入细胞，如转铁蛋白、低密度脂蛋白、维生素 B_{12} 转运蛋白、多种生长因子、一些多肽类激素（如胰岛素）等。

2. 出胞（exocytosis） 指细胞质内的大分子物质以分泌囊泡的形式排出细胞的过程，主要见于细胞的分泌活动和神经末梢的递质释放。例如，由粗面内质网上核糖体合成的蛋白质，转移到高尔基体加工处理后，被修饰成由质膜包裹的分泌囊泡。出胞时，囊泡向细胞膜内侧移动，与细胞膜发生融合、破裂，最后将内容物排出细胞，而囊泡膜随即成为细胞膜的组分。因此，与入胞相反，出胞使细胞膜表面积有所增加。出胞可以是细胞本身固有的功能活动，如小肠黏膜杯状细胞分泌黏液的过程；也可以是一种受到某些化学信号（如激素）或电信号（如动作电位）诱导时才发生的功能活动，如动作电位到达神经末梢时引起神经递质释放的过程。

第二节　细胞的信号转导

高等生物是由成亿个细胞组成的有机体，细胞已分化成具有特殊结构和功能的基本单元。细胞间的相互联系和沟通，使体内每个细胞的新陈代谢和行为得以协调，保证了整体生命活动的正常进行。机体为适应内、外环境变化所完成的各种生命活动，也均有赖于多种信号物质在细胞间的相互联系和沟通。在人体，如果细胞间不能准确有效地传递信息，机体可能出现代谢紊乱、细胞癌变甚至死亡。

细胞的信号转导（signal transduction）指生物学信息（兴奋或抑制）在细胞间或细胞内转换和传递，并产生生物效应的过程。在信号转导过程中，细胞中具有接收和转导信息功能的蛋白质为受体（receptor）。细胞膜中的受体称为膜受体，细胞质内和细胞核内的受体分别称为胞质受体和核受体。根据受体是位于细胞膜上或是细胞膜内，将细胞信号转导分为两类。一类是以水溶性信号物质为代表的信号转导，它们先作用于膜受体，再经跨膜的和细胞内的信号转导机制产生效应，故又称之为膜受体介导的信号转导。根据膜受体的结构和功能特性，膜受体介导的信号转导又分为离子通道型受体、G蛋白耦联受体、酶联型受体和招募型受体介导的信号转导。另一类是以类固醇激素为代表的脂溶性小分子物质的信号转导，它们可直接透过细胞膜与胞质受体或核受体结合而发挥作用。由于胞质受体与配体结合后，一般也要转入细胞核内发挥作用，通常把细胞内的受体统称为核受体，故又称之为核受体介导的信号转导。

一、离子通道型受体介导的信号转导

经通道的易化扩散中，带电离子经通道跨膜流动产生电流，可改变细胞的膜电位，进而产生跨膜信号转导功能。根据引起通道开放所需刺激性质的不同，可将通道分为化学门控通道、电压门控通道和机械门控通道。

（一）化学门控通道

化学门控通道是细胞膜上同时具有受体和离子通道功能的蛋白质分子，由配体结合部和离子通道两部分组成。因此，化学门控通道又称为离子通道型受体（ion channel receptor）或促离子型受体（ionotropic receptor）。化学门控通道接收的化学信号绝大多数是神经递质。在突触的化学传递和神经末梢与效应器细胞的化学传递中，神经末梢释放的递质与位于突触后膜或效应器细胞膜上化学门控通道的受体特异性结合，进而引起受体的变构，使离子通道开放，然后出现相应离子的易化扩散，从而完成信号的跨膜传递。

例如，骨骼肌终板膜上的乙酰胆碱受体阳离子通道被神经末梢释放的乙酰胆碱激活后，引起 Na^+ 和 K^+ 的跨膜流动，使膜两侧离子浓度和电位发生变化，并进一步引发肌细胞的兴奋和收缩。目前认为，通过这种跨膜信号传递方式影响靶细胞的化学物质除乙酰胆碱外，还有 γ-氨基丁酸、谷氨酸、甘氨酸和 5-羟色胺等。

（二）电压门控通道和机械门控通道

虽然电压门控通道和机械门控通道不称为受体，但它们也能接收物理刺激信号，然后将其转换成细胞膜电位的变化，具有与化学门控通道类似的信号转导功能，也属于离子通道型受体介导的信号转导范畴。

电压门控通道接收的是电信号，而机械门控通道接收机械信号，它们也通过离子通道的活动和带电离子跨膜流动将信号转导到细胞内，并引起细胞内功能的变化。例如，心肌细胞横管膜上的 L 型钙通道（L-type Ca^{2+} channel）就是一种电压门控通道，动作电位发生时，横管膜的去极化可激活这种钙通道，它的开放不但引起 Ca^{2+} 本身的内流，而且内流的 Ca^{2+} 又作为细胞内信号，进一步激活肌质网的钙释放通道，引起细胞质内 Ca^{2+} 浓度升高和肌细胞收缩（见本章第四节）。

二、G 蛋白耦联受体介导的信号转导

G 蛋白耦联受体（G protein-linked receptor）是能与配体结合的一类受体蛋白，它的细胞外侧有配体结合部位，细胞质侧有 G 蛋白结合部位。G 蛋白耦联受体本身不具备通道结构，也无酶活性，但当它被配体激活后，作用于与之耦联的 G 蛋白，引发一系列以信号蛋白质为主的级联反应以完成跨膜信号转导，因此 G 蛋白耦联受体又称促代谢型受体（metabotropic receptor）。G 蛋白耦联受体种类繁多，分布广泛，是膜受体中最大的家族。G 蛋白耦联受体的配体种类也繁多，包括儿茶酚胺、乙酰胆碱、氨基酸类神经递质以及几乎所有的多肽和蛋白质类神经递质和（或）激素（钠尿肽家族除外），另外还有光子、嗅质和味质等。

G 蛋白全称鸟苷酸结合蛋白（guanine nucleotide binding protein），由 1994 年获诺贝尔生理学或医学奖的美国科学家艾尔弗雷德·古德曼·吉尔默（Alfred Goodman Gilman）和马丁·罗德贝尔（Martin Rodbell）发现。它是由 α、β 和 γ 三个亚单位组成的存在于细胞内侧的糖蛋白。α 亚单位是 G 蛋白主要的功能亚单位，既有结合 GTP 或 GDP 的能力，又具有 GTP 酶活性。根据其 α 亚单位基因序列的同源性可将 G 蛋白分四类，即 G_s、G_i、G_q 和 G_{12} 家族，每类又分为若干亚型，总计 20 多种。G 蛋白的分子构象以结合 GTP 的激活态和结合 GDP 的失活态两种形式存在，在信号转导中两种构象相互交替，起着分子开关的作用，经受体活化进入激活态的 G 蛋白可进一步激活下游的效应器；在回到失活态后，信号转导即终止。

G 蛋白效应器包括效应器酶和离子通道及膜转运蛋白等，主要的效应器酶有腺苷酸环化酶（adenylyl cyclase，AC）、磷脂酶 C（phospholipase C，PLC）、磷酸酶 A_2（phospholipase A_2，PLA_2）和磷酸二酯酶（phosphodiesterase，PDE）等，它们催化生成（或分解）第二信使（second messenger），将信号转导至细胞内。第二信使指激素、递质、细胞因子等细胞外信号分子（第一信使）作用于细胞膜后产生的细胞内信号分子。较重要的第二信使有环-磷酸腺苷（cyclic adenosine monophosphate，cAMP）、环-磷酸鸟苷（cyclic guanosine monophosphate，cGMP）、三磷酸肌醇（inositol triphosphate，IP_3）、甘油二酯（diglyceride，DG）和 Ca^{2+} 等。

G 蛋白耦联受体介导的信号通路是细胞内较为常见的信号转导途径，包含多个信号转导通路，最常见的是受体-G 蛋白-AC-cAMP-PKA 通路、受体-G 蛋白-PLC-IP_3-Ca^{2+} 和 DG-PKC 通路（图 2-8）。

1. **受体-G 蛋白-AC-cAMP-PKA 通路** 这一通路的关键信使分子是 cAMP，因而该通路又称为 cAMP 第二信使系统。如图 2-8A 所示，该通路通常是激素或其激动剂（配体）等与靶细胞膜上特异性受体结合后，通过与受体耦联的 G 蛋白激活腺苷酸环化酶，腺苷酸环化酶可在 Mg^{2+} 的参与下催化 ATP 生成 cAMP，使胞质内 cAMP（第二信使）浓度增加，再通过激活 cAMP 依赖性蛋白激酶即蛋白激酶 A（protein kinase A，PKA），活化的 PKA 使细胞内的底物蛋白发生磷酸化，然后引起细胞的生物学效应。蛋白激酶是能将 ATP 上的磷酸基团转移到底物蛋白的酶类，使底物蛋白磷酸化。被磷酸化的底物蛋白可表现为带电

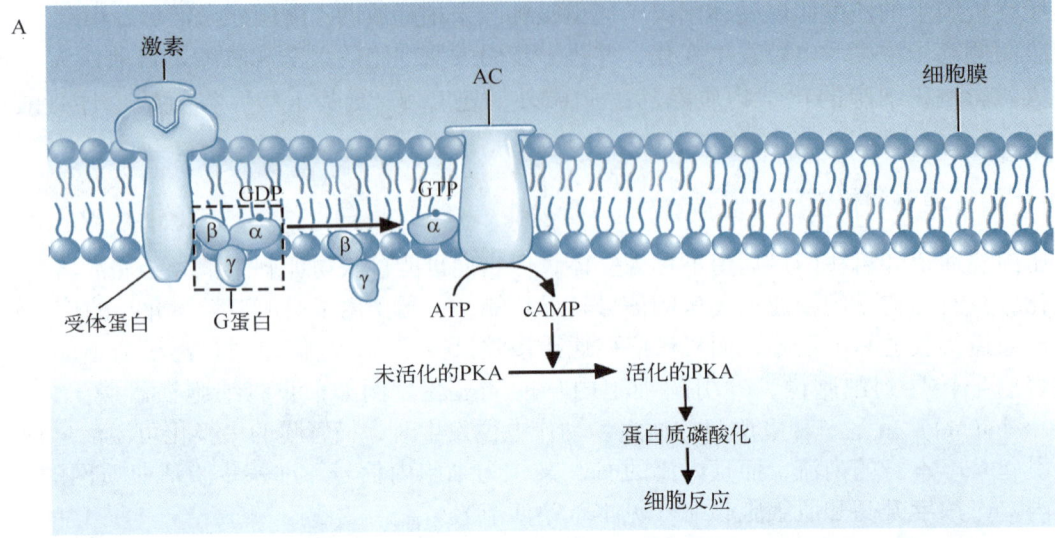

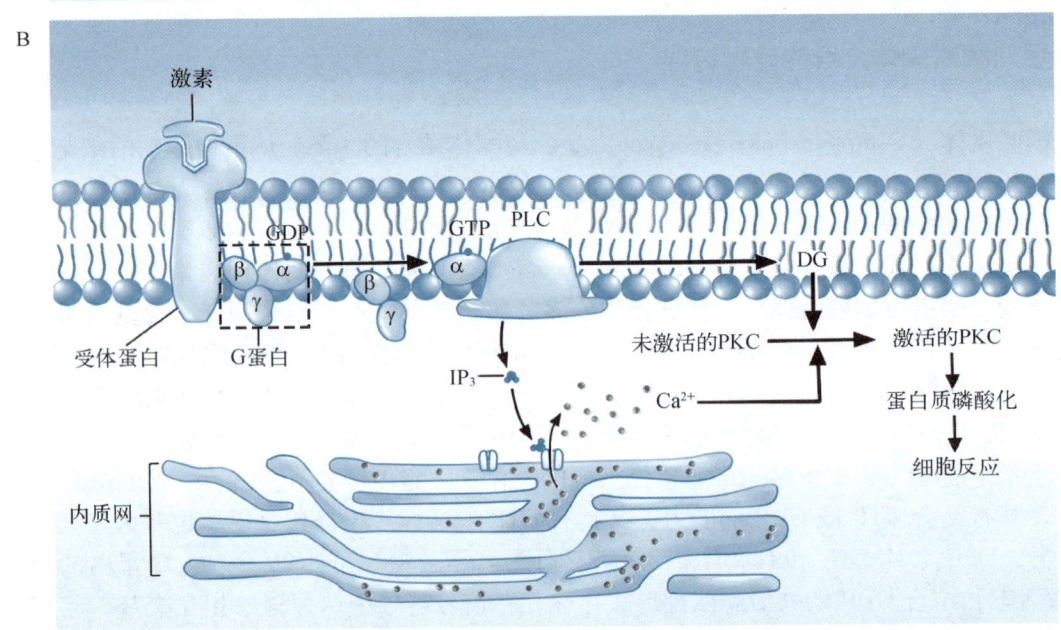

图 2-8　常见的 G 蛋白耦联受体介导的信号转导通路模式图

A. 受体-G 蛋白-AC-cAMP-PKA 通路；B. 受体-G 蛋白-PLC-IP_3-Ca^{2+} 和 DG-PKA 通路

AC，腺苷酸环化酶；PKA，蛋白激酶 A；PKC，蛋白激酶 C；PLC，磷脂酶 C；DG，甘油二酯；IP_3，三磷酸肌醇

特性或构象等改变，进而导致其生物学特性发生变化。蛋白激酶引起的磷酸化作用，可通过细胞内存在的蛋白磷酸酶使底物蛋白去磷酸化，从而终止因蛋白质磷酸化而产生的效应。

参与受体-G 蛋白-AC-cAMP-PKA 信号转导途径的 G 蛋白属于 G_s 和 G_i 家族，如果活化受体耦联的 G 蛋白属于 G_s 家族，则激活态的 G_s 可进一步激活腺苷酸环化酶。如果活化受体激活的 G 蛋白属于 G_i 家族中的某一亚型，这类 G 蛋白被活化后则可抑制腺苷酸环化酶的活性，从而降低细胞质内 cAMP 的水平，所以，该通路中的受体依据其耦联的 G 蛋白类型不同，可发挥相互拮抗的作用。PKA 属于丝氨酸/苏氨酸蛋白激酶，通过在不同的靶细胞中磷酸化不同的底物蛋白，引起不同的效应。例如，在肝细胞内，PKA 可激活磷酸化酶激酶，后者促使肝糖原分解；在心肌细胞，PKA 可使钙通道磷酸化，增加细胞膜上有效钙通道的数量，因而可增强心肌收缩。

2. 受体-G 蛋白-PLC-IP_3-Ca^{2+} 和 DG-PKC 通路　这一通路的关键信使分子是 IP_3 和 DG，因而该通路又称为 IP_3 和 DG 第二信使系统。如图 2-8B 所示，该通路通常是激素或神经递质与相应受体结合后，通过 G_i 家族或 G_q 家族激活细胞膜上的 PLC，PLC 可催化膜脂质中的二磷酸磷脂酰肌醇

(phosphatidylinositol 4, 5 - biphosphate, PIP_2)，使其迅速水解为 IP_3 及 DG。IP_3 和 DG 都是第二信使。IP_3 生成后离开细胞膜，与内质网膜表面 IP_3 受体结合，IP_3 受体是一种化学门控的钙释放通道，IP_3 与受体结合可使其激活，钙通道开放，胞质内 Ca^{2+} 浓度升高，脂溶性的 DG 生成后仍留在细胞膜内，它与 Ca^{2+} 和膜磷脂中的磷脂酰丝氨酸共同将细胞质中的蛋白激酶 C（protein kinase C，PKC）结合于细胞膜的内表面，并使之激活。细胞质内增加的 Ca^{2+} 和激活的 PKC 可进一步作用于下游的信号蛋白或功能蛋白，介导各种细胞效应。

PKC 也是丝氨酸/苏氨酸蛋白激酶，激活的 PKC 可使底物蛋白磷酸化而产生多种生物效应。例如，PKC 可使 Na^+-H^+ 交换体磷酸化，增强 Na^+-H^+ 交换，提高细胞内的 pH；PKC 对豚鼠心室肌细胞质膜的钠泵、钙泵和 Na^+-Ca^{2+} 交换体的磷酸化作用可增强它们的活性，促进细胞内 Ca^{2+} 的外排。

另外，Ca^{2+} 也是 G 蛋白耦联信号转导通路中重要的传递信息的物质。由上述 IP_3 触发从细胞内钙库释放进细胞质的 Ca^{2+}，以及经细胞膜中电压或化学门控通道由细胞外进入细胞质的 Ca^{2+}，一方面作为带电离子可影响膜电位而直接改变细胞的功能，但更重要的是其作为第二信使，通过与多种底物蛋白结合而发挥调节作用。细胞内这种与 Ca^{2+} 结合的蛋白统称为钙结合蛋白（calcium-binding protein，CaBP），其中最重要的是钙调蛋白（calmodulin，CaM）。Ca^{2+} 与 CaM 形成的 Ca^{2+}-CaM 复合物，不仅本身具有多种调节功能，还可激活 Ca^{2+}-CaM 依赖性蛋白激酶、蛋白磷酸酶等，进而产生广泛的生物效应。

三、酶联型受体介导的信号转导

酶联型受体（enzyme-linked receptor）指本身就具有酶的活性或与酶相结合的膜受体。酶联型受体均是跨膜蛋白，细胞膜外侧具有与配体结合的部位，细胞膜内侧具有酶活性或能与酶结合。这类受体的主要类型有酪氨酸激酶受体、酪氨酸激酶结合型受体、鸟苷酸环化酶受体和丝氨酸/苏氨酸激酶受体等。

（一）酪氨酸激酶受体和酪氨酸激酶结合型受体

1. **酪氨酸激酶受体**（tyrosine kinase receptor，TKR） 又称受体酪氨酸激酶（receptor tyrosine kinase），是细胞膜内侧部分本身具有酪氨酸激酶活性的受体。受体的细胞外部分与细胞外信号分子结合后便可引起受体分子细胞质侧部分酪氨酸激酶的活化，一方面引发细胞膜内肽段自身酪氨酸残基的磷酸化；另一方面可促进其他靶蛋白质中的酪氨酸残基发生磷酸化，由此再引发各种细胞内功能的改变。该类受体主要介导与生长发育有关的细胞因子和部分肽类激素的生物学作用，如表皮生长因子、成纤维细胞生长因子和胰岛素等。

2. **酪氨酸激酶结合型受体**（tyrosine kinase associated receptor） 与酪氨酸激酶受体不同，酪氨酸激酶结合型受体分子本身没有蛋白激酶活性，而是在与配体结合后，在细胞质侧结合细胞质内的某种酪氨酸激酶，并使之激活，进而磷酸化下游的信号蛋白的酪氨酸残基，产生生物学效应。激活这类受体的配体包括促红细胞生成素、干扰素、生长激素和催乳素等。

（二）鸟苷酸环化酶受体

鸟苷酸环化酶受体（guanylyl cyclase receptor）具有鸟苷酸环化酶（guanylyl cyclase，GC）活性。激活该受体的配体主要是心房钠尿肽和脑钠尿肽。配体与细胞外的受体结合后直接激活 GC，催化细胞质内的 GTP 生成 cGMP，后者可结合并激活依赖 cGMP 的蛋白激酶 G（cGMP - dependent protein kinase，PKG）。和 PKA、PKC 一样，PKG 也是丝氨酸/苏氨酸蛋白激酶，通过对底物蛋白的磷酸化而实现信号转导。一氧化氮（nitric oxide，NO）的受体也是一种 GC，但这种 GC 存在于细胞质内，称为可溶性 GC，NO 作用于可溶性 GC 后，可使细胞质内 cGMP 的浓度和 PKG 活性升高，引起血管平滑肌舒张等反应。

（三）丝氨酸/苏氨酸激酶受体

丝氨酸/苏氨酸激酶受体（serine/threonine kinase receptor）的细胞内结构域具有丝氨酸/苏氨酸激酶活

性。例如，转化生长因子-β（transforming growth factor-β，TGF-β）受体等，该受体被激活后再使 Smad 蛋白的丝氨酸/苏氨酸残基磷酸化而完成跨膜信号转导。

四、招募型受体介导的信号转导

招募型受体（recruitment receptor）是单跨膜受体，该受体的特征是其细胞膜外侧部分具有与配体结合的位点，细胞膜内侧部分没有酶的活性。但招募型受体的细胞外侧部分一旦与配体结合，其细胞内侧部分就可在细胞膜内侧招募激酶或转接蛋白，激活下游不涉及经典第二信使的信号转导通路，如细胞因子受体介导的 JAK-STAT 信号通路，它主要调控造血细胞及免疫细胞的功能。由于酪氨酸激酶结合型受体没有酶的活性，它与细胞膜外配体结合后，可与细胞内的酪氨酸激酶结合并使之激活，故也可将其归为招募型受体。

五、核受体介导的信号转导

核受体实质上是生物体内广泛分布的、配体依赖的转录调节因子。核受体一般处于静止状态，需要活化后才能与靶基因 DNA 中称为激素反应元件（hormone response element，HRE）的特定片段结合，从而调控靶基因的转录过程。能与核受体结合的配体主要是直接进入细胞内的细胞外信使分子，通常为小分子脂溶性物质，如类固醇激素等。当类固醇激素进入细胞质与受体结合后，可使受体的构象发生改变，暴露出 DNA 结合区。在细胞质中形成的类固醇激素-受体复合物以二聚体形式穿过核孔进入细胞核内。在细胞核内，激素-受体复合物与 DNA 特定基因的 HRE 结合，调控该基因的转录。

第三节　细胞的电活动

生物体内的电现象称为生物电。生物电是一种基本生命现象，是极其普遍而又重要的生命活动。机体组织、器官和系统功能的完成均不同程度依赖生物电信息传导。生物电异常或停止，将导致机体功能异常甚至死亡。对健康人和患者进行心电图、脑电图、肌电图、视网膜电图和胃肠电图等检查，已成为发现、诊断和判断疾病进程的重要手段。

人体各组织器官所表现出的电活动均以细胞水平的生物电为基础。细胞的生物电通常是指细胞的电位，又称跨膜电位或膜电位。本节以神经元（或神经纤维）和骨骼肌细胞为例，在简述生物电基本原理的基础上，根据膜电位特征的不同将细胞的生物电分为静息电位、动作电位和局部电位。

一、生物电基本原理

人类对生物电的认识经历了一个漫长的过程。在最早期，人们注意到电鳐和电鲇等生物有电活动；随后，在发明电流计基础上，科学家直接记录到生物的电活动；目前，基于电极、电压钳和膜片钳等技术的建立和发展，人类已经从细胞和分子水平阐释细胞的生物电。细胞的生物电以细胞膜两侧带电离子的不均衡分布和选择性离子跨膜转运为基础，与细胞膜的电学特性、细胞内外的离子分布等密切相关。

（一）生物电记录方法

根据记录电极的不同，可将生物电记录方法分为细胞内记录和细胞外记录，也可将其分为双极记录和单极记录。

1837 年，意大利物理学家首次通过电流计直接测量到肌肉损伤横断面与未损伤部位的电流，1850 年赫尔曼·冯·亥姆霍兹（Hermann von Helmholtz）将神经干放置于记录电极上，测定神经冲动的传导速度，证明蛙神经的传导速度仅 20~30 m/s。在上述生物电记录中，因为是将两个记录电极都放置于细胞外，所以称为细胞外记录；又因为该方法是记录的两个记录电极之间的电位差，所以属于双极记录法。

由于测量电极与组织接触面积较大和组织具有导电性，采用上述方法观察到的生物电实际上是许多细胞产生的。但生物电以细胞为单位产生，为记录到只与某一细胞有关而几乎不受其他细胞电变化影响的细胞电位，就必须将一个电极放置于细胞的膜外，而另一个电极插入细胞内，这种记录生物电的方法称为细胞内记录。1939 年，英国生理学家艾伦·劳埃德·霍奇金（Alan Lloyd Hodgkin）与安德鲁·菲尔丁·赫胥黎（Andrew Fielding Huxley）将充满海水的毛细玻璃管（直径 0.1 mm）插入枪乌贼大神经轴突（直径 0.5 mm）作为细胞内电极，而将另一电极置于浸泡细胞的海水中，首次用细胞内记录的方法观察到跨膜静息电位。

另外，还可采用单极记录法观察生物电活动。将一个记录电极（称为有效电极）接触或插入被观察的组织或细胞，将另一个记录电极的电位保持恒定或经常处于零电位状态，即此电极为参考或无关电极，由此记录到只反映被观察组织或细胞的电变化，这种记录生物电的方法称为单极记录法。

（二）细胞生物电产生的重要基础

细胞生物电的产生机制是以物理学中的电学知识为基础的，同时它也与细胞膜的结构和功能特征密切相关。

1. **细胞膜的电学特性** 细胞膜的脂质双分子层将细胞内、外液分隔开，细胞膜和两侧电解质溶液具有以下电学特性。

只要细胞内、外液电荷分布有很微小的差异，就可导致不均衡分布的电荷聚集在细胞膜的两侧，形成较明显的膜内、外电位差。又由于细胞内、外液的电荷物质数量非常的巨大，细胞内、外液实际上都是接近电中性的（图 2-9）。

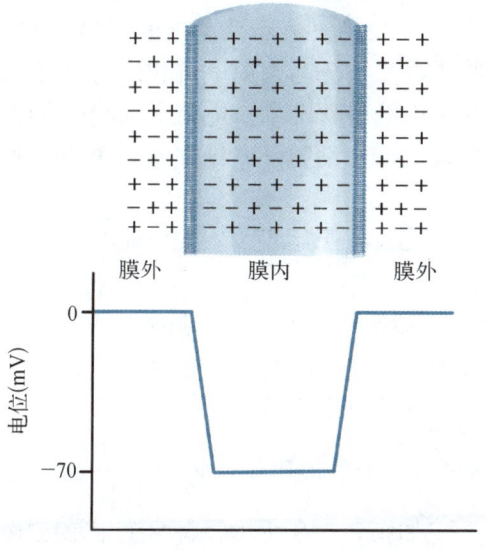

图 2-9 神经纤维细胞内、外电荷分布示意图

单纯的脂质双分子层不允许电荷物质通过，但细胞膜的脂质双分子层中嵌入的离子通道和转运体使某些电荷物质能够跨细胞膜移动。某一电荷物质（通常是离子）能够跨细胞膜移动，称为细胞膜对该离子具有通透性。细胞膜对某离子的通透性大小常用膜电导 G 来表示，膜电导大说明细胞膜对该离子的通透性高。膜电导是膜电阻的倒数。根据欧姆定律，电流强度=电压/电阻，通过测量膜电压和膜电流，即可计算出膜电阻和膜电导。但由于膜电流的产生实质上是电荷物质跨膜运输，这使膜电位（即膜电压）也随之发生变化。为研究细胞膜上的电压门控通道的特性，电压钳（voltage clamp）技术采用一个反馈电路，通过外源输入一个与正发生的膜电流方向相反的电流，使膜电压被钳制（固定）于任一水平，从而使膜电导和膜电阻的测算成为可能。在电压钳技术的基础上发展起来的膜片钳（patch clamp）技术可测算单通道的膜电流、膜电阻和膜电导，使生物电的观察进入了分子水平。除膜电阻外，沿细胞的长轴还存在轴向电阻。它的数值与细胞的直径成反比，即细胞直径越大，轴向电阻越小。

2. **离子跨膜扩散和平衡电位** 在细胞膜对离子有通透性的前提下，驱动力决定离子是否跨膜和跨膜净移动的方向。对带电离子而言，离子净移动的驱动力包括浓度差和电场力。浓度差（或浓度梯度）为化学驱动力，电场力就是电位差（或电位梯度），为电学驱动力。浓度差和电场力的代数和称为电化学梯度。

经测量已知，细胞内、外液主要带电离子的浓度有明显差异（表 2-1），假设细胞膜只对某一种离子有通透性，且膜两侧电荷分布无差异即不存在电位梯度，则该离子将顺浓度差跨膜扩散，带电离子的扩散就使膜两侧的电荷分布不再均衡，产生膜内、外的电位差。该电位差形成的对该离子的驱动力与浓度差驱动力的方向相反，成为阻止离子进一步跨膜扩散的力量，随着离子扩散的进行，浓度差逐渐减小而电场力逐渐增大，直至两者大小相等，离子扩散达动态平衡，此时的跨膜电位为该离子的平衡电位。由此可见，如果细胞膜只对某离子有通透性，而且存在膜内、外该离子的浓度差，细胞膜电位应当处于该离子的平衡电位，此时该离子的电化学梯度为零，尽管膜对该离子有通透性，但没有离子的跨膜净移动。每种离子都可以根据它在细胞膜两侧的浓度，利用 Nernst 公式计算出它的平衡电位，用 E_x 来表示，即：

$$E_x = \frac{RT}{ZF} \ln \frac{[X]_o}{[X]_i} (V) \qquad (式2-1)$$

式中，R 是通用气体常数，Z 是离子价，F 是 Farady 常数，T 是绝对温度；$[X]_o$ 和 $[X]_i$ 分别代表细胞膜外和细胞膜内的 X 离子的浓度。

表 2-1 细胞内、外液主要组成离子的大约浓度　　　　　单位：mEq/L

离子	细胞外浓度	细胞内浓度
Na^+	142	10
K^+	4	140
Ca^{2+}	2.4	0.000 1
Cl^-	103	4

3. **内向电流和外向电流**　电荷物质在细胞膜内、外净移动，产生跨膜电流。根据电流方向的不同，跨膜电流被分为内向电流和外向电流。由于电流的方向是以正电荷移动的方向定义的，正电荷由细胞外向细胞内的净移动或负电荷由细胞内向细胞外的净移动称为内向电流，而正电荷由细胞内向细胞外的净移动或负电荷由细胞外向细胞内的净移动称为外向电流。

二、静息电位

细胞在静息（未受刺激）时，存在于细胞膜内、外的电位差称为静息电位（resting potential，RP），又称跨膜静息电位。

（一）静息电位的记录

如图 2-10 所示，将两个记录电极 A 和 B 均置于细胞外，两个记录电极间没有电位差，此时的电位水平为 0 mV；将电极 B 插入细胞内的瞬间，记录到电位突然降低 70 mV，随后电位维持在这一水平。通常将图 2-10 中置于细胞外的电极 A 接地或将细胞外电位定义为 0 mV，膜电位的绝对值代表细胞内与细胞外电位的差值，若细胞膜内电位高于细胞膜外，则记为正，若细胞膜内电位低于细胞膜外，则记为负。由此可见，该神经纤维的静息电位为 -70 mV。

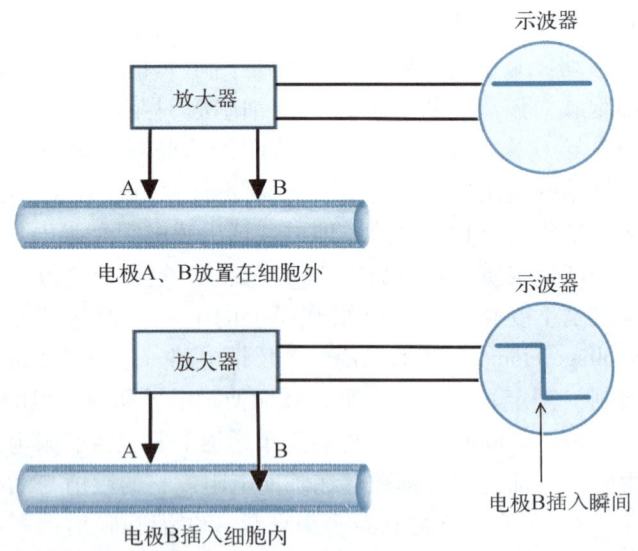

图 2-10 静息电位记录示意图

（二）静息电位特点和电位变化的描述

细胞的静息电位均低于细胞外，故静息电位均为负值，细胞静息时的电位状态为内负外正。细胞的静息电位通常是平稳的直流电位，但中枢内的某些神经细胞及某些心肌和平滑肌细胞，也会在静息时出现自发性的电位波动。细胞的静息电位因类型不同而有明显差异。例如，骨骼肌细胞的静息电位约 -90 mV，神经细胞约 -70 mV，平滑肌细胞约 -55 mV，红细胞约 -10 mV。另外，静息电位在不同种属动物的同类型细胞也各有不同。

细胞的静息电位是可以变化的。由于电位的正负符号代表的是细胞膜内的电位高于或低于细胞膜外，故用电位的绝对值定义静息电位的大小。细胞膜内电位负值的减小称为静息电位减小，反之，则称为静息电位增大。细胞的膜电位还可在静息电位基础上因受刺激而发生变化，产生动作电位或局部电位。为方便对静息电位和膜电位的变化进行描述，引入了物理学电荷分布的不均衡状态"极化"的概念，并衍生出具有生理学特定含义的一系列相关概念（图2-11）。极化（polarization）被定义为静息电位时细胞膜电位外正内负的状态，即静息电位状态就等同于极化状态。静息电位增大的过程或状态称为超极化（hyperpolarization）。静息电位减小的过程或状态称为去极化（depolarization）。若膜电位去极化至零电位后继续变为正值，则称为反极化，膜电位高于零电位的部分称为超射（overshoot）。而如果细胞膜的电位由远离静息电位的状态向静息电位方向恢复的过程称为复极化（repolarization）。通常情况下，复极化是指细胞膜电位去极化后再向静息电位的恢复。

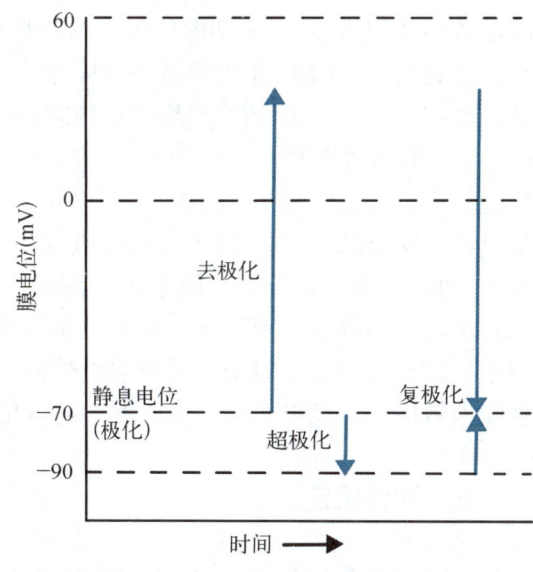

图2-11 静息电位及其变化相关的生理学概念示意图

（三）静息电位产生的机制

处于安静状态下的神经纤维（神经元），由于细胞膜上存在一种持续处于开放状态的钾通道（钾漏通道），故细胞膜主要对K^+具有通透性。因此，根据上述关于细胞电学基础知识可知，静息电位产生机制主要与膜内、外的K^+有关，重点在于分析细胞膜内、外的K^+电化学梯度。假设安静状态下细胞膜内、外没有电位差，即膜电位为0，只考虑膜对K^+有通透性，实质上这种状态不可能持续。由于细胞内液K^+浓度为细胞外液的30倍以上（表2-1），浓度差推动K^+外流，而其他带电物质都不能跨膜移动，带正电荷的K^+外流使细胞膜内的电位低于细胞膜外，由此产生细胞膜内负外正的电场力，该电位差形成的对K^+的驱动力与浓度差驱动力的方向相反，从而阻止K^+进一步跨膜外流。随着K^+外流继续，膜两侧浓度差动力逐渐减小而电场力阻力逐渐增大，直至电化学驱动力的代数和为零，K^+的跨膜净移动为零，此时的跨膜电位称为K^+平衡电位（K^+ equilibrium potential，E_k）。此时细胞膜电位可以处于动态平衡而维持这种状态。

目前已知，细胞膜上的钾漏通道对Na^+也有极小的通透性，细胞静息电位的产生也与Na^+有关。由于细胞膜外Na^+浓度大于细胞膜内，而假设此时处于K^+平衡电位状态，也就是说细胞呈内负外正的状态，Na^+顺浓度差和顺电场力发生内流，即使因膜对Na^+通透性较小，少量的Na^+逸入膜内也会抵消一部分K^+外移造成的膜内负电位。因此，实际测量出的细胞静息电位数值略小于理论上计算出的K^+平衡电位值。由此可见，细胞处于静息电位时，膜电位阻止K^+外流的电场力略小于浓度差的外向驱动力，此时K^+可有一个较小的外向驱动力而发生较少的K^+净外流。

显然，细胞处于安静状态下的K^+净外流和Na^+内流持续存在，会破坏细胞膜内、外的离子浓度梯度，钠泵的活动就起到将外流和内流的K^+和Na^+逆浓度梯度主动转运，将3个Na^+转运出细胞，2个K^+转运回细胞内，从而维持细胞内、外液离子分布的动态平衡。因此，钠泵也在静息电位的产生中有重要作用。一方面，钠泵活动是生电性的，每一个转运周期产生了一个正电荷的净外移，对静息电位具有直接效应，使其负值变大；另一方面，因钠泵活动持续作用维持的细胞内高K^+和细胞内低Na^+状态，也间接影响着静息电位的产生。

综上，参与静息电位形成机制的重要基础是K^+在细胞内、外的不平衡分布和膜主要对K^+有通透性，即静息电位主要取决于K^+平衡电位。少量的Na^+内流和钠泵也参与静息电位的形成。静息电位实质上是细胞的电位和离子浓度梯度同时处于动态平衡的状态，是少量K^+外流、少量Na^+内流和钠泵共同作用的结果。

（四）影响静息电位的因素

凡参与静息电位产生机制的环节都可影响静息电位的值，主要包括以下几个方面：① 改变细胞外液的

K^+浓度可通过改变K^+平衡电位而影响静息电位，而K^+平衡电位是影响静息电位的最主要因素。血K^+升高，细胞内、外的K^+浓度差减小，K^+平衡电位减小，静息电位的值减小，细胞膜去极化。相反，血K^+降低，细胞内、外的K^+浓度差增大，细胞膜超极化。②细胞膜对K^+和Na^+的通透性也改变静息电位。细胞膜对Na^+的通透性增大，Na^+内流增多，静息电位变小，细胞膜去极化；而细胞膜对K^+的通透性增大，K^+外流增多，静息电位更接近K^+平衡电位，电位值变大，细胞膜超极化。例如，用四乙胺阻断钾通道后，静息电位明显减小。③钠泵活动可通过直接和间接作用参与静息电位的形成和维持。在细胞缺血、缺氧或H^+增多（酸中毒）时，因细胞代谢障碍向钠泵提供能量降低，或者钠泵功能受哇巴因等药物的抑制，钠泵活动明显降低甚至停止，K^+不能泵回细胞内，细胞外液的K^+浓度增加，细胞内、外K^+的浓度差逐渐减小，K^+外流减少，从而导致静息电位的负值减小。如果某些因素致钠泵活动明显增强时，由于钠泵的直接生电效应，静息电位值变大，发生超极化。

三、动作电位

在静息电位的基础上，给细胞一个有效刺激，可触发细胞产生快速、可传播的膜电位波动，称为动作电位（action potential，AP）。不同细胞的动作电位具有不同的形态。下文以神经纤维为例介绍动作电位的形态、产生和传播机制及特点等，并在此基础上，认识细胞的兴奋性及其变化。

（一）动作电位的形态

神经纤维动作电位形态如图2-12所示。膜电位首先从-70 mV迅速去极化，膜内电位出现极化倒转至+30 mV左右，形成动作电位的升支，称为动作电位的去极相。随后，电位迅速复极至接近静息电位水平，形成动作电位的降支，两者共同形成尖峰状的电位变化，称为锋电位（spike potential）。锋电位是动作电位的主要组成部分，具有动作电位的主要特征。锋电位持续1~2 ms，在锋电位后出现的低幅、缓慢波动的膜电位，称为后电位。实际上，锋电位和后电位并没有严格的界限。后电位包括两个成分，前一个成分的膜电位仍小于静息电位，称为负后电位（negative after-potential），又称为去极化后电位或后去极化（after-depolarization）；后一个成分大于静息电位，称为正后电位（positive after-potential），又称为超极化后电位或后超极化（after-hyperpolarization）。另外，动作电位上升支的最高点又称为超射值，0电位以上的部分称为超射，而从动作电位超射值下降至完全恢复静息电位的整个过程，称为动作电位的复极相。由此可见，动作电位的全过程可分为去极相和复极相两个时期，也可以分为锋电位和后电位两个时期。

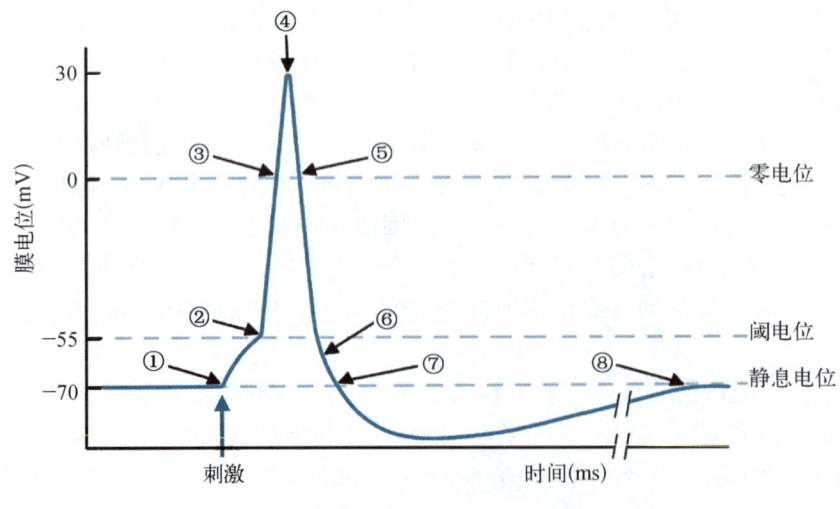

图2-12 神经纤维动作电位模式图

①~②膜电位去极化达阈电位水平；②~④去极相；④超射值或峰值；③~⑤超射；
④~⑥快速复极；②~⑥锋电位；⑥~⑧后电位；⑥~⑦负后电位；⑦~⑧正后电位

（二）动作电位的产生机制

细胞膜在静息电位基础上，受到阈刺激或阈上刺激可产生动作电位，表现为快速的电位波动，其实质是离子跨膜流动。内向电流使膜内电位的负值减小，引起细胞膜的去极化。同理，在动作电位复极相，只有外向电流才能使膜电位的正值减小，进而使膜内负值恢复到静息电位，即引起细胞膜的复极化。也就是说，动作电位的去极相由内向电流形成，而复极相则由外向电流形成。因此，关于动作电位产生机制的研究，就转变为寻找是何物质及该物质为什么可以形成内向或外向的跨膜电流。前文已提及，离子跨膜流动的产生需要两个必不可少的因素。以细胞膜对离子的通透性为前提，细胞膜两侧对离子的电化学驱动力决定物质跨膜移动的方向。因此，下文分别从动作电位去极相和动作电位复极相角度，阐述动作电位产生的机制。

1. 动作电位去极相 在动作电位的去极相，细胞膜对 Na^+ 的通透性因钠通道的开放而增加，大量的 Na^+ 迅速流入细胞膜内，细胞膜内负电荷因正电荷的进入而迅速被抵消，进而出现细胞膜内的正电位，直至正电位增大到足以对抗由浓度差所致的 Na^+ 内流，即浓度差引起的 Na^+ 内流动力与细胞膜内正电位产生的对 Na^+ 内流的阻力达到平衡。此时的跨膜电位相当于 Na^+ 平衡电位，也可以根据 Nernst 公式计算出 Na^+ 平衡电位值。但实际上动作电位的超射值远小于 Na^+ 平衡电位，这与细胞膜对 Na^+ 通透性快速消失和对 K^+ 通透有关。

介导动作电位去极相时细胞膜对 Na^+ 通透的是电压门控钠通道。钠通道存在三种状态，即静息（resting）、激活（activation）和失活（inactivation）。钠通道的三种状态与通道分子内部存在两个呈串联排列的激活门和失活门有关（图 2-13），其中在关闭和失活两种状态下的钠通道都是不开放的，只有在激活状态下通道才开放。钠通道的开、闭都受膜电位的控制，具有电压依赖性，去极化使通道激活，且去极化程度越高，钠通道开放概率越高，细胞膜对 Na^+ 通透性越高；同时它还具有时间依赖性，处于关闭状态的通道在被激活后迅速失活，直到经历一定时间和膜电位恢复到一定电位水平才能够回到关闭状态，此为通道的复活过程。用河鲀毒素（tetrodotoxin，TTX）阻断钠通道后动作电位不能产生；当细胞外液中的 Na^+ 浓度降低，动作电位的振幅减小或超射不再出现，在此基础上逐渐增加细胞外液的 Na^+ 浓度，动作电位的振幅亦

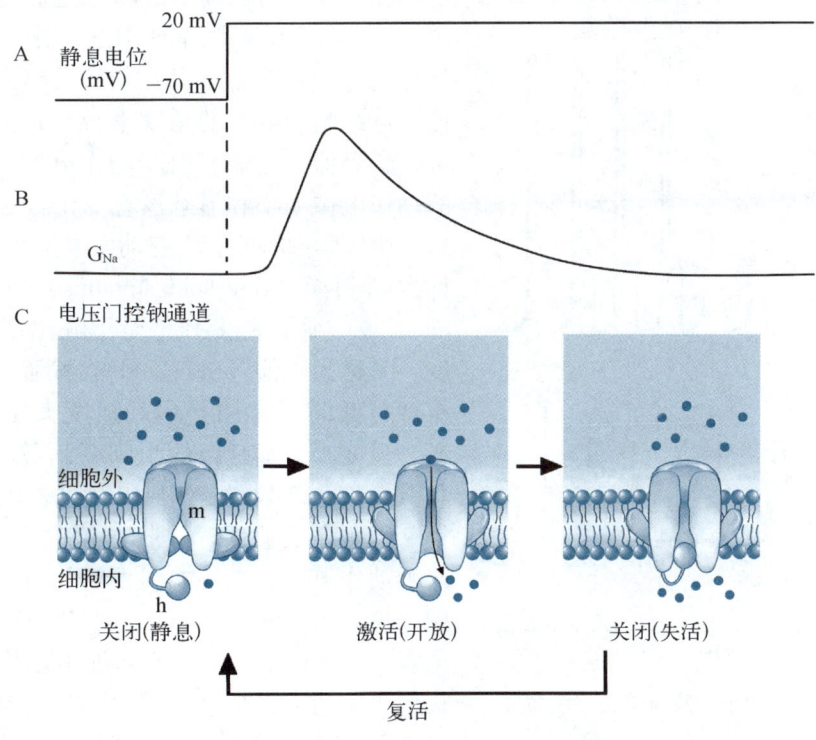

图 2-13 电压门控钠通道功能状态示意图

A. 将膜电位由 -70 mV 钳制为 +20 mV；B. Na^+ 电导（G_{Na}）变化；
C. 钠通道依次经历三种状态的变化
m 表示激活门；h 表示失活门

逐渐增大。这些实验证据说明动作电位上升支与细胞膜对 Na^+ 的通透性增大有关。不过这些证据都是间接的，而应用电压钳与膜片钳技术开展的实验研究，直接证实了电压门控钠通道在动作电位去极相中的作用。

在动作电位去极相，细胞膜对 K^+ 具有较小通透性，远远小于细胞膜对 Na^+ 的通透性，因此在分析其机制时，常常仅分析 Na^+ 的跨膜流动。实际上细胞膜对 K^+ 通透，分析 K^+ 所受到的驱动力可知，K^+ 应发生外流，抵消一部分 Na^+ 内流产生的内正外负，这是超射值小于 Na^+ 平衡电位的原因之一。在动作电位去极相，介导细胞膜对 K^+ 通透的通道有两种，一种是介导静息电位产生的钾漏通道，另一种是电压门控钾通道（详见动作电位复极相）。

2. **动作电位复极相** 在动作电位去极化至超射值（约 +30 mV）时，钠通道失活，细胞膜对 Na^+ 通透性消失，同时对 K^+ 的通透性升高，于是细胞膜内 K^+ 又由于浓度差和电位差的推动而外流，膜内电位由正值逐渐变为 0。此时推动 K^+ 外流的电场力为零，但浓度差会继续推动 K^+ 外流，膜电位向负值发展，直至恢复静息电位水平。在后电位期间，膜电位发生超极化的原因尚不完全清楚，目前认为其可能与细胞膜对 K^+ 的高通透性持续时间较长和钠泵较强活动的生电效应有关。

介导动作电位复极相时细胞膜对 K^+ 通透的主要是电压门控钾通道。电压门控钾通道只有一个激活门，只有激活（开放）和去激活（关闭）两种状态。电压门控钾通道也是由去极化电位激活的，但开放速度明显慢于钠通道。

（三）产生动作电位的条件

动作电位由刺激引起。刺激泛指细胞所处环境因素的任何改变。任何变化都包括强度、时间及强度-时间变化率（即变化的快慢）三个维度，故将它们称为刺激的三个参数。实验表明，刺激要引起组织细胞发生动作电位，三个参数均必须达到某一临界值，任何一个参数过小，另外两个参数无论多大，都不能引起动作电位。在生理学实验中，常用电刺激作为人工刺激来观察和分析神经或各种肌肉组织的反应，为了方便分析，常将刺激时间（波宽）和强度-时间变化率（方波刺激）固定为合适的值，只改变刺激强度。

在记录不同强度刺激时细胞膜电位变化的实验中发现，不是所有的刺激都能引起动作电位（图 2-14）。从外加刺激的角度看，只有刺激足够大才能够引起动作电位；从细胞膜电位的角度来说，只有膜电位去极化达到某一临界值，才能够引起动作电位，而且不同刺激引起的动作电位大小和形态没有变化。

生理学中将能够引起动作电位产生的最小强度的刺激称为**阈刺激**（threshold stimulus）。而**阈强度**（threshold intensity）则指能够引起动作电位产生的最小的刺激强度，又称为**阈值**（threshold）。阈强度和阈刺激是评价兴奋性高低的最常用指标。强度大于阈刺激的为阈上刺激，强度小于阈刺激的为阈下刺激。外加刺激必须为阈刺激或阈上刺激，是细胞产生动作电位的必要条件。

当刺激足够大时，膜电位去极化达到某一临界值，产生动作电位。这一能引发动作电位的临界膜电位称为**阈电位**（threshold potential）。阈电位一般比静息电位的绝对值小 10~20 mV。引起细胞动作电位去极化和复极化的离子通道都是电压门控通道，且都是以去极化来激发它们开放，因此，引起动作电位产生的刺激必然是使

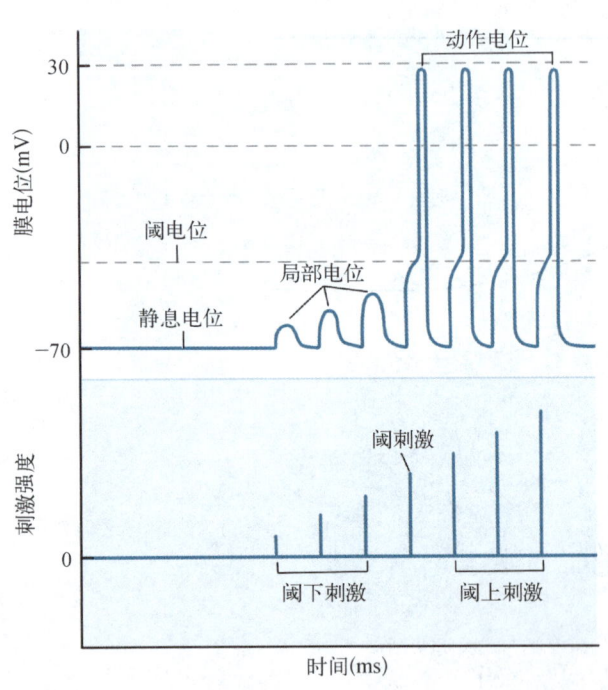

图 2-14 不同强度刺激时的细胞膜电位变化示意图

细胞膜去极化的。刺激越大，细胞膜去极化程度越高，而刺激越小，细胞膜去极化变化越小。当刺激较小时，只产生小的去极化电位，细胞膜上较少的钠通道激活，细胞膜对 Na^+ 通透性轻微增加，Na^+ 内流较静息电位时增多，引起细胞膜电位去极化，但去极化电位使 K^+ 外流的电场力阻力变小，由于细胞膜此时对

K^+ 通透性高，K^+ 外流快速增加并抵消 Na^+ 内流，电位复极化。随着刺激增大，去极化增大，Na^+ 内流增多和速度加快，当 Na^+ 内流速度超过 K^+ 外流时，去极化就不能够被抵消，净内向电流使去极化继续进行，进一步加大细胞膜中钠通道的开放率，使 Na^+ 内流继续增加而造成细胞膜内进一步去极化，如此反复形成正反馈的过程，称为膜去极化—钠通道开放—Na^+ 内流的再生性循环，其结果是使细胞膜内去极化迅速发展，产生动作电位。基于此，阈电位也可定义为能引发电压门控钠通道再生性激活的临界膜电位值。阈电位是从细胞膜电位本身来描述动作电位的产生条件，外加刺激仅起激活通道并形成正反馈的作用。阈刺激和阈电位在概念上不同但又有一定关联，阈刺激或阈上刺激能使膜由静息电位去极化到阈电位，引起动作电位。因此，对于某一个细胞而言，动作电位大小和形态与刺激的大小无关，而与引起去极相离子的浓度差和细胞膜对该离子的通透性有关。

（四）动作电位的传导

细胞膜某一部分产生的动作电位可沿细胞膜不衰减地传导至整个细胞。沿神经纤维传导的动作电位称为神经冲动。动作电位传导的机制如图 2-15 所示，产生动作电位的部位 A 与邻近的处于静息电位 B 部位形成了局部电流，而这一电流对邻近部位的作用是使细胞膜在静息电位基础上发生去极化，而且这一去极化程度比阈电位水平要大得多，动作电位就在 B 处的细胞膜上产生，于是，动作电位从 A 处传至 B 处。同理，B 处产生的动作电位将继续传至 C 处。动作电位传导是动作电位与邻近部位间的局部电流刺激相邻的膜产生动作电位，其实质是沿细胞膜不断产生新动作电位的过程，这也是动作电位的幅度在长距离传导中不衰减的原因。值得注意的是，当 B 处产生动作电位时，A 处已经复极化，与 B 处之间同样存在局部电流，但由于此时 A 处细胞膜的钠通道处于失活状态，故图 2-15 中所示动作电位传导的方向是沿 A—B—C 进行。

动作电位的传导与局部电流有关，局部电流的大小与电阻成反比，故直径较大的神经纤维因轴向电阻较小而动作电位的传导较快。图 2-15 所示的动作电位传导过程和机制是在无髓鞘神经纤维和肌纤维等细胞上发生的，在有髓鞘神经纤维，局部电流仅在郎飞结间产生，即在发生动作电位的郎飞结与静息的郎飞结间产生。这种传导方式称为跳跃式传导（saltatory conduction）。有髓鞘神经纤维与无髓鞘神经纤维比较，动作电位的传导速度更快，所消耗能量更少。

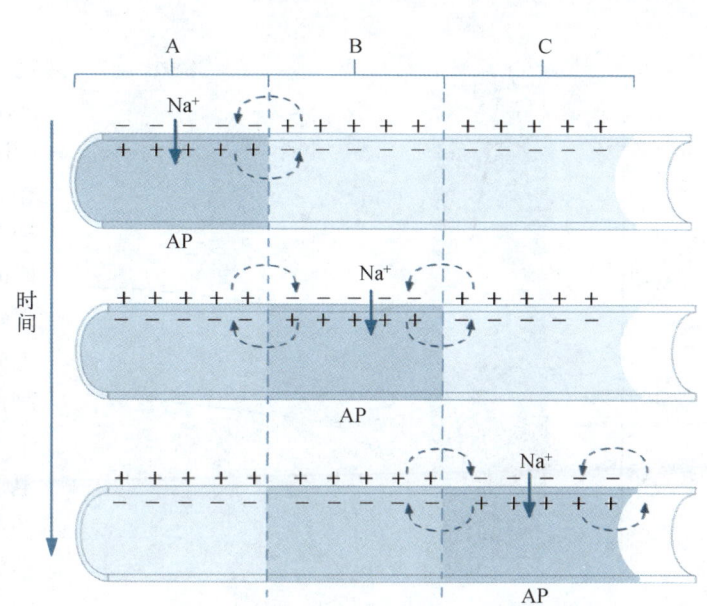

图 2-15 动作电位在神经纤维上的传导示意图

AP 表示动作电位；虚线箭头表示局部电流；实线箭头表示 Na^+ 内流

（五）动作电位的特点

在同一细胞，动作电位的幅度不随刺激强度而发生变化的现象称"全或无"（all or none）现象。从字面上理解，动作电位可以是"无"即不产生，一旦产生就没有形态大小的变化即"全"。动作电位的"全或无"特性是就同一细胞且条件不变而言的。当刺激小于阈刺激时，不引起细胞动作电位，这是"无"；当刺激等于和大于阈刺激时，刺激通过使膜去极化达阈电位激发再生性 Na^+ 内流，引起细胞产生动作电位，但刺激只起到点燃作用，后续发生的电位变化与刺激不再有关系，这是"全"。

动作电位具有可传播性，且在同一细胞的传播具有不衰减传递的特点。前已提及，动作电位在某一细胞的传导是整个细胞都依次产生一次动作电位，而不是电流的直接传导，细胞的动作电位具有"全或无"特性，故新产生的动作电位的形态和大小保持不变。也因为此，部分学者将动作电位的不衰减传递特性归为"全或无"特性的另一个方面。

动作电位还具有不可总和的特性，这与动作电位产生过程中钠通道及细胞的兴奋性变化有关。因此，当连续几个阈刺激（或阈上刺激）作用于细胞时，细胞产生的动作电位不可融合，即呈现出以脉冲式发放的一个一个的动作电位。

（六）一次动作电位产生后细胞兴奋性的变化

在现代生理学中，动作电位或动作电位的产生过程，称为兴奋（excitation）。细胞对刺激产生反应的能力称为兴奋性（excitability）。受刺激后能产生动作电位的细胞，称为可兴奋细胞（excitable cell）。一般认为，神经细胞、肌细胞和部分腺细胞都属于可兴奋细胞。

基于现代生理学关于生物电的认识，细胞动作电位产生的条件需要以细胞具有兴奋性为前提，而细胞兴奋性的高低是指细胞是否容易产生动作电位。神经纤维动作电位的产生是膜电位去极化与电压门控钠通道激活的正反馈，因此，细胞的兴奋性与参与动作电位产生的通道即钠通道密切相关。同时，从膜电位变化的角度看，细胞产生动作电位的条件，需要膜电位从静息电位水平去极化达阈电位水平，因此两者的差距也与细胞的兴奋性变化有关。阈刺激和阈值（阈强度）常用于评价兴奋性的高低。阈刺激（或阈值）越大，说明引起细胞产生动作电位所需的最小刺激（或刺激强度）越大，动作电位不容易产生，细胞的兴奋性越低；相反，细胞产生动作电位所需阈刺激（或阈值）越小，细胞的兴奋性越高。由此可见，细胞兴奋性的高低与阈刺激（或阈值）成反比。

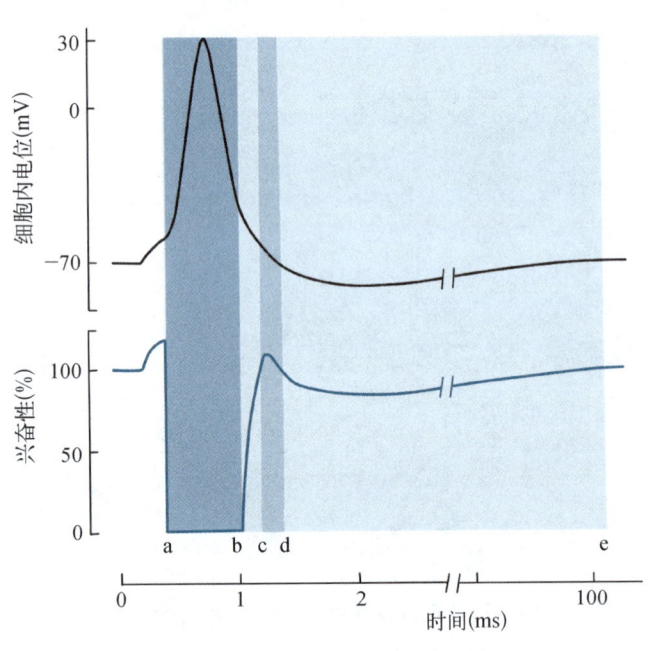

图2-16 动作电位兴奋性变化示意图

ab表示绝对不应期；bc表示相对不应期；
cd表示超常期；de表示低常期

可兴奋细胞产生一次动作电位后，其兴奋性会经历一系列变化，包括绝对不应期（absolute refractory period，ARP）、相对不应期（relative refractory period，RRP）、超常期和低常期（图2-16）。动作电位去极相开始至快速复极（相当于锋电位）时期，无论施加多强的刺激也不能使细胞再次产生动作电位，这段时间称为绝对不应期。处在绝对不应期的细胞，兴奋性为零，阈刺激无限大。绝对不应期是钠通道正处于正反馈的激活过程中或失活状态，此时任何刺激都不可能使细胞膜钠通道再次正反馈激活而产生动作电位。由于动作电位的绝对不应期相当于锋电位时期，故细胞膜两个先后产生的动作电位不能叠加，即动作电位是脉冲式的，不能总和。在绝对不应期之后，细胞的兴奋性逐渐恢复，在一定时间内，受刺激后可发生动作电位，但刺激强度必须大于原来的阈强度，这段时期称为相对不应期。相对不应期细胞的兴奋性低于正常，主要是由于部分钠通道复活而还有部分仍处于失活状态，也与此时的较强K^+外流有关。在相对不应期的早期，细胞膜上可开放的钠通道明显少于正常，细胞兴奋性很低，随时间推移，复活的钠通道数量越来越多，兴奋性逐渐提高直至基本恢复正常。相对不应期后，细胞兴奋性可轻度而短暂地高于正常水平，随后低于正常水平并逐渐恢复正常，分别称为超常期和低常期。超常期和低常期分别处于后去极化和后超极化时期，其主要与膜电位较正常静息电位时更靠近或远离阈电位有关。

四、局部电位

在刺激的作用下，细胞发生膜电位的变化，但没有产生动作电位，这些膜电位变化称为局部电位。局部电位可以是去极化电位，也可以是超极化电位。另外，外源性电刺激可直接导致膜电位发生去极化或超极化，此时的电位称为电紧张电位，它与细胞膜的通透性和电荷物质跨膜无关。

在阈下刺激作用下，细胞产生了小的去极化电位，此时膜电位虽未达到阈电位引起细胞兴奋，但因膜电位去极化变化而更接近阈电位，细胞在此情况下更容易兴奋，故将这些较小的膜去极化电位，称为局部电位（图 2-14）。刺激引起的膜去极化，能引起钠通道少量开放，只是开放的概率低，于是少量内流的 Na^+ 和电刺激造成的去极化叠加起来，且很快被外流的 K^+ 所抵消，因而不能引起再生性循环而发展成动作电位。通常并未区分刺激引起的电紧张电位和电荷物质跨膜形成的局部电位，而是将阈下刺激时记录到的电位变化统称为局部电位。在阈下刺激范围内，刺激强度越强，引起的膜去极化即局部电位的幅度越大，延续的时间也越长。当去极化达到足以引发 Na^+ 内流再生性循环的阈电位水平时，细胞膜去极化的速度突然加大，即可产生动作电位。

感受器电位、突触后电位和终板电位等均属于局部电位，局部电位具有下述与动作电位完全相反的特性。局部电位不是"全或无"的，而是随着阈下刺激的增大而增大。局部电位不能在膜上远距离传播，只能以电紧张形式向附近扩布，电位随传播距离加大而迅速减小直至消失，即局部电位呈衰减传播。局部电位是可以互相叠加的，即局部电位具有总和（summation）特性。相距较近的、同时产生的局部电位，只要在彼此的电紧张扩布范围内，就可以叠加，称为空间总和（spatial summation）。细胞膜连续接受频率较高的阈下刺激时，后一次刺激引起的局部电位会与前一次刺激引起的局部电位发生叠加，称为时间总和（temporal summation）。与局部电位不同，动作电位是不能总和的。这是由于一个刺激引起局部电位产生时，只有少数的钠通道被激活，其他刺激作用于细胞时，细胞膜还有其他处于关闭状态的钠通道被激活，可产生电位变化的叠加；但一个刺激引起细胞产生动作电位时，钠通道被正反馈激活并失活，其他的刺激不能引起新的电位变化。

综上，可兴奋细胞可在静息电位的基础上发生局部电位和动作电位，参与体内多种功能如控制神经递质释放、肌细胞收缩、腺体分泌等。

第四节　肌细胞的收缩

人体的多种活动与肌细胞的收缩和舒张有关。根据形态和收缩特点的不同，肌组织被分为骨骼肌、心肌和平滑肌三类，其中，骨骼肌和心肌因在光镜下呈明暗相间的横纹而被统称为横纹肌。根据受神经支配的不同，肌组织又可分为受躯体运动神经支配的随意肌（骨骼肌）和受自主神经调控的非随意肌（心肌和平滑肌）。

一、横纹肌

虽然心肌和骨骼肌在神经控制方面是完全不同的，两者分属于非随意肌和随意肌。但它们均属于横纹肌，在收缩机制方面具有较多的共性。故下文主要阐述躯体运动神经控制下的骨骼肌的收缩和舒张活动，并对心肌收缩活动与骨骼肌进行比较，说明其个性特征。

（一）骨骼肌神经肌肉接头处兴奋的传递

1. 骨骼肌神经肌肉接头的结构特征　骨骼肌神经肌肉接头（neuromuscular junction）是运动神经末梢和其支配的骨骼肌细胞间的特化结构（图 2-17A）。运动神经末梢在接近肌细胞处失去髓鞘，分成若干分支，轴突末梢膨大形成突触小体，裸露的轴突末梢突触小体嵌入肌细胞向内凹陷的突触沟槽，形成骨骼肌神经肌肉接头。轴突末梢膜称为接头前膜（prejunctional membrane），与其相对的肌细胞膜称为接头后膜（postjunctional membrane），又称终板膜（endplate membrane），两者之间有 20~30 nm 的接头间隙（junctional cleft），其中充满细胞外液。接头后膜为特化的肌细胞膜，向内凹陷形成许多皱襞可增大接头面积。接头前膜指运动神经轴突末梢膜,其内含有许多突触囊泡(synaptic vesicle),又称突触小泡,每个囊泡内约含有 10^4 个乙酰胆碱。接头后膜上有 N_2 型乙酰胆碱受体,即 N_2 型乙酰胆碱受体阳离子通道,它们集中分布于皱褶的开口处。在接头后膜的表面还分布有胆碱酯酶(acetylcholinesterase),它能把乙酰胆碱分解为胆碱和乙酸。

2. 骨骼肌神经肌肉接头处的兴奋传递过程 骨骼肌神经肌肉接头兴奋传递具有电-化学-电传递的特点,过程见图 2-17B。动作电位传到运动神经末梢引起接头前膜去极化,进而使膜上电压门控钙通道开放,Ca^{2+} 进入神经末梢内使其轴浆内 Ca^{2+} 浓度升高,触发突触囊泡的出胞机制,将囊泡内的乙酰胆碱释放至接头间隙。乙酰胆碱在接头间隙内扩散至接头后膜,与 N_2 型乙酰胆碱受体阳离子通道结合并将其激活,通道开放致 Na^+、K^+ 和 Ca^{2+} 跨膜流动,但通道主要对 Na^+ 和 K^+ 通透,浓度差和电场力都使 Na^+ 内流,而 K^+ 跨膜流动的驱动力很小(肌细胞处于静息电位,接近 K^+ 平衡电位),因而接头后膜以 Na^+ 内流为主,发生去极化。这一去极化的电位变化称为终板电位(end-plate potential, EPP),其幅度约 50 mV。终板电位具有局部电位特征,可通过电紧张方式扩布到周围正常的肌细胞膜,刺激膜上的电压门控钠通道,Na^+ 内流使膜去极达阈电位后即可触发动作电位,并传播至整个肌细胞膜。乙酰胆碱在引起接头后膜产生终板电位的同时,可被接头后膜表面的胆碱酯酶迅速分解而消除其作用,可使终板膜恢复到可继续接受新刺激的状态。

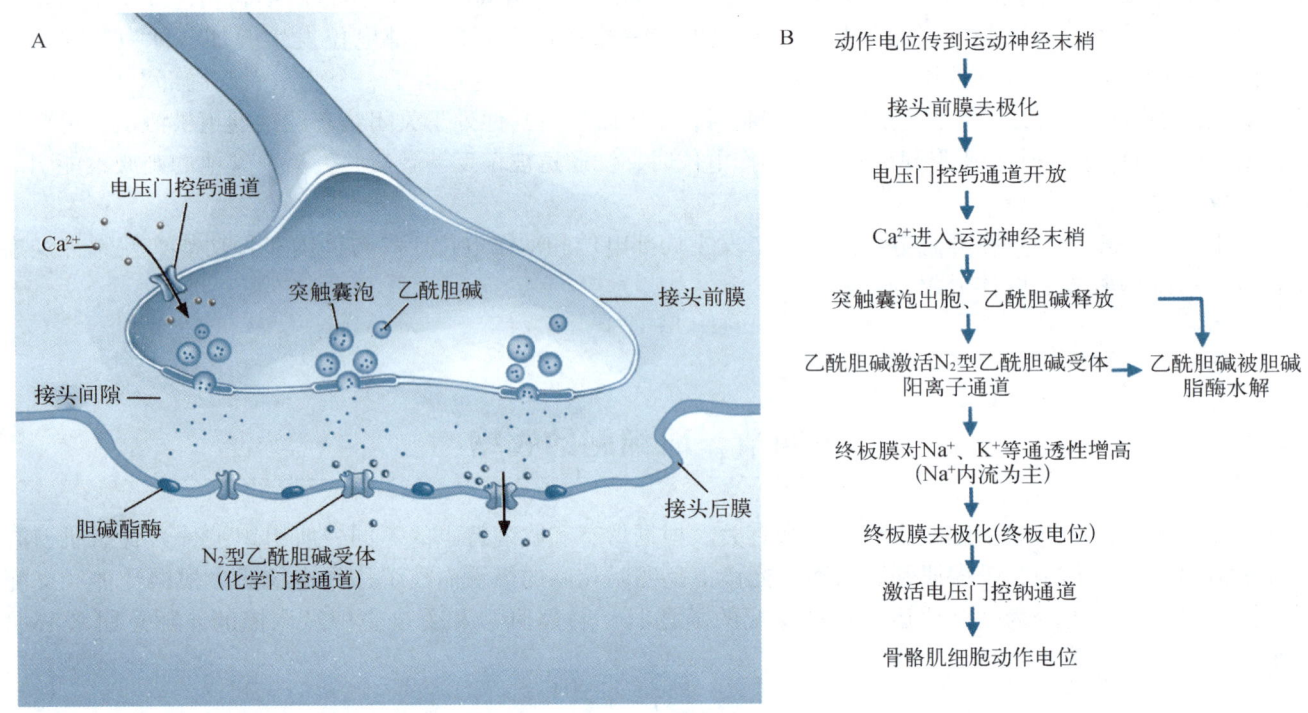

图 2-17 骨骼肌神经肌肉接头的结构(A)和兴奋传递的过程(B)

在神经肌肉接头的兴奋传递过程中,乙酰胆碱的释放是关键步骤。接头前膜释放乙酰胆碱具有 Ca^{2+} 依赖性,是一种量子式释放。接头前膜 Ca^{2+} 内流触发囊泡释放乙酰胆碱,且接头前膜内流的 Ca^{2+} 越多,释放的乙酰胆碱越多,这是我国生理学家冯德培在神经肌肉接头传递的研究中首先提出的。量子式释放指乙酰胆碱以囊泡为基本单位释放,一个囊泡为一个量子,囊泡释放乙酰胆碱时倾囊而出。在静息状态下,接头前膜也会随机自动释放单个囊泡,约每秒 1 次,并引起终板膜电位平均仅 0.4 mV 的微小去极化,称为微终板电位(miniature end-plate potential, mEPP)。由此可见,接头前膜一次动作电位产生的终板电位,由大量突触囊泡同步释放所引起的微终板电位发生总和而形成。

3. 骨骼肌神经肌肉接头处兴奋传递的特征 兴奋在神经肌肉接头处的传递具有以下特征。

(1)单向传递:兴奋只能从接头前膜传向接头后膜,不能逆向传递,这是由于乙酰胆碱只能从接头前膜释放,乙酰胆碱受体仅存于接头后膜。

(2)时间延搁:由于神经肌肉接头的兴奋传递包括乙酰胆碱释放、乙酰胆碱在接头间隙的扩散、乙酰胆碱与受体的结合等过程，兴奋通过神经肌肉接头的时间超过一般细胞膜传导同样距离所需的时间。

（3）易疲劳、易受环境因素和药物的影响：这是由神经肌肉接头传递及乙酰胆碱合成过程涉及的环节多所致。

4. 骨骼肌神经肌肉接头处兴奋传递的影响因素　骨骼肌神经肌肉接头兴奋传递易受到各种因素的影响。例如，筒箭毒和α-银环蛇毒可特异性阻断终板膜上的乙酰胆碱受体阳离子通道而使肌肉松弛；机体产生的自身抗体破坏乙酰胆碱受体可导致重症肌无力；新斯的明等胆碱酯酶抑制剂可抑制胆碱酯酶从而使乙酰胆碱在接头间隙增多，进而有助于改善患者肌无力；有机磷农药中毒则是胆碱酯酶被药物磷酰化而丧失活性，造成乙酰胆碱在接头间隙内大量蓄积，引起中毒症状。

（二）横纹肌细胞的结构特征

横纹肌细胞内含有大量的肌原纤维和高度发达的肌管系统（图2-18）。

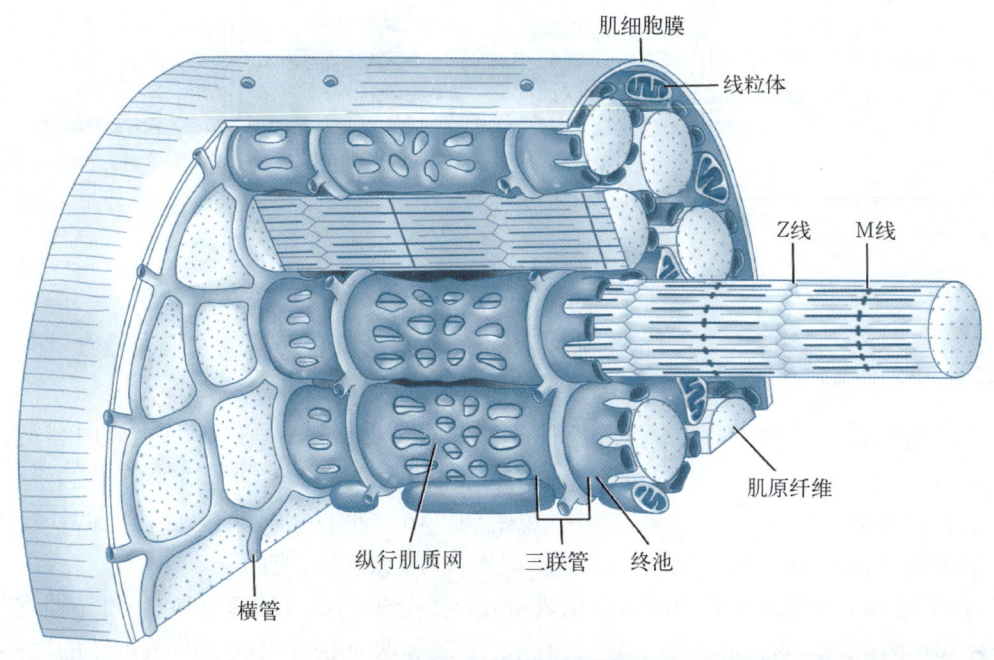

图2-18　骨骼肌细胞的肌原纤维和肌管系统

1. 肌原纤维和肌节　骨骼肌由大量的成束状的肌纤维组成，每一条肌纤维就是一个肌细胞。每个肌细胞内都含有上千条直径1~2 μm、纵向平行排列的肌原纤维。在光镜下，每条肌原纤维沿长轴呈明、暗交替的横纹，分别称为明带和暗带。在暗带的中央有一条横向的线，称为M线，M线两侧各有一段相对较亮的区域，称为H带；明带中央也有一条线，称为Z线，又称Z盘。相邻两Z线之间的区域称为肌节（sarcomere），肌节是肌肉收缩和舒张的基本单位。肌原纤维内有粗、细肌丝。正是因为粗、细肌丝在肌原纤维内规则排列，才使肌原纤维呈现明暗相间的横纹（图2-18，图2-19）。

2. 肌管系统　横纹肌细胞中有两套独立的肌管系统（图2-18）。走行方向与肌原纤维垂直的膜性管道称为横管（transverse tubule），又称T管，横管由肌膜向内凹陷并向细胞深部延伸而形成，它将肌细胞膜动作电位迅速传播至细胞内部。走行方向与肌原纤维平行的管道称为纵管，即肌质网（sarcoplasmic reticulum，SR），其中在肌原纤维周围包绕交织成网的称为纵行肌质网（longitudinal sarcoplasmic reticulum，LSR），纵行肌质网膜上有钙泵，可逆浓度梯度将肌质中的Ca^{2+}转运至肌质网内。肌质网的末端膨大呈扁平状，与横管膜或肌膜相接触，称为连接肌质网（junctional sarcoplasmic reticulum，JSR）或终池（terminal cisterna）（图2-18）。连接肌质网内的Ca^{2+}浓度高，比肌质中高数千倍。连接肌质网膜上有钙释放通道或称雷诺丁受体（ryanodine receptor，RYR）。骨骼肌中横管与其两侧的终池形成三联管（triad）结构，心肌的横管则与单侧的终池形成二联管（diad），二联管是发生兴奋-收缩耦联的关键部位。

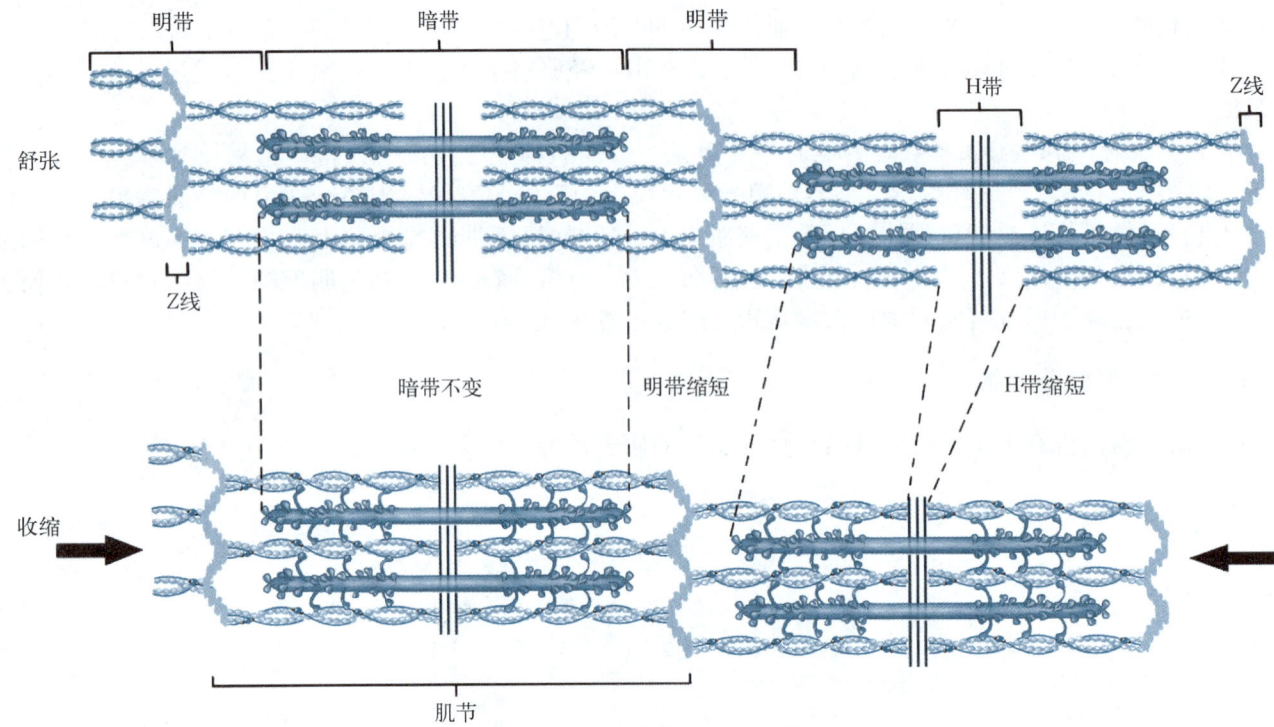

图 2-19 肌丝滑行理论示意图

(三) 横纹肌的收缩机制

目前，公认的肌肉收缩机制是肌丝滑行理论（myofilament sliding theory），其主要内容是，横纹肌的肌原纤维由与其平行走向的粗、细肌丝构成，肌肉的缩短和伸长是粗、细肌丝在肌节内发生相互滑动形成的，肌丝本身的长度不变（图 2-19）。在光镜下观察到，横纹肌收缩时肌肉缩短，肌节缩短，暗带宽度不变，只有明带缩短，同时 H 带相应变窄，这是肌丝滑行理论最直接的证据。

1. **肌丝的分子结构** 粗肌丝主要由肌球蛋白（myosin）分子构成（图 2-20）。每个肌球蛋白分子呈豆芽状，有一个杆部和两个球形的头部。每个分子由一对重链和两对轻链组成。两条重链的尾端组成杆状部，形成粗肌丝的主干，两条重链的头端各结合一对轻链构成球形头部。与头部相连的一小段杆状部称作桥臂。头部与桥臂由肌丝中向外伸出而形成横桥（cross-bridge）。横桥被激活后向 M 线方向扭动，这是肌丝滑行的动力。

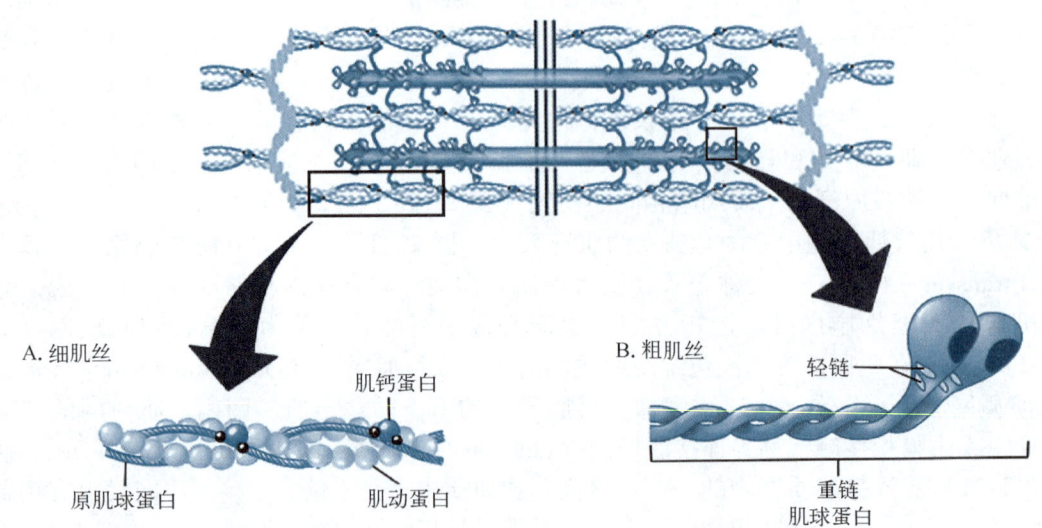

图 2-20 横纹肌粗、细肌丝分子结构示意图

细肌丝主要由肌动蛋白（actin）、原肌球蛋白（tropomyosin）和肌钙蛋白（troponin）构成（图2-20A），三者的比例为 7∶1∶1。肌动蛋白单体呈球形，它在肌丝中聚合成两条链并相互缠绕成螺旋状，构成细肌丝的主干，肌动蛋白上有多个位点可与粗肌丝的横桥结合。原肌球蛋白分子呈长杆状，由两条肽链缠绕成双螺旋结构，多个原肌球蛋白首尾相连形成长链，走行于肌动蛋白双螺旋的浅沟中，掩盖肌动蛋白上横桥的结合位点。肌钙蛋白由3个亚单位组成，分别为肌钙蛋白T（troponin T，TnT）、肌钙蛋白I（troponin I，TnI）和肌钙蛋白C（troponin C，TnC）。TnC中有 Ca^{2+} 结合位点，可与 Ca^{2+} 高亲和力结合，当胞质内 Ca^{2+} 浓度升高时，TnC与 Ca^{2+} 结合，使肌钙蛋白结构发生变化，拖动原肌球蛋白分子向肌动蛋白双螺旋沟槽的深部移动，从而暴露出肌动蛋白上与横桥结合的位点，引发横桥与肌动蛋白的结合和肌肉收缩。肌球蛋白和肌动蛋白因与肌肉的收缩直接有关而被称为收缩蛋白。而原肌球蛋白和肌钙蛋白被称为调节蛋白，因为他们不直接参与肌肉收缩，但可影响和控制收缩蛋白间的相互作用。

2. **肌丝滑行的过程**　在肌肉安静时，肌质中的 Ca^{2+} 浓度低于 10^{-7} mol/L。当肌质中的 Ca^{2+} 浓度升高至 10^{-5} mol/L 时，Ca^{2+} 与细肌丝中的肌钙蛋白结合，引起原肌球蛋白移位，暴露出肌动蛋白上横桥的结合位点，使横桥与细肌丝中的肌动蛋白结合，继而引起横桥结构改变，其头部向桥臂方向扭曲摆动45°，拖动细肌丝向M线靠拢，从而将横桥储存的能量（来自ATP分解）转变为克服负荷的张力和（或）肌节长度的缩短，然后横桥与肌动蛋白解离、复位，再以同一方式与细肌丝另一位点结合，出现新的横桥扭动，使细肌丝持续向M线滑动。肌球蛋白的横桥与肌动蛋白结合、扭动、复位的过程称为横桥周期（cross bridge cycling）。一个横桥周期的时间为 20~200 ms，其中横桥与肌动蛋白结合的时间约占一半。当肌质中的 Ca^{2+} 浓度降低时，因 Ca^{2+} 与细肌丝中的肌钙蛋白的分离，原肌球蛋白重新覆盖肌动蛋白上与横桥结合的位点，粗、细肌丝分离而弹性回位（舒张），横桥周期停止。

3. **肌收缩力学表现与横桥及横桥周期**　肌收缩主要的力学表现是产生张力和缩短。由于横桥头部与杆状部之间的桥臂有弹性，当肌肉在长度保持不变的条件下收缩时，可使具有弹性的桥臂伸长，从而产生张力。当肌肉收缩时产生的张力足以克服负荷时，可引起肌丝滑动而发生肌肉缩短。横桥的扭动是不同步的，但在给定条件下，每一瞬间与肌动蛋白处于结合状态的横桥的数量是相对恒定的。处于这种状态的每一个横桥都能产生一个很小的张力，而肌肉收缩产生的张力就是众多横桥产生张力的总和。肌肉缩短的速度则取决于横桥周期的长短，横桥周期越短，肌肉的收缩速度越快。

（四）横纹肌的兴奋-收缩耦联

横纹肌的收缩由肌细胞动作电位引起。骨骼肌细胞的动作电位形态和产生机制与神经纤维相似，心肌细胞则根据细胞类型不同而异（详见第四章）。兴奋-收缩耦联（excitation-contraction coupling，ECC）是肌细胞以动作电位为特征的兴奋过程与以肌丝滑行为基础的机械收缩过程联系起来的中介过程。它的发生部位在骨骼肌的三联管结构或心肌的二联管结构，Ca^{2+} 是关键耦联因子。

兴奋-收缩耦联的基本步骤（图2-21）包括：① 肌膜上的动作电位沿肌膜和横管膜传播到肌细胞深处，同时激活横管膜或肌膜中的L型钙通道即二氢吡啶受体（dihydropyridine-receptor，DHP-R）；② 激活的L型钙通道再激活终池膜上的雷诺丁受体即钙通道，它的激活使肌质网内的 Ca^{2+} 被释放入胞质，胞质内的 Ca^{2+} 浓度由静息时 10^{-7} mol/L 的水平升高100倍以上；③ 胞质内 Ca^{2+} 浓度的升高促使肌钙蛋白的C亚基与 Ca^{2+} 结合并触发肌丝滑行；④ 胞质内 Ca^{2+} 浓度升高的同时，激活肌质网膜上的钙泵，钙泵将胞质中的 Ca^{2+} 回收入肌质网，遂使胞质中 Ca^{2+} 浓度降低，Ca^{2+} 与肌钙蛋白解离，导致肌肉舒张。

（五）影响横纹肌收缩效能的因素

肌肉收缩效能（performance of contraction）指肌肉收缩时产生的张力大小、肌肉缩短程度及速度等。根据肌肉收缩的外部表现，可将收缩分为两种形式，即等长收缩（isometric contraction）和等张收缩（isotonic contraction），前者表现为肌肉收缩时长度保持不变而张力增加；后者表现为肌肉收缩时张力保持不变而肌肉缩短。肌肉收缩时通常会先发生等长收缩以增加张力，当张力增多至足以克服阻力后，则发生

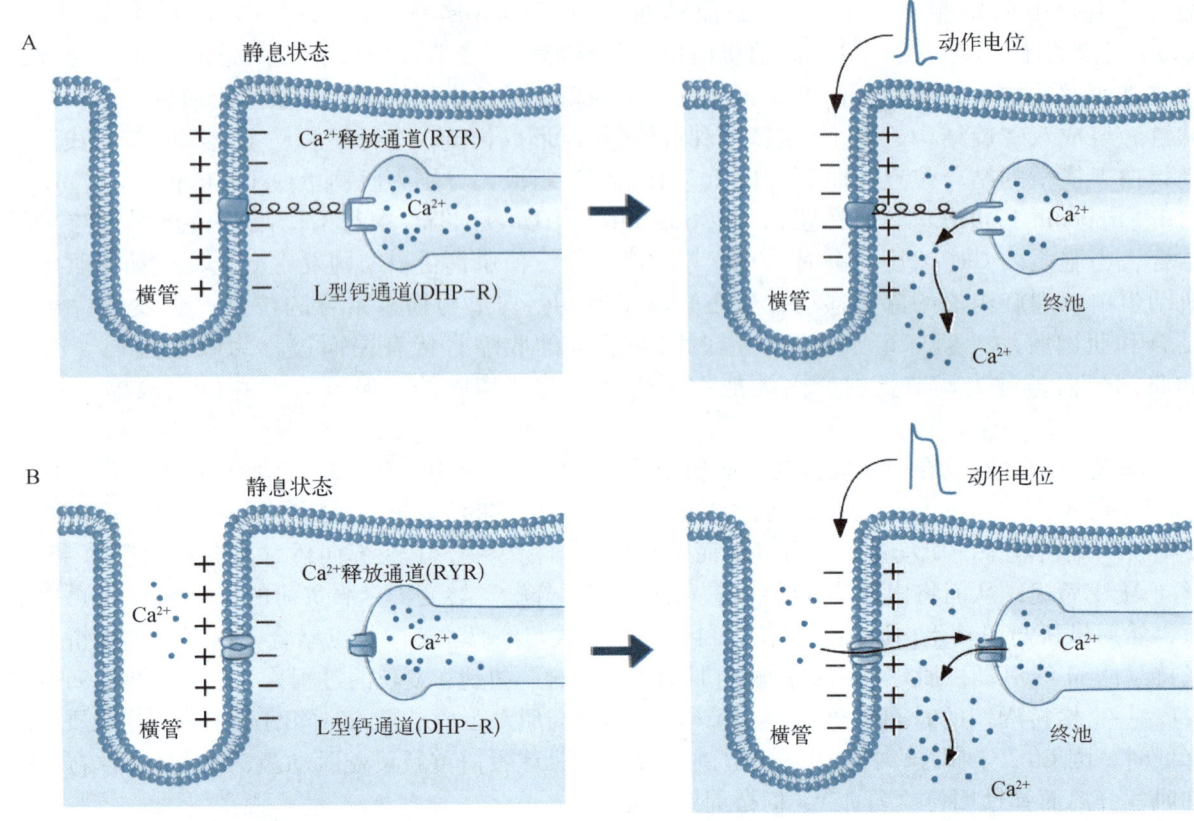

图2-21 横纹肌兴奋-收缩耦联过程示意图

A. 骨骼肌兴奋-收缩耦联过程；B. 心肌兴奋-收缩耦联过程
DHP-R，二氢吡啶受体；RYR，雷诺丁受体

等张收缩，肌肉缩短。横纹肌的收缩效能取决于肌肉收缩前或收缩时所承受的负荷、肌肉自身的收缩能力和总和效应等因素。

1. 前负荷（preload） 指肌肉在收缩前所承受的负荷。前负荷是作用于肌肉使其拉长的外力，前负荷越大，肌肉就被拉得越长，故前负荷决定肌肉在收缩前的长度即初长度（initial length）。实验研究前负荷对骨骼肌收缩的影响，在肌肉发生等长收缩条件下，测定不同初长度时肌肉收缩产生的张力，可得到长度-张力曲线（图2-22）。由图2-22可见，在一定范围内，增加肌肉的初长度，肌肉的收缩张力随之增

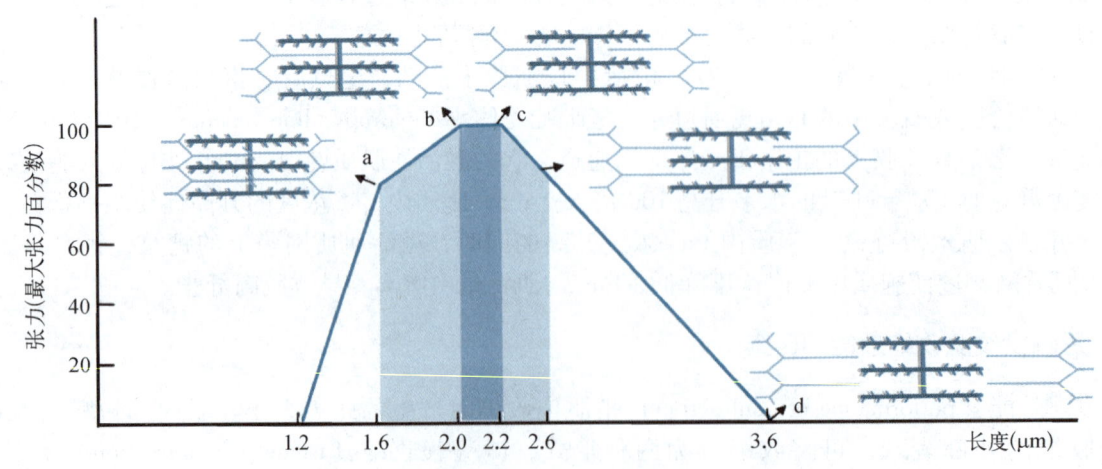

图2-22 骨骼肌细胞等长收缩时的长度-张力曲线

a、b、c、d 分别表示图中所示肌节在不同长度下的张力大小

大，但过度增加肌肉的初长度时收缩张力下降，表示肌肉收缩存在一个最适初长度（optimal initial length），在最适初长度下收缩，肌肉可产生最大主动张力。肌肉初长度对收缩张力的影响与肌节长度的变化有关。在最适初长度，即肌节长度为 2.0~2.2 μm 时，对应最适前负荷，由于此时全部横桥都能发挥作用，且肌丝间处于最好的对应关系，最适合横桥的活动，故能产生最大的收缩张力。

2. 后负荷（afterload） 指肌肉在收缩过程中所承受的负荷。后负荷是肌肉收缩过程中克服的阻力，在等张收缩时，后负荷的大小决定了肌收缩产生的张力。在等张收缩的条件下，测定不同后负荷时肌肉收缩产生的张力和缩短的速度，可得到张力-速度曲线（图 2-23）。当后负荷在理论上为零时，表现为等张收缩，肌肉缩短可达最大缩短速度（V_{max}）。当后负荷增加到使肌肉不能克服该负荷而缩短时，表现为等长收缩，肌肉可产生最大等长收缩张力（P_0），即缩短速度为零。在 V_{max} 和 P_0 之间，肌肉先发生等长收缩然后发生等张收缩，且收缩的张力等于后负荷；随着后负荷（收缩张力）增加，肌收缩时缩短的速度减小，两者呈反变关系。在物理学里，一个物体在力的作用下移动，称该力对物体做功，其值等于力和物体沿力方向

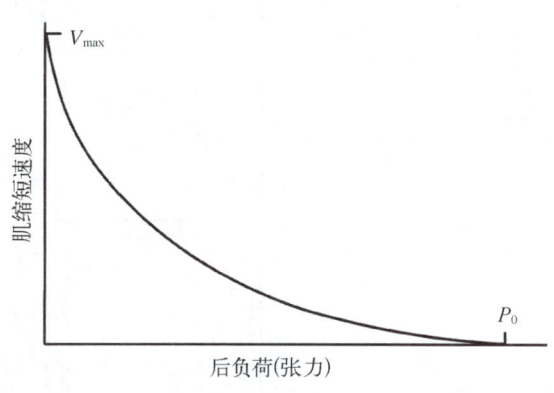

图 2-23 骨骼肌张力-速度曲线示意图

V_{max}，最大缩短速度；P_0，最大收缩张力

移动距离的乘积。肌肉收缩所做机械功的大小取决于肌肉收缩时产生的张力和肌肉缩短的程度（移动距离），骨骼肌只有在适度的后负荷（约为产生最大张力的 1/3）时，才能获得肌肉做功的最佳效果。

3. 肌肉收缩能力（contractility） 指与前、后负荷无关的影响肌肉收缩效能的肌肉内在特性。肌肉收缩能力增强时，收缩时产生的张力增大，肌肉缩短程度增大，缩短速度加快；肌肉收缩能力降低时则发生相反的改变。肌肉收缩能力与多种因素有关，如兴奋-收缩耦联过程中细胞质内 Ca^{2+} 浓度的变化、Ca^{2+} 与肌钙蛋白的亲和力、肌球蛋白的 ATP 酶活性、细胞内各种功能蛋白及其亚型的表达水平等。许多神经递质、体液因子、病理因素和药物，都可通过上述途径来调节和影响肌肉收缩能力，特别是对心肌，心肌收缩能力的改变具有重要的生理意义（见第四章）。

4. 收缩的总和 指肌细胞收缩的叠加特性，骨骼肌可通过此方式快速调节其收缩强度。由于骨骼肌是随意肌，其收缩总和在中枢神经系统调节下完成，包括多纤维总和与频率总和。而心肌的收缩是全或无式的，不会发生收缩总和（见第四章）。

多纤维总和（multiple fiber summation）指多根肌纤维同步收缩产生的叠加效应。在体情况下，一个脊髓前角运动神经元及其轴突分支所支配的全部肌纤维，称为一个运动单位（motor unit）。骨骼肌以运动单位为基本单元进行收缩。收缩较弱时，仅少量的、较小的运动单位发生收缩；随着收缩的加强，参与收缩的运动单位越来越多、越来越大，产生的张力也随之增加；舒张时则相反，最大的运动单位先停止收缩，最小的运动单位最后停止收缩。骨骼肌这种调节方式能有效地实现收缩强度及精细活动的调控，被称为大小原则。

频率总和（frequency summation）指提高骨骼肌收缩频率而产生的叠加效应。如图 2-24 所示，随着刺激频率的增大，连续刺激可使骨骼肌产生单收缩（twitch）、不完全强直收缩（incomplete tetanus）和完全强直收缩（complete tetanus）。当动作电位频率很低时，一次动作电位之后将引起一次完整的收缩和舒张过程，这种形式的收缩称为单收缩。在一次单收缩中，动作电位时程仅 2~4 ms，而收缩过程可达几十甚至几百毫秒，当动作电位的频率增加到一定程度时，后一动作电位引起的收缩可叠加于前一收缩，产生收缩的总和。若后一次收缩叠加在前一次收缩的舒张期，产生的收缩总和称为不完全强直收缩；若后一次收缩叠加在前一次收缩的收缩期，产生的收缩总和称为完全强直收缩。在等长收缩条件下，强直收缩产生的张力可达单收缩的 3~4 倍。这是由于高频率动作电位引起骨骼肌发生强直收缩时，肌细胞连续兴奋，使细胞内 Ca^{2+} 浓度持续升高，引起收缩蛋白持续活化并产生最大张力。在整体生理条件下，骨骼肌的收缩几乎

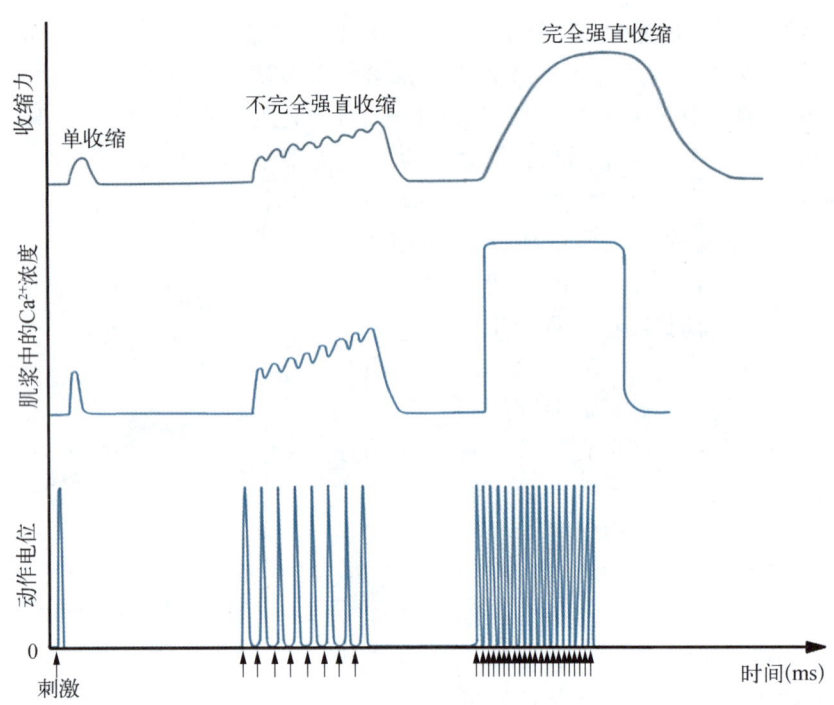

图 2-24　刺激频率对骨骼肌收缩形式和胞质 Ca^{2+} 浓度的影响示意图

都是完全强直收缩，有利于完成各种躯体运动和对外界物体做功。

二、平滑肌

平滑肌广泛分布于血管、呼吸道、消化道、泌尿和生殖等内脏器官。它收缩时产生张力和缩短，为这些器官的运动提供动力；它还可产生紧张性的收缩，保持器官的形状。平滑肌在细胞结构和收缩机制方面与横纹肌有许多不同之处。

（一）平滑肌的分类

根据平滑肌的功能特性，可将其分为单个单位平滑肌（single-unit smooth muscle）和多单位平滑肌（multi-unit smooth muscle）两类。单个单位平滑肌又称内脏平滑肌（visceral smooth muscle），是构成中空内脏器官管壁的细胞，以小血管、胃肠、子宫和输尿管平滑肌为代表。单个单位平滑肌的肌细胞间存在大量缝隙连接，不同细胞通过这种连接可同步收缩。这类平滑肌大都有自律性，没有外来神经支配也可进行近似正常的收缩活动。多单位平滑肌所含各平滑肌细胞在活动时各自独立，其活动主要受外来神经支配，主要包括睫状肌、虹膜肌、竖毛肌及气道和大血管的平滑肌。

（二）平滑肌细胞的结构特点

平滑肌细胞呈细长的纺锤形，细胞内充满肌丝（图 2-25A）。与横纹肌相比，平滑肌具有以下结构特点：① 细肌丝的数量明显多于粗肌丝，无肌节结构，无横纹，但粗、细肌丝仍保持互相平行和有序的排列。② 平滑肌细胞内没有 Z 盘，与之功能相似的结构是致密体（dense body）和附着于细胞膜上的致密斑，它们是细肌丝的附着点和传递张力的结构。③ 平滑肌内还有把致密体和致密斑连接起来的中间丝，形成细胞的结构网架。④ 平滑肌的粗肌丝以相反的方向在不同方位上伸出横桥，这使得粗、细肌丝的滑动范围可以延伸到细肌丝全长，因而具有较大的舒缩范围（图 2-25B）。⑤ 平滑肌的肌膜没有横管，肌质网不发达，肌质网膜上存在两种钙释放通道，即对 IP_3 敏感的 IP_3 受体和对 Ca^{2+} 敏感的雷诺丁受体。

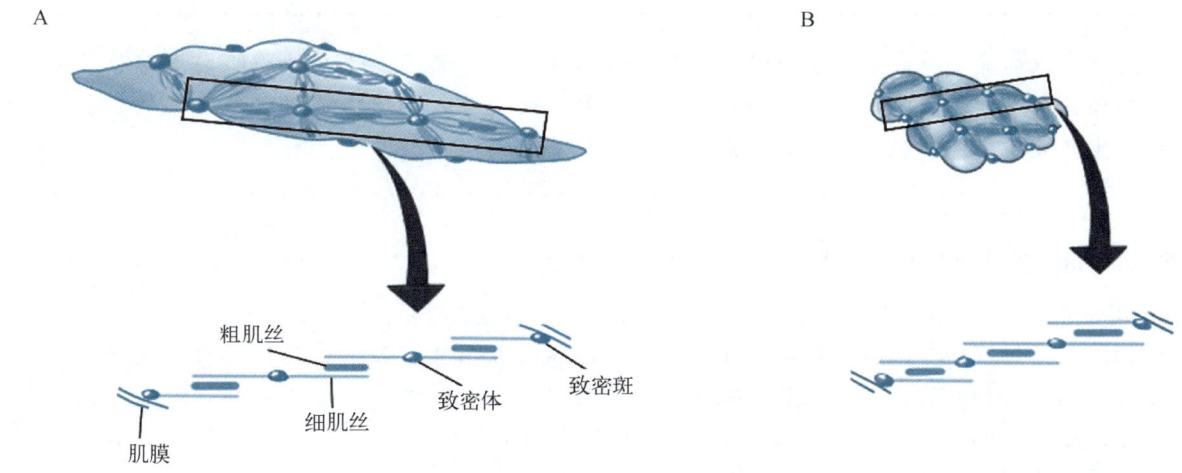

图 2-25 平滑肌的结构和肌丝滑行示意图
A. 舒张；B. 收缩

（三）平滑肌的生物电现象

平滑肌的静息电位低于横纹肌，为 $-50 \sim -60$ mV，主要是因为平滑肌细胞膜对 Na^+ 的通透性较高。在单个单位平滑肌中，静息电位可出现缓慢的自发电位波动，称为慢波（详见第六章）。平滑肌动作电位的去极相是由 Ca^{2+} 和 Na^+ 内流形成的，复极相依赖于 K^+ 外流。动作电位的时程为 10~50 ms，为骨骼肌的 5~10 倍。

（四）平滑肌的收缩机制

平滑肌细胞产生动作电位后，可通过药物-机械耦联（pharmacomechanical coupling）和电-机械耦联（electromechanical coupling）两条途径使胞质中 Ca^{2+} 浓度升高。平滑肌细胞无肌钙蛋白，而是由钙调蛋白（calmodulin）与 Ca^{2+} 结合后激活收缩蛋白引起肌丝滑行。

（五）平滑肌活动的神经调节

平滑肌属于非随意肌，大多数平滑肌受交感神经和副交感神经的双重支配。神经的兴奋通过非定向突触传递方式传递到平滑肌细胞（见第十章）。自主神经系统对内脏平滑肌主要是调节其兴奋性、收缩强度和频率，而对多单位平滑肌则是直接控制其收缩活动。

※ 科学小故事

我国的神经生理学家冯德培（1907~1995 年）先生被认为是国际公认的神经肌肉接头研究领域的先驱者。他在培养中国生理学人才、发展中国与国际生理学界的学术交流及促进中国生理科学的发展等方面，做出了重要贡献。

他 1926 年毕业于复旦大学生物学院，1929~1934 年在美国、英国求学或短期工作，先后获医学硕士和博士学位。1934 年学成回国，立志要把生理学在中国建立和发展起来。在艰苦的条件下，他成功开辟了神经肌肉接头的新研究领域。他不仅是著名的生理科学家，还是坚定的爱国主义者。

1932 年，他在英国伦敦大学的研究中发现静息骨骼肌拉长时有代谢增加的现象，后被国际生理学术界称为"冯氏效应"。1936~1941 年，他对骨骼肌神经肌肉接头兴奋传递机制进行了大量的开创性研究，成为国际公认的这一领域的先驱者。在这一时期，他和他的学生连续发表了 26 篇相关研究论文，在当时突触的化学传递与电传递之争中，为化学传递学说提供了有力支持，同时也为其后的骨骼肌神经肌肉接头处兴奋传递的研究开辟了新的生长点。随后,他在神经肌肉间营养性关系方面,带领合作者发现了慢肌纤维去神经后肥大的现象,阐明神经如何决定肌纤维类型的机制。晚年他带领学生开展了中枢突触可塑性的研究。

※ 课后拓展

1. 思考题

血钙以离子钙(Ca^{2+})和结合钙两种形式存在,各约占50%。其中结合钙绝大部分与血浆白蛋白结合,小部分与枸橼酸、重碳酸盐等结合。血浆钙中只有Ca^{2+}才直接起生理作用。临床上测定的血钙浓度是血中总钙而不是Ca^{2+},正常值为2.25~2.75 mmol/L。当血钙低于1.75 mmol/L时,常发生肌肉痉挛性收缩,常被简称为"低钙抽筋"。

(1)基于细胞生物电生理知识,分析"低钙抽筋"的机制。

(2)Ca^{2+}在哪些环节参与"神经纤维兴奋引起支配骨骼肌细胞收缩"的过程?为什么血钙水平降低没有导致骨骼肌收缩的减弱?

2. 推荐阅读

(1) WISEDCHAISRI G, TONGGU L, MCCORD E, et al, 2019. Resting state structure and gating mechanism of a voltage-gated sodium channel [J]. Cell, 178 (04): 993-1003.

(2) ZWIAZEK J J, XU H, TAN X, et al, 2017. Significance of oxygen transport through aquaporins [J]. Sci Rep, 7: 40411.

(3) UZEL S G M, PLATT R J, SUBRAMANIAN V, et al, 2016. Microfluidic device for the formation of optically excitable, three-dimensional, compartmentalized motor units [J]. Sci Adv, 2 (08): e1501429.

(竹 梅 赵春玲)

※ 第二章数字资源

第二章
课件

第二章
课后练习题(附参考答案)

第二章
课后拓展思考题的解题思路

第三章

血 液

导 学

从简单单细胞生物向复杂多细胞生物演进的过程中，生物体内物质运输距离不断延长，而通过扩散进行物质转运的速度缓慢，已不能满足新陈代谢的需要。因此，体内进化出遍布全身的生命之河——循环系统，而昼夜奔流不息的血液则如同河中的生命之舟，快速高效地运载着各种营养物质、代谢产物、信息物质和免疫分子等，从而实现物质运输、维持内环境稳态和防御保护等重要功能，是循环系统功能的最终执行者。

为了实现上述生理功能，血液具有很多不同于一般组织细胞的生理特征。例如，可在全身循环流动，血细胞可不断生成和更新，存在血型抗原等。本章的内容具有以下特点：知识点多而杂，但很多知识点与其他学科有重叠；各板块之间相对独立，内在联系不甚紧密；板块内部知识点的逻辑关系与其他章节有较大差异。

本章安排的学时往往较少，因此在学习时先要了解内容安排的基本构架，分清主次，合理安排学习的重点。本章的四个板块分别为血液的组成及理化特性、血细胞生理、生理性止血与血型和输血原则。其中的血液及血细胞的理化特性和功能、生理性止血和血液凝固等知识点通常只在生理学中涉及，或者与生理学的其他章节关系密切，建议作为学习的重点。生理性止血和血液凝固是学习的难点：首先，生理性止血的三个过程和血液凝固的三个阶段容易混淆。其次，血液凝固的过程涉及众多凝血因子和步骤。因此，学习过程中需要明确生理性止血和血液凝固的相互关系，再借助流程图、表格等将凝血过程可视化、分类对比，以加深对凝血过程两条途径和三个阶段的记忆。

血液（blood）是一种在心血管系统内不断循环流动，沟通各组织器官的红色流体组织，也是机体和外环境进行物质交换的中间环节。血液可以将 O_2 和营养物质运送到各器官、组织、细胞；将细胞代谢产生的 CO_2 和其他代谢终产物运送到肺和肾等排泄器官排出体外；还可将内分泌腺产生的激素运输到相应的靶细胞。通过血液的运输功能，实现了各组织细胞间的物质交换、能量流动和信息传递。血液还具有缓冲功能，血浆和红细胞中的各种缓冲物质可在一定程度上缓冲血浆 pH 变化；血液中的水具有较高的比热，可吸收代谢中过剩的热量，以维持体温的相对恒定。此外，血液还可发挥防御和保护的作用，如血液中的白细胞、抗体、补体和激肽等可以清除侵入机体的病原微生物、异物和机体衰老死亡的细胞等；血小板与血浆中各种参与凝血、抗凝和纤维蛋白溶解的物质则可防止出血和维持血液流动状态。由此可见，血液在保持机体内环境稳态中具有举足轻重的作用，对于维持生命和实现机体的正常功能至关重要。

第一节 血液的组成及理化特性

血液在维持内环境稳态和机体正常生理功能中有重要作用，因此当体内血液总量或任何组织、器官的血流量不足时，往往会导致机体代谢和功能紊乱、组织损伤，严重时甚至危及生命。此外，血液成分与性质的变化可诱发机体产生某些疾病；反之，很多疾病亦可导致血液成分或性质改变。因此，血液的组成和理化特性的改变对疾病的诊断和治疗具有重要价值。

一、血量和血液的组成

全身血液的总量称为血量（blood volume）。按其存在部位不同，可将血量分为两部分：一部分为循环血量，即在心血管系统中快速循环流动的那部分血量；另一部分为储存血量，滞留于肝、肺、腹腔静脉和皮下静脉丛内，缓慢流动。前者占全身血量的绝大部分，直接发挥物质运输、免疫防御等生理功能。在大出血或运动等情况下，循环血量绝对或相对不足，机体可将储存血量动员释放出来加以补充。正常成年人的血液总量为体重的7%~8%，相当于每千克体重有70~80 mL血液。血量的相对恒定是维持正常血压和各组织、器官正常血液供应的必要条件。

血液由血浆（plasma）和悬浮于其中的血细胞（blood cell）组成（图3-1）。将一定量的全血经抗凝处理后置于血液比容管中，由于血液各组成成分的比重不同，经自然沉淀或离心沉淀后可分为三层。上层淡黄色的液体为血浆，下层是深红色不透明的红细胞，中间有一白色不透明的薄层为白细胞和血小板的混合物。

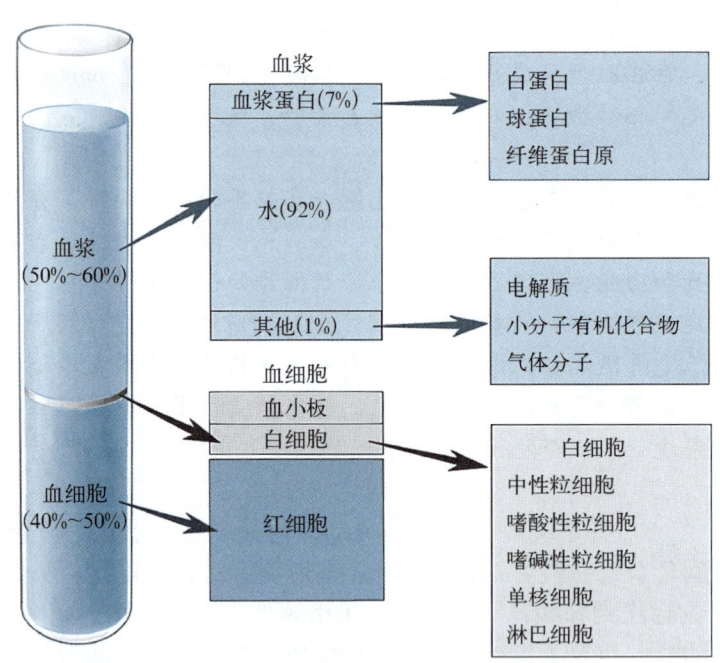

图3-1　血液的基本组成

（一）血浆

血浆的基本成分为晶体物质溶液，其含水量约为92%，其中溶解了多种电解质、小分子有机化合物和一些气体分子，约占血浆重量的1%。水和小分子溶质易通过毛细血管壁与组织液进行交换，故血浆与组织液中的电解质含量基本相同。

血浆中还含有多种蛋白质，总称血浆蛋白（plasma protein），约占血浆重量的7%。用盐析法可将血浆蛋白分为白蛋白（albumin）、球蛋白（globulin）和纤维蛋白原（fibrinogen）三类；用电泳法又可将球蛋白进一步区分为α_1-球蛋白、α_2-球蛋白、β-球蛋白和γ-球蛋白等。血浆蛋白为大分子物质，不易通过毛细血管壁，故血浆蛋白浓度远高于组织液，这是血浆和组织液成分的主要区别。正常成年人血浆蛋白含量为 65~85 g/L，其中白蛋白为 40~48 g/L，球蛋白为 15~30 g/L。除 γ-球蛋白来自浆细胞外，白蛋白和大多数球蛋白主要由肝脏合成，肝脏功能受损时常引起血浆白蛋白/球蛋白的值下降。

血浆蛋白是血浆的重要成分，主要具有如下功能：① 形成血浆胶体渗透压，调节血管内、外水的分布；② 可与多种激素结合，使之在血浆中保持较长的半衰期；③ 可与脂溶性物质结合，使其具有水溶性，便于运输；④ 营养储备功能；⑤ 含有多种缓冲对，缓冲体内酸碱变化，保持血液 pH 稳定；⑥ 参与血液凝固、抗凝和纤维蛋白溶解等生理过程；⑦ 抗体、补体等均为血浆球蛋白，具有免疫防御功能。

（二）血细胞

血细胞可分为红细胞（erythrocyte/red blood cell，RBC）、白细胞（leukocyte/white blood cell，WBC）和血小板（platelet/thrombocyte）三类。红细胞数量最多，约占血细胞总数的 99%。正常的成熟红细胞呈双凹圆盘状，无细胞核。白细胞数量最少，为无色、有核细胞。血小板是从骨髓巨核细胞脱落下来的胞质小块，并非严格意义上的细胞。血细胞在血液中所占的容积百分比，称为血细胞比容（hematocrit）。正常人的血细胞比容范围为成年男性为 40%~50%，成年女性为 37%~48%，新生儿约为 55%。血液中白细胞和血小板仅占总容积的 0.15%~1%，故血细胞比容可反映血液中红细胞的相对浓度。贫血患者血细胞比容较正常人低。

二、血液的理化特性

血液的成分决定其多种理化特性，而这些理化特性又与其功能密切相关。

（一）血液的颜色

动静脉血的颜色不同，动脉血因氧分压高，红细胞中氧合血红蛋白含量高，呈鲜红色。静脉血红细胞中的去氧血红蛋白含量高，呈暗红色。空腹血浆清澈透明，从食物中摄入较多的脂类可使血浆中悬浮很多脂蛋白微滴而变得浑浊。因此，临床上检测血液中某些化学成分时常要求空腹采血，以避免进食的影响。

（二）血液的比重

正常人的全血比重为 1.050~1.060，与血液中红细胞数量呈正相关；血浆比重为 1.025~1.030，与血浆中蛋白质含量呈正相关；红细胞比重为 1.090~1.092，与红细胞内血红蛋白含量呈正相关。利用血液成分比重的差异可分离红细胞与血浆、测定血细胞比容或红细胞沉降率。

（三）血液的黏滞度

液体的黏滞度（viscosity）源自液体内部分子或颗粒间的摩擦，即内摩擦。通常在体外测定血液或血浆与水相比的相对黏滞度。在 37℃时，全血的相对黏滞度为 4~5，血浆的相对黏滞度为 1.6~2.4。全血的黏滞度主要取决于血细胞比容，血浆的黏滞度主要取决于血浆蛋白的含量。

（四）血浆渗透压

渗透（osmosis）是指用半透膜分隔不同浓度的同种溶液时，水分子从低浓度溶液向高浓度溶液移动的现象。渗透现象发生的动力为渗透压（osmotic pressure），即溶液中溶质分子通过半透膜对水的吸引力。溶液渗透压的高低与单位容积溶液中溶质颗粒（分子或离子）数目多少呈正相关，而与溶质种类和颗粒大小无关。在标准状态下（0℃，760 mmHg），血浆渗透浓度约为 300 mmol/L，即 300 mOsm/（kg·H_2O），其渗透压大约相当于 770 kPa。血浆渗透压由晶体渗透压和胶体渗透压构成。

1. 晶体渗透压（crystal osmotic pressure） 血浆渗透压主要来自溶解于血浆中的小分子晶体物质，尤其是电解质，这一部分由晶体物质形成的渗透压称为晶体渗透压。晶体渗透压约占血浆总渗透压的 99%。由于血浆中的正离子以 Na^+ 为主，负离子以 Cl^- 为主，故约 80% 的血浆晶体渗透压来自 NaCl。毛细血管壁通透性较大，水和晶体物质可自由通过毛细血管壁，使毛细血管内、外两侧的晶体渗透压基本相等，因此晶体渗透压对毛细血管内、外水的分布并无明显影响。但晶体物质大部分不易自由通过细胞膜，当细胞外液中晶体物质浓度发生变化时，可引起细胞外液晶体渗透压及总渗透压的变化，进而影响细胞内、外水的分布。因此，细胞外液晶体渗透压的相对稳定对保持细胞内、外的水平衡和维持细胞的正常体积及形态极为重要。

2. 胶体渗透压（colloid osmotic pressure） 另有一部分血浆渗透压来自血浆中的大分子胶体物质，主要为血浆蛋白，由胶体物质形成的渗透压称为胶体渗透压。虽然血浆中含有大量蛋白质，但因蛋白质的分子量大，分子数量少（仅约1.3 mmol/L），故形成的胶体渗透压小，约相当于3.3 kPa。在血浆蛋白中，白蛋白的分子量小，其分子数量远多于球蛋白，故75%~80%的血浆胶体渗透压由白蛋白形成。若血浆白蛋白浓度降低，即使血浆蛋白总质量不变，也会导致血浆胶体渗透压的明显降低。毛细血管壁对血浆蛋白通透性低，故血浆胶体渗透压远高于组织液胶体渗透压，水分子被保留在毛细血管内。所以，尽管血浆胶体渗透压不高，但在调节血管内、外的水平衡和维持正常的血浆容量中至关重要。肾脏或肝脏疾病患者，常因血浆蛋白丢失过多或生成减少使血浆胶体渗透压下降，故而导致组织液生成多于回流而滞留于组织间隙形成水肿。

3. 等渗溶液与等张溶液 渗透压与血浆渗透压相等的溶液称为等渗溶液（iso-osmotic solution）。0.85%NaCl溶液为等渗溶液，红细胞悬浮其中可保持正常形态和大小。渗透压高于或低于血浆渗透压的溶液分别称为高渗或低渗溶液（图3-2）。置于高渗NaCl溶液中的红细胞，将因水分渗出而发生皱缩；置于低渗NaCl溶液中的红细胞，则因大量的水分进入而发生膨胀甚至破裂。但必须注意的是，并非每种物质的等渗溶液都能使红细胞保持正常形态和大小，如1.9%的尿素溶液虽然是等渗溶液，但红细胞置于其中仍会发生溶血。其原因是红细胞膜对尿素分子的通透性很高，1.9%尿素溶液中的尿素浓度高于红细胞内液，尿素分子顺浓度梯度进入红细胞，使红细胞内渗透压增高，水分子顺渗透压梯度进入红细胞，使红细胞肿胀破裂而发生溶血；而红细胞膜对NaCl的通透性很低，故不会出现上述现象。通常把能够使悬浮于其中的红细胞保持正常形态和大小的溶液称为等张溶液（isotonic solution）。因此，等张溶液实际上是由不能自由通过细胞膜的溶质所形成的等渗溶液。0.85%NaCl溶液既是等渗溶液，也是等张溶液；1.9%尿素是等渗溶液，但不是等张溶液。

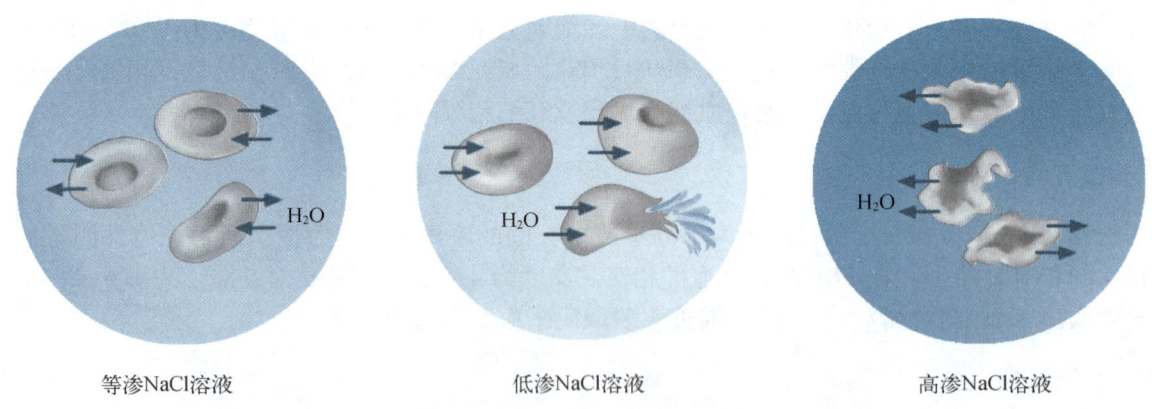

图3-2 细胞外液不同晶体渗透压对红细胞作用的示意图

（五）血浆的酸碱度

正常人血浆的酸碱度应保持相对恒定，其pH为7.35~7.45。血浆pH低于7.35即为酸中毒，高于7.45则为碱中毒，若血浆pH低于6.9或高于7.8都可能危及生命。血浆和红细胞中含有许多缓冲对，在维持血浆pH相对稳定中发挥关键作用。血浆中主要的缓冲对为$NaHCO_3/H_2CO_3$、蛋白质钠盐/蛋白质和Na_2HPO_4/NaH_2PO_4等。其中最重要的为$NaHCO_3/H_2CO_3$，若两者之比保持在20∶1，血浆pH就可维持在

7.4左右。红细胞内的缓冲对包括血红蛋白钾盐/血红蛋白、氧合血红蛋白钾盐/氧合血红蛋白、$KHCO_3$/H_2CO_3 和 K_2HPO_4/KH_2PO_4 等,其中以血红蛋白钾盐/血红蛋白和氧合血红蛋白钾盐/氧合血红蛋白最为重要。此外,肺和肾脏可不断排出体内过多的酸或碱,故通常血浆 pH 只在上述狭小范围内波动。

第二节 血细胞生理

如前所述,血液中的细胞成分为血细胞,占血液容积的 40%~50%。血细胞的形态各异,包括红细胞、白细胞和血小板三种成分,它们各自具有的生理特性是其发挥生理功能的基础(表3-1)。血细胞随血液循环而遍及全身各处,在物质运输、缓冲、免疫防御及参与止血和血液凝固等方面发挥重要作用。

表3-1 血液的细胞组成、正常范围、生理特性及主要功能

组　　成	正常范围(个/L)	生理特性	主　要　功　能
红细胞	男性:(4.5~5.5)×10^{12} 女性:(3.8~4.6)×10^{12} 新生儿:>6.0×10^{12}	① 可塑变形性 ② 悬浮稳定性 ③ 渗透脆性	① 运输 O_2 和 CO_2 ② 缓冲作用 ③ 免疫功能
白细胞	(4.0~10.0)×10^9		
中性粒细胞	(2.0~7.0)×10^9		吞噬病原微生物、衰老红细胞、抗原-抗体复合物等
嗜酸性粒细胞	(0~0.7)×10^9		① 限制嗜碱性粒细胞在Ⅰ型超敏反应中的作用 ② 参与对蠕虫的免疫反应
嗜碱性粒细胞	(0~0.1)×10^9	① 变形运动 ② 趋化性 ③ 吞噬作用 ④ 分泌	① 分泌多种化学活性物质 ② 参与Ⅰ型超敏反应
单核细胞	(0.1~0.8)×10^9		① 吞噬功能 ② 抗原呈递功能 ③ 免疫监视功能 ④ 分泌多种生物活性物质
淋巴细胞	(0.8~4.0)×10^9		① B 淋巴细胞:分泌抗体,参与体液免疫 ② T 淋巴细胞:参与细胞免疫
血小板	(100~300)×10^9	① 黏附 ② 聚集 ③ 释放 ④ 收缩 ⑤ 吸附	① 参与生理性止血 ② 促进血液凝固 ③ 维持血管壁完整

一、血细胞生成的部位和一般过程

各种血细胞的寿命有限,正常情况下,每日都有相当数量的血细胞不断衰老、死亡。为了保证血液中各种血细胞的数量、质量和比例相对恒定,需要不断补充新生的血细胞。如果血细胞的生成、释放、衰老和死亡的动态平衡破坏,将导致血液疾病的发生。

(一)造血部位的变迁

造血部位在个体发育的不同阶段经历了一系列变迁过程。胚胎发育早期的造血部位是卵黄囊。人胚胎第6周,肝脏开始造血,9~24 周胎儿的主要造血器官为肝脏。继肝脏造血之后,脾脏也有短暂的造血功能。在人胚胎第 3 个月初和人胚胎第 4 个月,胸腺和淋巴结开始产生淋巴细胞。人胚胎第 4 个月以后,肝

脾造血活动不断减少,骨髓开始造血且逐渐成为造血的主要部位,并维持终身。出生后,肝脾产生全血的功能基本消失,几乎完全依靠骨髓造血,但脾脏将终身保留产生淋巴细胞的功能。在造血需要增加时,肝脾可重新参与造血,以补充骨髓造血功能不足,称骨髓外造血。

(二) 血细胞发生的过程

近半个世纪的研究认为,成人的各类血细胞都来源于骨髓中的造血干细胞。所谓血细胞发生或造血(hemopoiesis)指造血干细胞在特定造血微环境的调控网络控制下,增殖分化为各种成熟血细胞的过程。根据造血细胞的形态和功能特征,可以把血细胞发生过程分为三个阶段,包括造血干细胞、定向祖细胞和造血前体细胞(图3-3)。

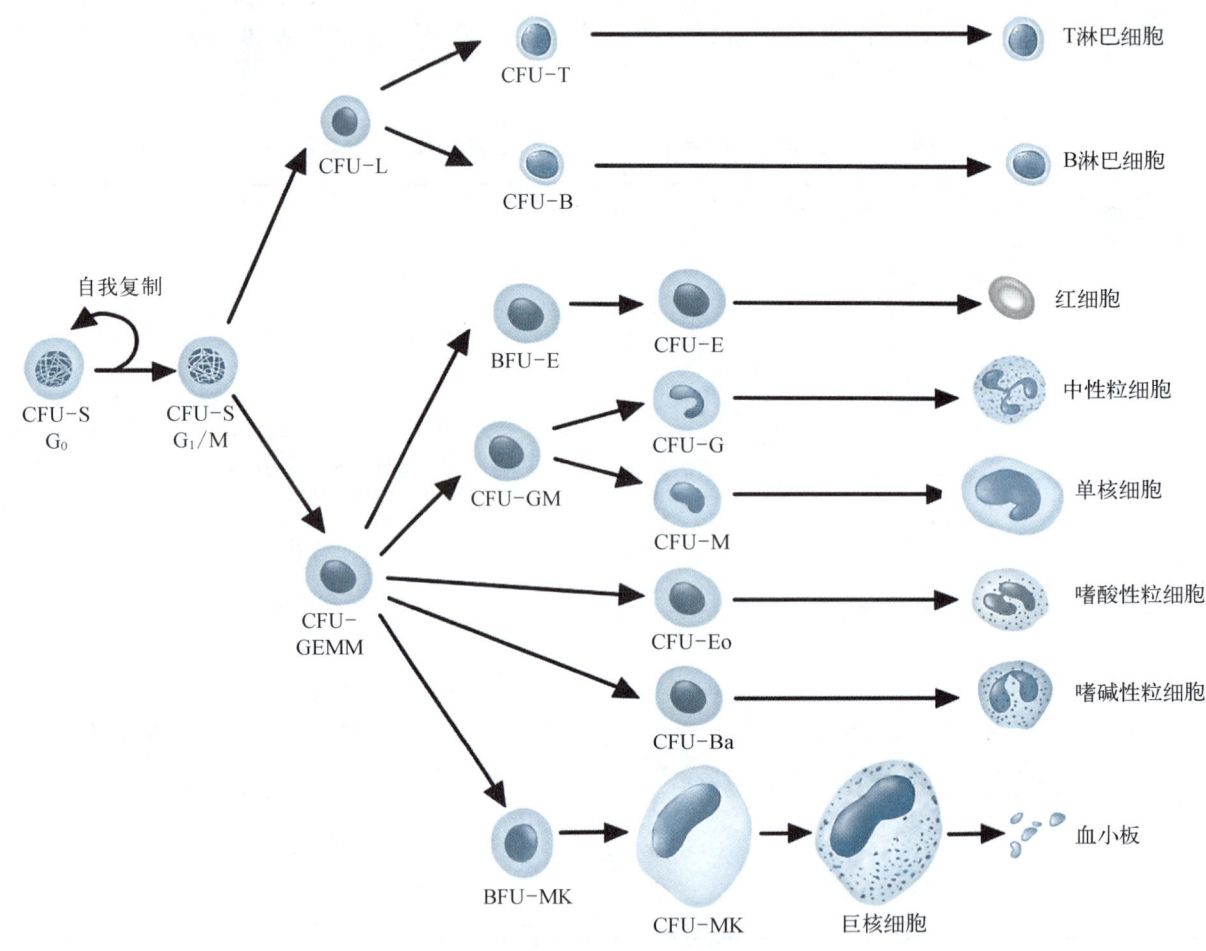

图3-3 血细胞生成模式图

CFU-S,脾集落形成单位(造血干细胞);CFU-L,淋巴系集落形成单位(淋巴系祖细胞);CFU-B,B淋巴细胞集落形成单位;CFU-T,T淋巴细胞集落形成单位;CFU-GEMM,粒红巨核巨噬系集落形成单位(髓系多向祖细胞);BFU-E,红系爆式集落形成单位;CFU-E,红系集落形成单位;CFU-GM,粒-单系集落形成单位(粒-单核系祖细胞);CFU-G,粒细胞集落形成单位(中性粒细胞祖细胞);CFU-M,巨噬系集落形成单位(单核系祖细胞);CFU-Eo,嗜酸系集落形成单位(嗜酸性粒细胞祖细胞);CFU-Ba,嗜碱系集落形成单位(嗜碱性粒细胞祖细胞);BFU-MK,巨核系爆式集落形成单位;CFU-MK,巨核系集落形成单位(巨核系造血祖细胞);G_0,G_0期;G_1/M,G_1期/M期

1. **造血干细胞(hematopoietic stem cell,HSC)** 数量少,仅占骨髓有核细胞总数的0.5%左右,但它们是所有血细胞和免疫细胞的起源细胞。造血干细胞具有高度自我更新(self-renewal)能力,可以通过不对称有丝分裂形成两个子代细胞,其中一个子代细胞具有造血干细胞的全部特征,即自我更新,使造血干细胞的数量和质量维持稳定,能够在体内长期或永久地重建造血。造血干细胞还具有多向分化的能力,不

对称有丝分裂产生的另一个子代细胞将走上分化的道路,可形成红系、粒系和巨核系等各系定向祖细胞。高度自我更新和多向分化的特性是造血干细胞移植治疗白血病等严重造血系统疾病的理论基础。此外,造血干细胞有很强的增殖潜能。在正常生理情况下,90%~99.5%的造血干细胞处于不进行细胞分裂的相对静止状态(G_0期)。当机体需要时,更多的造血干细胞可从G_0期进入细胞周期开始增殖。

2. 定向祖细胞(committed progenitor) 从造血干细胞发育到定向祖细胞时,就限定了其进一步分化的方向,因此后者只能定向分化为一种血细胞。将各系列的定向祖细胞在体外培养时,可形成相应血细胞的集落,称为集落形成单位(colony forming unit,CFU)。红系定向祖细胞形成红系集落形成单位(colony forming unit-erythrocyte,CFU-E),粒-单核系祖细胞形成粒-单系集落形成单位(colony forming unit-granulocyte/monocyte,CFU-GM),巨核系祖细胞形成巨核系集落形成单位(colony forming unit-megakaryocyte,CFU-MK),淋巴系祖细胞形成淋巴系集落形成单位(colony forming unit-lymphocyte,CFU-L)。造血干细胞的自我更新特性使其数量不能扩增,因此,体内造血过程中的细胞大量扩增主要依赖祖细胞数目的扩增,而体内的祖细胞则主要来自造血干细胞的分化。

3. 造血前体细胞(precursor) 在前体细胞阶段,造血细胞出现各系特征性的形态学表现,发育为形态学上可辨认的各系幼稚细胞。这些细胞可进一步分化成熟为具有特殊功能的各类终末血细胞,并有规律地释放入血液循环。

二、红细胞生理

红细胞是外周血中数量最多的一类血细胞。人类正常红细胞的直径为7~8 μm,呈双凹圆盘状。成熟红细胞没有细胞核,也无细胞器。正常成年男性的红细胞为$(4.5~5.5)\times 10^{12}$个/L,女性为$(3.8~4.6)\times 10^{12}$个/L,新生儿可超过6.0×10^{12}个/L。血红蛋白(hemoglobin,Hb)是红细胞内的主要蛋白质,也是红细胞的重要功能成分。我国成年男性血红蛋白浓度为120~160 g/L,成年女性血红蛋白浓度为110~150 g/L,新生儿血红蛋白浓度可达200 g/L以上。红细胞数量和血红蛋白含量随年龄、性别、生活环境和机体功能状态不同而有所差异。例如,高原居民的红细胞数量和血红蛋白含量高于平原居民;妊娠后期妇女因血浆量增多而致红细胞数量和血红蛋白浓度相对减少。若血液中红细胞数量和血红蛋白浓度低于正常,称为贫血(anemia)。

(一)红细胞的生理特性

成熟红细胞没有线粒体,其获得能量的唯一途径为糖酵解。红细胞从血浆摄取葡萄糖,通过糖酵解产生ATP,为细胞膜上钠泵活动供能,以保持红细胞内、外Na^+和K^+的正常分布及正常细胞容积,并使红细胞呈现双凹圆盘状的形态。双凹圆盘状红细胞的体积约90 μm^3,表面积约140 μm^2,若红细胞为相同体积的球形,则其表面积仅100 μm^2。因此,双凹圆盘状结构的红细胞具有较大的表面积与体积比,这使得红细胞具有可塑变形性、悬浮稳定性和渗透脆性等生理特性。

1. 可塑变形性(plastic deformation) 红细胞在心血管系统中不断循环流动,在通过口径比它小的毛细血管和血窦孔隙时,红细胞可改变形状,待挤过这些孔隙后又恢复原来的双凹圆盘形。正常红细胞具有的这种在外力作用下变形,当外力撤销后,又可恢复正常形态的能力称为可塑变形性。可塑变形性是红细胞生存所需的最重要的特性,它使红细胞可以通过比自身直径小的毛细血管和脾窦等处。衰老或病变红细胞的变形能力降低,难以通过狭小的脾窦而破裂,进而被其中的巨噬细胞吞噬清除。红细胞的可塑变形性可受以下因素影响:① 红细胞的几何形状,如前所述,正常双凹圆盘状红细胞的表面积较等体积球形红细胞的表面积大40 μm^{2}左右,因此,正常红细胞的变形能力远大于球形红细胞(如遗传性球形红细胞增多症)。② 红细胞内的黏度,若血红蛋白变性或浓度过高,可使红细胞内黏度增加,其变形能力减弱。③ 红细胞膜的弹性,红细胞膜的弹性降低时,也可使红细胞变形能力降低。

2. 悬浮稳定性(suspension stability) 红细胞比重大于血浆比重,因此将抗凝处理后的全血加入血沉管中垂直静置,红细胞会在重力作用下逐渐下沉。但是,正常情况下红细胞的沉降速率非常缓慢,表明红细胞可以在血浆中保持分散悬浮状态而不易下沉，这一特性被称为悬浮稳定性。抗凝血静置后，通常用红细胞在第一小时末下沉的距离表示红细胞的沉降速度，即红细胞沉降率（erythrocyte sedimentation rate，ESR），简称血沉。用魏氏法检测红细胞沉降率，其正常范围在成年男性为 0~15 mm/h，成年女性为 0~20 mm/h。血沉越快，表示红细胞的悬浮稳定性越小。

红细胞具有悬浮稳定性的主要原因是红细胞与血浆的摩擦力阻碍了红细胞下沉。一方面，红细胞的双凹圆盘形使之具有较大的表面积与体积比，与血浆的接触面积大，所产生的摩擦力也较大，使红细胞下沉速度慢；另一方面，红细胞膜表面带有负电荷，同性电荷的排斥作用也使之下沉减缓。某些异常情况可以加快红细胞彼此以凹面相贴的速度，导致红细胞叠连（rouleaux formation）。叠连形成的红细胞团块使其总表面积与总体积之比减小，摩擦力相对减小，故血沉加快。决定红细胞叠连快慢的主要因素不在于红细胞本身，而在于血浆成分的变化。血浆中纤维蛋白原、球蛋白和胆固醇增多，可使红细胞叠连增加和血沉加快；而白蛋白、卵磷脂增多时则可抑制叠连，使血沉减慢。例如，活动性肺结核和风湿热患者肝脏合成纤维蛋白原增加，血沉加快。

3. 渗透脆性（osmotic fragility） 如前所述，正常红细胞在等渗的 0.85%NaCl 溶液中可保持正常形态和大小。如果将红细胞置于一系列浓度递减的低渗 NaCl 溶液中，在渗透压的作用下水分子从细胞外液进入红细胞内，红细胞逐渐肿胀为球形，严重时甚至发生破裂而溶血。这时血红蛋白逸出红细胞外，仅余一个红细胞膜空壳，称为影细胞（ghost cell）。红细胞在低渗盐溶液中发生膨胀破裂的特性称为渗透脆性，简称脆性。通常情况下，在 NaCl 溶液的浓度降至 0.42%~0.46% 时，部分红细胞开始溶血；当 NaCl 浓度降至 0.28%~0.32% 时，全部红细胞发生溶血。由此可见，红细胞对低渗盐溶液具有一定的抵抗力，且同一个体的红细胞对低渗盐溶液的抵抗力并不相同。渗透脆性的高低可以反映红细胞膜对低渗盐溶液抵抗力的大小。衰老红细胞的渗透脆性升高，对低渗盐溶液的抵抗力降低，容易破裂；而初成熟红细胞的渗透脆性低，故对低渗盐溶液的抵抗力高，不易破裂。有些疾病也可影响红细胞脆性，如遗传性球形红细胞增多症患者的红细胞脆性增加、巨幼红细胞性贫血患者的红细胞脆性降低。

（二）红细胞的功能

红细胞最重要的功能是运输 O_2 和 CO_2。血红蛋白是红细胞实现运输 O_2 功能的重要物质基础，血液中 98.5% 的 O_2 是以氧合血红蛋白的形式运输，仅有少量的 O_2 溶解在血浆中以物理溶解的形式运输。红细胞在血液运输 CO_2 的过程中也发挥重要作用。血液中的 CO_2 主要以碳酸氢盐和氨基甲酰血红蛋白的形式运输。在红细胞的参与下，血液运输 CO_2 的能力可提高 18 倍。此外，红细胞还有缓冲作用，并参与免疫复合物的清除。

（三）红细胞的生成和破坏

正常情况下，每日约有 2×10^{11} 个红细胞被破坏，也有相近数量的红细胞新生，以保持数量相对稳定。骨髓是成年人生成红细胞的唯一场所。红骨髓内的造血干细胞在特定造血微环境的调控网络控制作用下，首先分化成为红系定向祖细胞，再依次经过原红细胞、早幼红细胞、中幼红细胞、晚幼红细胞和网织红细胞等阶段，最终生成成熟红细胞。

1. 红细胞生成所需物质　铁、蛋白质、叶酸及维生素 B_{12} 是生成红细胞最基本的原料。此外红细胞的生成还需要氨基酸、多种维生素（维生素 B_2、维生素 B_6、维生素 C、维生素 E）和微量元素（铜、锰、钴、锌等）等物质的共同参与。

（1）红细胞成熟所需物质：红细胞在细胞分裂和发育成熟过程中需要叶酸和维生素 B_{12} 的参与。叶酸是合成 DNA 所需的重要辅酶，叶酸在体内必须转化为四氢叶酸后，才能参加 DNA 的合成，而这一转化过程需要维生素 B_{12} 参与。因此，当这两种物质缺乏时，骨髓内有核红细胞的 DNA 合成减少，细胞核发育异常，幼红细胞分裂速度减慢，成熟障碍，体积增大，出现巨幼红细胞性贫血。胃液中的内因子可以保护维生素 B_{12} 不被消化液破坏，并促进其在回肠的吸收。因此，胃大部切除术或者胃黏膜萎缩患者，可因内因子缺乏而导致巨幼红细胞性贫血。

（2）合成血红蛋白所需原料：血红蛋白是红细胞的主要功能成分，原红细胞即可合成血红蛋白，一直持续到网织红细胞阶段。合成血红蛋白的基本原料为铁和蛋白质。当造血功能增强以致铁供应不足、铁吸收障碍或长期慢性失血导致机体铁储备减少时，机体血红蛋白合成减少，可导致低色素小细胞性贫血，即缺铁性贫血。虽然蛋白质也是合成血红蛋白的重要原料，但红细胞能优先利用体内的氨基酸来合成血红蛋白，一般情况下日常膳食所含蛋白质即可满足合成血红蛋白所需，故很少因机体缺乏蛋白质而发生贫血。

2. **红细胞生成的调节** 正常情况下，人体内每日生成的红细胞数量相对恒定；但当人体的功能状态发生变化时，如失血后或某些疾病使红细胞寿命缩短时，红细胞生成的数量和速度会发生相应调整，以满足机体的需要。体液调节是红细胞生成调节的主要方式，有众多体液因子参与调节过程，其中爆式促进激活物、促红细胞生成素和性激素是主要因素。

（1）爆式促进激活物（burst promoting activator，BPA）：是一类由白细胞产生的糖蛋白，分子量为25 000~40 000 Da，可以促进早期红系祖细胞从细胞周期的静息状态（G_0 期）进入 DNA 合成期（S 期），以促进早期祖细胞的增殖，形成红系爆式集落形成单位（burst forming uint-erythroid，BFU-E）。

（2）促红细胞生成素（erythropoietin，EPO）：红细胞生成的主要调节物 EPO 是一种分子量约为 34 000 Da 的糖蛋白。红系祖细胞膜上有 EPO 受体，其数量随红系祖细胞的发育而不断增加，晚期红系祖细胞上的 EPO 受体密度最高；随红细胞的发育成熟，EPO 受体的数量又进行性减少。EPO 与其受体结合后，主要促进红系祖细胞向成熟红细胞增殖分化：① 促进 CFU-E 的有丝分裂和增殖，并向原红细胞分化；② 抑制 CFU-E 的凋亡；③ 加速幼红细胞的增殖和血红蛋白的合成；④ 促进网织红细胞的成熟并将其释放入血；⑤ 对 BFU-E 的增殖与分化也有一定的促进作用。缺氧是刺激产生 EPO 的最主要因素，如失血、贫血、心肺疾病等，均可促进肾脏合成和释放 EPO，加速红细胞生成。EPO 主要由肾脏产生，故某些肾脏疾病导致双肾实质严重破坏时，可因 EPO 分泌明显减少而出现肾性贫血。

（3）性激素：雄激素可以刺激肾间质细胞产生 EPO，也能直接刺激骨髓造血，促进红细胞生成和血红蛋白合成。而雌激素可降低红系祖细胞对 EPO 的反应，大剂量时还可以抑制 EPO 的生成，进而抑制红细胞的生成。这可能是男性红细胞数量及血红蛋白含量高于女性的原因之一。

此外，还有很多激素（甲状腺激素和生长激素等）也可通过促进 EPO 的生成和增强其功能，间接促进红细胞生成。

3. **红细胞的寿命和破坏** 正常人红细胞的平均寿命为 120 天，每日约有 0.8% 的红细胞因衰老而经血管外和血管内两条途径被破坏。衰老红细胞的可塑变形性降低，不易通过脾脏、肝脏和骨髓等处的微小孔隙，滞留其中而被巨噬细胞吞噬，称为血管外破坏。约 90% 的衰老红细胞通过此途径被破坏。巨噬细胞吞噬红细胞后，血红蛋白被消化，释放出的铁和氨基酸可被机体重新利用，而胆红素则经肝脏进入胆汁，最终排出体外。此外，由于衰老红细胞的脆性大，在血管中受到血流的冲击和血管壁的碰撞易发生破损，称为血管内破坏。约 10% 的衰老红细胞通过血管内途径被清除，所释放的血红蛋白与血浆中的触珠蛋白结合后被肝脏摄取。若红细胞被大量破坏，血浆中血红蛋白浓度可高于触珠蛋白的结合能力，未结合的血红蛋白则经肾脏排出体外，出现血红蛋白尿。

三、白细胞生理

正常白细胞为无色、有核细胞，在血液中通常呈球形，在组织中则发生不同程度的变形。白细胞是一个形态、功能和来源不均一的细胞群体，根据细胞质中有无特殊的嗜色颗粒可将其分为粒细胞（granulocyte）和无粒细胞（agranulocyte）两大类。根据细胞质中特殊颗粒的嗜色性质不同，又将粒细胞分为中性粒细胞、嗜酸性粒细胞和嗜碱性粒细胞。无粒细胞可分为单核细胞和淋巴细胞两种。白细胞是外周血中数量最少的一类血细胞，正常成年人血液中白细胞数为 $(4.0~10.0) \times 10^9/L$，中性粒细胞占 50%~70%，嗜酸性粒细胞占 0.5%~5%，嗜碱性粒细胞占 0%~1%，单核占 3%~8%，淋巴细胞占 20%~40%。

(一) 白细胞的生理特性

白细胞是免疫系统的重要组成部分，参与机体的防御。白细胞具有变形运动、趋化性、吞噬作用和分泌生物活性物质等生理特性，它们是其执行免疫防御功能的生理基础。

1. **变形运动（amoeboid movement）** 除淋巴细胞外，所有的白细胞都可以做变形运动。通过这种运动，白细胞可伸出伪足，穿过毛细血管壁，即白细胞渗出（diapedesis）。

2. **趋化性（chemotaxis）** 指渗出到血管外的白细胞在某些化学物质的吸引下，通过变形运动可以在组织内游走到炎症区域发挥其生理作用的性质。能吸引白细胞发生定向运动的化学物质称为趋化因子（chemokine），其包括人体细胞的降解产物、抗原-抗体复合物、细菌和细菌毒素等。

3. **吞噬作用（phagocytosis）** 白细胞的吞噬作用具有选择性。正常细胞表面光滑，并存在可排斥吞噬的保护性蛋白，不易被吞噬；坏死组织和外源性颗粒因缺乏相应的保护机制而易被吞噬。此外，某些特异性抗体和补体激活产物可增强白细胞对外源性异物的识别和吞噬作用。

4. **分泌生物活性物质** 白细胞分泌白细胞介素、干扰素、肿瘤坏死因子和集落刺激因子等多种生物活性物质，可参与炎症和免疫反应的调控。

(二) 白细胞的功能

白细胞的类型不同，功能各不相同。

1. **中性粒细胞（neutrophil）** 白细胞中数量最多的为中性粒细胞，胞核呈弯曲杆状或分叶状，故又称多形核白细胞。循环系统中的中性粒细胞有一半随血液循环，为循环池（circulating pool），外周血白细胞计数即反映这部分中性粒细胞的数量。另一半附着在小血管内皮细胞上，称边缘池（marginal pool）。循环池和边缘池的细胞可相互交换，保持动态平衡。此外，骨髓中还有约 $2.5×10^{12}$ 个成熟中性粒细胞的储备，它们可在机体需要时，于数小时内大量进入血液循环。中性粒细胞在血管内平均停留 $6\sim 8\ h$，它们一旦进入组织发挥作用后，将不再返回血液。

中性粒细胞的数量多、变形游走能力强、有高度的趋化作用，是血液中主要的吞噬细胞，参与机体的非特异性细胞免疫反应，处于抵御病原微生物（特别是化脓性细菌）入侵的第一线。此外，中性粒细胞还可吞噬和清除衰老红细胞及抗原-抗体复合物等。中性粒细胞在体内游走速度很快，往往是在发生感染时首先到达炎症部位的效应细胞。当细菌入侵时，炎症区域产生的趋化性物质吸引中性粒细胞，通过变形运动渗出血管，游走到病变部位，吞噬细菌。中性粒细胞胞质内的大量溶酶体酶可水解消化细菌。在组织炎症反应过程中，吞噬微生物而死亡的中性粒细胞称脓细胞，它们与溶解的组织碎片及细菌一起形成脓液。因此，外周血白细胞计数和中性粒细胞的百分比明显增加，提示机体可能有严重感染；而当外周血中的中性粒细胞数减少到 $1×10^9/L$ 时，机体的抵抗力就会明显降低，容易发生感染。

2. **嗜酸性粒细胞（eosinophil）** 血液中嗜酸性粒细胞的数量表现出明显的昼夜节律，清晨时较少，午夜时增多，这种周期性波动可能与血液中糖皮质激素水平的昼夜波动有关。嗜酸性粒细胞有较弱的吞噬能力，可选择性地吞噬抗原-抗体复合物，其主要作用如下：① 限制嗜碱性粒细胞和肥大细胞在 I 型超敏反应中的作用。② 参与对蠕虫的免疫反应。嗜酸性粒细胞可借助细胞表面的 Fc 受体和 C_3 受体黏着于多种蠕虫的幼虫上，释放颗粒内所含的多种酶类，损伤幼虫虫体。因此，嗜酸性粒细胞增多往往提示机体发生过敏反应或寄生虫感染。嗜酸性粒细胞吞噬缓慢，缺乏溶菌酶，因此在抗细菌感染中不起主要作用。

3. **嗜碱性粒细胞（basophil）** 是数量最少的白细胞，成熟的嗜碱性粒细胞存在于血液中，炎症时受趋化因子的诱导可迁移到组织中。其胞质内的嗜碱性颗粒属分泌颗粒，内含肝素、组胺、过敏性慢反应物质和嗜酸性粒细胞趋化因子 A 等生物活性物质。嗜碱性粒细胞被活化后，可快速释放上述物质，还可合成释放白三烯和白细胞介素-4 等细胞因子。肝素的抗凝血作用有利于保持血管通畅，保证吞噬细胞能够到达抗原入侵部位而将其清除。肝素还是酯酶的辅基，可促进脂肪分解为游离脂肪酸。组胺和白三烯可增加毛细血管壁通透性，并可使支气管平滑肌收缩，从而引起荨麻疹、哮喘等 I 型超敏反应的临床症状。嗜酸性粒细胞趋化因子 A 则可吸引嗜酸性粒细胞聚集，以限制嗜碱性粒细胞在过敏反应中的作用。此外，嗜碱性粒细胞在机体抗寄生虫免疫应答中也发挥了重要作用。

4. **单核细胞**（monocyte） 是白细胞中体积最大的细胞，直径 15~30 μm，呈圆球形。单核细胞从骨髓进入血液时仍尚未成熟，在血液中停留 2~3 天后迁移至周围组织中，继续发育成巨噬细胞（macrophage），直径可达 60~80 μm。游离于血液中的单核细胞及存在于各种组织中的巨噬细胞构成了一个庞大的防御系统，即单核-吞噬细胞系统（mononuclear phagocytic system，MPS）。单核-巨噬细胞具有比中性粒细胞更强的吞噬功能，可杀灭外来微生物，非特异性地抵御病原体的侵袭。单核-巨噬细胞是最重要的一类抗原提呈细胞，在特异性免疫应答的诱导和调节中起关键作用。单核-巨噬细胞的免疫监视功能，可识别和杀伤异己细胞，构成了机体肿瘤免疫的重要环节。活化的单核-巨噬细胞可分泌集落刺激因子、白细胞介素、肿瘤坏死因子、干扰素等多种生物活性物质，调控其他细胞的生长。

5. **淋巴细胞**（lymphocyte） 是在机体的特异性免疫应答反应过程中起核心作用的一类细胞。根据其生长发育过程、细胞表面标志和功能的差异，可将淋巴细胞分成 T 淋巴细胞、B 淋巴细胞和自然杀伤细胞。T 淋巴细胞主要参与细胞免疫，B 淋巴细胞主要参与体液免疫，而自然杀伤细胞则主要参与机体的固有免疫，可以直接杀伤被病毒感染的细胞或者肿瘤细胞。

（三）白细胞的生成和破坏

1. **白细胞的生成** 白细胞也起源于骨髓中的造血干细胞（图3-3），经过定向祖细胞、可识别的前体细胞等阶段，最后发育成具有各种生理功能的各类成熟白细胞。粒细胞-巨噬细胞集落刺激因子（granulocyte-macrophage colony-stimulating factor，GM-CSF）、粒细胞集落刺激因子（granulocyte colony-stimulating factor，G-CSF）和巨噬细胞集落刺激因子（macrophage colony-stimulating factor，M-CSF）等可调节粒细胞和单核细胞的生成。GM-CSF 与骨髓基质细胞产生的干细胞因子联合作用，可以刺激早期造血干细胞与祖细胞的增殖分化。GM-CSF 还能刺激单核细胞、中性粒细胞和嗜酸性粒细胞的生成。G-CSF 和 M-CSF 分别促进粒细胞和单核细胞的生成。G-CSF 还能动员骨髓中的干细胞与祖细胞进入血液。此外，乳铁蛋白和转化生长因子 β 等抑制性因子可直接抑制白细胞的生成或限制上述集落刺激因子的释放或作用。

2. **白细胞的破坏** 因为白细胞往往要进入组织后才发挥作用，淋巴细胞还可在血液、组织液和淋巴之间往返，并能增殖分化，故循环血液可被视为将白细胞从其生成部位（骨髓和淋巴组织）运送到其发挥功能部位的通路，白细胞在其中仅短暂停留，因此白细胞的寿命难以判断。中性粒细胞通常在循环血液中停留 6~8 h，然后进入组织，4~5 天后衰老死亡，或经消化道排出；在有细菌入侵时，中性粒细胞发挥其吞噬作用后，释放的大量溶酶体酶可将其自身溶解，与破坏的细菌和组织碎片共同形成灰黄色或黄白色的浓稠状液体，称为脓液。单核细胞一般在血液中停留 2~3 天，进入组织后进一步发育成巨噬细胞，并继续生存 3 个月左右。嗜酸性粒细胞和嗜碱性粒细胞在组织中的生存时间分别为 8~12 天和 12~15 天。

四、血小板生理

血小板并非严格意义上的细胞，而是来自骨髓巨核细胞的胞质小块。血小板呈双凸圆盘状，体积小，直径仅 2~3 μm，无细胞核，外被完整细胞膜。当血小板接触玻璃等物体或受刺激时，可伸出大量伪足而呈不规则形状。血小板中央部有蓝紫色的血小板颗粒，称颗粒区。电镜下颗粒区有 α-颗粒、致密颗粒和少量溶酶体。血小板胞膜上存在多种具有受体功能的糖蛋白，可以与血管性血友病因子（von Willebrand factor，vWF）、纤维蛋白原等相应配体结合，引起血小板黏附、聚集和血小板内信号转导途径活化。健康成人血液中的血小板数量为 $(100~300) \times 10^9/L$，可有 6%~10% 的变动，通常午后较清晨高，冬季较春季高，静脉血较毛细血管中数值高。此外，血小板计数也和其他血细胞一样，因机体的功能状态变化而增减。剧烈运动、进食、妊娠中晚期、缺氧、组织损伤或大失血可导致血小板增多。

(一) 血小板的生理特性

1. **黏附** 血小板与非血小板表面的黏着称为血小板黏附 (platelet adhesion)。血小板的黏附需要血小板膜上的糖蛋白、内皮下成分（主要是胶原纤维）和血浆 vWF 的参与。正常情况下，上述三种成分彼此不能结合，故血小板不能黏附于内皮细胞表面。但当血管内皮细胞受损时，vWF 首先与暴露出的内皮下胶原纤维结合，继而发生变构，然后血小板膜上的糖蛋白 Ib 与变构的 vWF 结合，血小板即可黏附于内皮下组织中的胶原纤维上。因此，vWF 是血小板黏附于胶原纤维的桥梁。糖蛋白 Ib 缺损、vWF 缺乏和胶原纤维变性等情况可使血小板的黏附功能受损，因而发生出血倾向。

2. **释放** 在血小板的致密颗粒、α-颗粒或溶酶体内储存着腺苷二磷酸 (adenosine diphosphate, ADP)、ATP、5-羟色胺、儿茶酚胺、Ca^{2+}、K^+ 等，血小板受刺激后将这些物质排出的现象，称为血小板释放 (platelet release) 或血小板分泌 (platelet secretion)。此外，血小板还可临时合成并即时释放某些物质，如血栓烷 A_2 (thromboxane A_2, TXA_2)。多数能引起血小板聚集的因素也能引起血小板释放反应，而许多由血小板释放的物质可进一步促进血小板的活化、聚集，加速止血过程。

3. **聚集** 血小板与血小板之间的相互黏着称为血小板聚集 (platelet aggregation)。血小板的聚集通常分为两个时相：第一聚集时相发生迅速，也能迅速解聚，为可逆性聚集；第二聚集时相发生缓慢，一旦发生则不能解聚，为不可逆性聚集。可引起血小板聚集的因素被称为致聚剂，既有生理性因素，又有病理性因素。生理性致聚剂主要包括 ADP、肾上腺素、5-羟色胺、组胺、胶原、凝血酶、血栓烷 A_2 等；病理性致聚剂则包括细菌、病毒、免疫复合物、药物等。ADP 是引起血小板聚集最重要的物质，特别是由血小板释放的内源性 ADP，后者被认为是导致第二聚集时相发生的主要因素。阿司匹林、咪唑类、异丙肾上腺素、前列环素等则可抑制血小板聚集。

4. **收缩** 在血小板中存在着类似肌肉的收缩蛋白系统，包括肌动蛋白、肌球蛋白、微管及其他相关蛋白。激活后的血小板细胞质内 Ca^{2+} 浓度升高，通过收缩蛋白的作用引起血小板的收缩反应。血凝块中的血小板收缩后，使血块回缩，挤压出其中的血清而成为坚实的止血栓。血小板数量减少或功能减退均可导致血块回缩不良，故临床上常根据血凝块在体外回缩的情况粗略评估血小板的数量或功能有无异常。

5. **吸附** 血小板表面可吸附血浆中因子 Ⅰ、Ⅴ、Ⅺ、ⅩⅢ 等多种凝血因子。若血管内皮破损，血小板黏附和聚集于破损局部后，通过其吸附作用可使凝血因子浓度升高，以利于血液凝固和生理性止血。

(二) 血小板的生理功能

血小板的生理功能主要包括维持血管壁的完整性、参与生理性止血和促进血液凝固。血小板能随时沉于血管壁以填补内皮细胞脱落留下的空隙，还能融入内皮细胞并对其进行修复，故有助于保持内皮细胞的完整性或修复血管壁的微小损伤。血小板释放血管内皮生长因子和血小板源生长因子等多种生物活性物质，以促进血管内皮细胞、平滑肌细胞和成纤维细胞的增殖，也有利于受损血管的修复。另外，血小板参与了生理性止血的全过程，并促进血液凝固，还可释放溶解纤维蛋白的酶而影响纤维蛋白溶解过程（详见第三节）。因此，当外周血的血小板数量减少时，毛细血管脆性增高，皮肤和黏膜很易出现瘀点、紫癜和瘀斑等，称为血小板减少性紫癜。

(三) 血小板的生成和破坏

1. **血小板的生成** 如前所述，血小板是从骨髓中成熟巨核细胞的细胞质裂解脱落而来。造血干细胞首先分化为巨核系祖细胞，然后再依次分化为原始巨核细胞、幼巨核细胞，最终发育为成熟巨核细胞。成熟的巨核细胞细胞质裂解脱落后的小块即为血小板。目前认为，由肝脏、肾脏产生的血小板生成素 (thrombopoietin, TPO) 是调节血小板生成最重要的生理性调节因子。TPO 是一组分子量为 50 000~70 000 Da 的糖蛋白，能刺激造血干细胞向巨核系祖细胞分化，也可特异性促进巨核系祖细胞的存活、增殖和分化，是刺激巨核祖细胞增殖分化作用最强的细胞因子。

2. **血小板的寿命和破坏**　外周血中血小板的寿命为 7~14 天，但只在最初两天具有生理功能。衰老的血小板在脾脏、肝脏和肺组织中被吞噬破坏。血小板除因衰老被破坏外，还可在发挥其生理功能时被消耗。在生理性止血过程中，血小板聚集后最终将解体并释放出全部活性物质。

第三节　生理性止血

血管内的血液在正常情况下是处于流动状态的。血管一旦受损后，血液将从破损的血管流出，这一现象称为出血。发生出血后，一方面要求血管破损处的血液迅速形成止血栓，阻止血液进一步流失；另一方面，又需要将止血反应限制在受损局部，保证全身血液循环通畅。此外，在出血停止后，止血过程中形成的纤维蛋白需要被分解掉，以恢复血液的流动状态。因此，出血后机体的反应不但包括及时止血，还包括有效抗凝及随后的纤维蛋白溶解。

一、生理性止血的基本过程

生理性止血（physiological hemostasis）指正常人小血管破损后引起出血，几分钟内出血自行停止的现象。生理性止血由血管、血小板和凝血因子协同作用实现，对机体具有重要的保护意义。临床上常用小针刺破耳垂或指尖，使血液自然流出，测定出血延续时间，这段时间即为出血时间（bleeding time）。出血时间长短反映了生理性止血功能的状态。正常出血时间不超过 9 min（模板法），出血时间延长提示生理性止血功能障碍，如血小板数量减少或功能异常等，可导致出血性疾病。

生理性止血过程主要包括局部血管收缩、血小板止血栓形成和血液凝固等三个过程（图 3-4），这三个过程相继发生并相互影响。

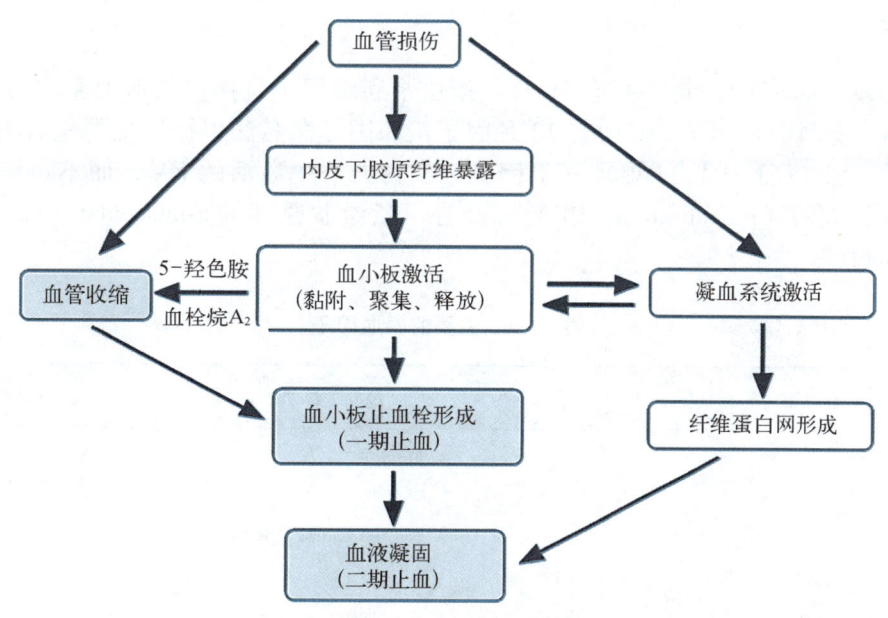

图 3-4　生理性止血过程示意图

（一）局部血管收缩

血管损伤可通过多种途径引起受损局部及附近的小血管收缩：① 损伤性刺激经神经反射使损伤处的血管平滑肌收缩；② 损伤的血管内皮细胞及黏附于损伤处的血小板可释放某些缩血管物质（如 5-羟色胺、

血栓烷 A_2 和内皮素等）；③ 血管壁损伤引起局部血管肌源性收缩。因此，受损血管的破口缩小或封闭，血液流速减慢，出血减少或停止。

（二）血小板止血栓的形成

血管损伤可导致内皮下胶原纤维暴露，迅速激活血小板，经过前述的黏附、释放和聚集等过程，最终形成白色透明的松软止血栓。血小板止血栓可封堵伤口，实现初步的止血，又称一期止血。一期止血主要依赖于局部血管收缩和血小板血栓的形成。但血小板血栓并不牢固，当血压升高或血流增加时可能脱落，造成再出血及身体其他部位的栓塞。

（三）血液凝固

在血管收缩和血小板止血栓形成的同时，血液中的凝血系统也被迅速激活，将血浆中可溶性的纤维蛋白原转变成不溶性的纤维蛋白（详见下文），交织成网，并网罗各种血液成分，形成坚实的血凝块（即红色血栓），实现有效止血，称二期止血（图3-4）。最后，局部纤维组织增生并长入血凝块，可以达到永久性止血。

上述三个过程并非相互孤立，而是相继发生且互有重叠，彼此密切联系、相互协同、相互促进，使止血能及时而高效地进行。其中，血小板在生理性止血过程中居于中心地位。当血小板数量减少或功能减退时，出血时间延长；血小板数量过多，则可导致血栓形成。

二、血液凝固

在生理性止血中，血液由流动的液体状态变成不能流动的凝胶状态，这一现象称为血液凝固（blood coagulation），简称血凝。其实质为血浆中的可溶性纤维蛋白原（fibrinogen）转变为不溶性纤维蛋白（fibrin）的过程。血液凝固是由多种凝血因子参与的一系列复杂酶促反应过程。

（一）凝血因子

凝血因子（coagulation factor 或 clotting factor）指血浆和组织中直接参与血液凝固的物质。如表3-2所示，迄今已发现十余种凝血因子，其中有12种因子按照国际命名法根据发现的先后顺序用罗马数字编号，即凝血因子Ⅰ~ⅩⅢ（简称FⅠ~FⅩⅢ）。FⅥ因被证实为血清中激活的FⅤ，而不再作为独立的凝血因子。此外，前激肽释放酶（prekallikrein, PK）和高分子量激肽原（high-molecular-weight kininogen, HK）等也直接参与凝血过程。

表3-2 主要的凝血因子

凝 血 因 子	合 成 部 位	合成时是否需要维生素 K
纤维蛋白原（FⅠ）	肝细胞	—
凝血酶原（FⅡ）	肝细胞	需要
组织因子（FⅢ）	内皮细胞和其他细胞	—
钙离子（Ca^{2+}）（FⅣ）	—	—
前加速素易变因子（FⅤ）	内皮细胞和血小板	—
前转变素稳定因子（FⅦ）	肝细胞	需要
抗血友病因子（FⅧ）	肝细胞	—
血浆凝血活酶（FⅨ）	肝细胞	需要
斯图亚特因子（Stuart-Power因子）（FⅩ）	肝细胞	需要
血浆凝血活酶前质（FⅪ）	肝细胞	—

续表

凝 血 因 子	合 成 部 位	合成时是否需要维生素K
接触因子或哈格曼因子（Hageman 因子）（FXII）	肝细胞	—
纤维蛋白稳定因子（FXIII）	肝细胞和血小板	—
高分子量激肽原	肝细胞	—
前激肽释放酶	肝细胞	—

凝血因子具有以下主要的特征：① 除了 FIV（Ca^{2+}）外，其余的凝血因子均为蛋白质。其中，FII、FVII、FIX、FX、FXI、FXII、FXIII和前激肽释放酶都是丝氨酸蛋白酶（内切酶），它们通常以无活性的酶原形式存在于血浆中，必须经其他酶的有限水解以暴露或形成活性中心，才能被激活为有活性的酶。通常在已被激活凝血因子代号的右下角标上"a"（activated）以示其为"活化型"。例如，凝血酶原 FII 的活化型为凝血酶 FIIa。② FIII、FV、FVIII和高分子量激肽原是凝血过程的辅助因子，可大大加快相应的丝氨酸蛋白酶凝血因子的催化速率。③ 除 FIII（又称组织因子，tissue factor，TF）外，其他凝血因子均存在于新鲜血浆中，且多数在肝脏内合成。其中，FII、FVII、FIX、FX 为依赖维生素K的凝血因子，其生成需要维生素K的参与。因此，肝脏病变或维生素K缺乏可导致凝血功能障碍。

（二）血液凝固的过程

经典的血液凝固理论为"瀑布学说"，该学说认为凝血过程是一系列凝血因子按一定顺序相继酶解激活的级联反应，激活的凝血酶（thrombin）最终使纤维蛋白原转变为纤维蛋白。每步酶解反应均有放大效应，形成一"瀑布"样的反应链，大致分为三个主要阶段：凝血酶原酶复合物（又称凝血酶原激活复合物）的形成、凝血酶的生成和纤维蛋白的形成（图 3-5）。

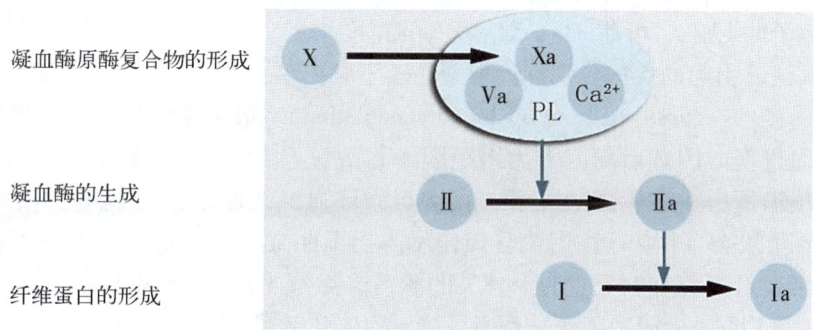

图 3-5 血液凝固的基本步骤

PL, 磷脂

1. **凝血酶原酶复合物的形成** 凝血酶原酶复合物（prothrombinase complex）是由 FXa、FVa、Ca^{2+} 与磷脂结合共同形成的复合物，它的形成是血液凝固的始动环节，经内源性凝血和外源性凝血两条激活途径完成（图 3-6）。

（1）内源性凝血途径（intrinsic pathway of blood coagulation）：指参与凝血的因子全部来自血液的凝血途径，其启动因子为FXII。当血液与带负电荷的异物表面（如玻璃、白陶土、硫酸酯和胶原等）接触时，FXII首先结合到异物表面，并立即自身激活为FXIIa，FXIIa再将FXI激活成为FXIa，从而启动内源性凝血途径。上述过程在异物表面完成，故称为表面激活阶段。此外，FXIIa生成后还可将前激肽释放酶激活为激肽释放酶；该酶再通过正反馈效应激活更多的FXII。高分子量激肽原在表面激活过程中起着辅助因子的作用，能大大加速FXII、前激肽释放酶及FXI的激活过程。在 Ca^{2+} 的参与下，表面激活阶段形成的FXIa可激活FIX生成FIXa。血小板激活后释放血小板磷脂，其主要成分为血小板因子3（platelet factor 3，PF_3），为

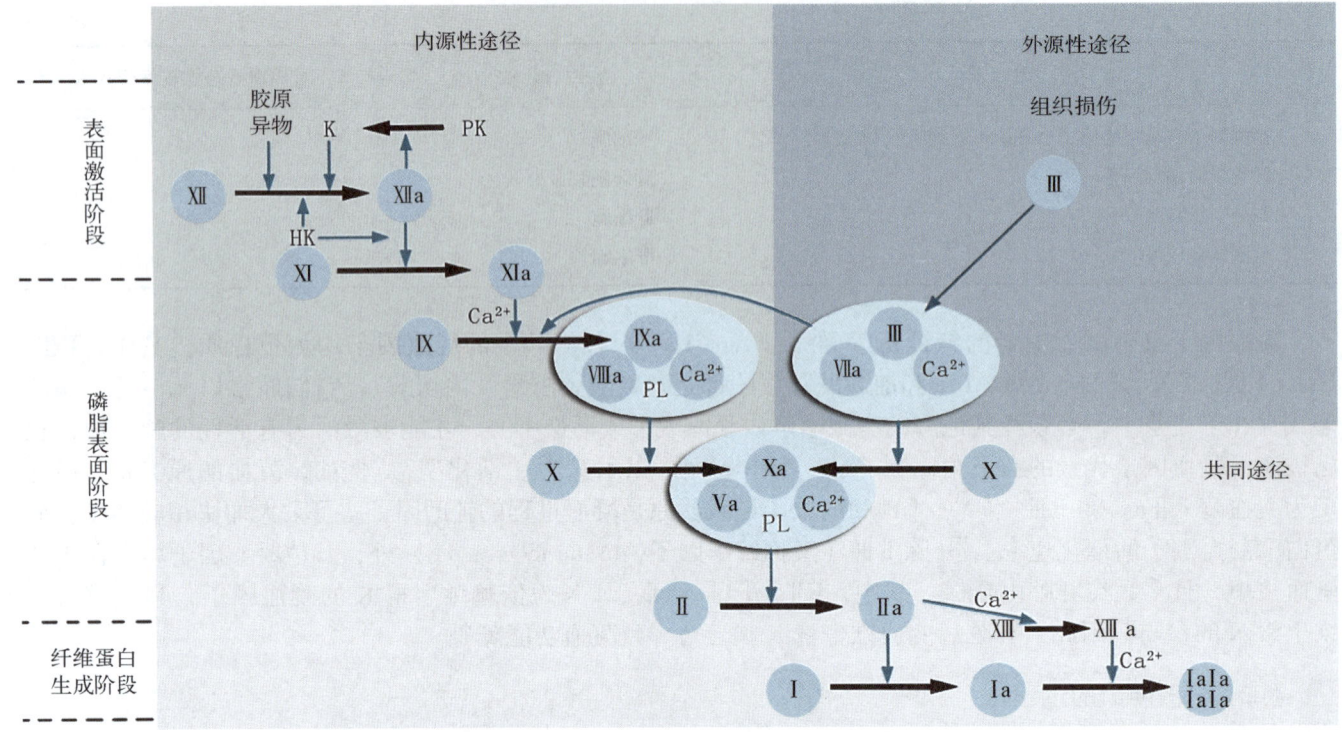

图 3-6 血液凝固过程示意图

PK，前激肽释放酶；K，激肽释放酶；HK，高分子量激肽原；PL，磷脂

凝血因子的相互作用提供了磷脂吸附表面。FIXa 在 Ca^{2+} 的参与下与 FVIIIa 连接在磷脂表面，形成因子 X 酶复合物（tenase complex），其主要作用为激活 FX 形成 FXa。在没有 FVIIIa 参与的情况下，FX 的激活速度十分缓慢。而作为辅助因子的 FVIIIa，可使 FIXa 激活 FX 的速度增强 20 万倍。若体内缺乏 FVIII、FIX 和 FXI，将出现凝血功能障碍，其缺乏引起的疾病分别称为甲型、乙型和丙型血友病（hemophilia A, B, C）。

（2）外源性凝血途径（extrinsic pathway of blood coagulation）：指由来自血液之外的组织因子（FIII）暴露于血液而启动的凝血过程。因其启动因子为组织因子，故又称组织因子途径。FIII 是一种存在于大多数血管外组织细胞的跨膜糖蛋白。在生理情况下，直接与循环血液接触的血细胞和内皮细胞不表达 FIII，但有极少量的 FVII 处于活化状态（FVIIa）。当血管损伤暴露出 FIII 与血液接触后，可与 FVIIa 结合形成 FVIIa-组织因子复合物，后者在 Ca^{2+} 存在时迅速催化 FX 的激活，生成 FXa。在这一过程中，FVIIa 作为蛋白酶而发挥对 FX 的酶解作用，FIII 则是辅助因子，可使 FVIIa 的催化效力提高 1 000 倍。生成的 FXa 还能反过来激活 FVII，进而促进更多的 FXa 生成，形成外源性凝血途径的正反馈效应。

由内源性或外源性凝血途径所生成的 FXa，均可与 FVa、PF_3 和 Ca^{2+} 结合，共同组成凝血酶原酶复合物，进而激活凝血酶原（FII），进入凝血过程的共同途径（common pathway）。内、外源性凝血途径的主要区别在于启动方式和参与的凝血因子不完全相同，而且外源性凝血途径耗时短，血液凝固速度快。但这两条途径并非各自独立，在生理性止血的过程中，通常既有内源性凝血途径的激活，又有外源性凝血途径的激活，两者同时进行并相互促进。例如，FVIIa-组织因子复合物在 Ca^{2+} 的参与下，将 FIX 激活为 FIXa，FIXa 除了可以反过来激活 FVII 外，也能与 FVIIIa 等结合为复合物，激活 FX，使内、外源性凝血途径相互联系，共同完成凝血过程。目前认为，外源性凝血途径在体内生理凝血过程的启动中发挥关键性作用，其中，组织因子是生理性凝血过程的启动者。

2. **凝血酶的生成** 在凝血酶原酶复合物中，仍然由 PF_3 提供磷脂表面，FXa 和 FII 通过 Ca^{2+} 连接于磷脂表面，FXa 催化 FII 转变成 FIIa（凝血酶）。FVa 为辅助因子，可使 FXa 的催化作用加快 10 000 倍。从 FIX 激活到凝血酶形成都是在血小板磷脂表面上进行的，故将这一阶段称为磷脂表面阶段。

3. **纤维蛋白的形成** 凝血酶生成后脱离血小板磷脂表面进入血液，催化纤维蛋白原（FI）水解，生成纤维蛋白（FIa）单体。同时，凝血酶还可激活FXIII，生成FXIIIa，在Ca^{2+}的参与下，FXIIIa可使纤维蛋白单体相互聚合，形成不溶于水的交联纤维蛋白多聚体，即纤维蛋白。后者网罗各种血液成分形成血凝块，从而完成凝血过程。

血液凝固1~2 h后，血凝块发生收缩，并释出淡黄色液体，称为血清（serum）。血清与血浆不同，其区别在于前者缺乏在凝血过程中被消耗掉的一些凝血因子（如纤维蛋白原、FII、FV、FVIII和FXIII等），但增加了少量血液凝固时由血管内皮细胞和血小板释放的化学物质。

（三）血液凝固的负性调控

生理性凝血过程在时间和空间上受到严格的控制，体内存在对抗血液凝固的抗凝系统，以保证正常情况下循环血液的流动性，并且即使在组织损伤而发生生理性止血时，止血栓也仅限于受损的局部，不会波及全身血液循环。体内的抗凝系统包括细胞抗凝系统和体液抗凝系统。

1. **细胞抗凝系统**　主要由血管内皮和单核-吞噬细胞系统构成。正常功能状态的血管内皮犹如一个天然屏障，有效阻隔凝血因子及血小板与内皮下成分的接触，避免在无损伤状态下启动体内的凝血过程。血管内皮还可合成和分泌硫酸乙酰肝素蛋白多糖、抗凝血酶、凝血酶调节蛋白、组织因子途径抑制物、前列环素和ADP酶等多种生物活性物质，实现其抗凝血和抗血小板的功能。单核-吞噬细胞系统可清除进入血液循环中的活化的凝血因子，在体内抗凝机制中发挥重要作用。

2. **体液抗凝系统**　血浆中含有丝氨酸蛋白酶抑制物、蛋白质C系统、组织因子途径抑制物和肝素等抗凝物质，构成了体液抗凝系统。

（1）丝氨酸蛋白酶抑制物：如前所述，很多凝血因子属丝氨酸蛋白酶，如FIXa、FXa、FXIa、FXIIa和凝血酶等。血浆中的抗凝血酶（antithrombin）、肝素辅因子II、C_1抑制物、α_1-抗胰蛋白酶、α_2-抗纤溶酶和α_2-巨球蛋白等物质，可以灭活上述丝氨酸蛋白酶，进而发挥抗凝作用，故被称为丝氨酸蛋白酶抑制物。由肝细胞和血管内皮细胞分泌的抗凝血酶可灭活60%~70%的凝血酶，是最重要的丝氨酸蛋白酶抑制物。肝素辅因子II可灭活约30%的凝血酶。抗凝血酶分子中的精氨酸残基，可以和丝氨酸蛋白酶分子活性中心所含的丝氨酸残基结合，从而灭活这些凝血因子。抗凝血酶的抗凝作用需要辅助因子肝素的参与，后者可将其抗凝作用增强2 000倍左右。

（2）蛋白质C系统：主要包括蛋白质C（protein C，PC）、凝血酶调节蛋白（thrombomodulin，TM）、蛋白质S和蛋白质C的抑制物。蛋白质C由肝细胞合成，其合成也需要维生素K参与，通常以酶原形式存在于血浆中。当凝血酶与正常血管内皮细胞上的凝血酶调节蛋白结合后，可以水解蛋白质C分子使之激活。FVIIIa和FVa分别为调控FX和凝血酶原激活速度的辅助因子，激活的蛋白质C可灭活FVIIIa和FVa，进而抑制FX和凝血酶原的激活。此外，蛋白质C可刺激纤溶酶原激活物的释放，促进纤维蛋白溶解。通过上述作用，蛋白质C可避免凝血过程向周围正常血管部位扩散。凝血酶调节蛋白是凝血酶激活蛋白质C的辅因子，可使凝血酶激活蛋白质C的速度提高1 000倍。而血浆中的蛋白质S可增强活化蛋白质C的作用，是活化蛋白质C的辅助因子。

（3）组织因子途径抑制物（tissue factor pathway inhibitor，TFPI）：是由血管内皮细胞合成的一种单链糖蛋白，分子量约为34 000 Da。TFPI可以特异性地抑制外源性凝血途径，目前认为它是体内主要的生理性抗凝物质。TFPI首先与FXa结合，直接抑制FXa的催化活性，并使TFPI变构；其次在Ca^{2+}存在的条件下，变构的TFPI再与FVIIa-组织因子复合物结合，形成FXa-TFPI-FVIIa-组织因子四聚体，从而灭活FVIIa-组织因子复合物。因此，TFPI对外源性凝血途径的抑制作用不是通过阻断组织因子对该途径的启动来实现的，而是在FXa生成后才以负反馈的方式抑制外源性凝血过程。

（4）肝素（heparin）：是由肥大细胞和嗜碱性粒细胞产生的一种酸性黏多糖，在生理情况下血浆中含量甚微。肝素可与血浆中的一些抗凝蛋白质（如抗凝血酶）结合，增强其抗凝活性，从而间接发挥抗凝作用；也可刺激血管内皮细胞大量释放TFPI和其他抗凝物质来抑制凝血过程。因此，肝素也是一种有效的抗凝物质，临床上把它作为一种抗凝剂广泛应用于防治血栓性疾病。

三、纤维蛋白的溶解

当出血停止、创口愈合后，血凝块需要被溶解移除，使血管恢复畅通。纤维蛋白被分解液化的过程称为纤维蛋白溶解（fibrinolysis），简称纤溶。纤维蛋白溶解除了可以溶解止血栓，使血液保持液态，保证血流通畅外，还参与了组织修复、血管再生等多种功能。纤维蛋白溶解系统（简称纤溶系统）主要包括纤维蛋白溶解酶原（plasminogen，简称纤溶酶原）、纤维蛋白溶解酶（plasmin，简称纤溶酶）、纤溶酶原激活物（plasminogen activator）和纤溶抑制物。纤溶的基本过程分为两个阶段，即纤溶酶原的激活与纤维蛋白（或纤维蛋白原）的降解。该系统各种成分间的相互作用如图3-7所示。

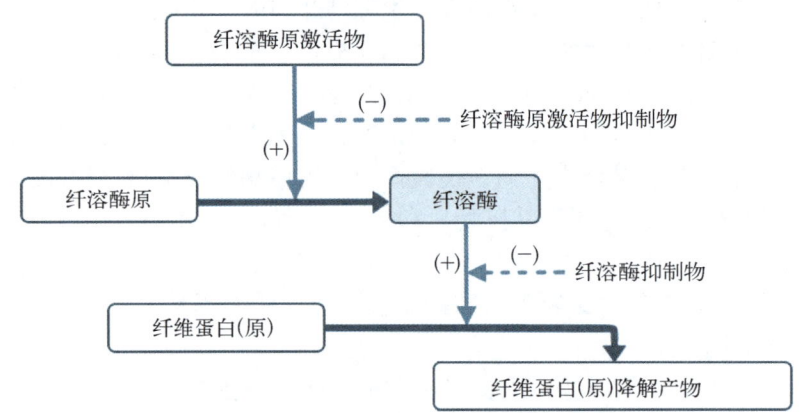

图3-7 纤维蛋白溶解系统激活与抑制示意图

(+) 表示促进作用；(-) 表示抑制作用

（一）纤溶酶原的激活

血浆中的纤溶酶和凝血因子类似，通常也是以无活性的酶原形式存在。纤溶酶原是一种主要由肝脏合成的单链糖蛋白。正常人血浆中的纤溶酶原浓度为100~200 mg/L，婴儿较少，妊娠晚期妇女增多。纤溶酶原在纤溶酶原激活物的作用下发生有限水解而激活成为纤溶酶。纤溶酶原激活也有内源性和外源性两条途径。内源性激活途径是通过内源性凝血途径的有关凝血因子（如FXIIa、FXIa、激肽释放酶等）使纤溶酶原激活为纤溶酶的途径。正常情况下，该途径的激活活性较低，但在体外循环时，由于循环血液接触大量带负电荷的异物表面而激活FXII，此时FXIIa、激肽释放酶可成为纤溶酶原的主要激活物。外源性激活途径是通过由血管内皮细胞和其他组织合成的组织型纤溶酶原激活物（tissue-type plasminogen activator，t-PA）以及由肾脏合成的尿激酶型纤溶酶原激活物（urokinase-type plasminogen activator，u-PA）的作用，将纤溶酶原激活为纤溶酶的途径。该途径对于防止血栓形成、促进组织修复和创伤愈合具有重要作用。t-PA主要由血管内皮细胞合成，是血液中重要的内源性纤溶酶原激活物。正常情况下t-PA对纤溶酶原的激活作用较低，但与纤维蛋白结合后，其激活纤溶酶原的效应可增加1 000倍。u-PA主要由肾小管和集合管上皮细胞合成分泌，是血液中活性仅次于t-PA的生理性纤溶酶原激活物，其主要功能是溶解血管外蛋白，如促进细胞迁移（排卵和着床、肿瘤转移等），其次才是清除血浆中的纤维蛋白。

（二）纤维蛋白与纤维蛋白原的降解

纤溶酶也属于丝氨酸蛋白酶，可水解肽链分子中的赖氨酸-精氨酸键，是血浆中活性最强的蛋白酶，特异性较低。纤溶酶最敏感的底物是纤维蛋白或纤维蛋白原，可以将其水解为许多可溶性小肽，称为纤维蛋白（原）降解产物（fibrin/fibrinogen degradation product，FDP）。FDP通常不再发生凝固，其中部分小分子肽还具有抗凝作用。

(三) 纤溶抑制物及其作用

体内存在多种可抑制纤溶系统活性的物质，即纤溶抑制物，它们可以在纤溶酶原的激活水平和纤溶酶水平抑制纤溶系统的活性，以防止血凝块过早溶解和避免出现全身性纤溶亢进。由内皮细胞和血小板分泌的纤溶酶原激活物抑制剂-1（plasminogen activator inhibitor type-1，PAI-1），可灭活 t-PA 和 u-PA；补体 C1 抑制物主要灭活激肽释放酶和 FⅫa；主要由肝脏产生的 α_2-抗纤溶酶（α_2-antiplasmin，α_2-AP），可与纤溶酶结合成复合物而迅速抑制纤溶酶的活性。此外，α_2-巨球蛋白、抗凝血酶、蛋白酶 C 抑制物、蛋白酶连接抑制素、富组氨酸糖蛋白等也有抑制纤溶系统的作用。

第四节　血型和输血原则

人们最初尝试在不同个体之间输血时，往往会发生红细胞的凝集或溶血等输血反应，严重者甚至死亡，从而导致输血治疗的失败。直到奥地利医学家卡尔·兰德斯坦纳（Karl Landsteiner）于 1901 年发现了第一个人类血型系统——ABO 血型系统，才为人类揭开了血型的奥秘，知道了引起输血反应的原因是供血者和受血者血液的抗原-抗体反应，从而使输血成为安全度较高的临床治疗手段。兰德斯坦纳也因此获得 1930 年的诺贝尔生理学或医学奖。

一、血型与红细胞凝集

血液中能检测出的任何遗传多态性，均可称为血型（blood group），但通常所说的血型是指血细胞膜上某些特异性抗原的多态性，包括红细胞、血小板和白细胞血型。若非特别指明，血型一般指红细胞血型。当血型不相容的血液被混合时，红细胞可凝聚成簇，形成肉眼可见的颗粒状凝集团块，这一现象称为红细胞凝集（agglutination）。在补体的作用下，还可引起凝集的红细胞破裂，出现溶血。红细胞凝集的本质是抗原-抗体反应，即红细胞表面上的抗原物质（又称凝集原，agglutinogen），与血浆中的相应抗体（亦称凝集素，agglutinin）发生特异性结合的反应。

白细胞和血小板上除了存在红细胞抗原外，还有它们各自特有的血型抗原。白细胞中最强的同种抗原是人类白细胞抗原（human leukocyte antigen，HLA），作为一个广泛分布于体内的复杂抗原系统，HLA 在器官移植后免疫排斥反应的发生过程中起着极为重要的作用。HLA 的分型也是法医学上用于鉴定个体或亲子关系的重要手段之一。人类血小板表面的特异性血小板抗原系统包括 PI、Zw、Ko 等，可导致输血后血小板减少症的发生。

二、红细胞血型

截止到 2021 年 2 月 3 日，国际输血协会（The International Society of Blood Transfusion，ISBT）已确定并命名了 43 个不同的血型系统，300 余个血型抗原。在医学上较为重要的红细胞血型系统包括 ABO、Rh、Lutheran、Kell、Lewis、MNSs、Duff 和 Kidd 等。我们将介绍与临床关系最为密切的 ABO 血型系统和 Rh 血型系统。

（一）ABO 血型系统

1. **ABO 血型系统的分型**　ABO 血型系统（ABO blood group system）有两种不同的抗原，分别为 A 抗原和 B 抗原，主要位于红细胞膜上；而在血清中则含有与其相对应的两种抗体，即抗 A 抗体和抗 B 抗体。根据红细胞膜上是否存在 A 抗原和 B 抗原可将血液分为 4 种血型：红细胞膜上只含 A 抗原者为 A 型，只含 B 抗原者为 B 型，含有 A 与 B 两种抗原者为 AB 型，A 和 B 两种抗原均无者为 O 型。不同血型者的血清中，只含有可对抗其自身红细胞没有的抗原的抗体,而不含可对抗自身红细胞抗原的抗体。A 型血的血清中只含有抗 B 抗体;B 型血的血清中只含有抗 A 抗体;AB 型血的血清中既无抗 A 抗体,又无抗 B 抗体;而 O 型血的血清中则含有抗 A 和抗 B 两种抗体。ABO 血型系统还有几种亚型,其中最为重要的亚型是 A 型中的 A_1 和 A_2 亚型。A_1 型红细胞上含有 A 抗原和 A_1 抗原,血清中只含有抗 B 抗体;而 A_2 型红细胞上仅含有 A 抗原,血清中则含有抗 B 抗体和抗 A_1 抗体。同样,AB 型血型中也有 A_1B 型和 A_2B 型两种主要亚型(表 3-3)。尽管在我国汉族人中 A_2 型和 A_2B 型在 A 型和 AB 型人群中的比例很小(<1%),但在输血时仍应注意 A_2 和 A_2B 亚型的存在。

表 3-3 ABO 血型系统中的抗原和抗体

血型		红细胞表面的抗原	血清中的抗体
A 型	A_1	A 抗原+A_1 抗原	抗 B 抗体
	A_2	A 抗原	抗 A_1 抗体+抗 B 抗体
B 型		B 抗原	抗 A 抗体
AB 型	A_1B	A 抗原+A_1 抗原+B 抗原	无
	A_2B	A 抗原+B 抗原	抗 A_1 抗体
O 型		无 A、B 抗原	抗 A 抗体+抗 B 抗体

2. ABO 血型系统的抗原　ABO 血型系统各种抗原的特异性由红细胞膜上的糖蛋白或糖脂上所含的寡糖链决定,A 和 B 抗原的特异性与这些寡糖链的组成与连接顺序有关(图 3-8)。在这些寡糖链中,H 抗原是形成 A 抗原和 B 抗原的基础。在 A 基因的控制下,细胞合成的 A 酶将一个乙酰半乳糖胺基连接到 H 抗原上,形成 A 抗原;B 基因则控制 B 酶合成,后者可将一半乳糖基连接到 H 抗原上,形成 B 抗原。O 型红细胞虽然不含 A 和 B 两种抗原,但有 H 抗原。H 抗原的抗原性很弱,因此血清中一般不含抗 H 抗体。

A、B、H抗原除主要存在于红细胞膜上外，还广泛存在于淋巴细胞、血小板、上皮细胞和内皮细胞等其他细胞的细胞膜上。在唾液、血浆、胃液、胆汁、尿液、泪液和羊水等多种体液中还存在组织细胞分泌的可溶性 A、B、H 抗原，其中以唾液中含量最高。体液中含有这种血型物质者称分泌型，不含该血型物质者为非分泌型。

3. ABO 血型系统的抗体　血型抗体有天然抗体和免疫抗体两类。ABO 血型系统存在天然抗体，即未经输血或妊娠等明显免疫刺激，在血液中出现的血型抗体。天然抗体有 A、B 两种，多属 IgM，分子量大，不能通过胎盘，在出生后 2~8 个月开始逐渐出现于血液中，8~10 岁时达高峰。一个 IgM 分子的抗原结合点位约为 10 个，它与红细胞膜上相应抗原产生的免疫反应，可使多个红细胞凝集。免疫抗体属获得性抗体，是机体在输血、妊娠或分娩等情况下，受到自身不存在的红细胞抗原刺激后产生的。免疫抗体为 IgG 抗体，分子量小，能通过胎盘进入胎儿体内。正常成年人的血浆中，通常同时存在 IgM 型和 IgG 型 ABO 血型抗体。因此，若胎儿与母体的 ABO 血型不合，母体内 IgG 型血型抗体可进入胎儿体内，引起胎儿红细胞的凝集和破坏，出现黄疸、贫血等表现，称新生儿溶血病。

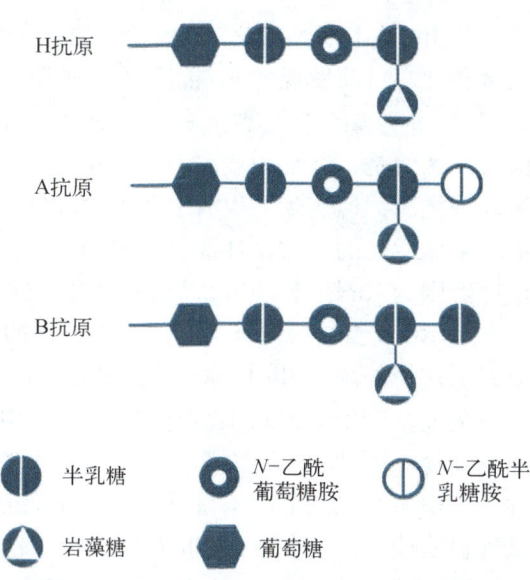

图 3-8　A、B、H 抗原物质的化学结构示意图

4. ABO 血型的遗传　血型是由遗传决定的，人类 ABO 血型系统的遗传由 9 号染色体上的三个等位基因 A、B 和 O 来控制。在一对染色体上只可能出现上述三个基因中的两个，分别来自父体和母体，它们决定了子代血型的基因型。这三个基因可组成六种基因型（genotype）：AA、AO、BB、BO、AB 和 OO。其中，A 和 B 基因为显性基因，O 基因为隐性基因，故血型的表现型（phenotype）只有四种：A 型、B 型、AB 型和 O 型。血型相同的人其基因型不一定相同（表 3-4）。例如，表现型为 A 型血型的人，其基因型可为 AA 或 AO。但表现型为 O 者，其基因型只能是 OO。法医学上可以依据血型来推断亲子关系，但应注意的是，只能作为否定的参考依据，而不能以此做出肯定的判断。

表 3-4　ABO 血型的基因型和表现型

基　因　型	表现型（血型）
OO	O
AA，AO	A
BB，BO	B
AB	AB

（二）Rh 血型系统

1. Rh 血型的发现与分布　1940 年，兰德斯坦纳和维纳将恒河猴（Rhesus monkey）的红细胞反复注入家兔体内，家兔血清中可出现抗恒河猴红细胞的抗体。含有这种抗体的血清不但能使恒河猴的红细胞凝集，而且可使 85% 的美洲白种人的红细胞凝集，表明这部分美洲白种人的红细胞膜上具有与恒河猴同样的抗原（Rh 抗原），故称为 Rh 阳性血型；另有约 15% 的人红细胞不被这种血清凝集，称为 Rh 阴性血型。这种血型系统被命名为 Rh 血型系统（Rh blood group system）。Rh 血型系统在输血医学中的临床重要性仅次于 ABO 血型系统。我国汉族和其他大部分民族的人群中，Rh 阳性血型者约占 99%，Rh 阴性血型者仅占 1% 左右。但在某些少数民族的人群中，Rh 阴性者比例可达 10% 左右，如塔塔尔族约 15.8%、苗族约 12.3%、布依族和乌孜别克族约 8.7%。因此，在这些民族居住的地区需重视 Rh 血型的问题。

2. Rh血型系统的抗原与分型　在已知的红细胞血型中，Rh血型系统最为复杂，具有高度的免疫原性和多态性。目前发现的Rh抗原（又称Rh因子）已有50多种，其中D、E、C、c、e这五种与临床关系最为密切。1号染色体短臂上有两个紧密连锁的基因，分别编码D抗原（RhD）、C/c和E/e抗原（RhCE）。值得注意的是，红细胞表面不表达d抗原，尽管理论上推断应有三对等位基因C与c、D与d及E与e控制6种抗原，但实际上血清中并未发现单一抗d抗体，因而d被认为是"静止基因"。在上述五种抗原中，最具临床意义的是抗原性最强的D抗原。通常将红细胞上含有D抗原者称为Rh阳性，而红细胞上缺乏D抗原者则为Rh阴性。Rh抗原在出生时已发育成熟，目前只在红细胞上发现。

3. Rh血型的特点及其临床意义　人的正常血清中不含抗Rh天然抗体，体内的Rh抗体只有通过输血或妊娠接受外源性Rh抗原刺激后才能产生。例如，Rh阴性者被输入Rh阳性血液后，Rh抗原刺激机体的体液免疫，产生抗Rh的免疫性抗体。抗Rh抗体的产生较为缓慢，血清中抗体水平在输血后2~4个月才达到高峰。因此Rh阴性者常在第二次或多次输入Rh阳性血液时，才发生抗原-抗体反应，而首次Rh阳性血液输血却无明显的输血反应。临床上进行输血治疗时，即使重复输入同一供血者的血液也需重新做交叉配血实验，以避免发生Rh血型不合引起的输血反应。

Rh系统的抗体主要是分子量较小的IgG，可以通过胎盘屏障进入胎儿体内。当Rh阴性的孕妇孕育Rh阳性胎儿时，若胎儿红细胞或D抗原进入母体，可刺激母体产生免疫性抗体。这种IgG型抗体能通过胎盘进入胎儿的血液，导致胎儿红细胞凝集和溶血，出现新生儿溶血病。通常只有在妊娠末期或分娩时才有胎儿红细胞进入母体，且母体血液中的Rh抗体浓度是缓慢增加的，故Rh阴性血型的母亲孕育第一胎Rh阳性胎儿时，很少发生新生儿溶血。但在第二次妊娠时，母体内的抗Rh抗体就可进入胎儿体内引起新生儿溶血。因此，为了预防Rh阴性母亲第二次妊娠时发生新生儿溶血，在其生育第一胎后应常规注射特异性抗D免疫球蛋白，以中和进入母体的D抗原，避免母体致敏。

三、输血和输血原则

心血管系统内有充足的血量才能保持适当的充盈度，维持正常血压和各组织器官的血液供应，因此血量的相对恒定是维持正常生命活动的重要前提。当机体出血时，如果失血量不超过全身总量的10%，可反射性地加强心脏活动和血管收缩，使心血管内血液充盈度不出现明显改变。此外，一部分储存血液被释放出来以补充循环血量，因此机体不出现明显的临床症状。但如果失血量较多，达全身血量的20%时，机体的代偿功能将不足以维持正常血压，而出现一系列临床症状。如果失血量超过30%或更多，就可能危及生命。输血则是挽救严重的急性大失血患者生命的重要手段之一。

输血（transfusion）是指全血、血液成分和血液制品等输入患者循环系统的治疗过程。输血除可抢救外伤等导致的急性大失血外，也是治疗某些疾病、保障一些手术顺利进行的重要手段。

（一）输血的类型

根据供血者的来源，输血可分为异体输血和自体输血。异体输血较为常用，但存在血液传染性疾病传播的潜在危险，还可因移植物的抗宿主反应导致受血者的免疫功能下降。近年来，迅速发展的自体输血是指在手术前先抽取患者自身的部分血液，在进行手术过程中按需要将血液回输给患者。采用自体输血不仅可避免异体输血的不良反应及并发症，还可扩大血源，是一种值得推广的安全输血方式。

根据输注血液的成分，输血可以分为全血输注和成分输血。成分输血（transfusion of blood components）是利用血液成分分离技术，把人血中的红细胞、粒细胞、血小板和血浆等各种不同成分，分别制备成高纯度或高浓度制品，再输注给不同需求的患者。例如，急性大出血患者可输注全血；严重贫血患者以红细胞数量减少为主，宜输注浓缩红细胞悬液；大面积烧伤患者以创面渗出导致的血浆大量丢失为主，宜输入血浆或血浆代用品；各种出血性疾病的患者，宜输入浓缩的血小板悬液或含凝血因子的新鲜血浆。成分输血治疗的针对性强，可提高疗效；还可减少输血的不良反应，且能节约血源。

（二）输血原则

为了保证输血安全和提高输血效果，须严格遵守输血原则，注意输血的安全、有效和节约。

1. **ABO血型同型输血**　在正常情况下，输血前必须进行血型鉴定，坚持ABO血型同型输血的原则。因为在输入同型血时，受血者血清中不含抗供血者红细胞的抗体，供血者的血清中也不含对抗受血者红细胞的抗体，这种输血最为安全。因此，正确鉴定血型是保证输血安全的基础，输血前首先需要鉴定受血者和供血者的血型，确保两者的ABO血型相合。常规ABO血型的定型包括正向定型和反向定型。正向定型（forward typing）是用抗A与抗B抗体来检测红细胞上有无A或B抗原，反向定型（reverse typing）是用已知血型的红细胞检测血清中有无抗A或抗B抗体（表3-5），同时进行正向定型和反向定型是为了相互印证。此外，对育龄期妇女和需要反复输血的患者，还必须考虑供血者与受血者的Rh血型是否相合，特别要注意Rh阴性受血者产生抗Rh抗体的情况。

表3-5　红细胞常规ABO血型定型

正　向　定　型			反　向　定　型			血　型
B型血清 （抗A）	A型血清 （抗B）	O型血清 （抗A，抗B）	A型 红细胞	B型 红细胞	O型 红细胞	
-	-	-	+	+	-	O
+	-	+	-	+	-	A
-	+	+	+	-	-	B
+	+	+	-	-	-	AB

注：+表示发生凝集；-表示未发生凝集。

2. **进行交叉配血试验**　为了防止血型不合造成的输血事故，即使在ABO系统血型相同的人之间进行输血，在输血前也必须要进行严格的交叉配血（cross matching）试验（图3-9）。交叉配血试验的方法为，将供血者的红细胞与受血者的血清相混合，以检测受血者体内是否存在抗供血者红细胞的抗体，称为交叉配血主侧；将受血者的红细胞与供血者的血清相混合，以检测供血者体内是否存在抗受血者红细胞的抗体，称为交叉配血次侧。这样，既可验证血型鉴定结果有无错误，又能发现供血者和受血者的红细胞或血清中是否还存在其他不相容的血型抗原或血型抗体。如果主、次两侧均无凝集反应发生，则称为配血相合，说明是同型血，可以输血；如果主侧发生凝集反应，则为配血不合，不管次侧是否发生凝集反应，受血者均不能接受该供血者的血液；如果主侧不发生凝集反应，而次侧发生凝集反应，则称为配血基本相合，在紧急情况下可以在严密监测下谨慎、少量输入。

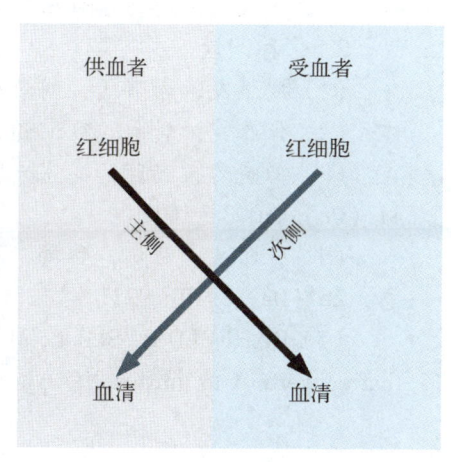

图3-9　交叉配血试验示意图

3. **在紧急情况下可谨慎进行异型输血**　在无法得到和受血者同型的血源，又要抢救患者生命的紧急情况下，可考虑将O型血输给A型、B型、AB型的受血者，或者将O型、A型和B型血输给AB型的受血者。这是因为O型血的红细胞没有A抗原或B抗原，不被其他血型受血者的血浆凝集和破坏，故O型血者曾被称为"万能供血者"。而AB型的血浆中不含抗A或抗B抗体，不会凝集和破坏其他血型供血者的红细胞，故AB型血者曾被称为"万能受血者"。但这两种提法并不可取。因为O型血血清中所含的抗A和抗B两种抗体，在输血量大或输血过快时，不能及时被受血者的血液稀释，可导致受血者的红细胞被凝集而发生输血反应；AB型受血者的血清虽然不能使其他血型供血者的红细胞凝集，但是其红细胞却可以被输入的异型血血浆中的抗A和（或）抗B抗体凝集。因此，异型输血只能在紧急情况下，少量、谨慎进行，输血速度不宜太快，并应在输血过程中密切关注受血者情况，一旦发生输血反应，立即停止输注。

※ 科学小故事

我国著名的生理学家和血液学专家易见龙教授是中国输血事业和现代血库的奠基人。1941年，美国医药援华会为支援正处于抗日战争相持阶段的中国人民，决定捐赠一个血库并培训中国的血库专业人才。当时正在加拿大多伦多大学进修的易见龙教授，毅然终止自己的学业，报名应征。随后，易见龙教授师从美国纽约中央医院的血库专家约翰·斯卡德博士（Dr. John Scudder），学习输血疗法和血库管理。由于中国战场很难具备冷藏、运输新鲜血液及进行血型鉴定和交叉配血的条件，他又去费城布林莫尔（Bryn Mawr）医院跟随斯特鲁米亚（Strumia）学习当时最为先进的血浆提取和干血浆制备技术。1944年2月，易见龙带领血库工作人员，携带200余箱血库设备、制备的干血浆和大量耗材，启程回国。为了避免战火造成损失，他们辗转迂回，历经3个多月才终于抵达昆明。1944年7月，中国第一座血库在昆明昆华医院正式成立。虽然正值战争时期，条件非常艰苦，但易见龙教授和血库的工作人员因地制宜，克服重重困难维持血库运行。血库在昆明运行的1年多时间里，捐血者达1万余人次，总采血量达300余万毫升。血库制备的血浆，成功挽救了大量受伤抗日将士的生命，为抗日救亡做出了巨大贡献。中缅印战区美军总司令约瑟夫·史迪威（Joseph Stilwell）将军曾赞扬说："血库给Y（部队番号不便公开）部队英勇顽强的中国士兵提供了极好的服务。你们可以确信，你们机构的优秀工作挽救了许多战士的生命。"这无疑是对放弃优渥的工作环境和舒适稳定的生活，毅然奔赴烽火连天的祖国，投身抗日救国的易见龙教授，以及其他血库工作人员的最好褒奖。

※ 课后拓展

1. 思考题

试述海拔升高对动脉血压的影响，并解释其原因。

2. 推荐阅读

（1）周华友，李碧娟，刘景汉，等，2011. 输血：从蒙昧到科学 [M]. 北京. 人民卫生出版社.

（2）张春霞，刘峰，2021. 造血干细胞发育过程中的信号通路调控 [J]. 遗传，43（04）：295-307.

（3）田晓玲，杨菲，吴宇轩，2019. 造血干细胞及其应用研究进展 [J]. 中国细胞生物学学报，41（06）：1003-1011.

（4）张雅文，程辉，程涛，2018. 造血干细胞代谢调控机制的研究进展 [J]. 中国实验血液学杂志，26（03）：917-921.

（5）RAHFELD P, SIM L, MOON H, et al, 2019. An enzymatic pathway in the human gut microbiome that converts A to universal O type blood [J]. Nature Microbiology, 4（09）：1475-1485.

（陈　笛）

※ 第三章数字资源

第三章
课件

第三章
课后练习题（附参考答案）

第三章
课后拓展思考题的解题思路

微课3-1
血浆渗透压

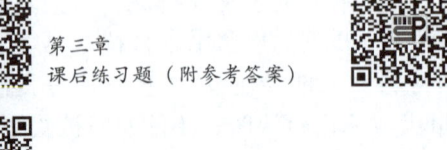
微课3-2
生理性止血

第四章

血液循环

导 学

组成人体的细胞每时每刻都在进行物质和能量代谢活动,这就意味着需要及时把细胞所需的 O_2 和营养物质运输至所需部位,同时把代谢产生的废物运走。因此,一种高效而持续的体内运输活动必不可少,人体的血液循环很好地胜任了这一职能。

循环系统由心血管系统和淋巴系统组成,参与了多种生理功能的调节。本章的重点放在心血管系统中,你将会学习到作为血液循环"发动机"的心脏是如何工作的,输送血液的各级血管有怎样的生理功能,以及机体怎样来调节心血管功能使其适应人体活动。本部分内容虽然知识点多,但整体结构完整、逻辑清晰。

在学习本章内容时,可先了解内容安排的内在逻辑架构,这样在学习的过程中更能够做到条理清晰、融会贯通。首先,本章内容分为四大板块:心脏生理(包括心脏的泵血功能和心脏的电生理)、血管生理、心血管活动的调节和器官循环。这四大板块之间有一定的逻辑关系,从心脏、血管基本功能介绍,到机体如何调控其功能,最后又聚焦到某些特殊器官的血液循环。其次,每一个板块内部也有固定的逻辑关系,从心脏、血管如何工作,到评价其功能的指标,最后再介绍影响其活动的因素。另外,在学习过程中,应注意知识的及时总结整理,可采用思维导图、表格和画图等多种方法,对知识进行形象化、分类化整理。

如果说神经网络构成的是"电信息传递的高速公路",那么血管网络构成的就是"四通八达、遍布全身的高速运输河道",各种物质通过血液循环运输至全身各处,血液循环一旦发生障碍,机体将不能正常工作,甚至危及生命。

人体有两套相对封闭的管道系统,分别是心血管系统(cardiovascular system)和淋巴系统(lymphatic system)。心血管系统由心脏、血管和充盈其中的血液组成。淋巴系统由淋巴管、淋巴器官和淋巴液组成。生理情况下,心脏持续跳动,推动血液在心血管系统内循环流动,称为血液循环(blood circulation)。血液循环的功能主要体现在运输作用、维持内环境稳态、实现体液调节及保护作用(如循环流动的血液可及时输送白细胞、免疫球蛋白至相应部位,保护机体免受病原微生物入侵)方面。此外,心血管系统还具有内分泌功能。例如,心房肌可分泌心房钠尿肽参与血容量和血压的调节。

第一节 心脏的泵血功能

人体的心脏每日跳动约 10 万次,泵出超过 7 000 L 的血液至血管,并提供动力使血液在血管内循环流动,这种功能称为心脏的泵血功能(pump function),它是通过心肌节律性收缩和舒张实现的。心肌收缩时将血液由心腔内射入动脉,通过血管系统将血液分配至全身各处;心肌舒张时接收、容纳静脉回流血液,使心脏充盈,为下一次射血做准备。

心肌细胞的收缩与骨骼肌类似，但还有其自身的特点：① 同步收缩，心肌细胞之间存在缝隙连接，允许兴奋在细胞间迅速传播。但在解剖上，心房与心室之间的肌纤维并不相连，而是由纤维环和结缔组织相隔，一旦产生兴奋时，左、右心房同步兴奋收缩，左、右心室同步兴奋收缩。心肌的这种同步收缩又称"全或无"式收缩。② 不发生强直收缩，详见本章第二节"兴奋性的周期性变化与收缩活动的关系"。③ 对细胞外 Ca^{2+} 的高度依赖性，相比于骨骼肌细胞，心肌细胞肌质网较不发达，Ca^{2+} 储量较少，心肌细胞在兴奋-收缩耦联过程中，细胞质内 Ca^{2+} 的升高是由于细胞外 Ca^{2+} 经 L 型钙通道内流并与肌质网上相应受体结合，进而触发肌质网大量释放 Ca^{2+} 所导致的，被称为钙触发钙释放，这一过程不同于骨骼肌细胞。

一、心脏的泵血过程和机制

心脏节律性收缩和舒张，推动循环系统内血液持续流动。泵血过程涉及心肌的收缩和舒张、瓣膜启闭和血液流动等环节，机制较为复杂。

（一）心动周期

心动周期（cardiac cycle）指心脏一次收缩和舒张构成的机械活动周期，包括收缩期（systole）和舒张期（diastole）。心动周期的长度与心率成反比。例如，一个人的心率为 75 次/分，则心动周期持续时间为 60/75 s，即为 0.8 s。在一个心动周期中，左、右心房先收缩 0.1 s，接下来舒张 0.7 s。心房收缩时，心室处于舒张状态；心房收缩结束后，左、右心室马上开始收缩并持续 0.3 s，之后心室舒张 0.5 s（图 4-1）。

心动周期的特点：① 心房和心室按照一定顺序和时程先后进行收缩和舒张，生理情况下不会同时收缩；但左、右心房的活动是同步的，左、右心室的活动是同步的。② 心室舒张的前 0.4 s，心房也处于舒张状态，这一时期整个心脏均处于舒张状态，称为全心舒张期。③ 无论心房还是心室，收缩期均短于舒张期。临床上，发生长时间心动过速时，心动周期缩短，但舒张期缩短的百分比更大，这对心脏长期工作是不利的。

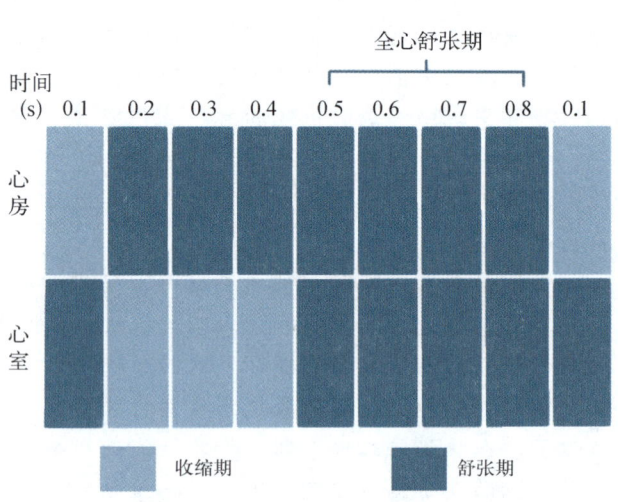

图 4-1 心动周期中心房、心室活动顺序和时间关系

假定心率为 75 次/分，心动周期为 0.8 s

（二）心脏的泵血过程

在一个心动周期中，心房、心室依次收缩、舒张，推动血液从心房进入心室，再由心室射入动脉。由于左、右两侧的泵血过程相似，而且几乎同时进行，现以左心房和左心室为例，从压力、容积、瓣膜状态和血液流动方向等方面介绍一个心动周期中心脏的泵血过程（图 4-2）。

1. **心房收缩期和心房舒张期** 心房收缩期（period of atrial systole）持续 0.1 s，与上一个心动周期心室舒张的最后 0.1 s 重合。心房开始收缩后，房内压升高，心房和心室之间的压力梯度增大，推动血液由心房进入心室，此期可使心室充盈量增加 20%～30%。之后转入心房舒张期（period of atrial diastole），在心房舒张的前 0.3 s，心室收缩导致房室瓣关闭，故血液暂时储存在心房未进入心室；进入全心舒张期后，心房、心室均处于舒张状态，房室瓣开启，大量外周静脉血液经心房快速流入心室，回流量占心室总充盈量的 70%～80%。

2. **心室收缩期（period of ventricular systole）** 在心房收缩期结束后，心室也很快开始收缩，进入心室收缩期，此期可分为等容收缩期和射血期，而射血期又可分为快速射血期和减慢射血期。

（1）等容收缩期（period of isovolumic contraction）：持续约 0.05 s。心室肌收缩引起室内压力升高，当

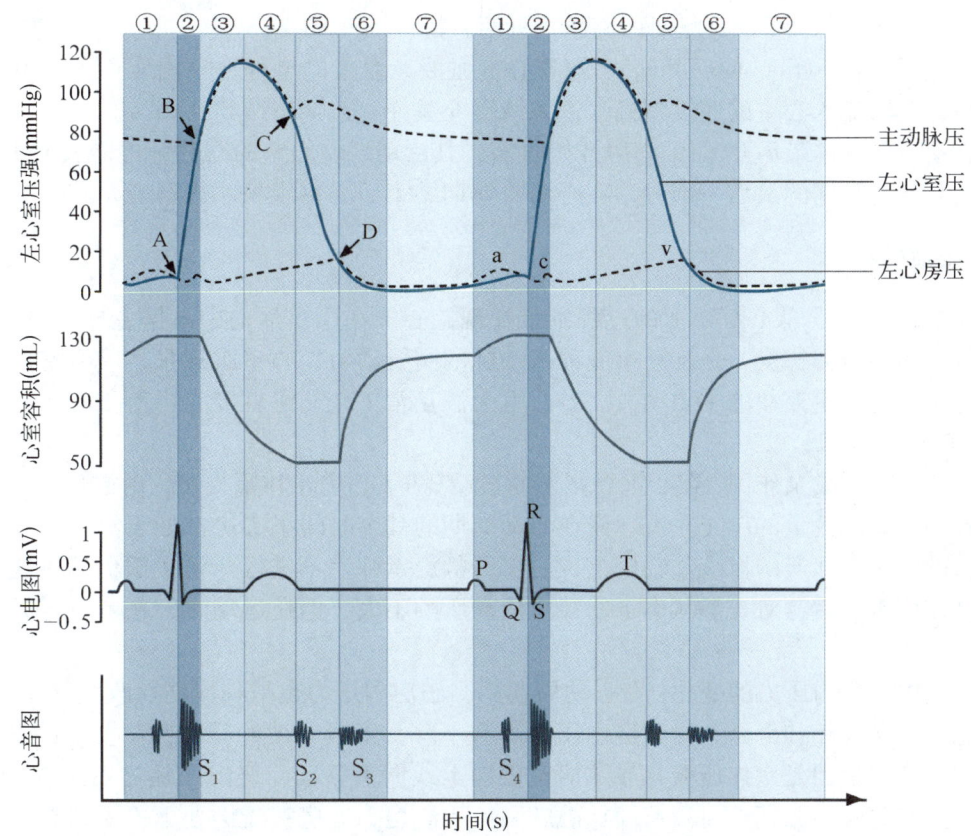

图4-2 心动周期各时相中左心室压强、心室容积、心电图及心音图

① 心房收缩期；② 等容收缩期；③ 快速射血期；④ 减慢射血期；⑤ 等容舒张期；⑥ 快速充盈期；⑦ 减慢充盈期
A 表示房室瓣关闭，B 表示动脉瓣开放，C 表示动脉瓣关闭，D 表示房室瓣开放
a、c、v 表示心动周期中心房内压力变化的三个向上的波；P、Q、R、S、T 表示心电图基本波形；S_1、S_2、S_3、S_4 表示第一、二、三、四心音

室内压刚刚超过房内压时，在心室至心房的压力梯度作用下，少量血液流向心房，推动房室瓣关闭。因此时室内压尚低于主动脉压，半月瓣还未开启，心室暂时为一个封闭的腔。这段时间内心室肌持续收缩，室内压急剧升高，室内压上升速率最大，但心室容积不变。

（2）快速射血期（period of rapid ejection）：当心室内压升高至超过主动脉压时，在心室到主动脉的压力梯度作用下，心室内血液冲开半月瓣射入主动脉，进入射血期。在射血期之初，血液流速快，射血量多，约占总射血量的 2/3，故称快速射血期，持续约 0.1 s。由于心室肌强烈收缩和射血量多，室内压和主动脉压均上升并达到峰值，同时血液的流出导致心室容积逐渐缩小。

（3）减慢射血期（period of slow ejection）：持续约 0.15 s。射血后期心室肌收缩强度减弱，射血速度下降，进入减慢射血期。此期室内压已低于主动脉压，但心室内的血液因具有较高的动能，仍可继续射入主动脉，心室容积进一步下降，在此期末达到最小。

3. 心室舒张期（period of ventricular diastole） 可分为等容舒张期和心室充盈期，心室充盈期又可分为快速充盈期、减慢充盈期，也包括心房收缩期。

（1）等容舒张期（period of isovolumic relaxation）：持续 0.06~0.08 s。射血结束后，心室肌开始舒张，室内压下降，当主动脉内压力明显高于室内压时，在压力差的作用下，血液向心室方向反流并推动半月瓣关闭；但此时室内压仍高于房内压，故房室瓣仍未开启，心室又暂时成为一个封闭的腔。此期心室肌持续舒张，室内压下降速度最快，但心室的容积不变。

（2）快速充盈期（period of rapid filling）：随着心室肌的持续舒张，室内压继续下降，一旦室内压下降到低于房内压，在压力差的作用下，心房内血液冲开房室瓣流入心室。初期由于心室肌舒张速度快，室内压下降迅速，甚至成为负压，心房和大静脉内的血液因心室的抽吸作用而快速流入心室，充盈速度快、充盈量大，占心室总充盈量的2/3，故此期称快速充盈期，持续约0.11 s。

（3）减慢充盈期（period of slow filling）：随着心室血液充盈量的增加，室内压逐渐回升，心房和心室之间压力差减小，血液流入心室的速度减慢，进入减慢充盈期，此期持续约0.22 s。

另外，在心室舒张期的最后0.1 s，心房开始收缩，其活动可使心室的充盈量再增加1/4左右。故心房收缩期可以算作心室充盈期的最后一部分，在心房收缩期结束后心室容积才达到最大。

（三）心脏泵血的特点

1. 心室发挥主导作用 从心脏泵血的过程不难发现，心室在泵血活动中占据主导地位。心室肌收缩，形成心室和动脉之间的压力梯度，是推动血液射入动脉的主要动力；心室肌舒张，导致室内压下降并明显低于房内压，这是引起心室充盈的主要动力。若心室无法正常工作，将直接威胁生命。

2. 心房发挥初级泵作用

（1）心房的接纳和初级泵作用：在心室舒张期的最后0.1 s心房才开始收缩，由心房收缩推动进入心室的血液通常只占心室总充盈量的1/4左右。而在心动周期的其余时间里心房都处于舒张状态，其主要作用是接纳、储存从静脉不断回流的血液。临床上，心房纤颤患者即使不进行药物干预仍然可能长期生存。可见，心房初级泵作用丧失后，对安静状态下的泵血活动影响不大。但在运动时，患者更容易表现出乏力和心悸等症状。

（2）心动周期中心房内压力的变化：在心动周期中，心房内压力也呈现周期性改变（图4-2）。a波是心房收缩的标志，心房收缩和舒张，导致房内压升高和下降，形成a波的升支和降支；c波发生在心室收缩的早、中期，其产生原因是室内压变化导致房室瓣向上或向下移动，房内压随之发生改变；v波升支出现在心室收缩末期和等容舒张期，血液持续从静脉回流入心房，但房室瓣仍处于关闭状态，故房内压升高形成v波的升支；心室充盈期血液迅速由心房进入心室，房内压下降而形成v波的降支。

3. 心脏瓣膜防止血液倒流 房室瓣和半月瓣按一定顺序开启和关闭，保证了血液只能沿一定的方向流动。临床上，疾病导致瓣膜关闭不全或狭窄可影响心脏泵血功能。

4. 心脏泵血过程中产生心音 在心脏泵血过程中，心肌收缩、瓣膜启闭、血液流速改变形成的涡流和血液撞击心室壁及大动脉壁引起的振动，通过周围组织传递到胸壁，在胸壁特定部位用听诊器可听到相应的声音，这就是心音（heart sound）。通过听诊器听心音是目前临床上用于评估患者心脏状态最简单有效的诊断技术之一。通过仪器将心音的振动转变为电信号，并加以记录，形成的图形称为心音图（phonocardiogram）（图4-2），它可捕捉到听诊器不易听到的心音，弥补听诊器的不足。

一次正常心搏活动中，可产生四个心音。但在大多数情况下，只能够听到第一心音和第二心音。其产生机制为：① 第一心音（first heart sound，S_1），在等容收缩期开始出现，主要由房室瓣突然关闭，瓣叶紧张振动而产生。② 第二心音（second heart sound，S_2），在等容舒张期开始出现，主要由主动脉瓣和肺动脉瓣关闭振动而产生。③ 第三心音（third heart sound，S_3），快速充盈期末血液自心房急速流入心室，使心室壁、腱索和乳头肌等突然紧张振动发声。部分健康儿童和青年人偶尔可听到第三心音。临床上，发生充血性心力衰竭时，可听到持续稳定的第三心音。④ 第四心音（fourth heart sound，S_4），心室舒张晚期，心房为克服心室舒张末期压力，用力收缩振动而发出的声音。

二、心脏泵血功能的评价

心脏泵血功能主要由心室肌的收缩和舒张决定。心室的收缩和舒张功能可通过心室射出血量、心室内血液压力和容积变化以及血液流动的动能等来反映。因此，在临床工作和科学研究中，常采用多种技术、多维度地对心脏泵血功能进行评价。

（一）基于泵血量的心功能评价指标

1. 搏出量和射血分数 一侧心室一次心搏所射出的血液量称为每搏输出量（stroke volume，SV），简称搏出量。临床上常采用超声心动图来测量搏出量，即用舒张末期容积减去收缩末期容积，两者之差即为搏出量，约 70 mL（60~80 mL）。

正常情况下，搏出量与心室舒张末期容积相适应，即心室舒张末期容积增加或减少时，搏出量也相应增加或减少。但心室功能减退、心室异常扩大的患者，其舒张末期容积明显增大，但因心脏射血能力下降，搏出量不随之增加，而与正常人无明显差异，此时用搏出量来评价心功能无法早期发现心脏泵血功能异常。因此，临床上常用搏出量占心室舒张末期容积的百分比，即射血分数（ejection fraction，EF）来反映心脏射血能力。与搏出量相比，射血分数能更准确地反映心脏泵血功能。健康成年人的射血分数为 55%~65%。

$$射血分数 = \frac{搏出量(mL)}{心室舒张末期容积(mL)} \times 100\% \quad (式 4-1)$$

2. **心输出量和心指数** 一侧心室 1 min 射出的血液量称为心输出量（cardiac output，CO），又称每分输出量（minute volume）。心输出量等于搏出量与心率的乘积。如果一个人心率为 75 次/分，搏出量为 70 mL，则心输出量为 5.25 L/min。正常成年男性在安静状态下的心输出量为 4.5~6.0 L/min。心输出量受到性别、年龄及其他生理情况的影响。女性的心输出量比同体重男性低，老年人心输出量较青年人低，剧烈运动时心输出量升高，而在麻醉情况下心输出量则明显降低。

实际工作中发现，心输出量因耗氧量和能量代谢水平不同而表现出巨大的个体差异。例如，身材矮小和身材高大的健康个体间心输出量变化很大，无法直接进行比较。人在安静时的心输出量和基础代谢率一样，均与体表面积成正比，所以计算单位体表面积（m^2）的心输出量，即心指数（cardiac index，CI），是衡量不同个体心功能的更优指标。例如，体重为 70 kg 的成年人体表面积约为 1.7 m^2，安静状态下心输出量为 5 L/min，则静息心指数约为 3.0 L/（min·m^2）。但心指数也受到年龄和不同生理状态的影响，在实际使用中还需要根据情况具体分析。例如，青少年静息心指数偏高，而老年人心指数偏低。在妊娠、情绪激动和进食时，心指数均有不同程度的增高。

（二）基于心脏做功的心功能评价指标

心肌收缩做功释放的能量，大部分用于将血液由静脉端推送至动脉端，并使动脉血压升至一定高度，即增加血液的压强能；小部分用于使血液以较快的速度向前流动，即增加血液的动能。因此，测定心脏做功量可较为全面地反映心功能。

1. **每搏功（stroke work）** 指心室一次收缩射血所做的功。可以用搏出血液所增加的压强能和动能来表示。其计算公式为

$$每搏功 = 搏出量 \times 射血压力 + 血流动能 \quad (式 4-2)$$

血流动能由于在左心室每搏功的总量中所占比例很小，安静时约占总能量的 1%，可忽略不计。公式中的射血压力为射血期左心室内压与心室舒张末压之差。在实际应用中常以平均动脉压代替射血期左心室内压，而以左心房平均压代替左心室舒张末期压，因此，每搏功可用下式简化计算。

$$左心室每搏功（J）= 搏出量（L）\times（平均动脉压 - 左心房平均压）（mmHg） \quad (式 4-3)$$
$$\times 13.6 \times 9.80 \,(1/1\,000)$$

2. **每分功（minute work）** 指 1 min 内心脏收缩射血所做的功，等于每搏功与心率的乘积。在生理情况下，左、右心室的心输出量基本相等，但肺动脉平均压仅为主动脉平均压的 1/6 左右，故右心室推送血液至动脉并维持血压升至一定高度所需做功量只有左心室的 1/6 左右。可见，动脉血压是影响心脏做功量的重要因素。

当动脉血压升高时，射血阻力增大，为保持搏出量不变，心肌必须增加其收缩强度，心脏做功量也随之增加。可见，在动脉血压不同时，用心脏做功量来衡量心脏泵血功能更合理。

3. **心脏耗氧率** 心脏做功所需能量来源于营养物质氧化代谢，大多数情况下的物质代谢活动需要消耗 O_2，因此，心脏耗氧率是衡量心脏工作时消耗能量的较好指标，可间接反映心脏的做功量。

研究表明，心脏的耗氧量与收缩期间心肌的张力和收缩持续的时间成正比。例如，动脉血压升高时，心肌收缩张力升高，相应地需要消耗更多的O_2。此外，当心室异常扩张时，即使动脉血压正常也会消耗更多的化学能，这是因为心肌张力还与心室直径成正比。所以临床上发现，心力衰竭患者虽然心脏泵血功能下降，但心脏耗氧量仍可能高于正常值。泵血量不变，心肌耗氧率越高，代表心脏做功越多，时间过长可引起心脏结构变化或心功能下降。

（三）临床上常用的心功能测量技术和评价指标

临床上常通过心导管术和经胸超声心动图对心脏泵血功能进行全面评价。经胸超声心动图由于其无创性、可重复性和相对经济实惠性，是最常用的检测方法。心导管术是将导管直接送入心脏或大血管内，数据测量更加直观，是评估心室功能的金标准，但因其需要麻醉且对机体有一定创伤性，主要用于某些特殊情况。

采用上述技术可测量并计算出搏出量、射血分数、心输出量、心指数和每搏功，用于评价心室的射血能力。还可基于容积和压力的测量，计算出瞬时心室容积和压力的变化，以反映心室的收缩和舒张能力。例如，采用超声心动图技术测算出射血期和舒张期左心室容积的变化速率，以分别反映心室收缩和舒张功能。

此外，心导管术与超声心动图单独或联合应用可绘制出心室压力-容积环（图4-3）。心室压力-容积环是以每个相对应时间点的压力和容积绘制出的曲线，该环逆时针环绕一周形成一个完整的心动周期，包括等容收缩期、射血期、等容舒张期和充盈期四个阶段。根据图形可以判断各个时期的心室压力、心室容积和瓣膜的开闭状态，直接计算搏出量。还可计算出心室压力-容积环中的面积以表示一个心动周期内心脏的做功量。

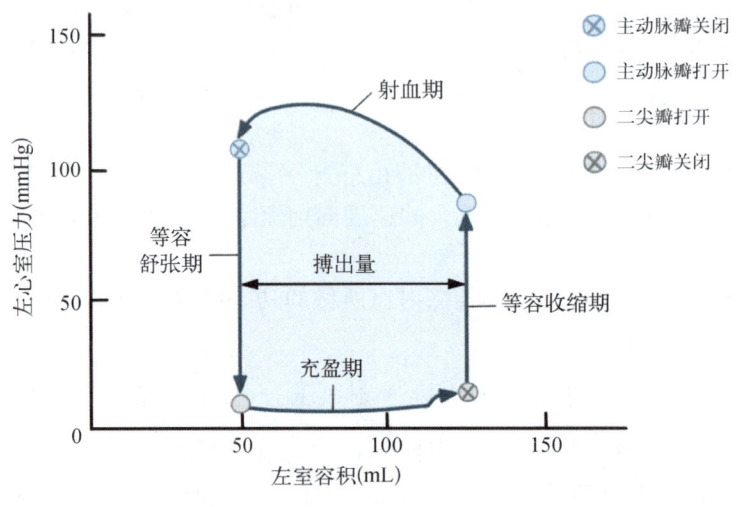

图4-3　左心室压力-容积环

总之，临床上用于心功能评定的测量技术和指标有很多，在此不再一一列举。虽然某些评价心功能的指标可能更全面或从某一维度更好地反映心脏功能，但心输出量仍然是评价心脏泵血功能的基本指标。因此，探讨影响心脏泵血功能的因素和心血管活动的调节时，常以心输出量变化作为观察指标。

三、心脏泵血功能的储备

健康成年人增加搏出量和心率，可以将心输出量提高至25~30 L/min，远远高于安静状态下的5~6 L/min。训练有素的运动员在剧烈运动时，其心输出量最高可达40 L/min，增加近7倍。这说明心脏的泵血功能有相当大的储备量。心输出量随机体代谢需要而增加的能力，称为心力储备（cardiac reserve）。心力储备可用心脏每分钟能射出的最大血量，即最大心输出量来表示。多种疾病如缺血性心脏病、原发性心肌病、心肌炎和瓣膜性心脏病等，可导致心脏泵血功能下降，使心力储备减少，在剧烈活动时出现心脏泵血不足的相关症状。

心力储备的大小主要取决于搏出量和心率能够提高的程度，因而心泵功能储备包括搏出量储备和心率储备两部分。

（一）搏出量储备

搏出量等于心室舒张末期容积和收缩末期容积之差，故搏出量储备可分为收缩期储备和舒张期储备两部分。增强心肌收缩力和提高射血分数可增加收缩期储备；增加舒张末期容积可提高舒张期储备。静息时舒张末期容积约125 mL，心室最大程度舒张时容积可达140 mL左右，可见舒张期储备只有15 mL左右；而静息时收缩末期容积约为55 mL，心室肌最大程度缩短可使收缩末期容积减小到15~20 mL，因而收缩期储备可达35~40 mL。显然，收缩期储备要比舒张期储备大得多。

（二）心率储备

正常成年人安静时的心率为60~100次/分。若搏出量保持不变，而使心率在一定范围内加快，但不超过160~180次/分，在此范围内，心输出量随心率的增加而升高，最高可达静息时的2~2.5倍。但心输出量不会一直随心率增加而增加，当心率超过180次/分以后，舒张期过短，心室充盈不足，可导致搏出量和心输出量开始下降。

适度锻炼可增强心力储备，一方面可使心肌纤维增粗，收缩能力增强，收缩期储备增大；另一方面心肌收缩和舒张的速度都明显加快，因此心率储备也增加。相反，慢性心力衰竭患者心肌收缩力减弱，搏出量减少，可导致心室舒张末期容积增大，这样收缩期储备和舒张期储备就均下降。为了保证心输出量不至于过低，常出现心率代偿性加快，使得在静息状态下心率储备已被动用，所以心力衰竭患者的心力储备明显低于正常人。

四、影响心输出量的因素

心输出量是评价心脏泵血功能的基本指标，凡是影响心输出量的因素均会改变心脏泵血能力。心输出量等于搏出量和心率的乘积，所以其影响因素分为影响搏出量的因素和影响心率的因素。

（一）影响搏出量的因素

1. 前负荷（preload） 指肌肉收缩前所承受的负荷。在前负荷作用下，肌肉被拉长到一定的长度，称初长度。心脏为中空、近似球形的脏器，故心室舒张末期容积相当于心室的初长度，心室舒张末期压力则可代表心室肌的前负荷。

（1）心室功能曲线与异长自身调节：早在1895年和1914年，德国生理学家奥托·富兰克（Otto Frank）和英国生理学家斯塔林（Starling）分别用蛙和犬对前负荷和心脏泵血功能的关系进行了研究。结果显示：在一定范围内，增加心室舒张末期容积（压力）时，心肌收缩力加强，搏出量增多，后人称之为Frank-Starling定律。表示心室舒张末容积与搏出量关系的曲线称为心室功能曲线或Frank-Starling曲线（图4-4）。

心室功能曲线的特点：① 随心室舒张末期容积增大，搏出量也增加。这是因为静脉回心血量增多，

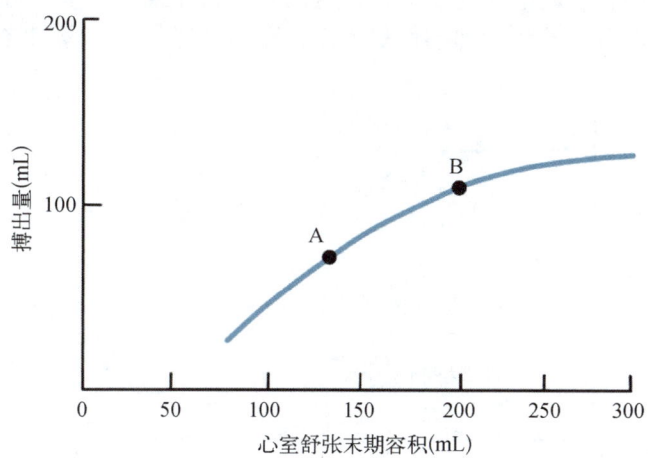

图4-4 心室功能曲线（Frank-Starling曲线）

A. 正常静息状态时；B. 静脉回心血量增多时

导致心室舒张末期容积增大，心肌被拉伸到更大的长度，这种拉伸使肌节变长，肌动蛋白和肌球蛋白有效重叠程度增大，故心肌收缩力逐渐增大，射血能力也相应增大。② 当肌节初长度为 2.0~2.2 μm 时，粗、细肌丝达到最佳重叠状态，此时的初长度为最适初长度，产生的收缩张力最大。生理情况下，心肌的初长度远低于最适初长度，说明心室有较大的初长度储备。③ 超过最适初长度后，心室功能曲线趋于平坦或只有轻度下倾，搏出量仍不变或仅轻微减少。这是因为心室肌具有抗过度延伸的特性，这使得前负荷过度增加时也不会出现搏出量和心脏做功能力明显降低，保证了心脏的正常泵血功能。心室肌的抗延伸性与肌节内的连接蛋白、间质内的大量胶原纤维和心室壁肌纤维的交叉排列等因素有关。

这种通过心肌细胞初长度（前负荷）的改变，引起心肌收缩强度改变，从而对搏出量进行调节的机制称为异长自身调节（heterometric autoregulation）。异长自身调节的主要作用是对搏出量的微小变化进行精细调节，使心室射血量与静脉回心血量之间保持平衡，从而使心室舒张末期容积和压力保持在正常范围内。例如，右心室泵血突然增加，导致返回左心室的血流量增多，这时通过异长调节左心室搏出量也增加，避免血液堆积在肺循环中，也使搏出量与回心血量之间重新达到平衡状态。

（2）影响前负荷的因素：心室的前负荷主要取决于心室舒张末期充盈的血液量，因此，凡能影响心室舒张期充盈量的因素，都可通过异长调节改变搏出量。

1) 心室充盈时间：当心率增快时，心动周期尤其是心室舒张期将缩短，心室充盈时间缩短，心室舒张末期压力下降，前负荷减小。

2) 静脉回流速度：若心室充盈持续时间不变，静脉回流速度越快，静脉回心血量越大，前负荷就越大。例如，静脉大量输液时，外周静脉压升高，回心血流加速，前负荷增加。

3) 心包腔内压：当发生心包炎导致心包积液时，心包腔内压增高，心室充盈受限，心室舒张末期容积减少，前负荷减小。

4) 心室顺应性：指心室壁受外力作用时发生变形的难易程度，例如，发生心肌肥厚时，单位压力作用下心室扩张程度减小，舒张期心室容积减小，心室充盈量下降，前负荷变小。

5) 心室舒张功能：心肌细胞舒张时，胞内 Ca^{2+} 与肌钙蛋白解离并转运回肌质网或胞外，这个过程需要消耗能量。当心肌缺血缺氧时，舒张速率下降，静脉回心血量减少，前负荷也减小。

6) 射血后心室内剩余血量：假如静脉回心血量不变，射血后心室内剩余血量增加也将导致心室充盈量增加。但实际上，射血后心室内剩余血量增加时，舒张期心室内压也增高，静脉回心血量将减少，因而心室充盈量并不一定增加。

2. 后负荷（afterload） 指心室肌收缩射血时必须对抗的负荷。在体情况下，大动脉血压是心室收缩时的后负荷。当心肌初长度、收缩能力和心率都不变时，如果大动脉血压突然升高，等容收缩期室内压的峰值将随之升高，从而使等容收缩期延长，因心动周期不变所以射血期会缩短；心室和动脉的压力梯度减小，引起射血速度减慢，这两者共同导致搏出量短暂下降。但是搏出量减少，射血后心室内的剩余血量将增多，若静脉回心血量不变，则心室舒张末期容积将增大，初长度也增加，通过异长自身调节，加强心肌的收缩力量，使搏出量回升。因此，在心功能正常的情况下，当动脉血压短暂升高不超过 160 mmHg 时，将不会明显影响心室的搏出量，心输出量也相对恒定（图 4-5）。

若动脉血压长期持续升高，机体还可以通过神经、体液调节以等长调节的方式改变心肌收缩能力，使搏出量与后负荷的改变相适应。但心室肌长期加强收缩活动，将增加心脏做功量和心肌耗氧率，久之将引起心室肥厚、扩张以至心力衰竭。

3. 心肌收缩能力（myocardial contractility） 指心肌不依赖于前负荷和后负荷而能改变其力学活动（包括收缩的强度和速度）的内在特性。这种通过改

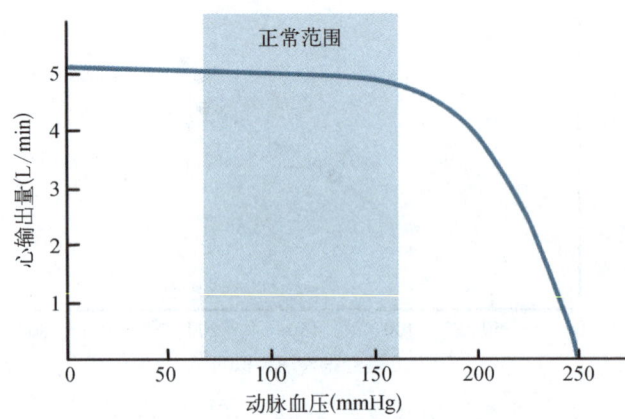

图 4-5 动脉血压与心输出量关系示意图

变心肌收缩能力的心脏泵血功能调节，称为等长调节（homometric regulation）。如图4-6所示，心肌收缩力增强使心室功能曲线向左上方移动，反之，则向右下方移动。

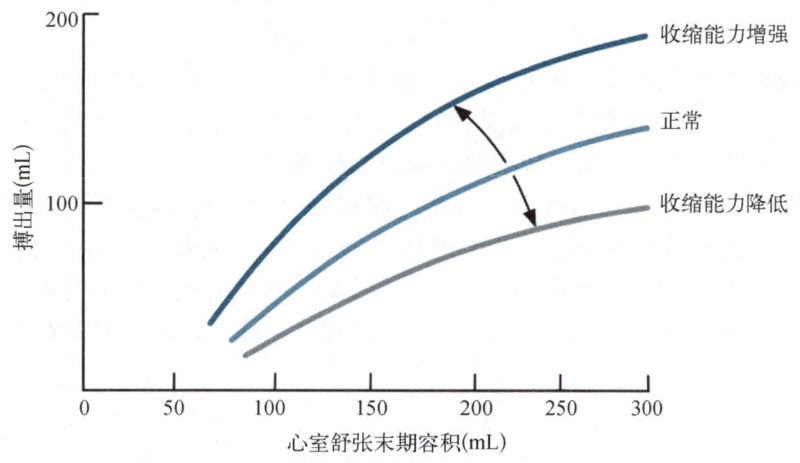

图4-6 心肌收缩能力与心室功能曲线

凡能影响心肌细胞兴奋-收缩耦联过程中各个环节的因素均可影响收缩能力，其中活化的横桥数目和肌球蛋白头部ATP酶的活性是影响心肌收缩能力的主要环节。

（1）活化横桥数目与心肌收缩能力：胞质内Ca^{2+}的浓度和（或）肌钙蛋白对Ca^{2+}的亲和力影响活化横桥数目。交感神经兴奋、去甲肾上腺素和肾上腺素可激活心肌细胞膜上的L型钙通道，再通过钙触发钙释放机制促进胞质内Ca^{2+}浓度升高，使心肌收缩力增强。茶碱可增加肌钙蛋白对Ca^{2+}的亲和力，从而增加活化横桥数目，增强心肌收缩力。

（2）肌球蛋白头部ATP酶的活性与心肌收缩能力：甲状腺激素可提高肌球蛋白ATP酶的活性来增强心肌收缩能力。故甲状腺功能亢进患者，心脏搏动异常有力。

（3）心率与心肌收缩能力：在实验条件下使心室肌进行等长收缩，可观察到在一定范围内，心室肌的收缩张力随刺激频率的增加而逐渐增大（与前述第二章骨骼肌类似）。其机制可能与心率增快时细胞内Ca^{2+}浓度增高有关。

（二）影响心率的因素

如前所述，当心率在一定范围内加快，但不超过160~180次/分时，心输出量随心率加快而增加；当心率加快超过160~180次/分时，心室舒张期明显缩短，心室舒张期充盈量明显减少，导致心输出量下降。如果心率低于40次/分时，虽然心室舒张期很长，由于心室充盈早已接近最大限度，心室舒张期的延长已不能进一步增加充盈量和搏出量，因此心输出量随心率降低而减少。

心率可随年龄、性别和不同生理状态而发生较大的变动。新生儿的心率较快，老年人心率较慢。成年女性的心率稍快于男性。同一个体安静或睡眠时的心率较慢，而运动或情绪激动时心率加快。此外，心率还受神经、体液、离子浓度和体温等影响。

1. 神经因素　心脏受心交感神经和迷走神经的双重调控。交感神经活动增强时心率加快；迷走神经活动增强时心率减慢。

2. 体液因素　循环血中肾上腺素、去甲肾上腺素与心肌细胞膜上的β_1受体结合后可增加心率（具体见后文）。甲状腺激素可通过直接作用和间接作用加快心率，因此，甲状腺功能亢进患者常常伴有心动过速。

3. 离子浓度　细胞内、外离子浓度的相对恒定是产生动作电位的基础，离子失衡则影响心脏泵血功能。例如，血Na^+和血K^+浓度升高会降低心率和心肌收缩力；而血钙浓度适当升高可增加心率和心肌收缩力。

4. 体温　心率还受体温的影响，体温每升高1℃，心率每分钟可增加12~18次。例如，发热时会引起心率明显增快，而低体温可导致心率极度下降而诱发死亡。

第二节 心脏的电生理

心脏通过节律性收缩和舒张推动血液在血管内循环流动，而心肌的收缩与骨骼肌类似，也是通过兴奋-收缩耦联机制诱发的。与心肌细胞兴奋有关的电活动，称为心肌细胞生物电活动。心肌细胞动作电位的特点表现为持续时间较长，形态复杂，涉及的跨膜离子种类较多。

根据心肌细胞的组织学和电生理学特点，可将心肌细胞分为两种类型：① 工作细胞（working cell），包括心房肌和心室肌，主要执行收缩功能，这类细胞具有兴奋性、传导性和收缩性，且静息膜电位稳定，故不具有自律性。② 自律细胞（autorhythmic cell），包括窦房结 P 细胞、房室交界区、房室束和浦肯野纤维，组成心内特殊传导系统，这类细胞具有兴奋性、传导性、自律性，因含肌原纤维很少或缺乏，故不具有收缩性（图 4-7）。

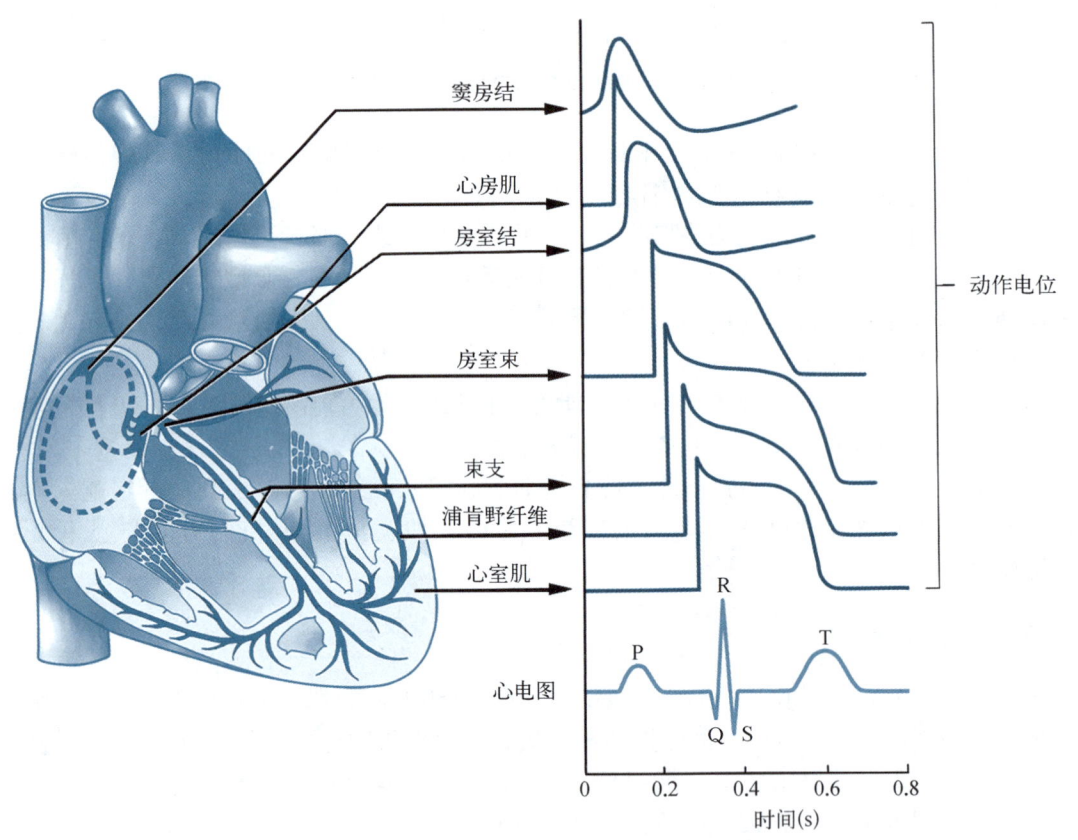

图 4-7 心脏各部分心肌细胞的跨膜电位及心电图

一、心肌细胞的跨膜电位及其形成机制

不同类型心肌细胞，其跨膜电位的形成机制差异较大。以下分别探讨工作细胞和自律细胞的跨膜电位。

（一）工作细胞跨膜电位及其形成机制

工作细胞包括心房肌和心室肌，由于其跨膜电位的离子机制相似，将以心室肌细胞为例来介绍。

1. 心室肌细胞静息电位　人和哺乳动物心室肌细胞的静息电位为 -80~-90 mV，其形成机制与神经细胞和骨骼肌细胞相似。心室肌细胞膜上存在丰富的内向整流钾通道（inward rectifier K^+ channel，I_{K1} channel），这种通道属于非门控通道，它不受电压或化学信号的控制，但其开放程度可受膜电位的影响（见后文）。静息状态下，I_{K1}通道开放程度高，在浓度差驱动下，K^+经I_{K1}通道由膜内向膜外扩散，是静息电位形成的主要机制。此外，少量Na^+内流和钠泵活动也参与静息电位的形成。因此，心室肌细胞静息电位是K^+外流、Na^+内流和钠泵活动综合作用的结果，略低于由Nernst公式计算所得的K^+平衡电位值。

2. 心室肌细胞动作电位　心室肌细胞的动作电位主要特征是复极化过程较为复杂，持续时间长，动作电位的升支和降支明显不对称。整个动作电位通常分为0期、1期、2期、3期和4期五个时相（图4-8）。

（1）0期（去极化期）：在适当外来刺激作用下，细胞膜电位发生快速反转，由静息时的-90~-80 mV迅速上升到+30 mV左右，构成动作电位的升支。0期去极化的特点为持续时间短（1~2 ms），去极化幅度大（约120 mV），去极化速度快（最大可达200~400 V/s）。

心室肌细胞0期去极化是由钠通道（I_{Na}通道）开放，介导Na^+内流引起的。此种钠通道在膜电位为-70 mV（阈电位）左右激活开放，去极化达0 mV左右时开始逐渐失活关闭，+30 mV左右

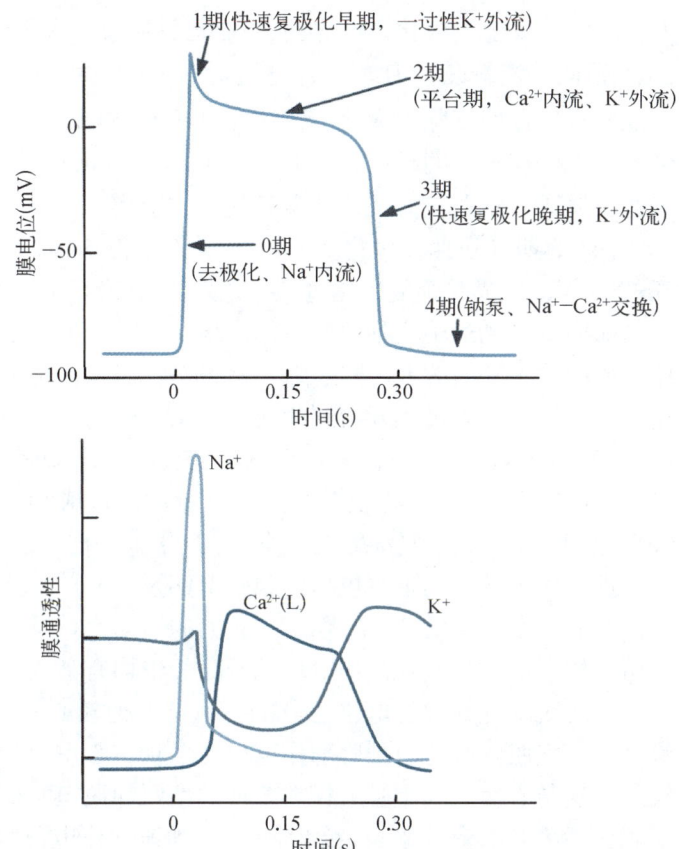

图4-8　心室肌细胞动作电位及膜对不同离子通透性示意图

完全失活关闭，开放时间仅1 ms左右。介导0期去极化的I_{Na}通道激活和失活的速度快、开放时间短暂，故又称快通道（fast channel）。0期去极化过程由快通道介导的动作电位称为快反应动作电位（fast response action potential）；0期去极化由快通道介导的细胞称为快反应细胞。快反应细胞包括心房肌细胞、心室肌细胞和浦肯野纤维。心室肌细胞0期去极化速度快，是动作电位升支陡峭的原因，主要是Na^+内流过程中，形成Na^+内流与膜去极化之间的正反馈激活，使膜在不足1 ms时间内迅速去极化到接近Na^+的平衡电位水平。此钠通道对河鲀毒素的敏感性仅为神经细胞和骨骼肌细胞钠通道的1/100~1/1 000。

（2）1期（快速复极化早期）：膜内电位由+30 mV迅速下降到0 mV左右，历时约10 ms。0期去极化和1期复极化期间膜电位的变化速度都很快，在记录的动作电位图形上呈尖峰状，故常把这两部分合称锋电位。

此期钠通道关闭，由瞬时外向钾通道介导的一过性外向电流（transient outward current，I_{to}）导致膜电位快速复极化至0 mV左右。I_{to}通道在膜电位去极化到-30 mV时被激活，主要离子成分是K^+，开放5~10 ms。I_{to}通道可被钾通道阻断剂4-氨基吡啶（4-aminopyridine，4-AP）选择性阻断。

（3）2期（平台期）：此期复极化缓慢，膜电位长时间维持在0 mV左右，在动作电位图形上表现为一长平台，故称为平台期（plateau）。该期历时100~150 ms，是导致心室肌细胞动作电位持续时间较长的主要原因，也是区别于其他细胞动作电位的主要特征。

平台期的形成是由于在该期同时存在内向电流和外向电流，且两者在较长时间内处于平衡状态。内向电流主要是L型钙通道介导的Ca^{2+}内流。当细胞膜去极化达-40 mV时，该通道被激活，主要对Ca^{2+}通透，也允许少量Na^+通过。L型钙通道的激活、失活及复活过程均较缓慢，故又称慢通道（slow channel），慢通道可被Mn^{2+}和多种Ca^{2+}拮抗剂（如维拉帕米等）阻断。

外向电流包括内向整流钾电流和延迟整流钾电流（delayed rectifier potassium current，I_K）。I_{K1}电流是产生静息电位的主要外向离子电流，I_{K1}通道的开放程度受膜电位的影响。它在静息电位水平时通透性很

大，随着膜发生去极化，I_{K1} 通道的通透性降低，K^+ 外流减少，当膜去极化至 -20 mV 或更正时，K^+ 通过 I_{K1} 通道的外流量几乎为零。I_{K1} 通道对 K^+ 通透性随膜去极化而降低的现象称为内向整流。I_{K1} 通道的这一特性使得平台期细胞内 K^+ 外流缓慢，2 期持续时间较长。而 I_K 通道的激活和失活非常缓慢，可持续数百毫秒，所以在平台期早期，由 I_K 电流形成的外向电流主要起抗衡内向电流的作用；而在平台期晚期随着钙通道失活，K^+ 外流才成为膜复极化的主要离子电流。

(4) 3 期（快速复极化晚期）：在动作电位 3 期，复极化速度加快，膜电位由 0 mV 左右较快地复极化到 -90 mV，完成整个复极化过程。该期历时 100~150 ms。

此期 L 型钙通道失活关闭，内向电流终止，I_K 通道介导外向 K^+ 电流逐渐增大。到 3 期末，随着膜电位负值增加，外向的 I_{K1} 也增大，并形成正反馈激活，这种再生性循环使 3 期复极化越来越快，直至复极化完成。从 0 期去极化开始到 3 期复极化完毕的这段时间，称为动作电位时程，历时 200~300 ms。

(5) 4 期（静息期）：在 4 期，膜电位虽已恢复并稳定于静息电位水平（-90~-80 mV），但离子跨膜转运仍在活跃进行。在动作电位期间的离子流动，造成细胞内、外离子分布改变。因此，细胞需要排出 Na^+ 和 Ca^{2+}，并摄入 K^+，恢复细胞内、外正常离子浓度梯度，以保持心肌细胞的下一次兴奋活动能正常进行。

进行离子转运的蛋白包括细胞膜上钠泵、Na^+-Ca^{2+} 交换体和钙泵。值得注意的是，钠泵和 Na^+-Ca^{2+} 交换体并非只在 4 期活动，实际上，它们的活动是持续进行的，当细胞内、外离子分布发生改变后它们即刻开始工作，所以它们在动作电位不同时相中均有活动。

心房肌细胞的静息电位约 -80 mV，绝对值较心室肌细胞静息电位小，主要是因为其静息状态下 Na^+ 内流多于心室肌。心房肌细胞动作电位的形状与心室肌细胞基本相似，但动作电位仅历时 150~200 ms，时程较短。这与心房肌细胞膜上存在多种类型的钾通道，K^+ 外流和复极化速度较快有关。此外，心房肌细胞的 I_{to} 通道较发达，其影响可持续到 2 期，加速动作电位复极，因而心房肌动作电位平台期不如心室肌明显。

（二）自律细胞的跨膜电位及其形成机制

除了工作细胞，心肌细胞中还包括自律细胞，如窦房结细胞、房室交界细胞和浦肯野纤维等。自律细胞可自发地按照一定节律产生动作电位。其动作电位 3 期复极化到最大极化状态时的电位值称为最大复极电位（maximal repolarization potential，MRP）。之后，4 期膜电位并不稳定，而是立即开始自动去极化，当去极化达阈电位水平时，即爆发一次新的动作电位。因此，4 期自动去极化是自律细胞产生自动节律性兴奋的基础，也是它们与工作细胞最大的区别。相反，工作细胞 4 期的膜电位是基本稳定的。不同类型的自律细胞，4 期自动去极化的速度和机制不完全相同。

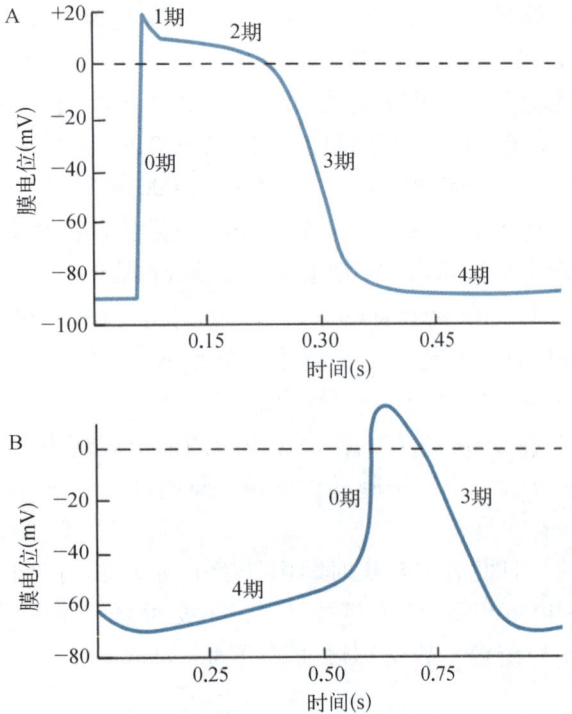

图 4-9 心室肌细胞与窦房结细胞动作电位示意图

A. 心室肌细胞动作电位；B. 窦房结 P 细胞动作电位

1. **窦房结 P 细胞** 窦房结内含有的自律细胞称为 P（pacemaker）细胞。P 细胞的跨膜电位明显不同于心室肌细胞，具体表现为：① 最大复极电位约为 -70 mV，绝对值低于心室肌细胞静息电位，这是由细胞膜上 I_{K1} 通道缺乏，膜对 K^+ 的通透性较低，而对 Na^+ 的通透性相对较高所致。② 窦房结细胞去极化速度慢（约 10 V/s）、幅度低（70~80 mV），复极化过程较简单，整个动作电位只分为 0 期、3 期和 4 期三个时相。③ 4 期膜电位不稳定，可发生自动去极化（图 4-9）。

窦房结 P 细胞的跨膜电位的各期及其产生的离子机制如下。

(1) 0 期（去极化期）：自动去极化达阈电位水平（约 -40 mV）时触发 L 型钙通道开放，介导 Ca^{2+} 内流（I_{Ca-L}），膜内电位由原来的负值升至 0~+15 mV。由于 L 型钙通道的激活和失活都比较缓慢，且 Ca^{2+} 的平衡电位在 0 mV 左右，故 0 期去极化速率慢，幅度低，持续时间较长（约 7 ms）。这种 0 期去极化过程由慢钙通道介导的动作电位称为慢反应动作电位（slow response action potential），因而窦房结 P 细胞属于慢反应细胞。

(2) 3 期（复极化期）：窦房结 P 细胞上很少表达 I_{to} 通道，且慢钙通道在 3 期已基本关闭，所以窦房结 P 细胞动作电位无明显的 1 期和 2 期，0 期去极化后直接进入 3 期复极化过程。3 期复极化主要是 I_K 通道介导的 K^+ 外流。

(3) 4 期（自动去极化期）：在 3 期复极达到最大复极电位后，窦房结 P 细胞立即开始自动去极化。在所有心肌自律细胞中，窦房结 P 细胞的 4 期自动去极化速率最快（约 0.1 V/s）、自律性最高。与窦房结 4 期自动去极化有关的离子电流主要有三种（图 4-10）。

1) I_K 电流：I_K 通道在动作电位 0 期去极化时就已开始激活开放，之后 K^+ 外流逐渐增强，成为窦房结 P 细胞 3 期复极的主要原因。但 I_K 通道在复极化至 -50 mV 左右时开始失活关闭，K^+ 的外流逐渐减少。外向电流衰减使内向电流相对增强，且 I_K 通道的失活关闭所造成的 K^+ 外流进行性衰减是窦房结 P 细胞 4 期自动去极化最重要的离子基础。Ⅲ类抗心律失常药，如胺碘酮、多非利特和伊布利特可阻断钾通道，抑制 K^+ 外流。

2) I_f 电流：是一种进行性增强的内向 Na^+ 流，在浦肯野纤维 4 期自动去极化过程中起重要作用（见后文）。I_f 通道（funny channel）是一种特殊的离子通道，因细胞膜的超极化而激活开放。实验证明，I_f 通道在动作电位 3 期复极化至 -60 mV 左右时开始激活开放，其激活程度随膜内负电位的加大和时间的推移而增加，即具有电压依赖性和时间依赖性，最大激活电位约 -100 mV。而在正常情况下，窦房结 P 细胞的最大复极电位约 -70 mV。在此电位

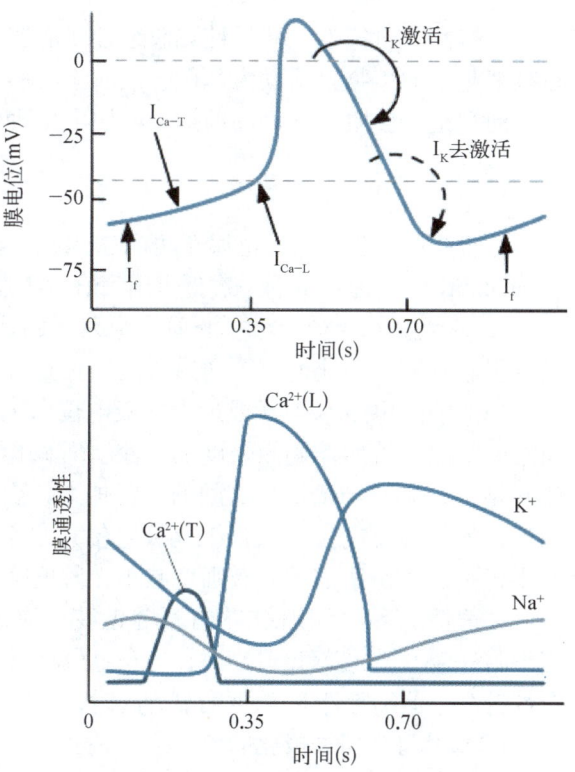

图 4-10 窦房结 P 细胞动作电位的离子流及膜通透性示意图

水平，I_f 通道的激活十分缓慢，电流强度也较小，因此 I_f 电流在窦房结 P 细胞 4 期自动去极化过程中所起作用可能不大。铯离子（Cs^+）是最早发现并最具特异性的 I_f 通道阻断剂。

3) I_{Ca-T} 电流：窦房结 P 细胞膜上还存在 T 型钙通道，其阈电位约为 -50 mV。当 4 期自动去极化到 -50 mV 时，T 型钙通道被激活开放，引起少量的内向 T 型钙电流（transient calcium current，I_{Ca-T}），其成为 4 期自动去极化后期的一个组成成分。T 型钙通道可被镍离子（Ni^{2+}）阻断，而 L 型钙通道的选择性阻断剂对 T 型 Ca 通道无阻断作用。

可见，4 期自动去极化是外向电流减弱和内向电流增强综合作用的结果，窦房结 P 细胞 4 期自动去极化速度最快，故自律性最高。

2. 浦肯野纤维 也具有自律性，其跨膜电位特点为：① 最大复极电位约 -90 mV。由于细胞膜上的 I_{K1} 通道密度较高，静息状态下膜对 K^+ 的通透性大，所以其最大复极电位更接近 K^+ 平衡电位。② 动作电位的形态和离子基础与心室肌细胞基本相同，也分为 0 期、1 期、2 期、3 期和 4 期五个时相。③ 浦肯野纤维 4 期膜电位也可发生自动去极化，但自动去极化速度慢于窦房结 P 细胞，故自律性较低。

浦肯野纤维 0 期、1 期、2 期和 3 期离子机制与心室肌相似，4 期自动去极化的形成机制也包括外向电流减弱和内向电流增强两个方面。构成 4 期外向电流的主要成分与窦房结 P 细胞相似，也是 I_k 电流。但由于浦肯野纤维最大复极电位（-90 mV）绝对值更大，此时的 I_k 通道大部分已失活关闭，I_K 电流已经很小。

可见，I_K电流的衰减不构成浦肯野纤维4期自动去极化的主要机制。如前所述，I_f通道在-100 mV左右时充分开放，I_f电流达到最大值。而浦肯野纤维的最大复极电位水平与I_f通道充分激活的电位水平较接近，因而I_f电流的增强在浦肯野纤维的4期自动去极化过程中起主要作用。但由于I_f通道的激活开放速率较慢，浦肯野纤维的4期自动去极化速度（约0.02 V/s）较慢，自动节律性较低。

二、心肌的电生理特性

兴奋性、自律性、传导性和收缩性是心肌细胞的四大生理特性。其中，兴奋性、自律性和传导性都以心肌细胞膜的生物电活动为基础，故属于心肌的电生理特性。心肌节律性收缩活动是泵血的基础，而心肌电活动则是产生收缩活动的前提，心肌电生理特性异常最终均会影响心脏泵血功能。

（一）兴奋性

心肌与骨骼肌类似，也属于可兴奋组织，在受到适当刺激时具有产生动作电位的能力，即具有兴奋性（excitability）。心肌兴奋性的高低可用阈值（阈强度）来衡量，阈值高代表兴奋性低，阈值低则代表兴奋性高。

1. **影响兴奋性的因素** 心肌细胞兴奋的产生包括两个环节，即细胞的膜电位去极化达到阈电位水平以及引起0期去极化的离子通道激活。凡是可影响这两个环节的因素均可改变心肌细胞的兴奋性。

（1）静息电位水平（或最大复极电位水平）和阈电位水平：静息电位（或最大复极电位）与阈电位之间的差距决定着所需刺激强度的大小。若阈电位水平不变，静息电位（或最大复极电位）的负值（绝对值）增大，则它与阈电位之间的差距加大，引起兴奋所需的刺激强度增大，阈值升高，代表兴奋性降低。同理，如果静息电位（或最大复极电位）水平不变，而阈电位水平下移，则静息电位和阈电位之间的差距变小，引起兴奋所需的刺激强度减小，阈值降低，代表兴奋性升高。

一般情况下，心肌阈电位不发生改变。静息电位可因细胞内、外离子分布情况的改变而发生变化。例如，当细胞外液K^+浓度轻度升高时，静息电位绝对值变小，与阈电位之间差距缩小，所需刺激强度减小，细胞兴奋性升高；但细胞外K^+浓度明显升高时，可因膜电位明显减小，导致部分钠通道失活，兴奋性反而降低。

（2）引起0期去极化的离子通道性状：引起心肌细胞动作电位0期去极化的钠通道和L型钙通道都有静息（备用）、激活和失活三种功能状态。这些通道都具有电压依赖性和时间依赖性，所以其处于哪种功能状态受到膜电位水平和时间进程的影响。以0期去极化钠通道为例，静息电位水平（-90 mV）时，钠通道处于备用状态。膜电位去极化至阈电位水平（-70 mV）时，可引起大量钠通道激活开放进入激活态，并诱发钠通道开放的再生性循环。钠通道开放时间短暂，很快关闭进入失活态。由于钠通道开放的时间依赖性，处于失活态的钠通道须待膜电位复极化到-60 mV或更负时，才开始复活。钠通道全部复活到备用状态，则需要膜电位恢复到静息电位水平。可见，兴奋性还受到通道状态的影响。接受刺激时，处于备用状态的钠通道/钙通道的数量也会影响兴奋性的高低。

2. **兴奋性的周期性变化** 心肌细胞产生兴奋的过程中，其膜电位发生周期性、有规律的变化，兴奋性也随之发生周期性改变。这是因为在产生兴奋过程中，随着膜电位的改变，心肌细胞动作电位0期去极化的钠通道/L型钙通道将经历激活、失活和复活等变化，使心肌细胞在不同时期内对重复刺激表现不同。现以心室肌细胞为例，介绍在一次兴奋过程中兴奋性的周期性变化（图4-11）。

（1）有效不应期（effective refractory period，ERP）：当心室肌细胞接受一次刺激产生兴奋后，从动作电位0期去极化开始至3期复极化至-55 mV，这段时期内任何强度的刺激均不能使膜产生新的去极化反应，故这段时期称为绝对不应期（absolute refractory period，ARP）。细胞在绝对不应期内暂时丧失了兴奋的能力，即兴奋性为0。在3期膜电位由-55 mV复极化到约-60 mV的这段时间内，给予一个足够强的刺激时，心室肌可产生局部的去极化反应，这一时期称为局部反应期（local response period，LRP）。局部反应期内细胞有微弱的兴奋性。绝对不应期和局部反应期统称为有效不应期，这段时间内钠通道全部失活（绝对不应期）或仅少量复活（局部反应期），无法产生足够强的内向电流使膜去极化至阈电位进而爆发动作电位。因此，落在有效不应期内的任何刺激均无法诱发新的动作电位。

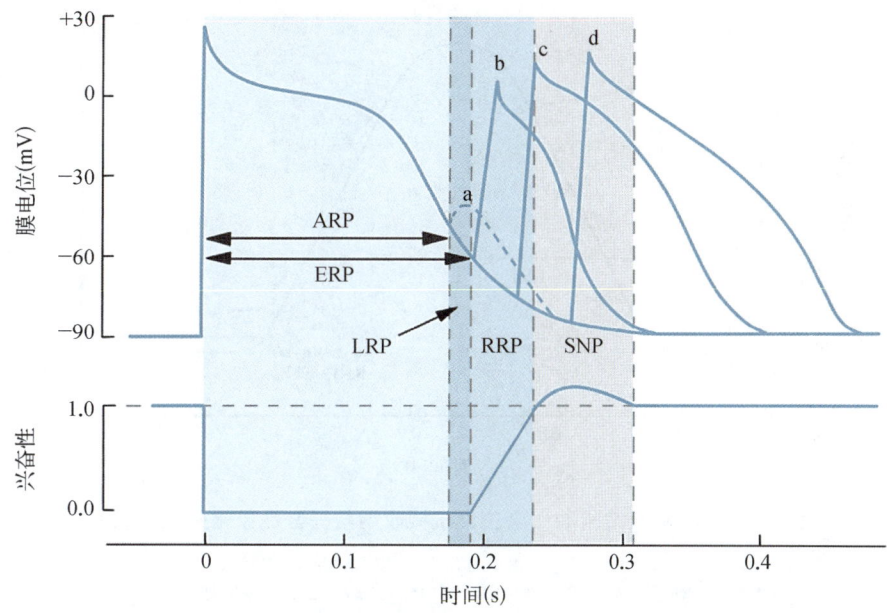

图 4-11 心室肌细胞动作电位与兴奋性变化的关系示意图

ARP，绝对不应期；ERP，有效不应期；LRP，局部反应期；RRP，相对不应期；SNP，超常期
a 表示局部反应；b、c、和 d 表示 0 期去极化速度和幅度均减小的动作电位

（2）相对不应期（relative refractory period，RRP）：在 3 期复极化膜电位从 -60～-80 mV 的这段时期内，若给予一个阈上刺激，心室肌细胞可能产生一次新的动作电位，这段时期称为相对不应期。这一时期失活的钠通道逐渐复活至备用状态，但由于数量还未达正常水平，只有更强的刺激（阈上刺激）才能激活足够的钠通道引发一次新的兴奋。故心肌细胞的兴奋性虽有所恢复，但仍然低于正常水平。

（3）超常期（supranormal period，SNP）：在 3 期复极化膜电位从 -80 mV 恢复到 -90 mV 的这段时期内，只需要给予心肌一个阈下刺激，就可引起一个新的动作电位，这段时期称为超常期。这一时期绝大部分钠通道已复活至备用状态，而膜电位的绝对值略小于静息电位，与阈电位之间的差距较小，只需要一个较小的刺激（阈下刺激）即可产生兴奋，所以此期心肌的兴奋性高于正常。

值得注意的是，无论是相对不应期还是超常期，钠通道均未完全复活，且膜电位绝对值小于静息电位，所以这两个时期内产生的新动作电位的幅度和去极化速率均比正常动作电位小，动作电位的时程也较短（图 4-11），兴奋的传导速度也较慢。

3. 兴奋性的周期性变化与收缩活动的关系　心肌细胞的有效不应期特别长，一直延续到心肌收缩活动的舒张早期。这样，产生一次兴奋收缩后，任何新的刺激如果是在舒张早期之前到达，均会落在有效不应期内成为无效刺激。因此，最早也要在舒张早期之后，新的刺激才能使心肌兴奋和收缩，从而保证心脏始终进行收缩和舒张交替的活动，而不会像骨骼肌那样发生完全强直收缩，这对于保持正常的心脏泵血活动至关重要（图 4-12）。

生理情况下，窦房结产生的兴奋间隔时间长于心肌细胞的不应期，所以它产生的每一次兴奋传到心房肌和心室肌时，都能引起心肌细胞出现新的兴奋和收缩。临床上，当心脏其他部位发出的兴奋在心肌的有效不应期后、下一次窦房结兴奋之前到达，则可导致心肌提前产生一次兴奋和收缩，分别称为期前兴奋（premature excitation）和期前收缩（premature systole）。而当紧接在期前兴奋后的一次窦房结兴奋传到心肌时，如果正好落在期前兴奋的有效不应期内，则此次正常下传的窦房结兴奋将变为无效刺激，形成一次兴奋和收缩的"脱失"，需要等再下一次窦房结的兴奋传来时才能引起兴奋和收缩。这样，在一次期前收缩之后往往会出现一段较长的心脏舒张期，称为代偿性间歇（compensatory pause）（图 4-13），然后再恢复窦性节律。但若窦性心律较慢，下一次窦房结的兴奋也可在期前兴奋的有效不应期结束后才传到心室，在这种情况下，代偿性间歇将不会出现。

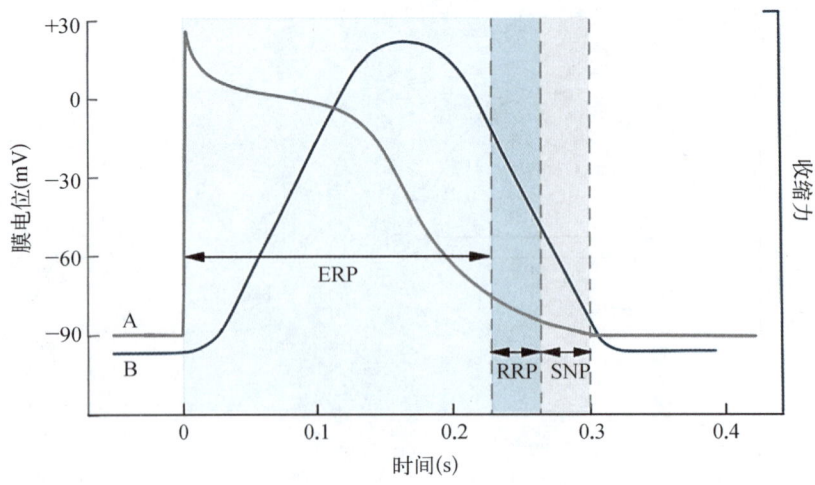

图4-12 心室肌细胞动作电位、机械收缩与兴奋性变化关系示意图

A. 心室肌细胞动作电位图形；B. 心室肌收缩曲线
ERP，有效不应期；RRP，相对不应期；SNP，超常期

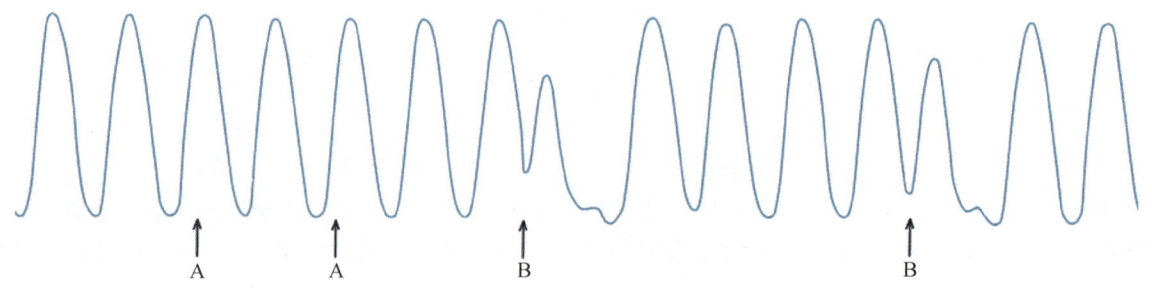

图4-13 期前收缩与代偿性间歇模式图

刺激A落在有效不应期内，刺激B落在有效不应期之后

（二）自动节律性

自动节律性（autorhythmicity）简称自律性，指心肌组织在没有外来刺激情况下，能自动发生节律性兴奋的能力或特性。自律性可从两个方面进行衡量：① 心率，指每分钟心脏搏动的次数，反映自律性的高低；② 心律，指心脏跳动的节奏或节律，反映自律性的规整度。

1. **心脏的起搏点** 整个心脏的活动总是按照当时自律性最高的组织所发出的兴奋来进行的。正常情况下，窦房结P细胞的自律性最高，可达100次/分。在体情况下由于受到心迷走紧张性的影响，其自律性表现为70次/分左右，但仍远高于其他自律组织的自律性。例如，房室交界和房室束的自律性分别为50次/分和40次/分左右，末梢浦肯野纤维的自律性约25次/分。因此，窦房结成为引导整个心脏兴奋和搏动的部位，故称为正常起搏点（normal pacemaker）。由窦房结起搏而形成的心脏节律称为窦性节律（sinus rhythm）。

一般情况下，窦房结以外的自律组织仅起兴奋传导作用，而不表现出它们自身的自律性，故称为潜在起搏点（latent pacemaker）。在某些病理情况下，如窦房结的起搏功能障碍，或心脏其他部位的自律性高于窦房结，心脏起搏点将由窦房结转变为当时自律性最高的部位，这些异常的起搏部位称为异位起搏点（ectopic pacemaker）。异位起搏点常导致心脏不同部位异常收缩，引起心脏泵血功能严重减弱。

窦房结对于潜在起搏点的控制，可通过以下两种机制实现：

（1）抢先占领（capture）：窦房结4期自动去极化速度最快，产生兴奋用时最短，故当来自窦房结的兴奋到达时，潜在起搏点尚处于4期自动去极化过程中，只能按照窦房结的节律产生兴奋。这种抢先占领的作用使潜在起搏点自身的自律性无法表现出来。

(2) 超速驱动压抑（overdrive suppression）：生理情况下，自律细胞以高于其固有频率的节律兴奋，当外来的超速驱动刺激停止后，自律细胞不能立即呈现其自身的兴奋节律，需要经过一段静止期后才逐渐恢复其自律性，这种现象称为超速驱动压抑。窦房结对于潜在起搏点的作用就是一种超速驱动压抑。这也保证了在窦性心律暂时减缓时，潜在起搏点不能马上主导心率。

超速驱动压抑具有频率依赖性的特点，频率差值越大，压抑效应越强，超速驱动中断后潜在起搏点恢复其自身自律性用时也越长。例如，突发房室束传导阻滞时，浦肯野纤维需要 5~20 s 才能恢复其固有的节律性兴奋。

2. 影响自律性的因素　自律性的高低主要取决于 4 期自动去极化所用时间，它受以下因素影响：最大复极电位水平、阈电位水平和 4 期自动去极化速率（图 4-14）。

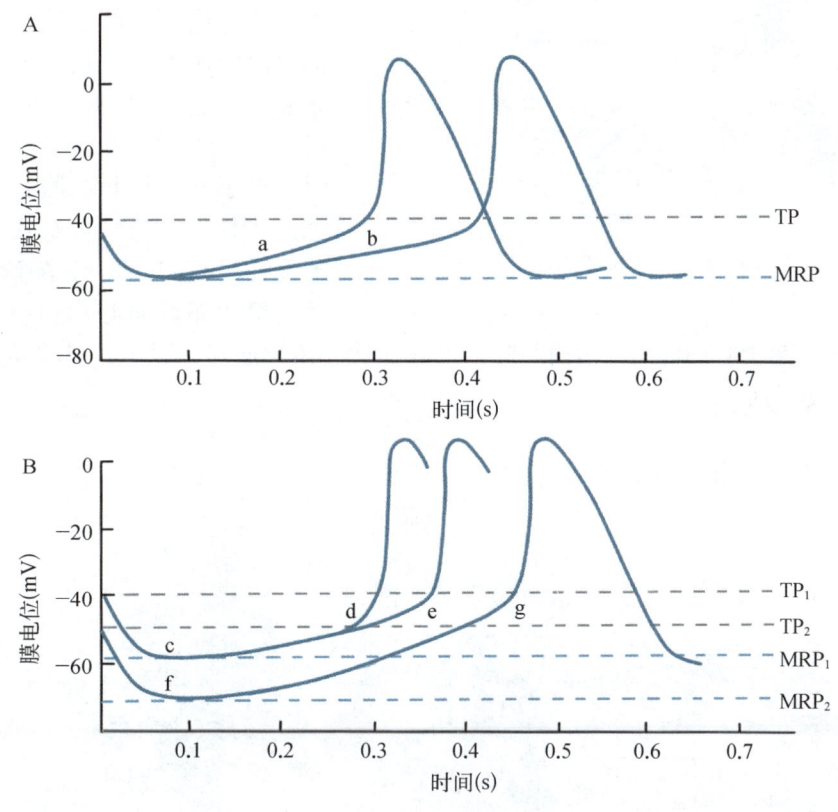

图 4-14　影响自律性的因素

A. 4 期自动去极化速度不同（a，b）而最大复极电位（MRP）和阈电位（TP）相同；
B. 4 期自动去极化速度相同而最大复极电位或阈电位不同时，cd 和 ce 表示最大复极电位相同（c）而阈电位水平不同（d，e）时，ce 和 fg 表示阈电位相同（e，g）而最大复极电位不同（c，f）

(1) 最大复极电位水平与阈电位水平：最大复极电位的绝对值减小，或阈电位绝对值变大，都能使两者之间的差距减少，4 期自动去极化达到阈电位水平所需时间缩短，动作电位时程缩短，单位时间内产生动作电位次数增多，故自律性升高；反之则自律性降低。

(2) 4 期自动去极化速率：动作电位 4 期自动去极化速率是影响心肌自律性最重要的因素。若 4 期自动去极化速率增快，达到阈电位水平所需的时间将缩短，单位时间内发生兴奋的次数增多，即自律性增高；反之，则自律性降低。

(三) 传导性

传导性（conductivity）指心肌细胞具有传导兴奋的能力或特性。传导性的高低可用兴奋的传播速度来衡量。

1. 心脏内兴奋传播的途径和特点 兴奋在心内的传播是通过特殊传导系统有序进行的。正常情况下，窦房结发出的兴奋通过心房肌传播到整个右心房和左心房，并沿着由心房肌组成的优势传导通路（preferential pathway）迅速传到房室交界区，再经房室束和左、右束支传到浦肯野纤维网，引起心室肌兴奋（图4-15）。

心肌细胞之间兴奋的传播是以细胞间的缝隙连接为基础的。心肌细胞闰盘上有较多由缝隙连接构成的细胞间通道，兴奋可以局部电流的形式通过这些低电阻通道直接传给相邻的细胞，实现心肌细胞的同步性活动（图4-16）。

由于不同心肌细胞直径大小和细胞间缝隙连接数量不等，兴奋在心脏各部分的传导速度并不相同。窦房结产生的兴奋一方面直接传给相邻普通心房肌纤维，这部分心房肌的传导速度约0.4 m/s。另一方面传给心房内结间束组成的优势传导通路，以1.0~1.2 m/s的速度将窦房结的兴奋迅速传到房室交界区。

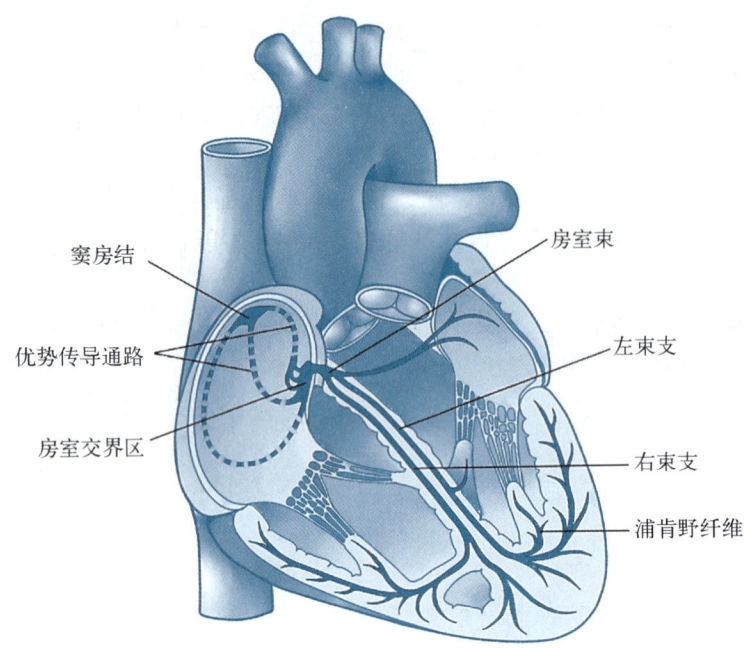

图4-15 心脏特殊传导系统示意图

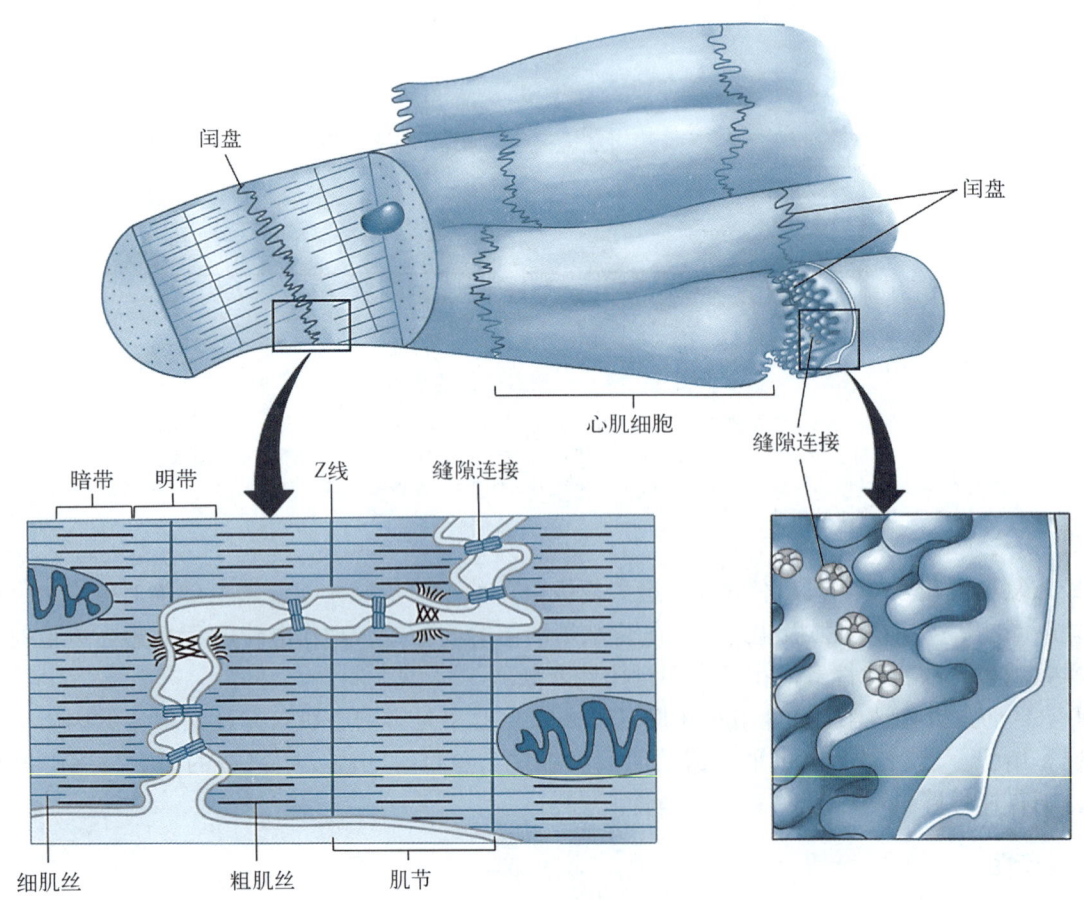

图4-16 心肌纤维通过缝隙连接形成功能性合胞体示意图

兴奋在通过房室交界区时，传导速度异常缓慢，其中房室结区的交界纤维传导速度最慢，仅 0.02 m/s。房室交界是兴奋由心房传向心室的唯一通道，因此兴奋由心房传至心室需要经一个时间延搁，这一现象称为房室延搁（atrioventricular delay）。房室延搁使心室的收缩比心房收缩晚 0.1 s 左右，故心房在心室收缩开始前可将血液进一步排入心室，这对心室的充盈和射血是十分重要的，但房室交界区也是临床上传导阻滞的好发部位。

兴奋经左、右束支传至浦肯野纤维，末梢浦肯野纤维的传导速度可达 4 m/s。这些纤维呈网状分布于整个心室内壁，可将兴奋迅速而广泛地传到左、右两心室，有助于左、右两心室的同步活动。

心室肌细胞之间兴奋的传导速度约为 1 m/s，由于心室肌纤维呈双螺旋状环绕心室腔排列，故兴奋从心内膜传至心外膜也呈一定角度螺旋传导。兴奋从心内膜传到心外膜只需要 0.03 s 左右，因此心室肌细胞几乎是同时兴奋收缩的，形成了功能性的合胞体。

2. 影响传导性的因素

（1）结构因素：心肌细胞直径和细胞间缝隙连接的数量及功能状态直接影响兴奋传导速度。

1）细胞直径：与细胞内电阻成反比。直径较小的细胞，局部电流扩散受到的纵向电阻较大，电紧张电位扩布距离短，形成速度慢，因而兴奋的传导速度较慢；反之，细胞直径越大，传导性越好。例如，所有心肌细胞中，末梢浦肯野纤维的直径最大，其传导速度最快。房室交界区细胞直径最小，传导速度最慢。

2）细胞间缝隙连接的数量及功能状态：房室交界区细胞间的缝隙连接数量较少，因此传导速度较慢；在某些病理情况下，如心肌缺血时，细胞间的缝隙连接通道可关闭，兴奋传导也明显减慢。

（2）生理因素：结构因素是相对固定的，但生理因素的变动性较大，因此心肌细胞的电生理特性是影响心肌传导性的主要因素。

1）0 期去极化的速度和幅度：是影响心肌传导速度最重要的因素。0 期去极化的速度越快，局部电流的形成用时就越短，兴奋相邻未兴奋部位就越快，传导速度增大。0 期去极化的幅度越大，兴奋部位和未兴奋部位之间的电位差就越大，形成的局部电流越强，传导距离越远，因而传导速度越快。例如，浦肯野纤维动作电位 0 期去极化速度是心室肌的 2 倍左右，所以它的传导速度远远高于心室肌。

2）膜电位水平：兴奋前膜电位水平影响 0 期去极化离子通道（如钠通道或钙通道）开放的速率和数量。静息电位水平时，所有 0 期去极化离子通道均处于备用状态，受到适当刺激时可全部开放，产生动作电位幅度最大，0 期去极化速度最快，动作电位传导也最快。随着静息电位绝对值减小，0 期去极化离子通道部分或全部失活，动作电位去极化的速度和幅度都会降低，导致传导减慢乃至障碍。静息电位绝对值变大，0 期去极化离子通道数量与静息电位时没有明显区别，故动作电位传导速度与静息电位时相同。

3）相邻未兴奋部位膜的兴奋性：兴奋在同一细胞上的传导是沿细胞膜从兴奋段传向未兴奋段的结果，因此兴奋的传导受到相邻未兴奋部位膜的兴奋性的影响。例如，当兴奋传来时，若相邻未兴奋部位膜处于有效不应期内，则局部电流不能使之兴奋，导致传导阻滞；若其处于相对不应期或超常期内，则产生的动作电位 0 期去极化速度和幅度都将降低，使传导速度减慢。

三、体表心电图

心脏在兴奋过程中带电离子跨膜移动产生的电流，可通过心脏周围的导电组织和体液传到体表。如果将测量电极置于体表的一定部位，可将电流产生的电势改变记录下来，即为心电图（electrocardiogram，ECG）。

（一）正常心电图特征

正常心电图由 P 波、QRS 波群和 T 波组成。P 波是左右心房去极化时产生的电位变化；QRS 波由三个紧密相连的波——Q 波、R 波和 S 波组成，是左右心室去极化时产生的电位变化；T 波是左右心室复极化产生的电位变化。T 波后有时可出现一小的 U 波（图 4-17）。

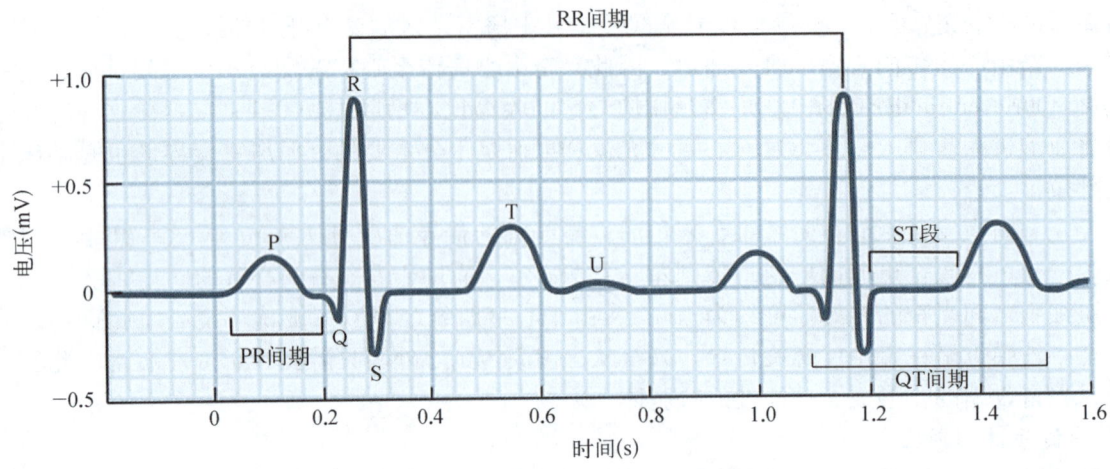

图 4-17 正常人体心电图的模式图

1. P 波（P wave） 其形态在大部分导联上呈钝圆形，有时可能有轻度切迹。正常人 P 波时间一般小于 0.12 s，波幅不超过 0.25 mV。

2. QRS 波群（QRS complex） 由三相波组成，但在不同导联中，这三个波不一定都出现，且各波的波形和幅度也有差异。正常 QRS 波群历时 0.06~0.10 s。

3. T 波（T wave） 在正常情况下，T 波的方向大多与 QRS 主波的方向一致。在 R 波较高的导联中，T 波振幅一般不应低于同导联 R 波的 1/10。T 波历时 0.05~0.25 s。

4. U 波（U wave） 指在 T 波之后的 0.02~0.04 s，有时可出现一低而宽的波。U 波代表心室后继电位，其产生机制目前仍未完全清楚。近年认为，U 波可能与浦肯野纤维的复极化或心室肌舒张的机械作用有关。

5. PR 间期（P-R interval） 从 P 波的起点至 QRS 波群的起点之间的时程，代表兴奋从窦房结传到心室并引起心室肌兴奋所需时间。PR 间期的正常范围为 0.12~0.20 s。发生房室传导阻滞时，PR 间期延长。

6. QT 间期（Q-T interval） 从 QRS 波群的起点至 T 波终点的时程，代表心室肌从开始去极化到完全复极化所需时间。QT 间期长短受心率快慢的影响，心率越快，QT 间期越短，反之则越长。

7. ST 段（S-T segment） 自 QRS 波群的终点至 T 波起点间的线段。正常心电图中的 ST 段应与基线平齐。它代表心室各部分的心肌均已进入动作电位平台期，彼此几乎无电位差。在心肌缺血或损伤时，ST 段会出现明显压低或抬高。

（二）心电图导联系统

1. 心电图导联系统 在人体不同部位放置电极，并通过导联线与心电图机电流计的正负极相连，这种记录心电图的电路连接方法称为心电图导联。电极位置和连接方法不同，可组成不同的导联。目前，国际通用导联系统（lead system）为常规 12 导联系统。

（1）肢体导联（limb leads）：包括标准肢体导联（Ⅰ导联、Ⅱ导联、Ⅲ导联）及加压肢体导联（aVR 导联、aVL 导联和 aVF 导联）。标准肢体导联将心电图机的正负极分别与两个肢体上安放的电极相连，记录两个电极所在部位之间的电位差变化。例如，Ⅰ导联为左上肢电极与心电图机正极相连，右上肢电极与负极相连，反映左上肢与右上肢的电位差，Ⅱ导联和Ⅲ导联与之类似（图 4-18A）。加压肢体导联基本上代表检测部位的电位变化。例如，aVR 导联代表右上肢与心电图机正极相连，左上肢与左下肢电极同时与负极相连构成中心电端，反映右上肢处记录到的心电变化。

（2）胸导联（chest leads）：包括 V_1~V_6 导联，具体安放位置如图 4-18B 所示。其检测原理为将左上肢、右上肢和左下肢电极连接在一起形成"中心电端"并与心电图机负极相连，另外一个电极放于胸壁规定位置与心电图机正极相连。胸导联反映心脏活动在胸壁某一点呈现的电位变化。

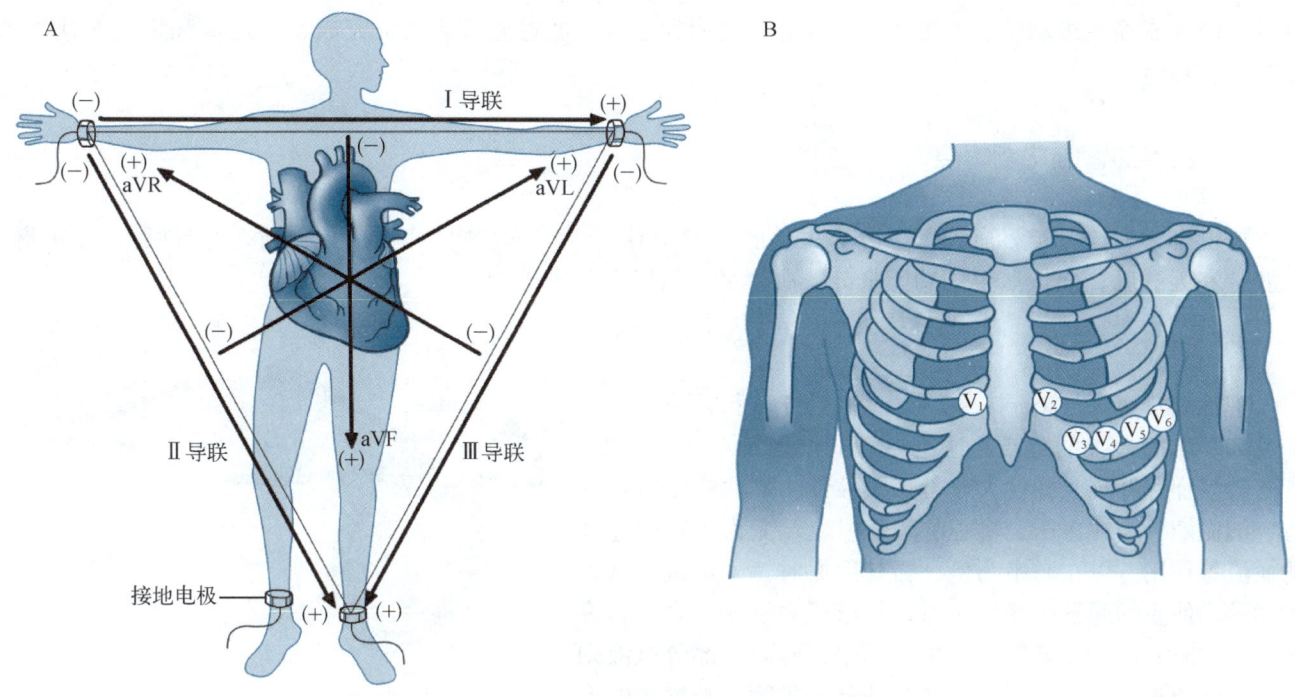

图 4-18　心电图导联的电极放置位置
A. 标准肢体导联Ⅰ、Ⅱ、Ⅲ和加压肢体导联 aVL、aVR 及 aVF；B. 胸导联 $V_1 \sim V_6$

（三）心电图的测量和正常值

通过心电图纸上相应刻度值，可对心率、各波段振幅和各波段时间进行测量。心电图记录纸由边长为 1 mm^2 的正方形小格组成，通常走纸速度为 25 mm/s，定标电压为 1 mV/cm，故横坐标每一小格代表 0.04 s，纵坐标每一小格代表 0.1 mV（图 4-17）。

1. **心率的测量**　测量一个 RR（或 PP）间期的秒数，然后用 60 s 除以 RR 间期即得到每分钟心率。例如，RR 间距为 0.8 s，则心率为 60/0.8=75 次/分。

2. **各波段振幅的测量**　P 波振幅测量的参考水平应以 P 波起始前的水平线为准。测量 QRS 波群、ST 段、T 波和 U 波振幅，统一采用 QRS 起始部水平线作为参考水平，测量得到的波峰最高点或波谷最低点的直线距离代表波幅。

3. **各波段时间的测量**　一般规定，测量各波时间应自波形起点的内缘测量至波形终点的内缘。

（四）心电图与心肌细胞动作电位的关系

心电图是以心肌细胞生物电变化为基础的，但心电图波形与单个心肌细胞动作电位明显不同。这是因为：① 记录方法不同。心肌细胞动作电位是采用细胞内记录；心电图是将电极放置在身体表面不同部位，属于细胞外记录。② 心肌动作电位代表单个心肌细胞兴奋时跨膜电位改变；而心电图反映的是整个心脏兴奋过程中的复合电位改变，它是所有心肌细胞电活动的综合效应。③ 同一类型心肌细胞动作电位幅度、波形是相似的；但是记录心电图时，电极放置在体表不同部位，记录到的心电图波形差异较大。

第三节　血管生理

人体各组织、器官均有血管分布，其与心脏相通，是一个相对密闭且连续的管道系统。血液从心室泵出后，依次流经各级动脉、毛细血管及静脉，再回到心房。通过血液流动可完成物质运输和物质交换等重要的生理功能。

一、各类血管的功能特点

按形态学方法分类，血管可以分为大动脉、中动脉、小动脉、微动脉、毛细血管、微静脉、小静脉、中静脉和大静脉；而按照生理功能来分，血管又包括以下几种类型：

（一）弹性储器血管

弹性储器血管（windkessel vessel）指主动脉、肺动脉主干及其发出的最大的分支。这类血管的结构特点是管壁厚，含有较多弹性纤维，弹性大，可扩张性强。弹性储器血管具有容纳血液、缓冲血压、将心脏间断射血转变为血管内连续的血流等作用。以左心室为例，当其射血时，大量血液进入主动脉，使主动脉发生弹性扩张，管壁压力迅速升高，容量增大，此时一部分血液暂存于主动脉中，而另一部分血液则继续向前流动。当心室舒张时，主动脉瓣关闭，被扩张的大动脉管壁发生弹性回缩，推动射血期储存的部分血液继续向外周流动。主动脉的这种弹性储器作用可让心脏间断的射血转变成为血管内连续的血流，同时缓冲血管内压力，减少了每个心动周期中血压的波动幅度（图4-19）。

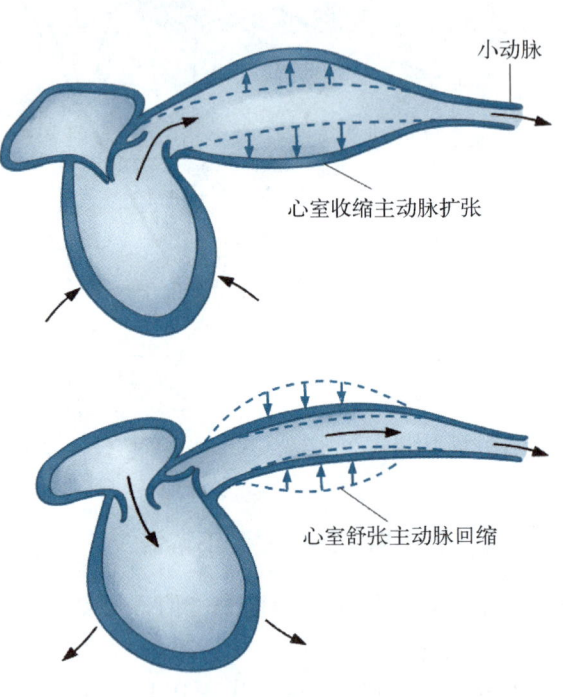

图4-19 主动脉管壁弹性对血压及血流的作用

（二）分配血管

分配血管（distribution vessel）即中动脉，指从弹性储器血管以后，分支到小动脉前的动脉管道。分配血管富含平滑肌纤维，收缩性强，可将血液输送至各组织器官。

（三）毛细血管前阻力血管

毛细血管前阻力血管主要指小动脉和微动脉（arteriole）。其口径小，对血流阻力大，位于毛细血管前，故称为毛细血管前阻力血管（precapillary resistance vessel）。例如，微动脉管壁含平滑肌较多，收缩时可明显缩小血管口径，增加血流阻力，减少相应组织细胞血供；舒张时恰好相反。微动脉的这种改变血流阻力、调控组织血流量的作用，在动脉血压的形成和维持中起着重要的作用。

（四）毛细血管前括约肌

毛细血管前括约肌（precapillary sphincter）指分布于真毛细血管起始部的平滑肌，属于阻力血管。其舒缩活动可调控毛细血管的开闭，因此可决定某一时间内毛细血管开放的数量。

（五）交换血管

交换血管（exchange vessel）即真毛细血管（true capillary），广泛分布于动静脉之间，管壁很薄，仅由单层内皮细胞和外面包绕的薄层基膜组成，故通透性很高，是血液和组织细胞进行物质交换的主要场所。

（六）毛细血管后阻力血管

毛细血管后阻力血管（postcapillary resistance vessel）指微静脉。其管径较小，也有一定的血流阻力产生，但在血管系统总阻力中占比不高。微静脉通过舒缩活动，调节毛细血管前阻力、后阻力的比值，改变毛细血管压，进而影响组织液的滤过及血容量。

（七）容量血管

容量血管（capacitance vessel）指静脉系统。与伴行动脉相比，静脉数量较多、管径大、壁薄、具有较大的扩张性，因此可以容纳较多的血液；当静脉口径发生较小变化时，其容纳的血量就可能发生很大变化，并且该过程不会引起压力的大幅波动。研究发现在安静状态下，60%～70%的循环血量可储存在静脉中，由于静脉具有储存血液的作用，生理学中将其称为容量血管。

（八）动静脉短路

动静脉短路（arteriovenous shunt）指血管床中微动脉和微静脉之间的直接吻合支，它们可使微动脉内的血液不经过毛细血管而直接流入微静脉。短路血管在手指、足趾、耳郭等处的皮肤中分布较多，它们的开闭主要和体温调节功能有关。

二、血流动力学

血流动力学（hemodynamics）主要研究血流量、血流阻力、血压及它们之间的相互关系，属于流体力学的分支。流体力学的研究对象通常是理想液体和刚性管道，但含有血细胞和胶体物质等多种成分的血液不满足理想液体的特征，血管也属于较复杂的弹性管道而不是刚性管道，因此除一般流体力学的共同点之外，血流动力学还具有自身的特点。

（一）血流量和血流速度

血流量（blood flow）指单位时间内流过血管某一横截面的血量，又称容积速度，其单位通常以 mL/min 或 L/min 来表示。血流速度（velocity of blood flow）指血液中某个质点在血管内移动的线速度。血管内流动血液的速度与血流量成正比，与血管的横截面积成反比。

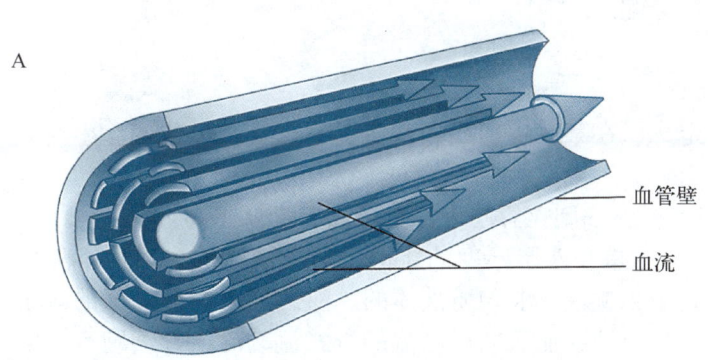

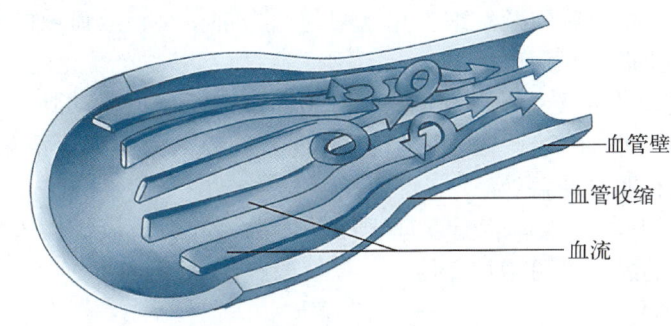

图 4-20　层流与湍流示意图

A. 血管中的层流；B. 血管中的湍流

1. *层流和湍流*　血液在血管内流动的方式可分为层流（laminar flow）和湍流（turbulent flow）两类（图 4-20）。层流时，液体各质点流动方向一致，与血管长轴平行，但流速各不相同，越靠近管壁，流速越慢，越靠近轴心，流速越快。

当血液流速加快到一定程度后，会发生湍流。此时血液中各质点流动方向不再一致，漩涡随之出现。关于湍流的形成条件，Reynolds 提出一个经验公式：

$$Re = \frac{VD\rho}{\eta} \qquad (式 4-4)$$

式中，V 为血液在血管内的平均流速（单位为 cm/s），D 为管腔直径（单位为 cm），ρ 为血液密度（单位为 g/cm^3），η 为血液黏滞度（单位为泊），Re 为雷诺数（Reynolds 数，没有单位）。一般当 Re 的数值超过 2 000 时，就可发生湍流。由上述公式可知，在血流速度快、血管口径大及血液黏滞度低的情况下，容易产生湍流。

2. 血流量的计算　泊肃叶（Poiseuille）研究了液体在管道系统内流动的规律，总结出泊肃叶定律（Poiseuille's law），即单位时间内液体的流量（Q）与管道两端的压力差（P_1-P_2）以及管道半径（r）的4次方成正比，与管道的长度（L）成反比。该定律适用于层流的情况，可用下式表示：

$$Q = K \frac{r^4}{L}(P_1 - P_2) \tag{式4-5}$$

式中，K 为常数，研究表明它与液体黏滞度 η 有关。因此，泊肃叶定律又可表示为

$$Q = \frac{\pi(P_1 - P_2)r^4}{8\eta L} \tag{式4-6}$$

在出现湍流时，血流量与血管两端压力差的平方根成正比，而不是与压力差成正比，因此泊肃叶定律不再适用。

（二）血流阻力

血流阻力（resistance of blood flow）指血液在血管内流动的过程中所遇到的阻力，主要因为血液流动时与血管壁或血液内部分子之间相互摩擦。摩擦消耗能量产生热能，且这部分热能不可能再转换成血液势能或动能，因此血液流动时血压会逐渐降低。而湍流时，由于血液中各质点的流动方向不断变化，故能量消耗较层流时更多，血流阻力变大。结合欧姆定律和泊肃叶定律，可得到血流阻力的计算公式：

$$R = \frac{8\eta L}{\pi r^4} \tag{式4-7}$$

式中，R 为血流阻力，η 指血液黏滞度，L 指血管长度，r 为血管半径。从式中可以看出，血流阻力与血液黏滞度及血管长度成正比，与血管半径的4次方成反比。正常生理情况下，血管长度和血液黏滞度变化都很小，因此血流阻力主要由血管半径来决定。心血管系统中产生阻力的主要部位是微动脉，如果其口径增大，则血流阻力降低，血流量随之增加；反之，当其口径缩小时，血流阻力增加，器官血流量减少。机体通过控制各器官阻力血管口径来协调彼此间的血流量分配。

（三）血液黏滞度

血液黏滞度（blood viscosity）一般来说相对稳定，但在某些生理或病理情况下也会发生改变。影响血液黏滞度的因素主要有以下几个。

1. 血细胞比容　是决定血液黏滞度的最重要因素，血细胞比容越大，血液黏滞度就越高。
2. 血流切率　指层流情况下，相邻两层血液流速的差和液层厚度的比值。匀质液体的黏滞度不随血流切率的变化而改变，这种液体称为牛顿液，血浆属于牛顿液。非匀质液体的黏滞度随着血流切率的减小而增大，这种液体称为非牛顿液，全血属非牛顿液。当血液在血管内以层流的方式流动时，红细胞有向中轴部分移动的趋势，这种现象称为轴流（axial flow）。当血流切率较高时，轴流现象更为明显，红细胞集中在中轴，其长轴与血管纵轴平行，红细胞移动时发生的旋转及红细胞相互间的撞击都很小，故血液的黏滞度较低。在血流切率低时，红细胞可发生聚集，使血液黏滞度增高。
3. 血管口径　如果血管口径较大，血液黏滞度基本不受影响。但直径小于0.2~0.3 mm的微动脉，只要血流切率足够高，血液黏滞度会随着血管口径的减小而降低。虽然产生这种现象的原因尚不完全清楚，推测与小血管内血细胞比容降低有关，但对机体却有明显的益处。
4. 温度　随着温度的降低，血液黏滞度反而会升高。人体表温度低于深部体温，故血液流经体表时黏滞度会升高。如果将手指浸在冰水中，局部血液的黏滞度可增加2倍。

（四）血压

血压（blood pressure）指血管内流动的血液对单位面积血管壁的侧压力，即压强。国际单位制中压强的

单位是帕（Pa）或者千帕（kPa），但常用单位毫米汞柱（mmHg）仍被广泛使用，1 mmHg = 0.133 3 kPa。各级血管血压不同，动脉血压高，静脉血压低。血压在各段血管中下降的幅度与血管阻力成正比，主动脉和大动脉血流阻力小，血压降幅较小；血液流至小动脉时血流阻力增大，血压开始明显降低；微动脉血流阻力最大，因此血压下降也最明显（图4-21）。

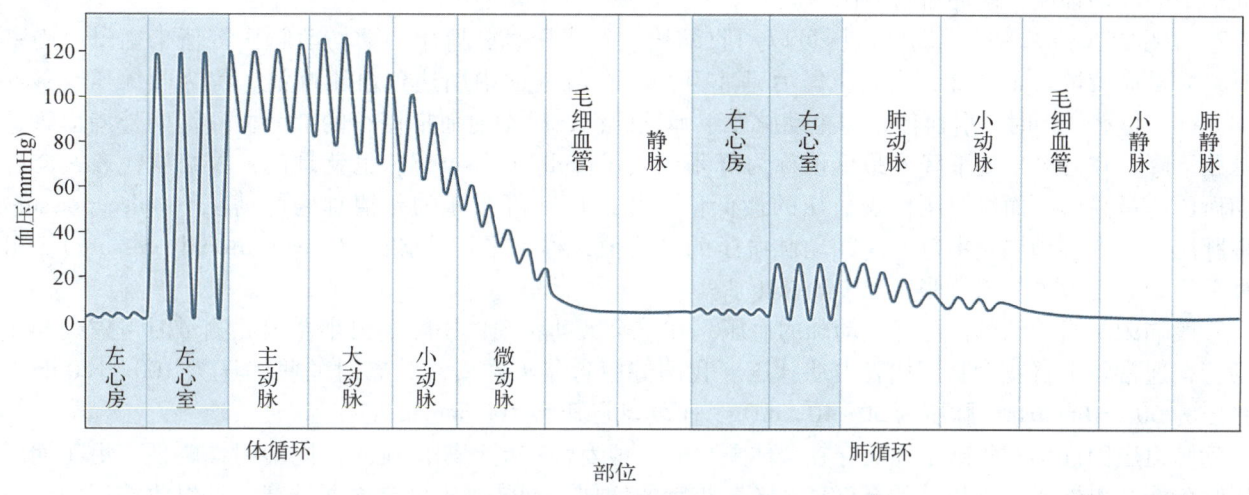

图4-21　正常人平卧位时不同血管血压的示意图

血压测量有直接测压法和间接测压法。生理学实验中测量动物血压多采用直接测压法，如将导管的一端插入动物循环系统内腔，另一端与压力换能器相连，它可将压强能信息转变为电信号，精准测出心动周期中各个瞬间的血压值。在临床测量时，一般采用间接测压法，即用听诊法间接测定肱动脉的血压。但是在某些特殊情况下，也可根据需要将导管插入血管内，直接测量血压。

三、动脉血压与动脉脉搏

心室收缩将血液由心腔内射入动脉，通过动脉系统将血液分配至全身各器官组织。心肌收缩所做的功，除了维持血液的动能外，很大部分用于形成和维持血液的压强，即血压。不同种类的动脉在血压的形成和维持中起着不同的作用。正常且相对稳定的动脉血压对于机体的生命活动的进行起着非常关键的作用。

（一）动脉血压

1. **动脉血压的形成**　动脉血压的形成条件，主要包括一个前提，两个因素。一个前提即循环系统内有足够的血液充盈，其程度可用循环系统平均充盈压来表示。用电刺激造成实验动物的心室颤动，心脏暂停射血而使血流暂停，此时循环系统中各部位压力很快相同，测得的压力值即循环系统平均充盈压。其数值的高低取决于循环血量和血管容量之间的相对关系。如果循环血量增多，或血管容积缩小，则循环系统平均充盈压增高；反之，如果血量减少或血管容积增大，则循环系统平均充盈压降低。用苯巴比妥麻醉的犬测得循环系统平均充盈压约为7 mmHg，人的循环系统平均充盈压估计接近该数值。

形成血压的两个因素分别是心脏射血和外周阻力。其中，心脏射血是动脉血压形成的必要条件，也是压强能的能量来源。心室收缩时，所释放的能量一部分转换为血液的动能，推动血液流动；另一部分使大动脉弹性扩张以储存势能（即压强能）。心室舒张时，射血停止，大动脉弹性回缩，将一部分储存的势能转化为血液的动能，推动血液在血管中继续流动。心脏射血是间断的，因此在心动周期中动脉血压会发生周期性的变化，收缩期主动脉压力高，舒张期压力降低。

动脉血压形成的另一个重要因素是外周阻力。外周阻力（peripheral resistance）主要指小动脉和微动脉对血流的阻力。正因为外周小动脉和微动脉对血流存在较大的阻力，才使射血期约有2/3的射出血液储存于大动脉中,形成压强能,而流向外周的仅有搏出量的1/3。如果外周阻力消失,则心室射出的血液将在心室收缩期全部流至外周,即心室收缩释放的能量可全部表现为血流的动能,而不会有压强能,大动脉内的血压将难以维持。

另外,主动脉和大动脉的弹性储器作用在动脉血压的形成中也具有重要的意义,能减小动脉血压在心动周期中的波动幅度,缓冲血管内压力。

2. **动脉血压的正常值** 动脉血压可以用收缩压、舒张压、脉搏压、平均动脉压等值来衡量。心室收缩时,大量血液进入主动脉,主动脉压力迅速升高,在收缩期中期达到血压峰值,称为收缩压(systolic pressure)。心室舒张时,射血停止,主动脉发生弹性回缩,推动射血期储存的部分血液流向外周血管,主动脉压下降,在心舒末期下降到最低值称为舒张压(diastolic pressure)。也就是说,收缩压代表一个心动周期血压的最高值,而舒张压代表血压的最低值。收缩压和舒张压的差值称为脉搏压(pulse pressure),简称脉压。一个心动周期中每一瞬间动脉血压的平均值,称为平均动脉压(mean arterial pressure)。粗略计算平均动脉压大约等于舒张压加1/3脉压。

一般临床所指的动脉血压是主动脉的血压。在整个大动脉中血压降幅很小,因此测量时考虑到操作方便易行,通常将上臂肱动脉压代表主动脉压。我国健康青年人在安静状态时的收缩压为100~120 mmHg,舒张压为60~80 mmHg,脉压为30~40 mmHg,平均动脉压在100 mmHg左右。

动脉血压因性别和年龄不同而存在个体差异。一般女性在更年期前血压比同龄男性略低,更年期后的血压则可能与男性的基本相等甚至更高。随着年龄的增加,动脉血压也会逐渐升高,且以收缩压的升高更明显。此外,正常的动脉血压呈明显的昼夜波动,表现为凌晨2~3时最低,起床后升高,在上午6~10时及下午4~8时各有一个高峰,晚上8时以后血压呈缓慢下降趋势。这种日周期节律在老年人的血压上表现得更为明显。

3. **影响动脉血压的因素** 影响动脉血压的因素较多,凡是参与动脉血压形成的因素发生变化时,均可影响动脉血压,因此生理情况下血压的变化往往与多种因素的综合作用相关。为了便于讨论,我们在分析某个因素对血压的影响时,一般假定其他因素不变。

(1) 搏出量:搏出量的变化主要导致收缩压的改变。搏出量增大意味着收缩期由心室射入主动脉的血量增多,主动脉管壁更加扩张,承受的压力更大,故收缩压明显升高。舒张期时,动脉压升高使主动脉和外周小动脉之间的压力差增加,血液流向外周的速度加快,单位时间内流向外周的血液量增多。因此到舒张期末,大动脉中存留血量的增加并没有收缩期增加得那么多。因动脉血压的升高主要表现为收缩压明显升高,舒张压增幅相对较低,故脉压增大。反之,搏出量减少主要使收缩压降低,脉压减小。因此,在一般情况下,收缩压的高低主要反映心脏搏出量的多少。

(2) 心率:心率的变化对舒张压影响更为明显。心率加快时心动周期缩短,心舒期也随之而缩短,若血流速度不变,那么在心舒期从主动脉流向外周的血液量会减少,因此心舒末期主动脉内存留的血量增多,舒张压会升高。主动脉血压升高增加了其和外周小动脉的压力差,使血流速度加快,导致射血前期有较多的血液流至外周,因此收缩压的增幅小于舒张压的增幅,脉压减小。相反,心率减慢时,收缩压和舒张压均下降,舒张压降幅更大,故脉压增大。

(3) 外周阻力:外周阻力的变化主要影响舒张压。当外周阻力升高时,心舒期血液向外周流动的速度减慢,单位时间内流向外周的血液量减少,则心舒末期留在主动脉中的血量增多,舒张压明显升高。在心缩期,动脉血压升高使血流速度加快,因此收缩前期从主动脉流向外周的血液增加,收缩压增幅并不大,故脉压减小。当外周阻力减小时,收缩压和舒张压均下降,但舒张压下降得更多,脉压增加。在一般情况下,舒张压的高低主要反映外周阻力的大小。

(4) 主动脉和大动脉的弹性储器作用:主动脉和大动脉管壁良好的弹性起到缓冲血压、减小血压波动幅度的作用。研究发现,一次心动周期中心室内压的变化幅度远远大于动脉血压的波动幅度。老年人的动脉管壁发生硬化,弹性纤维减少而胶原纤维增多,使大动脉可扩张性减弱,弹性储器作用减弱,故出现收缩压增加和舒张压降低,脉压增大。

(5) 循环血量和血管系统容量的比例:如前所述,动脉血压形成的前提就是要有充足的循环血量,这不单指血液总量的充足，更深层的含义是需要循环血量和血管系统容量相匹配，使血管系统能足够充盈而产生适当的体循环平均充盈压。在正常情况下，循环血量和血管容量是相适应的，血管系统充盈程度的变化不大。大失血后，循环血量明显减少，此时如果血管系统容量不变，则体循环平均充盈压必然降低，使动脉血压降低。而在某些中毒性休克时，尽管循环血量不变，但血管扩张导致容量明显增加，也会造成动脉血压下降。由循环血量和血管系统容积不匹配所导致的血压下降，一般都是收缩压和舒张压同步下降，脉压变化不大。

需要再次强调的是，上述影响动脉血压的各种因素，都是在假设其他因素不变的前提下，分析某一因素发生变化时对动脉血压可能发生的影响。而实际上，动脉血压的变化往往是各种因素综合作用的结果，此时需要根据实际情况进行综合分析。

（二）动脉脉搏

在每个心动周期中，动脉内的压力会发生周期性波动，这种周期性的压力变化可引起动脉血管发生搏动，称为动脉脉搏（arterial pulse）。在手术时暴露动脉，可以直接看到动脉随每次心搏而发生的搏动。用手指也可摸到身体浅表部位的动脉搏动。

1. **动脉脉搏的波形** 用脉搏描记仪可以记录浅表动脉脉搏的波形，称为脉搏图。动脉脉搏的波形可因描记方法和部位的不同而有差别，但一般都包括以下几个组成部分。

（1）上升支：在心室快速射血期，动脉血压迅速上升，管壁扩张，形成脉搏波形中的上升支。上升支的斜率和幅度受射血速度、心输出量及射血阻力的影响。如果射血阻力大，则射血速度慢，心输出量小，反映在脉搏波形中即为上升支斜率小，幅度低；反之则上升支较陡，幅度也较大。当大动脉硬化导致其弹性储器作用减弱时，动脉血压波动幅度增大，脉搏波上升支的斜率和幅度也加大。

（2）下降支：心室射血后期，射血速度减慢，进入主动脉的血量少于由主动脉流向外周的血量，故被扩张的大动脉开始回缩，血压逐渐降低，形成脉搏波形中下降支的前段。随后，心室舒张，动脉血压继续下降，形成下降支的其余部分。在主动脉记录脉搏图时，其下降支上有一个切迹，称为降中峡。降中峡发生在主动脉瓣关闭的瞬间。因为心室舒张时室内压下降，主动脉内的血液向心室方向反流，主动脉瓣膜只能单方向由心室向主动脉开放，因此血液反流可使主动脉瓣很快关闭。反流的血液使主动脉根部容积增加，在受到闭合的主动脉瓣阻挡后发生折返，因此在降中峡的后面形成一个短暂向上的小波，称为降中波。动脉脉搏波形中下降支的形状可大致反映外周阻力的高低。外周阻力高时，脉搏波降支的下降速率较慢，切迹的位置较高。若外周阻力较低，则下降支的下降速率较快，切迹位置较低。切迹以后下降支的坡度小，较为平坦。

某些病理情况可导致动脉脉搏波出现异常。例如，主动脉瓣狭窄时，射血阻力高，脉搏波上升支的斜率和幅度都较小。主动脉瓣关闭不全时，心舒期有部分血液反流入心室。故下降支很陡，降中波不明显或者消失。

2. **动脉脉搏波的传播速度** 动脉脉搏可以沿着动脉管壁向外周血管传播，其传播速度远较血流速度为快。一般说来，动脉管壁的可扩张性越大，脉搏波的传播速度就越慢，由此而见，主动脉的脉搏波传播速度最慢。老年人主动脉管壁的可扩张性减小，脉搏波的传播速度也会增加。

小动脉和微动脉对血流的阻力很大，故在微动脉段以后，脉搏波动即大大减弱。到毛细血管，脉搏已基本消失。动脉脉搏与心输出量、动脉的可扩张性及外周阻力等因素有密切的关系，因此，在某些情况下脉搏可以反映心血管系统的异常状况，无创性动脉硬化检测对评价早期血管病变的临床意义越来越受到重视，其中颈、股脉搏波速度是检测动脉硬化的金标准。在中医学中，切脉也是诊断疾病的重要手段之一。

四、静脉血压和静脉回心血量

静脉是血液回流入心脏的通道，静脉易扩张，整个静脉系统容量大，因此起着储存血液的作用。静脉可通过收缩或舒张有效调节回心血量，继而影响心输出量，使机体的循环功能适应各种生理状态时的需求。

（一）静脉血压

静脉血压明显低于同级动脉血压，研究发现当体循环血液经过动脉和毛细血管到达微静脉时，血压下降至 15~20 mmHg；右心房作为体循环的终点，血压最低，接近于零。通常将右心房和胸腔内大静脉的血压称为中心静脉压（central venous pressure），其压力值比较低，正常变动范围为 4~12 cmH_2O。各器官静脉的血压称为外周静脉压（peripheral venous pressure）。

中心静脉压的高低主要取决于心室射血能力和静脉回心血量之间的相互关系。如果心室射血能力较强，能及时将回心血液射入主动脉，中心静脉压就较低。反之，当心室射血能力减弱时（如心力衰竭），回心血量无法及时射出，则血液可能在右心房和静脉系统淤积，中心静脉压升高。另外，如果静脉回流量增加或血流速度加快（如大量、快速输血或输液等），回心血量可能超过心脏射血能力，中心静脉压也会升高。因此，在循环血量增加、全身静脉收缩或因微动脉舒张而使外周静脉压升高等情况下，中心静脉压都可能升高。可见，中心静脉压是反映心血管功能的重要指标，在临床上常用来监测补液速度和补液量等。例如，在对休克患者进行输液治疗时，除观察动脉血压变化外，也要注意中心静脉压的变化。如果中心静脉压偏低或有下降趋势，常提示输液量不足；如果中心静脉压高于正常或有持续升高趋势，则提示输液过快或心功能不全。

动脉脉搏波在到达毛细血管时已经消失，因此外周静脉没有脉搏波动。但右心房在心动周期中的血压波动可以逆向传递到与心房相连的大静脉，引起这些大静脉出现周期性压力和容积变化，即静脉脉搏。引起搏动的原因不同，故大静脉的脉搏波形与动脉脉搏波形完全不同。正常情况下，静脉脉搏不很明显。但在心力衰竭时，静脉压升高，右心房内的压力波动也较容易传递至大静脉，故在心力衰竭患者的颈部常可见到较明显的静脉搏动。

（二）重力对静脉压的影响

血管内的血液因受地球重力场的影响，会产生一定的静水压（hydrostatic pressure）。血管静水压的高低主要受人体体位影响。例如，平卧时，身体各部分血管基本和心脏处于相同的水平位置，故各部分静水压也大致相同。但当人体从卧位转为直立位时，可发现足部血管内的血压比卧位时明显升高，其增高的部分相当于从足至心脏的这段血柱高度形成的静水压，约 80 mmHg（图 4-22）；而在心脏水平以上的部分，血管内的压力却较平卧时降低，越接近头部，血压越低，如颅顶矢状窦内压甚至降至 -10 mmHg。故当我们测量血压时，实测值应该为心脏做功形成的压强与该部分血管处静水压之和。因此，为了尽量减少静水压对血压值的影响，测量时上臂肱动脉位置应尽量与心脏处于同一水平面。

虽然重力形成的静水压值对同一水平位上的动静脉是相同的，但实际上它对静脉功能的影响远远大于伴行动脉，其原因与静脉管壁薄、充盈程度受跨壁压影响有较大关系。

跨壁压（transmural pressure）指血液对管壁的压力与血管外组织对管壁的压力差，一定的跨壁压是保

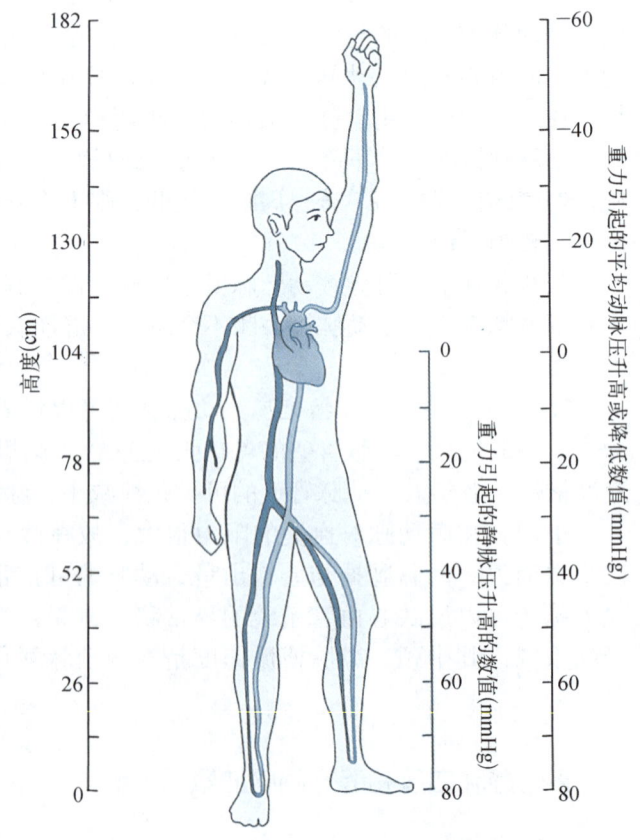

图 4-22 直立体位对肢体动脉压和静脉压的影响

持血管充盈的必要条件。若跨壁压过低，血管就难以维持扩张状态而塌陷。动脉管壁弹性纤维和平滑肌较丰富，具有一定的支撑力，相对不容易塌陷；而静脉管壁薄，弹性纤维和平滑肌含量少，充盈状态就很容易受跨壁压影响。当跨壁压增大时，静脉管壁较充盈，血液容量增加；跨壁压减小时，管壁趋于塌陷，静脉容积减小。当人处于站立位时，下肢容量血管鉴于静水压的原因，管壁充盈扩张，可以多容纳 500 mL 左右的血液，导致短时间回心血量减少，搏出量减少，因此当人突然由卧位变为直立位时，会出现一过性的低血压。

（三）静脉血流

1. **静脉对血流的阻力**　静脉对血流的阻力很小，仅占整个体循环总阻力的 15%，这与静脉引流血液回心、储存血液等功能相适应。

微静脉是毛细血管后阻力血管，它的收缩状态可以改变毛细血管后阻力的大小，而毛细血管后阻力可直接影响毛细血管血压，进而调控组织液的生成，影响循环血量。研究发现，毛细血管血压的高低取决于毛细血管前阻力和后阻力的比值，当微静脉收缩时，后阻力升高，此时如果前阻力保持不变，则毛细血管前阻力与后阻力的比值减小，毛细血管血压升高，组织液生成增多（详情请参见下文组织液的生成与回流相关内容）。

大静脉在处于扩张状态时，血流阻力较小；如果管壁塌陷，其横截面由圆形变为椭圆形且面积减小，则对血流的阻力增加。另外，静脉对血流的阻力也可因血管周围组织对静脉的压迫而改变。例如，锁骨下静脉在跨越第一肋骨处受肋骨的压迫；颈部皮下的颈外静脉直接受外界大气的压迫；腹腔内的大静脉受腹腔器官的压迫等。位于胸腔内的大静脉因受胸膜腔内负压的作用（尤其在吸气时），跨壁压较大，所以一般不会塌陷。颅腔、脊柱、肝、脾等器官内的静脉，因受到血管周围结缔组织的支撑，也不易塌陷。

2. **静脉回心血量**　单位时间内静脉的回心血量主要取决于外周静脉压和中心静脉压的差值及静脉对血流阻力的大小。因此，凡能影响静脉压和静脉阻力的因素，都能影响静脉回心血量。

（1）体循环平均充盈压：主要反映血管系统的充盈程度。研究发现，平均充盈压越高，静脉回心血量就越多。例如，当血量增加或容量血管收缩时，体循环平均充盈压升高，静脉回心血量增多。反之，大失血或容量血管舒张时，体循环平均充盈压降低，静脉回心血量减少。

（2）心肌收缩力：心肌收缩力增强，搏出量增加，射血后残存在心室内血液量减少，使舒张期心室内压降低，对心房和大静脉内血液的抽吸力量较大，回心血量增加。反之，右心衰竭时，搏出量明显减少，心舒期右心室内存留血液较多，室内压增加，心室充盈减缓，使血液淤积在右心房和大静脉内，中心静脉压升高。患者可出现颈外静脉怒张、肝充血肿大、下肢水肿等体征。左心衰竭时，左心房压和肺静脉压升高，造成肺淤血和肺水肿。

（3）体位改变：主要影响静脉跨壁压，继而影响血管容积、调控回心血量。例如，当人体从卧位转变为直立位时，跨壁压增大导致下肢静脉扩张，容量增大，回心血量减少。长期卧床的患者，静脉管壁紧张性较低而可扩张性升高，且腹腔和下肢肌肉缺乏锻炼致使收缩力减弱，对静脉的挤压作用减小，因此如果转为直立位，可因下肢大量淤血、回心血量过少而发生晕厥。

（4）骨骼肌的挤压作用：骨骼肌收缩会挤压肌肉内或肌肉之间的血管，加快静脉回流；且静脉内瓣膜的存在使静脉内血液只能向心脏方向流动而不能倒流。这样，骨骼肌和静脉瓣膜一起，对静脉尤其是下肢静脉回流起着"泵"的作用，称为静脉泵或肌肉泵。肌肉泵的作用对于在立位情况下降低下肢静脉压、减少下肢静脉内血液潴留具有重要的生理意义。例如，在站立不动时，足部的静脉压为 90 mmHg，而步行时足部的静脉压则降低至 25 mmHg 以下，跑步时双下肢肌肉泵每分钟挤出的血液可达数升，说明下肢肌肉泵在相当程度上加速了全身血液循环，对心脏泵血功能起辅助作用。但是，如果肌肉维持在紧张性收缩状态而不是节律性舒缩状态，则静脉持续受压，静脉回流反而减少。

（5）呼吸运动：也能影响静脉回流。胸内负压的存在使胸腔内大静脉具有较大的跨壁压，管腔经常处于充盈扩张状态。吸气时胸膜腔负压值进一步增大，胸腔内大静脉和右心房更趋于扩张，压力也进一步降低，有利于外周静脉血液回心；呼气时，胸膜腔负压值减小，由静脉回流入右心房的血量也相应减少。可见，呼吸运动对静脉回流也起着"泵"的作用。但呼吸运动对肺循环静脉回流的影响和对体循环的影响不同。吸气时，随着肺的扩张，肺部的血管容积明显增大，能潴留较多的血液，故由肺静脉回流至左心房的血量减少，左心室的输出量也相应减少，呼气时的情况则相反。

五、微循环

微循环（microcirculation）指微动脉和微静脉之间的血液循环。高等动物除了肺泡、消化道黏膜细胞等可与外界进行物质交换外，其余大多数组织、细胞均不能直接与外界环境进行物质交换，只能通过微循环来实现，因此微循环在维持组织与细胞的新陈代谢、内环境稳态等方面起着至关重要的作用。

（一）微循环的组成

典型的微循环由微动脉、后微动脉、毛细血管前括约肌、真毛细血管、通血毛细血管、动静脉吻合支和微静脉等七部分组成（图4-23）。人体不同部位的组织、器官因功能不同，其微循环的组成和功能也有一定的区别。

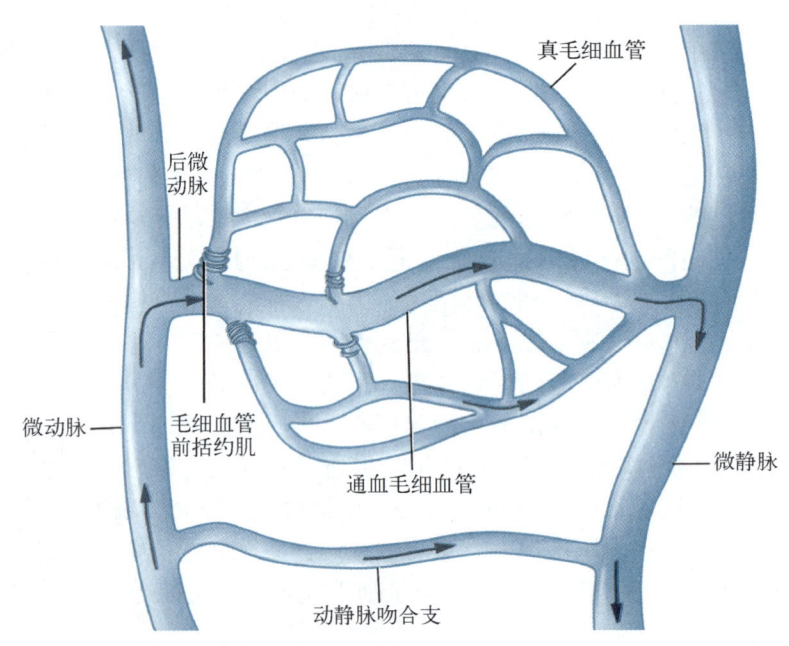

图4-23 微循环的组成模式图

微动脉作为微循环的起点，其管壁的环行平滑肌较厚，可通过收缩和舒张改变血管口径，形成毛细血管前阻力，调控进入微循环的血液量，起着控制微循环血流量"总闸门"的作用。微动脉再分成数支后微动脉（metarteriole），每根后微动脉向一至数根真毛细血管供血，但它并非决定进入真毛细血管血流量的主要结构。在真毛细血管起始部，通常有1~2个平滑肌细胞形成环状结构包绕血管，称为毛细血管前括约肌，此括约肌的舒缩状态决定进入真毛细血管的血流量，被视为微循环中的"分闸门"。

真毛细血管壁没有平滑肌，仅由单层内皮细胞和其外包绕的基膜形成，总厚度仅0.5 μm。真毛细血管壁内皮细胞之间存在裂隙，通透性好，利于血管内、外物质交换。加之毛细血管数量巨大，面积广，因此成为体内组织细胞和血液之间进行物质交换的主要场所。

流经毛细血管的血液可经微静脉进入静脉系统。较小的微静脉管壁没有平滑肌，主要起交换血管的作用；较大的微静脉管壁有平滑肌，构成毛细血管后阻力，起着"后闸门"的作用，影响组织液的生成和静脉回心血量。

通血毛细血管是后微动脉的直接延伸，其管壁平滑肌逐渐稀少以至消失。动静脉吻合支是连接微动脉和微静脉的直捷通路，其管壁结构类似微动脉。

（二）微循环的血流通路

1. **迂回通路**（circuitous channel） 指血液流经微动脉、后微动脉、毛细血管前括约肌、真毛细血管后汇入微静脉的通路。迂回通路是微循环最重要的功能通路。该通路流经的真毛细血管数量多，迂回曲折，路径长，管壁通透性大，血流缓慢，血液和组织液之间的物质交换主要在这条通路完成，故又称营养通路。一般来说，真毛细血管不会全部开放，而是交替进行，与当时机体代谢状态相适应。研究发现，安静状态下，同一时间毛细血管大约开放20%，其血流量主要由毛细血管前括约肌控制。

2. **直捷通路**（thoroughfare channel） 指血液流经微动脉、后微动脉、通血毛细血管而进入微静脉的通路。此通路经常处于开放状态，阻力小，血流速度快，主要是使一部分血液能迅速通过微循环而进入静脉，保证回心血量。直捷通路还可与组织细胞进行少量的物质交换。

3. **动静脉短路** 指血液流经微动脉、动静脉吻合支而直接汇入微静脉的通路。该通路中的血液并没有真正进入毛细血管，因此没有物质交换功能，主要起体温调节作用。动静脉短路在人体某些部分的皮肤和皮下组织如手指、足趾、耳郭等处分布较多，平时处于关闭状态，利于保存热量、维持体温；当环境温度升高或机体产热增大时，动静脉短路可大量开放，提高皮肤温度，利于散热。

（三）微循环的血流动力学

1. **微循环的血流阻力** 微循环中对血流阻力最大的部位是微动脉，故此处的血压降落也最明显。毛细血管动脉端的血压为30～40 mmHg，毛细血管中段的血压约25 mmHg，至毛细血管静脉端为10～15 mmHg。毛细血管血压的高低与毛细血管前、后阻力的比值相关。当前阻力：后阻力为5∶1时，毛细血管平均血压约20 mmHg。比值增大，毛细血管血压降低；比值变小则毛细血管血压升高。组织中微循环血流量与微动、静脉之间的血压差成正比，与微循环总血流阻力成反比。微动脉在微循环总阻力中占比较大，因此微动脉的舒缩状态对微循环的血流量控制起主要作用。

2. **微循环血流量的调节** 如前所述，真毛细血管是轮流开放和关闭的。这主要是因为后微动脉和毛细血管前括约肌不断发生交替性收缩和舒张，其频率每分钟5～10次，这一现象被称为血管舒缩活动（vasomotion）。因此，虽然在一定时间内器官的血流量可能相对稳定，但同一时间内不同的微血管中血流却可能差别很大。血管舒缩活动控制着毛细血管的血量，当它们收缩时，毛细血管处于关闭状态，其周围的组织细胞因缺乏物质交换而出现低氧、代谢产物堆积等，使后微动脉和毛细血管前括约肌舒张，流经毛细血管的血流量增加，将堆积的代谢产物带走清除。随着局部组织的氧分压和代谢产物浓度恢复正常，后微动脉和毛细血管前括约肌又收缩，使真毛细血管网再次关闭，如此周而复始。例如，在安静状态下，同一时间内骨骼肌中处于开放状态的毛细血管只占总量的20%～35%。而当组织代谢活动加强时，会有更多微动脉和毛细血管前括约肌舒张，毛细血管开放亦增多，增加微循环物质交换的面积，缩短交换距离。因此，微循环的血流量是和组织细胞代谢活动水平相适应的。

六、组织液

组织液是组织细胞直接接触的内环境。作为沟通血液和细胞的中介，组织液既可与细胞进行物质交换，又可与血液进行物质交换，这里主要介绍组织液和血液之间的物质交换过程。

（一）血液和组织液之间的物质交换方式

血液和组织液之间主要通过以下几种方式进行物质交换。

1. **扩散** 是血液和组织液之间进行物质交换的最主要方式，不同的物质扩散方式和速度不一样。某种物质的扩散速度与该物质在血浆和组织液的浓度差、毛细血管壁对其的通透性、毛细血管壁的有效交换面积等因素成正比，与毛细血管壁的厚度（即扩散距离）成反比。O_2、CO_2等脂溶性物质可直接通过内皮细胞的细胞膜进行扩散，故扩散速度很快；葡萄糖、氨基酸和带电离子等非脂溶性物质不能自由通过细胞膜，只能通过毛细血管壁孔隙扩散，因此其分子越小，扩散速度越快。而红细胞、大分子蛋白质等，因为体积大，基本无法扩散出毛细血管。此外，还有些可溶于水、直径小于毛细血管孔隙的物质可随着水一起扩散，称为溶剂拖曳。分子热运动的速度高于毛细血管血流速度数十倍，故血液在流经毛细血管时，血浆和组织液的溶质分子有足够的时间进行扩散交换。

2. 滤过和重吸收　当毛细血管壁两侧静水压不等时，水分子会从压力高的一侧向压力低的一侧跨壁移动，直径小于毛细血管壁孔隙的溶质分子随之滤过。此外，毛细血管壁两侧还存在胶体渗透压差，使水分子逆渗透压梯度跨壁移动。血浆蛋白质含量多，且较难通过毛细血管孔隙，因此血浆胶体渗透压明显高于组织液胶体渗透压，从而限制了毛细血管内水分的滤出，在维持血管内、外的水平衡中具有重要意义。液体因毛细血管壁两侧静水压和胶体渗透压差异，从毛细血管内向毛细血管外移动称为滤过（filtration），相反方向的移动则称为重吸收（reabsorption）。虽然血液和组织液之间通过滤过和重吸收发生的物质交换仅占总交换量的一小部分，但其在组织液的生成中却发挥了重要作用。

3. 吞饮　毛细血管内皮细胞一侧的液体可被内皮细胞膜包围吞饮进入细胞内，形成吞饮囊泡。囊泡被运送至细胞的另一侧，并被排出细胞外。吞饮发生的概率较小，分子直径大于毛细血管壁孔隙的大分子物质（如血浆蛋白等），可以通过这种方式在血液和组织液间进行交换。

（二）组织液的生成

组织液是血浆成分经毛细血管壁滤过进入组织间隙形成，为细胞赖以生存的内环境。组织液主要呈胶冻状，不能自由流动，不会在体位改变时随重力作用而流至身体低垂部分；注射针头也不能从组织间隙内抽出组织液。但组织液的凝胶状态并不影响凝胶内物质的扩散，故而不会影响物质交换功能。胶原纤维和透明质酸细丝是构成组织液凝胶基质的主要成分。组织液中各种离子和小分子物质（如葡萄糖、氨基酸）等成分与血浆相同，但毛细血管壁对大分子蛋白质通透性低，因此组织液蛋白质浓度明显低于血浆。

1. 组织液的生成　液体在毛细血管和组织间隙之间的移动方向主要取决于滤过和重吸收的力量对比，如果滤过的力量大于重吸收的力量，则会生成组织液，反之则组织液回到毛细血管内。研究发现，毛细血管和组织间隙是否发生滤过和重吸收取决于四个因素，即毛细血管血压、组织液静水压、血浆胶体渗透压和组织液胶体渗透压。其中，毛细血管血压和组织液胶体渗透压是促使液体由毛细血管内向血管外滤过的力量，而血浆胶体渗透压和组织液静水压是促进液体从血管外重吸收入毛细血管内的力量（图4-24）。滤过的力量和重吸收的力量之差，称为有效滤过压。用公式表示则是

$$有效滤过压=（毛细血管血压+组织液胶体渗透压）-（血浆胶体渗透压+组织液静水压）$$

（式4-8）

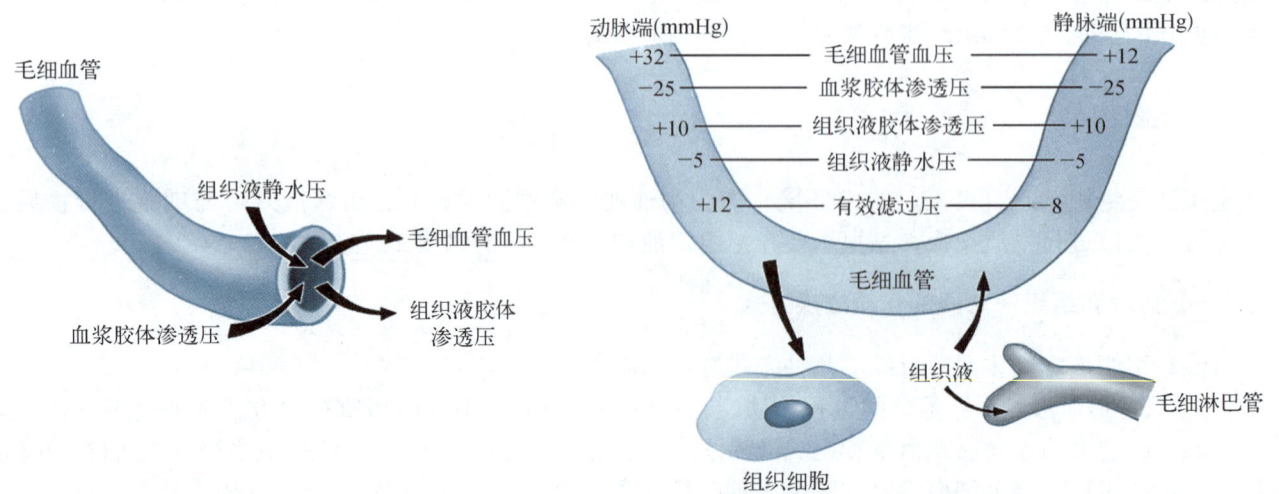

图4-24　组织液生成与回流示意图

当有效滤过压为正值时，毛细血管内的液体滤出生成组织液；当其为负值时，组织液返回入毛细血管。总体来说，毛细血管动脉端的毛细血管血压较高，有效滤过压为正值，0.5%~2%流经毛细血管的血浆，在此被滤过进入组织间液；在毛细血管静脉端，毛细血管血压降低，有效滤过压为负值，约90%的滤出液在此被重吸收入血，剩余的约10%进入毛细淋巴管，成为淋巴液。

2. 影响组织液生成与回流的因素　在正常情况下，组织液不断生成，又不断被重吸收，保持动态平衡。单位时间内通过毛细血管壁滤过的液体量等于有效滤过压与滤过系数（K_f）的乘积。滤过系数的大小取决于毛细血管壁对液体的通透性和滤过面积，不同组织毛细血管滤过系数差别较大。组织液的生成与有效滤过压和滤过系数有关，因此凡能影响有效滤过压和滤过系数的各种因素，都会影响组织液的生成与回流。

（1）毛细血管血压与组织静水压：毛细血管血压与组织静水压之间的差值，是促进组织液生成的主要因素。如果毛细血管血压升高，组织液生成也会增加。右心衰竭时，右心室射血能力减弱，导致静脉回流受阻，体循环淤血，静脉压升高，毛细血管血压升高，组织液生成增加，引起全身水肿。

（2）血浆胶体渗透压与组织液胶体渗透压：血浆胶体渗透压与组织液胶体渗透压之间的差值，是促进组织液重吸收的主要因素。当重度营养不良或者肾疾病等导致血浆蛋白减少时，血浆胶体渗透压降低，促使组织液重吸收的力量减弱，组织液生成增加，出现水肿。

（3）毛细血管壁的通透性：在感染、过敏等情况下，毛细血管壁通透性增高，可使一部分血浆蛋白质进入组织液，使血浆胶体渗透压降低，组织液胶体渗透压升高，则促进组织液生成的力量大于重吸收的力量，使组织液生成增多，发生水肿。

（4）淋巴回流：从毛细血管滤出的液体，约10%经淋巴回流，淋巴系统的畅通与否可直接影响组织液回流。临床上可见丝虫病患者因淋巴管堵塞而致明显水肿。

七、淋巴液的生成与回流

淋巴系统是组织液向血液回流的一个重要的辅助系统。全身的淋巴液经淋巴管收集，最后由右淋巴导管和胸导管汇入静脉。

（一）淋巴液的生成与回流

组织液进入淋巴管即成为淋巴液，因此，来源于某一组织的淋巴液成分和该处组织液非常接近。淋巴液生成的动力来自组织液和毛细淋巴管内淋巴液的压力差，组织液压力升高能加速淋巴液的生成。

在毛细淋巴管起始端，内皮细胞边缘呈瓦片状互相覆盖，形成单向活瓣向管腔内开启（图4-25）。另外，当组织间隙内积聚较多组织液时，组织中的胶原纤维和毛细淋巴管之间的胶原细丝可将重叠的内皮细胞边缘拉开，使之出现较大缝隙，便于一些大分子物质如血浆蛋白质等进入毛细淋巴管。

淋巴液回流的主要功能是回收组织液中不能被毛细血管重吸收的大分子物质、蛋白质和红细胞等。某些部位的淋巴管还具有特殊功能，如小肠绒毛的毛细淋巴管可将肠道吸收脂肪的80%~90%运送入血，因此小肠的淋巴液呈乳糜状。安静状态下，正常成人每小时进入血液循环的淋巴液约有120 mL，其中约100 mL经胸导管，20 mL经右淋巴导管进入血液。因此，人体每日生成的淋巴液总量为2~4 L，大致相当于全身血浆总量。由此可见，淋巴液回流在组织液生成和重吸收的平衡中也发挥了一定的作用。

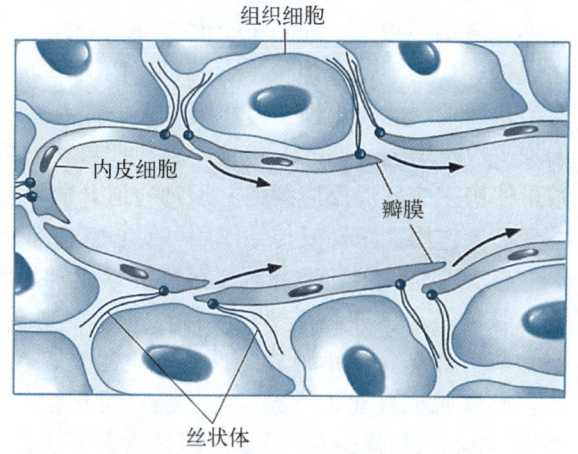

图4-25　毛细淋巴管盲端结构示意图

(二)影响淋巴液生成与回流的因素

淋巴液生成的动力来自组织液和毛细淋巴管内淋巴液的压力差,因此凡是能够增加组织液压力的因素,均可促进淋巴液的生成,如毛细血管血压升高、血浆胶体渗透压降低等。此外,部分淋巴管管壁有少许平滑肌或单向瓣膜,共同构成淋巴管泵,促进淋巴回流,防止倒流。同时,骨骼肌节律性收缩、相邻动脉搏动等对淋巴管的压迫也能促进淋巴回流。而急慢性淋巴结炎、丝虫虫体等病理因素可堵塞淋巴管,造成回流受阻。

第四节 心血管活动的调节

心血管活动的调节包括神经调节、体液调节和自身调节,用以维持心血管系统正常的功能活动,并且在内、外环境改变时,能对心脏和各部分血管活动进行调控,协调各器官之间的血流分配,从而适应机体代谢需要。

一、神经调节

通常情况下,心脏和血管受自主神经系统调节控制。机体对心血管活动的神经调节通过各种心血管反射实现。

(一)心脏和血管的神经支配

1. **心脏的神经支配**　直接支配心脏的传出神经主要是心交感神经和心迷走神经。前者兴奋可加强心脏的活动,而后者兴奋则抑制心脏的活动。此外,心脏活动还受肽能神经的调控。

(1)心交感神经:起源于脊髓第1~5胸段的中间外侧柱,其节前神经元轴突末梢释放的递质为乙酰胆碱,作用于节后神经元膜上的N_1型胆碱能受体。心交感节后神经元胞体位于星状神经节或颈交感神经节内。节后纤维支配心脏各个部分,包括窦房结、房室交界、房室束、心房肌和心室肌。

尽管左、右心交感神经作用类似,但在对心脏的支配上有一定差别。右侧心交感神经主要支配窦房结,功能上以引起心率加快的效应为主;左侧心交感神经优势支配房室交界和心室肌,功能上以加强心肌收缩力的效应为主。心交感节后神经元末梢释放的递质为去甲肾上腺素,可与心肌细胞膜上的β_1肾上腺素能受体结合,导致心率加快,房室交界传导速度增加,心肌收缩能力加强,即正性变力作用(positive inotropic action)、正性变时作用(positive chronotropic action)和正性变传导作用(positive dromotropic action)。

交感神经末梢释放的去甲肾上腺素和循环血液中的儿茶酚胺都能作用于心肌细胞膜的β_1肾上腺素能受体,激活G蛋白-AC-cAMP-PKA通路,升高细胞内cAMP,使PKA活性增加,激活心肌膜上的L型钙通道,使心肌动作电位平台期Ca^{2+}内流增加,细胞内肌质网Ca^{2+}释放量也增加,最终使心肌收缩力增强,搏出量增加,此为正性变力作用。去甲肾上腺素还可让在窦房结P细胞的T型钙通道磷酸化,4期Ca^{2+}内流增加,也可增强4期的I_f电流,使4期自动去极化速度加快,自律性增加,此为正性变时作用。去甲肾上腺素可使房室交界慢反应细胞L型钙通道开放增加,0期去极化速度和幅度增大,房室传导速度加快,此为正性变传导作用。正性变传导作用可使心室各部分肌纤维的收缩更趋同步化,这也有利于心肌收缩力的加强。

(2)心迷走神经:起源于延髓的迷走神经背核和疑核,节前纤维走行在胸腔内,与心交感神经一起组成心脏神经丛,并和交感纤维伴行进入心脏,与心内神经节的节后神经元发生突触联系。心迷走神经的节前和节后神经元末梢释放的递质都是乙酰胆碱。节后纤维支配窦房结、心房肌、房室交界、房室束及其分支。心室肌也有迷走神经支配,但纤维末梢的数量远较心房肌中为少。两侧心迷走神经对心脏的支配也有差别,但不如心交感神经差别明显。右侧迷走神经对窦房结的影响占优势;左侧迷走神经对房室交界的作用占优势。

心迷走神经节后纤维末梢释放乙酰胆碱，作用于心肌细胞膜上 M 型胆碱能受体，可导致心率减慢，心肌收缩能力减弱（以心房肌减弱更明显），房室传导速度减慢，称为负性变时、变力和变传导作用。

乙酰胆碱作用于心脏的 M 型胆碱能受体后，抑制 G 蛋白 - AC - cAMP - PKA 通路，降低细胞内 cAMP 水平和 PKA 活性，出现与 β_1 受体激活相反的效应。负性变力作用主要因为 L 型钙通道被抑制，平台期 Ca^{2+} 内流减少，肌质网释放 Ca^{2+} 减少所致；负性变时作用与窦房结 P 细胞 4 期 Ca^{2+} 内流和 I_f 起搏电流减少导致自动去极化速度减慢、自律性降低有关；负性变传导作用主要由慢反应细胞 0 期 Ca^{2+} 内流减少，以及 0 期去极化速度、幅度降低所致。

虽然心迷走神经和心交感神经对心脏的作用是相互拮抗的，但并不意味着当它们同时作用于心脏时，其总效应等于两者分别作用时发生效应的代数和。在多数生理情况下，心迷走神经的作用更占优势，其机制比较复杂。

（3）其他：除了心交感神经和心迷走神经，心脏中还存在多种肽能神经纤维，如神经肽 Y、血管活性肠肽、降钙素基因相关肽、阿片肽等。目前对于分布在心脏的肽神经元的生理功能尚未研究清楚。

2. **血管的神经支配** 支配血管平滑肌的神经纤维可分为缩血管神经纤维（vasoconstrictor nerve fiber）和舒血管神经纤维（vasodilator nerve fiber）两大类，两者又统称为血管运动神经纤维（vasomotor nerve fiber）。除真毛细血管外，血管壁都有平滑肌分布。机体大部分血管平滑肌仅受交感缩血管神经纤维的单一支配，仅少部分血管平滑肌还可受某些舒血管神经纤维支配。毛细血管前括约肌上神经分布很少，其舒缩活动主要受局部代谢产物的影响。

（1）缩血管神经纤维：都是交感神经纤维，故称为交感缩血管神经纤维（sympathetic vasoconstrictor nerve fiber）。其节前神经元位于脊髓胸、腰段的中间外侧柱，节前纤维末梢释放的递质为乙酰胆碱。节后神经元位于椎旁和椎前神经节内，节后纤维末梢释放的递质为去甲肾上腺素。血管平滑肌细胞有 α_1 和 β_2 两类肾上腺素能受体。去甲肾上腺素可与 α_1 肾上腺素能受体结合，使血管平滑肌收缩，血管口径缩小；也可与 β_2 肾上腺素能受体结合，使血管平滑肌舒张，血管口径增大。去甲肾上腺素与 α_1 受体的结合能力明显强于 β_2 受体，故缩血管纤维兴奋时主要引起缩血管效应。

体内大多数血管都受并且只受交感缩血管纤维的单一支配，但不同的部位纤维分布密度不同，以皮肤血管分布最密，骨骼肌和内脏（如肾、消化道）等处的血管次之，冠脉和脑血管中分布较少。在同一器官中，动脉中缩血管纤维的密度明显高于静脉，尤其是微动脉中纤维密度最高，而毛细血管前括约肌中神经纤维分布很少。

尽管大多数血管只受交感缩血管神经纤维的单一支配，但其血管口径和血流量仍然可以调控。安静状态下，交感缩血管纤维持续发放 1~3 次/秒的低频冲动，称为交感缩血管紧张。这种紧张性活动使血管平滑肌保持一定程度的收缩状态。当交感缩血管紧张增强时，血管平滑肌进一步收缩，血管口径进一步缩小，血流量降低；而交感缩血管紧张减弱时，血管平滑肌收缩程度降低，血管趋于舒张状态，口径增大，血流量增加。在不同的生理状况下，交感缩血管纤维的放电频率可在低于每秒 1 次至每秒 8~10 次的范围变动，此变动范围足以使血管口径发生大幅度变化，从而调节不同器官的血流阻力和血流量。

（2）舒血管神经纤维：体内有一部分血管除受缩血管纤维支配外，还受舒血管纤维支配。舒血管神经纤维主要有以下几种。

1）交感舒血管神经纤维：有些动物如犬和猫等的骨骼肌微动脉，除了有交感缩血管纤维支配外，还有交感舒血管纤维支配，其末梢释放的递质为乙酰胆碱。交感舒血管纤维在平时没有紧张性活动，只有在动物处于情绪激动状态和发生防御反应时才发放冲动，使骨骼肌血管舒张，血流量增多。在人体内可能也有交感舒血管纤维存在。

2）副交感舒血管神经纤维：在脑膜、唾液腺、胃肠外分泌腺和外生殖器等少数器官，其血管平滑肌除受交感缩血管纤维支配外，还受副交感舒血管纤维支配。例如，面神经中支配软脑膜血管的副交感纤维，迷走神经中支配肝血管的副交感纤维，盆神经中支配盆腔器官和外生殖器血管的副交感纤维等，均为副交感舒血管纤维。其末梢释放的递质为乙酰胆碱，后者与血管平滑肌的 M 型胆碱能受体结合，引起血管舒张，调节器官组织局部血流量，但对循环系统总的外周阻力的影响很小。

3）脊髓背根舒血管纤维：皮肤伤害性感觉传入神经纤维在外周末梢可发出分支，伤害性刺激作用于皮肤产生的感觉冲动，不但可沿感觉传入神经纤维向中枢传导，还可沿传入神经纤维在末梢处发出的侧支传导至受刺激部位邻近的微动脉，使微动脉舒张，局部皮肤出现红晕。这种神经纤维又称脊髓背根舒血管纤维，其释放的递质尚不清楚，可能是某些肽类物质。

4）肽类舒血管神经纤维：某些支配血管的神经纤维含有肽类神经递质，并与乙酰胆碱共存，释放的肽类物质能引起局部舒血管效应。例如，支配汗腺的交感神经和支配颌下腺的副交感神经兴奋时，一方面释放乙酰胆碱，引起腺细胞分泌；另一方面释放血管活性肠肽，引起舒血管效应，使局部组织血流增加。

（二）心血管中枢

在生理学中，将中枢神经系统中与控制心血管活动相关的神经元集中的部位称为心血管中枢（cardiovascular center）。控制心血管活动的神经元并不只局限在中枢神经系统的某一部位，而是广泛分布于从脊髓到大脑皮层的各个水平上，它们具有各自的功能，又相互联系、密切配合，协调整个心血管系统的活动，同时与机体的其他功能活动相适应。

1. **脊髓**　支配心脏和血管的交感节前神经元位于脊髓胸腰段的中间外侧柱，支配某些血管的副交感节前神经元则位于脊髓骶段，其活动主要受高位心血管中枢控制，是心血管活动神经调节的最后传出通路。

2. **延髓**　是最基本的心血管中枢，是心血管正常紧张性活动的发源地。研究发现，只要保留延髓及其以下中枢部分的完整性，就可基本维持正常血压，并完成一定的心血管反射。延髓心血管中枢的神经元包括心迷走神经元和控制心交感神经及交感缩血管神经活动的神经元。在机体处于安静状态时，这些神经元都有持续的低频放电活动，分别称为心迷走紧张、心交感紧张和交感缩血管紧张。一般认为，延髓心血管中枢至少可包括以下四个部位的神经元。

（1）缩血管区：位于延髓头端腹外侧部（rostral ventrolateral medulla，RVLM），可引起交感缩血管神经正常的紧张性活动。心交感紧张也起源于此区神经元。

（2）舒血管区：位于延髓尾端腹外侧部（caudal ventrolateral medulla，CVLM），该区神经元投射到RVLM，抑制RVLM神经元的活动，导致交感缩血管紧张降低，血管舒张。

（3）心抑制区：心迷走神经元的细胞体位于延髓的迷走神经背核和疑核。

（4）传入神经接替站：延髓孤束核（nucleus tractus solitarius，NTS）的神经元接收由颈动脉窦、主动脉弓压力感受器和心肺感受器等经舌咽神经和迷走神经传入的信息，然后发出纤维至延髓和中枢神经系统其他部位的神经元，继而影响心血管活动。

3. **下丘脑**　作为内脏功能调节的整合中枢，在体温调节、摄食、水平衡及发怒、恐惧等情绪反应的整合中都发挥了重要的作用。在动物实验中，电刺激下丘脑"防御反应区"，动物立刻处于警觉状态，出现防御姿势等行为反应，同时心血管活动也会有相应的变化，如心率加快、心输出量增加、皮肤和内脏血管收缩、骨骼肌血管舒张、血压稍有升高等。这些心血管反应显然是与机体当时所处的状态相协调的。

4. **其他心血管中枢**　大脑的一些部位，如边缘系统，能影响下丘脑和脑干其他部位的心血管神经元的活动，使其和机体各种行为改变相协调。大脑新皮层的运动区兴奋时，除引起相应骨骼肌收缩外，还可引起该处的骨骼肌血管舒张，增加肌肉血供。刺激小脑的一些部位也可引起心血管活动的反应，如刺激小脑顶核可使血压升高、心率加快，此效应可能与姿势和体位改变时伴随的心血管活动变化有关。

（三）心血管反射

当机体处于不同的生理状态或当内、外环境发生变化时，为了与当时的状态或环境变化相适应，可通过各种心血管反射（cardiovascular reflex），使心血管活动发生相应的改变。

1. **颈动脉窦和主动脉弓压力感受性反射**　压力感受性反射（baroreceptor reflex）通过刺激位于颈动脉窦和主动脉弓压力感受器引起。当动脉血压突然升高时，其反射效应可使心率减慢、心输出量减少、外周血管阻力降低，血压回降，因而此反射又被称为降压反射（depressor reflex）。

(1) 压力感受器（arterial baroreceptor）：指位于颈动脉窦和主动脉弓血管外膜下的感受神经末梢（图4-26）。值得注意的是，动脉压力感受器并不是直接感觉血压的变化，而是感受该处血管壁所受的机械牵张程度。当动脉血压升高时，动脉扩张，管壁被牵张的程度升高，压力感受器兴奋，发放的传入神经冲动增多。在一定范围内，压力感受器的传入冲动频率与动脉管壁扩张程度成正比。

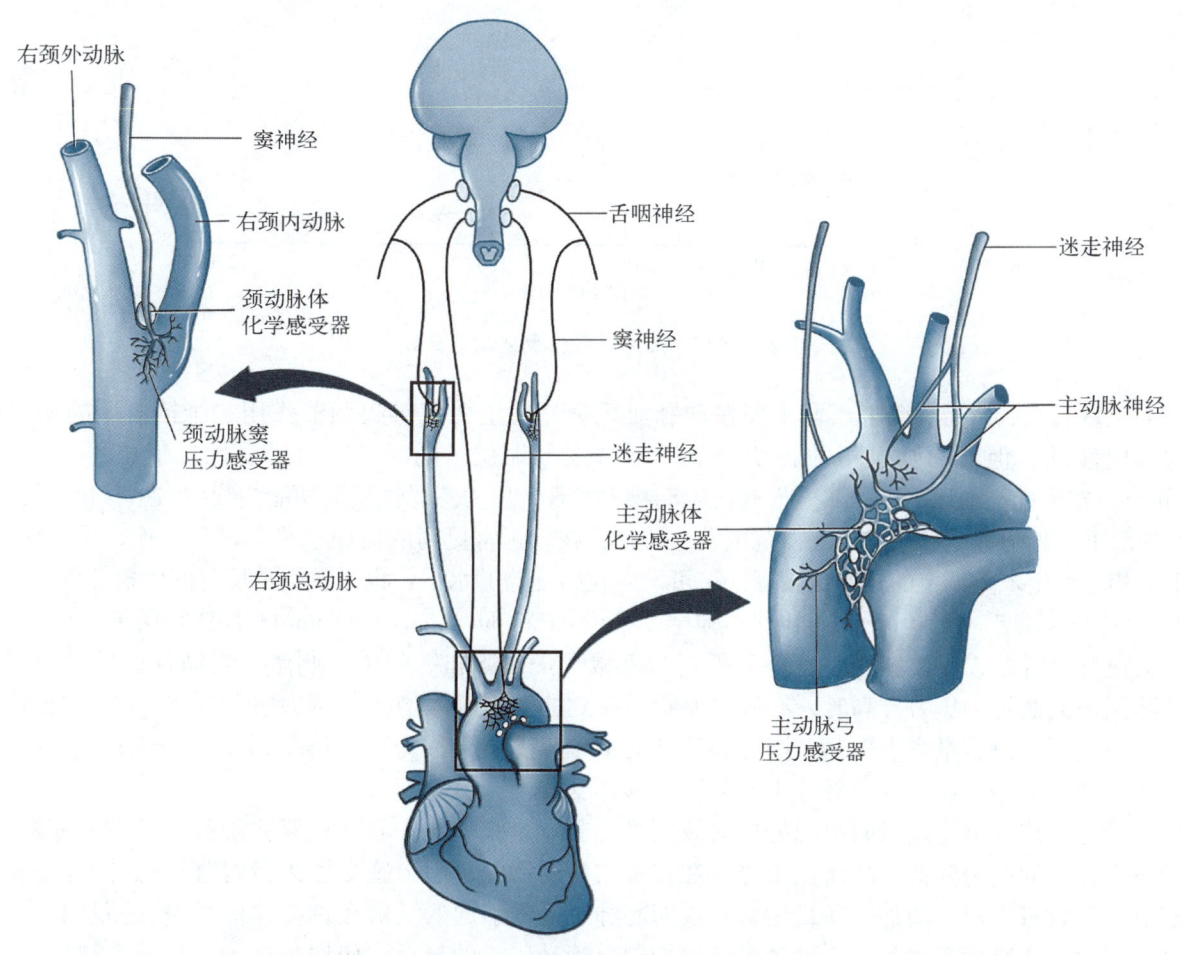

图4-26　颈动脉窦区与主动脉弓区的压力感受器和化学感受器

(2) 传入神经和中枢联系：颈动脉窦压力感受器的传入神经纤维组成窦神经。窦神经汇入舌咽神经，进入延髓，和孤束核神经元发生突触联系。主动脉弓压力感受器的传入神经纤维位于迷走神经干内，同样进入延髓，到达孤束核。压力感受器的传入神经冲动到达孤束核后，可通过延髓内的神经通路使RVLM的心血管运动神经元受到抑制从而使交感神经紧张性活动减弱；孤束核神经元还与延髓内其他神经核团及脑干其他部位如脑桥、下丘脑等的一些神经核团发生联系，其效应也可使交感神经紧张性活动减弱。另外，压力感受器的传入冲动到达孤束核后还与迷走神经背核和疑核发生联系，使迷走神经的活动加强。

(3) 反射效应：动脉血压升高时，血管壁被牵张的程度升高，压力感受器传入冲动增多，反射活动增强，使心迷走紧张加强，心交感紧张和交感缩血管紧张减弱，表现为心率减慢、心输出量减少、外周血管阻力降低，故动脉血压回降。反之，当动脉血压降低时，压力感受器传入冲动减少，使心迷走紧张减弱，心交感紧张加强，于是心率加快，心输出量增加，外周血管阻力增高，血压回升。

在动物实验中，人为地改变颈动脉窦区的灌注压，可引起体循环动脉压的变化，记录相应的数值，得到压力感受性反射功能曲线（图4-27）。由图4-27可见，压力感受性反射功能曲线的中间部分较陡，说明当窦内压在正常平均动脉压水平（大约100 mmHg）附近变化时，压力感受性反射最敏感，纠正偏离正常水平的血压的能力最强；曲线两端趋于平坦，说明动脉血压偏离正常水平越远，压力感受性反射纠正异常血压的能力越低。

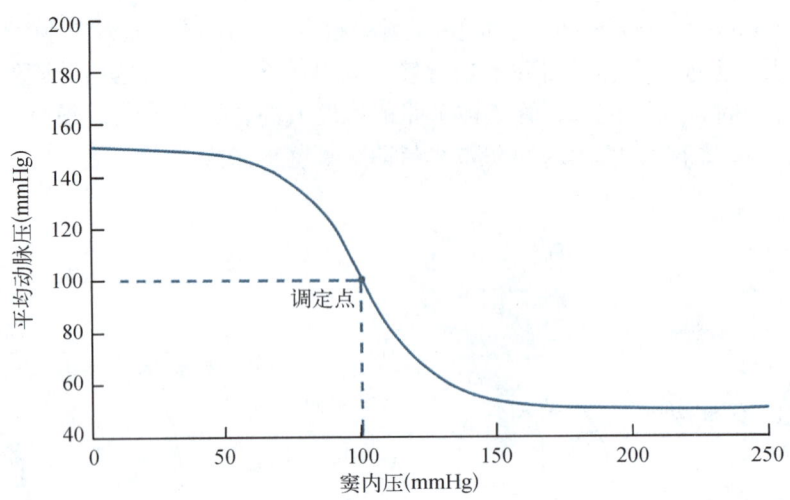

图 4-27 压力感受性反射功能曲线

(4) 生理意义：压力感受性反射主要在动脉血压突然发生变化时起调节作用，维持血压的相对稳定，避免大幅度波动，但对动脉血压的长期调节并不占主导地位。同时，压力感受性反射也可发生重调定（resetting）。在慢性高血压患者或实验性高血压动物中发现，压力感受性反射功能曲线向右上移位，提示在高血压的情况下，压力感受性反射的调控范围发生改变，在较正常更高的血压水平上进行工作，维持血压在较高水平的相对稳定。重调定的机制比较复杂，可发生在感受器的水平，也可发生在反射的中枢部分。

2. 心肺感受器引起的心血管反射　心肺感受器（cardiopulmonary receptor）主要存在于心房、心室和肺循环大血管壁等处，主要感受心血管壁所受的机械牵张刺激和一些化学刺激。当循环血量增加或心房、心室及肺循环大血管中压力升高时，心脏或血管壁受到的牵张刺激增强，压力感受器兴奋。一般情况下心房壁的牵张主要由血容量增多引起，因此心房壁的牵张感受器又称为容量感受器（volume receptor）。前列腺素、缓激肽及某些药物如藜芦碱等也能刺激心肺感受器。

大多数心肺感受器受刺激时引起的反射效应是心交感紧张降低，心迷走紧张加强，导致心率减慢，心输出量减少，外周阻力降低，故血压下降。在多种实验动物中，心肺感受器兴奋时肾交感神经活动的抑制特别明显，导致肾血流量增加，尿量增多，说明心肺感受器引起的反射在调控体液总量方面具有重要的生理意义。同时，心肺感受器的传入冲动可通过抑制血管升压素的释放，使尿量增加，提示心肺感受器反射的传出途径除神经外还有体液的成分。

3. 颈动脉体和主动脉体化学感受性反射　血液的某些化学成分发生变化如缺氧、PCO_2过高、H^+浓度过高等，可以刺激位于颈总动脉分叉处和主动脉弓区域的某些特殊感受装置，因此这些感受装置被称为颈动脉体和主动脉体化学感受器（chemoreceptor）。这些化学感受器受到刺激后，其传入信号分别由窦神经和迷走神经传入至延髓孤束核，改变延髓内呼吸中枢和心血管中枢的活动，调节呼吸运动和心血管活动，称为化学感受性反射（chemoreceptor reflex）。

化学感受性反射的效应主要是呼吸加深加快。在动物实验中人为地维持呼吸频率和深度不变，则化学感受器传入冲动对心血管活动的直接效应是心率减慢，心输出量减少，冠脉舒张，骨骼肌和内脏血管收缩。外周血管阻力增大对动脉血压的影响超过心输出量减少的作用，故血压升高。在动物保持自然呼吸的情况下，化学感受器受刺激时除引起呼吸加深加快外，还可使心输出量增加，外周血管阻力增大，血压升高。化学感受性反射在通常情况下对心血管活动并不起明显的调节作用。只有在低氧、窒息、失血、动脉血压过低和酸中毒等情况下才发挥作用。

4. 躯体感受器引起的心血管反射　皮肤的冷热刺激、各种伤害性刺激和骨骼肌的运动等，均可能引起心血管反射。反射的效应取决于感受器的性质、刺激的强度和频率等因素。例如，当皮肤受到蚊虫叮咬或烫伤等伤害性刺激时，传入冲动除沿脊髓背根传入神经纤维传向中枢外，还沿传入神经纤维末梢分支到达受刺激周围微动脉，使微动脉舒张，局部充血。

5. **其他内脏感受器引起的心血管反射**　扩张肺、胃、肠、膀胱等空腔器官,或挤压睾丸时,这些内脏感受器的传入冲动沿迷走神经或交感神经上传至中枢,可引起心率减慢和外周血管舒张。

6. **脑缺血反应**　当急性大失血或脑血管受压等情况导致脑血流量明显减少时,交感缩血管中枢兴奋,表现为外周血管剧烈收缩、动脉血压升高,称为脑缺血反应,其对于紧急情况下改善脑部血供有一定帮助。

(四) 心血管反射的中枢整合模式

当机体面对不同环境刺激或功能状态时,可能需要作为一个整体来反映,此时中枢神经系统会对全身各组织器官活动进行整合,使之相互适应。例如,当动物受到安全威胁时可触发防御反应,出现心率加快、心输出量增加、骨骼肌血管舒张、内脏和皮肤血管收缩、血压稍升高等。人在情绪激动时也可发生类似的心血管整合反应。睡眠时心脏和血管的活动恰好与防御反应时相反,出现心率减慢、心输出量稍减少、内脏血管舒张、骨骼肌血管收缩、血压稍降低。

二、体液调节

心血管活动的体液调节是指血液和组织液中的化学物质对心肌和血管平滑肌活动的调节作用。这些体液因素中,有些通过血液循环广泛作用于全身心血管系统;有些主要作用于局部的血管,对局部组织的血流起调节作用。

(一) 肾素-血管紧张素系统

肾素-血管紧张素系统 (renin-angiotensin system,RAS) 是人体内重要的体液调节系统,广泛存在于血管壁、心脏、肾、脑和肾上腺等组织中,共同参与对靶器官的调节。

1. **肾素-血管紧张素系统的构成**　肾素是由肾近球细胞合成分泌的一种酸性蛋白酶,进入血液循环后可启动肾素-血管紧张素系统链式反应,其步骤包括:① 肾素作用于血浆或组织中的肾素底物血管紧张素原 (angiotensinogen),水解产生一个十肽,即为血管紧张素 I (angiotensin I,Ang I)。② Ang I 在血浆和组织中的血管紧张素转换酶 (angiotensin-converting enzyme,ACE) 的作用下,将其 C-末端水解,切去2个氨基酸残基,产生一个八肽,为血管紧张素 II (angiotensin II,Ang II)。③ Ang II 在血浆和组织中被进一步水解生成血管紧张素 III (angiotensin III,Ang III)。④ 在不同酶的水解作用下,Ang I、Ang II 和 Ang III 可生成不同肽链片段的血管紧张素。⑤ 上述的血管紧张素家族成员还可在氨基肽酶、羧基肽酶和肽链内切酶的作用下继续降解为无活性的小肽片段。

2. **血管紧张素家族主要成员的生物学作用**　血管紧张素 (angiotensin,AT) 家族主要通过与 AT 受体相结合发挥生物学效应。AT 受体目前已知有四种亚型,即 AT_1、AT_2、AT_3 和 AT_4 受体。AT_1 受体主要分布于人体的血管、心、肝、脑、肺、肾和肾上腺皮质等部位;AT_2 受体分布以肾上腺髓质、脑、子宫等居多;AT_3 受体目前研究得较少;AT_4 受体广泛分布于哺乳动物的心血管、脑、肾、肺等处。

(1) Ang II 的生物学效应:在众多 AT 家族成员中,Ang II 的作用最为重要,其主要通过激动 AT_1 受体发挥效应。表现为:① 使全身微动脉收缩,外周阻力增加,血压升高;还可使静脉收缩,增加回心血量和心输出量,也可升高动脉血压。② 作用于交感缩血管神经末梢上的突触前 AT 受体,促进去甲肾上腺素的释放。③ 影响中枢神经系统内某些神经元的功能,使中枢对压力感受性反射敏感性降低,增强交感缩血管中枢的紧张性作用;促进神经垂体释放血管升压素和缩宫素;增强促肾上腺皮质激素释放激素的效应。由上述可见,Ang II 可通过中枢和外周两种机制,增加外周血管阻力,升高血压。④ Ang II 可强烈刺激肾上腺皮质球状带细胞,使其合成释放醛固酮,后者可促进肾小管对水、Na^+ 的重吸收,增加循环血量,调节水盐代谢。Ang II 还可引起或增强渴觉,导致饮水行为。

(2) 其他成员的生物学效应:Ang I 不具有生理活性。Ang III 可作用于 AT_1 受体,效应与 Ang II 类似,但其缩血管效应明显较 Ang II 弱,而刺激肾上腺皮质合成和释放醛固酮的作用则较强。Ang IV 作用于 AT_4 受体,产生与 Ang II 不同的甚至相反的生理效应。Ang IV 能抑制左心室的收缩功能,加速左心室的舒张;

它在促使收缩血管的同时,能刺激血管壁产生前列腺素类物质或 NO,对血管收缩进行调节;AngⅣ还能调节肾血流量及水盐平衡。

(二) 肾上腺素和去甲肾上腺素

肾上腺素和去甲肾上腺素在化学结构上都属于儿茶酚胺类物质。循环血液中的肾上腺素和去甲肾上腺素主要由肾上腺髓质分泌,其中约80%为肾上腺素,约20%为去甲肾上腺素。另有一小部分来自肾上腺素能神经末梢释放的去甲肾上腺素。

儿茶酚胺可作用于体内的肾上腺素能受体,发挥生物学效应。肾上腺素能受体主要有 α 和 β 两种类型,其中 α 受体又包括 $α_1$、$α_2$ 两种亚型;β 受体包括 $β_1$、$β_2$ 和 $β_3$ 三种亚型。在心血管系统发挥作用的主要是 $α_1$ 受体、$β_1$ 受体和 $β_2$ 受体。$α_1$ 受体主要分布于皮肤、黏膜、内脏(如消化道、肾)等处血管壁的平滑肌上,儿茶酚胺与其结合后可促使上述部位血管发生收缩,血流阻力增大;$β_1$ 受体主要分布于心肌细胞,儿茶酚胺与其结合后可引起心脏发生正性的变时、变力与变传导作用;$β_2$ 受体主要分布于冠脉、脑血管、骨骼肌血管等处,儿茶酚胺与之结合后可引起该处血管舒张,阻力减小。

血液中的肾上腺素和去甲肾上腺素对心脏和血管有很多相似的效应,但又并不完全相同,这归因于它们和不同肾上腺素能受体的亲和力不同。肾上腺素与 α 和 β 两类肾上腺素能受体均有较强的结合能力。肾上腺素与心肌细胞的 $β_1$ 受体结合,产生正性变时和变力作用,使心输出量增加。在血管中,肾上腺素的作用取决于血管平滑肌上 $α_1$ 和 $β_2$ 肾上腺素能受体分布的情况。在皮肤、肾、胃肠等血管平滑肌中,$α_1$ 受体占优势,肾上腺素可使这些器官的血管收缩;在冠脉、骨骼肌和肝等处血管中,$β_2$ 受体的分布占优势,一般来说,小剂量肾上腺素以兴奋 $β_2$ 受体为主,引起血管舒张,大剂量肾上腺素也兴奋 $α_1$ 受体,引起血管收缩。肾上腺素可在不明显改变外周阻力的情况下增加心输出量,因此临床上常用作强心剂。去甲肾上腺素主要与 $α_1$ 受体结合,也可与心肌的 $β_1$ 受体结合,但和血管平滑肌的 $β_2$ 受体结合能力较弱。静脉注射去甲肾上腺素,可因全身血管广泛收缩使动脉血压明显升高;血压升高又使压力感受性反射活动加强,当降压反射对心脏的负性效应超过去甲肾上腺素对心脏的直接正性作用时,心率会减慢。

(三) 血管升压素

血管升压素又称抗利尿激素(antidiuretic hormone,ADH),是典型的神经内分泌激素,由下丘脑视上核和室旁核神经元合成,经下丘脑-垂体束运送至神经垂体储存,在机体需要时释放入血,在维持细胞外液量的恒定和动脉血压的稳定中发挥重要作用。血管升压素可作用于血管平滑肌上的 V_1 受体,使血管收缩,是已知最强的缩血管物质之一;还可作用于肾远曲小管和集合管上的 V_2 受体,促进水的重吸收,减少尿量。但在正常情况下,血管升压素主要发挥抗利尿效应;只有当其血浆浓度明显高于正常时,才使血压升高。在禁水、脱水或大失血等情况下,血管升压素释放增加,可以通过调节细胞外液量,起到调节和维持动脉血压的重要作用。

(四) 血管内皮生成的血管活性物质

位于心脏和血管腔面的血管内皮细胞,可合成并释放多种血管活性物质,调节血管平滑肌的舒缩状态。

1. **血管内皮生成的舒血管物质** 血管内皮细胞可合成释放多种舒血管物质,如前列环素(prostacyclin)、内皮舒张因子(endothelium-derived relaxing factor,EDRF)和内皮超极化因子(endothelium-derived hyperpolarizing factor,EDHF)等。前列环素又称前列腺素 I_2(prostaglandin I_2,PGI_2),可在内皮细胞内由前列环素合成酶催化合成。

EDRF 即 NO,在一氧化氮合酶的作用下可利用其前体物质 L-精氨酸合成。EDRF 可激活血管平滑肌内的鸟苷酸环化酶,升高 cGMP 浓度,降低胞内游离 Ca^{2+} 浓度,使血管舒张。低氧、去甲肾上腺素、血管升压素等多种因素可促进 EDRF 的释放。

2. **血管内皮生成的缩血管物质** 血管内皮细胞可产生多种缩血管物质,称为内皮缩血管因子(endothelium-derived vasoconstrictor factor,EDCF)。近年来研究得较深入的是内皮素(endothelin,ET)。内皮素是 21 个氨基酸残基构成的多肽，主要由内皮细胞合成和释放，具有强烈而持久的缩血管作用，能促进细胞增殖与肥大，并可参与心血管细胞的凋亡、分化、表型转化等多种病理过程。目前已知的 ET 家族成员有 ET-1、ET-2 和 ET-3 三种亚型，相应的 ET 受体（endothelin receptor，ETR）有 ET_AR、ET_BR 和 ET_CR 三种。ET-1 是目前已知的最强的缩血管物质之一，缩血管效应持久，可能参与血压的长期调节。

（五）激肽释放酶-激肽系统

激肽（kinin）是一类具有舒血管活性的多肽，参与机体对血压和局部组织血流的调节。血浆和组织中的激肽原（kininogen）在激肽释放酶（kallikrein）的作用下分解为激肽。激肽释放酶可分为两大类，一类存在于血浆，称为血浆激肽释放酶；另一类存在于肾、唾液腺、胰腺、汗腺和胃肠黏膜等器官组织内，称为腺体激肽释放酶或组织激肽释放酶。激肽原分为高分子量激肽原和低分子量激肽原。在血浆中，血浆激肽释放酶作用于高分子量激肽原，使之水解，产生一种九肽，即缓激肽（bradykinin）。组织激肽释放酶则作用于低分子量激肽原，产生一种十肽，为赖氨酰缓激肽，又称胰激肽或血管舒张素（kallidin）。后者在氨基肽酶的作用下失去赖氨酸残基，成为缓激肽。

现已发现，激肽受体（kinin receptor）分为 B_1 和 B_2 两种亚型。B_1 受体可能与激肽的致痛作用有关；B_2 受体分布广泛，与组胺（H_2）受体具有高度同源性。激肽具有舒张血管平滑肌，增加毛细血管通透性的作用；但也可引起其他平滑肌收缩。缓激肽和血管舒张素是已知的最强烈的舒血管物质之一。一些腺体器官中生成的激肽，可以使器官局部的血管舒张，血流量增加。循环血液中的缓激肽和血管舒张素等激肽也参与对动脉血压的调节，可使血管舒张血压降低。

激肽可被激肽酶代谢为无活性的片段。激肽系统与肾素-血管紧张素系统的功能密切相关，激肽酶 Ⅱ 与 ACE 是同一种酶，既可将激肽降解为无活性的片段，又能水解 Ang Ⅰ 生成 Ang Ⅱ。血浆激肽释放酶在离体条件下可将肾素原转变为肾素。

（六）心房钠尿肽

心房钠尿肽（atrial natriuretic peptide，ANP）由心房肌细胞合成，属于钠尿肽（natriuretic peptide，NP）家族成员。除了 ANP 外，目前已知 NP 还包括脑钠尿肽（brain natriuretic peptide，BNP）和 C 型钠尿肽（C-type natriuretic peptide，CNP）。NP 在维持机体水盐平衡、血压稳定、心血管及肾等器官功能稳态方面发挥作用，其中以 ANP 最为重要。

ANP 的主要生物学效应有：① 降低血压，ANP 可降低心率，减少搏出量，舒张外周血管，降低血流阻力，使血压下降。② 利钠、利尿和调节循环血量，ANP 可增加肾小球滤过率，抑制肾小管和集合管对 Na^+ 的重吸收，使肾水钠排出增加；它还能抑制肾素和醛固酮的释放；抑制血管升压素的合成，增加尿量，最终导致体内细胞外液量减少，循环血量减少。③ 调节细胞增殖，ANP 是一种细胞增殖的负调控因子，可抑制血管内皮细胞、平滑肌细胞、心肌成纤维细胞和肾小球细胞等多种细胞的增殖。④ ANP 还可以对抗肾素-血管紧张素系统、内皮素和交感系统等的缩血管作用。

（七）前列腺素

前列腺素（prostaglandin，PG）是一个二十碳不饱和脂肪酸家族，其前体为花生四烯酸。全身各部位的组织细胞几乎都含有生成 PG 的前体及酶，因此都能产生 PG。PG 可按其分子结构分为多种类型，各自具有不同的作用。例如，前列腺素 E_2（prostaglandin E_2，PGE_2）具有强烈的舒血管作用，前列腺素 $F_{2\alpha}$（prostaglandin $F_{2\alpha}$，$PGF_{2\alpha}$）则可使静脉收缩。PGI_2 是在血管组织中合成的一种 PG，有强烈的舒血管作用。

（八）阿片肽

体内的阿片肽（opioid peptide）有多种。垂体释放的 β-内啡肽（β-endorphin）可通过中枢机制使血压降低。血浆中的 β-内啡肽可进入脑内并作用于某些与心血管活动有关的神经核团，使交感神经活动受抑制，心迷走神经活动加强。内毒素、失血等强烈刺激可引起 β-内啡肽释放，这可能是导致循环休克的原因之一。针刺穴位可引起脑内阿片肽的释放，这或许是针刺降压的机制之一。

除上述中枢作用外，阿片肽还可通过外周的阿片受体发挥作用。例如，作用于血管壁的阿片受体，可导致血管平滑肌舒张；另外，作用于交感缩血管纤维末梢接头前膜的阿片受体可减少交感缩血管纤维的递质释放等。

（九）组胺

组氨酸经脱羧酶的作用可产生组胺（histamine）。许多组织，尤其是皮肤、肺和肠黏膜的肥大细胞中均含有大量组胺，组织受损或发生炎症或过敏反应时释放组胺。组胺能强烈舒张血管，增加毛细血管和微静脉管壁通透性，使组织液生成增加而导致局部水肿。

（十）肾上腺髓质素

肾上腺髓质素是一种由52个氨基酸残基组成的活性肽，最初从人的肾上腺嗜铬细胞瘤提取物中分离出。目前发现，几乎体内所有组织均分布有肾上腺髓质素，以肾上腺、肺和心房最多。血管内皮细胞可能是合成和分泌肾上腺髓质素的主要部位。在心脏、肺、肝、脾、骨骼肌等组织及许多血管内皮细胞和平滑肌细胞上都有肾上腺髓质素特异性受体分布。肾上腺髓质素的生理作用和心房钠尿肽相似，能使血管舒张、外周阻力降低，降低血压，促进肾排水和排钠。肾上腺髓质素能使血管内皮细胞合成和释放NO，后者再使血管舒张。

三、自身调节

在一定范围内，某些心血管活动可不依赖于外来神经、体液因素进行调节，这种调节机制存在于器官组织或血管本身，故称为自身调节。心血管活动的自身调节主要包括心脏泵血功能的自身调节（前面已述）和器官组织血流量的自身调节。

体内各器官的血流量一般取决于该器官组织的代谢活动，代谢活动越强，耗氧越多，血流量也就越多。器官血流量的调控主要通过调节该器官阻力血管的口径来实现。在不同器官的血管中，神经、体液和自身调节三者所起作用并不相同。一般情况下神经、体液调节是影响器官血流量的主要因素，但在某些器官组织，自身调节机制也起着重要作用。

（一）代谢性自身调节机制

当组织代谢活动增强时，局部组织中的代谢产物如腺苷、乳酸等增多，氧分压下降，使局部微动脉和毛细血管前括约肌舒张，局部血流量增加，增加供氧和清除代谢产物，这种调节方式被称为代谢性自身调节。这种代谢性局部舒血管效应有时相当明显，即使同时发生交感缩血管神经活动加强，该局部组织的血管仍可舒张。

（二）肌源性自身调节机制

许多血管平滑肌经常保持一定程度的紧张性收缩，称为肌源性活动，且在被牵张时其肌源性活动加强。因此，当供应某器官血管的灌注压突然升高时，由于血管跨壁压增大，血管平滑肌受到牵张刺激而增强其肌源性活动，这种现象在毛细血管前阻力血管段特别明显，故增大器官血流阻力，使其血流量不致因灌注压升高而明显增多；当器官血管灌注压突然降低时，则发生相反的变化，即阻力血管舒张，血流量不致因灌注压降低而明显减少。肌源性的自身调节在肾血管表现尤为突出，当肾动脉灌注压在80～180 mmHg范围变动时，肾血流可以基本维持稳定。而在脑、心、肝、肠系膜和骨骼肌等处的血管也能看到肌源性自身调节，但皮肤血管一般没有这种调节机制。在实验中用水合氯醛或氰化钠等药物抑制平滑肌的活动后，肌源性自身调节现象也随之消失。

四、动脉血压的长期调节

根据各种神经、体液因素对动脉血压调节的时程，可将动脉血压调节分为短期调节和长期调节。在短时间内发生的血压变化，主要通过神经调节，包括各种心血管反射，对其进行即刻调节，这种调节为短期调节（short-term regulation）。而当血压在较长时间内（数小时、数天、数月或更长）发生变化时，单纯依靠神经调节常不足以将血压回调至正常水平，此时需要体液调节的加入。动脉血压的长期调节（long-term regulation）主要是通过肾调节细胞外液量来实现，构成肾-体液控制系统（renal-body fluid system）。

（一）体液平衡与血压稳态的相互制约

在体内，体液平衡和血压维持稳态关系密切。从长期来看，液体摄入量与排出量之间的平衡是维持血压稳态的基础。如果液体摄入量与排出量不等，则循环血量可能会发生相应变化，从而影响动脉血压。当体液总量或循环血量增多时，可引起动脉血压升高，若此时肾功能正常，则可通过增加肾小球滤过率使肾排钠排水增多（尿量增多），减少循环血量，降低动脉血压；反之，若循环血量减少，动脉血压降低，则会发生相反的情况，使尿量减少，循环血量增加，血压回升至接近正常水平。

（二）影响肾-体液控制系统活动的若干因素

血管升压素、心房钠尿肽和肾素-血管紧张素系统可以影响肾-体液控制系统的活动。当循环血量增多、动脉血压升高时，可通过以下机制使循环血量和血压恢复至正常水平：① 减少血管升压素释放，使肾远曲小管和集合管对水的重吸收减少，尿量增加，细胞外液量回降。② 心房钠尿肽分泌增多，减少肾对 Na^+ 和水的重吸收，增加尿量，细胞外液量回降。③ AngⅡ生成减少，血管收缩效应减弱，血压回降；AngⅡ促进肾上腺皮质分泌醛固酮的作用减弱，醛固酮分泌减少，肾小管重吸收 Na^+ 和水减少，细胞外液量回降。反之，当循环血量减少、动脉血压降低时，则出现相反的效应。

总之，动脉血压的调节过程复杂，有多种机制参与。每种机制都可能在某方面发挥作用，但不能完成全部的、复杂的调节。神经调节快速而短暂，主要通过调控阻力血管口径及心脏活动来实现；而血压长期调节则主要是依赖肾对细胞外液量的调控而实现的。

第五节 器官循环

体内各器官血流量遵循流体力学的基本原理，主要取决于该器官的动、静脉压力差和该器官阻力血管的舒缩状态。但各器官因其特殊的结构和功能，以及内部血管的分布特征，其血液供应也有自身的特点。本节主要叙述心、肺、脑几个主要器官的血液循环特征。

一、冠脉循环

（一）冠脉循环的解剖特点

心脏通过泵血功能向全身各组织器官供血，而其自身供血主要由冠脉循环（coronary circulation）来保证。由升主动脉根部发出的左、右冠脉，其主干走行于心脏表面，小分支常以垂直于心脏表面的方向穿入心肌，并在心内膜下层分支成网，因此在心肌收缩时，冠脉小分支容易受到压迫，导致血流减少。心脏内毛细血管网密布，毛细血管数和心肌纤维数的比例约为1∶1。在心肌横截面上，每平方毫米面积内分布着2 500~3 000根毛细血管，因此心肌和冠脉血液之间的物质交换可迅速完成，以满足心脏代谢需要。当心肌因负荷过重而发生代偿性肥厚时，肌纤维直径增大，但毛细血管数量并不随之而增加，故肥厚的心肌易发生血供不足。另外，冠脉虽然有侧支血管，但人类冠脉侧支血管细小，血流量很少，当冠脉突然阻塞时，不易很快建立起侧支循环，常可导致心肌梗死；如果冠脉阻塞是缓慢形成的，侧支可逐渐扩张，建立有效侧支循环，起到一定的代偿作用。

（二）冠脉血流的特点

1. **血压较高，血流量大** 冠脉直接开口于主动脉根部，血流途径短，因此即使是小的冠脉分支也能保持较高的灌注压。正常成年人在安静状态下，冠脉血流量为每100 g 心肌 60~80 mL/min，中等体重的人，其总的冠脉血流量约 225 mL/min，占心输出量的 4%~5%；而心脏的重量只占体重的 0.5%。冠脉的血流量与心肌代谢活动水平相关，当心肌代谢增强时，冠脉最大血供可增加到每100 g 心肌 300~400 mL/min。

2. **摄氧率高，耗氧量大** 心肌细胞摄氧能力很强，远高于其他组织器官。安静状态下，心脏摄氧率可达 65%~70%。心肌耗氧量也非常大，即使在安静状态下进入冠状静脉的血液氧含量也很低；剧烈运动时，心肌耗氧量增加，依靠单独提高摄氧率来满足代谢需要就不太现实，此时主要通过血管扩张来增加血流量，以满足心肌当时对氧的需求。

3. **血流量受心肌收缩的影响明显** 由于冠脉分支大多位于心肌组织中，故心肌的节律性收缩对冠脉血流量的影响较大，尤以左冠脉更为明显。在等容收缩期开始时，左心室壁张力急速升高，肌纤维之间的小血管受压，左冠脉血流量明显减少，甚至发生逆流。进入射血期后，冠脉血压随主动脉压的升高而升高，冠脉血流量增加，但冠脉血流量在减慢射血期又减少，总之在整个收缩期，由于心肌收缩的压迫，冠脉血供受限。而进入舒张期后，心肌对冠脉的压迫减弱或消失，冠脉血流量迅速增加，尤其是舒张早期，此时因为冠脉灌注压较高，血供增加非常明显并达到峰值，随后血流量逐渐减少（图 4-28）。因此一般情况下，左心室在舒张期的血流量明显高于收缩期；舒张压的高低及心舒期的长短成为影响冠脉血流量的

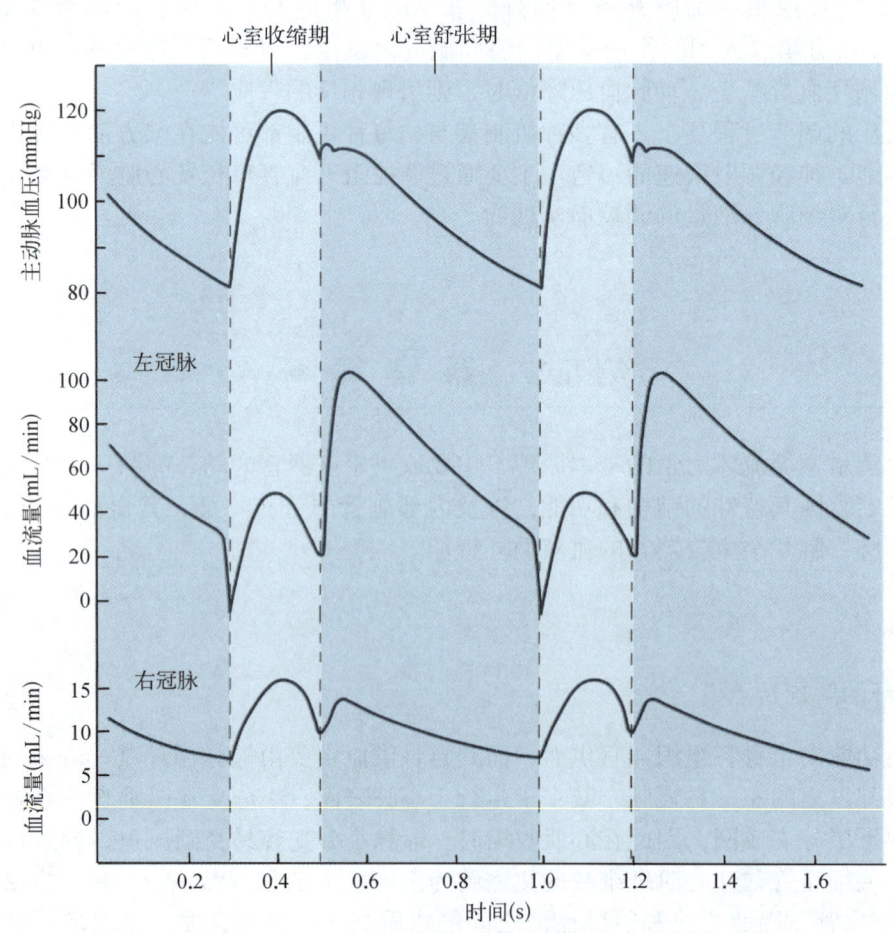

图 4-28 心动周期中左、右冠脉血流变化情况

重要因素。体循环外周阻力增大导致舒张压升高，冠脉血流量随之增加；而心率加快可缩短心室舒张期，因而冠脉血流量减少。因此，在某些可导致舒张压明显降低的病理状态（如主动脉瓣关闭不全）下，机体往往会发生心肌供血不足。右心室心肌较左心室薄弱，收缩时对冠脉血流量的影响不如左心室明显，在安静状态下，右心室收缩期的血流量和舒张期血流量相差不大，或略多于后者。

（三）冠脉血流量的调节

影响冠脉血流量的因素很多，最重要的是心肌代谢水平。交感神经和副交感神经可调控冠脉血管平滑肌的舒缩活动，但它们的调节作用是次要的。

1. **心肌代谢水平对冠脉血流量的影响** 心肌耗氧量会随着其代谢活动的增强而增加，这就要求增加冠脉血流量来满足心肌对氧的需求。心肌代谢增强引起冠脉血管舒张的原因并非低氧本身，而是由于心肌代谢产物的增加。在各种代谢产物中，腺苷可能起最重要的作用。腺苷能强烈舒张小动脉，使局部血流量明显增加。心肌的其他代谢产物如 H^+、CO_2、乳酸等，虽也能使冠脉舒张，但作用较弱。

2. **神经调节** 冠脉受迷走神经和交感神经支配。迷走神经兴奋可作用于冠脉平滑肌上的 M 型胆碱能受体，直接舒张冠脉；但同时也抑制了心脏活动，使心肌代谢率降低，引起冠脉收缩，抵消其对冠脉的直接舒张作用。在动物实验中，如果使心率保持不变，则刺激迷走神经可引起冠脉舒张。交感神经兴奋时，激活冠脉平滑肌上的 $α_1$ 受体可使血管收缩。但交感神经兴奋又同时激活了心肌的 $β_1$ 受体，发挥正性变时、变力和变传导作用，心肌代谢增强，从而间接舒张冠脉。如果拮抗 β 受体，那么刺激交感神经主要表现为冠脉收缩效应。总之，在整体条件下，冠脉血流主要由心肌本身的代谢水平来调控。神经因素对冠脉血流的影响在很短时间内就可被心肌代谢改变所引起的血流变化所掩盖。

3. **激素调节** 肾上腺素和去甲肾上腺素可通过增强心肌的代谢活动和耗氧量使冠脉血流量增加；也可直接作用于冠脉血管 $α_1$ 或 $β_2$ 肾上腺素能受体，引起冠脉血管收缩或舒张。甲状腺素增多时，心肌代谢加强，耗氧量增加，使冠脉舒张，血流量增加。大剂量血管升压素使冠脉收缩，冠脉血流量减少。Ang Ⅱ 也能使冠脉收缩，冠脉血流量减少。

二、肺循环

肺部的血管既包括肺循环血管，又包括体循环血管。肺循环（pulmonary circulation）指静脉血由右心室射出，经肺动脉及其分支到达肺毛细血管，与肺泡进行气体交换转变为动脉血后，再经肺静脉回到左心房的血液循环。其任务是将氧含量较低的静脉血通过气体交换，转变为氧含量较高的动脉血。营养肺和支气管的支气管血管属于体循环，它们在肺泡附近和肺循环小静脉有吻合支相互沟通，一部分支气管静脉血液可进入肺静脉，使主动脉血液中掺入 1%~2% 的静脉血。

（一）肺循环的生理特点

左、右心室的心输出量基本相同。但由于肺动脉分支较粗、管壁较主动脉薄、胸内压一般低于大气压等因素影响，肺循环也具有自己的特点。

1. **血流阻力和血压** 肺动脉管壁厚度仅为主动脉的 1/3，管径较粗，分支短，故肺动脉可扩张性强，加上肺循环血管受到胸膜腔负压的影响，因此其血流阻力明显小于体循环。尽管左、右心室心输出量相等，但肺循环血流阻力小，故肺动脉压远较主动脉压为低。在正常人，右心室收缩压平均约 22 mmHg，舒张压为 0~1 mmHg。肺动脉的收缩压和右心室收缩压相同，平均为 22 mmHg，舒张压为 8 mmHg，平均压约 13 mmHg。用间接方法可测得肺循环毛细血管平均压为 7 mmHg。肺循环的终点，即肺静脉和左心房内压为 1~4 mmHg，平均约 2 mmHg。

2. **肺的血容量** 正常情况下，肺循环可容纳 450~600 mL 血液，占全身血量的 9%~12%。由于肺组织和肺血管可扩张性强，故肺部血容量变化范围较大。用力呼气时，肺血容量减少至约 200 mL；而在深吸气时肺血容量可增加到 1 000 mL 左右。因肺血供可调控范围较大，故起着储血库的作用，在机体失血时可代偿性地将一部分血液转移至体循环。研究表明，在每一个呼吸周期中，肺循环的血容量发生周期性的变化，影响心输出量和动脉血压。吸气时，因为胸内负压的影响，由腔静脉回流入右心房的血液增多，右心室搏出量随之增加。此时由于肺血管受牵拉扩张，能容纳更多的血液，由肺静脉回流入左心房的血液暂时减少。但在几次心搏后，扩张的肺循环血管已被充盈，容纳多余血液的能力明显下降，故肺静脉回流入左心房的血量又开始增加。呼气时则发生相反的过程。因此，吸气开始时，动脉血压下降，到吸气相中期降至最低点，到吸气相的后半期血压逐渐回升，呼气相前半期继续上升，至呼气相中期达最高点，呼气相后半期又开始下降，周而复始。这种由周期性的呼吸运动导致的血压波动，称为动脉血压的呼吸波。

3. 肺循环毛细血管内、外的液体交换　肺循环毛细血管压平均约 7 mmHg，而血浆胶体渗透压平均 25 mmHg，肺组织间液的胶体渗透压约为 14 mmHg，肺组织间静水压约为 -5 mmHg，故肺部微循环的有效滤过压较低，肺仅有少量液体进入肺组织间隙。但在某些病理情况下，如左心衰竭时，肺静脉回流受阻，压力升高，肺循环毛细血管压也随之升高，有效滤过压升高，可使液体积聚在肺泡或肺的组织间隙中，形成肺水肿。

(二) 肺循环血流量的调节

肺循环血流量主要受神经调节因素、血管活性物质因素和局部组织化学因素调节的影响。

1. 神经调节因素　肺循环血管也受交感神经和迷走神经的双重支配。刺激交感神经可直接引起肺血管收缩，阻力增大。但在整体情况下，交感神经兴奋引起的体循环血管收缩，可将一部分血液通过吻合支挤入肺循环，使肺循环内血容量增加。刺激迷走神经的直接效应是肺血管舒张。

2. 血管活性物质因素　肾上腺素、去甲肾上腺素、AngⅡ、血栓素 A_2、$PGF_{2\alpha}$ 等可使肺循环的微动脉收缩；而组胺、5-羟色胺等则能使肺循环的微静脉收缩，但在流经肺循环后即分解失活。

3. 局部组织化学因素　肺泡气氧分压对肺循环血管的舒缩活动影响较大，急性或慢性的氧分压降低都能使肺循环血管收缩，血流阻力增大。虽然低氧诱发肺循环血管收缩的机制目前尚不完全清楚，但具有重要的生理意义。当部分肺泡血管因周围肺泡通气不足而发生收缩时，其血流量减少，可改变血流分布，使更多的血液可流向通气充足、肺泡气氧分压较高的肺泡。否则，血液流经通气不足的肺泡时，由低氧导致肺换气效率降低，这部分血液回流入左心房，会影响体循环血液的氧含量。长期居住在低海拔地区的人，若突然进入高海拔地区，可因缺氧诱发肺循环微动脉广泛收缩，血流阻力增大，肺动脉高压，甚至发生肺水肿；长期居住在高海拔地区的人，可能因肺动脉高压使右心室负荷长期加重，引起右心室肥厚。

三、脑循环

脑部血液供应主要来自颈内动脉和椎动脉。前者供应大脑半球前 2/3 和部分间脑；后者供应大脑半球后 1/3、间脑后部、小脑和脑干。脑的静脉血先汇入硬脑膜静脉窦，再经颈内静脉注入腔静脉。

(一) 脑循环的特点

1. 血流量大、耗氧量大　尽管人体脑组织重量仅占体重的 2% 左右，但由于其代谢水平高，耗氧量大，故对血流量需求也高。安静状态下，正常成年人脑循环总的血流量相当于心输出量的 15%。脑组织对缺血和缺氧的耐受性较低，血流量下降或中断时易出现缺血缺氧症状，甚至产生不可逆的脑损伤。

2. 血流量变化小　脑位于由颅骨构成的颅腔内。除脑组织外，颅腔内还有脑血管（包括血管内血流）和脑脊液。颅腔容积固定且脑组织和脑脊液均不可压缩，故脑血管的舒缩程度非常受限，其血流量的变化范围明显小于其他器官。脑组织血液供应的增加主要依靠提高脑循环血流速度来实现。

3. 存在血-脑脊液屏障和血脑屏障　见后文。

(二) 脑血流量的调节

1. 脑血流的自身调节　正常情况下，脑循环的灌注压为 80~100 mmHg。当平均动脉压在 60~

140 mmHg 的范围变动时，脑血管可通过自身调节机制使脑血流量保持相对稳定，因此生理情况下脑血流量通过自身调控即可满足代谢需求。当平均动脉压低于 60 mmHg 时，脑血流量将明显减少，可引起脑功能障碍；若平均动脉压高于 140 mmHg，脑血流量则明显增加，严重时可因脑毛细血管血压过高而引起脑水肿。

2. CO_2 分压和低氧对脑血流的影响　PCO_2 升高和低氧可直接舒张脑血管，但在整体情况下，两者又可通过化学感受性反射而引起血管收缩。但化学感受性反射的缩血管效应对脑血管影响较小，所以综合起来，血液中 PCO_2 升高和低氧对脑血管主要起舒张效应。过度通气使 CO_2 呼出过多，脑血管收缩，脑血流量减少，可引起头晕等症状。

3. 神经调节　脑血管受交感缩血管纤维和副交感舒血管纤维的支配，但刺激或切断上述支配神经后，脑血流量无明显改变。此外，在多种心血管反射中，脑血流量也无明显变化。

4. 脑的代谢对脑血流的影响　脑各部分的血流量与该部分脑组织的代谢程度有关。研究发现，同一时间脑内各部分血流量并不相同。如果某一部分脑组织活动增强，该部分血流量就相应增多。例如，握拳时，对侧大脑皮层运动区血流量明显增加；阅读可引起许多脑区血流量增加，尤其是与语言功能相关的部位如皮层枕叶和颞叶等。机体代谢活动加强引起局部脑血流量增加的机制，可能与代谢产物如细胞外液 H^+ 浓度升高、CO_2 分压升高、腺苷增多及 O_2 分压降低，引起脑血管舒张有关。

（三）血-脑脊液屏障和血脑屏障

脑脊液主要是由脉络丛分泌，其成分和血浆不同。脑脊液中所含蛋白质极少，葡萄糖含量低于血浆中含量，但 Na^+ 和 Mg^{2+} 的浓度较血浆中的高，K^+、HCO_3^- 和 Ca^{2+} 的浓度则较血浆中的低。可见，血液和脑脊液之间物质的转运除了滤过以外，还有主动转运过程。研究发现，血液和脑脊液之间存在的血-脑脊液屏障 (blood-cerebrospinal fluid barrier) 阻碍了大分子物质、带电离子等从血液进入脑脊液，但 O_2、CO_2 等脂溶性物质很容易通过。血-脑脊液屏障的组织学基础是无孔的毛细血管壁和脉络丛细胞中运输各种物质的特殊载体系统。

血液和脑组织之间也存在着类似的屏障，可限制物质在血液和脑组织之间的自由交换，称为血脑屏障。脂溶性物质如 O_2、CO_2、某些麻醉药及乙醇等，很容易通过血脑屏障。对于水溶性物质来说，其通透性并不一定和分子的大小相关。例如，葡萄糖和氨基酸的通透性较高，而甘露醇、蔗糖和许多离子通透性则很低，甚至不能通透。这说明脑内毛细血管处的物质交换和身体其他部分的毛细血管处是不同的，可能是一种主动的转运过程。用电子显微镜观察，脑内大多数毛细血管表面都被星形胶质细胞伸出的突起（血管周足）包围。因此推测，毛细血管的血液和神经元之间的物质交换可能要以胶质细胞作为中介。因此，毛细血管的内皮、基膜和星形胶质细胞的血管周足等结构可能是血脑屏障的组织学基础。另外，毛细血管壁对各种物质特殊的通透性也与这种屏障作用有重要的关系。

血-脑脊液屏障和血脑屏障的存在，对保护脑组织周围稳定的化学环境和防止血液中有害物质侵入脑内具有重要的生理意义。例如，脑脊液中 K^+ 的浓度较低，即使在试验中使血浆 K^+ 浓度加倍，脑脊液中 K^+ 浓度仍能保持在正常水平。因此，脑内神经元的兴奋性不会因血浆中 K^+ 浓度的改变而发生明显的变化。由于血脑屏障的存在，循环血液中的乙酰胆碱、去甲肾上腺素、多巴胺、甘氨酸等物质就不易进入脑，否则，血浆中这些物质浓度的改变将会明显扰乱脑内神经元的正常功能活动。

需要指出的是，脑的某些部分血脑屏障比较薄弱，如下丘脑第三脑室周围和延髓后缘区等处的室周器官，此处毛细血管壁的通透性高于脑的其他部分。因此，循环血液中的有些物质，如 Ang Ⅱ 和其他肽类物质，可以在这些部位进入脑内，作用于相应的受体，引起各种反应。另外，当脑组织发生缺氧、损伤等情况及在脑肿瘤部位，毛细血管壁的通透性增加，故平时不易透过血脑屏障的物质可以进入受损部位的脑组织。在临床上可以用同位素标记的白蛋白注入体内，这些蛋白质进入正常脑组织的速度很慢，但较易进入脑肿瘤组织，因此可用这种方法来检查脑瘤的部位。在用药物治疗神经系统疾病时，必须明确所用的药物是否容易通过血脑屏障。

在脑室系统，脑脊液和脑组织被室管膜分隔；在脑的表面，脑脊液和脑组织被软脑膜分隔。室管膜和软脑膜的通透性很高,脑脊液中的物质很容易通过室管膜或软脑膜进入脑组织。因此,在临床上可将不易通过血脑屏障的药物直接注入脑脊液,使之能较快进入脑组织。

※ 科学小故事

前文我们已经介绍过,在生理学历史上被称为"近代生理学之父"的英国医生威廉·哈维。1628年,哈维通过实验研究发现了血液循环和心脏的功能,出版了《心血运动论》一书,奠定了近代生理科学发展的基础,宣告了生命科学新纪元的到来。恩格斯高度评价了哈维的科学成就,哈维由于发现血液循环而把生理学确立为科学。

哈维的成就是划时代的,尽管在我们现在看来,循环系统的血流动力学一目了然,是最基础的知识,但在500年前,这些都是未知的、神秘的。那时古罗马著名医士盖伦提出的"血液流动是以肝为中心的血液潮汐论"占统治地位。哈维总结了古今医学家的经验后,对这个观点提出了质疑。他通过一个简单的数学运算来验证最先形成血液循环这一概念。哈维估计心脏每次跳动的排血量大约是2盎司,心脏每分钟跳动72次,所以用简单的乘法运算就可以得出结论:每小时大约有540磅(1磅≈0.45 kg)血液从心脏排入主动脉。但是540磅远远超过了一个正常人的体重,更远远地超过了血液本身的重量。因此,哈维似乎认识到了等量的血液往复不停地通过心脏。为了验证自己的猜想,他做了大量的实验研究,解剖的各种动物超过80种:他用青蛙、鱼、蛇、鸡、鸭、鸽、兔、羊、犬、猴子等动物进行了解剖实验观察心血管的结构;用动物的垂死心脏,鱼、鳖等冷血动物的心脏剪掉心尖,观察到了心房和心室的收缩和舒张过程;用镊子夹住血管判断出了血液流动的方向,并在不同的动物和人身上,重复实验,得到同样的结果。他花费了9年的时间来做实验和仔细观察,通过自己勇敢的探索和积极的实践,终于掌握了血液循环的详细情况,撰写出《心血运动论》一书,这本书仅仅72页,却为生物学和医学的发展做出了十分重要的贡献,使得他成为与哥白尼、伽利略、牛顿等齐名的科学革命的巨匠。

※ 课后拓展

1. 思考题

(1)病例摘要:某建筑工人从脚手架跌落导致骨折并大量失血。收住急诊室,主述:口渴、头晕;查体:收缩压60 mmHg,脉搏微弱,心率160次/分,皮肤冰凉、苍白,无尿。

请问该患者的诊断是什么?出现这些症状的具体机制是什么?

(2)病例摘要:某女性患者发现二尖瓣狭窄20年,夜间阵发性呼吸困难10年,双下肢水肿,腹胀,右上腹胀痛5年。1周前受凉后开始咳嗽,咳黄痰。需高枕卧位,颈静脉怒张,双肺底有少量湿啰音,肝肋下2指,压痛,下肢凹陷性水肿。

请问该患者可以考虑什么诊断?二尖瓣狭窄的患者血流动力学会出现何种改变?她出现双下肢水肿的原因是什么?本次急性发病,需高枕卧位的原因是什么?

2. 推荐阅读

(1) SHANKS J, RAMCHANDRA R, 2021. Angiotensin Ⅱ and the cardiac parasympathetic nervous system in hypertension [J]. Int J Mol Sci, 22 (22): 12305.

(2) CHEN L L, HE Y, WANG X D, et al, 2021. Ventricular voltage-gated ion channels: detection, characteristics, mechanisms, and drug safety evaluation [J]. Clin Transl Med, 11 (10): e530.

(申晶晶 涂 柳)

※ 第四章数字资源

第四章 课件	第四章 课后练习题（附参考答案）	第四章 课后拓展思考题的解题思路
微课 4-1 心脏的泵血过程	微课 4-2 影响心输出量的因素	微课 4-3 心室肌细胞的跨膜动作电位
微课 4-4 心肌细胞兴奋性的周期性变化	微课 4-5 影响动脉血压的因素	微课 4-6 影响静脉回心血量的因素
微课 4-7 微循环	微课 4-8 颈动脉窦和主动脉弓压力感受性反射	

第五章

呼 吸

导 学

机体新陈代谢的顺利进行，有赖于与外界不断进行物质和能量交换，其中气体交换就是一重要环节，呼吸系统在这个环节中起着举足轻重的作用，通过从外界吸入 O_2 并呼出机体代谢产生的 CO_2，维持内环境的稳态。

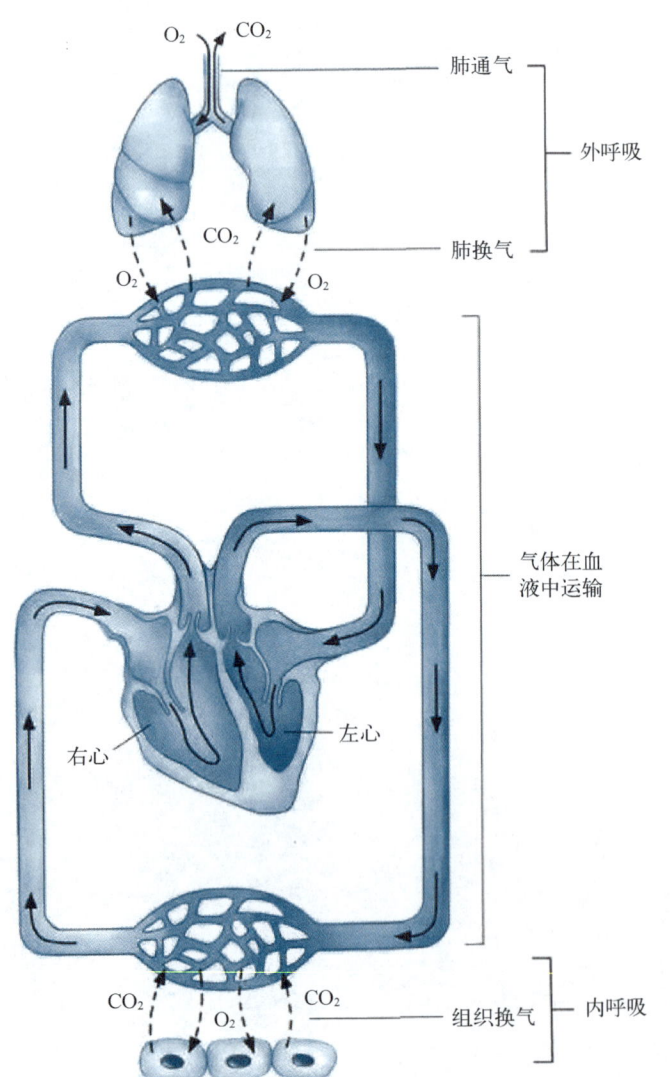

图 5-1 呼吸全过程示意图

人和高等动物呼吸功能的顺利完成，还需要与循环系统的协同作用。呼吸有三个重要环节：外呼吸、气体在血液中运输、内呼吸，本章将围绕这三个环节展开详细介绍。本章内容前后逻辑性强，知识衔接紧密，每部分内容没有重叠，知识点较多。

在学习本章时，建议以"一主线、两气体、两调节"进行学习。一主线：呼吸的三环节；两气体：O_2 和 CO_2 的运输；两调节：呼吸的神经调节和特殊条件下呼吸调节。外呼吸部分，以肺通气的动力和阻力为主线，重点理解胸膜腔负压在肺通气中的重要作用，肺表面活性物质在降低吸气阻力中的重要作用；气体在血液中的运输部分，以 O_2 和 CO_2 在血液中的运输形式为切入点，掌握氧解离曲线三段的意义和影响因素；内呼吸部分，通过肺换气的动力及其影响因素的学习，类比该过程。

呼吸功能是让机体获得 O_2 供细胞使用，并消除机体产生的 CO_2。呼吸系统并不参与呼吸的所有步骤。大多数人认为，呼吸就是吸气和呼气的过程。然而，在生理学上，呼吸有更广泛的意义。在人和高等动物，呼吸的全过程包括外呼吸（external respiration）、气体运输（transport of gas）和内呼吸（internal respiration）。外呼吸包括肺通气和肺换气，涉及外界环境与肺毛细血管血液之间的气体交换。内呼吸包括毛细血管血液与组织细胞之间的气体交换过程（即组织换气过程），有时将细胞内的生物氧化过程也纳入其中。呼吸的三个环节相互衔接并同时进行（图5-1）。

机体与外界环境之间的气体交换过程称为呼吸

(respiration)。在基础状态下，体内储存的全部 O_2 仅够维持机体正常代谢 6 min 左右。因此，呼吸是维持机体生命活动所必需的基本生理功能之一。

第一节　肺通气

肺通气（pulmonary ventilation）指肺与外界环境之间进行气体交换的过程。呼吸道、肺泡和胸廓等是实现肺通气的主要结构基础。呼吸道对进出的气体具有加温、加湿、过滤和清洁作用；胸廓的呼吸运动是实现肺通气的原动力。

一、肺通气的原理

肺通气的顺利完成，取决于推动气体流动的动力和阻止气体流动的阻力的相互作用，动力必须克服阻力，才能实现肺通气。

（一）肺通气的动力

通气的发生是由于肺泡和外界大气之间存在压力梯度。空气沿着气压梯度，从高压区向低压区移动。吸气时，肺泡中的压力低于大气中的压力，空气进入肺泡；当肺泡中的压力高于大气压时，就产生呼气。

在一定的海拔高度，大气压是相对恒定的；因此，在自然呼吸情况下，肺泡与外界环境之间的压力差是由肺泡内的压力，即肺内压（intrapulmonary pressure）决定的。肺内压的高低取决于肺的扩张和缩小，但肺自身并不具有主动扩张和缩小的能力，其扩张和缩小依赖于呼吸肌的收缩和舒张引起的胸廓运动。可见，由肺内压的变化建立的肺泡与外界环境之间的压力差是肺通气的直接动力，而呼吸肌的收缩和舒张引起的节律性呼吸运动则是肺通气的原动力。

1. 呼吸运动（respiratory movement）　指呼吸肌的收缩和舒张引起的胸廓节律性扩大和缩小。胸廓扩大称为吸气运动（inspiratory movement），而胸廓缩小则称为呼气运动（expiratory movement）。

（1）呼吸运动的过程：平静呼吸时，吸气运动是由主要吸气肌，即膈肌和肋间外肌的收缩实现的一个主动过程。膈肌位于胸腔和腹腔之间，构成胸腔的底，静止时形似钟罩，向上隆起；收缩时，隆起的中心下移，从而增大胸腔的上下径。脊椎的位置固定，而胸骨则可依赖肋间外肌的运动而上下移动，肋间外肌起自上一肋骨的下缘，斜向前下方走行，止于下一肋骨的上缘，所以当肋间外肌收缩时，拉动下一肋骨向上一肋骨方向运动，使肋骨和胸骨上举，同时肋骨下缘向外侧偏转，胸腔的前后径和左右径均增大。胸腔扩大，肺的容积随之增大，肺内压降低。当肺内压低于大气压时，外界气体流入肺内，这一过程称为吸气（inspiration）。平静呼吸时，呼气运动并不是由呼气肌收缩引起的，而是由膈肌和肋间外肌舒张所致的被动过程。膈肌和肋间外肌舒张时，胸廓缩小，肺依其自身的回缩力而回位，从而引起胸腔和肺的容积减小，肺内压升高。当肺内压高于大气压时，气体由肺内流出，这一过程称为呼气（expiration）。用力呼气时，除吸气肌舒张外，还有呼气肌参与收缩，此时呼气运动成为主动过程。

（2）呼吸运动的型式：按参与活动的呼吸肌主次、多少和用力程度不同，可分为不同类型。

腹式呼吸和胸式呼吸：呼吸运动可分为以膈肌舒缩活动为主的腹式呼吸（abdominal breathing）和以肋间外肌舒缩活动为主的胸式呼吸（thoracic breathing）。一般情况下，成年人的呼吸运动呈混合式呼吸。当胸部或腹部活动受限时会出现某种单一形式的呼吸运动。例如，妊娠 8 个月的妇女，由于膈肌活动受限，主要表现为胸式呼吸。婴幼儿，由于肋骨倾斜度小，趋于水平，主要表现为腹式呼吸。

平静呼吸和用力呼吸：安静状态下，正常人的呼吸运动平稳而均匀，每分钟 12~18 次，吸气是主动的，呼气是被动的，这种呼吸运动称为平静呼吸（eupnea）。当机体处于高耗能状态（如运动）或吸入气

中 CO_2 含量增加而 O_2 含量减少或肺通气阻力增大时，呼吸运动将加深加快，此时不但参与收缩的吸气肌数量更多、收缩更强，而且呼气肌也参与收缩，这种呼吸运动称为用力呼吸（forced breathing）或深呼吸（deep breathing）。在某些病理情况下（如呼吸道梗阻、窒息等），即使用力呼吸也不能满足机体气体交换的需要，患者除了出现鼻翼扇动等现象外，还有喘不过气的主观感觉，临床上称为呼吸困难（dyspnea）。

2. 肺内压　指肺泡内气体的压力，随呼吸运动，肺内压呈周期性波动（图5-2）。吸气时，肺容积随着胸廓逐渐扩大而增加，肺内压逐渐下降，当低于大气压，外界气体进入肺泡；随着肺内气体的增加，肺内压逐渐升高，至吸气末，肺内压升高到与大气压相等，气体流动暂停。呼气时，肺容积随着胸廓的逐渐缩小而减小，肺内压逐渐升高可高于大气压，气体由肺内呼出；随着肺内气体的减少，肺内压也逐渐降低，至呼气末，肺内压又降到与大气压相等，气流亦随之暂停。在呼吸过程中，肺内压变化的程度与呼吸运动的缓急、深浅和呼吸道是否通畅等因素有关。平静呼吸时，肺内压波动较小，吸气时比大气压低 1~2 mmHg，呼气时比大气压高 1~2 mmHg。用力呼吸或呼吸道不够通畅时，肺内压的波动幅度将明显增大，如紧闭声门并尽力做呼吸运动，吸气时肺内压可比大气压低 30~100 mmHg，呼气时可比大气压高 60~140 mmHg。肺内压的周期性交替升降是引起肺通气的直接动力，故在自然呼吸停止时，可用人为的方法建立肺内压与大气压之间的压力差，以维持肺通气，这就是人工呼吸（artificial respiration）。人工呼吸可分为正压法和负压法两类。施以正压引起吸气的人工呼吸为正压人工呼吸，施以负压引起吸气的人工呼吸为负压人工呼吸。简便易行的口对口人工呼吸为正压人工呼吸，节律性地举臂压背或挤压胸廓为负压人工呼吸，采用不同类型的人工呼吸机可实施正压或负压人工呼吸。自然呼吸一旦停止，必须紧急实施人工呼吸。

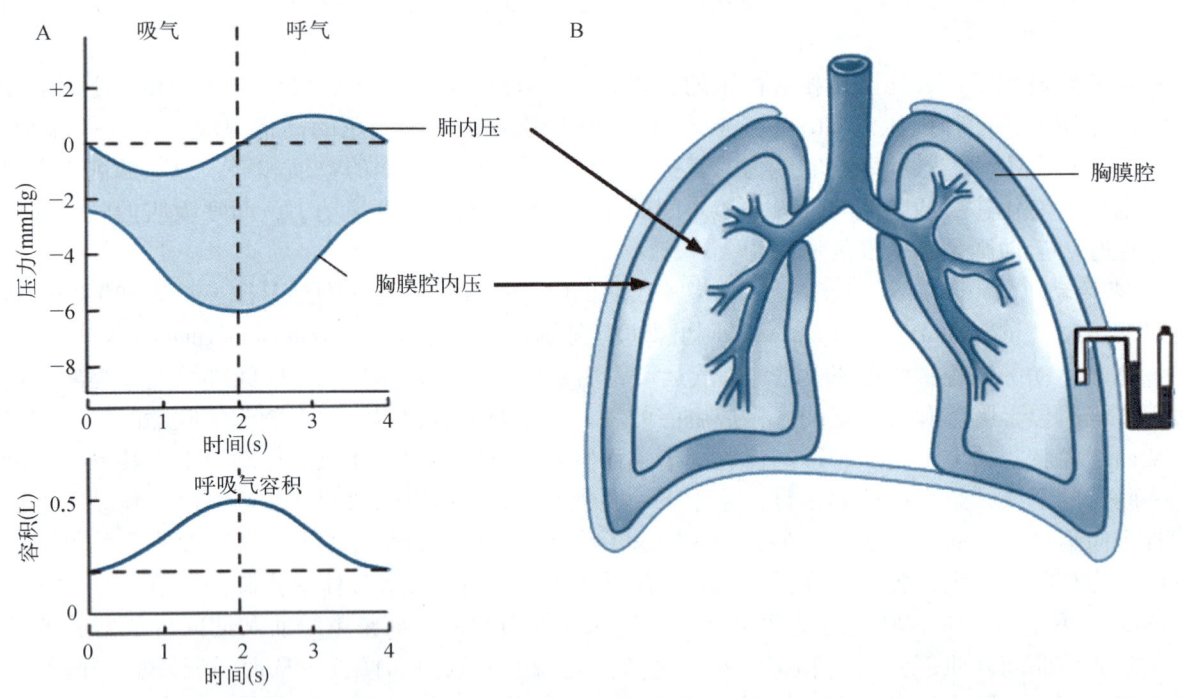

图 5-2　呼吸时肺内压、胸膜腔内压及呼吸气容积的变化过程（A），胸膜腔内压直接测量示意图（B）

3. 胸膜腔内压　在肺和胸廓之间存在一个潜在的密闭的胸膜腔（pleural cavity），胸膜腔由紧贴于肺表面的脏层胸膜和紧贴于胸廓内壁的壁层胸膜构成。胸膜腔内无气体，有少量浆液，厚约 10 μm。薄层浆液起润滑作用，减小呼吸运动中两层胸膜之间的摩擦阻力；另外，浆液分子之间的内聚力可使两层胸膜紧贴在一起，不易分开。因此，密闭的胸膜腔将肺和胸廓两个弹性体偶联在一起，使自身不具有主动收缩能力的肺能随胸廓容积的变化而变化。

胸膜腔内的压力称为胸膜腔内压（intrapleural pressure）。其可用连接检测仪器的针头刺入胸膜腔内直接测定，也可通过测定食管内压来间接反映胸膜腔内压力的变化。测量结果显示，平静呼吸时，胸膜腔内压始终低于大气压，即为负压，并随呼吸运动而发生周期性波动。平静呼气末胸膜腔内压较大气压低3~5 mmHg，平静吸气末较大气压低5~10 mmHg（图5-2）。但当呼吸模式发生改变时，胸膜腔内压的波动幅度将明显变化。例如，在关闭声门并用力吸气时，胸膜腔内压可降至-90 mmHg；关闭声门并用力呼气时，由于呼气肌的强烈收缩，胸膜腔内压可升高到110 mmHg。

胸膜腔内负压的形成与作用于胸膜腔上的肺内压和肺的回缩力有关，肺内压促使肺泡扩张，而肺的回缩力促使肺泡缩小，胸膜腔内的压力就是这两种方向相反的力的代数和，即：

$$胸膜腔内压 = 肺内压 + （-肺回缩压） \quad\quad\quad （式5-1）$$

在吸气末或呼气末，气体在呼吸道内停止流动，肺内压等于大气压，此时：

$$胸膜腔内压 = 大气压 + （-肺回缩压） \quad\quad\quad （式5-2）$$

若以大气压为0，则：

$$胸膜腔内压 = -肺回缩压 \quad\quad\quad （式5-3）$$

由此可见，平静呼吸时，胸膜腔内压的大小主要与肺的回缩力有关。出生后第一次呼吸使肺扩张，而在生长发育过程中，胸廓的发育快于肺，其自然容积也大于肺的自然容积，所以肺始终处于扩张状态。

在呼吸过程中，肺始终处于被扩张状态而总是倾向于回缩。因此，在平静呼吸时，胸膜腔内压总是保持负值，只是在吸气时肺扩张程度增大，肺回缩压增大，导致胸膜腔内负压更大；呼气时，肺扩张程度减小，肺回缩压降低，导致胸膜腔内负压减小。用力呼吸或气道阻力增加时，由于肺内压的大幅度波动，吸气时胸膜腔内压更负，而呼气时胸膜腔内压可以为正压。

胸膜腔负压具有重要的生理意义。首先，胸膜腔负压的牵引作用可以使肺总是处于扩张状态，而不至于萎缩，并使肺能随胸廓的扩大而扩大。在外伤或疾病等原因导致胸壁或肺破裂时，胸膜腔与大气相通，空气将立即自外界或肺泡进入负压的胸膜腔内，形成气胸（pneumothorax）。此时胸膜腔的密闭性丧失，胸膜腔内压等于大气压，肺将在其自身的内向回缩力的作用下而塌陷，不再随胸廓的运动而节律性扩张和缩小。其次，胸膜腔负压还扩大了胸膜腔内一些壁薄低压的管道，如腔静脉和胸导管，从而有利于静脉血和淋巴液的回流。因此，发生气胸时不仅肺通气功能出现障碍，血液和淋巴液回流也将减少。严重气胸可因肺通气功能和血液循环功能障碍而危及生命，必须紧急处理。在关闭声门并用力呼气时，也可因胸膜腔内压变为正压而减少静脉回流。

综上所述，呼吸肌的收缩和舒张所引起的胸廓扩大和缩小为肺通气提供原动力。肺内压和大气压之间的压力差，为肺通气提供直接动力。胸膜腔负压的存在，能保证肺处于扩张状态，并随胸部的运动而张缩，使原动力转化为直接动力。

（二）肺通气的阻力

肺通气过程中所遇到的各种阻止气体进出的力，统称为肺通气的阻力，有弹性阻力和非弹性阻力两类。前者包括肺和胸廓的弹性阻力；后者包括气道阻力、惯性阻力和组织的黏滞阻力。平静呼吸时，肺通气总阻力的70%为弹性阻力，30%为非弹性阻力。肺通气阻力增大是临床上肺通气障碍最常见的原因。

1. **弹性阻力（elastic resistance）** 指弹性物体对抗外力作用所引起的变形的力。弹性阻力大者不易变形，弹性阻力小者容易变形，胸廓和肺都具有弹性，因此，当呼吸运动改变其容积时，都会产生弹性阻力。因此，呼吸的总弹性阻力包括肺的弹性阻力和胸廓的弹性阻力。

（1）肺的弹性阻力：指肺自身的弹力纤维和胶原纤维等弹性成分形成的弹性回缩力，约占肺总弹性阻力的1/3。肺泡内表面的液体层与肺泡内气体之间的液-气界面所形成的表面张力，形成了肺弹性阻力的另外2/3，此二力与肺扩张的方向相反，因而构成了肺扩张的弹性阻力即吸气的阻力。

肺泡表面张力的合力指向肺泡的中央构成了肺泡向心的回缩力，驱使肺泡回缩，构成吸气的阻力。由于肺泡大小不等，根据拉普拉斯（Laplace）定律，肺泡的回缩力与肺泡半径成反比，即小肺泡的回缩力

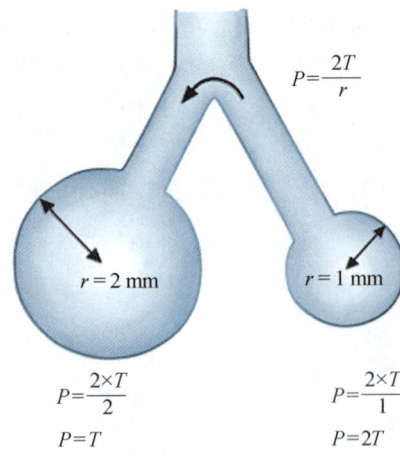

图 5-3 相连通的大小不等的肺泡内压及气流方向示意图

P，肺泡内液气界面的压强；
T，肺表面张力系数；r，肺泡半径

大，而大肺泡的回缩力小。由于不同大小的肺泡之间彼此连通，这会导致小肺泡内的气体将流入大肺泡内，引起小肺泡萎陷关闭，而大肺泡则过度膨胀，肺泡将失去稳定性（图 5-3）。但是，正常人体并未发生以上情况，这是因为肺泡液-气界面上存在肺表面活性物质，肺表面活性物质可以降低肺表面张力。对于小肺泡，肺表面活性物质密度大，降低表面张力的作用强，防止肺泡塌陷；对于大肺泡则相反，防止肺泡过度膨胀。

肺表面活性物质（pulmonary surfactant）主要由肺泡Ⅱ型细胞产生，为复杂的脂蛋白混合物，其中约 90% 为脂质，另外约 10% 为表面活性物质结合蛋白（surfactant-associated protein，SP）。脂质中的主要成分二棕榈酰磷脂酰胆碱（dipalmitoyl phosphatidyl choline，DPPC）占脂质的 60% 以上。DPPC 分子的一端是非极性的脂肪酸，不溶于水；另一端是极性的，易溶于水。因此，DPPC 分子垂直排列于肺泡液-气界面，极性端插入液体层，非极性端朝向肺泡腔，形成单分子层分布在肺泡液-气界面上，其密度随肺泡的张缩而改变。肺表面活性物质能减小液体分子之间的相互吸引力，使肺泡液气界面的表面张力大大降低。肺表面活性物质降低肺泡表面张力，使肺泡的回缩力减小的作用具有重要的生理意义：① 有助于维持大小肺泡的稳定性。肺表面活性物质的分子密度可随肺泡表面积的变化而变化。大肺泡半径大，肺表面活性物质的密度小，肺泡表面张力大，可以防止肺泡过度膨胀；小肺泡半径小，肺表面活性物质的密度大，肺泡表面张力小，可以防止肺泡的塌陷；这样就能保持不同大小肺泡的稳定性。② 减少肺组织液生成，防止肺水肿。肺泡表面张力的合力指向肺泡腔内，可对肺泡间质产生"抽吸"作用，使肺泡间质静水压降低，组织液生成增加，因而可能导致肺水肿。肺表面活性物质可降低肺泡表面张力，减小肺泡回缩力，减弱对肺泡间质的"抽吸"作用，从而能防止肺水肿的发生。③ 降低吸气阻力，减少吸气做功。生理状态肺表面活性物质的生成和灭活保持动态的平衡，肺组织在某些病理状态，如缺血缺氧，损伤肺泡Ⅱ型细胞，使肺表面活性物质分泌减少，肺表面张力将会增大，吸气阻力增加，导致呼吸困难，甚至发生肺不张和肺水肿。胎儿在六七个月或更后期，肺泡Ⅱ型细胞才开始合成和分泌肺表面活性物质，因此，早产儿可因缺乏肺表面活性物质而出现新生儿呼吸窘迫综合征（neonatal respiratory distress syndrome，NRDS），易导致死亡。

此外，在一定范围内肺被扩张得越大，弹性回缩力也就越大，当然弹性阻力也就越大；相反，当某些因素导致弹力纤维和胶原纤维破坏时，肺的弹性回缩力下降，不利于呼气。例如，肺气肿患者，由于弹力纤维被破坏，弹性阻力减小，致使吸入的气体不能有效排除，肺泡内存留了大量气体，导致肺通气效能降低，严重时可出现呼吸困难。

（2）胸廓的弹性阻力：来自胸廓的弹性成分。当肺容量占肺总量的 67% 时，胸廓处于自然容积状态，不表现出弹性阻力作用。当肺容量小于肺总量的 67% 时，胸廓受牵引缩小，其弹性阻力向外，作为吸气的动力、呼气的阻力。当肺容量大于肺总量的 67% 时，胸廓因受牵引而扩大，其弹性阻力向内，作为吸气的阻力、呼气的动力。所以，胸廓的弹性阻力既可作为吸气或呼气的阻力，也可作为吸气或呼气的动力，均由胸廓的位置而定。

（3）肺和胸廓的顺应性：顺应性是指在外力作用下，弹性组织扩张的难易程度。通常用顺应性来表示弹性阻力的大小。弹性阻力小，顺应性大，容易扩张；而弹性阻力大，顺应性小，不容易扩张，顺应性与弹性阻力成反比，即：

$$顺应性 = \frac{1}{弹性阻力}$$

（式 5-4）

胸廓与肺的扩张伴有容量的变化，因此，可以用单位压力变化所引起的容量变化来表示其顺应性的大小。

因为肺和胸廓串联排列，所以肺和胸廓的总弹性阻力是两者弹性阻力之和。因为弹性阻力是顺应性的倒数，所以可用下式计算平静呼吸时肺和胸廓的总弹性阻力。

$$\frac{1}{C_{L+chw}} = \frac{1}{C_L} + \frac{1}{C_{chw}} = \frac{1}{0.2} + \frac{1}{0.2} \qquad (式5-5)$$

式中，C_L为肺顺应性，C_{chw}为胸廓顺应性，C_{L+chw}为肺和胸廓的总顺应性。

如以顺应性来表示，正常人肺和胸廓的顺应性均为 0.2 L/cmH₂O，肺和胸廓是两个串联的弹性体，其总顺应性为 0.1 L/cmH₂O。

2. **非弹性阻力**（inelastic resistance） 包括惯性阻力、黏滞阻力和气道阻力。惯性阻力是气流在发动、变速、换向时因气流和组织的惯性所产生的阻止气体流动的力。黏滞阻力来自呼吸时组织相对位移所发生的摩擦。平静呼吸时的惯性阻力和黏滞阻力都很小，可忽略不计。气道阻力（airway resistance）来自气体流经呼吸道时气体分子之间及气体分子与气道壁之间的摩擦，与气体流动的方向相反。气道阻力占总非弹性阻力的 80%~90%，是非弹性阻力的主要成分。

气道阻力受气流速度、气流形式和气道管径大小的影响。气流速度快，则阻力大；气流速度慢，则阻力小。气流形式有层流和湍流，层流阻力小，湍流阻力大。气流太快和气道不规则时容易发生湍流。如气管内有黏液、渗出物或肿瘤、异物等，可用排痰、清除异物、减轻黏膜肿胀等方法减少湍流，以降低气道阻力。层流时，流体的阻力与管道半径的 4 次方成反比，因此，气道管径的大小是影响气道阻力的主要因素。

大气道（气道直径>2 mm）由于总横截面积小，气流速度快，容易形成湍流，是产生气道阻力的主要部位，产生的阻力占总气道阻力的 80%~90%；小气道（气道直径<2 mm），总横截面积约为大气道的 30倍，因此，气流速度慢且以层流为主，产生的阻力小，产生的阻力约占总气道阻力的 10%。

呼吸道平滑肌受交感神经和副交感神经的双重支配，两者均有紧张性作用。副交感神经使气道平滑肌收缩，管径变小，气道阻力增加；而交感神经则使之舒张，管径变大，气道阻力降低。除了神经因素外，一些体液因素也影响呼吸道平滑肌的舒缩。例如，儿茶酚胺可以使呼吸道平滑肌舒张，气道阻力降低。$PGF_{2\alpha}$ 可使平滑肌收缩，气道阻力增加。

二、肺通气功能的评价

肺通气是实现肺换气的基础，肺通气过程受呼吸肌的舒缩活动、肺和胸廓的弹性及气道阻力等多种因素的影响。对患者肺通气功能的测定不仅可明确是否存在肺通气功能障碍及其障碍程度，还能鉴别肺通气功能降低的类型。

（一）肺容积和肺容量

肺容积和肺容量是评价肺通气功能的基础（图 5-4）。

1. **肺容积**（pulmonary volume） 指肺内气体的容积。通常，肺容积可分为潮气量、补吸气量、补呼气量和余气量，它们互不重叠，全部相加后等于肺总量。

（1）潮气量（tidal volume, TV）：指每次呼吸时吸入或呼出的气体量。正常成年人平静呼吸时的潮气量为 400~600 mL，平均约 500 mL。运动时，潮气量增大，最大可达肺活量大小。

（2）补吸气量（inspiratory reserve volume, IRV）：指平静吸气末，再尽力吸气所能吸入的气体量。正常成年人的补吸气量为 1 500~2 000 mL。补吸气量反映吸气的储备量。

（3）补呼气量（expiratory reserve volume, ERV）：指平静呼气末，再尽力呼气所能呼出的气体量。正常成年人的补呼气量为 900~1 200 mL。补呼气量反映呼气的储备量。

（4）余气量（residual volume, RV）：指最大呼气末尚存留于肺内不能呼出的气体量。正常成年人的余气量为 1 000~1 500 mL。余气量的存在可避免肺泡在低肺容积条件下的塌陷。支气管哮喘和肺气肿患者的

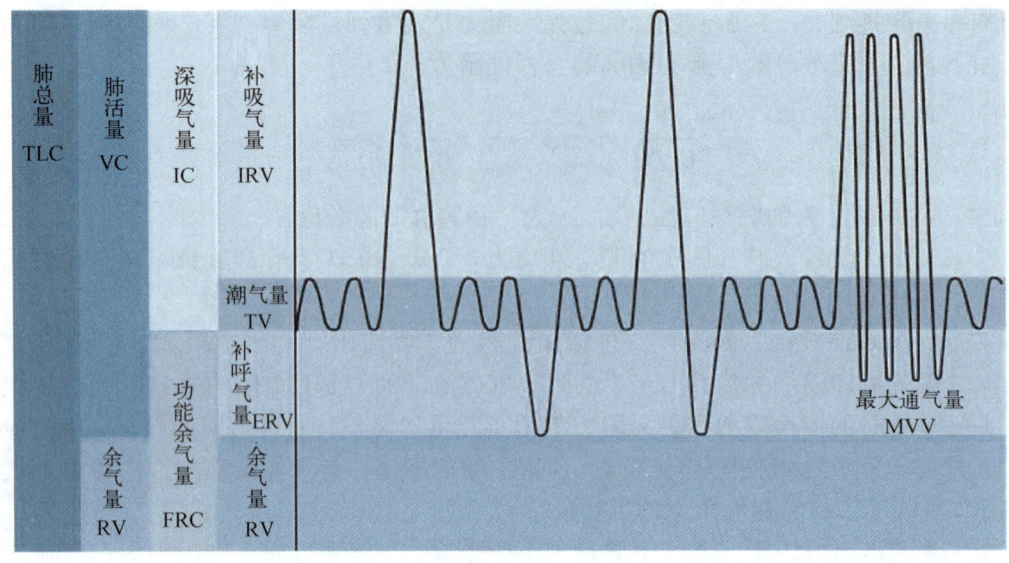

图 5-4 肺容积和肺容量图解

余气量增加。

2. **肺容量**（pulmonary capacity）　指肺容积中两项或两项以上的联合气体量。肺容量包括深吸气量、功能余气量、肺活量和肺总量。

(1) 深吸气量（inspiratory capacity, IC）：指从平静呼气末做最大吸气时所能吸入的气体量。它是潮气量与补吸气量之和，是衡量最大通气潜力的一个重要指标。

(2) 功能余气量（functional residual capacity, FRC）：指平静呼气末，肺内所余留的气量。功能余气量等于余气量与补呼气量之和，正常成年人约 2 500 mL。功能余气量的生理意义是缓冲呼吸过程中肺泡气氧分压（PO_2）和二氧化碳分压（PCO_2）的变化幅度，使肺泡气和动脉血液的 PO_2 和 PCO_2 不会随呼吸而发生大幅度的波动，有利于肺换气。

(3) 肺活量（vital capacity, VC）、用力肺活量（forced vital capacity, FVC）和用力呼气量（forced expiratory volume, FEV）：用力吸气后，从肺内所能呼出的最大气体量称为肺活量。肺活量是潮气量、补吸气量与补呼气量三者之和。正常成年男性平均约为 3 500 mL，女性约为 2 500 mL，肺活量的个体差异较大，与身材大小、性别、年龄、体位、呼吸肌强弱等有关，所以只宜作自身比较。其测定方法简单，重复性好，并且可反映一次通气的最大能力，因此作为肺功能测定的常用指标。

肺活量的测定，没有将完成该过程的时间考虑在内。因此，用力肺活量和用力呼气量能更好地反映肺通气功能。用力肺活量是指一次最大吸气后，尽力尽快呼气所能呼出的最大气体量（图 5-5）。正常时，用力肺活量略小于在没有时间限制条件下测得的肺活量。用力呼气量指一次最大吸气后，尽力尽快呼气，在一定时间内所能呼出的气体量（图 5-5）。用力肺活量的测定通常以用力呼气量占用力肺活量的百分数表示。1 s 用力呼气量（FEV_1）/用力肺活量（FVC）在临床鉴别限制性肺疾病和阻塞性肺疾病中具有重要意义，正常时，FEV1/FVC 约为 83%（图 5-5A）。在肺纤维化等限制性肺疾病患者，FEV_1/FVC 可正常甚至超过 83%；而哮喘等阻塞性肺疾病患者 FEV_1/FVC 减小（图 5-5B）。

(4) 肺总量（total lung capacity, TLC）：指肺所能容纳的最大气体量。肺总量等于肺活量与余气量之和，其大小因性别、年龄、身材、运动锻炼情况和体位改变而异，成年男性平均约 5 000 mL，女性约 3 500 mL。在限制性通气不足时肺总量降低。

(二) 肺通气量和肺泡通气量

1. **肺通气量**（pulmonary ventilation volume）　指每分钟吸入或呼出的气体总量，其值等于潮气量与呼吸频率的乘积。正常成年人平静呼吸时，呼吸频率为每分钟 12~18 次，潮气量为 500 mL，则肺通气量为

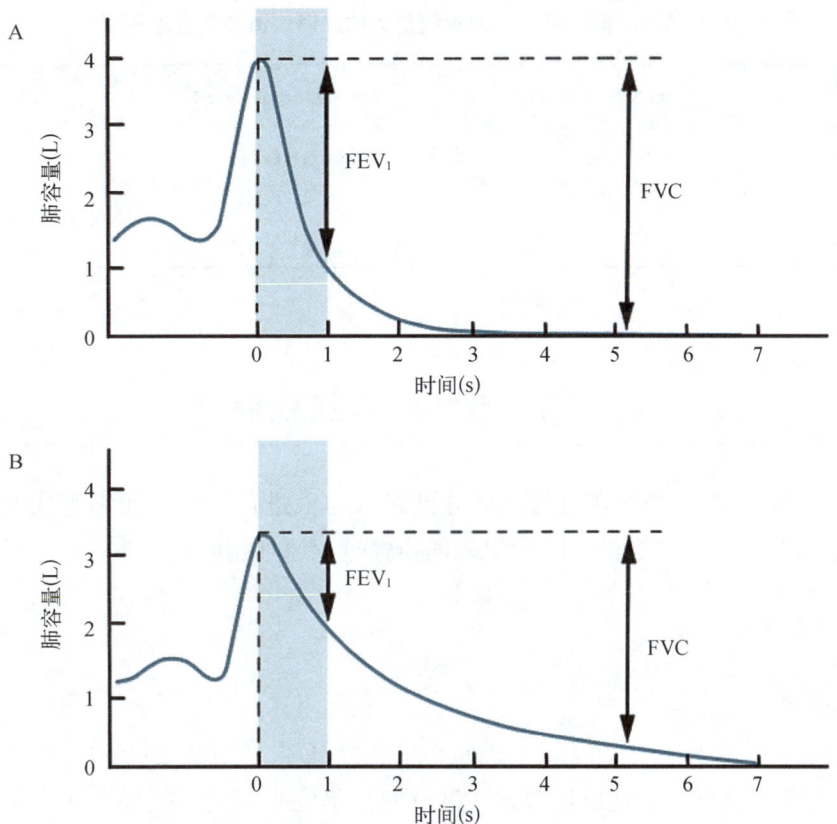

图 5-5 用力肺活量（FVC）和用力呼气量（FEV）示意图

A. 正常人；B. 阻塞性肺通气功能障碍患者

6~9 L。肺通气量随性别、年龄、身材和活动量的不同而有差异。劳动或体育运动时，肺通气量增大。在尽力做深、快呼吸时，每分钟所能吸入或呼出的最大气体量，称为最大随意通气量（maximal voluntary ventilation, MVV）。它反映单位时间内充分发挥全部通气能力所能达到的通气量，是估计机体能进行最大运动量的生理指标之一。

2. 无效腔和肺泡通气量　无效腔指整个呼吸道中无气体交换功能的管腔，它包括解剖无效腔（anatomical dead space）和肺泡无效腔（alveolar dead space），两者合称生理无效腔（physiological dead space）。鼻或口与终末细支气管之间的呼吸道，不参与肺泡与血液之间的气体交换，这部分呼吸道的容积称为解剖无效腔。正常成年人解剖无效腔约 150 mL。进入肺泡的气体，也可因血流在肺内分布不均而不能都与血液进行气体交换，未能发生交换的这一部分肺泡容量称为肺泡无效腔。健康人平卧时，生理无效腔等于或接近于解剖无效腔。

无效腔的存在，每次吸入的新鲜空气并非都能到达肺泡与血液进行气体交换。因此，计算真正有效的气体交换量，应以肺泡通气量为准。肺泡通气量（alveolar ventilation）指每分钟吸入肺泡的新鲜空气量，它等于潮气量和无效腔气量之差与呼吸频率的乘积。

$$\text{肺泡通气量} = (\text{潮气量} - \text{无效腔气量}) \times \text{呼吸频率} \quad (\text{式 }5-6)$$

如果潮气量为 500 mL，无效腔为 150 mL，则每次吸入肺泡的新鲜空气量为 350 mL。若功能余气量为 2 500 mL，则每次呼吸仅使肺泡内的气体更新 1/7 左右。潮气量减少或功能余气量增加均可使肺泡气体的更新率降低，从而不利于肺换气。此外，潮气量和呼吸频率的变化对肺通气量和肺泡通气量有不同的影响（表 5-1）。在潮气量减半和呼吸频率加倍或潮气量加倍而呼吸频率减半时，肺通气量保持不变，但是肺泡通气量却发生明显变化。对肺换气而言，浅而快的呼吸是不利的。深而慢的呼吸虽可增加肺泡通气量，但也会增加呼吸做功。

表 5-1 不同呼吸频率和潮气量时的肺通气量和肺泡通气量

呼吸频率（次/分）	潮气量（mL）	肺通气量（mL/min）	肺泡通气量（mL/min）
16	500	8 000	5 600
8	1 000	8 000	6 800
32	250	8 000	3 200

第二节 肺换气和组织换气

经过肺通气进入机体的 O_2，需要通过肺换气才能进入血液进行运输，而细胞代谢产生的 CO_2 也需要经过组织换气才能进入血液，进行运输。肺和组织的换气过程原理相同。

一、气体交换的基本原理

（一）气体的扩散

气体分子总是由气压高处向气压低处移动，直至气体分子分布均匀为止，这一过程称为扩散（diffusion）。肺换气和组织换气，就是以扩散方式进行的。单位时间内，气体分子扩散的量为气体扩散的速率（diffusion rate，D），它主要受下列因素的影响。

1. **气体的分压差** 在混合气体中，每种气体分子运动所产生的压力称为该气体的分压（partial pressure，P）。混合气的总压力等于各气体分压之和。两个区域之间某一气体分压的差值称为气体的分压差（ΔP）。

例如，空气是混合气体，其总压力为 760 mmHg，其中 O_2 的容积百分比约为 21%，则 O_2 分压（PO_2）为 760×21%，即 159 mmHg。

2. **气体的分子量和溶解度** 根据格雷姆（Graham）定律，气体分子的相对扩散速率与气体分子量（MW）的平方根成反比。如果扩散发生于气相和液相之间，扩散速率还与气体在溶液中的溶解度成正比。溶解度（solubility，S）是单位分压下溶解于单位容积溶液中的气体量。一般以 1 个大气压，38℃时，100 mL 液体中溶解的气体毫升数来表示。溶解度与分子量的平方根之比即 $S/\sqrt{MW}$ 称为扩散系数（diffusion coefficient），它取决于气体分子本身的特性。因为 CO_2 在血浆中的溶解度（51.5）约为 O_2 的（2.14）24 倍，CO_2 的分子量（44）略大于 O_2 的分子量（32），所以 CO_2 的扩散系数约是 O_2 的 20 倍。

3. **扩散面积和距离** 气体扩散速率与扩散面积成正比，与扩散距离成反比。

4. **温度** 气体扩散速率与温度成正比。但在人体，体温相对恒定，故温度因素可忽略不计。

（二）呼吸气体和人体不同部位气体的分压

1. **呼吸气和肺泡气的成分和分压** 空气中各气体的容积百分比一般不因地域不同而异，但分压可随总大气压的变化而改变。例如，高原上大气压较低，各气体的分压也相应降低。吸入的空气被呼吸道内的水蒸气饱和，所以呼吸道内吸入气的成分也不同于大气，各种气体成分的分压也随之发生改变。呼出气是无效腔内的吸入气和部分肺泡气的混合气体。

2. **血液气体和组织气体的分压** 气体的张力（tension）指液体中的气体分压。表 5-2 示血液和组织中的 PO_2 和 PCO_2。PO_2 和 PCO_2 的含量在不同组织中是不相同的，即使在同一组织，PO_2 和 PCO_2 的含量还要受组织活动水平的影响，表 5-2 反映的仅为安静状态下人体血液和组织中气体分压的大致数值。

表 5-2 安静状态下人体血液和组织中气体的分压　　　　　　　　　　　　　　　　单位：mmHg

	动脉血	混合静脉血	组织
PO_2	97~100	40	30
PCO_2	40	46	50

二、肺换气

（一）肺换气过程

静脉血经过肺毛细血管流经肺泡时，由于 O_2 和 CO_2 可以自由通过肺泡膜，并且膜两侧气体存在分压差，使 O_2 和 CO_2 从分压高的一侧扩散到分压低的一侧，由图 5-6 可见，肺泡气 PCO_2（40 mmHg）低于静脉血 PCO_2（46 mmHg），所以，CO_2 从静脉血扩散到肺泡，而肺泡气中 PO_2（104 mmHg）高于静脉血中 PO_2（40 mmHg），所以 O_2 从肺泡扩散到血液。肺换气有很大的储备能力，O_2 和 CO_2 在血液和肺泡之间的

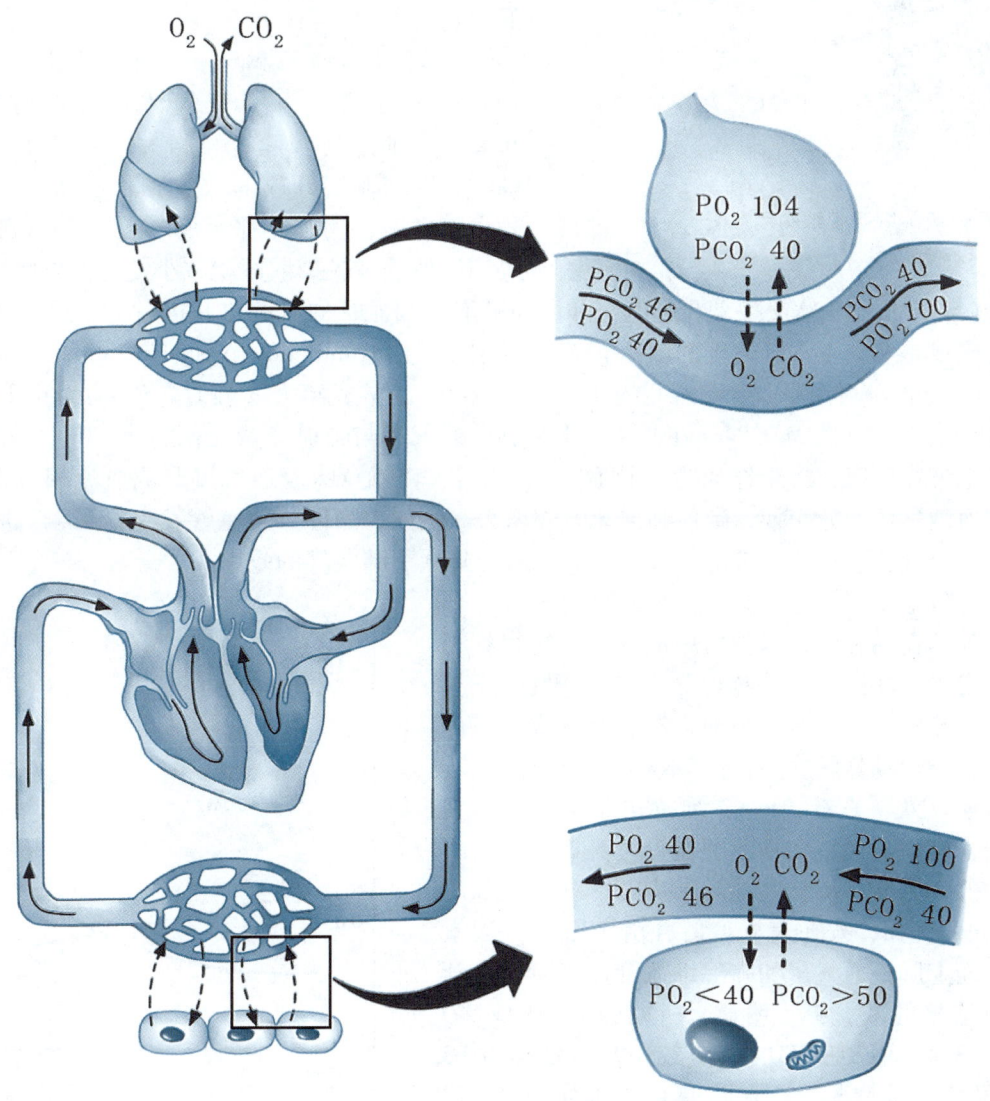

图 5-6　肺换气和组织换气示意图

图中数字为气体分压值（mmHg）

扩散极为迅速，不到 0.3 s 即可达平衡，而通常情况下血液流经肺毛细血管的时间约 0.7 s，也就是说血液约流经肺毛细血管全长的 1/3 时，肺换气过程已基本完成。

（二）影响肺换气的因素

影响肺换气的因素主要有呼吸膜的厚度、呼吸膜的面积和通气/血流比值。

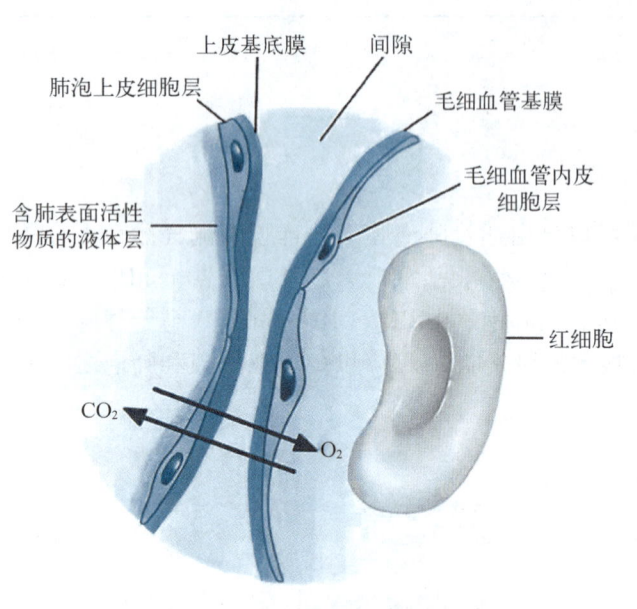

图 5-7 呼吸膜结构示意图

1. **呼吸膜的厚度**　呼吸膜指肺泡腔与肺毛细血管之间的膜，它有六层结构（图 5-7）：含肺表面活性物质的液体层、肺泡上皮细胞层、上皮基底膜、上皮基底膜和毛细血管基膜之间的间隙、毛细血管基膜和毛细血管内皮细胞层。虽然呼吸膜有六层结构，但总厚度却很薄，总厚度<1 μm，有的地方只有 0.2 μm，如此薄的呼吸膜非常有利于气体扩散通过。发生肺水肿、肺纤维化等病理情况时，呼吸膜的厚度增加将导致气体扩散量减少。运动时，因为血流加速，气体在肺部的交换时间缩短，所以呼吸膜的厚度的改变对肺换气的影响就尤为突出。

2. **呼吸膜的面积**　正常成人两肺总扩散面积达 70 m^2，安静状态下用于气体扩散的呼吸膜面积近 40 m^2，因此，呼吸膜有相当大的储备面积。运动或劳动时，毛细血管开放的数量和程度增大，有效扩散面积也随之增加。肺不张、肺实变、肺气肿、肺叶切除等均可使呼吸膜扩散面积减小，进而影响肺换气。

3. **通气/血流比值**　气体交换是在肺泡气和流经肺泡毛细血管的血液之间进行的，适宜的肺泡通气量和适宜的肺血流量是实现正常肺通气的前提。通气/血流比值（ventilation/perfusion ratio）指每分钟肺泡通气量（$\dot{V}_A$）和每分钟肺血流量（$\dot{Q}$）之间的比值（$\dot{V}_A/\dot{Q}$）。正常成年人安静时，$\dot{V}_A$ 约为 4.2 L/min，$\dot{Q}$ 约为 5 L/min，因此，$\dot{V}_A/\dot{Q}$ 约为 0.84。在此情况下，肺泡通气量与肺血流量比例适宜，气体交换的效率高，静脉血流经肺毛细血管时，将全部变为动脉血。$\dot{V}_A/\dot{Q}$ 增大，就意味着通气过剩或血流相对不足，部分肺泡气体未能与血液气体充分交换，致使肺泡无效腔增大。例如，当部分肺血管发生栓塞，对应肺泡中的气体不能与血液充分交换，意味着肺泡无效腔增大，从而降低了肺换气的效率。

而 $\dot{V}_A/\dot{Q}$ 下降则意味着通气不足，血流相对过多，部分血液流经通气不良的肺泡，静脉血中的气体不能得到充分更新，犹如发生了功能性动静脉短路。例如，发生支气管痉挛时，血液流经通气不良的肺泡，不能充分进行气体交换，形成了功能性动静脉短路，换气效率也降低。

可见，从换气效率来看，$\dot{V}_A/\dot{Q}$ 维持在 0.84，是适宜的状态。但是，肺泡通气量和肺毛细血管血流量在肺内的分布是不均匀的，因此，从肺底部到肺尖部，各个局部的 $\dot{V}_A/\dot{Q}$ 并不相同。例如，人在直立位时，由于重力等因素的作用，自下而上肺泡通气量和肺毛细血管血流量都逐渐减少，而以血流量的减少更为明显，所以肺尖部的 $\dot{V}_A/\dot{Q}$ 较大，可高达 3.3，而肺底部的比值较小，可低至 0.63（图 5-8）。虽然正常情况下存在肺泡通气和血流的不均匀分布，但从总体上来说，因为呼吸膜面积远超过肺换气的实际需要，所以并未明显影响 O_2 的摄取和 CO_2 的排出。

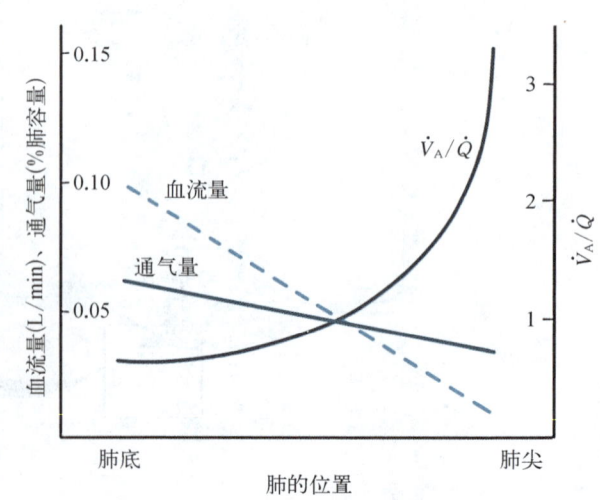

图 5-8 正常人直立时肺通气量和肺血流量的分布及 $\dot{V}_A/\dot{Q}$

三、组织换气

血液流经肺,进行气体交换后,血液 PO_2 升高,由静脉血变为动脉血,经过肺循环和体循环运输,动脉血到达全身各组织器官的毛细血管。血液中的 O_2 经毛细血管壁扩散,进入组织液,再扩散进入细胞。CO_2 则以相反的方向,从细胞扩散进入组织液,再进入血液。因此,组织换气主要是体循环毛细血管中流动的血液与组织细胞之间进行气体交换的过程(图 5-6)。

第三节 气体在血液中的运输

经肺换气摄取的 O_2,必须通过血液循环运送到机体各组织器官供细胞利用。由细胞代谢产生的 CO_2,经组织换气进入血液后,也必须经循环系统运输到肺部排出体外。O_2 和 CO_2 在血中溶解度都比较小,他们都是以化学结合为主要运输形式,然而,尽管物理溶解运输的气体很少,却是实现化学结合所必需的前提。气体须先溶解于血液才能进行化学结合;结合状态的气体,也必须先解离成溶解状态,才能逸出血液,物理溶解和化学结合,两者之间处于动态平衡。

一、O_2 的运输

血液中以物理溶解形式存在的 O_2 量仅占血液总 O_2 含量的 1.5% 左右,化学结合的约占 98.5%。血红蛋白(hemoglobin,Hb)是红细胞内的特殊蛋白,其分子结构特征使之成为有效的运输 O_2 的工具。Hb 也参与 CO_2 的运输。

(一)Hb 的分子结构

每个 Hb 分子由一个珠蛋白和四个血红素(又称亚铁原卟啉)组成。每个血红素又由四个吡咯基组成一个环,中心为一个 Fe^{2+},每个 Fe^{2+} 可与氧分子结合而使 Hb 成为氧合血红蛋白。每个珠蛋白由四个亚单位组成,成年人的 Hb(HbA)由两条 α 链和两条 β 链组成,为 α2β2 结构(图 5-9)。Hb 的四个亚单位之间和亚单位内部由盐键连接。Hb 与 O_2 的结合或解离将影响盐键的形成或断裂,使 Hb 四级结

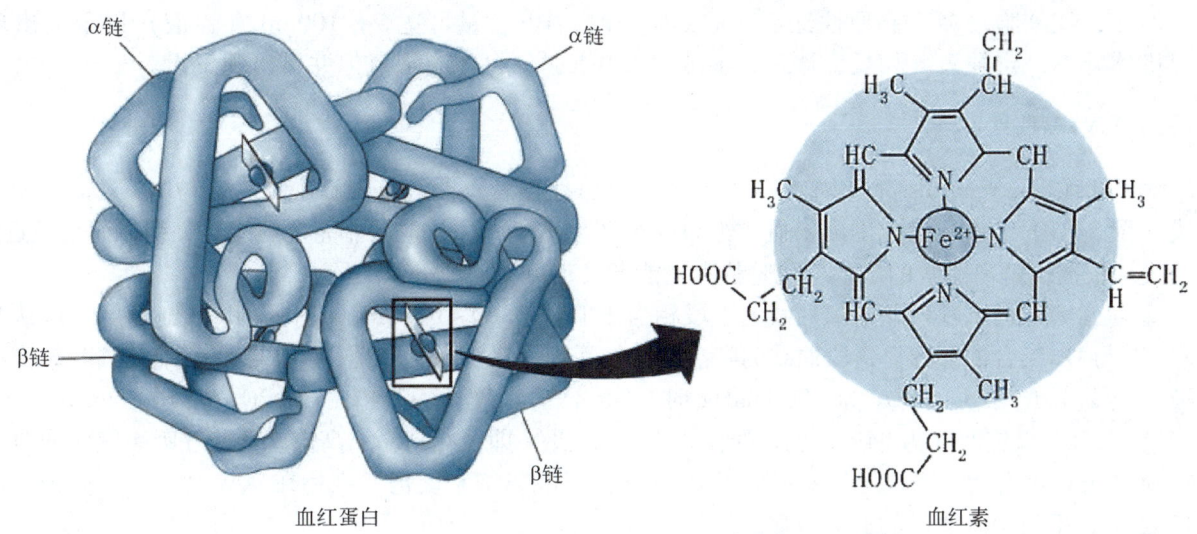

图 5-9 血红蛋白组成示意图

构的构型发生改变，Hb 与 O_2 的亲和力也随之发生变化，这是 Hb 氧解离曲线呈 S 形和波尔效应的基础。

（二）Hb 与 O_2 结合的特征

1. **快速性和可逆性**　Hb 与 O_2 的结合反应快，可逆，不需要酶的催化，但可受 PO_2 的影响。当血液流经 PO_2 高的肺部时，Hb 与 O_2 结合，形成氧合血红蛋白（oxyhemoglobin，HbO_2）；当血液流经 PO_2 低的组织时，HbO_2 迅速解离，释出 O_2，成为去氧血红蛋白（deoxyhemoglobin，Hb），可用下式表示：

$$Hb + O_2 \underset{PO_2 低（组织）}{\overset{PO_2 高（肺部）}{\rightleftharpoons}} HbO_2 \tag{式5-7}$$

2. **是氧合而非氧化**　Fe^{2+} 与 O_2 结合后仍是二价铁，所以，该反应是氧合（oxygenation），而不是氧化（oxidation）。

3. **Hb 与 O_2 结合的量**　一分子 Hb 可结合四分子 O_2，成年人 Hb 的分子量为 64 458 Da，所以，在 100% O_2 饱和状态下，1 g Hb 可结合的最大 O_2 量为 1.39 mL。正常时红细胞中含有少量不能结合 O_2 的高铁 Hb，因此 1 g Hb 实际结合的 O_2 量低于 1.39 mL，通常按 1.34 mL 计算。在 100 mL 血液中，Hb 所能结合的最大 O_2 量称为 Hb 氧容量（oxygen capacity of Hb），而 Hb 实际结合的 O_2 量称为 Hb 氧含量（oxygen content of Hb）。Hb 氧含量与氧容量的百分比为 Hb 氧饱和度（oxygen saturation of Hb）。例如，血液中 Hb 浓度为 15 g/100 mL 血液时，Hb 的氧容量为 20.1 mL/100 mL 血液，如果 Hb 的氧含量是 20.1 mL/100 mL 血液，则 Hb 氧饱和度是 100%；如果 Hb 氧含量是 15 mL/100 mL 血液，则 Hb 氧饱和度约 75%。通常情况下，血浆中溶解的 O_2 极少，可忽略不计，因此，Hb 氧容量、Hb 氧含量和 Hb 氧饱和度可分别视为血氧容量（oxygen capacity of blood）、血氧含量（oxygen content of blood）和血氧饱和度（oxygen saturation of blood）。

4. **Hb 与 O_2 的结合或解离曲线呈 S 形**　Hb 与 O_2 的结合或解离曲线呈 S 形与 Hb 的变构效应有关。目前认为，Hb 有两种构型：Hb 为紧密型（tense form，T 型），HbO_2 为疏松型（relaxed form，R 型）。当 O_2 与 Hb 的 Fe^{2+} 结合后，盐键逐步断裂，Hb 分子逐渐由 T 型变为 R 型，对 O_2 的亲和力逐渐增加，R 型 Hb 对 O_2 的亲和力为 T 型的 500 倍。也就是说，Hb 的四个亚单位无论在结合 O_2 还是在释放 O_2 时，彼此有协同效应，即一个亚单位与 O_2 结合后，由于变构效应，其他亚单位更易与 O_2 结合；反之，当 HbO_2 的一个亚单位释出 O_2 后，其他亚单位更易释放 O_2。因此，Hb 氧解离曲线呈 S 形。

5. **HbO_2 和 Hb 的颜色**　HbO_2 呈鲜红色，Hb 呈紫蓝色。当血液中 Hb 含量达 5 g/100 mL 以上时，皮肤、黏膜呈暗紫色，这种现象称为发绀（cyanosis）。出现发绀可表示机体缺氧，但机体缺氧不一定出现发绀。例如，红细胞增多（高原性红细胞增多症）时，Hb 含量可达 5 g/100 mL（血液）以上而出现发绀，但机体并不一定缺氧。相反，严重贫血或 CO 中毒时，机体有缺氧但并不出现发绀。

（三）氧解离曲线

氧解离曲线（oxygen dissociation curve）或氧合血红蛋白解离曲线是表示血液 PO_2 与 Hb 氧饱和度关系的曲线（图 5-10）。在一定范围内，血氧饱和度与 PO_2 呈正相关，但并非完全的线性关系，而是呈近似 S 形的曲线。根据氧解离曲线的 S 形变化趋势和功能意义，可将曲线分为 3 段。

1. **氧解离曲线的上段**　氧解离曲线的上段相当于 PO_2 为 60~100 mmHg 时的 Hb 氧饱和度，可认为它是反映 Hb 与 O_2 结合的部分。这段曲线的特点是比较平坦，表明在这个范围内 PO_2 的变化对 Hb 氧饱和度或血液氧含量影响不大。PO_2 为 100 mmHg 时，Hb 氧饱和度为 97.4%，当 PO_2 从 100 mmHg 下降到 70 mmHg 时，Hb 氧饱和度为 94%，也仅降低 3.4%。因此，即使在高原、高空或某些呼吸系统疾病时，吸入气或肺泡气 PO_2 有所下降，但只要不低于 60 mmHg，Hb 氧饱和度仍能维持在 90% 以上，血液仍可携带足够量的 O_2，不致引起明显的低氧血症。

2. **氧解离曲线的中段**　氧解离曲线的中段较陡，相当于 PO_2 在 40~60 mmHg 的 Hb 氧饱和度，是反映安静状态下，血液流经组织时，血红蛋白释放氧的特点。动脉血 PO_2 为 100 mmHg 时，Hb 氧饱和度为 97.4%，血氧含量约 19.4 mL/100 mL 血液，混合静脉血的 PO_2 为 40 mmHg，Hb 氧饱和度约 75%，血氧含量约 14.4 mL/100 mL 血液，即每 100 mL 血液流经组织时释放 5 mL O_2。

3. 氧解离曲线的下段　相当于 PO_2 在 15～40 mmHg 时的 Hb 氧饱和度，反映血液供 O_2 的储备能力。该段坡度更陡，PO_2 稍有下降，即有大量 HbO_2 解离，释放出 O_2。当剧烈运动时，组织氧耗量增多，PO_2 可降至 15 mmHg，当血液流经这样的组织后，血氧饱和度降至 22% 左右，血氧含量只有 4.4 mL/100 mL 血液，每 100 mL 血液能供给组织 15 mL O_2，是安静时的 3 倍。

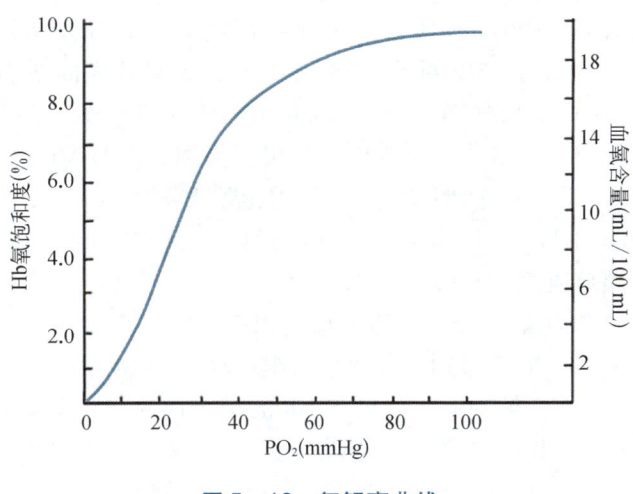

图 5-10　氧解离曲线

测定条件：血液 pH 7.4，PCO_2 为 40 mmHg，温度为 37℃，Hb 浓度为 15 g/100 mL

（四）影响氧解离曲线的因素

O_2 与 Hb 的结合或解离可受多种因素的影响，使氧解离曲线的位置发生偏移，亦即使 Hb 对 O_2 的亲和力发生变化。通常用 P_{50} 来表示 Hb 对 O_2 的亲和力。P_{50} 是使 Hb 氧饱和度达 50% 时的 PO_2，正常为 26.5 mmHg，P_{50} 增大，表示 Hb 对 O_2 的亲和力降低，需要更高的 PO_2 才能使 Hb 氧饱和度达到 50%，曲线发生右移；P_{50} 降低，则表示 Hb 对 O_2 的亲和力增加，达 50% Hb 氧饱和度所需 PO_2 降低，曲线发生左移。影响 Hb 与 O_2 亲和力或 P_{50} 的因素有血液的 pH、PCO_2、温度和 2,3-二磷酸甘油酸等（图 5-11）。

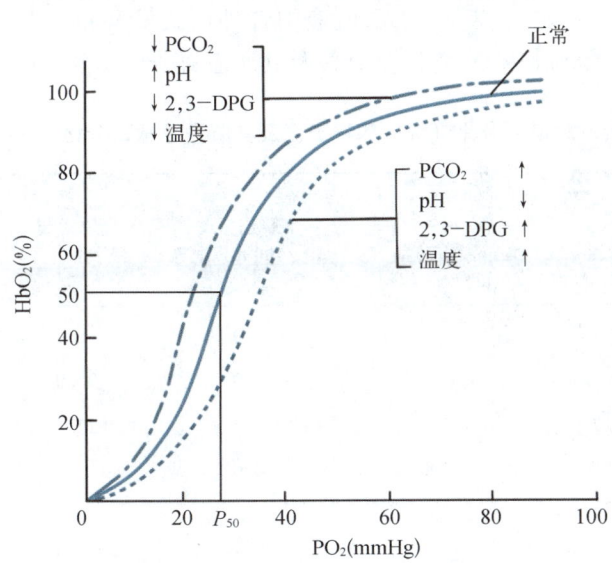

图 5-11　影响氧解离曲线的主要因素

2,3-DPG，2,3-二磷酸甘油酸

1. pH 和 PCO_2 的影响　血液中 pH 降低或 PCO_2 升高，血红蛋白氧的亲和力降低，氧解离曲线右移；反之，氧解离曲线左移。酸度对 Hb 氧亲和力的这种影响称为波尔效应（Bohr effect）。波尔效应的发生主要与 pH 改变时 Hb 的构象发生变化有关。酸度增加时，H^+ 与 Hb 多肽链某些氨基酸残基结合，促进盐键形成，使 Hb 分子向 T 型转变，从而降低 Hb 对 O_2 的亲和力；而酸度降低时，则促使盐键断裂放出 H^+，使 Hb 向 R 型转变，对 O_2 的亲和力增加。此外，Hb 与 O_2 的结合也受 PCO_2 的影响，一方面，PCO_2 改变时，可通过 pH 的改变产生间接效应；另一方面，可通过 CO_2 与 Hb 结合而直接影响 Hb 对 O_2 的亲和力，不过这种效应很小。

2. 温度的影响　温度升高时，氧解离曲线右移，促进 O_2 的释放；温度降低时，曲线左移，不利于 O_2 的释放。温度对氧解离曲线的影响，可能与温度变化会影响 H^+ 的浓度有关。温度升高时，H^+ 的浓度增加，可降低 Hb 对 O_2 的亲和力；反之，可增加其亲和力。组织代谢活动增强（如体育运动）时，局部组织温度升高，CO_2 和酸性代谢产物增加，都有利于 HbO_2 解离，因此组织可获得更多 O_2，以适应代谢增加的需要。临床上进行低温麻醉手术时，低温有利于降低组织的耗氧量。然而，当组织温度降至 20℃ 时，即使 PO_2 为 40 mmHg，Hb 氧饱和度仍能维持在 90% 以上，此时由于 HbO_2 对 O_2 的释放减少，可导致组织缺氧，而血液因氧含量较高而呈红色，因此容易疏忽组织缺氧的情况。

3. 2,3-二磷酸甘油酸（2,3-diphosphoglycerate，2,3-DPG）　红细胞中含有丰富的磷酸盐，如

2,3-DPG、ATP 等，其中特别是 2,3-DPG 在调节 Hb 对 O_2 的亲和力中具有重要作用。2,3-DPG 浓度升高时，Hb 对 O_2 的亲和力降低，氧解离曲线右移；反之，曲线左移。其机制可能是由于 2,3-DPG 与 Hb 形成盐键，促使 Hb 向 T 型转变的缘故。此外，红细胞膜对 2,3-DPG 的通透性较低，当红细胞内 2,3-DPG 生成增多时，还可提高细胞内 H^+ 浓度，进而通过波尔效应降低 Hb 对 O_2 的亲和力。

2,3-DPG 是红细胞无氧糖酵解的产物。在慢性缺氧、贫血、高山低氧等情况下，糖酵解加强，红细胞内 2,3-DPG 增加，Hb 对 O_2 的亲和力降低，释放氧，改善组织的缺氧状态，氧解离曲线右移。血库中用抗凝剂枸橼酸-葡萄糖液保存三周后的血液，糖酵解停止，红细胞内 2,3-DPG 下降，导致 Hb 对 O_2 的亲和力增加，O_2 不容易解离出来，氧解离曲线左移。所以，在临床上，给患者输入大量长时间储存的血液时，应考虑到这种血液给组织释放的 O_2 量较少。

4. **其他因素** O_2 与 Hb 的结合还受 Hb 自身性质的影响。例如，发生亚硝酸盐中毒时，Hb 分子中的 Fe^{2+} 氧化成 Fe^{3+}，Hb 便失去运 O_2 的能力。胎儿的 Hb 对 O_2 的亲和力较高，有助于胎儿血液流经胎盘时从母体摄取 O_2。异常 Hb 运 O_2 功能则较低。CO 中毒时，CO 可与 Hb 结合，占据 Hb 分子中 O_2 的结合位点，因此使血液中 HbO_2 的含量减少。CO 与 Hb 的亲和力是 O_2 与 Hb 亲和力的 250 倍，这意味着在极低的 PCO 下，CO 即可从 HbO_2 中取代 O_2。此外，当 CO 与 Hb 分子中一个血红素结合后，将增加其余 3 个血红素对 O_2 的亲和力，使氧解离曲线左移，妨碍 O_2 的解离。因此，CO 中毒既可妨碍 Hb 对 O_2 的结合，又能妨碍 Hb 对 O_2 的解离，危害极大。

二、CO_2 的运输

（一）CO_2 的运输形式

物理溶解的 CO_2 约占总运输量的 5%，化学结合的约占 95%。化学结合的形式主要是碳酸氢盐和氨基甲酰血红蛋白，前者约占 CO_2 总运输量的 88%，而后者约占 7%。表 5-3 示血液中各种形式 CO_2 的含量（mL/100 mL 血液）、所占百分比（%）和释出量（肺部动、静脉血 CO_2 含量差值）及其所占百分比（%）。

表 5-3 血液中各种形式 CO_2 的含量（mL/100 mL 血液）、所占总量百分比（%）和释出量及其所占总量百分比

	动脉血		静脉血		释出量（mL/100 mL 血液）	所占总量百分比（%）
	含量（mL/100 mL 血液）	所占总量百分比（%）	含量（mL/100 mL 血液）	所占总量百分比（%）		
溶解的 CO_2	2.5	5.15	2.8	5.33	0.3	7.5
HCO_3^- 形式的 CO_2	43.0	88.66	46.0	87.62	3.0	75.0
氨基甲酰血红蛋白的 CO_2	3.0	6.19	3.7	7.05	0.7	17.5
CO_2 总量	48.5	100	52.5	100	4.0	100

CO_2 在血液中的运输，主要有两种方式：

1. **碳酸氢盐** 组织细胞生成的 CO_2 扩散入血浆，血浆的 CO_2 迅速扩散入红细胞内，在碳酸酐酶的催化下，CO_2 和水结合生成 H_2CO_3，H_2CO_3 又迅速解离成 HCO_3^- 和 H^+（图 5-12），除一小部分 HCO_3^- 与细胞内的 K^+ 结合，生成 $KHCO_3$ 外，大部分 HCO_3^- 扩散入血浆与 Na^+ 结合生成 $NaHCO_3$，同时，血浆中的 Cl^- 向细胞内转移，以保持红细胞内、外电荷平衡这一现象，称为 Cl^- 转移。红细胞膜上有特异的 HCO_3^-/Cl^- 载体，介导红细胞膜内的 HCO_3^- 与血浆中的 Cl^- 跨膜交换，从而保证 HCO_3^- 不会在红细胞内堆积，有利于 CO_2 的运输。由于红细胞膜对正离子通透性极低，在上述反应中解离出的 H^+ 与红细胞内的 Hb 结合，同时，促进 O_2 的解离。上述反应是可逆的，在肺部，反应向相反方向进行。因为肺泡气 PCO_2 比静脉血低，血浆中溶解的 CO_2 首先扩散入肺泡，红细胞内的 HCO_3^- 与 H^+ 生成 H_2CO_3，碳酸酐酶又加速 H_2CO_3 分解成 CO_2 和

H_2O，CO_2 从红细胞扩散入血浆，而血浆中的 HCO_3^- 便进入红细胞以补充被消耗的 HCO_3^-，Cl^- 则扩散出红细胞。这样，以 HCO_3^- 形式运输的 CO_2 便在肺部被释放出来。由此可见，进入血浆的 CO_2 最主要是以 $NaHCO_3$ 的形式在血浆中运输。

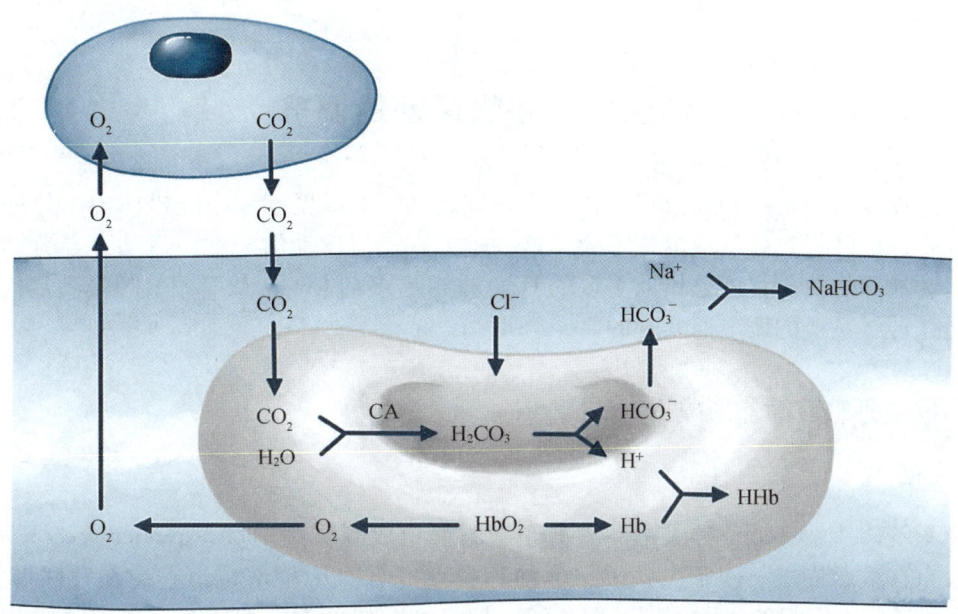

图 5-12 CO_2 在血液中的运输示意图

CA，碳酸酐酶

2. 氨基甲酰血红蛋白（carbaminohemoglobin，HHbNHCOOH） 以氨基甲酰血红蛋白形式运送的 CO_2 量占运输总量的 7%，进入红细胞中的 CO_2 能直接与 Hb 的氨基结合，形成氨基甲酰血红蛋白。这一反应无须酶的参与，迅速、可逆。结合量主要受 Hb 含氧量的影响，HbO_2 与 CO_2 的结合能力比去氧 Hb 与 CO_2 的结合能力小。在肺部，HbO_2 生成增多，促使氨基甲酰血红蛋白解离，释放 CO_2 和 H^+，反应向左进行。氧合作用的调节具有重要意义，从表 5-3 中可见，虽以氨基甲酰血红蛋白形式运输的 CO_2 仅占总运输量的 7% 左右，而在肺部排出的 CO_2 中却有 17.5% 是从氨基甲酰血红蛋白中释出的。

$$HbNH_2O_2 + H^+ + CO_2 \underset{\text{肺部}}{\overset{\text{组织}}{\rightleftharpoons}} HHbNHCOOH + O_2 \tag{式5-8}$$

（二）CO_2 解离曲线

CO_2 解离曲线（carbon dioxide dissociation curve）是表示血液中 CO_2 含量与 PCO_2 关系的曲线（图 5-13）。血液中 CO_2 的含量随 PCO_2 的升高而增加。两者之间关系接近线性，而不是 S 形曲线，没有饱和点，故 CO_2 解离曲线的纵坐标不用饱和度而用浓度表示。图 5-13 中的 A 点是静脉血 PO_2 为 40 mmHg、PCO_2 为 45 mmHg 时血液中的 CO_2 含量，约 52 mL/100 mL（血液）；B 点是动脉血 PO_2 为 100 mmHg、PCO_2 为 40 mmHg 时血液中的 CO_2 含量，约 48 mL/100 mL（血液）。可见，血液流经肺部时，每 100 mL 血液可释出 4 mL CO_2。

从图 5-13 中可以看出，在相同 PCO_2 下，静脉血携带的 CO_2 比动脉血高。O_2 与 Hb 结合也会影响 CO_2 的运

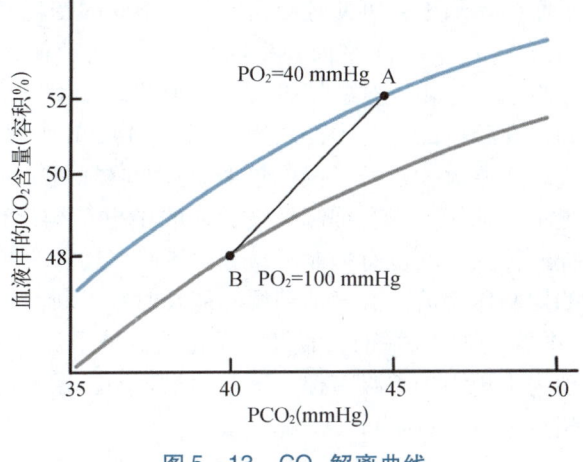

图 5-13 CO_2 解离曲线

A. 静脉血；B. 动脉血

输。O_2 与 Hb 结合促进 CO_2 的释放，而释放了 O_2 的 Hb 则容易和 CO_2 结合，这一现象称为何尔登效应（Haldane effect）。因此，O_2 和 CO_2 的运输是相互影响的。CO_2 通过波尔效应影响 O_2 的结合和释放，O_2 又通过何尔登效应影响 CO_2 的结合和释放。这两种情况都与血红蛋白的特性有关。

第四节　呼吸运动的调节

通常情况下的呼吸运动是一种无意识的自主节律性运动，其深度和频率随机体内、外环境的变化而改变。但人可以有意识地呼气、吸气或屏住呼吸，这些是大脑皮层发动的随意性运动。当劳动或运动时，代谢增强，呼吸运动加深加快，目的是摄取更多的 O_2，排出更多的 CO_2，从而调节呼吸满足代谢的需要，这些改变主要是通过神经系统的调节而实现的。

一、呼吸中枢与呼吸节律的形成

（一）呼吸中枢

由中枢神经系统内产生和调节呼吸运动的神经细胞群组成呼吸中枢（respiratory center），呼吸中枢相对集中的部位分布在大脑皮层、间脑、脑桥、延髓和脊髓等各级中枢部位，它们在呼吸节律（respiratory rhythm）的产生和调节中所起的作用不同，但各级中枢又相互协调，密切联系，共同完成节律呼吸运动的形成和调节。

1. 脊髓　脊髓中有支配呼吸肌的运动神经元，它们的胞体位于第 3~5 颈段脊髓前角（支配膈肌）和胸段脊髓前角（支配肋间肌和腹肌等）。呼吸肌在相应脊髓前角运动神经元支配下，发生节律性收缩、舒张运动，即呼吸运动。据文献记载，早在公元 2 世纪，盖伦（Galen）就观察到，动物在高位颈髓受到损伤时，呼吸运动便停止。在动物实验中，如果在延髓和脊髓之间做一横切，呼吸运动也会立即停止。这些现象清楚地说明，脊髓本身及呼吸肌和支配呼吸肌的传出神经不能产生呼吸节律，脊髓的呼吸运动神经元是联系高位呼吸中枢和呼吸肌的中继站。另外，脊髓在某些呼吸反射活动的初级整合中可能具有一定作用。

2. 低位脑干　指脑桥和延髓。正常节律性的呼吸运动产生于脑桥和延髓，延髓是呼吸运动的基本中枢，脑桥存在调整呼吸节律的神经结构，又称为呼吸调整中枢，该结论是根据在不同平面横断动物的脑干后，呼吸运动发生的变化而得出的。

1923 年，英国生理学家拉姆斯登（Lumsden）用横切脑干的方法，对猫进行实验研究，观察到在不同平面横切脑干，可使呼吸运动发生不同的变化，从而证明基本呼吸节律产生于低位脑干。在中脑和脑桥之间（图 5-14，A 平面）横断脑干，呼吸节律无明显变化；在延髓和脊髓之间（图 5-14，D 平面）横断，呼吸运动停止。这些结果表明呼吸节律产生于低位脑干，而高位脑对节律性呼吸运动的产生不是必需的。如果在脑桥的上、中部之间（图 5-14，B 平面）横断，呼吸将变慢变深；如果再切断双侧迷走神经，吸气动作便大大延长，仅偶尔为短暂的呼气所中断，这种形式的呼吸称为长吸式呼吸（apneusis）。这一结果提示，脑桥上部有抑制吸气活动的中枢结构，称为呼吸调整中枢（pneumotaxic center）；来自肺部的迷走神经传入冲动也有抑制吸气和促进吸气转换为呼气的作用。当失去来自脑桥上部和迷走神经传入这两方面的抑制作用后，吸气活动便不能及时被中断而转为呼气，于是出现长吸式呼吸。如果再在脑桥和延髓之间（图 5-14，C 平面）横断，不论迷走神经是否完整，长吸式呼吸都消失，出现喘息样呼吸（gasping），表现为不规则的呼吸节律。这些结果表明，在脑桥中下部可能存在能兴奋吸气活动的长吸中枢；在延髓内有喘息中枢（gasping center）。

于是，在 20 世纪 20~50 年代，便形成了三级呼吸中枢学说，即延髓内有喘息中枢，可产生最基本的呼吸节律；脑桥下部有长吸中枢，对吸气活动产生紧张性易化作用；脑桥上部有呼吸调整中枢，对长吸中

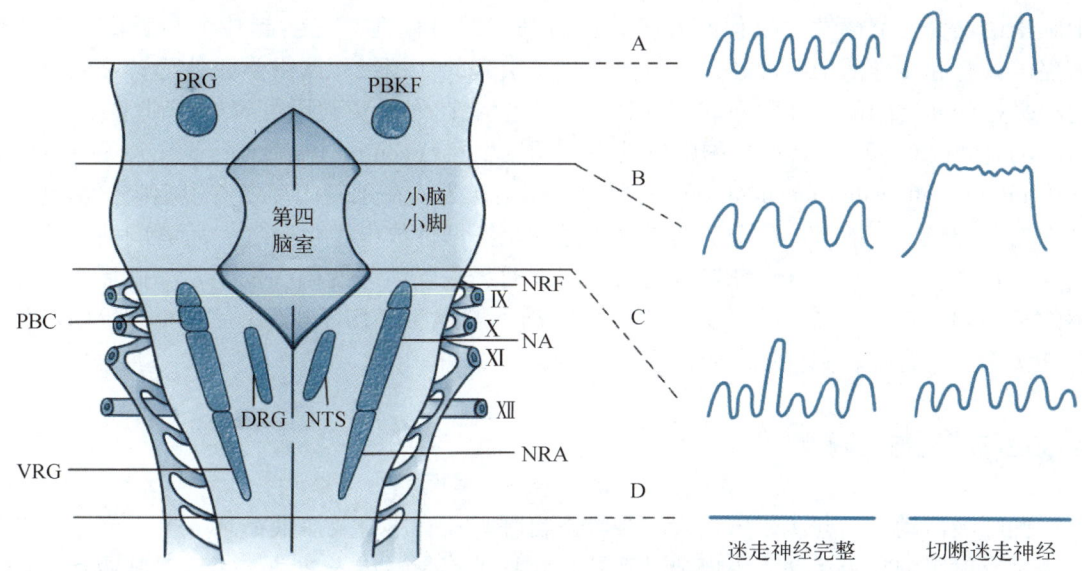

图5-14 脑干呼吸相关核团（左）和在不同平面横切脑干后呼吸的变化（右）示意图

PRG，脑桥呼吸组；PBKF，臂旁内侧核和KF核；PBC，前包钦格复合体；VRG，腹侧呼吸组；DRG，背侧呼吸组；NTS，孤束核；NRF，面神经后核；NA，疑核；NRA，后疑核；Ⅸ、Ⅹ、Ⅺ和Ⅻ，第9、10、11和12对脑神经

枢产生周期性抑制作用，在三者的共同作用下，形成正常的呼吸节律。后来的研究肯定了关于延髓有呼吸节律基本中枢和脑桥上部有呼吸调整中枢的结论，但未能证实脑桥中下部存在长吸中枢。

在低位脑干，呼吸神经元主要集中分布于左右对称的三个区域（图5-14左）。① 延髓背内侧的背侧呼吸组（dorsal respiratory group, DRG），相当于孤束核腹外侧部，其主要含吸气神经元，主要作用是使吸气肌收缩而引起吸气。② 延髓腹外侧的腹侧呼吸组（ventral respiratory group, VRG），从尾端到头端相当于后疑核、疑核和面神经后核及其邻近区域。该区含有多种类型的呼吸神经元，主要作用是使呼气肌收缩而引起主动呼气，还可调节咽喉部辅助呼吸肌的活动及延髓和脊髓内呼吸神经元的活动。③ 脑桥头端背侧的脑桥呼吸组（pontine respiratory group, PRG），相当于臂旁内侧核（nucleus parabronchial medialis, NPBM）及其相邻的克里克尔·福斯（Kölliker-Fuse, KF）核，两者合称为PBKF核群，为呼吸调整中枢所在部位，主要含呼气神经元，其作用是限制吸气，促使吸气向呼气转换。

在脑损伤、脑脊液压力升高、脑膜炎等病理情况下，可出现比奥呼吸（Biot breathing）。比奥呼吸是一种病理性的周期性呼吸，表现为一次或多次强呼吸后，继以长时间呼吸停止，之后又再次出现数次强呼吸，其周期变动较大，短则仅10 s，长则可达1 min。比奥呼吸常是死亡前出现的危急症状，其发生原因尚不清楚，可能是疾病已侵及延髓、呼吸中枢受损所致。

3. 高位脑　呼吸运动还受脑桥以上中枢部位的影响，如大脑皮层、边缘系统、下丘脑等。大脑皮层可调节皮层脊髓束和皮层脑干束神经元的活动，保证其他呼吸运动相关活动的完成，如说话、唱歌、哭笑、咳嗽、吞咽、排便等。一定程度的随意屏气或加深加快呼吸也靠大脑皮层的控制而实现。大脑皮层对呼吸运动的调节系统是随意的呼吸调节系统，而低位脑干的呼吸运动调节系统则为不随意的自主呼吸节律调节系统。这两个系统的下行通路是不同的。临床上有时可观察到自主呼吸和随意呼吸分离的现象。例如，在脊髓前外侧索下行的自主呼吸通路受损后，自主节律性呼吸运动出现异常甚至停止，而患者仍可进行随意呼吸。但这种患者常需要依靠人工呼吸机来维持其肺通气，如果不进行人工呼吸，患者一旦入睡，呼吸运动就会停止。

（二）呼吸节律的形成

关于正常呼吸节律的形成机制，尚不完全清楚，目前主要有两种学说，即起步细胞学说和神经元网络学说。

起步细胞学说认为，节律性呼吸犹如窦房结起搏细胞的节律性兴奋引起整个心脏产生节律性收缩一样，是由延髓内具有起步样活动的神经元的节律性兴奋引起的。神经元网络学说认为，呼吸节律的产生依赖于延髓内呼吸神经元之间的相互联系和相互作用。有学者在大量实验研究资料基础上提出了多种模型，其中最有影响的是 20 世纪 70 年代提出的中枢吸气活动发生器（central inspiratory activity generator）和吸气切断机制（inspiratory off-switch mechanism）模型。该模型认为，在延髓内存在着中枢吸气活动发生器和吸气切断机制作用的神经元，前者的活动引起吸气神经元呈渐增性放电产生吸气，后者的活动增强到一定阈值时，可使吸气转为呼气。当吸气切断机制的活动减弱时，吸气活动便再次发生，如此周而复始。脑桥呼吸调整中枢的活动和迷走神经肺牵张感受器的传入活动可增强吸气切断机制的活动，促进吸气转为呼气。该模型仍有许多不完善之处，尚待进一步研究。

二、呼吸运动的反射性调节

自主节律性呼吸活动虽然起源于脑，同时接收来自呼吸器官本身及血液循环等其他器官系统感受器的传入冲动，通过反射影响呼吸运动。中枢神经系统接收各种感受器传入冲动，实现对呼吸运动的调节，称为呼吸的反射性调节，如化学感受性呼吸反射、肺牵张反射、呼吸肌本体感受性反射、防御性呼吸反射等。

（一）化学感受性呼吸反射

化学因素对呼吸运动的调节是一种反射性活动，称为化学感受性反射（chemoreceptor reflex）。参与的化学因素有动脉血液、组织液或脑脊液中的 O_2、CO_2 和 H^+。机体主要通过化学感受性反射调节维持内环境中这些化学因素的相对稳定和机体代谢活动的正常进行。

1. 化学感受器（chemoreceptor）　指其适宜刺激是 O_2、CO_2 和 H^+ 等化学物质的感受器。根据所在部位的不同，分为外周化学感受器和中枢化学感受器。

（1）外周化学感受器（peripheral chemoreceptor）：位于颈动脉体和主动脉体，在呼吸运动和心血管活动的调节中具有重要作用。外周化学感受器在动脉血 PO_2 降低、PCO_2 升高或 H^+ 浓度升高时受到刺激，冲动分别经窦神经（舌咽神经的分支，分布于颈动脉体）和迷走神经（分支分布于主动脉体）传入延髓，反射性地引起呼吸加深加快和血液循环功能的变化（后者见第四章）。其中，颈动脉体对呼吸调节的作用较主动脉体大。颈动脉体的解剖位置有利于研究，所以对外周化学感受器的研究主要集中在颈动脉体。

颈动脉体（图 5-15）含 I 型细胞（球细胞）和 II 型细胞（鞘细胞），它们周围包绕毛细血管窦，血液供应十分丰富，每分钟血流量约为其自重的 20 倍，100 g 该组织的血流量约每分钟 2 000 mL（每 100 g 脑组织每分钟血流量约 54 mL）。其动、静脉 PO_2 差几乎为零，即在一般情况下，外周化学感受器始终处于动脉血液的环境之中。I 型细胞呈球形，有大量囊泡，内含递质，如乙酰胆碱、儿茶酚胺、某些神经肽等，这类细胞起感受器的作用。II 型细胞数量较少，没有囊泡，功能上类似神经胶质细胞。窦神经的传入神经纤维末梢分支穿插于 I、II 型细胞之间，与 I 型细胞形成特化的接触。目前认为，I 型细胞受到刺激时，细胞内 Ca^{2+} 浓度升高，由此而触发递质释放，引起传入神经纤维兴奋。

记录游离的颈动脉体的传入神经单纤维动作电位，观察改变灌流液成分时动作电位频率的变化，可见，当灌流液中的 PO_2 下降、PCO_2 升高或 H^+ 浓度升高时，传

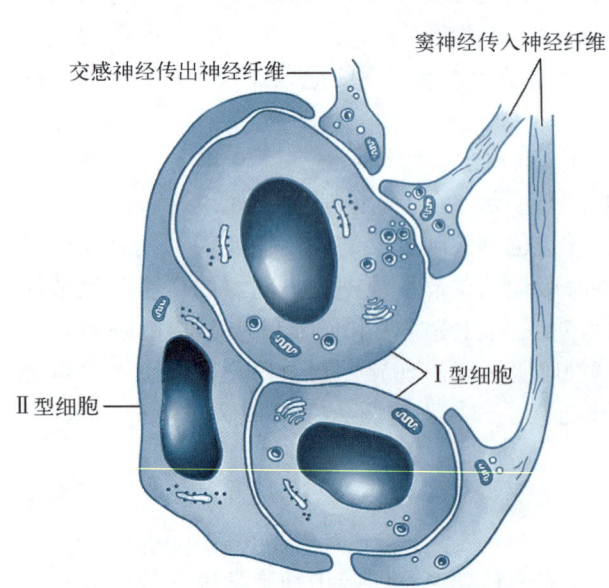

图 5-15　颈动脉体的结构示意图

入神经纤维放电频率增加，反射性使呼吸运动增强增快，肺通气量增加。如果保持灌流液的 PO_2 在 10 mmHg，仅减少灌流量，传入神经纤维放电频率也增加。因此，外周化学感受器的适宜刺激是动脉血中 PO_2 降低、PCO_2 升高、H^+ 浓度升高。值得一提的是，在贫血或 CO 中毒时，血液氧含量虽然下降，但是其 PO_2 仍正常，只要血流量充分，化学感受器传入神经放电频率并不增加。所以，当机体缺氧时，化学感受器所感受的刺激是其所处环境中 PO_2 的下降，而不是动脉血氧含量的降低。

在实验中还可观察到，上述三种因素对化学感受器的刺激作用有相互促进的现象，两种因素同时作用比单一因素作用的效应强。这种协同作用有利于当机体发生循环或呼吸衰竭时，PCO_2 升高和 PO_2 降低协同刺激外周化学感受器，共同促进代偿性呼吸增强反应。

（2）中枢化学感受器（central chemoreceptor）：位于延髓腹外侧部的浅表部位，左右对称，可分为头、中、尾 3 个区（图 5-16A）。头端和尾端区都有化学感受性；中间区不具有化学感受性，但局部阻滞或损伤中间区，可以使通气量降低，并使头端和尾端区受刺激时的通气反应消失，提示中间区可能是头端和尾端区传入冲动向脑干呼吸中枢投射的中继站。

中枢化学感受器的适宜刺激是脑脊液和局部细胞外液中的 H^+，而不是 CO_2。但血液中的 CO_2 能迅速通过血脑屏障，在碳酸酐酶的作用下，CO_2 与脑脊液中的水发生水合反应，使化学感受器周围细胞外液中的 H^+ 浓度升高，刺激中枢化学感受器，从而引起呼吸中枢兴奋（图 5-16B）。血液中的 H^+ 不易通过血脑屏障，故血液 pH 的变动对中枢化学感受器的作用较小，也较缓慢。

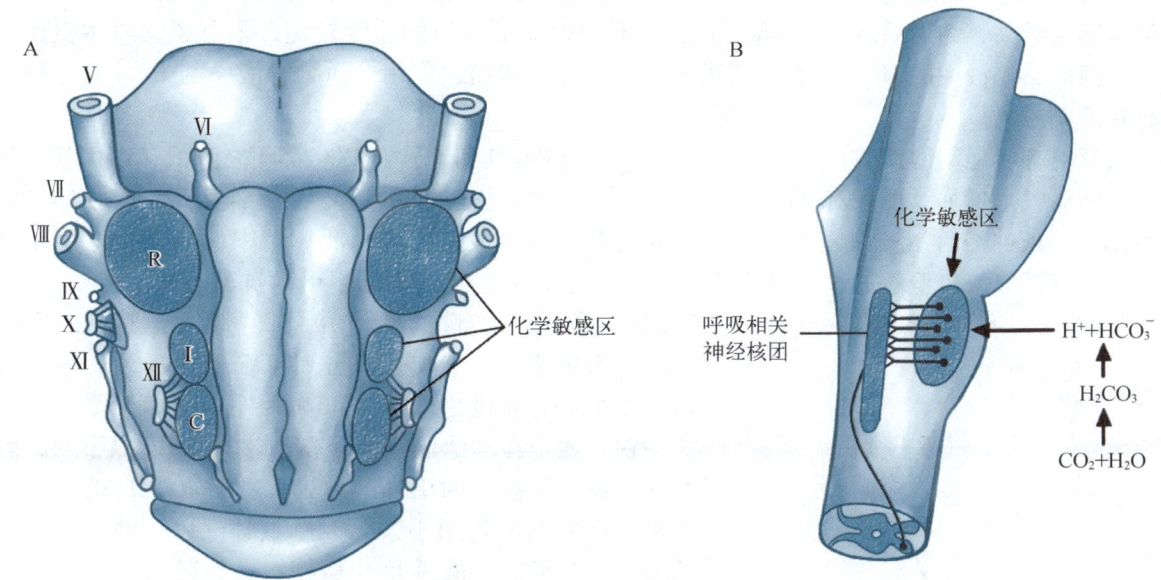

图 5-16　中枢化学感受器

A. 延髓腹外侧浅表部的三个化学敏感区；B. 血液或脑脊液 PCO_2 升高刺激中枢化学感受器兴奋的机制
R，头区；I，中区；C，尾区；Ⅴ~Ⅻ分别为第 5~12 对脑神经

中枢化学感受器不感受低氧的刺激，但对 H^+ 的敏感性比外周化学感受器高，反应潜伏期较长。中枢化学感受器的生理功能可能是调节脑脊液的 H^+ 浓度，使中枢神经系统有一稳定的 pH 环境；而外周化学感受器的作用则主要是在机体低氧时驱动呼吸运动。

2. CO_2、H^+ 和低氧对呼吸运动的调节

（1）CO_2 对呼吸运动的调节：CO_2 是调节呼吸运动最重要的生理性化学因素，血液中一定浓度的 CO_2 是维持呼吸中枢兴奋所必需的。麻醉动物或人，当动脉血液 PCO_2 降到很低水平时，可出现呼吸暂停；随吸入气 CO_2 浓度升高，呼吸加深加快，肺通气量增加；但是当吸入气体中 CO_2 超过一定水平时，肺通气量不能再相应增加，这是由于 CO_2 过多，可抑制中枢神经系统包括呼吸中枢的活动，总之，CO_2 在呼吸调节中经常起作用，动脉血中 PCO_2 在一定范围内升高，可刺激呼吸，但超过一定限度，则可抑制呼吸或出现 CO_2 麻醉。

吸入气中 CO_2 在一定范围内增加时，肺泡气 PCO_2 随之升高，动脉血 PCO_2 也升高，可见呼吸加深、加快，肺通气量增加。CO_2 刺激呼吸运动是通过两条途径实现的：一是 CO_2 迅速透过血脑屏障，在脑脊液中的碳酸酐酶的作用下，生成 H_2CO_3 解离出 H^+，通过 H^+ 刺激中枢化学感受器，再兴奋呼吸中枢；二是刺激外周化学感受器，冲动经窦神经和迷走神经传入延髓，反射性地使呼吸加深、加快，肺通气量增加。去除外周化学感受器的作用，CO_2 引起的通气反应仅下降 20% 左右；动脉血 PCO_2 只需要升高 2 mmHg 就可刺激中枢化学感受器，出现肺通气增强的反应；而刺激外周化学感受器，动脉血 PCO_2 需要升高 10 mmHg。可见，中枢化学感受器在 CO_2 引起的通气反应中起主要作用。不过，因为中枢化学感受器的反应较慢，所以当动脉血 PCO_2 突然增高时，外周化学感受器在引起快速呼吸反应中起重要作用。另外，当中枢化学感受器受到抑制，对 CO_2 的敏感性降低或产生适应后，外周化学感受器的作用就显得很重要。

心力衰竭或脑干损伤可引起呼吸中枢的反应增强，使肺通气量增加，呼出的 CO_2 增多，导致肺泡气和血液 PCO_2 下降，这种低 PCO_2 的血液流经脑部，呼吸中枢可因缺少足够的 CO_2 刺激而发生抑制，于是呼吸变慢、变浅甚至停止；呼吸的抑制又使 CO_2 的排出减少，致使血液中 PCO_2 升高，当这样的血液到达脑部后，又会刺激呼吸中枢，使呼吸运动变快、变深，再次使 PCO_2 下降，呼吸运动再次受到抑制。如此周而复始，出现病理性的周期性呼吸，每个周期 45 s~3 min，这种形式的呼吸称为陈-施呼吸（Cheyne-Stokes breathing）。

(2) H^+ 对呼吸运动的调节：动脉血液 H^+ 浓度升高时，呼吸运动加深、加快，肺通气量增加；H^+ 浓度降低时，呼吸运动受到抑制，肺通气量降低。

H^+ 对呼吸的调节也是通过外周化学感受器和中枢化学感受器实现的。中枢化学感受器对 H^+ 的敏感性较外周化学感受器高，约为后者的 25 倍。但是，H^+ 通过血脑屏障的速度较慢，限制了它对中枢化学感受器的作用。因此，血液中的 H^+ 主要通过刺激外周化学感受器而起作用，而脑脊液中的 H^+ 才是中枢化学感受器最有效的刺激物。

(3) 低氧对呼吸运动的调节：吸入气 PO_2 降低时，肺泡气和动脉血 PO_2 都随之降低，因而呼吸运动加深、加快，肺通气量增加。低氧对呼吸运动的刺激作用完全是通过外周化学感受器实现的。切断动物外周化学感受器的传入神经后，急性低氧对呼吸运动的刺激效应完全消失。低氧对中枢的直接作用是抑制性的。在轻、中度低氧时，低氧通过外周化学感受器对呼吸中枢的兴奋作用可对抗其直接抑制作用。但是，在严重缺氧时，外周化学感受器的反射效应不足以克服低氧的直接抑制作用，将导致呼吸运动的抑制。

高海拔地区由于大气压较海平面低，吸入气中氧含量降低，血中 PO_2 也随之降低，可刺激外周化学感受器使呼吸加深加快。通常在动脉血 PO_2 下降到 80 mmHg 以下时，肺通气量才出现可觉察到的增加。可见，动脉血 PO_2 的改变对正常呼吸运动的调节作用不大。但严重肺气肿、肺心病患者由于肺换气功能障碍，低氧和 CO_2 潴留，长时间的 CO_2 潴留能使中枢化学感受器对 CO_2 的刺激作用发生适应，而外周化学感受器对低氧刺激的适应则很慢，在这种情况下，低氧对外周化学感受器的刺激就成为驱动呼吸运动的主要刺激因素。因此，如果在因为慢性肺通气或肺换气功能障碍而引起机体缺氧的情况下给患者吸入纯氧，则可能由于低氧的刺激作用被解除，反而引起呼吸运动暂停，所以在临床应用氧疗时应给予高度注意。

综上所述，血液中 PCO_2 升高、PO_2 降低和 H^+ 浓度升高均可产生兴奋呼吸的作用，以 PCO_2 的作用最为明显。在整体情况下，一个因素的变化往往会引起其他因素相继或同时改变。如图 5-17 所示，PCO_2 升高时，H^+ 浓度也随之增高，两者作用发生总和，使肺通气反应较单一 PCO_2 升高时更为明显。H^+ 浓度增加时，由于肺通气量增大，CO_2 排出增多，致

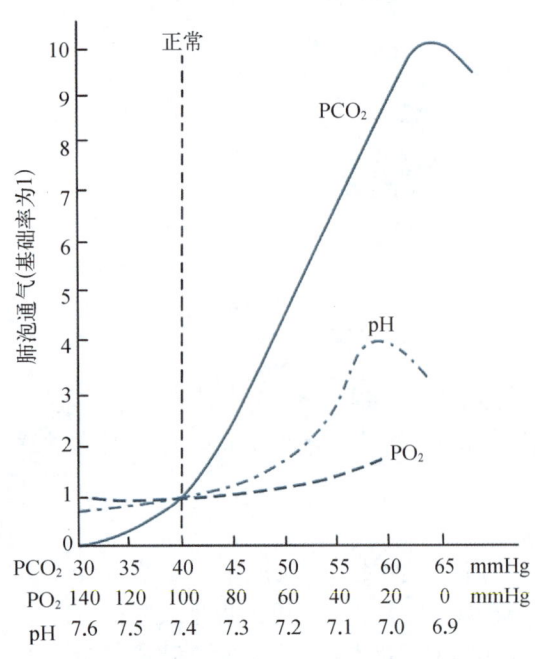

图 5-17 改变动脉血液 PCO_2、PO_2、pH 三因素之一而不控制其他两个因素时肺泡通气反应

使 PCO_2 下降，H^+ 浓度也有所降低，两者可部分抵消 H^+ 兴奋呼吸的作用。PO_2 下降，使肺通气量增加，呼出较多的 CO_2，从而也降低了 PCO_2 和 H^+ 浓度，从而减弱低 O_2 的刺激作用。三者之间具有相互作用，对肺通气的影响既可因总和而增强，也可因相互抵消而减弱。

（二）肺牵张反射

1868年，布鲁尔（Breuer）和赫林（Hering）发现，对麻醉动物实行肺扩张或向肺内充气可引起吸气活动的抑制，而肺萎陷或从肺内抽气则可引起吸气活动的加强。切断迷走神经后，上述反应消失，说明这是由迷走神经参与的反射性反应。这种由肺扩张或肺萎陷引起的吸气抑制或吸气兴奋的反射称为肺牵张反射（pulmonary stretch reflex）。肺牵张反射包括肺扩张反射和肺萎陷反射两种。

1. **肺扩张反射（pulmonary inflation reflex）** 指肺扩张时抑制吸气活动的反射。肺牵张反射的感受器属于慢适应牵张感受器，分布在气管到细支气管的平滑肌中，其阈值低、适应慢。肺扩张时，呼吸道扩张，牵张感受器受到刺激，传入冲动沿迷走神经进入延髓，在延髓内通过一定的神经联系，促使吸气转为呼气。肺扩张反射的生理意义在于加速吸气过程向呼气过程的转换，增快呼吸频率。在动物实验中，切断双侧颈迷走神经后，动物的吸气加深、过程延长，呼吸变得深而慢。在对8种不同动物肺扩张反射进行比较后发现反射的敏感性有种属差异，兔的肺扩张反射最敏感，而人的敏感性最低。人类在出生4~5天后，该反射的敏感性就明显减弱。在成年人，肺扩张反射要在潮气量超过1 500 mL 时才能引起。所以在平静呼吸时，肺扩张反射一般不参与呼吸运动的调节。而在病理情况下，由于肺顺应性降低，肺扩张时对气道的牵张刺激增强，从而可引起该反射，使呼吸变浅、变快。

2. **肺萎陷反射（pulmonary deflation reflex）** 指肺萎陷时增强吸气活动或促进呼气转换为吸气的反射。呼气时肺缩小，牵张感受器的放电频率降低，经迷走神经传入的冲动减少，对延髓吸气神经元的抑制解除，吸气神经元兴奋转为吸气。这一反射要在肺缩小非常明显时才出现，所以它在平静呼吸调节中的作用不大，可能对阻止呼气过深或肺不张等有一定作用。

（三）呼吸肌本体感受性反射

呼吸肌属于骨骼肌，肌梭是骨骼肌的本体感受器。肌梭受到牵张刺激时，可反射性地使其所在的骨骼肌收缩，这种反射称为骨骼肌牵张反射（muscle stretch reflex），属于本体感受性反射（proprioceptive reflex）（见第十章）。将麻醉的猫双侧迷走神经切断并在第7颈段平面横断脊髓，排除相应传入冲动的影响后，牵拉膈肌可引起膈肌电活动增强；切断动物的胸段脊神经背根后，呼吸运动减弱。在人类，呼吸肌本体感受性反射也参与正常呼吸运动的调节，在呼吸肌负荷增加时能发挥较明显的作用。

（四）防御性呼吸反射

主要的防御性呼吸反射包括咳嗽反射和喷嚏反射。

1. **咳嗽反射（cough reflex）** 是常见的重要防御性反射。咳嗽反射的感受器位于喉、气管和支气管的黏膜。咳嗽时，首先发生一次短促的或较深的吸气，继而声门紧闭，加之呼气肌强烈收缩，使肺内压和胸膜腔内压急剧上升，然后声门突然开放，由于肺内压很高，气体便由肺内高速冲出，排出呼吸道内的异物或分泌物。剧烈咳嗽时，可因胸膜腔内压明显升高而阻碍静脉回流，使静脉压和脑脊液压升高。

2. **喷嚏反射（sneeze reflex）** 类似于咳嗽反射，不同的是刺激作用于鼻黏膜的感受器，传入神经是三叉神经，反射效应是腭垂下降，舌压向软腭，而不是声门关闭，呼出气主要从鼻腔喷出，以清除鼻腔中的刺激物。

三、特殊条件下的呼吸运动及其调节

当机体处在不同的运动、高海拔、潜水、加速度、失重等环境情况下，呼吸运动及其变化各有特点，下面主要介绍运动、高海拔、潜水时的呼吸调节。

（一）运动时呼吸运动的调节

运动时，由于机体代谢活动的增强，呼吸运动加深加快，肺通气量增加，潮气量可从安静时的 500 mL 增加到 2 000 mL，呼吸频率可以从平静呼吸的 12~18 次/分增加到 50 次/分，肺通气量可达 100 L/min 以上。运动时肺通气量的变化如图 5-18 所示，运动开始时，通气量骤然升高，继而进一步缓慢升高，运动停止时通气量骤然降低，继而缓慢下降，最后恢复到运动前的水平。

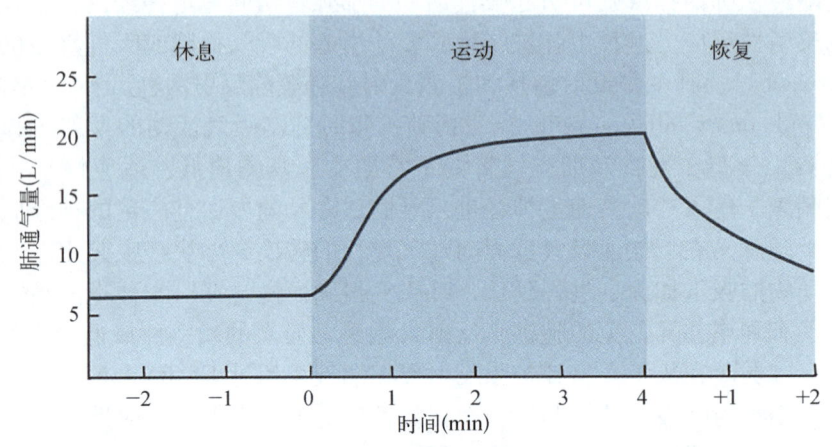

图 5-18 运动时肺通气量变化示意图

运动开始时，肺通气量骤然增加，可能与条件反射有关。此外，与本体感受器受刺激，反射性地刺激呼吸有关。运动过程中，受能量代谢的影响，血液中 PCO_2 升高、PO_2 下降及 H^+ 浓度的增加，都可以通过化学感受器反射性使肺通气量进一步增加。运动停止后，肺通气量先骤降，随后缓慢下降，恢复到运动前的水平，是因为运动时欠下了"氧债"，在运动停止后，必须有一个偿还过程。此时，由乳酸血症引起的 H^+ 浓度升高引起肺通气量增加。

（二）高海拔（低气压）条件下的呼吸调节

海平面大气压为 760 mmHg，随着海拔高度的增加，虽然空气的组成成分不变，但是其总压力和各组成成分的分压都会逐渐下降。海拔增高引起的大气中 PO_2 降低，称为低氧，又称为低压性低氧。急性缺氧，如乘坐飞机到达高原时，可通过刺激外周化学感受器反射性引起肺通气量增加，随着肺通气量增加，CO_2 排出会增多，因而减弱了机体对缺氧的通气反应。慢性缺氧，如久居高原的人或乘坐汽车到达高原时，除通气量增加外，心血管、造血、内分泌、代谢等功能都会发生相应的适应性变化。平原居民进入低氧环境时，对于长期持续性缺氧刺激产生的适应性生理反应或状态，称为低氧习服。在低氧环境中，机体通过肺通气量增加，红细胞增多，肺扩散容量增加，细胞利用氧的能力增强等机制，引起机体产生低氧习服。

（三）潜水（高气压）条件下的呼吸调节

潜水时机体所处环境的压力增加，海水深度每增加 10 m 或淡水深度每增加 10.4 m，环境压力将增加一个大气压，气体总压力和气体各组成成分也随之升高。当环境压力为 3 个大气压并吸入纯氧时，动脉血 PO_2 约为 220 mmHg，此时，血液中物理溶解的氧量可达 6.6 mL/100 mL，正常组织耗氧量 5 mL/100 mL，物理溶解的 O_2 足以满足组织代谢的需要，不需要动用化学结合的 O_2，因此，静脉血中的血红蛋白也呈氧合状态，组织中的 PO_2 也非常高，在这样高 PO_2 下，1~4 h 便可发生急性氧中毒，出现惊厥甚至昏迷。

除 O_2 的改变，在潜水或进入高压环境时，机体中 N_2 的含量和 N_2 的分压也会增高，肺泡气中 N_2 分压增高，N_2 会进入血液并被运输到组织，使组织中的 N_2 分压升高。如果潜水员出水过快，超过安全减压的速度，N_2 就会在组织和血管内堆积形成气泡或气栓，导致减压病。

四、临床监控呼吸状态的生理参数及意义

呼吸是人体的重要生理功能，因此在临床上有一套针对呼吸的监测参数。

1. 血氧饱和度（指套式）　在不吸氧的条件下，患者的血氧饱和度（指套式）低于92%，则需要及时对患者进行动脉血气分析。

2. 动脉血气分析　指对动脉血中不同类型的气体和酸碱性物质进行分析的技术。临床上常用于判断机体是否存在低氧血症、呼吸衰竭及酸碱平衡失调。采血部位通常选用肱动脉、股动脉、前臂桡动脉等，动脉血能真实地反映体内的氧化代谢和酸碱平衡状态。通常检测的三大指标分别是 PO_2、PCO_2、pH 和碱性物质。

（1）PO_2：动脉血中可溶解状态的 O_2 所产生的张力。正常成年人 PO_2 的正常值为 80~100 mmHg，<60 mmHg 即表示有呼吸衰竭，<30 mmHg 则提示有生命危险。

（2）PCO_2：动脉血中可溶解状态的 CO_2 所产生的张力。正常成年人 PCO_2 的正常值为 35~45 mmHg，<35 mmHg 为过度通气，>45 mmHg 则提示通气不足。它是判断各型酸碱中毒主要指标。

（3）pH 和碱性物质：是血液酸碱度的指标，受呼吸和机体代谢因素的双重影响。正常动脉血 pH 为 7.35~7.45，平均 7.40。pH<7.35 为酸血症，pH>7.45 为碱血症。因为代偿性酸中毒或碱中毒时 pH 仍可保持在 7.35~7.45，所以 pH 正常，并不能代表没有酸碱失衡。碱性物质包括实际碳酸氢盐、标准碳酸盐、缓冲碱、实际碱剩余等。

※ 科学小故事

生命中有各种拥抱，其中有一种拥抱被世人称为"生命的拥抱"，"生命的拥抱"就是海姆立克急救法，它的创始人是美国胸外科医生——海姆立克。

1972年，海姆立克已经52岁了，作为一名胸外科医生，在多年的临床实践中，他发现每年有数千人因为食物、异物造成呼吸道梗阻，窒息而死。那时，对此类患者的急救，医生常采用拍打患者背部，或将手指、器械伸进口腔、咽喉取出异物，其结果不仅无效反而让异物更深入呼吸道。在接下来的两年里，海姆立克通过对比格犬进行大量实验，发现可以通过挤压其肋骨部位，帮助把梗阻的异物吐出来。

1975年10月，海姆立克在《美国医学会杂志》（*The Journal of the American Medical Association*，JAMA）发表论文，正式推出了海姆立克急救法（Heimlich maneuver）。然而，虽然民众发现有用，但像美国红十字会这样的权威机构，还是不予认同。在接下来的几年里，海姆立克为了推广海姆立克急救法，一直在试图说服美国红十字会接受这一方法为急救噎食窒息的首选之法。在遭到拒绝后，海姆立克绕开红十字会，直接向大众推广。他制作电影电视节目，在报纸电台宣传，举办讲座。很多名人包括当时的美国总统里根也曾因为噎食被实施海姆立克急救而获得解救。

经过不断实践、总结经验、改进操作，同时不断和权威进行抗争，1985年7月，美国心脏协会和美国红十字会终于将海姆立克急救法作为噎食首选急救法，同时也作为溺水急救的一个备选方案。海姆立克这种发现问题、解决问题、不畏权威的医学创新精神值得每一位医学生学习。

※ 课后拓展

1. 思考题

（1）寒冷的冬天发生冻疮时，病患部位出现痒痛，而保暖后冻疮的痒痛症状会缓解，请用氧解离曲线的知识解释以上现象。

（2）火灾现场产生的浓烟导致被困人员肺表面活性物质减少后，为什么会出现肺水肿和呼吸困难？

2. 推荐阅读

(1) DOMINELLI P B, WIGGINS C C, BAKER S E, et al, 2020. Influence of high affinity haemoglobin on the response to normoxic and hypoxic exercise [J]. J Physiol, 598 (08): 1475-1490.

(2) EUGENÍN J, LARRAÍN C, ZAPATA P, 2020. Plasticity of cardiovascular chemoreflexes after prolonged unilateral carotid body denervation: implications for its therapeutic use [J]. Am J Physiol Heart Circ Physiol, 318 (05): H1325-H1336.

（买文丽）

※ 第五章数字资源

第五章
课件

第五章
课后练习题（附参考答案）

第五章
课后拓展思考题的解题思路

微课5-1
化学因素对呼吸的调节

第六章

消化和吸收

导 学

机体的代谢必然发生营养物质的消耗，但人体自身不能合成营养物质。正常人的营养物质来源于食物，消化系统的基本功能是消化食物和吸收营养物质。消化和吸收是机体维持能源物质和能量平衡的重要环节，是整个代谢过程的调节和整合的核心，是保持全身稳态和器官系统的正常运行所必需的。

消化系统具有结构和功能的多样性，还具有由多种神经和众多胃肠激素组成的复杂功能调节系统。因此，本章内容具有以下特点：知识点多而细，各部位的活动有共性也有个性，导致相似知识点之间容易混淆。

在学习本章时，建议按照两条逻辑线索进行。第一，将内容主要分为消化和吸收两部分。消化部分，首先是对消化生理、基本过程和共同规律的认识，包括消化道平滑肌的生理特性、电生理特性及消化活动的体液、神经调节（即消化道的神经支配及消化道的内分泌功能）；其次是每个部位的化学性和机械性消化，前者是消化液的作用、分泌机制和调节，后者是运动形式、作用及调节。吸收部分，首先是各部位吸收总体情况和吸收机制的基本原理；其次是每一种营养物质的吸收及进入血液或淋巴液的途径和机制。第二，以不同营养物质为线索，逐一解析食物中每一种营养物质从进入口腔到完全消化和吸收的完整过程。另外，还建议在学习过程中，应多用比较的方法，如将各部位的化学性消化和机械性消化分别进行比较，把不同营养物质的吸收特点和机制进行比较等。

人体的消化系统由消化道和消化腺组成。消化系统的主要生理功能是消化食物和吸收营养物质，并能排泄部分代谢产物，为机体的新陈代谢提供必不可少的营养物质、能量、水和电解质。此外，消化器官还有重要的内分泌功能和免疫功能。

食物在消化道内被分解为可吸收的小分子物质的过程，称为消化（digestion）。经消化后的营养成分通过消化道黏膜进入血液或淋巴液的过程，称为吸收（absorption）。未被吸收的食物残渣则以粪便的形式被排出体外。消化和吸收是两个相辅相成、紧密关联的过程。

第一节 消化生理概述

消化系统由长 8~10 m 的消化道及与其相连的消化腺组成。消化道包括口腔、咽、食管、胃、小肠和大肠，主要的消化腺有唾液腺、肝、胰腺和散在分布于消化道壁内的腺体，唾液腺包括大、小两种，其中大唾液腺包括腮腺、下颌下腺、舌下腺三对（图 6-1）。消化系统可对食物进行消化吸收，为机体新陈代谢提供物质和能量来源。

食物中所含的营养物质有六大类，其中糖、蛋白质和脂肪以结构复杂的大分子形式存在，须在消化道内经消化分解成结构简单的小分子物质，才能被机体吸收和利用。而维生素、无机盐和水可直接被吸收。消化过程使食物在消化道内被分解为可吸收形式。食物消化的方式有两种：一种是机械性消化（mechanical digestion），即通过消化道肌肉的舒缩活动，将食物磨碎，与消化液充分混合，并将食物不断地向消化道远端推送；另一种是化学性消化（chemical digestion），即通过消化腺分泌消化液，消化液中含各种消化酶，能分解糖、蛋白质和脂肪等物质，使之成为小分子物质。正常情况下，这两种消化方式同时进行，互相配合。

一、消化道平滑肌的特性

在整个消化道中，除口腔、咽、食管上端和肛门外括约肌是骨骼肌外，其余部分都由平滑肌组成。消化道通过这些肌肉的舒缩运动，对食物进行机械性消化。消化道的运动也可促进食物的化学性消化和吸收。

（一）消化道平滑肌的一般生理特性

消化道平滑肌具有肌肉组织的共同特性，如兴奋性、传导性和收缩性，这些特性的表现具有其自身的特点。

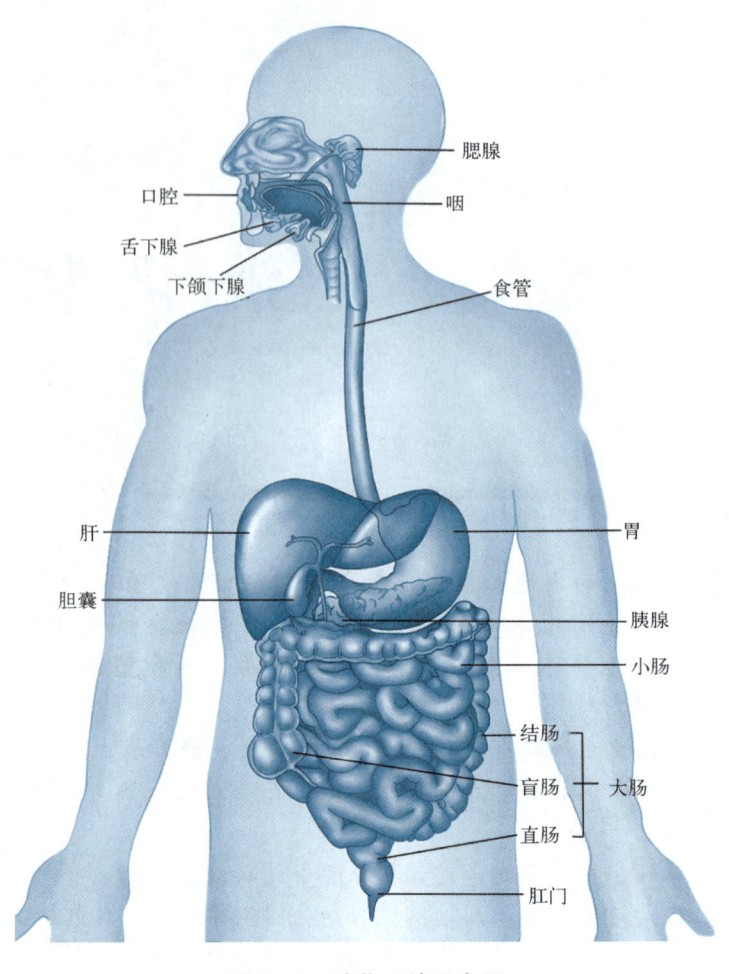

图 6-1 消化系统示意图

1. 兴奋性低、舒缩缓慢　消化道平滑肌的兴奋性较骨骼肌低。收缩的潜伏期、收缩期和舒张期所占的时间均较骨骼肌长，且变异很大。这些特点利于消化道内食物的消化和吸收。

2. 紧张性　消化道平滑肌保持微弱而持久的收缩状态，使消化道各部分，如胃、肠等能保持一定的形状和位置。紧张性使消化道管腔内保持一定的基础压力，利于消化液向食物中浸透。

3. 伸展性较大　消化道平滑肌具有较大的伸展性，可伸展到原来的 2~3 倍长。良好的伸展性能使大量食物暂时储存于消化道内而不发生明显的压力改变。

4. 自动节律性　消化道平滑肌在离体后，置于适宜环境内仍能进行良好的节律性舒缩运动，但其节律缓慢且不规则。

5. 对不同刺激的敏感性有差异　消化道平滑肌对电刺激较不敏感，但对牵拉、温度和化学刺激特别敏感。

（二）消化道平滑肌的电生理特性

消化道平滑肌的电位变化主要有静息电位、慢波电位和动作电位。

1. 静息电位　消化道平滑肌正常的静息电位为 $-50 \sim -60$ mV，其特点是电位较低，不稳定，波动较大。静息电位主要由 K^+ 平衡电位形成，但 Na^+、Cl^-、Ca^{2+} 及生电性钠泵活动也参与静息电位的产生。

2. 慢波电位　消化道平滑肌在静息电位基础上，可自发地周期性地去极化和复极化，形成缓慢的节律性电位波动，由于其频率较慢，称为慢波（slow wave）。慢波频率可决定消化道平滑肌的收缩节律，故又称基本电节律（basic electrical rhythm，BER）。慢波的幅度为 10~15 mV，持续时间为数秒至十几秒。慢波的频率变动每分钟 3~12 次，随所在消化道部位的不同而异，人类胃平滑肌的慢波频率为每分钟 3 次，十二指肠为每分钟 11~12 次，回肠末端为每分钟 8~9 次。目前认为，慢波起源于广泛分布于消化道环行肌和纵行肌之间的卡哈尔间质细胞（Cajal 间质细胞，interstitial cell of Cajal，ICC）。ICC 是一种兼有成纤维细胞和平滑肌细胞特性的间质细胞，它们与平滑肌细胞之间的距离很近，并在多处形成缝隙连接，因而可将起搏电流传给平滑肌从而产生慢波，并可以电紧张的形式传至纵行肌层和环行肌层。因此，ICC 被认为是胃肠活动的"起搏器"。慢波产生的离子基础尚未完全清楚，目前认为它与细胞内的钙波有关，细胞内 Ca^{2+} 浓度增高时，激活细胞膜上的氯通道，Cl^- 外流，膜电位去极化。慢波本身通常不引起肌肉收缩。

3. 动作电位　在慢波电位基础上，消化道平滑肌受到各种理化因素的刺激后，细胞膜可进一步去极化，当达到阈电位（约 -40 mV）时，即可引发动作电位。

平滑肌的动作电位与神经和骨骼肌的动作电位的区别在于：① 去极化使 Ca^{2+} 内流；② 锋电位上升慢，持续时间长（10~20 ms），幅度低（60~70 mV）且大小不等；③ 复极化机制与骨骼肌相同，都是通过 K^+ 的外流引起，但平滑肌 K^+ 的外向电流与 Ca^{2+} 的内向电流在时间过程上几乎相同，这也是平滑肌细胞锋电位具有上述特点的原因之一。

另外需要注意以下几点：① 若平滑肌未产生动作电位，但细胞内 Ca^{2+} 浓度增加到一定程度，也可引起幅度较小的收缩；② 平滑肌未受刺激时，若慢波去极化达阈电位，动作电位也可自发产生，随之发生收缩；③ 平滑肌在慢波基础上产生动作电位的频率越高，收缩越强。

总之，消化道平滑肌的慢波电位、动作电位和肌肉收缩三者之间紧密联系，平滑肌收缩主要继动作电位之后产生，而动作电位在慢波去极化的基础上发生。因此，慢波电位本身虽通常不引起平滑肌收缩，但被认为是平滑肌的起步电位，是平滑肌收缩节律的控制波，它决定消化道运动的方向、节律和速度（图 6-2）。

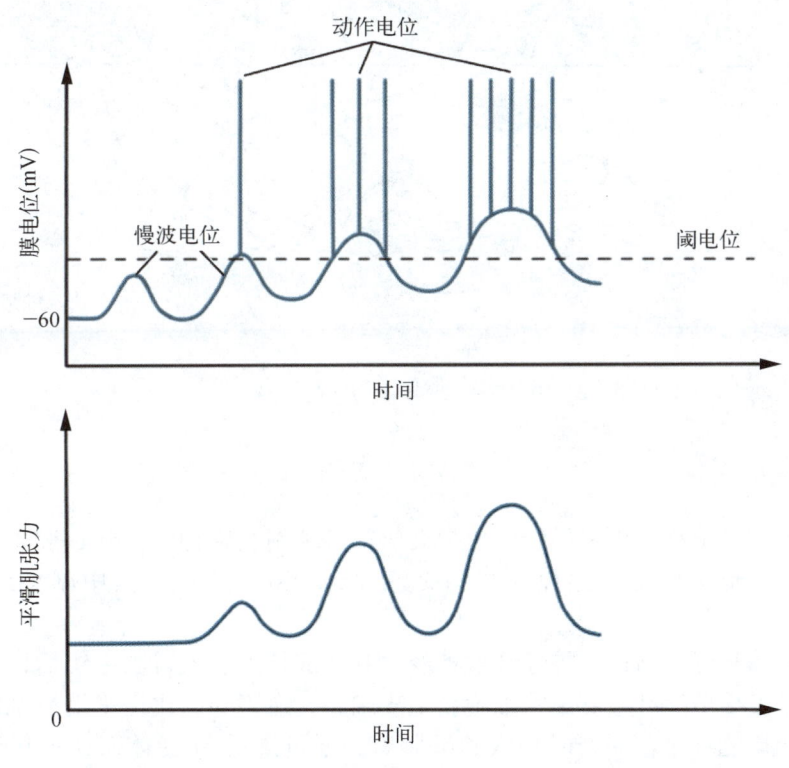

图 6-2　消化道平滑肌的电活动与收缩示意图

二、消化腺的分泌功能

消化腺包括消化道黏膜内的许多腺体及附属于消化道的唾液腺、胰腺和肝，它们向消化道内分泌多种消化液，包括唾液、胃液、胰液、胆汁、小肠液和大肠液等。成年人每日分泌的消化液总量达 6~8 L。消化液的主要成分是水、无机物和有机物（包括各种消化酶、抗体等）。消化液的主要功能：① 通过消化酶分解复杂的食物成分，使之便于吸收；② 稀释食物，使之与血浆等渗，有利于吸收；③ 为各种消化酶提供合适的发挥作用的 pH 环境；④ 分泌的黏液、抗体能保护消化道黏膜，防止物理性和化学性的损伤。

三、消化道的神经支配

消化道的神经支配有外来神经系统（extrinsic nervous system）和分布于消化道壁内的内在神经系统（intrinsic nervous system）（图 6-3）。两者相互协调，共同调节胃肠的功能。

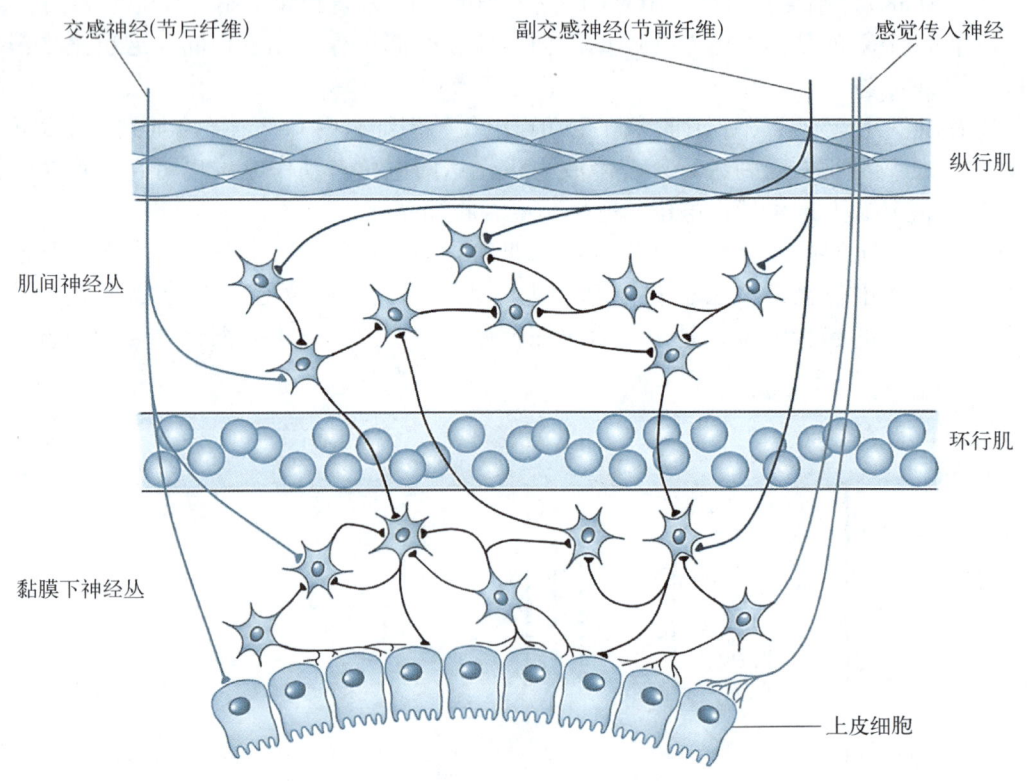

图 6-3 消化道的神经支配

（一）外来神经系统

支配消化道的自主神经被称为外来神经，包括交感神经和副交感神经。除口腔、咽、食管上端的肌肉及肛门外括约肌外，消化道主要受交感神经和副交感神经的双重支配，其中副交感神经的作用占主导地位。

支配消化道的副交感神经包括迷走神经和盆神经，其节前纤维进入胃肠组织后，主要与消化道的壁内神经元形成突触，然后发出节后纤维支配腺细胞、上皮细胞、血管和消化道平滑肌细胞。消化道内副交感神经节后纤维主要为胆碱能纤维，兴奋时释放乙酰胆碱，通过激活 M 受体，使消化道收缩，腺体分泌增多，而对消化道括约肌却起抑制作用。此外，有少数副交感神经节后纤维释放某些肽类物质，如血管活性肠肽、P 物质、脑啡肽和生长抑素等。

支配消化道的交感神经从脊髓第 5 胸段至第 2 腰段侧角发出。其节前纤维在腹腔神经节、肠系膜神经节或腹下神经节内更换神经元，其节后纤维末梢释放去甲肾上腺素，主要终止于壁内神经丛内的胆碱能神经元，抑制其兴奋性；少数交感节后纤维直接支配消化道平滑肌、血管平滑肌和消化道腺细胞。交感神经兴奋时，消化道运动减弱，腺体分泌被抑制和血流量减少，而消化道括约肌却收缩。

(二) 内在神经系统

消化道的内在神经系统又称肠神经系统（enteric nervous system）。它完全位于消化道壁中，由存在于食管中段至肛门管壁内的两种神经丛组成：一是位于胃肠壁黏膜下的黏膜下神经丛（submucosal plexus），主要控制胃肠道分泌和局部血流；另一种是位于环行肌与纵行肌之间的肌间神经丛（myenteric plexus），主要控制胃肠道运动。目前认为，消化道内的神经丛构成了一个完整的、相对独立的整合系统，在去除外来神经后，内在神经丛仍可在局部发挥调节作用，可独立调节胃肠运动和腺体分泌等，在胃肠活动的调节中具有重要作用。

四、消化道的内分泌功能

从胃到大肠的黏膜层内有 40 多种内分泌细胞，它们合成和释放的生物活性物质，统称为胃肠激素（gastrointestinal hormone）。胃肠内分泌细胞都具有摄取胺前体，进行脱羧而产生肽类或活性胺的能力，具有这种能力的细胞统称为摄取胺前体脱羧细胞（amine precursor uptake and decarboxylation cell，APUD 细胞）。除胃肠和胰腺的内分泌细胞外，神经系统、甲状腺、肾上腺髓质等组织中也含有 APUD 细胞。消化道内所含的内分泌细胞数远大于体内所有内分泌腺所含的细胞总数。所以，消化道是目前所知的体内最大和最复杂的内分泌器官。

（一）消化道内分泌细胞的形态及分布

消化道的内分泌细胞可分为开放型细胞和闭合型细胞两类。大多数为开放型细胞，其顶端有微绒毛突入消化道腔内，能感受腔内的食物成分和 pH 等化学刺激，触发细胞分泌，如分泌促胃液素的胃窦部 G 细胞。少数为闭合型细胞，其顶端无微绒毛，不直接暴露于消化道腔内，而是被相邻的非内分泌细胞所覆盖。这类细胞能感受机械性刺激、温度变化和组织液、血液等局部环境的变化，主要分布在胃底和胃体的泌酸腺和胰腺。

（二）胃肠激素的生理作用

胃肠激素与神经系统一起，共同调节消化器官的运动、分泌和吸收功能，对体内其他器官的活动也可产生广泛的影响，表 6-1 总结了几种重要胃肠激素的主要作用及引起释放的刺激，总体来说包括以下三个方面。

1. 调节消化腺的分泌和消化道的运动　这是胃肠激素的主要作用。目前发现，一个激素可调节多个消化器官的功能；而一个消化器官的功能往往受多种激素的调节。

2. 调节其他激素的释放　胃肠激素还能调节其他激素的释放。例如，在消化期，胃肠释放的抑胃肽（gastric inhibitory polypeptide，GIP）可刺激胰岛素的分泌。此外，生长抑素、胰多肽和血管活性肠肽对生长激素、胰岛素、胰高血糖素和促胃液素等多种激素的释放均有调节作用。

3. 营养作用　一些胃肠激素具有刺激消化道组织的代谢和生长的作用称为营养作用（trophic action）。例如，促胃液素能刺激胃泌酸腺区黏膜和十二指肠黏膜生长。缩胆囊素能促进胰腺外分泌组织的生长。

表 6-1　五种胃肠激素的主要生理作用及引起释放的刺激

激素名称	主要生理作用	引起释放的刺激
促胃液素	促进胃酸和胃蛋白酶分泌，使胃窦和幽门括约肌收缩，延缓胃排空，促进胃肠运动和胃肠上皮生长	蛋白质消化产物、迷走神经递质、扩张胃
缩胆囊素	刺激胰液分泌和胆囊收缩，增强小肠和大肠运动，抑制胃排空，增强幽门括约肌收缩，松弛壶腹括约肌，促进胰腺外分泌部生长	蛋白质消化产物、脂肪酸

续表

激素名称	主要生理作用	引起释放的刺激
促胰液素	刺激胰液及胆汁中的碳酸氢盐分泌，抑制胃酸分泌和胃肠运动，收缩幽门括约肌，抑制胃排空，促进胰腺外分泌部生长	盐酸、脂肪酸
抑胃肽	刺激胰岛素分泌，抑制胃酸和胃蛋白酶分泌，抑制胃排空	葡萄糖、脂肪酸和氨基酸
胃动素	在消化间期刺激胃和小肠的运动	迷走神经、盐酸和脂肪酸

第二节 口腔内消化和吞咽

消化过程从口腔开始。在口腔内，食物通过被咀嚼和在唾液中消化酶的作用下，得到初步消化。被唾液湿润和混合的食团经吞咽由食管入胃。

一、唾液的分泌

唾液（saliva）是唾液腺所分泌的混合液。人的口腔内有三对大的唾液腺：腮腺、下颌下腺和舌下腺，还有无数散在的小唾液腺。

（一）唾液的性质和成分

唾液为无色、无味、近中性（pH 6.6~7.1）的低渗液体。正常成年人每日分泌量为 1.0~1.5 L，最快分泌速度达 4 mL/min。唾液中水分约占 99%。有机物主要为黏蛋白，还有免疫球蛋白（IgA、IgG、IgM）、氨基酸、尿素、尿酸、唾液淀粉酶（salivary amylase）和溶菌酶等。唾液中的无机物有 Na^+、K^+、Ca^{2+}、Cl^-、HCO_3^- 等。此外，唾液中还有一定量的气体，如 O_2、N_2 和 CO_2 等。

（二）唾液的作用

唾液的主要生理作用包括以下几个方面：① 湿润与溶解食物，以引起味觉并利于吞咽。② 清洁和保护口腔。唾液可清除口腔中食物残渣，可冲淡、中和进入口腔的有害物质，减少细菌繁殖；唾液中的溶菌酶和免疫球蛋白有杀灭细菌和病毒作用。③ 唾液淀粉酶可使淀粉分解成为麦芽糖；食物进入胃后，唾液淀粉酶的活性仍可维持一段时间，继续发挥作用直至胃内容物变为 pH 约为 4.5 的酸性反应物为止。④ 进入体内的重金属（如铅、汞）、氰化物及某些病毒（如狂犬病毒）可随唾液排出。

（三）唾液分泌的调节

唾液分泌的初级中枢在延髓，高级中枢分布于下丘脑和大脑皮层等处。安静情况下，唾液以 0.5 mL/min 的速度进行分泌，以润湿口腔，称为基础分泌（basic secretion）。进食时唾液分泌明显增多，是神经反射性调节，包括非条件反射和条件反射。成年人的唾液分泌，通常都包括条件反射和非条件反射。

1. **非条件反射性分泌** 指进食时，食物对舌、口腔和咽部黏膜机械性、化学性和温热性刺激所引起的唾液分泌。非条件反射性分泌的反射调节过程是，食物的上述刺激使口腔黏膜和舌的感受器发生兴奋，冲动沿第Ⅴ、Ⅶ、Ⅸ、Ⅹ对脑神经传入，到达延髓的上涎核和下涎核初级中枢，以及下丘脑和大脑皮层的嗅觉、味觉感受区，然后通过第Ⅶ、Ⅸ对脑神经中的副交感纤维和交感传出神经纤维到达唾液腺，引起唾液分泌，其中，支配唾液腺的传出神经以副交感神经为主。

2. **条件反射性分泌** 指在进食活动中，食物的形状、颜色、气味及进食的环境乃至语言文字描述引起的唾液分泌。条件反射性分泌是在大脑皮层的参与下实现的。

二、吞咽

吞咽（deglutition 或 swallowing）指口腔内的食团由舌背推动经咽和食管送入胃内的过程。它是口腔和咽、喉各部分及食管密切配合的有顺序的、高度协调的复杂动作。根据食团在吞咽时所经过的解剖部位，可将吞咽动作分为以下三期。

1. 第一期即口腔期　指食团由口腔进入咽的时期。主要依靠舌的运动把食团由舌背推向咽部。这些动作是在大脑皮层的控制下进行的，是一种随意运动。

2. 第二期即咽期　指食团由咽到食管上端的时期。由食团对软腭和咽部触觉感受器的刺激引发一系列急速的反射动作。该期进行得极快，约需要 0.1 s。

3. 第三期即食管期　指食团沿食管上端下行至胃的时期。此期主要由食管蠕动实现。食管肌肉的顺序收缩又称蠕动，形成一种向前推进的波形运动，是消化道平滑肌的一种基本运动形式。蠕动反射通常包含两个部分：一是食团上端食管的兴奋性反应，二是食团下端食管的抑制性反应，从而在食团上端的食管出现一收缩波，在食团下端的食管出现一舒张波，食团因此被推送前进。

正常情况下，胃内的食糜或其他内容物不会向食管反流。在食管和胃之间，虽然在解剖上不存在括约肌，但这一区域有一长 3~5 cm、宽 1~3 cm 的高压区，此处压力一般比胃内压高 0.67~1.33 kPa（5~10 mmHg），可阻止胃内容物逆流入食管，起到了类似生理性括约肌的作用，通常将这一区域称为食管下括约肌（lower esophageal sphincter, LES）。当食物经过食管时，刺激食管壁上的机械感受器，可反射性地引起食管下括约肌舒张，食物进入胃内。食物入胃后引起的促胃液素释放，可加强该区域收缩，这对于防止胃内容物逆流入食管具有一定作用。

第三节　胃内消化

胃是消化道中最膨大的部分，具有暂时储存食物和消化食物的功能。成年人胃的容量为 1~2 L。食物入胃后，经过胃液的化学性消化和胃运动的机械性作用，使进入胃内的食团被胃液水解和胃运动所研磨，形成食糜（chyme）。此后，食糜逐次、少量地通过幽门被排入十二指肠。

一、胃液的分泌

胃黏膜是一个复杂的分泌器官，含有三种管状外分泌腺和多种内分泌细胞。胃对食物的化学性消化通过这些外分泌腺分泌的胃液来实现。

胃的外分泌腺：① 贲门腺，分布于胃与食管连接处的环状区内，主要由黏液细胞组成，分泌稀薄的碱性黏液。② 泌酸腺，分布于占全胃黏膜约 2/3 的胃底和胃体部，数量最多，由壁细胞、主细胞和黏液颈细胞组成。其中，壁细胞分泌盐酸和内因子，主细胞分泌胃蛋白酶原，黏液颈细胞则分泌黏液。③ 幽门腺，分布于幽门部，分泌碱性黏液。

胃黏膜内至少含有六种内分泌细胞，通过分泌胃肠激素来调节消化道和消化腺的活动。例如，分布于胃窦部，分泌促胃液素和促肾上腺皮质激素（adrenocorticotropic hormone, ACTH）样物质的 G 细胞；分布于胃底、胃体和胃窦部，分泌生长抑素的 D 细胞；分布于胃泌酸区黏膜内，合成和释放组胺的肠嗜铬样细胞（enterochromaffin-like cell, ECL）。

（一）胃液的性质、成分和作用

纯净的胃液为无色的酸性液体，pH 为 0.9~1.5。正常成年人每日分泌的胃液量为 1.5~2.5 L。胃液的主要成分包括盐酸、胃蛋白酶原、内因子、黏液以及水、HCO_3^-、Na^+、K^+等无机物。

1. 盐酸（hydrochloric acid，HCl） 胃液中的盐酸又称胃酸（gastric acid），由泌酸腺中的壁细胞分泌。胃酸在胃液中有两种形式，一种呈游离状态，称为游离酸；另一种与蛋白质结合，称为结合酸。两者在胃液中的总浓度称为胃液的总酸度。其含量通常以单位时间内分泌的毫摩尔数表示，称为胃酸排出量（gastric acid output）。正常人空腹6 h后，在无食物刺激时，胃酸排出量为0~5 mmol/h，此为基础胃酸分泌。在食物或某些药物（如促胃液素或组胺）的刺激下，胃酸排出量可增加，正常人的胃酸最大排出量可达20~25 mmol/h，称为最大胃酸分泌量。胃酸的排出量反映胃的分泌能力，主要取决于胃黏膜壁细胞的数目及其功能状态。

（1）胃酸的分泌机制：胃液中H^+的最大浓度为150~170 mmol/L，比血浆中H^+的浓度高约300万倍。并且胃液中Cl^-浓度为170 mmol/L，为血浆中的Cl^-浓度的1.7倍左右。可见，壁细胞分泌盐酸是逆浓度梯度进行主动转运，需要消耗大量能量。其中，H^+的主动分泌与壁细胞顶端膜上的氢-钾ATP酶（称质子泵）的作用有关。质子泵位于壁细胞顶端膜内陷形成的分泌小管，H^+-K^+交换是壁细胞质子泵区别于体内任何其他细胞质子泵的明显特征。质子泵每催化一分子ATP分解为ADP和磷酸所释放的能量，可驱动一个H^+从壁细胞质进入分泌小管腔和一个K^+从小管腔进入细胞质。

胃黏膜壁细胞分泌胃酸的过程如下（图6-4）。

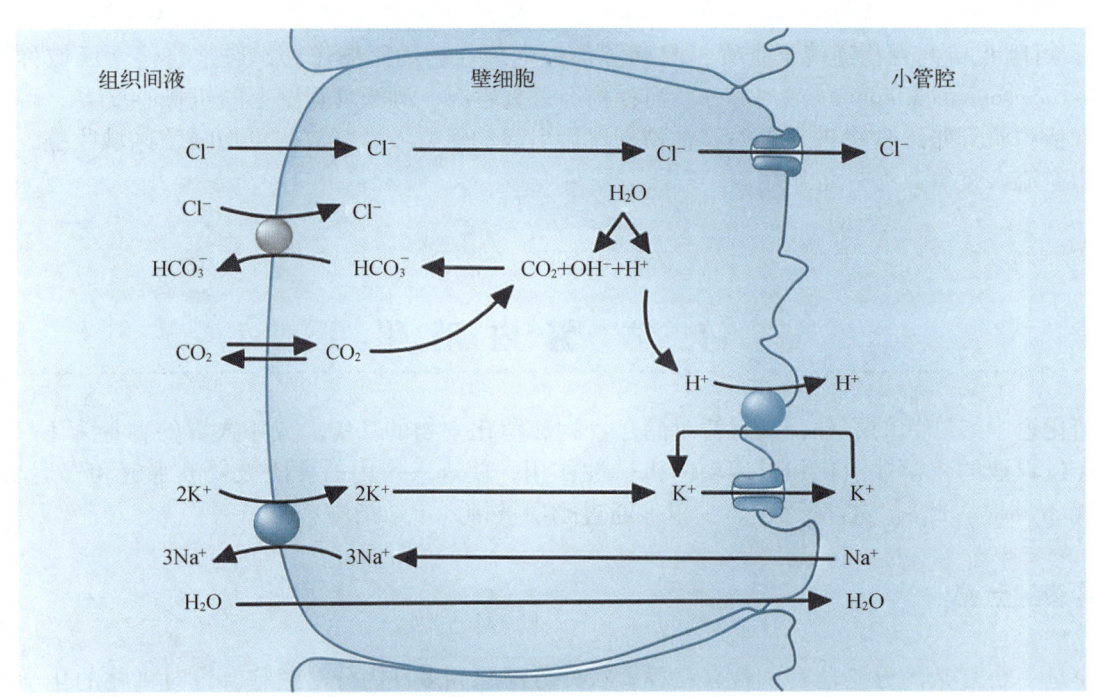

图6-4 胃黏膜壁细胞分泌胃酸的基本过程示意图

1）H^+的主动分泌 壁细胞分泌的H^+是由细胞质中的H_2O解离生成的。H^+在顶端膜上质子泵的作用下，主动分泌到分泌小管腔内，并从分泌小管腔内换回一个K^+。顶端膜上存在的钾通道也同时开放，故进入壁细胞内的K^+又经钾通道再次进入分泌小管腔。

2）Cl^-的分泌 顶端膜上存在的氯通道也同时开放，细胞内的Cl^-也由氯通道分泌至分泌小管腔内，然后与H^+形成HCl。在壁细胞内，H^+被质子泵泵出后，留在细胞质中的OH^-则和CO_2在碳酸酐酶的催化下形成HCO_3^-。细胞质内的HCO_3^-通过壁细胞的基底侧膜上的Cl^--HCO_3^-逆向转运体，与来自血浆中的Cl^-进行交换，被转运至细胞外进入血液，与Na^+形成$NaHCO_3$，而Cl^-则被转运入壁细胞，再经顶端膜上的Cl^-通道进入分泌小管腔，不断地与H^+形成HCl，当需要时，HCl则由壁细胞分泌入胃腔。此外，壁细胞基底侧膜上存在的钠-钾ATP酶可将细胞内的Na^+泵出细胞，最终转运回血液，同时将K^+泵入壁细胞内，以补充转运到分泌小管腔内的部分 K^+。在消化期，胃酸大量分泌，同时有大量的 HCO_3^- 与 Cl^- 交换进入血液，导致血液和尿液的 pH 往往升高，形成餐后碱潮（postprandial alkaline tide）。

（2）胃酸的生理作用：① 可促使食物中的蛋白质变性，使之易于被消化；② 杀灭随食物进入胃内的细菌；③ 激活胃蛋白酶原，使之转变为有活性的胃蛋白酶，并为胃蛋白酶作用提供了必要的酸性环境；④ 进入十二指肠后，可以引起促胰液素、缩胆囊素的释放，从而促进胰液、胆汁和小肠液的分泌；⑤ 胃酸所造成的酸性环境，有助于小肠对铁和钙的吸收。胃酸分泌过多，对胃和十二指肠黏膜有侵蚀作用，是溃疡病发病的重要原因之一。若分泌过少，则会诱发腹胀、腹泻等消化不良的症状。

2. 胃蛋白酶原（pepsinogen） 主要由泌酸腺的主细胞合成和分泌，颈黏液细胞、贲门腺和幽门腺的黏液细胞及十二指肠近端的腺体也能分泌胃蛋白酶原。

胃蛋白酶原以不具有活性的酶原颗粒形式储存在细胞内。迷走神经兴奋、进食及促胃液素等刺激可引起其释放增多。分泌入胃腔内的胃蛋白酶原在胃酸的作用下，转变为具有活性的胃蛋白酶（pepsin）。已激活的胃蛋白酶对胃蛋白酶原也有激活作用，即自我激活。胃蛋白酶的功能是水解蛋白质，生成胨、脉及少量多肽和氨基酸。胃蛋白酶为内切酶，只在较强的酸性环境中才能发挥作用，其最适 pH 为 $1.8\sim3.5$，当 pH>5.0 时此酶失活，当 pH 升至 6.0 以上时此酶发生不可逆的变性。

3. 黏液和碳酸氢盐 胃液中含有大量的黏液，其主要成分为糖蛋白，由胃黏膜表面上皮细胞、泌酸腺的黏液颈细胞、贲门腺和幽门腺共同分泌。正常人黏液覆盖在胃黏膜的表面，形成一个厚约 0.5 mm 的凝胶层，它为胃黏膜上皮细胞厚度的 $10\sim20$ 倍，具有重要的生理的作用：① 润滑作用，利于食糜在胃内的往返运动；② 可减少粗糙的食物对胃黏膜的机械性损伤；③ 黏液呈中性或弱碱性，可降低胃液的酸度，减弱胃蛋白酶的活性；④ 具有较高的黏滞性，在胃黏膜表面形成的黏液层能减慢胃腔中的 H^+ 向胃壁扩散速度。胃内 HCO_3^- 主要由胃黏膜非泌酸细胞分泌，仅有少量的 HCO_3^- 是从组织间液渗入胃内的。

研究表明，单独的黏液或碳酸氢盐的分泌都不能有效地保护胃黏膜免受胃腔内胃酸和胃蛋白酶的损伤，而由黏液和碳酸氢盐共同构成的抗胃黏膜损伤的屏障称为黏液-碳酸氢盐屏障（mucus bicarbonate barrier）（图 6-5）。黏液-碳酸氢盐屏障在一定程度上能有效保护胃黏膜免受 H^+ 直接侵蚀，也使胃蛋白酶原在上皮细胞侧不能被激活，防止胃蛋白酶对胃黏膜的消化作用。

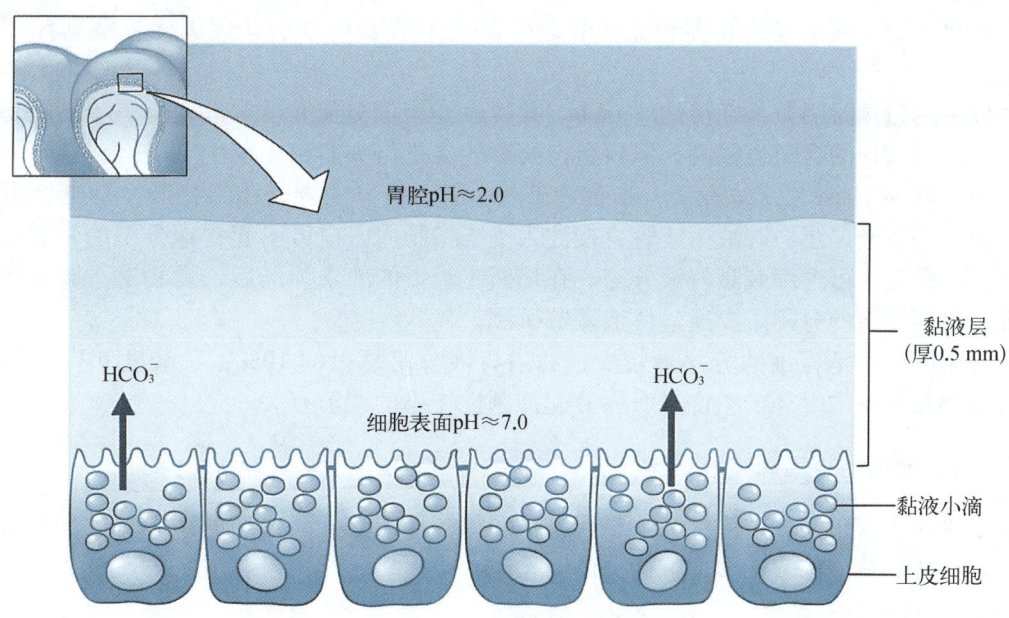

图 6-5 胃黏液-碳酸氢盐屏障模式图

除黏液-碳酸氢盐屏障外，胃上皮细胞的顶端膜和相邻细胞之间存在的紧密连接构成了胃黏膜屏障（gastric mucosal barrier），这一结构对胃黏膜的保护也起重要作用。它们对 H^+ 相对不通透，可防止胃腔内

的 H^+ 向黏膜内扩散。

4. 内因子（intrinsic factor） 是壁细胞分泌的一种糖蛋白。它有两个活性部位，一个活性部位与进入胃内的维生素 B_{12} 结合，形成内因子-维生素 B_{12} 复合物，保护维生素 B_{12} 不被小肠内水解酶破坏。当该复合物运行至远端回肠时，另一活性部位与回肠黏膜上的受体结合，促进维生素 B_{12} 的吸收。缺乏内因子时可造成维生素 B_{12} 缺乏，导致巨幼红细胞性贫血。

（二）消化期的胃液分泌

空腹时，胃液分泌量很少。进食时，胃液的分泌开始增多。胃液分泌的调节按感受刺激部位的不同，人为地分成头期、胃期和肠期，这三个时期几乎同时开始并相互重叠。它们都受神经和体液因素的双重调节，但头期主要受神经调节，肠期则以体液调节为主。

1. 头期（cephalic phase）胃液分泌 由进食动作引起，因其传入冲动来自头部感受器（眼、耳、口腔、咽、食管等）而得名。

由进食动作引起的胃液分泌，包括条件反射性分泌和非条件反射性分泌。前者是指食物的形象、颜色、气味、声音等刺激视、嗅、听等感觉器官而引起的；后者则指当咀嚼和吞咽食物时，刺激了口腔和咽喉等化学和机械感受器而引起的。这些反射的传入途径和由进食引起的唾液分泌的传入途径相同；然后到达中枢的延髓、下丘脑、边缘叶以至大脑皮层等脑区；反射的共同传出途径是迷走神经。传出冲动经迷走神经到达胃腺细胞，引起胃液分泌。迷走神经兴奋后，可通过其末梢释放乙酰胆碱，直接引起腺体细胞分泌，迷走神经冲动还可引起胃窦黏膜内的 G 细胞释放促胃液素，后者经血液循环刺激胃腺分泌。在人类头期胃液分泌中，以迷走神经直接的胆碱能作用机制更为重要。

头期胃液分泌的潜伏期为 5~10 min，分泌持续时间可长达 2~4 h。其特点是，头期胃液分泌的量大，占整个消化期胃液分泌量的 30%；酸度很高且胃蛋白酶的含量高，消化力强。

2. 胃期（gastric phase）胃液分泌 指食物入胃后继续引起的胃液分泌。其主要途径为：① 食物直接扩张刺激胃底、胃体部感受器，产生的兴奋性冲动通过迷走-迷走神经长反射引起胃腺分泌；食物扩张也能引起壁内神经丛的短反射，直接或通过促胃液素间接引起胃腺分泌。② 食物的机械性扩张可刺激幽门部感受器，通过壁内神经丛作用于 G 细胞，促进促胃液素释放，进而引起胃液分泌。③ 食物的化学成分，主要是蛋白质消化产物，其中包括肽类和氨基酸，可直接作用于 G 细胞，促进促胃液素释放而引起胃液分泌。

胃期胃液分泌的持续时间较长，可达 3~4 h。其特点是胃液分泌量大，占整个消化期分泌量的 60%；胃液的酸度和胃蛋白酶原的含量也很高，但胃蛋白酶原的含量与头期相比较少。

3. 肠期（intestinal phase）胃液分泌 指食物进入小肠上段（主要是十二指肠）后继续引起的胃液分泌。将食糜、肉的提取液、蛋白胨液由瘘管直接注入十二指肠内，也可引起胃液分泌的轻度增加，说明当食物离开胃进入小肠后，可继续刺激胃液分泌。在切断支配胃的外来神经后，食物对小肠的作用仍可引起胃液分泌，提示肠期胃液的分泌主要通过体液调节机制。

肠期胃液分泌的特点是胃液的分泌量较少，约占胃液分泌总量的 10%，总酸度和胃蛋白酶含量均较低。这可能与食物在小肠内时还产生许多对胃液起抑制性作用的调节有关。

（三）调节胃液分泌的神经和体液因素

胃液分泌受许多因素影响，胃液的分泌是兴奋性和抑制性因素共同作用的结果。进食是胃液分泌的自然刺激，它通过神经和体液因素调节胃液的分泌。

1. 促进胃液分泌的主要因素

（1）乙酰胆碱：支配胃的大部分迷走神经节后纤维末梢释放乙酰胆碱。乙酰胆碱作用于壁细胞膜上的 M 受体（M_3 型受体），使胃酸分泌增加。乙酰胆碱的作用可被 M 受体拮抗剂阿托品阻断。胆碱能纤维还通过乙酰胆碱直接兴奋胃泌酸区黏膜内的肠嗜铬样细胞，引起后者分泌组胺，组胺与壁细胞上的 H_2 受体结合后，可促进胃酸分泌。

（2）促胃液素：是主要由胃窦部及十二指肠和空肠上段黏膜内 G 细胞分泌的一种肽类激素。促胃液素的作用较广泛，主要包括以下几个方面。第一，促进胃酸分泌，促胃液素可直接刺激胃酸和胃蛋白酶原的分泌，也可通过刺激肠嗜铬样细胞分泌组胺，间接促进壁细胞分泌胃酸。第二，营养作用，促胃液素促进消化道黏膜的生长，刺激胃、肠、胰的蛋白质合成。第三，加强胃肠运动和胆囊收缩，促进胰液、胆汁的分泌。

（3）组胺（histamine）：是由胃泌酸区黏膜的肠嗜铬样细胞分泌的，通过旁分泌方式作用于邻近壁细胞上的 H_2 受体，具有很强的刺激胃酸分泌的作用。

上述三种内源性物质可各自直接刺激壁细胞分泌胃酸，同时又相互影响。刺激胃酸分泌的其他因素还有 Ca^{2+}、低血糖、咖啡因和酒精等。

2. **抑制胃液分泌的主要因素**　消化期的胃液分泌还受到各种抑制性因素的调节。抑制胃液分泌的因素除精神、情绪外，主要有盐酸、脂肪、高张溶液及前列腺素四种。

（1）盐酸：胃内分泌的盐酸达到一定浓度，使胃内 pH 降到 1.2~1.5 或十二指肠内 pH≤2.5 时，胃液分泌受到抑制，这是一种负反馈调节。盐酸抑制胃液分泌可能与以下机制有关。胃窦部 pH 降低直接抑制 G 细胞分泌促胃液素。盐酸刺激胃窦部 D 细胞释放生长抑素，间接地抑制 G 细胞释放促胃液素，且生长抑素可直接抑制壁细胞的分泌。盐酸刺激十二指肠黏膜释放促胰液素和球抑胃素（bulbo-gastrone），抑制胃液的分泌。

（2）脂肪：脂肪及其消化产物抑制胃液分泌作用发生在食糜进入十二指肠以后。抑制机制可能与肠抑胃素（enterogastrone）有关。

（3）高张溶液：其抑制胃液分泌的作用可能主要通过两种途径实现。一是激活小肠内渗透压感受器，通过肠-胃反射抑制胃液分泌；二是通过刺激小肠释放一种或几种抑制性激素而抑制胃液分泌。

（4）前列腺素：迷走神经兴奋和促胃液素都可使前列腺素释放增加。前列腺素对进食、组胺和促胃液素等引起的胃液分泌有明显的抑制作用。

二、胃的运动

根据胃壁肌层的结构和功能特点，胃被分为头区和尾区两部分。胃底和胃体上 1/3（头区）运动较弱，主要功能是储存食物。胃体其余 2/3 和胃窦（尾区）有较明显的运动，主要功能是：① 磨碎食物；② 使食物与胃液充分混合，以形成食糜；③ 逐步将食糜排至十二指肠。

（一）胃运动的主要形式

1. **容受性舒张（receptive relaxation）**　指咀嚼和吞咽时，食物对口、咽及食管等感受器的刺激，反射性地引起胃底和胃体肌肉的舒张。容受性舒张的生理学意义在于：① 容纳大量食物，使胃腔容量由空腹时的 50 mL，增加到进食后的 1.5 L，适应大量食物的进入。② 维持胃内压，在食物大量进入的过程中，胃内压基本保持不变，从而防止食糜过早排入十二指肠。

胃的容受性舒张是通过迷走-迷走神经反射实现的，切断人和动物的双侧迷走神经后容受性舒张不再出现。在这一反射中，迷走神经的传出神经纤维是抑制性的，其末梢释放的递质可能是某种神经肽（如血管活性肠肽）或 NO。

2. **紧张性收缩（tonic contraction）**　指胃壁平滑肌缓慢而持续的收缩，是消化道平滑肌共有的运动形式。紧张性收缩的生理意义在于：① 促进消化，使胃内压在一定程度上升高，有助于胃液渗入食物内部，促进化学性消化。② 促进胃排空，该收缩协助推动食糜进入十二指肠。③ 保持形状和位置，使胃保持一定的形状和位置，不致出现胃下垂。

3. **蠕动（peristalsis）**　食物进入胃后约 5 min，蠕动即开始。蠕动从胃中部开始，有节律地向幽门方向进行（图 6-6）。人的胃蠕动波频率约每分钟 3 次，需要 1 min 左右到达幽门。蠕动开始时较弱，在向幽门推进的过程中逐渐加强。每次可将少量食糜（1~2 mL）推入十二指肠，这种作用又称"幽门泵"。并非每个蠕动波都能到达幽门，有些蠕动波到达胃窦部时即已消失。当蠕动收缩波超越胃内容物到达胃窦末端时，该部位有力收缩，可将部分食糜反向推回到近侧胃窦或胃体。经多次往返运动，食糜与消化液得以充分混合和反复研磨，形成微小颗粒。胃蠕动的生理意义在于：① 使食物和胃液充分混合，利于胃液发挥化学性消化作用；② 利于块状食物进一步被磨碎和粉碎；③ 促进食糜由胃排入十二指肠。

（二）胃运动的神经和体液调节

1. 神经调节

（1）外来神经调节：迷走神经末梢释放的乙酰胆碱，可使胃蠕动加强加快；交感神经末梢释放的去甲肾上腺素，可使胃蠕动减慢。在正常情况下，迷走神经作用较大，交感神经影响较小。

（2）内在神经丛调节：食物对胃壁的机械和化学刺激，可通过内在神经丛局部使平滑肌蠕动速度加快、紧张性收缩加强。

2. 体液调节 促胃液素、胃动素可加快胃蠕动；而缩胆囊素、促胰液素、抑胃肽等则抑制胃运动。

（三）胃的排空及其控制

食糜由胃排入十二指肠的过程称为胃排空（gastric emptying）。一般在食物入胃后 5 min 即有部分食糜被排入十二指肠。胃排空的速度与食物的物理性状和化学组成有关。液体食物的排空比固体食物快；等渗内容物比非等渗内容物排空快。在三种主要食物中，糖类排空最快，蛋白质次之，脂肪最慢。对于混合食物，由胃完全排空通常需要 4~6 h。胃排空动力是胃平滑肌的收缩产生的胃内压；阻力是幽门及十二指肠的收缩。

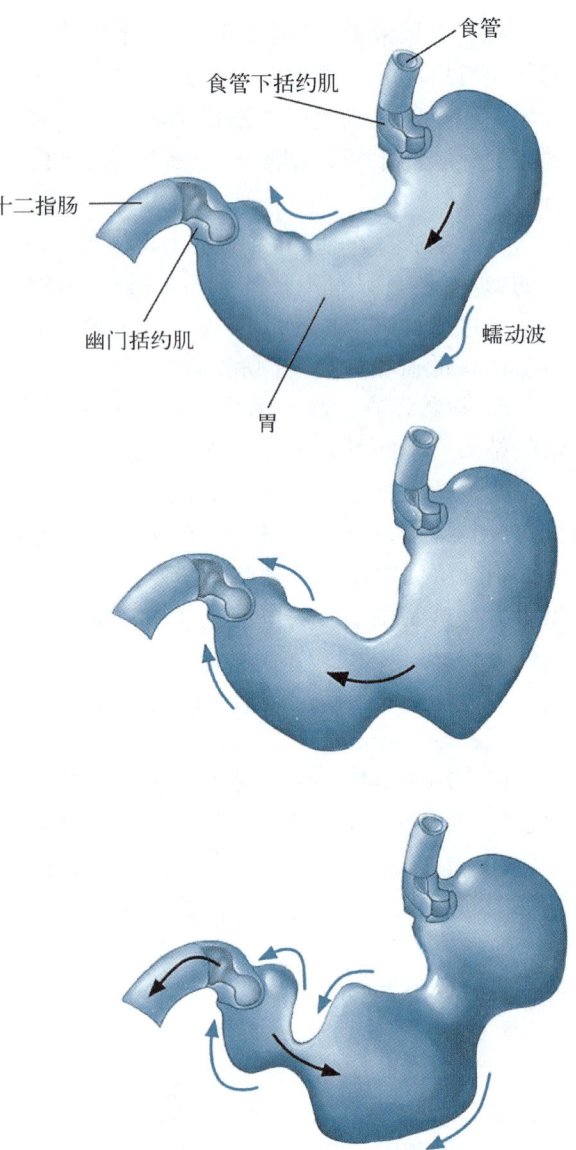

图 6-6　胃蠕动示意图

黑色箭头表示内容物的运动方向；蓝色箭头表示胃壁蠕动波传播方向

1. 胃内因素促进排空 胃的内容物作为扩张胃的机械刺激，通过内在神经丛反射或迷走-迷走神经反射，使胃运动的加强。食物的机械扩张刺激或化学刺激，也可使胃窦部 G 细胞释放促胃液素，其可促进胃体和胃窦的收缩，有利于增加胃内压，促进胃排空。但是，促胃液素同时又增强幽门括约肌的收缩，延缓胃的排空，利于胃内容物在胃内的消化。

2. 十二指肠因素抑制排空 十二指肠壁上存在多种感受器，如进入肠腔内的酸、脂肪、脂肪酸、高渗溶液及食糜本身的体积等，都可刺激这些感受器，从而反射性地抑制胃运动，使胃排空减慢。这个反射称为肠-胃反射。肠-胃反射对酸的刺激特别敏感，当 pH 降到 3.5~4.0 时，反射即可发生，从而延缓酸性食糜进入十二指肠。当大量食糜，特别是酸或脂肪进入十二指肠后，也可引起小肠黏膜释放促胰液素、缩胆囊素、抑胃肽等（统称为"肠抑胃素"），这些激素可抑制胃的运动，从而延缓胃的排空。

胃内因素与十二指肠因素是互相配合、共同作用的。食物初入胃时，胃内容物较多，肠内容物较少，此时排空速度较快；以后十二指肠内抑制胃运动的因素逐渐占优势，胃排空暂停；随着进入十二指肠的酸被中和，食物的消化产物被吸收，对胃运动的抑制影响逐渐消失，促进胃排空的活动再次占优势，胃排空再次进行。如此反复，直至食糜从胃全部排入十二指肠为止。

（四）非消化期的胃运动

人在非消化期（或称消化间期）的胃运动是以间歇性强力收缩并伴有较长的静息期为特征的周期性活动，称为移行性复合运动（migrating motor complex，MMC）。MMC 始于胃体上部，向肠道方向扩布。MMC 的每一周期为 90~120 min，可分为四个时相。① Ⅰ相：运动静止期，只能记录到慢波，不出现胃肠收缩，持续 40~60 min；② Ⅱ相：出现不规则峰电位，有散发蠕动，持续时间为 30~45 min；③ Ⅲ相：出现规则的高振幅收缩，持续 5~10 min；④ Ⅳ相：是从Ⅲ相转向下一周期Ⅰ相的短暂过渡期，持续约 5 min。

MMC 具有胃肠道"清道夫"作用。整个消化道在非消化期仍有断续的运动，尤其是Ⅲ相强力收缩可将胃肠内容物，包括上次进食后遗留的残渣、脱落的细胞碎片和细菌，以及空腹时咽下的唾液、胃黏液等清除干净。

（五）呕吐

呕吐（vomiting）是将胃和肠内容物从口腔排出体外的过程。呕吐是一种复杂的反射活动。感受器和传入神经较为复杂，如消化道炎症、胆绞痛等病变刺激胃肠道感受器，通过迷走和交感神经传入；晕车、晕船时前庭器官受刺激，传入冲动经前庭神经传入；视觉、嗅觉刺激可在传入间脑和大脑皮层后，再作用于呕吐中枢；颅内压增高可直接刺激呕吐中枢。呕吐中枢位于延髓的孤束核附近，在结构和功能上与呼吸中枢、心血管中枢均有密切联系。呕吐中枢兴奋时，传出冲动沿迷走神经、交感神经、膈神经和脊神经等传至胃、小肠、膈肌、腹壁肌等效应器，引起呕吐。呕吐开始时，先是深吸气，声门紧闭，软腭上举，关闭后鼻孔。接着胃和食管下端舒张，膈肌和腹肌猛烈收缩，从而挤压胃内容物通过食管进入口腔。同时，十二指肠和空肠上段的收缩也变强烈，蠕动增快，可转为痉挛。由于胃舒张而十二指肠收缩，平时的压力差倒转，使十二指肠内容物倒流入胃，故呕吐物中常混有胆汁和小肠液。呕吐是一种保护性的防御反射，可把胃内有害物质排出。

第四节 小肠内消化

食糜由胃进入小肠后，即开始小肠内的消化过程。小肠是食物消化和吸收最重要的部位，这与其结构和功能特点有关。小肠运动的机械性消化和胰液、胆汁、小肠液的化学性消化作用，使营养物质的消化过程在小肠内基本完成，未被消化的食物残渣则进入大肠。一般混合性食物在小肠内停留的时间为 3~8 h。

一、胰液的分泌

胰腺的具体结构见图 6-7，其是兼具外分泌和内分泌功能的腺体。胰腺的内分泌功能主要与糖代谢的调节有关。胰腺的外分泌功能由腺泡细胞和导管管壁细胞承担，其分泌的胰液具有很强的消化能力，是最重要的消化液。

（一）胰液的性质、成分和作用

胰液（pancreatic juice）是无色、无臭的碱性液体，pH 7.8~8.4，渗透压与血浆大致相等。成年人每日分泌的胰液量为 1~2 L。胰液的成分包括水、无机成分和有机成分。

1. **胰液中的无机成分**　胰液的无机成分中，量最大的是水，占 97.6%。胰液 HCO_3^- 的含量很高，浓度是血浆中的 5 倍，是胰液呈碱性的主要原因。HCO_3^- 由胰腺内的小导管细胞分泌。HCO_3^- 的主要作用是中和进入十二指肠的胃酸，使肠黏膜免受强酸的侵蚀；同时也提供了小肠内多种消化酶活动的最适宜的 pH

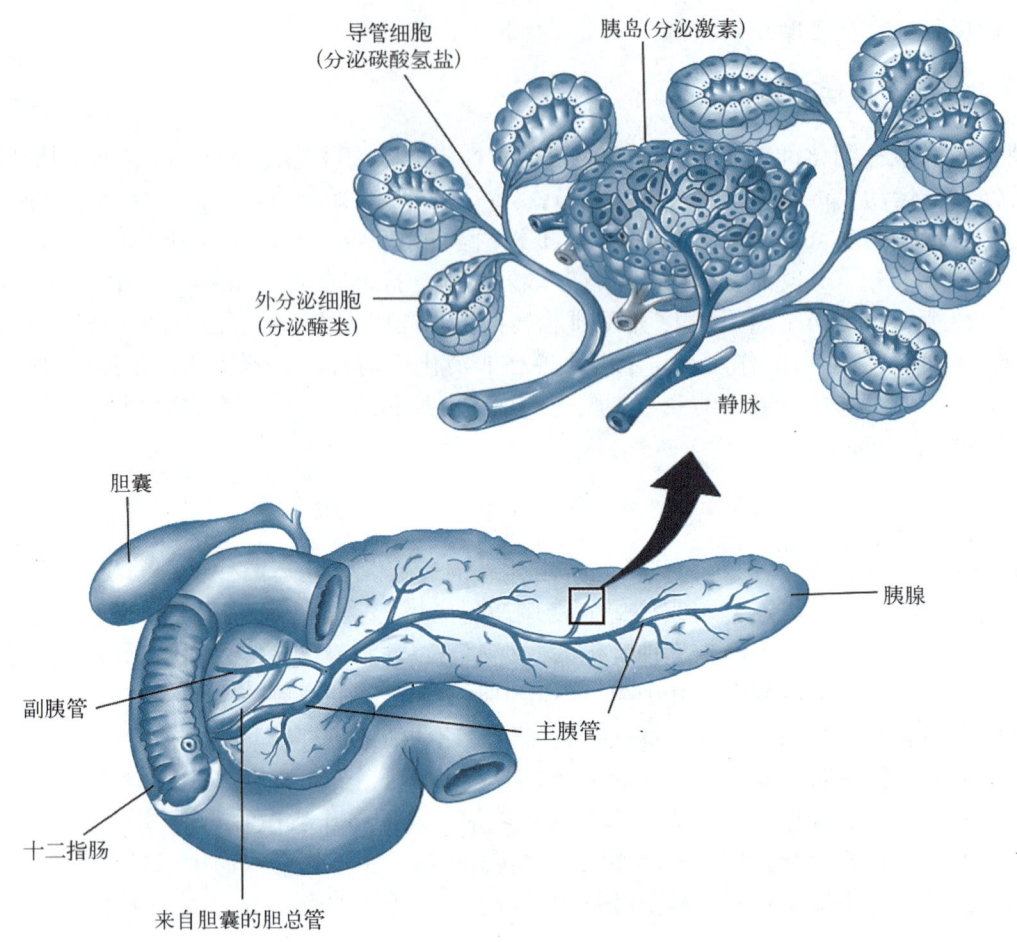

图 6-7 胰腺的结构示意图

环境（pH 7~8）。除 HCO_3^- 外，含量其次的主要负离子是 Cl^-。Cl^- 的浓度随 HCO_3^- 的浓度的变化而有变化，当 HCO_3^- 浓度升高时，Cl^- 的浓度就下降。胰液中的正离子有 Na^+、K^+、Ca^{2+} 等，它们在胰液中的浓度与血浆中的浓度非常接近。

2. 胰液中的有机成分　胰液中的有机成分是由腺泡细胞分泌的，主要是蛋白质，含量占比为 0.1%~10%，主要由多种消化酶组成。

（1）胰淀粉酶（pancreatic amylase）：不需要激活就具有活性，其最适 pH 为 6.7~7.0，对生淀粉和熟淀粉的水解效率均很高、速度快。胰淀粉酶可将淀粉、糖原及大多数其他糖类水解为糊精、麦芽糖和麦芽寡糖。

（2）胰脂肪酶（pancreatic lipase）：是消化脂肪的主要酶，最适 pH 为 6.7~7.0。胰脂肪酶可分解甘油三酯为脂肪酸、甘油一酯和甘油。

胰脂肪酶对脂肪的分解需要胰腺分泌的另一种酶，即辅脂酶（colipase）的辅助。胆盐具有去垢剂特性，可将附着于胆盐微胶粒（即乳化的脂滴）表面的蛋白质清除。而辅脂酶对胆盐微胶粒具有较高的亲和力，这一特性使胰脂肪酶、辅脂酶和胆盐形成复合物，防止胆盐将胰脂肪酶从脂肪表面清除。因此，辅脂酶的作用可比喻为附着在脂滴表面的"锚"。

此外，胰液中还有一定量的胆固醇酯酶和磷脂酶 A2，分别水解胆固醇酯和卵磷脂。

（3）胰蛋白酶（trypsin）和糜蛋白酶（chymotrypsin）：胰液中重要的蛋白水解酶分别是胰蛋白酶、糜蛋白酶。这两种酶均以不具有活性的酶原形式存在于胰液中。小肠液中的肠激酶（enterokinase）是激活胰蛋白酶原（trypsinogen）的特异性酶。在肠激酶的作用下，无活性的胰蛋白酶原转变为有活性的胰蛋白酶。胰蛋白酶既可激活胰蛋白酶原（正反馈），又可激活糜蛋白酶原（chymotrypsinogen）和羧基肽酶原。此外，酸及组织液也能使胰蛋白酶原活化。糜蛋白酶原主要是在胰蛋白酶作用下转化为有活性的糜蛋白酶。

胰蛋白酶和糜蛋白酶的作用极相似，都能分解蛋白质为䏑和胨，当两者共同作用于蛋白质时，则可消化蛋白质为小分子的多肽和氨基酸。

正常胰液中还含有羧基肽酶、RNA 酶和 DNA 酶等核酸水解酶。羧基肽酶可作用于多肽末端的肽键，释放出具有自由羧基的氨基酸。后两种酶也以酶原的形式存在，可被胰蛋白酶激活，激活后能使相应的核酸水解为单核苷酸。

胰液中含有消化三种主要营养物质的消化酶，因此胰液是所有消化液中消化能力最强、消化功能最全面的一种消化液。临床和实验均证明，当胰液分泌缺乏时，即使其他消化腺的分泌都很正常，食物中的脂肪和蛋白质仍然不能完全被消化和吸收，常可引起脂肪泻；同时，脂溶性维生素 A、维生素 D、维生素 E、维生素 K 等的吸收也会受到影响。但对糖类的消化和吸收一般影响不大。

（二）胰液分泌的调节

在非消化期，胰液几乎不分泌或很少分泌。进食后，胰液开始分泌。食物是刺激胰腺分泌的自然因素。胰液分泌的调节，也可人为地分为头期、胃期和肠期。进食时，胰液的分泌受神经和体液双重调节（图 6-8），但以体液调节为主。

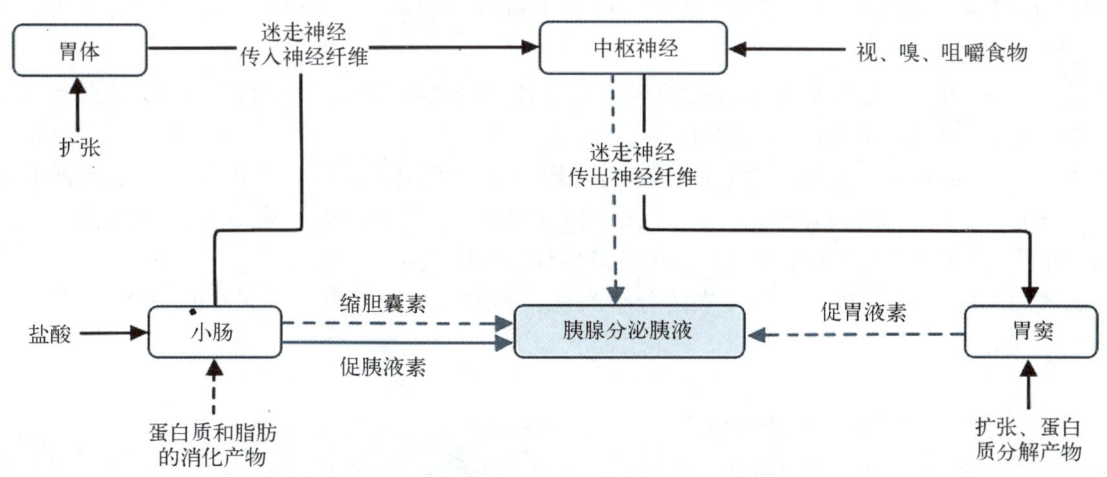

图 6-8　胰液分泌的神经和体液调节示意图

实线表示水分和碳酸氢盐分泌为主；虚线表示以胰酶分泌为主

1. **神经调节**　食物的形状和气味，食物对口腔、食管、胃和小肠的刺激，都可通过神经反射（包括条件反射和非条件反射）引起胰液分泌。反射的传出神经主要是迷走神经。切断迷走神经或注射阿托品阻断迷走神经的作用，都可明显地减少胰液分泌。迷走神经可通过其末梢释放乙酰胆碱直接作用于胰腺，也可通过释放促胃液素，间接影响胰腺分泌。迷走神经主要作用于胰腺的腺泡细胞，对小导管细胞的作用较弱，因此，迷走神经兴奋引起胰液分泌的特点是水分和碳酸氢盐含量很少，而酶的含量却很丰富。

内脏大神经（属交感神经）对胰液分泌的影响不明显。其中的胆碱能纤维可增加胰液分泌，但肾上腺素能纤维使胰腺血管收缩，对胰液分泌产生抑制作用。

2. **体液调节**　调节胰液分泌的体液因素主要有促胰液素和缩胆囊素两种。

（1）促胰液素（secretin）：当酸性食糜进入小肠后，可刺激小肠黏膜 S 细胞释放促胰液素。盐酸是引起促胰液素释放的最强刺激因素，其次为蛋白质分解产物和脂酸钠，糖类几乎没有作用。迷走神经的兴奋不引起促胰液素的释放。促胰液素主要作用于胰腺小导管的上皮细胞，使其分泌大量的水分和碳酸氢盐，因而使胰液的分泌量大为增加，但酶的含量却很低。

（2）缩胆囊素（cholecystokinin，CCK）：是小肠黏膜中 I 细胞释放的一种肽类激素。缩胆囊素促进胆囊强烈收缩，排出胆汁，还促进胰液中各种酶的分泌，因而又称为促胰酶素。缩胆囊素还对胰腺组织有营养作用，可以促进蛋白质和核糖核酸的合成。引起缩胆囊素释放的因素（由强至弱）为蛋白质分解产物、脂肪酸钠、盐酸、脂肪，糖类对缩胆囊素的释放没有作用。

二、胆汁的分泌和排出

肝细胞能持续生成胆汁，胆汁生成后由肝管流出，经胆总管排入十二指肠，或由肝管转入胆囊管而储存于胆囊中，在消化期再由胆囊排至十二指肠。

（一）胆汁的性质和成分

胆汁（bile）是一种味苦的有色液体。由肝细胞直接分泌的胆汁呈金黄色或橘棕色，称为肝胆汁；而在胆囊中储存过的胆汁，则因浓缩而颜色变深，称为胆囊胆汁。肝胆汁呈弱碱性（pH 7.4），胆囊胆汁因碳酸氢盐在胆囊中被吸收而呈弱酸性（pH 6.8）。成年人每日分泌的胆汁为 800~1 000 mL。胆汁的生成量和蛋白质的摄入量有关，高蛋白食物可生成较多的胆汁。胆囊能储存 40~70 mL 胆汁。

胆汁的成分很复杂，除水分和 Na^+、K^+、Cl^-、Ca^{2+}、HCO_3^- 等无机成分外，其有机成分有胆盐、胆色素、胆固醇、脂肪酸、卵磷脂和黏蛋白。此外，还含少量重金属离子，如 Cu^{2+}、Zn^{2+}、Mn^{2+} 等。胆汁是唯一不含消化酶的消化液。

1. 胆盐（bile salt）　是由肝细胞分泌的胆汁酸与甘氨酸或牛磺酸结合而形成的钠盐或钾盐。它是胆汁中最重要的成分，参与脂肪的消化和吸收。

2. 胆固醇（cholesterol）　是体内脂肪代谢的产物。正常情况下，胆汁中的胆盐、胆固醇和卵磷脂之间维持适当的比例，这是保持胆固醇呈溶解状态的必要条件。当胆固醇分泌过多，或胆盐、卵磷脂减少时，胆固醇可析出而形成胆固醇结晶，这是形成胆结石的原因之一。

3. 胆色素（bile pigment）　是血红素的分解产物，其种类和浓度决定了胆汁的颜色。

（二）胆汁的作用

胆汁对脂肪的消化和吸收具有重要意义。

1. 促进脂肪的消化　胆汁中的胆盐、胆固醇和卵磷脂可作为乳化剂，降低脂肪的表面张力，使脂肪乳化成直径仅为 3~10 μm 的脂肪微滴，分散在水性肠液中，因而可增加与胰脂肪酶的接触面积，加快脂肪酶对脂肪的分解消化（图 6-9）。

2. 促进脂肪和脂溶性维生素的吸收　小肠绒毛表面覆盖有一层不流动水层即静水层，脂肪的分解产物不易穿过这一水层到达肠黏膜表面而被吸收。胆盐达到一定浓度后，其分子可聚合成为直径 3~6 μm 的微胶粒。肠腔中脂肪分解产物，如脂肪酸、甘油一酯等均可渗入这一微胶粒中，形成水溶性复合物，即混合微胶粒。这样，胆盐作为运载工具，能将不溶于水的脂肪分解产物运送到小肠黏膜表面，从而促进脂肪消化产物的吸收。如果缺乏胆盐，摄入的脂肪将有 40% 左右不能被消化和吸收。除此之外，胆汁通过促进脂肪分解产物的吸收，对脂溶性维生素（维生素 A、维生素 D、维生素 E、维生素 K）的吸收也有促进作用。

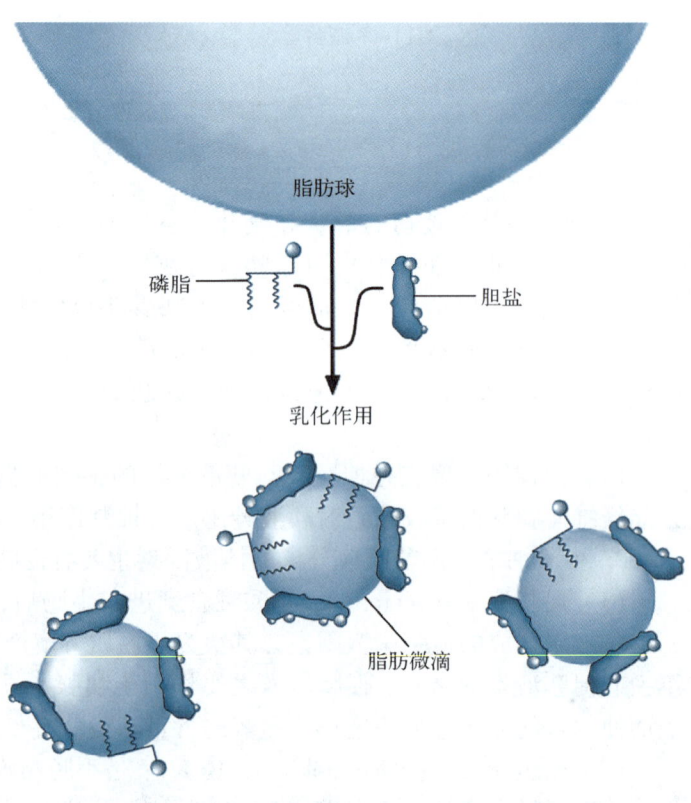

图 6-9　胆盐和磷脂对脂肪的乳化作用

3. 其他作用　胆汁在十二指肠内可中和胃酸。胆盐进入小肠后，约有95%在回肠末端被吸收入血，经门静脉进入肝再合成胆汁，而后又被排入肠内，这个过程称为胆盐的肠-肝循环（enterohepatic circulation of bile salt）（图6-10）。每循环一次，胆盐约损失5%。返回到肝的胆盐又可刺激肝胆汁分泌的作用，称为胆盐的利胆作用。

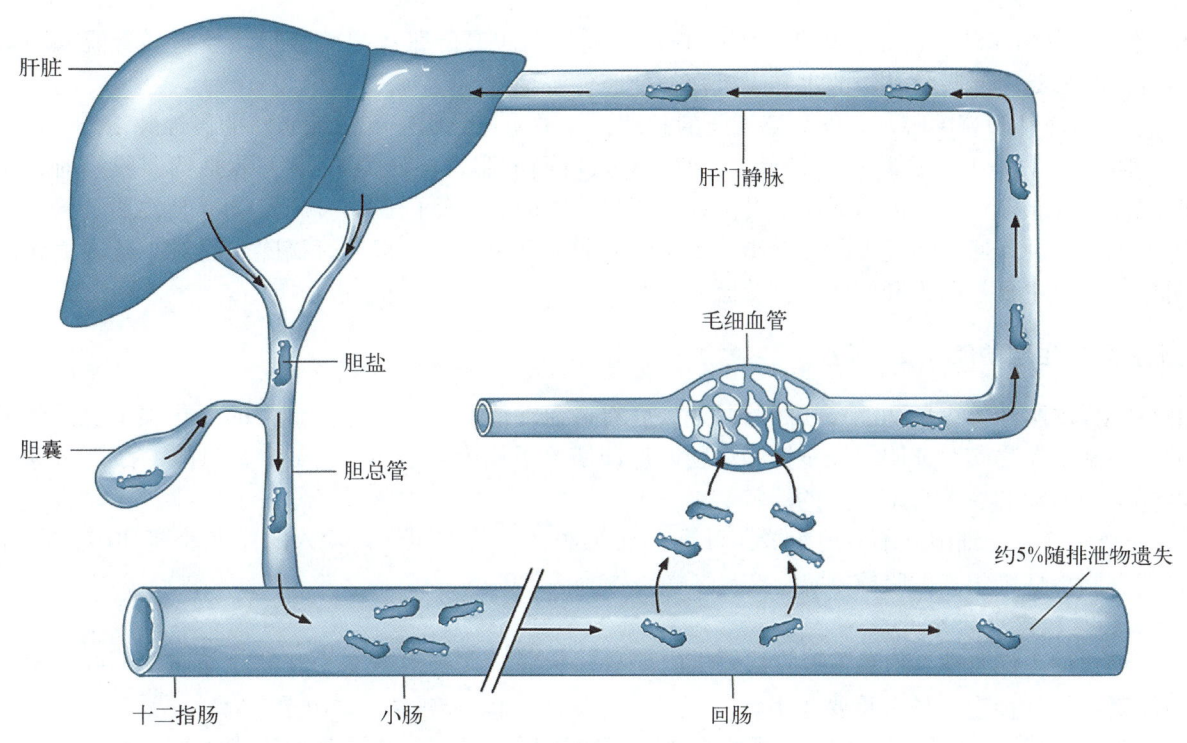

图6-10　胆盐的肠-肝循环示意图

（三）胆汁的分泌、排放及其调节

1. 胆汁的分泌和排放　肝细胞是不断分泌胆汁的。在非消化期，肝胆汁都流入胆囊内储存。胆囊可以吸收胆汁中的水分和无机盐，使其浓缩4～10倍，从而增加了储存的效能。在消化期，胆汁可直接由肝或胆囊经胆总管排至十二指肠。消化道内的食物是引起胆汁分泌和排放的自然刺激物。高蛋白食物引起的胆汁排放量最多，高脂肪或混合性食物次之，糖类食物的作用最小。胆囊和奥迪括约肌（Oddi括约肌）在储存和浓缩胆汁、调节胆管内压力和排放胆汁方面具有重要作用。在非消化期，Oddi括约肌收缩，胆汁不能流入肠腔，胆囊便舒张而容纳胆汁，使胆管内压力不至过高；进食后，胆囊收缩，Oddi括约肌舒张，胆汁被排至十二指肠。

2. 胆汁分泌与排放的调节　胆汁分泌与排放受神经和体液因素的调节，以体液调节为主。

（1）神经调节：进食动作或食物对胃、小肠的刺激可通过神经反射引起肝胆汁分泌的少量增加，胆囊收缩也轻度加强。该反射的传出神经是迷走神经。迷走神经除了直接作用于肝细胞和胆囊外，还可通过引起促胃液素释放而间接引起肝胆汁的分泌和胆囊收缩。

（2）体液因素的作用：多种胃肠激素和胆盐可调节胆汁分泌与排放。促胃液素可通过血液循环直接作用于肝细胞和胆囊，促进肝胆汁分泌和胆囊收缩；也可刺激胃酸分泌，间接引起十二指肠黏膜分泌促胰液素而刺激肝胆汁的分泌。促胰液素主要作用于胆管上皮，促进胆管上皮分泌大量的水和HCO_3^-，而刺激肝细胞分泌胆盐的作用并不明显。缩胆囊素在胆管、胆囊和Oddi括约肌上均有缩胆囊素受体的分布。肠腔内蛋白质和脂肪的分解产物能有效刺激小肠黏膜中的Ⅰ细胞释放缩胆囊素，后者通过血液途径兴奋胆囊平滑肌，引起胆囊强烈收缩和Oddi括约肌舒张，促进胆囊胆汁大量排放至十二指肠。胆盐通过肠-肝循环重新回到肝，对肝细胞分泌胆汁具有很强的促进作用。胆盐是临床上常用的利胆剂之一。

总之，在神经和体液因素调节下，进食动作或食物对胃、小肠黏膜的刺激均可引起胆汁的分泌和排出活动，尤以食物进入小肠后的作用最为明显。在这一时期中，不但肝胆汁的分泌明显增加，而且由于胆囊的强烈收缩，储存在胆囊中的胆汁也大量排出。

（四）胆囊的功能

1. 储存和浓缩胆汁　在非消化期，Oddi 括约肌收缩而胆囊舒张，因而肝胆汁经胆囊管流入胆囊内储存。并且，胆囊黏膜能吸收其中的水和无机盐，使胆汁浓缩。
2. 分泌黏液　胆囊黏膜每日能分泌稠厚的黏液，保护胆道黏膜不受浓缩胆汁的侵蚀和溶解。
3. 调节胆管内压和排出胆汁　胆囊的收缩和舒张可调节胆管内压力。当 Oddi 括约肌收缩时，胆囊舒张，肝胆汁流入胆囊，胆管内压无明显升高；当胆囊收缩时，胆管内压力升高，Oddi 括约肌舒张，胆囊内胆汁排入十二指肠。通常情况下，进食脂肪半小时，胆囊即可排空。但是，摘除胆囊对小肠内消化和吸收并无明显影响，主要是因为肝胆汁可直接流入小肠。

（五）肝的生理功能

肝具有分泌胆汁等多种功能。在胚胎时期，肝有造血功能。肝是人体内最大的消化腺，也是体内新陈代谢的中心站。动物实验证明，完全摘除动物肝后即使给予相应的治疗，它最多也只能生存 50 h 余，说明肝是维持生命活动的一个必不可少的器官。

1. 分泌胆汁　肝细胞能不断地生成胆汁酸和分泌胆汁。若无胆汁，食入的脂肪将有 40% 从粪便中丢失，且伴有脂溶性维生素的吸收不良。
2. 在物质代谢中的作用

（1）糖代谢：单糖经小肠黏膜吸收后，由门静脉到达肝，在肝内转变为肝糖原而储存。肝糖原在调节血糖浓度以维持其稳定中具有重要作用。

（2）蛋白质代谢：机体吸收的氨基酸在肝内进行蛋白质合成，合成的蛋白质进入循环系统以满足全身器官组织的需要。同时，肝是合成血浆蛋白的主要场所。

（3）脂肪代谢：肝是脂肪运输的枢纽。消化吸收后的一部分脂肪进入肝，以后转变为体脂而储存在体内。饥饿时，储存的体脂可先被运送到肝，然后进行分解。

（4）维生素代谢：肝可储存维生素。人体 95% 的维生素 A 都储存在肝内，肝也是维生素 C、维生素 D、维生素 E、维生素 K、维生素 B_1、维生素 B_6、维生素 B_{12}、烟酸、叶酸等物质储存和代谢的场所。

（5）激素代谢：正常情况下，人体中各种激素都保持一定含量，多余的可在肝内被灭活。肝病时，患者可由于雌激素灭活障碍，导致男性乳房发育、女性月经不调和性征改变等。

3. 解毒功能　肝是人体的主要解毒器官，它能使毒物成为相对无毒的或溶解度大的物质，随胆汁或尿液排出体外，从而保护机体免受损害。在机体代谢过程中，门静脉收集来自腹腔的血液，血液中的有害物质、微生物抗原性物质等将在肝内被解毒和清除。肝主要通过化学作用、分泌作用、蓄积作用、吞噬作用用四种方式解毒。
4. 防御和免疫功能　健康的肝可发挥强大的防御和免疫功能。肝是最大的网状内皮细胞吞噬系统。肝静脉窦内皮层含有大量的库普弗细胞，能吞噬血液中的异物、细菌、染料及其他颗粒物质。

除上述功能外，肝还能调节循环血量。肝也是多种凝血因子合成的主要场所，在人体内的 12 种凝血因子中，因子Ⅱ、因子Ⅶ、因子Ⅸ、因子Ⅹ都是由肝细胞合成的。肝病时可引起凝血因子缺乏，从而造成凝血时间延长及发生出血倾向。此外，机体热量的产生、水电解质的平衡等，都需要肝的参与。

三、小肠液的分泌

小肠中有两种腺体，即位于十二指肠黏膜下层的十二指肠腺（又称布伦纳腺，Brunner gland）和分布于整个小肠黏膜层内的小肠腺（又称利伯屈恩隐窝，crypt of Lieberkühn）。十二指肠腺分泌碱性液体，内含黏蛋白,因而黏稠度很高,其主要功能是保持十二指肠黏膜上皮不被胃酸侵蚀;而小肠腺的分泌液则是构成小肠液的主要部分。小肠液是这两种腺体分泌的混合液,其分泌量是消化液中最多的一种,成人每日分泌量为 1~3 L。

(一) 小肠液的性质、成分和作用

小肠液是一种弱碱性液体,pH 约为 7.6,渗透压与血浆相等。大量的小肠液可以稀释消化产物,使其渗透压下降,有利于吸收。小肠液分泌后又很快地被绒毛重吸收,这种液体的交流为小肠内营养物质的吸收提供了媒介。

小肠液中除大量水外,无机成分有 Na^+、K^+、Ca^{2+}、Cl^-、HCO_3^- 等,有机成分有黏蛋白、肠激酶等。在不同的条件下,小肠液的性状变动很大,有时较稀薄,有时则因含有大量黏蛋白而变得很黏稠。小肠液还常混有脱落的肠上皮细胞、白细胞及由肠上皮细胞分泌的免疫球蛋白。

小肠腺分泌的酶只有肠激酶一种,它能激活胰液中的胰蛋白酶原,使之变为有活性的胰蛋白酶,有利于蛋白质的消化。除肠腔内的消化酶对食物的消化外,小肠本身对食物的消化则以一种特殊的方式进行。小肠上皮细胞的刷状缘和上皮细胞内含有肽酶、蔗糖酶和麦芽糖酶等,它们可将寡肽进一步分解为氨基酸,将蔗糖、麦芽糖和乳糖进一步分解为单糖,从而能阻止没有完全分解的消化产物被吸收入血。因此,小肠上皮细胞在完成对某些营养物质的最后消化中起作用。

(二) 小肠液分泌的调节

小肠液的分泌是经常性的,但在不同条件下,分泌量的变化可以很大。小肠液的分泌受神经和体液双重调节。食糜对黏膜的局部机械刺激和化学刺激都可引起小肠液的分泌。小肠黏膜对扩张刺激最为敏感,小肠内食糜的量越多,小肠液分泌就越多。

一般认为,神经调节主要是通过肠壁内神经丛的局部反射来完成。刺激迷走神经可引起十二指肠腺分泌,但对其他部位的肠腺作用并不明显。

在体液调节中,促胃液素、促胰液素、缩胆囊素和血管活性肠肽都有刺激小肠液分泌的作用。

四、小肠的运动

小肠的运动是靠其肠壁内、外两层平滑肌的舒缩活动完成的。小肠肠壁的外层是较薄的纵行肌,内层是较厚的环行肌。空腹时,小肠运动很弱,进食后逐渐增强。

(一) 小肠运动的形式

1. **紧张性收缩**　是小肠其他运动形式有效进行的基础,可使小肠保持一定的形状和位置。紧张性收缩即使在空腹时也存在,进食后则明显增强,有助于肠内容物的混合,使食糜与肠黏膜密切接触,有利于吸收。当小肠紧张性降低时,肠腔易于扩张,肠内容物的混合和将其向远端推送减慢;相反,当小肠紧张性升高时,肠内容物的混合和将其向远端推送速度都加快。

2. **分节运动**　是一种以肠壁环行肌为主的节律性收缩和舒张交替进行的运动。具体表现为食糜所在的一段肠管上,环行肌在许多点同时收缩,把食糜分割成许多节段。随后,原来收缩处舒张,而原来舒张处收缩,使原来的节段分为两半,而相邻的两半则合拢成一个节段。如此反复进行,食糜得以不断地分开,又不断地混合(图 6-11)。分节运动在空腹时几乎不存在,进食后才逐渐增强。小肠各段分节运动的频率不同,小肠上部频率较高,下部较低。人十二指肠分节运动的频率约为每分钟 11 次,回肠末端为每分钟 8 次。

分节运动的意义主要在于使食糜与消化液充分混合,有利于化学性消化的进行;同时它能增加食糜与小肠黏膜的接触面积,从而有利于营养物质的吸收;此外,食糜对肠壁的挤压,有助于血液和淋巴的回流,为吸收创造良好的条件。分节运动虽无将内容物直接向远端推送的作用,但由于自上而下的频率梯度

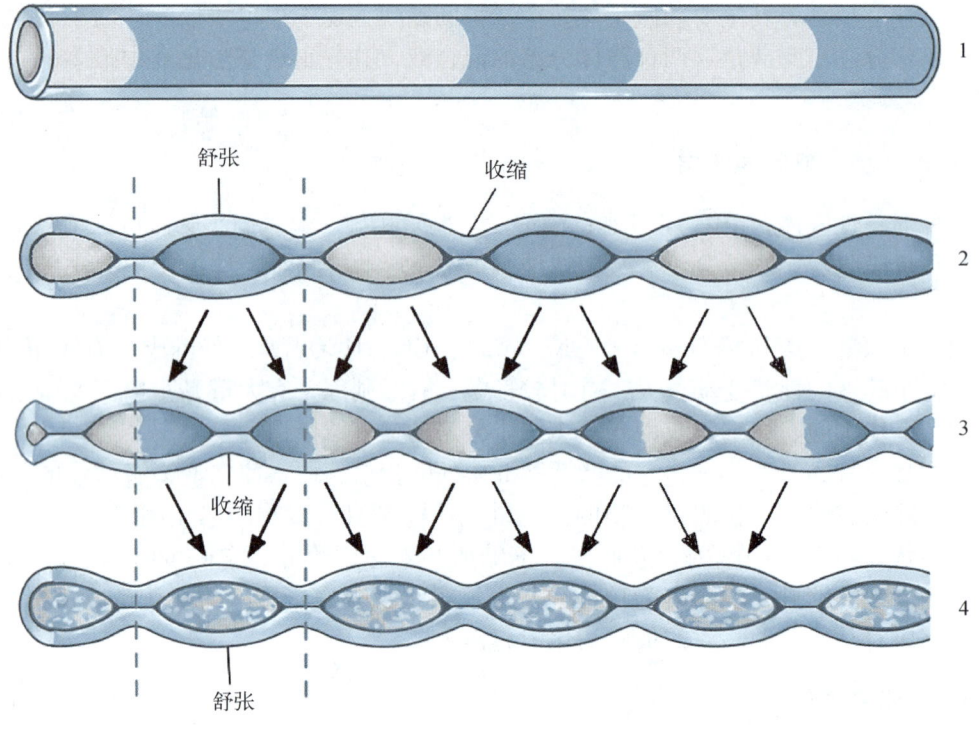

图 6-11　小肠分节运动示意图

1. 肠管表面观；2~4. 肠管纵切面观，表示不同阶段的食糜节段分割与合拢情况

可形成压力差，故可产生微弱的将肠内容物向远端运送的效果。

3. 蠕动　可发生在小肠的任何部位，其速度为 0.5~2.0 cm/s。小肠蠕动波很弱，每个蠕动波只把食糜推进一小段距离（数厘米）。小肠蠕动的意义在于使经过分节运动作用的食糜向前推进一步，到达新的肠段再开始分节运动。在小肠还常可见到一种进行速度很快（2~25 cm/s）、传播较远的蠕动，称为蠕动冲（peristaltic rush）。蠕动冲可把食糜从小肠始端一直推送到大肠。蠕动冲由进食时吞咽动作或食糜进入十二指肠引起。此外，回肠末段可出现逆蠕动，即与一般的蠕动方向相反，其作用是防止食糜过早地通过回盲瓣进入大肠，有利于食物充分消化和吸收。

（二）小肠运动的调节

小肠运动受神经、体液双重调节。其中，位于纵行肌和环行肌之间的肌间神经丛对小肠运动起主要调节作用。当机械和化学刺激作用于肠壁感受器时，通过局部反射可引起平滑肌的蠕动运动。切断小肠的外来神经，小肠的蠕动仍可进行。但外来神经也能调节小肠运动，副交感神经的兴奋能加强肠运动，而交感神经兴奋则对小肠运动产生抑制作用。但上述效应还依赖于小肠平滑肌当时的功能状态。实验结果显示，若小肠平滑肌的紧张性高，则副交感或交感神经兴奋，都使之抑制；相反，若小肠平滑肌的紧张性低，则这两种神经兴奋都有增强其活动的作用。

胃肠激素在调节小肠运动中起重要作用。例如，促胃液素、P物质、脑啡肽、5-羟色胺和胃动素等都能促进小肠运动；而促胰液素、生长抑素、肾上腺素和血管活性肠肽等则可抑制小肠运动。

（三）回盲括约肌的功能

回肠末端与盲肠交界处的环行肌明显加厚，起着括约肌的作用，称为回盲括约肌。回盲括约肌长约 4 cm，在平时保持轻度收缩状态，其内压力比大肠内压力高 15~20 mmHg。

回盲括约肌的主要功能是防止回肠内容物过快地进入大肠，延长食糜在小肠内停留的时间，因此有利于小肠内容物的完全消化和吸收。此外，回盲括约肌还具有活瓣样作用，它可阻止大肠内容物向回肠倒流。

第五节 大肠的功能

人类的大肠没有重要的消化作用,其功能主要侧重在吸收和加工:① 吸收肠内容物中的水分和无机盐,参与机体对水、电解质平衡的调节;② 吸收由结肠内微生物合成的维生素 B 族和维生素 K;③ 完成对食物残渣的加工,形成并暂时储存粪便,以及将粪便排出体外。

一、大肠液的分泌

大肠液是由在肠黏膜表面的柱状上皮细胞及杯状细胞分泌的。大肠液富含黏液和 HCO_3^-,其 pH 为 8.3~8.4。大肠液中的黏液蛋白是其发挥生理作用的主要成分,它能保护肠黏膜和润滑粪便。

大肠液的分泌主要由食物残渣对肠壁的机械性刺激引起。刺激副交感神经可使其分泌增加,而刺激交感神经则可使正在进行着的分泌减少。

二、大肠的运动和排便

大肠是暂时储存粪便的场所。大肠的运动少而慢,对刺激的反应也较迟缓,这些特点与大肠储存粪便的功能相适应。

(一) 大肠运动的形式

1. **袋状往返运动** 由环行肌无规律地收缩所引起,是空腹时最多见的一种运动形式。它使结肠呈现一串结肠袋,使结肠内的压力升高,结肠袋中的内容物向前、后两个方向做短距离位移,对内容物仅起缓慢的搓揉作用,而不能向前推进。这种运动有助于促进水的吸收。

2. **分节推进和多袋推进运动** 是人在进食后或副交感神经兴奋时的运动形式。分节推进运动指环行肌有规则地收缩,将一个结肠袋的内容物推移到邻近肠段,收缩结束后,肠内容物不返回原处;如果在一段较长的结肠壁上同时发生多个结肠袋收缩,并使其内容物向下推移,则称为多袋推进运动。

3. **蠕动** 大肠的蠕动是由一些稳定向前的收缩波组成。收缩波前方的肌肉舒张,往往充有气体;收缩波的后面则保持在收缩状态,使这段肠管闭合并排空。

此外,在大肠还有一种进行很快,且前进很远的蠕动,称为集团蠕动 (mass peristalsis)。它通常开始于横结肠,可将一部分大肠内容物推送至降结肠或乙状结肠。集团蠕动常见于进食后,最常发生在早餐后 60 min 内。

(二) 排便

食物残渣在大肠内停留的时间较长,一般在 10 h 余,在这一过程中,食物残渣中的一部分水分被大肠黏膜吸收。同时,食物残渣经过大肠内细菌的发酵和腐败作用,形成粪便。粪便中除食物残渣外,还包括脱落的肠上皮细胞和大量的细菌。此外,机体代谢后的废物,包括由肝排出的胆色素衍生物,以及由血液通过肠壁排至肠腔中的某些金属,如钙、镁、汞等的盐类,也随粪便排至体外。

正常人的直肠内通常是没有粪便的。当肠蠕动将粪便推入直肠时,刺激直肠壁内的感受器,冲动经盆神经和腹下神经传入脊髓腰、骶段的初级排便中枢,并同时上传到大脑皮层引起便意。条件许可时,即可发生排便反射 (defecation reflex)。此时,盆神经兴奋,传出冲动使降结肠、乙状结肠和直肠收缩,肛门内括约肌舒张;同时,阴部神经的传出冲动减少,使肛门外括约肌舒张,于是将粪便排出体外。在排便过程中,支配膈肌和腹肌的神经也参与活动,这些神经的兴奋可使膈肌和腹肌收缩,腹内压升高,因而可促进粪便的排出。

正常人的直肠对粪便的机械扩张具有一定的感觉阈,达到此感觉阈即可产生便意。但是排便反射受大脑皮层的影响是显而易见的，意识可以加强或抑制排便。人们如果对便意经常予以制止，就使直肠渐渐地对粪便压力刺激失去正常的敏感性（感觉阈升高），加之粪便在大肠内停留过久，水分吸收过多而变得干硬，引起排便困难，这是产生便秘的最常见的原因之一。另外，直肠黏膜由于炎症而敏感性提高（感觉阈降低），即使肠内只有少量粪便和黏液等，也可引起便意及排便反射，并在便后有排便未尽的感觉，临床上称为"里急后重"，常见于痢疾或肠炎。

（三）大肠内细菌的活动

大肠内有大量细菌，主要是大肠杆菌、葡萄球菌等。据估计，粪便中死菌和活菌占粪便固体重量的20%~30%。它们主要来自空气和食物，大肠内的酸碱度和温度对细菌的繁殖较为适宜，细菌便在这里大量繁殖。细菌内含有能分解食物残渣的酶。细菌对糖类和脂肪的分解称为发酵，糖类和脂肪发酵后能产生乳酸、乙酸、CO_2、甲烷、脂肪酸、甘油、胆碱等；细菌对蛋白质的分解则称为腐败，蛋白质腐败后可产生氨、硫化氢、胨、氨基酸、组胺、吲哚等。除此之外，大肠内的细菌能利用肠内较为简单的物质合成维生素B族和维生素K，它们在肠内被吸收，对人体有营养作用。

（四）食物中纤维素对肠功能的影响

对于食物中纤维素对肠功能和胃肠疾病发生的影响，近年来引起了医学界的重视。研究证明，适当增加食物中纤维素的摄取有增进健康，预防便秘、痔疮、结肠癌等疾病的作用。

第六节 吸 收

消化管内的吸收是指食物的成分或其消化后的产物，通过管壁的上皮细胞进入血液和淋巴循环的过程。吸收是机体从食物中获取营养物质的重要环节。吸收的主要部位在小肠。

一、吸收的部位和途径

消化道不同部位的吸收能力和吸收速度是不同的，这主要取决于各部分消化道的组织结构，以及食物在各部位被消化的程度和停留的时间。在口腔和食管内，食物一般是不被吸收的，只有某些脂溶性药物（如硝酸甘油）能通过口腔黏膜进入血液。胃内的吸收也很少，仅吸收乙醇和少量水分。小肠是吸收的主要部位，糖、蛋白质和脂肪的消化产物大部分是在十二指肠和空肠被吸收的，回肠有其独特的功能，即主动吸收胆盐和维生素B_{12}（图6-12）。食物中的大部分营养成分，当到达回肠时，通常已吸收完毕，因此回肠主要是吸收功能的储备。小肠内容物进入大肠时已经不含多少可被吸收的物质。大肠主要吸收水分和盐类，大肠可吸收进入其内的80%的水和90%的Na^+和Cl^-。

小肠之所以是机体主要的吸收部位，与其独特

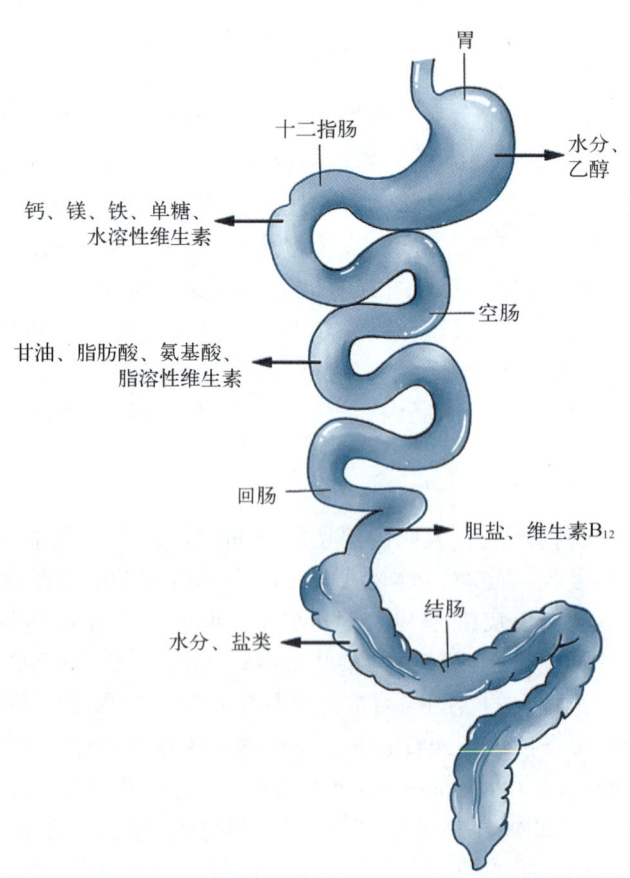

图6-12 各种物质在小肠的吸收部位示意图

的结构和功能相关：① 有巨大的吸收面积。人的小肠长 4~5 m，且内面黏膜具有环形皱襞，皱襞上有大量的绒毛。绒毛是小肠黏膜的微小突出构造，其长度 0.5~1.5 mm。每一条绒毛的外面是一层柱状上皮细胞，而每一柱状上皮细胞顶端约有 1 700 条微绒毛。环形皱襞、绒毛和微绒毛的存在，最终使小肠的吸收面积比同样长短的简单圆筒的面积增加约 600 倍，达到 200~250 m^2（图 6-13），约为一个成年人体表面积的 130 倍。② 食物在小肠内停留的时间较长（3~8 h）。③ 食物到达小肠时已被消化成可被吸收的小分子物质。④ 小肠绒毛内有丰富的毛细血管、毛细淋巴管、平滑肌纤维和神经纤维网等结构。消化期内，小肠绒毛产生节律性伸缩和摆动，可促进绒毛内血液和淋巴向小静脉和淋巴管流动，有利于吸收。

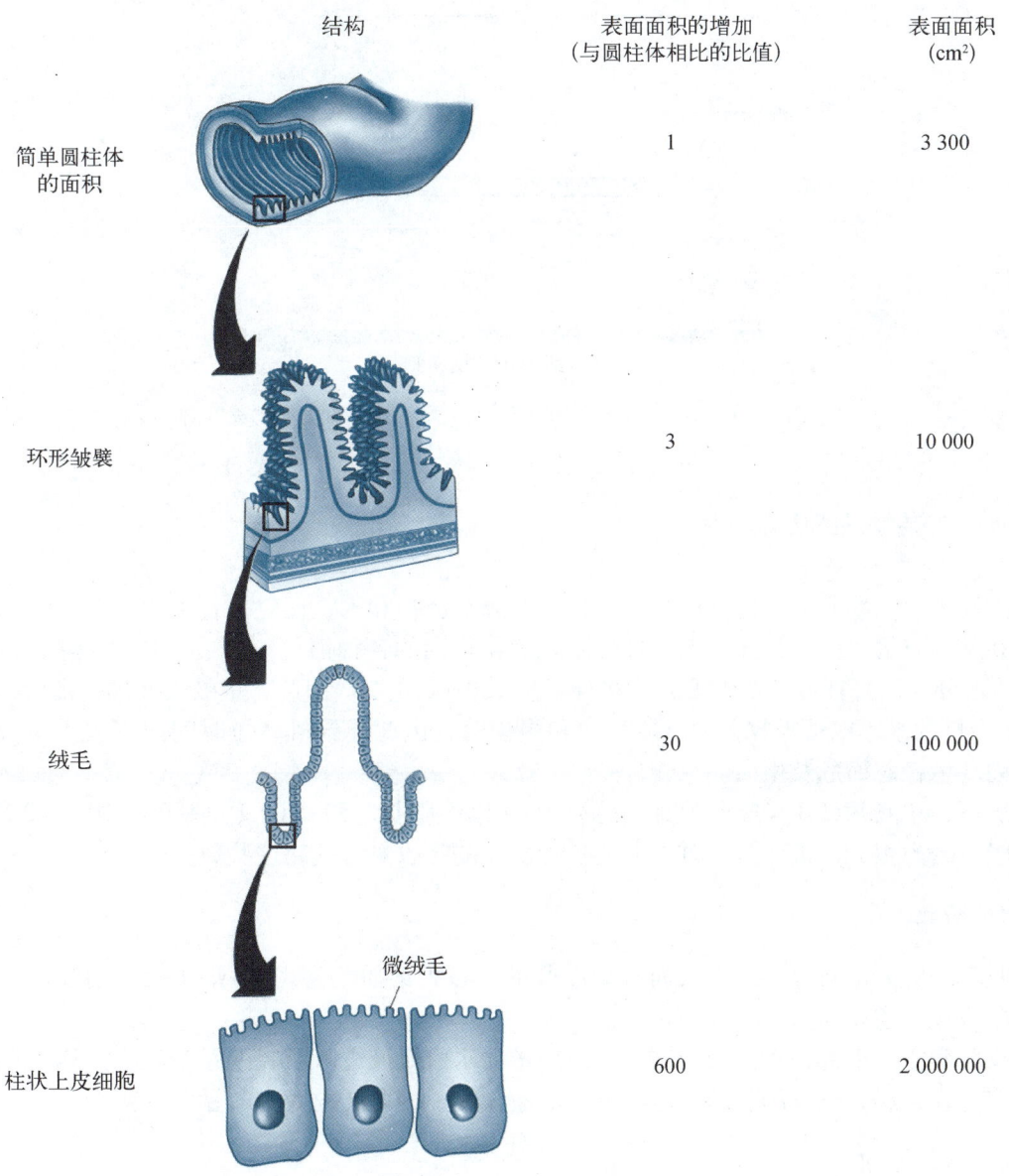

图 6-13　增加小肠表面面积的机制示意图

营养物质和水可经两条途径进入血液或淋巴途径：① 跨细胞途径（transcellular pathway），即通过绒毛柱状上皮细胞的腔面膜进入细胞，再通过细胞基底侧膜进入血液或淋巴循环。② 细胞旁途径（paracellular pathway），即通过细胞间的紧密连接，进入细胞间隙，然后再转入血液或淋巴循环（图 6-14）。营养物质通过质膜的机制包括被动转运、主动转运、出胞和入胞等。

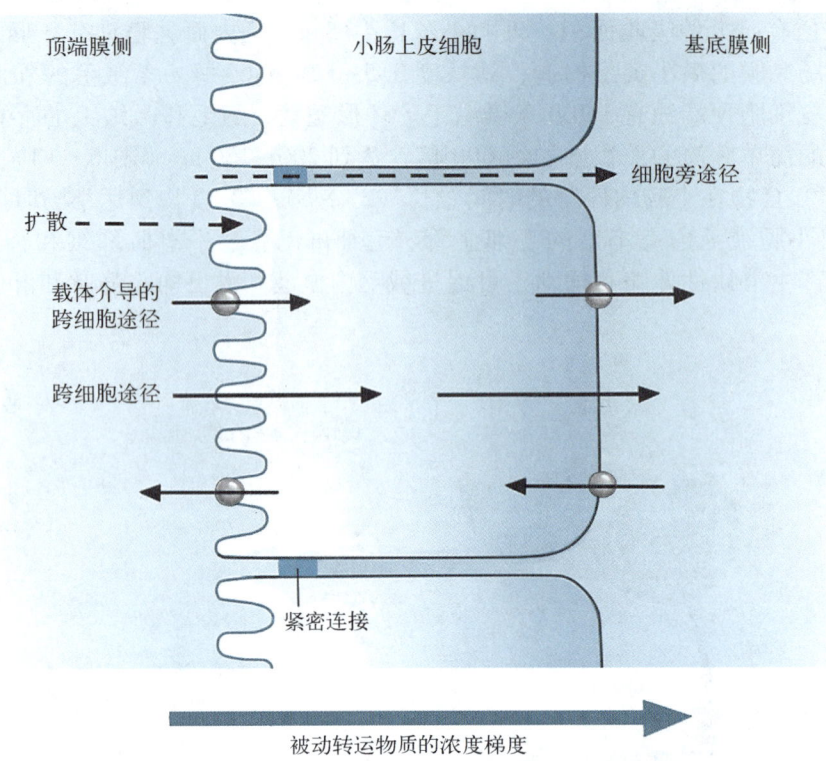

图 6-14 小肠黏膜吸收水和小溶质（营养物质）的途径

二、小肠内主要物质的吸收

在小肠中被吸收的物质不仅包括口腔摄入食物的分解产物和水，还包括各种消化腺分泌入消化道内的水、无机盐和某些有机成分。例如，人每日分泌入消化管内的各种消化液总量可达 6~7 L，每日还从口腔摄入 1 L 多的水分，而每日由粪便中丢失的水分只有 150 mL 左右。因此，重吸收回体内的液体量每日可超过 8 L。如果大量的水不能被吸收，如急性呕吐和腹泻时，由此导致机体短时间内损失大量液体，那么这将严重影响内环境稳态而危及生命。

通常情况下，小肠每日还可吸收数百克糖、100 g 以上脂肪、50~100 g 氨基酸、50~100 g 无机盐。另外，小肠的吸收潜力很大，机体需要时，上述各种物质的吸收量可远超这些数据。

（一）水的吸收

水的吸收都是随着溶质分子的吸收而被动吸收的。各种溶质，特别是 NaCl 的主动吸收所产生的渗透压梯度是水分吸收的主要动力。

在十二指肠和空肠上部，水由肠腔进入血液的量和水由血液进入肠腔的量都很大，因此肠腔内液体量的减少并不多。在回肠，离开肠腔的液体比进入的液体多，因此肠内容物的量明显减少。

（二）无机盐的吸收

无机盐吸收的特点：① 单价碱性盐类如钠盐、钾盐、铵盐的吸收很快；② 多价碱性盐类则吸收很慢；③ 能与钙结合而形成沉淀的盐，如硫酸盐、磷酸盐、草酸盐等，不能被吸收。

1. Na^+ 的吸收　肠内容物中 97%~99% 的 Na^+ 被吸收回血液。成年人每日摄入 5~8 g Na^+，每日分泌进入消化液中的 Na^+ 为 20~30 g，而每日吸收的 Na^+ 为 25~35 g。

小肠黏膜从肠腔内吸收 Na^+ 属于主动转运。吸收 Na^+ 的原动力来自肠上皮细胞基底侧膜上的钠泵。钠泵是一种 Na^+-K^+ 依赖性 ATP 酶，它可使 ATP 分解产生能量，以维持 Na^+ 和 K^+ 逆浓度的转运。钠泵的活动

造成细胞内低 Na^+，同时，细胞内电位也比其顶端膜外负 40 mV 左右，因此肠腔内 Na^+ 在电-化学梯度的推动下，借助于肠上皮细胞顶端膜上的多种转运体进入细胞（图 6-15）。

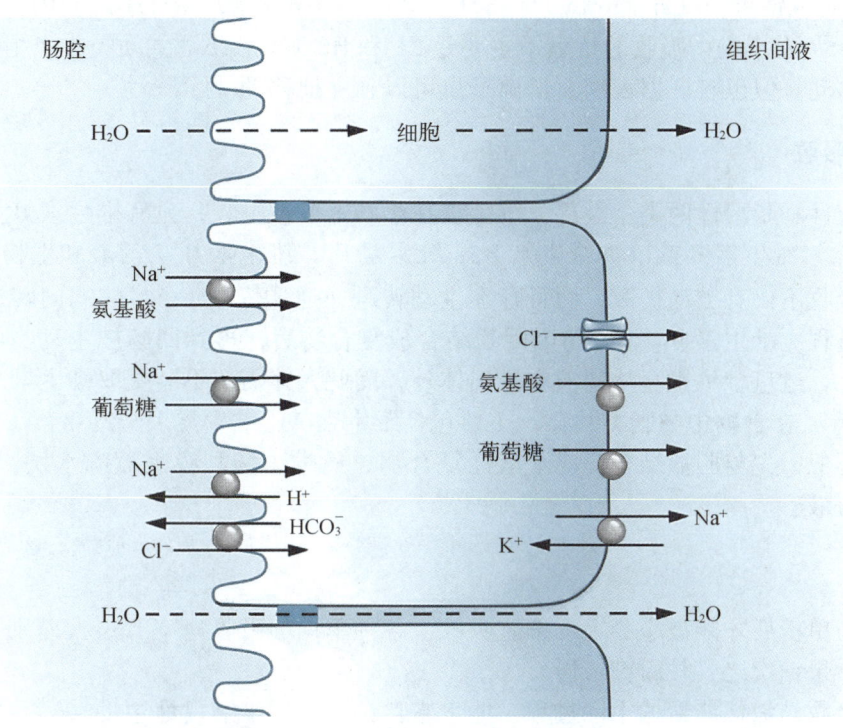

图 6-15　小肠黏膜对 Na^+ 的吸收过程

如前所述，Na^+ 的吸收能促进水的吸收，并且在肠上皮细胞顶端膜通过转运体进入细胞时，往往与葡萄糖、氨基酸和 HCO_3^- 同向转运，所以 Na^+ 的吸收与水、葡萄糖、氨基酸、HCO_3^- 相偶联。由此可见，Na^+ 的吸收在小肠营养物质的吸收中有着特殊的重要作用。

2. Ca^{2+} 的吸收　食物中的 Ca^{2+} 仅有一小部分被吸收，大部分随粪便排出。Ca^{2+} 的主要吸收部位是小肠，其中十二指肠的吸收能力最强。食物中的结合钙须转变成 Ca^{2+} 才能被吸收。

Ca^{2+} 的吸收主要通过跨细胞途径和细胞旁途径完成，可能以后一种途径为主。肠黏膜细胞的微绒毛上有一种与 Ca^{2+} 有高度亲和性的钙结合蛋白。每一分子的钙结合蛋白每次可运载四个 Ca^{2+} 进入胞质。进入细胞内的 Ca^{2+} 可通过位于基底侧膜上的钙泵或 Na^+-Ca^{2+} 交换体被转运出细胞，然后再进入血液。此外，肠腔内的 Ca^{2+} 也可通过上皮细胞顶端膜的钙通道进入细胞，或由细胞旁途径被吸收。

儿童、孕妇和乳母等可因对 Ca^{2+} 的需要量增加而对 Ca^{2+} 的吸收增加。影响 Ca^{2+} 吸收的因素主要包括：① 维生素 D 有促进小肠对 Ca^{2+} 吸收的作用，是影响 Ca^{2+} 吸收的最重要因素。② 钙盐只有在水溶液状态（如氯化钙、葡萄糖酸钙溶液），而且在不被肠腔中任何其他物质沉淀的情况下，才能被吸收。肠内容物的酸度对 Ca^{2+} 的吸收有重要影响，在 pH 约为 3 时，离子化状态的 Ca^{2+} 吸收最好。肠内容物中磷酸过多，会形成不溶解的磷酸钙，使 Ca^{2+} 不能被吸收。脂肪食物对 Ca^{2+} 的吸收有促进作用，脂肪分解释放的脂肪酸，可与 Ca^{2+} 结合形成钙皂，后者可与胆汁酸结合，形成水溶性复合物而被吸收。

3. 铁的吸收　人每日吸收的铁约为 1 mg，仅为每日膳食中含铁量的 1/10。铁主要在十二指肠和空肠上段被吸收。铁的吸收过程包括上皮细胞对肠腔中铁的摄取和向血浆中的转运，吸收过程均需要消耗能量。在上皮细胞的顶端膜上存在铁的载体，即转铁蛋白（transferrin），它对 Fe^{2+}（亚铁）的转运效率比 Fe^{3+}（高铁）高 2~15 倍，所以 Fe^{2+} 更容易吸收。铁在酸性环境中易以 Fe^{2+} 形式存在，故胃液中的盐酸有促进铁吸收的作用，胃大部切除的患者，常常会伴有缺铁性贫血。维生素 C 能将 Fe^{3+} 还原为 Fe^{2+} 而促进铁的吸收。

铁的吸收与人体对铁的需要量有关。体内铁过多，可抑制其吸收；孕妇、儿童及急性失血者对铁的吸收量增加，比正常人高 2~5 倍。当机体对铁的需要量增加时，铁的载体表达增多，小肠对铁的吸收能力增高。铁进入细胞后，只有一小部分通过基底侧膜被主动转运出细胞，并进入血液。而大部分则被氧化为 Fe^{3+}，并与细胞内的脱铁铁蛋白（apoferritin）结合成铁蛋白（ferritin），储存于细胞内留待以后缓慢释放。

4. 负离子的吸收　在小肠内吸收的负离子主要是 Cl^- 和 HCO_3^-。由 Na^+ 主动吸收产生的电位差可促进肠腔负离子向细胞内移动。但也有证据表明，负离子也可以独立地移动。

（三）维生素的吸收

维生素分为水溶性和脂溶性两类。大部分维生素在小肠上段被吸收，只有维生素 B_{12} 在回肠被吸收。

1. 水溶性维生素　维生素 B 族（如维生素 B_1、维生素 B_2、维生素 B_6、泛酸和生物素等）和维生素 C 等水溶性维生素的吸收不仅有被动扩散，而且存在主动转运（通过依赖于 Na^+ 的同向转运体被吸收）和载体介导的易化扩散过程。维生素 B_{12} 须先与内因子结合成复合物后，再到回肠被主动吸收。水溶性维生素在体内无法大量储存，过量维生素会从尿液中排出体外，因此人体需要不断摄取维生素来维持机体需要。

2. 脂溶性维生素　在食物中与脂类共存，主要包括维生素 A、维生素 D、维生素 E、维生素 K。其吸收通常和脂肪吸收类似，先与胆盐结合形成水溶性复合物，通过小肠黏膜表面静水层，然后与胆盐分离，最终进入淋巴液或血液。

（四）糖的吸收

糖只有被分解为单糖后才能被小肠上皮细胞吸收。各种单糖的吸收速率有很大差别，半乳糖和葡萄糖的吸收速率为最快，果糖次之，甘露糖最慢。

大部分单糖的吸收是消耗能量的主动过程，能量来自钠泵，属于继发性主动转运。肠上皮细胞顶端膜上的 Na^+-葡萄糖同向转运体可将 2 个 Na^+ 和 1 分子葡萄糖同时转运入胞内。基底侧膜上的钠泵可将胞内的 Na^+ 主动转运出细胞，以维持胞内低 Na^+，从而保证转运体不断转运 Na^+ 入胞，同时也为葡萄糖的转运提供动力，使之能逆浓度差转入细胞内。进入细胞的葡萄糖则以易化扩散的方式转运到细胞间隙而入血。

（五）蛋白质的吸收

蛋白质必须在肠道中被分解为氨基酸、二肽、三肽后才能被吸收。

与葡萄糖的吸收相似，氨基酸的吸收也与 Na^+ 同向转运，也属于继发性主动转运。但所涉及的转运体比单糖复杂。目前在小肠壁上发现至少存在七种不同的氨基酸转运体，其中有三种主要的转运氨基酸的特殊运载系统，分别转运中性、酸性或碱性氨基酸。一般来讲，中性氨基酸的转运比酸性或碱性氨基酸速度快。

小肠的刷状缘上还存在二肽和三肽的转运系统，因此，许多二肽和三肽也可完整地被小肠上皮细胞吸收，而且肽的转运系统吸收效率可能比氨基酸更高。进入细胞内的二肽和三肽，可被细胞内的二肽酶和三肽酶进一步分解为氨基酸，再进入血液循环。

（六）脂肪的吸收

在小肠内，脂类的消化产物脂肪酸、甘油一酯、胆固醇等很快与胆汁中的胆盐结合形成水溶性混合微胶粒，然后透过肠黏膜上皮细胞表面的静水层到达细胞的微绒毛。在这里，甘油一酯、脂肪酸和胆固醇等又逐渐从混合微胶粒中释出，并通过微绒毛的细胞膜进入上皮细胞，而胆盐则留在肠腔内继续发挥作用。

中、短链甘油三酯水解产生的脂肪酸和甘油一酯是水溶性的，可扩散出细胞直接进入血液。长链脂肪酸（12 个碳原子以上）及甘油一酯，则在肠上皮细胞的内质网中大部分重新合成为甘油三酯，并与细胞中生成的载脂蛋白合成乳糜微粒（chylomicron）。乳糜微粒一旦形成即进入高尔基体中，被包裹在一个囊泡内。囊泡移行到细胞基底侧膜时，便与细胞膜融合，释出乳糜微粒，释出的乳糜微粒进入细胞间隙，再扩散入淋巴液（图 6-16）。由于膳食的动、植物油中含有 15 个以上碳原子的长链脂肪酸很多，所以脂肪的吸收途径仍以淋巴为主。

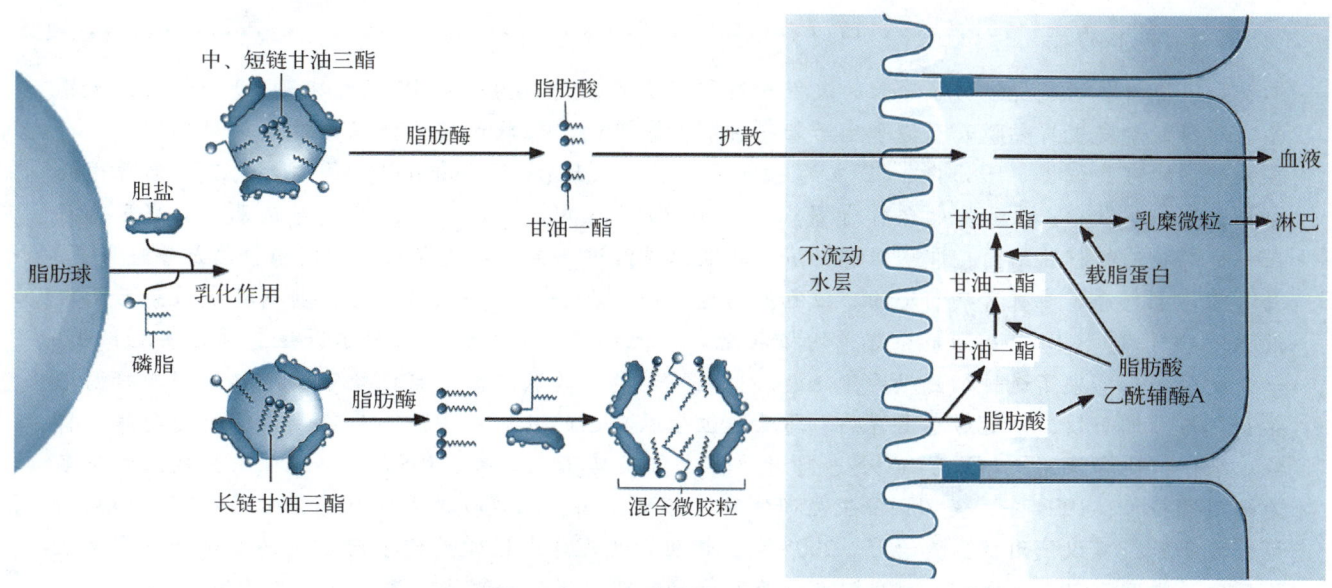

图 6-16　脂肪在小肠内消化和吸收主要方式示意图

进入肠道的胆固醇主要有两个来源：一是来源于食物，另一是来源于肝分泌的胆汁。食物中的胆固醇部分是酯化的，来自胆汁的胆固醇是游离的。酯化的胆固醇必须在肠腔中经消化液中胆固醇酯酶的作用，水解为游离胆固醇后才能被吸收。游离的胆固醇通过形成混合微胶粒，在小肠上部被吸收。被吸收的胆固醇大部分在小肠黏膜中又重新酯化，生成胆固醇酯，最后与载脂蛋白一起组成乳糜微粒经由淋巴系统进入血循环。

三、大肠的吸收功能

在大肠，除吸收其内的绝大多数水和电解质外，还可产生并吸收部分维生素和脂肪酸。

1. 对水和电解质的吸收　大肠黏膜对水和电解质有很强的吸收能力，每日最多可吸收 5~8 L 水和电解质。因此，大肠中的水和电解质大部分被吸收，仅约 150 mL 的水和少量 Na^+ 和 Cl^- 随粪便排出。便秘时，因粪便在大肠内停留时间过长，大肠内的水被进一步吸收，粪便变得干硬而不易排出。

2. 对维生素和脂肪酸的吸收　大肠能吸收肠内细菌合成的维生素 B 族和维生素 K，以补充食物中维生素摄入的不足。除此之外，大肠也能吸收由细菌分解食物残渣而产生的短链脂肪酸，如乙酸、丙酸和丁酸等。

另外，临床上还基于大肠对部分药物具有吸收功能，采用直肠灌药的方式作为给药途径，这一给药方式可明显提高药物的生物利用度，同时也避免了药物对胃肠道的直接刺激。

四、肠道微生态

近年来，肠道微生态成为医学研究领域的热点。人体是一个共生微生物的载体，有超过人体细胞总数十倍的微生物，其广泛分布于人体的皮肤、口腔、消化道、呼吸道、生殖道等部位。在肠道中居住的大量微生物统称为肠道微生物群。正常的肠道微生物群与其所处的宿主人类的微环境共同构成了肠道微生态。肠道微生态能直接或间接影响人体的多种生理功能。

除前文提及的分解食物、参与维生素和氨基酸的合成等外，肠道微生态也是人体免疫系统发育和成熟的重要根源之一。肠道微生态能影响脂肪的储存、改善线粒体活性、调节能量代谢；可通过肠-脑轴与中枢神经系统进行交流并对其进行调控，影响宿主的脑行为；还可促进血管生成及参与骨密度调节等。同时，肠道微生态的稳定对人类保持肠道上皮的完整性、抵抗肠道病原菌引起的感染也是极其重要的。

※ 科学小故事

幽门螺杆菌的发现经历了漫长的过程和科学家们不懈的努力。从19世纪末到20世纪初，世界各地的研究者发现胃黏膜表面似乎生活着一种前所未见的螺旋状细菌，但始终缺乏该种细菌确实存在并致病的可靠证据。1983年，32岁的巴里·马歇尔（Barry J. Marshall）是澳大利亚一名普通的内科医生，马歇尔医生和他的合作者罗宾·沃伦（Robin Warren）发现，很多胃病患者的胃里都存在一种螺旋形的杆状细菌，即幽门螺杆菌。马歇尔等经过一系列研究提出，幽门螺杆菌是导致胃炎、胃溃疡甚至胃癌等多种胃病的元凶。但他们的这一理论在一开始并未被认可，其研究成果先后两次投稿《柳叶刀》（*The Lancet*）杂志，均被拒绝。但他们并没有气馁，马歇尔医生想通过实验证明：一个健康的人感染了这种细菌以后，会患上胃病。于是，马歇尔医生自己饮下一小杯幽门螺杆菌培养液，与预期一致，他随后患了胃病。马歇尔医生以自己的身体初步证明感染幽门螺杆菌会导致胃病。很快，他和沃伦又招募了36个志愿者，再次证实其研究结果。1989年，这种细菌被正式命名为幽门螺杆菌；1994年，美国国立卫生研究院发布新指南，承认多数再发性消化性溃疡可能由幽门螺杆菌所致，建议使用抗生素治疗。2005年，诺贝尔生理学或医学奖授予巴里·马歇尔和罗宾·沃伦两位科学家，以表彰他们发现幽门螺杆菌及这种细菌在胃炎和胃溃疡等疾病中的作用。

※ 课后拓展

1. 思考题

目前认为，工作忙碌、压力大的人易患消化性溃疡，你认为这种说法有道理吗？为什么？请结合相关生理学知识，给职场忙碌人士提供一些消化系统养护的科学建议。

2. 推荐阅读

（1）WU Y, MURRAY G K, BYRNE E M, et al., 2021. GWAS of peptic ulcer disease implicates Helicobacter pylori infection, other gastrointestinal disorders and depression [J]. Nat Commun, 12 (01)：1146.

（2）LANAS A, CHAN F K L, 2017. Peptic ulcer disease [J], Lancet, 390 (10094)：613-624.

（李英博　耿艳清）

※ 第六章数字资源

 第六章 课件

 第六章 课后练习题（附参考答案）

 第六章 课后拓展思考题的解题思路

 微课6-1 消化道的神经支配及其作用

 微课6-2 消化系统的内分泌功能

 微课6-3 调节胃液分泌的神经体液因素

 微课6-4 胃的化学性消化

 微课6-5 胃的运动

第七章

能量代谢和体温

导 学

一切生命活动都需要能量，能量代谢与物质代谢相伴随发生。人体所需能量均由细胞内的糖、蛋白质和脂肪进行生物化学反应所释放。这些物质代谢产生的能量，绝大部分最终转化为热能，并散发至外界环境。机体内的热能只能用于维持体温，而正常的体温是机体进行新陈代谢和正常生命活动的必要条件。

本章虽然围绕"能量代谢"和"体温"两个主题展开，内容比较零散，两个主题的阐述逻辑也不同，而且关于能量代谢测量的概念、计算公式和数据表格比较多。但是，两个主题是密切联系的，两者的关联点是"热能"，两者的共性是能量平衡。

建议在学习能量代谢时，把已有的生物化学代谢部分的知识综合运用到生理学中，围绕能量的来源、储存、转移和利用途径等进行；能量代谢的测定重在理解，化学定比定律是计算能量代谢的精髓，深刻理解这一定律有助于将教材中介绍的复杂计算变得简单；并将影响能量代谢的因素与基础代谢相关概念联系起来学习。体温的稳定是产热和散热的动态平衡，分析和理解寒冷和炎热环境下机体为维持体温稳定所发生的活动变化是体温调节的核心内容，通过对体温异常的机制及处理原则分析加深对体温生理知识的理解。

生物体内的能量代谢伴发于物质代谢之中。机体利用糖、蛋白质和脂肪分子结构中蕴藏的化学能，将其转化成 ATP 或磷酸肌酸并储存在体内，供组织细胞完成各种功能活动。在此过程中，大部分能量最终都转化为热能，并用于维持体温。人体通过体温调节机制保持体温恒定，为机体功能活动提供相对稳定的内环境。

第一节 能 量 代 谢

新陈代谢是生命的基本特征之一，包括合成代谢和分解代谢两个方面。在合成代谢中，机体利用从外界摄取的营养物质及分解代谢的部分产物来构筑和更新自身，并储存能量；而在分解代谢中，机体分解摄入的营养物质及体内自身物质，同时释放能量用于维持体温和各种功能活动。可见，物质代谢与能量代谢是相伴随发生的。生理学中通常将生物体内物质代谢过程中伴随发生的能量的释放、转移、储存和利用称为能量代谢（energy metabolism）。

一、机体能量的来源与利用

机体生命活动所需要的能量来源于食物中的营养物质，但直接供给机体能量的不是营养物质本身，而是经过加工和转化后的自身能源物质。而且体内糖、蛋白质和脂肪之间也可以相互转化。

(一) 能量的来源

1. **三大营养物质代谢过程中的能量转化** 机体所需的能量主要来源于体内糖、蛋白质和脂肪的氧化分解，这些营养物质中蕴藏着能被机体利用的化学能，它们是机体功能活动的能源物质。

(1) 糖 (carbohydrate)：是体内重要的供能物质，人体所需能量的 50%~70% 是由糖提供的。食物中的糖经过消化被分解为单糖，主要为葡萄糖，经肠道吸收入体内，有一部分以糖原的形式储存在肝和肌肉组织中。肌糖原是骨骼肌的储备能源，用来满足骨骼肌在工作情况下的需要。肝糖原也是一种储备能源，储存量不大，主要用于维持血糖水平的相对稳定。

糖在体内的分解代谢途径可因供氧情况的不同而有所不同。葡萄糖在氧供应充足的情况下进行有氧氧化，生成 CO_2 和水，1 mol 葡萄糖完全氧化所释放的能量可合成 30~32 mol ATP；葡萄糖在缺氧的情况下进行无氧酵解，生成乳酸，此时 1 mol 葡萄糖只能合成 2 mol ATP。大多数组织细胞有足够的氧供应，故以糖的有氧氧化供能为主。例如，脑组织主要依赖葡萄糖的有氧氧化供能且能量需求高，而脑组织的糖原储存量较少，故对血糖的依赖性高，因此，当发生低血糖时，可引起脑功能活动的障碍，出现头晕等症状，重者可发生抽搐甚至昏迷。但某些细胞，如成熟红细胞，由于缺乏有氧氧化的酶系，主要依靠糖酵解来供能。

(2) 蛋白质 (protein)：基本组成单位是氨基酸，主要用于重新合成细胞的构成成分，以实现组织的自我更新，或用于合成酶、激素等生物活性物质。为机体提供能量是氨基酸的次要功能。只有在某些特殊情况下，如长期不能进食或消耗量过大时，体内的糖原和储存的脂肪已大量消耗之后，机体才会依靠由蛋白质分解所产生的氨基酸供能，以维持基本的生理功能。但蛋白质在体内的氧化分解不完全，没有被完全氧化的代谢终产物主要以尿素、尿酸和肌酐等形式经肾排出体外。

(3) 脂肪 (fat)：主要功能是储存和供给能量。体内储存的脂肪量较多，可占体重的 20% 左右，在一般情况下机体所消耗的能源有 30%~50% 来自脂肪。当机体需要时，储存的脂肪被分解为甘油和脂肪酸后，在细胞内氧化释放能量。脂肪氧化释放的能量是同等重量糖氧化释放能量的 2 倍，成年人储存的脂肪所提供的能量通常可供机体使用 10 多天，甚至可长达 2 个月。

2. **可利用的能源形式** 体内的糖、脂肪等营养物质在体内氧化分解时，碳氢键断裂释放出能量，其中 50% 以上直接转化为热能，其余部分则以化学能的形式储存在 ATP 等高能化合物中。当需要能量时 ATP 水解为 ADP 及磷酸，同时释放出能量。人体在生命活动过程中不断消耗 ATP，同时营养物质氧化分解释放的能量又将 ADP 磷酸化重新生成 ATP。可见 ATP 既是体内直接的供能物质，又是体内能量储存的重要形式。

除 ATP 以外，体内还有其他的高能化合物，如磷酸肌酸等。磷酸肌酸主要存在于肌肉和脑组织中，当物质氧化分解释放的能量过剩时，ATP 将高能磷酸键转给肌酸，生成磷酸肌酸而储存起来；反之，当组织消耗 ATP 增多，磷酸肌酸的高能磷酸键又可转给 ADP，生成 ATP，以补充 ATP 的消耗。因此，可以认为磷酸肌酸是体内 ATP 的储存库。

(二) 能量的利用

机体利用 ATP 水解释放的能量，可以完成各种功能活动，如肌肉的收缩和舒张、物质的跨膜主动转运、产生生物电活动、腺体的分泌和递质的释放等。总体来看，除骨骼肌收缩对外界物体做一定量的机械功外，其他用于进行各种功能活动的能量最终都转化为热能。产生的热能除用于维持体温，主要由体表散发到外界环境中去；此外，还有小部分体热则通过呼出气、排泄物等被带出体外。

(三) 能量的平衡

人体的能量平衡指机体摄入的能量与消耗的能量之间的平衡。如果在一段时间内体重不变，可认为此时人体的能量达到"收支"平衡。如果摄入食物的能量少于消耗的能量，机体即动用储存的能源物质，因而体重减轻,称为能量的负平衡;反之,如果机体摄入的能量多于消耗的能量,多余的能量则转变为脂肪等机体组织,导致肥胖,因而体重增加,称为能量的正平衡。临床上常用体质指数和腰围作为判断肥胖的简易诊断指标。体质指数(body mass index,BMI)是指体重(kg)除以身高(m)的平方。在我国,体质指数 24 为超重界限,28 为肥胖界限。腰围主要反映腹部脂肪的分布情况。因此,在日常生活中,人们须根据自身的实际生理状况、活动强度等给予适当的能量供应,以保证机体的能量平衡。

二、能量代谢的测定

机体的能量代谢遵循能量守恒定律,即在整个能量转化过程中,机体摄入的蕴藏于食物中的化学能与最终转化的热能和所做的外功是相等的。我们把机体在单位时间内所消耗的能量,称为能量代谢率(energy metabolism rate),它是评价机体的能量代谢水平的指标。单位时间内所消耗的能量,可通过测定机体在一定时间内所消耗的食物,按照食物的热价(见后文)计算出这些食物所包含的能量,也可测定机体在一定时间内产生的热量与所做的外功。在实际工作中,如果排出机体所做的外功,则产热量即为总的消耗的能量。由于通常情况下体温相对稳定,机体的产热和散热是几乎相等的,因此,通过测定机体在一定时间内的散热量也可得出能量代谢率。

测定整个机体单位时间内散发的总热量,通常有两类方法:直接测热法和间接测热法。

1. **直接测热法** 是直接测定整个机体在单位时间内向外界环境散发的总热量,此总热量就是能量代谢率。测定时让受试者居于一个特殊的隔热小房间内并保持安静状态,通过测定一定时间内流经隔热室的水温变化及水的流量,计算出受试者单位时间内散发的总热量。此方法使用的设备复杂,操作烦琐,因此极少应用。一般都采用间接测热法。

2. **间接测热法** 是根据受试者安静状态下一定时间内的耗氧量和 CO_2 产生量,推算消耗的能源物质的量,进而计算出产热量的方法。此方法需要应用以下几个基本概念和数据。

(1) 食物的热价(thermal equivalent of food):是指 1 g 某种食物氧化时所释放的能量。食物的热价分为物理热价和生物热价,前者指食物在体外燃烧时释放的能量,后者是食物在体内氧化所产生的热量。糖、蛋白质和脂肪这三种主要营养物质的热价不同(表 7-1),糖和脂肪的生物热价和物理热价是相等的,而蛋白质的生物热价小于它的物理热价。因为蛋白质在体内不能完全被氧化,有一部分包含在尿素、尿酸和肌酐等分子中的能量从尿液中排泄,还有很少量含氮产物在粪便中排出。

表 7-1 三种主要营养物质氧化时的热价、呼吸商和氧热价等有关数据

营养物质	产热量(kJ/g)		O_2 消耗量(L/g)	CO_2 产量(L/g)	呼吸商(RQ)	氧热价(kJ/L)
	物理热价	生物热价				
糖	17.2	17.2	0.83	0.83	1.00	21.1
蛋白质	23.4	18.0	0.95	0.76	0.80	18.9
脂肪	39.8	39.8	2.03	1.43	0.71	19.6

(2) 食物的氧热价(thermal equivalent of oxygen):指某种食物氧化时消耗 1 L O_2 所产生的热量。氧热价表示某种物质氧化时的耗氧量和产热量之间的关系。各种营养物质中所含的碳、氢和氧等元素的比例不同,因此,同样消耗 1 L O_2,各种物质氧化时所释放的热量也不相同(表 7-1)。

(3) 呼吸商(respiratory quotient,RQ):营养物质在细胞内氧化供能的过程中,需要消耗 O_2 并产生 CO_2。一定时间内机体呼出的 CO_2 量与吸入的 O_2 量的比值为呼吸商。由于不同营养物质分子结构不同,它们的 CO_2 产量与耗氧量各不相同,其呼吸商也就不同(表 7-1)。葡萄糖氧化时,产生的 CO_2 量与消耗的 O_2 量是相等的,所以糖氧化时的呼吸商等于 1.00,蛋白质和脂肪氧化时的呼吸商分别为 0.80 和 0.71。正常人进食混合食物时,呼吸商一般在 0.85 左右。一般情况下,体内能量主要来自糖和脂肪的氧化,蛋

白质的代谢量可忽略不计。由糖和脂肪氧化时产生的 CO_2 量和消耗的 O_2 量的比值称为非蛋白呼吸商（non-protein respiratory quotient，NPRQ）。表 7-2 显示不同比例的糖和脂肪氧化时的非蛋白呼吸商及相应的氧热价，利用这些数据，可使能量代谢的测算更为方便。

表 7-2　不同比例的糖和脂肪氧化时的非蛋白呼吸商及相应的氧热价

非蛋白呼吸商	氧化的（%）		氧热价（kJ/L）	非蛋白呼吸商	氧化的（%）		氧热价（kJ/L）
	糖	脂肪			糖	脂肪	
0.707	0.00	100.00	19.62	0.86	54.10	45.90	20.41
0.71	1.10	98.90	19.64	0.87	57.50	42.50	20.46
0.72	4.75	95.20	19.69	0.88	60.80	39.20	20.51
0.73	8.40	91.60	19.74	0.89	64.20	35.80	20.56
0.74	12.00	88.00	19.79	0.90	67.50	32.50	20.61
0.75	15.60	84.40	19.84	0.91	70.80	29.20	20.67
0.76	19.20	80.80	19.89	0.92	74.10	25.90	20.71
0.77	22.80	77.20	19.95	0.93	77.40	22.60	20.77
0.78	26.30	73.70	19.99	0.94	80.70	19.30	20.82
0.79	29.00	70.10	20.05	0.95	84.00	16.00	20.87
0.80	33.40	66.60	20.10	0.96	87.20	12.80	20.93
0.81	36.90	63.10	20.15	0.97	90.40	9.58	20.98
0.82	40.30	59.70	20.20	0.98	93.60	6.37	21.03
0.83	43.80	56.20	20.26	0.99	96.80	3.18	21.08
0.84	47.20	52.80	20.31	1.00	100.00	0.00	21.13
0.85	50.70	49.30	20.36				

间接测热法的计算就是首先要根据尿氮排出量计算出蛋白质的氧化量和产热量，再推算出非蛋白呼吸商和产热量，最后得出机体在该段时间内的总产热量。具体计算步骤如下。

1）蛋白质氧化的产热量：尿氮含量除以 16%（蛋白质中的含氮量约为 16%）即为蛋白质的氧化量。根据蛋白质的生物热价（表 7-1），就可计算出蛋白质氧化的产热量、耗氧量和 CO_2 产生量。

2）非蛋白氧化的产热量：测出机体在一定时间内的总 CO_2 产生量和总耗氧量。分别减去蛋白质氧化的 CO_2 产生量和耗氧量，算出非蛋白呼吸商。然后查表 7-2 可得出对应的氧热价，从而计算出非蛋白物质产热量。

3）总产热量：蛋白质氧化的产热量和非蛋白物质氧化的产热相加。

上述测算方法较为烦琐，在实际应用中，常采用以下两种简化方法计算能量代谢：① 通过测得一定时间内的耗氧量和 CO_2 产生量，并据此算出呼吸商；将求出的呼吸商视为非蛋白呼吸商（蛋白质用于供能的量极少），从非蛋白呼吸商与氧热价对应关系表（表 7-2）中查到相对应的氧热价；再用该氧热价乘以耗氧量，即得到该段时间的产热量。② 仅测定一定时间内的耗氧量，根据国人的统计资料，基础状态下的非蛋白呼吸商约为 0.85，与此相对应的氧热价则为 20.36 kJ/L，以测定的耗氧与此氧热价相乘，即可求得这段时间内的产热量。

三、影响能量代谢的因素

物质代谢与能量代谢相伴行，故影响营养物质摄取、消化、吸收、代谢、生物氧化等的因素均能影响机体的能量代谢；此外，机体本身的状态、环境因素等也能影响能量代谢水平。

(一) 整体水平影响能量代谢的主要因素

1. **肌肉活动** 对能量代谢的影响最为明显，任何轻微的活动均可提高代谢率。人在运动或劳动时，机体的耗氧量和产热量明显增加，其增加的程度与肌肉活动的强度成正比，机体持续体育运动或劳动时的耗氧量可达安静时的 10~20 倍。因此，可以把能量代谢率作为评估肌肉活动强度的指标。机体不同状态下的产热量（即能量代谢率）见表 7-3。

表 7-3 机体不同状态下的产热量　　　　　　　　　　单位：kJ/(m^2·min)

机体的状态	产热量	机体的状态	产热量
静卧	2.73	扫地	11.37
开会	3.40	打排球	17.50
擦玻璃窗	8.30	打篮球	24.22
洗衣	9.89	踢足球	24.98

2. **精神活动** 与肌肉组织相比，脑组织的血流量大，代谢水平也高，在安静状态下，每 100 g 脑组织的耗氧量为 3~3.5 mL/min，此值约为肌肉组织安静时耗氧量的 20 倍。但研究发现，在睡眠和精神活动活跃的状态下，脑中葡萄糖的代谢率却几乎没有差异。可见，在精神活动中，脑细胞的代谢率即使有所增加，其程度也可忽略。人在平静地思考问题时，产热量增加一般不超过 4%，但当人处于精神紧张状态时，如烦恼、恐惧或情绪激动时，能量代谢率可明显增高，这主要与无意识的肌紧张、交感神经兴奋、甲状腺激素、肾上腺素等刺激代谢的激素释放增多等有关，而不是脑细胞代谢直接增强的结果。

3. **食物的特殊动力效应** 人在进食后的一段时间内，即使在安静状态下，也会出现能量代谢率的增加，一般从进食后 1 h 左右开始，延续 7~8 h。进食能刺激机体额外消耗能量的作用，称为食物的特殊动力效应（specific dynamic effect）。糖、蛋白质和脂肪三种主要营养物质中，以进食蛋白质产生的特殊动力效应最为明显，其特殊动力效应约为 30%；进食糖和脂肪的特殊动力效应分别约为 6% 和 4%；进食混合性食物的特殊动力效应约为 10%。有关食物特殊动力效应产生的确切机制目前尚不清楚。实验表明，将氨基酸经静脉注射后仍然可以看到这种现象，但在切除肝后此现象消失。因而推测，食物的特殊动力效应可能主要与肝处理氨基酸或合成糖原等过程有关，而与食物在消化道内的消化和吸收无关。

4. **环境温度** 环境温度在 20~30℃ 且在安静状态时，机体的能量代谢水平较低，也最为稳定。当环境温度低于 20℃ 或高于 30℃ 时，代谢率都将增加。环境温度较低时，代谢率的增加主要是由于寒冷刺激反射性地引起战栗及肌肉紧张度的增强。当环境温度超过 30℃ 时，代谢率的增加与体内化学反应速度加快、发汗功能旺盛、呼吸和循环功能增强等因素有关。

(二) 调控能量代谢的神经、体液因素

机体可通过下丘脑对摄食行为的调控来影响其能量代谢。体内多种激素通过调节营养物质的消化、吸收及代谢过程，也可影响机体的能量代谢。例如，糖代谢受胰岛素、胰高血糖素、生长激素、糖皮质激素和肾上腺素等的调节。脂肪和蛋白质代谢受糖皮质激素、胰岛素、生长激素、甲状腺激素和性激素的调节。其中，甲状腺激素对能量代谢的影响最为明显，可提高绝大多数组织的耗氧量和产热量。

四、基础代谢

实际在分析能量代谢时，为排除上述各因素对能量代谢的影响，测量的指标是基础代谢和基础代谢

率。基础代谢（basal metabolism）指基础状态下的能量代谢，基础代谢率（basal metabolism rate，BMR）则指在基础状态下单位时间内的能量消耗量。测定基础代谢应在清醒、静卧、无肌紧张、至少2 h无剧烈运动、无精神紧张、食后12~14 h、室温保持在20~25℃的条件下进行。它除去了肌肉活动、食物的特殊动力效应、环境温度及精神因素对能量代谢的影响作用。在这种状态下，能量消耗主要用以维持血液循环、呼吸等基本生命活动，基础代谢是比较稳定的。

实验证明，基础代谢率与体表面积（而不是体重）成正比。为了比较不同个体之间的能量代谢情况，能量代谢率以单位时间（每日或每小时）每平方米体表面积的产热量为单位，即用 $kJ/(m^2 \cdot d)$ 或 $kJ/(m^2 \cdot h)$ 来表示。人体的体表面积可应用史蒂文森（Stevenson）公式进行测算，即：

$$体表面积（m^2）= 0.006\,1 \times 身高（cm） + 0.012\,8 \times 体重（kg） - 0.152\,9$$

（式7-1）

在实际应用中，体表面积还可以在体表面积测算图（图7-1）上直接读取。具体做法是在图中分别找出受试者的身高值和体重值在各自标尺上的对应点，这两点的连线与体表面积标尺交点的读数，就是该受试者的体表面积。

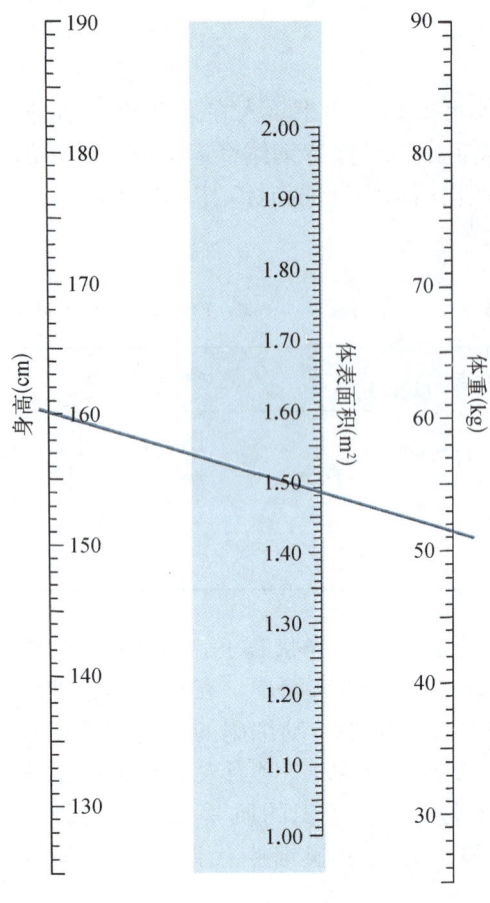

图7-1　体表面积测算图

斜线表示以受试者身高 1.6 m 和体重 51.5 kg 为例，体表面积约为 1.49 m²

除体表面积外，基础代谢率还因受试者性别、年龄的不同而有差异。当其他情况相同时，男性的基础代谢率平均值比同年龄组的女性高；儿童比成人高；年龄越大，代谢率越低。国人正常的基础代谢率平均值见表7-4。

表7-4　国人正常的基础代谢率平均值

年龄（岁）	11~15	16~17	18~19	20~30	31~40	41~50	51以上
男性 [kJ/(m²·h)]	195.5	193.4	166.2	157.8	158.6	154.0	149.0
女性 [kJ/(m²·h)]	172.5	181.7	154.0	146.5	146.9	142.4	138.6

临床上在评价基础代谢率时，通常将实测值和表7-4中的正常平均值进行比较，得到基础代谢率的相对值：

$$基础代谢率（相对值）= \frac{实测值-正常平均值}{正常平均值} \times 100\%$$

（式7-2）

一般认为，正常范围是相对值在±15%之内，相对值超过20%时，说明可能有病理性变化。例如，甲状腺功能低下时，基础代谢率可比正常值低20%~40%；而甲状腺功能亢进时，基础代谢率可比正常值高25%~80%。其他如肾上腺皮质和垂体功能低下、肾病综合征、病理性饥饿等，常出现基础代谢率降低；糖尿病、红细胞增多症、白血病及伴有呼吸困难的心脏病等，基础代谢率可升高。人体发热时，基础代谢率也升高，一般情况下，体温每升高1℃，基础代谢率将升高13%左右。

第二节　体温及其调节

鸟类、哺乳动物和人的体温是相对稳定的，故称为恒温动物。而低等动物，如爬虫类、两栖类的体温则随环境温度的变化而变化，因而称为变温动物。恒温动物保持正常的体温是机体进行新陈代谢和正常生命活动的必要条件。

一、体温

人体各部位的温度并不完全一致，在研究人体的体温时将人体分为核心与表层两个部分。机体表层部分的温度称为体表温度（shell temperature）；机体核心部分的温度称为体核温度（core temperature）。生理学或临床上所说的体温（body temperature）是指机体核心部分的平均温度。

（一）体表温度和体核温度

人体从体表到深部存在着温度梯度，而且核心部分与表层部分的比例随环境温度的变化而发生改变。在寒冷的环境中，核心温度分布区域缩小，主要集中在头部与胸腹内脏，表层温度分布区域相应扩大。相反，在炎热环境中，核心温度分布区域扩大，可扩展到四肢，而表层温度分布区域明显缩小（图7-2）。

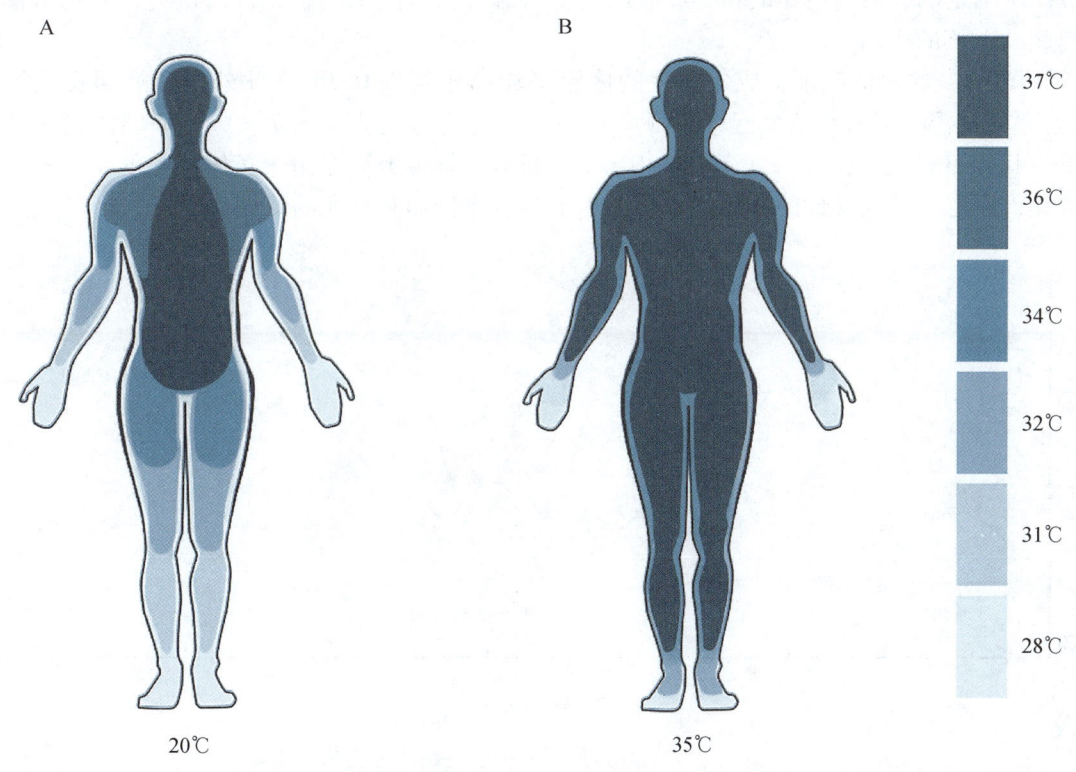

图7-2　在不同环境温度下人体体温分布示意图

A. 环境温度20℃；B. 环境温度35℃

1. **体表温度**　一般低于体核温度，且各部位之间的温度差异较大，易受环境温度的影响。机体表层的最外层即皮肤的温度称为皮肤温度（skin temperature）。其中，四肢末梢皮肤温度最低，越接近躯干、头部，皮肤温度越高。在寒冷环境中，随着气温下降，手、足部皮肤温度降低最为明显，而头部皮肤温度的变动相对较小。皮肤温度与局部血流量有密切的关系，凡能影响皮肤血管舒缩的因素，如环境温度变化或精神紧张等都能改变皮肤温度。例如，在寒冷环境中，由于皮肤血管收缩，皮肤血流量减少，皮肤温度特别是手的皮肤温度明显降低，体热散失因此减少。皮肤温度的变化在一定程度上可以反映血管的功能状态，因此，临床上可用皮肤温度作为诊断外周血管疾病的指标。

2. 体核温度 相对稳定，各部位之间的温度差异也较小。其中肝和脑的代谢旺盛，在全身各器官中温度最高，约38℃；肾、胰腺及十二指肠等器官温度略低；直肠的温度则更低，约37.5℃。血液不断循环，机体深部各个器官的温度趋于一致，因此机体深部血液的温度可以代表体核温度的平均值。

由于体核温度不易测量，临床上通常用直肠、口腔和腋窝等部位的温度来代表体核体温。其中，直肠温度（rectal temperature）最高，比较接近体核温度，其正常值为36.9~37.9℃；口腔温度（oral temperature）较直肠温度低，正常值为36.7~37.7℃；腋窝温度（axillary temperature）的正常值为36.0~37.4℃。测定直肠温度时应将温度计插入直肠6 cm以上，才能比较接近深部温度；测定口腔温度时应将温度计含于舌下，将口闭紧，以免受吸入空气的影响；测定腋窝温度时，要保持腋窝处干燥，让被测者将上臂紧贴胸廓，测量时间不少于5 min，以使腋窝的温度逐渐升高至接近于机体深部温度的水平。测量腋下温度方便易行，在临床和日常生活中被广泛使用。

（二）体温的生理性波动

在生理情况下，体温可随昼夜、年龄、性别等因素而有变动，但这种变动幅度一般不超过1℃。

1. 体温的日节律 在一昼夜之中，人体体温呈周期性波动。清晨2~6时体温最低，午后1~6时最高。体温的这种昼夜周期性波动称为体温的昼夜节律或日节律（circadian rhythm）。体温的日节律是由一种内在的生物节律所决定的，而与机体的精神或肌肉活动状态等没有因果关系。目前认为，生物节律现象主要受下丘脑视交叉上核的控制。

2. 性别的影响 通常情况下，成年女性的体温平均高于男性0.3℃。此外，育龄期女性的基础体温（指基础状态下的体温，通常在清晨起床前测量）随月经周期而变动（图7-3）。基础体温在排卵前（卵泡期）较低，排卵日最低，排卵后升高0.3~0.6℃。排卵后体温升高是由于黄体分泌的孕激素作用于下丘脑所致。因此，测定育龄期女性的基础体温有助于了解有无排卵和排卵的日期。

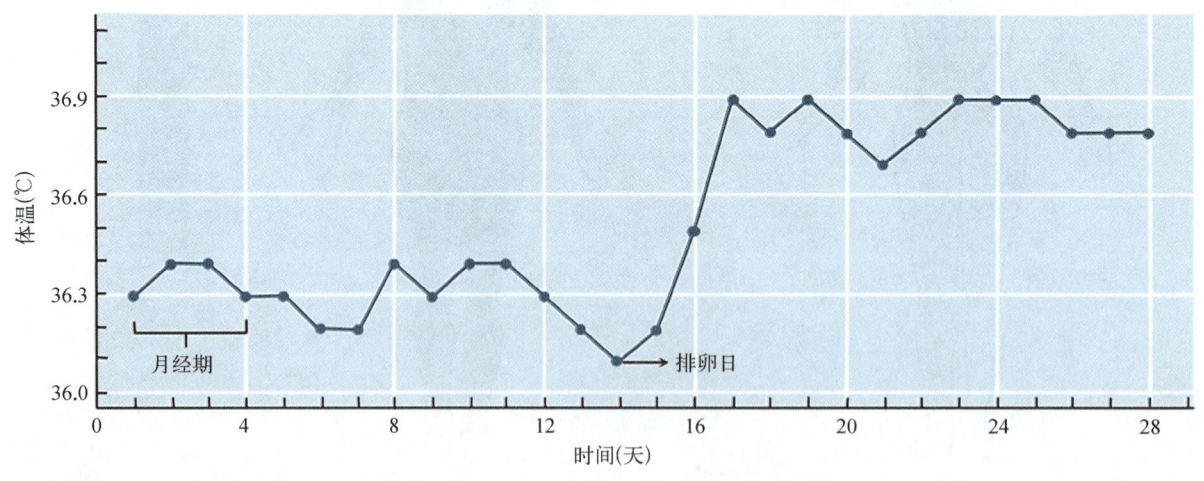

图7-3 女性月经周期中的基础体温变化

3. 年龄的影响 一般来说，儿童和青少年的体温较高，而老年人因基础代谢率低，体温偏低。新生儿，特别是早产儿，其体温调节机制发育还不完善，调节体温的能力差，容易受环境因素的影响，故应注意保暖。

4. 运动的影响 肌肉活动时由于代谢增强，产热量增加，可使体温升高。所以，临床上测量体温应让受试者先安静一段时间后再进行，测量小儿体温时应防止小儿哭闹。

此外,情绪激动、精神紧张、进食等可对体温产生影响,环境温度的变化对体温也有影响,在测量体温时,应考虑到这些情况。

二、机体的产热反应与散热反应

营养物质代谢所释放的化学能在体内经过转化与利用,除做外功外,最终都要转变成热能。正常情况下,机体的产热(heat production)和散热(heat loss)过程处于动态平衡,使体温得以维持相对恒定。因此,物质代谢产生的热能终将散发到体外。

(一)产热反应

1. **主要产热器官** 机体产热的多少取决于代谢水平的高低。机体在安静时主要由内脏产热,占总产热量的56%,其中肝的代谢最旺盛、产热量最高;机体运动时,骨骼肌则成为主要的产热器官(表7-5)。骨骼肌的总重量约占体重的40%,故对机体产热量影响巨大,如骨骼肌的紧张度稍有增强,其产热量即可发生明显改变,剧烈运动时,其产热量可达机体总产热量的90%左右。

表7-5 几种组织器官在不同状态下的产热量占机体总产热量的百分比   单位:%

组织器官	重量(占体重的百分比)	产热量(占机体总产热量的百分比)	
		安静状态	运动或劳动
脑	2.5	16	3
内脏	34	56	22
肌肉	40	18	73
其他	23.5	10	2

2. **产热的形式** 在一般的环境温度下,机体的产热量大部分来自全身各组织器官的基础代谢、肌肉活动及食物的特殊动力效应等过程。机体在寒冷环境中主要依靠战栗产热和非战栗产热两种形式增加产热量。

(1)战栗产热(shivering thermogenesis):指骨骼肌屈肌和伸肌同时发生不随意的节律性收缩,其节律为每分钟9~11次,此时肌肉收缩不做外功,能量全部转化为热量。发生战栗时,机体组织代谢率增加4~5倍,有利于维持机体在寒冷环境中的体热平衡。

(2)非战栗产热(non-shivering thermogenesis):是一种通过提高组织代谢率来增加产热的形式,又称代谢性产热。肩胛下区、颈部大血管周围、腹股沟等处的褐色脂肪组织是非战栗产热作用最明显的组织。褐色脂肪组织在新生儿体内较多,而在成年人体内的含量很少。由于新生儿体温调节功能不完善,不能发生战栗,故寒冷条件下主要依赖代谢性产热维持体温。

褐色脂肪组织能大量产热的机制在于:在褐色脂肪组织细胞的线粒体内膜上存在解耦联蛋白,其作用是使线粒体呼吸链合成ATP受阻,结果将能量以热能的形式释放出来,从而达到产热效应。

(二)散热反应

人体主要的散热部位是皮肤。当环境温度低于表层温度时,大部分体热可通过辐射、传导和对流等方式散热,小部分体热则随呼出气体、尿液、粪便等排泄物排出体外。在劳动或运动时,还会有汗腺分泌汗液,通过水分的蒸发增加散热。当环境温度高于表层温度时,蒸发则成为机体唯一的散热方式。

1. **散热的方式**

(1)辐射散热(thermal radiation):指机体以热射线的形式将体热传给外界温度较低物质的一种散热方式。辐射散热量的多少主要取决于皮肤与周围环境之间的温度差及有效散热面积。在21℃的环境中,裸体情况下,人体约有60%的热量是通过辐射方式发散的。

（2）传导散热（thermal conduction）：指机体的热量直接传给与之接触的温度较低物体的一种散热方式。传导散热发散的热量取决于皮肤温度与接触物体之间的温度差、接触面积及与皮肤接触的物体的导热性能等。例如，脂肪的导热效能较小，肥胖者皮下脂肪丰富，故体热不易散失。棉、毛织物是热的不良导体，因此增加衣着可以御寒。此外，水的导热性能较好，故临床上可利用水的热传导作用进行局部加温处理或利用冰帽、冰袋等给高热患者降温。

（3）对流散热（thermal convection）：指通过气体流动进行热量交换的一种散热方式，是传导散热的一种特殊形式。决定对流散热的多少除皮肤与周围环境之间的温度差及机体的有效散热面积外，受风速的影响较大。风速越大，散热量就越多；相反，风速越小，散热量也越少。

（4）蒸发散热（evaporation）：是水分从体表汽化时吸收热量而散发体热的一种方式。这种散热方式的效率很高，在正常体温条件下，蒸发 1 g 水可使机体散发 2.43 kJ 的热量。临床上可利用蒸发散热的原理对高热患者采用酒精擦浴等方法来降温。

蒸发散热有不感蒸发和出汗两种形式。

1）不感蒸发（insensible perspiration）：指体内的水分从皮肤和黏膜（主要是呼吸道黏膜）表面不断渗出而被汽化的过程，其中水分从皮肤表面的蒸发又称不显汗，它与汗腺活动无关。一般情况下，人体 24 h 的不感蒸发量约为 1 000 mL，其中从皮肤表面蒸发的水分为 600~800 mL，通过呼吸道黏膜蒸发的水分为 200~400 mL。对不能分泌汗液的动物，不感蒸发是一种有效的散热途径，例如，犬在炎热环境下，常采取热喘呼吸的方式来加强散热。婴幼儿不感蒸发的速率比成人大，因此，在缺水的情况下，婴幼儿更易发生严重脱水。临床上给患者补液时，应注意补充由不感蒸发丢失的这部分体液。

2）出汗（sweating）：指汗腺主动分泌汗液的过程，此过程出现明显的汗液而可被意识到，故又称可感蒸发（sensible evaporation）。通过出汗并将汗液蒸发掉的过程可有效带走大量体热，因此出汗在体温调节反应中具有重要作用。

汗液 99% 是水分，固体成分只占 1%。其固体成分大部分为 NaCl，也有乳酸及少量 KCl 和尿素等。汗液是汗腺细胞的主动分泌物，刚分泌出来的汗液与血浆等渗，但其在流经汗腺管腔时，受醛固酮的调节，汗液中的 Na^+ 和 Cl^- 被重吸收，最后排出的汗液为低渗溶液。因此，当机体大量出汗而造成脱水时，易造成高渗性脱水。但当出汗速度快时，由于汗腺管不能充分吸收 NaCl，汗液中的 NaCl 浓度高，机体丢失大量水分的同时，也丢失大量 NaCl，因此应注意及时补充水分和 NaCl，以免引起水和电解质平衡紊乱。

出汗的神经机制如下：当机体接受温热性刺激时，位于下丘脑的体温调节中枢兴奋，通过支配汗腺的交感胆碱能纤维反射性地使全身小汗腺分泌汗液。这种由温热性刺激引起的出汗又称为温热性出汗（thermal sweating），主要参与体温调节。另外，精神紧张或情绪激动时也会引起出汗，称为精神性发汗（mental sweating），其中枢位于大脑皮层运动区，通过支配汗腺的交感肾上腺素能纤维引起汗腺分泌。精神性发汗与体温调节的关系不大。

三、体温调节

人和恒温动物的体温是相对恒定的，维持体温相对恒定有赖于自主性体温调节和行为性体温调节。自主性体温调节（autonomic thermoregulation）指在体温调节中枢的控制下，通过增减皮肤的血流量、出汗、战栗和改变代谢水平等生理性调节反应形式，以维持产热和散热的动态平衡。行为性体温调节（behavioral thermoregulation）则指有意识进行的有利于建立体热平衡的行为活动。

（一）自主性体温调节

自主性体温调节主要是通过反馈控制系统达到维持体温相对稳定的目的。

1. **温度感受器** 根据存在的部位可将它们分为外周温度感受器和中枢温度感受器；根据感受温度的性质又可将它们分为冷感受器和热感受器。

（1）外周温度感受器（peripheral thermoreceptor）：分布于皮肤、黏膜和内脏中，它们是游离神经末梢。

它也可分为热感受器和冷感受器两种，分别感受局部温度升高和降低。当局部温度升高时，热感受器兴奋；而当温度降低时，冷感受器兴奋。温度感受器在皮肤呈点状分布，冷感受器较多，是热感受器的 5~11 倍，因此，对冷刺激较为敏感。

（2）中枢温度感受器（central thermoreceptor）：存在于下丘脑、脑干网状结构和脊髓等部位，是一些对温度变化敏感的神经元。它分为热敏神经元和冷敏神经元，局部温度升高和降低时其放电频率增加。动物实验表明，在视前区－下丘脑前部（preoptic-anterior hypothalamus area，PO/AH），热敏神经元数量较多；而在脑干网状结构和下丘脑的弓状核，冷敏神经元的数量则较多。温度敏感神经元对温度变化十分敏感，当局部脑组织温度变动 0.1℃时放电频率就会发生变化，且不出现适应现象。

2. 体温调节中枢　实验证明，只要保持下丘脑及其以下的神经结构完整，动物虽然在行为等方面可能出现障碍，但仍能维持体温的相对稳定，说明调节体温的中枢主要位于下丘脑。现已证实，PO/AH 是机体最重要的体温调节中枢，PO/AH 中的温度敏感神经元不仅能感受局部脑组织温度的变化，还能对下丘脑以外的中枢和外周传入的温度变化信息进行整合处理。此外，致热原、5-羟色胺、去甲肾上腺素及多种肽类物质也可作用于 PO/AH 中的温度敏感神经元，诱发体温调节反应。若破坏 PO/AH，与体温调节有关的散热和产热反应都明显减弱或消失。

3. 体温调节过程——体温调定点学说　关于机体在各种温度环境下维持体温相对稳定的机制，目前多以体温调定点学说予以解释。

此学说认为，体温的调节类似于恒温器的工作原理，PO/AH 温度敏感神经元的温度敏感特性决定了体温调定点水平，一般认为，人的正常体温调定点为 37℃。体温调节中枢就按照这个设定温度进行体温调节，即当体温与调定点的水平一致时，机体的产热与散热维持平衡；当体温高于调定点的水平时，中枢的调节活动会使产热活动降低，散热活动加强；反之，当体温稍低于调定点水平时，产热活动加强，散热活动降低，直到体温回到调定点水平。如果某种原因使调定点水平上移，则体温会在新的调定点水平达到平衡，则出现发热。例如，细菌感染时，致热原作用使体温调定点上移（如 39℃）。但是发热初期体温低于此时的调定点水平，机体一方面表现为皮肤血管收缩，减少散热；另一方面出现战栗等产热反应，直到体温升高到 39℃，使产热和散热过程在新的调定点水平达到平衡。这种致热原引起的发热属于调节性体温升高，是自主性体温调节活动的结果。而环境温度过高引起机体的中暑，是由于机体散热能力不足或体温调节中枢功能障碍所致，为非调节性体温升高。

（二）行为性体温调节

机体产生的体温调节行为是依据温热的舒适感决定的。行为性体温调节是变温动物的重要体温调节手段，也是恒温动物体温调节过程的重要一环。一般当环境温度变化时，恒温动物首先采取行为性体温调节，若其行为活动仍不能维持正常体温，机体将启动自主性体温调节系统，两种调节方式互相补充，以保持体温的相对稳定。

此外，需要注意的是机体的体温调节能力也会受环境因素影响，如长期处于某特殊环境下，机体可逐渐产生对该环境的适应性变化，使机体最大调节能力增强，这种现象称为温度习服，包括热习服和冷习服。热习服（heat acclimation）是机体在暴露于高温后产生的适应性变化，主要表现为引起出汗的体温阈值降低，出汗时间提前，出汗量增加，汗液中钠盐含量降低；引起皮肤血管扩张的体温阈值降低，皮肤血流量增加，使散热效率大为增加。冷习服（cold acclimation）是机体在暴露于冷环境后逐渐出现的适应性改变，主要表现为基础代谢率增加、非战栗性产热增加、钠-钾 ATP 酶活性增高等。

※ 科学小故事

2021 年 10 月 4 日，诺贝尔生理学或医学奖授予了两位美国科学家戴维·朱利叶斯（David Julius）教授和雅顿·帕塔普蒂安（Ardem Patapoutian）教授，以表彰他们在"发现感知温度和触觉的受体"上做出的开创性工作。

人们对热、冷和触觉的感知能力，对生存至关重要，支撑着我们与周围世界的互动。在日常生活中，我们常认为这些感觉是理所当然的，但与此相关的神经冲动究竟如何产生，从而使温度和压力可以被感知，两位诺贝尔奖得主解决了这个问题。

辣椒中的辣味来自一种辣椒素的物质。首先，一些科学研究发现辣椒素可以激活神经细胞，引起疼痛感。但这种化学物质如何真正发挥这种功能是一个未解之谜。为了解答这个问题，朱利叶斯创建了一个包含数百万个DNA片段的库，这些片段对应于感觉神经元中表达的基因，这些基因可以对疼痛、热和触摸做出反应。经过艰苦的搜索，确定了细胞对辣椒素敏感的一个基因，这个基因能编码一种全新的离子通道蛋白即TRPV1。TRPV1不仅能感受辣，还能感受温度刺激。TRPV1的发现是一项重大突破，为揭开其他温度感应受体开辟了道路。随后，一种能感受寒冷刺激的受体TRPM8被识别，与TRPV1和TRPM8相关的其他离子通道也陆续被确定，而这些通道会在不同温度下被激活。此外，帕塔普蒂安和他的合作者还陆续发现了一些对触觉至关重要的离子通道。

2021年诺贝尔生理学或医学奖获奖的这项发现，不仅开启了我们了解身体如何感知这个世界的大门，也为科学家找到众多治疗疼痛等疾病的药物奠定了基础。

※ 课后拓展

1. 思考题

病例摘要：患者，男性，50岁。有肺炎病史，3 d前出现了高热、畏寒等症状，偶有战栗。

试说明患者出现发热的中枢机制及出现畏寒和战栗的可能原因。

2. 推荐阅读

（1）TALAVERA K, STARTEK J B, ALVAREZ-COLLAZO J, et al., 2020. Mammalian transient receptor potential TRPA1 channels: from structure to disease [J]. Physiol Rev, 100 (02): 725-803.

（2）SCHEELE C, WOLFRUM C, 2020. Brown adipose crosstalk in tissue plasticity and human metabolism [J]. Endocr Rev, 41 (01): 53-65.

（杨　媛）

※ 第七章数字资源

第七章
课件

第七章
课后练习题（附参考答案）

第七章
课后拓展思考题的解题思路

第八章

尿的生成和排出

导 学

机体在代谢过程中产生的一系列代谢产物，必须不断排出体外，才能保持内环境的稳态和正常的生理功能。肾是最重要的排泄器官，它通过生成和排出尿液，在维持内环境稳态中起重要作用。

肾具有结构和功能的复杂性，尿生成的影响因素和调节机制具有多样性。因此，本章内容具有知识点多而散、内容抽象和理论性强等特点。

学习本章时，建议建立对肾从宏观到微观的立体性结构认识，厘清肾的两套管道系统（血管系统和小管系统）的关系，形成结构知识与相关生理功能的联系，如肾小球结构特点与滤过功能、肾小管和集合管结构特点与重吸收和分泌功能、肾小管和直小血管结构特点与尿液的浓缩与稀释功能等。在对尿生成各环节的学习中，建议以过程和机制、影响因素、功能评价为主线逐一进行。在学习尿液的排放时，建议与排便过程进行比较。至于尿液生成的影响因素和调节，建议结合生理和病理情况尿量和质发生改变机制的分析思考进行学习，这样既有助于加深对生理知识的理解，又有助于对后续临床相关问题的理解，如肾功能异常的常见症状和体征及其机制、肾功能评价常用指标及它们分别反映肾的哪项（些）功能等。

排泄（excretion）是指机体将代谢的终产物和进入体内的异物及过剩的物质，经血液循环，由相应的排泄器官排出体外的过程。人体主要的排泄途径：① 呼吸器官以呼出气的形式排出 CO_2、少量的水和挥发性物质等。② 消化器官以唾液分泌的形式排出少量铅和汞，以排便形式排出胆色素、无机盐和水等，但未经消化食物残渣的排出不属于生理学排泄范畴。③ 皮肤以不感蒸发和发汗的形式排出水、尿素和盐等。④ 肾以生成和排出尿液的形式，排出机体大部分代谢终产物、过剩物质和异物等。肾因其排出的物质种类最多、排泄数量最大，且排泄的种类和数量可以调节，因此是机体最重要的排泄器官。

肾通过生成和排出尿液，除实现排泄功能外，还是维持水、电解质和酸碱平衡等内环境稳态的重要途径。肾也是内分泌器官，它能合成和分泌多种生物活性物质，如肾素、促红细胞生成素、1,25-二羟维生素 D_3 及前列腺素等，参与血压调节、红细胞生成和骨骼生长发育等机体多种功能活动的调节。本章主要介绍肾的排泄功能，重点阐述尿液生成的过程及其调节机制。

第一节 肾的功能解剖和血流量

尿生成是一个连续、复杂的过程，肾的结构和血液循环特点，为其完成功能提供了结构基础。

一、肾的功能解剖

肾为实质性器官,肾实质从外向内分为皮质和髓质两部分(图8-1A)。皮质位于髓质表层,富有血管,主要由肾小体和肾小管构成。髓质位于皮质深部,血管较少,由15~25个肾锥体构成。锥体的底朝向皮质髓质交界,而顶部伸向肾窦,终止于肾乳头。在肾单位生成的尿液,经集合管在肾乳头处开口进入肾小盏,再进入肾大盏和肾盂,最后经输尿管进入膀胱。排尿时,膀胱内的尿液经尿道排出体外。

(一)肾的基本结构和功能单位

肾单位(nephron)是肾的基本结构和功能单位,它与集合管共同完成尿液的生成过程。正常人每个肾有80万~100万个肾单位,每个肾单位均能单独生成尿液。肾单位由肾小体和肾小管构成。肾小体由肾小球(glomerulus)和肾小囊(bowman capsule)组成(图8-1B)。肾小球是入球小动脉分支形成的毛细血管网盘曲而成的球形结构,另一端汇集成出球小动脉。包绕于肾小球的囊性结构即为肾小囊,肾小囊由脏层和壁层两层上皮细胞组成,脏层和肾小球毛细血管共同构成滤过膜,壁层则延续移行为肾小管,肾小囊脏层和壁层之间的间隙称为肾小囊腔。肾小管由近端小管(proximal tubule)、髓袢细段(thin loop of henle)和远端小管(distal tubule)组成。近端小管包括近曲小管和髓袢降支粗段,髓袢细段按其行走方向又分为降支细段和升支细段,远端小管包括髓袢升支粗段和远曲小管。远曲小管末端与集合管(collecting duct)相连接。

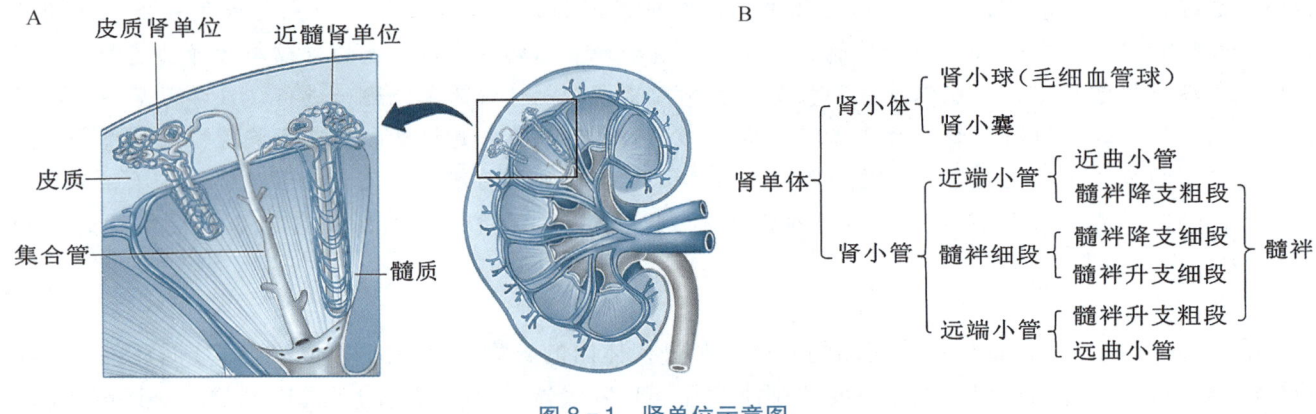

图8-1 肾单位示意图

A. 肾单位和肾血管结构示意图;B. 肾单位的组成

集合管不包括在肾单位内,但功能上与远曲小管关系密切,共同在尿液浓缩与稀释过程中起重要作用。每根集合管接纳多条远曲小管来的尿液后,汇入乳头管,再经肾盂、肾盏和输尿管进入膀胱。

肾单位按其在皮质所处的位置可分为皮质肾单位(cortical nephron)和近髓肾单位(juxtamedullary nephron)两类(图8-1A)。肾小体位于外皮质和中皮质层的肾单位称为皮质肾单位,占肾单位总数的85%~90%,近髓肾单位的肾小体位于靠近髓质的内皮质层,仅占全部肾单位的10%~15%。其结构及功能特点见表8-1。

表8-1 皮质肾单位和近髓肾单位的结构及功能特点比较

	皮质肾单位	近髓肾单位
分布	外、中皮质层	内皮质层
数量	多(85%~90%)	少(10%~15%)
肾小球体积	较小	较大

续表

	皮 质 肾 单 位	近 髓 肾 单 位
入、出球小动脉口径	入球小动脉>出球小动脉	差异较小
出球小动脉分支	为一支，形成管周围毛细血管网包绕在皮质肾小管周围	分两支，形成管周围毛细血管网和U形直小血管
髓袢	短，只达外髓质层	长，达内髓质层甚至达乳头部
球旁器	有，肾素含量多	几乎无
功能	与尿液生成和肾素分泌有关	与尿液的浓缩和稀释有关

（二）球旁器

球旁器（juxtaglomerular apparatus）由球旁细胞、致密斑和球外系膜细胞三者组成（图8-2），主要分布在皮质肾单位。球旁细胞又称为颗粒细胞，是位于入球小动脉中膜内特殊分化的平滑肌细胞，内含分泌颗粒，能合成、储存及释放肾素。致密斑位于远曲小管的起始部分，此处的上皮细胞变为高柱状细胞，向管腔内呈斑状隆起，称为致密斑。致密斑与入球小动脉和出球小动脉相接触，可感受小管液中NaCl含量的变化，并将信息传递至球旁细胞，调节肾素的释放。球外系膜细胞是指位于入球小动脉、出球小动脉和致密斑之间的一群细胞，具有吞噬和收缩功能。

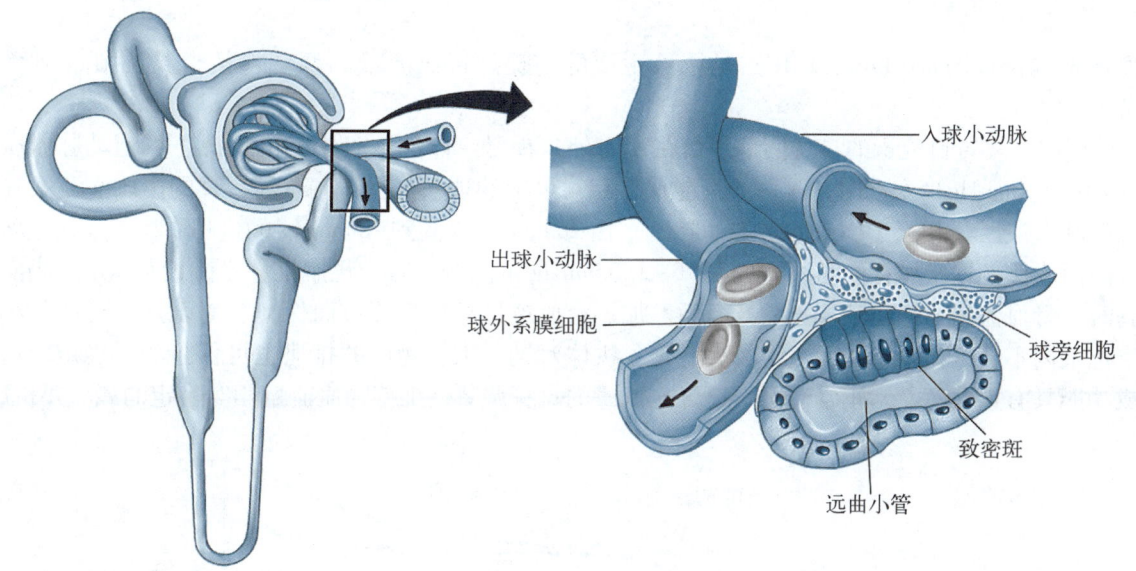

图8-2 球旁器组成示意图

（三）肾的神经支配和血管分布

肾受交感神经支配，但一般认为无副交感神经末梢分布。肾交感神经节前神经元胞体位于脊髓胸12至腰2节段的中间外侧柱，其纤维进入腹腔神经节和主动脉、肾动脉部的神经节。节后纤维与肾动脉伴行，支配肾动脉（尤其是入球小动脉和出球小动脉的血管平滑肌）、肾小管和球旁细胞。肾交感神经节后纤维末梢释放去甲肾上腺素，调节肾血流量、肾小球滤过率、肾小管的重吸收和肾素的释放。此外，肾神经中还有少量纤维释放多巴胺，能引起肾血管舒张。肾各种感受器的感觉信息可经肾传入神经纤维传入至中枢，从而调节肾的功能。

肾动脉由腹主动脉垂直分出，进入肾后依次分支形成叶间动脉、弓状动脉、小叶间动脉，然后再分支形成入球小动脉。入球小动脉进一步分支成40~50条平行且相互吻合成网的肾小球毛细血管网，然后再汇集形成出球小动脉。离开肾小体后，出球小动脉再次分支形成肾小管周围毛细血管网或直小血管，最后汇入静脉。

二、肾血流量的特点及其调节

肾的泌尿功能同肾的血液循环密切相关，肾虽然只占体重的 0.5%，但其血液供应很丰富，肾血流量远远超过其代谢需要。

（一）肾血液循环的特点

1. **血流量大且主要分布于肾皮质** 正常成人安静状态下每分钟有约 1 200 mL 血液流过两侧肾，相当于心输出量的 20%~25%。其中，约 94% 的血液供应肾皮质层，约 5% 的血液供应外髓，其余不到 1% 的血液供应内髓。所以通常所说的肾血流量主要指肾皮质的血流量。肾丰富的血液供应为实现肾的泌尿功能提供了有利条件。

2. **两套毛细血管网，血压差异大** 入球小动脉在肾小体内分支形成肾小球毛细血管网，再汇集成出球小动脉离开肾小球。出球小动脉再次分支形成管周毛细血管网，缠绕于肾小管和集合管周围，然后汇合成静脉。肾小球毛细血管网介于入球小动脉和出球小动脉之间，在皮质肾单位入球小动脉与出球小动脉口径之比为 2∶1，这一比例使肾小球毛细血管内血压较高，这有利于肾小球的滤过；出球小动脉细而长，血流阻力较大，血压下降较多，可使管周毛细血管网血压较低，这一特点有利于肾小管的重吸收。

（二）肾血流量的调节

肾血流量（renal blood flow，RBF）是尿液生成的前提。肾血流量的调节包括自身调节、神经调节和体液调节。

1. **自身调节** 肾血流量的自身调节是指在没有外来神经、体液因素影响的情况下，当动脉血压在一定范围内（70~180 mmHg）变动时，肾血流量能保持相对恒定的现象（图 8-3）。在肾的离体灌流实验中观察到，在肾动脉灌注压（相当于体内的平均动脉压）由 20 mmHg 提高到 70 mmHg 的过程中，肾血流量将随肾灌注压的升高而成比例地增加；而当灌注压在 70~180 mmHg 范围变动时，肾血流量保持相对恒定；当灌注压进一步升高时，肾血流量又将随灌注压的升高而增加。肾血流量经自身调节而保持相对稳定，可使肾小球滤过率在一定范围内不会因血压波动而发生较大变化，机体对钠、水等物质的排泄也可保持相对稳定，这对肾的尿液生成功能具有重要意义。正常情况下，肾血流量的自身调节是维持肾血流量相对稳定的最重要机制。

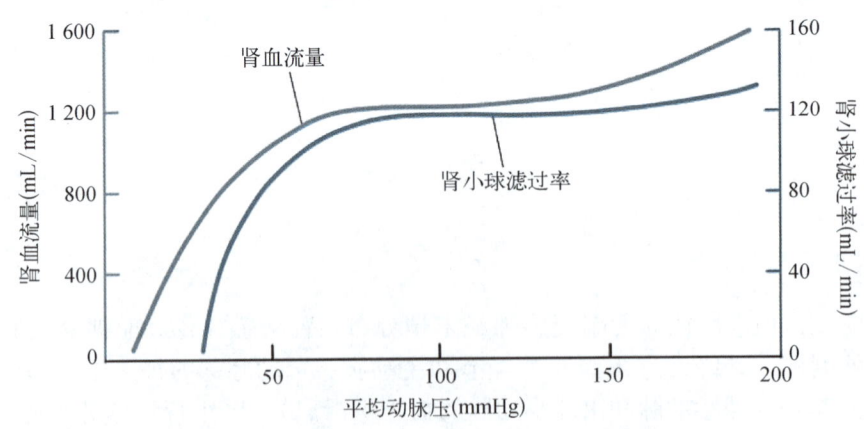

图 8-3 肾血流量和肾小球滤过率与动脉血压的关系

目前，关于肾血流量自身调节机制，有两种学说：① 肌源性学说，此学说认为，当肾灌注压在 70~180 mmHg 范围增高时，血管平滑肌因灌注压增加而受到牵张刺激，使得平滑肌的紧张性加强，血管口径相应缩小，血流的阻力相应增大，使流入的血液量不至明显增多；反之，当灌注压降低时，入球小动脉则逐渐舒张，血流的阻力减小，使流入的血液量不致明显减少。灌注压低于 70 mmHg 时，平滑肌已达到舒张的极限；而灌注压高于 180 mmHg 时，平滑肌又达到收缩的极限。因此，在 70 mmHg 以下和 180 mmHg 以上时，肾血流量的自身调节便不能维持，肾血流量将随血压的变化而变化。只有在 70～180 mmHg 的血压变化范围，入球小动脉平滑肌才能发挥自身调节作用，保持肾血流量的相对恒定。如果用罂粟碱、水合氯醛或氰化钠等药物抑制血管平滑肌的活动，自身调节即消失，这说明自身调节与血管平滑肌的功能活动有关。② 管-球反馈，小管液流量变化影响肾小球滤过率和肾血流量的现象称为管-球反馈（tubuloglomerular feedback，TGF）。实验证明，当肾血流量和肾小球滤过率增加时，流经远曲小管致密斑的小管液流量增加，Na^+、K^+、Cl^- 的转运速率也增加，致密斑将信息反馈至肾小球，使入球小动脉收缩，肾血流量和肾小球滤过率相应减少从而恢复正常；相反，当肾血流量减少和肾小球滤过率降低时，流经致密斑的小管液流量减少，致密斑处 NaCl 浓度降低，致密斑将信息反馈至肾小球，使入球小动脉舒张，同时增加肾素的释放，Ang Ⅱ 增多，主要使出球小动脉收缩，升高肾小球毛细血管静水压，使肾血流量和肾小球滤过率增加至正常水平。

2. 神经和体液调节　肾通过神经和体液调节能使肾血流量与全身血液循环相配合。肾血管平滑肌主要受交感神经支配。安静时，肾交感神经使血管平滑肌保持一定程度的收缩。肾交感神经兴奋时，末梢释放去甲肾上腺素作用于血管平滑肌 α 受体，使肾血管强烈收缩，肾血流量减少。体液中的肾上腺素、去甲肾上腺素、Ang Ⅱ、血管升压素和内皮素等增多时，可使肾血管收缩，肾血流量减少；而肾组织中生成的 PGI_2、PGE_2、NO 和缓激肽等增多时，则可引起肾血管舒张，肾血流量增加；另外，腺苷则可引起入球小动脉收缩，使肾血流量减少。

总之，正常生理条件下，血压在正常范围内变动时，肾主要依靠自身调节来保持肾血流量的相对稳定，以维持正常的泌尿功能。但在紧急情况下，如大失血、休克、严重缺氧时，肾则通过交感神经和肾上腺髓质激素（肾上腺素和去甲肾上腺素）等的作用，使全身血液重新分配，减少肾血流量，以保证脑、心等重要器官的血液供应。反之，当血容量增加时，交感神经活动减弱，肾血流量增加。

第二节　肾小球的滤过功能

肾生成尿液的过程是一个连续、复杂的过程，包括三个基本环节（图 8-4）：① 肾小球的滤过，形成原尿（超滤液）；② 原尿在肾小管和集合管的选择性重吸收；③ 肾小管和集合管的分泌作用。通过上述环节，肾生成的终尿经肾盂和输尿管进入膀胱，并最终排出体外。

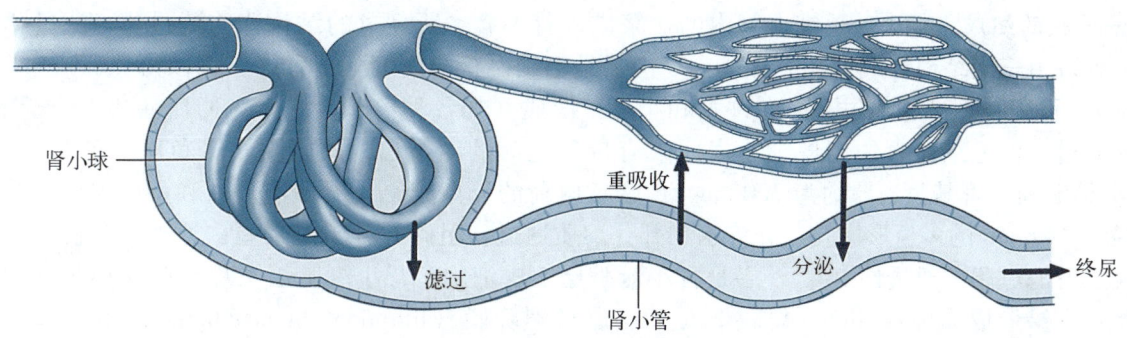

图 8-4　尿液生成的基本过程示意图

一、肾小球的滤过作用

肾小球滤过指当血液流经肾小球毛细血管时，除蛋白质外，血浆中的水和小分子物质通过滤过膜进入肾小囊腔形成原尿（超滤液）的过程，这是尿生成的第一步。用微穿刺方法从肾小囊腔取原尿进行分析，发现原尿中除蛋白质含量极少外，其余成分如葡萄糖、氯化物、无机磷酸盐、尿素、尿酸和肌酐等都与血浆基本相同（表8-2），渗透压及酸碱度也与血浆非常接近。因此，原尿就是血浆的超滤液而非分泌液。

表8-2 血浆、原尿和终尿中各种物质成分含量及每日的滤过总量和排出量

成分	血浆（g/L）	原尿（g/L）	终尿（g/L）	终尿/血浆（倍数）	滤过总量（g/d）	排出量（g/d）	重吸收率（%）
蛋白质	80.0	0	0	0	微量	0	100*
葡萄糖	1.0	1.0	0	0	180.0	0	100*
Na^+	3.3	3.3	3.5	1.1	594.0	5.3	99
K^+	0.2	0.2	1.5	7.5	36.0	2.3	94
Cl^-	3.7	3.7	6.0	1.6	666.0	9.0	99
HCO_3^-	1.5	1.5	0.07	0.05	270.0	0.1	99
磷酸根	0.03	0.03	1.2	40.0	5.4	1.8	67
尿素	0.3	0.3	20.0	67.0	54.0	30.0	45
尿酸	0.02	0.02	0.5	25.0	3.6	0.75	79
肌酐	0.01	0.01	1.5	150.0	1.8	2.25	0
氨	0.001	0.001	0.4	400.0	0.18	0.6	0
水					180.0 L	1.5 L	99

* 几乎为100%。

衡量肾小球滤过作用的重要指标是肾小球滤过率和滤过分数。单位时间内（每分钟）两肾生成的超滤液量称为肾小球滤过率（glomerular filtration rate，GFR）。据测定，一般体型的正常人安静时，肾小球滤过率约为125 mL/min，故每日生成的原尿量可达180 L。肾小球滤过率和肾血浆流量的比值称为滤过分数（filtration fraction，FF）。肾血浆流量是指每分钟流经两肾的血浆量，正常人安静时约为660 mL/min，则滤过分数为（125/660）×100＝19%。这表明，流经肾的血浆约有1/5经肾小球毛细血管滤出，进入肾小囊形成超滤液。肾小球滤过率的大小取决于滤过膜的面积、通透性、有效滤过压及肾血浆流量等因素。

（一）滤过膜及其通透性

1. **滤过膜的组成** 肾小球毛细血管内的血浆进入肾小囊，所经过的结构称为滤过膜。滤过膜是滤过的结构基础，由三层结构组成（图8-5）：① 内层是毛细血管内皮细胞，有许多直径为70~90 nm的窗孔（fenestrae），可阻止血细胞通过，而允许水和小分子溶质（如各种离子、尿素、葡萄糖及小分子蛋白质）等自由地通过，但毛细血管的内皮细胞表面因有带负电荷的糖蛋白，故能阻止带负电荷的蛋白质通过。② 中间层是毛细血管基膜，厚约为300 nm，由带负电荷的Ⅳ型胶原、层粘连蛋白和蛋白多糖等构成。膜上有直径为2~8 nm的多角形网孔，允许水和部分溶质通过，阻碍大分子血浆蛋白滤过，其机械屏障和电荷屏障决定着滤过膜的通透性。③ 外层是肾小囊脏层上皮细胞，肾小囊脏层上皮细胞又称足细胞。足细胞足突相互交错形成裂隙（slit），裂隙上有一层滤过裂隙膜（filtration slit membrane），膜上有直径4~11 nm的小孔，它是滤过的最后一道屏障。肾小球滤过屏障上的裂孔素，是足细胞裂隙膜的主要蛋白质成分，其作用是阻止蛋白质漏出。缺乏裂孔素时，尿液中将出现蛋白质。故这三层结构组成了滤过膜的机械屏障，而各层带负电荷的糖蛋白构成了滤过膜的电学屏障。

2. **滤过膜的面积及通透性** 正常人双侧肾全部肾小球的滤过面积达1.5 m^2左右，且保持相对稳定。血浆中物质能否通过滤过膜，取决于被滤过物质分子的大小及其所带的电荷。一般来说，分子有效半径小于2.0 nm的电中性物质可自由滤过（如水、葡萄糖、尿素等），有效半径大于4.2 nm的物质则不能滤过，

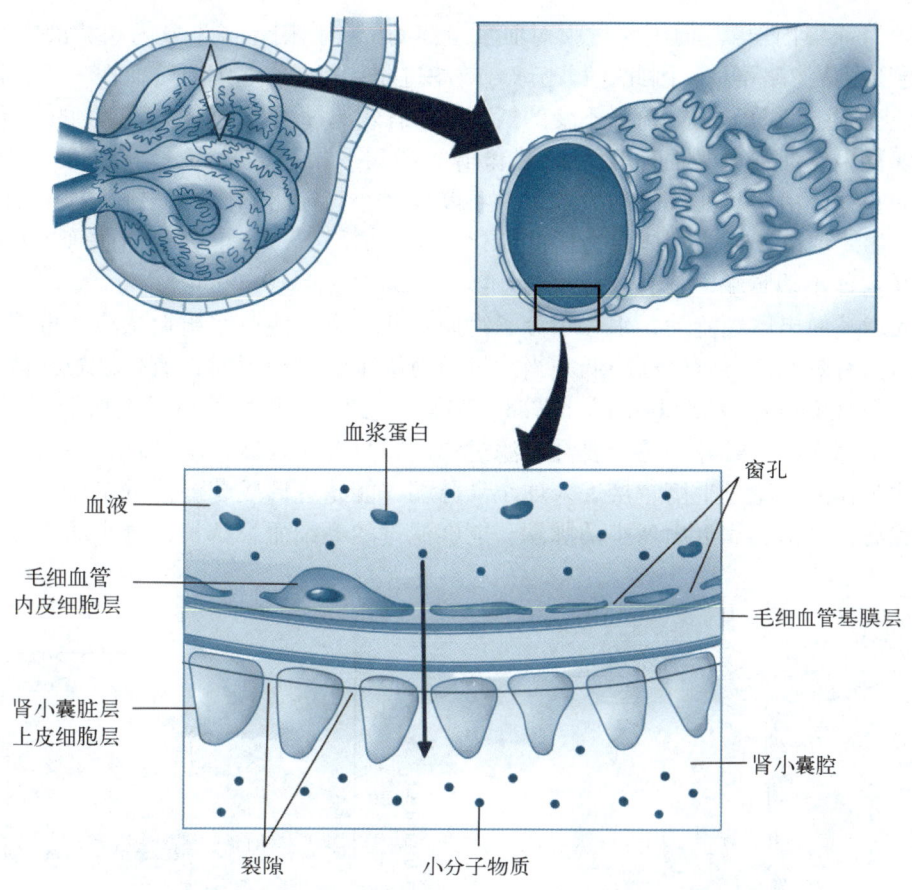

图 8-5 肾小球滤过膜结构示意图

而有效半径为 2.0~4.2 nm 的各种物质随有效半径的增加而滤过量逐渐降低。如图 8-6 所示，采用不同有效半径的右旋糖酐分子进行实验，可证实不同分子大小的物质与其通过滤过膜能力的关系。从实验结果还可以看出，即使有效半径相同，带负电荷的右旋糖酐也较难通过，而带正电荷的右旋糖酐则较易通过。这可用于解释正常人尿液中几乎没有蛋白，而某些患者如肾小球肾炎出现白蛋白尿的原因。由于有效半径约为 3.6 nm 的血浆白蛋白（分子量为 69 000 Da）是负电荷物质，正常情况下很难通过正常的滤过膜，相对滤过能力几乎为 0。但如果肾小球肾炎患者，滤过膜上的负电荷消失，对带负电的白蛋白的相对滤过能力就近似于图 8-6 中电中性物质的情况，因此白蛋白可以经滤过膜进入肾小囊，并出现在终尿中。

由此可见，滤过膜的通透性不仅取决于滤过膜孔的大小，还取决于滤过膜所带的电荷。在病理情况下，滤过膜的面积和通透性均可发生变化，从而影响肾小球的滤过。

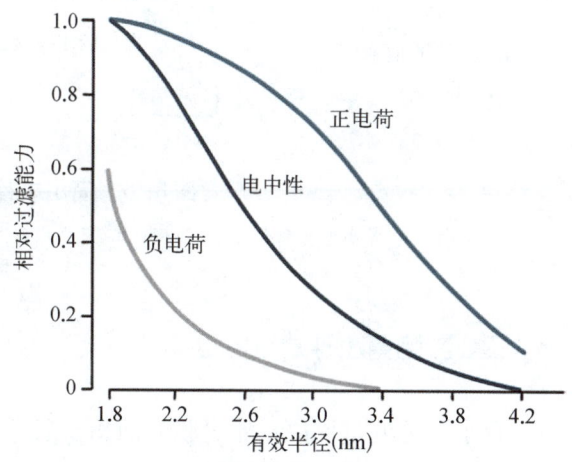

图 8-6 不同分子半径和带不同电荷右旋糖酐的滤过能力

纵坐标为 1.0 表示自由滤过；纵坐标为 0 表示不能滤过

（二）有效滤过压

肾小球有效滤过压（effective filtration pressure）指促进超滤的动力与对抗超滤的阻力之间的差值（图 8-7A）。促进超滤的动力包括肾小球毛细血管血压和肾小囊内超滤液的胶体渗透压。对抗超滤的阻力包括血浆胶体渗透压和肾小囊内压，故肾小球有效滤过压 =（肾小球毛细血管血压+囊内液胶体渗透压）－

(血浆胶体渗透压+肾小囊内压)。但因滤过膜对血浆蛋白的屏障作用,肾小囊内超滤液中蛋白质含量极低,所形成的胶体渗透压可以忽略不计,因此,肾小球有效滤过压=肾小球毛细血管血压-(血浆胶体渗透压+肾小囊内压)。在滤过膜通透性和肾血浆流量不变的情况下,有效滤过压是决定超滤液量的主要因素。

微穿刺法发现肾小球毛细血管血压在入球端和出球端几乎相等,约为 45 mmHg。肾小囊内压较为恒定,约为 10 mmHg,这是由于超滤液不断生成,又不断经肾小管流走。因此,肾小球毛细血管不同部位有效滤过压的大小,主要取决于血浆胶体渗透压的变化。正常情况下,肾小球毛细血管入球端胶体渗透压约为 25 mmHg,故在入球小动脉端,其有效滤过压=45-(25+10)=10(mmHg)。

随着血液自入球端向出球端流动,水和小分子物质不断滤出,使血浆蛋白浓度不断升高,血浆胶体渗透压不断升高,因而有效滤过压就逐渐降低。当滤过阻力等于滤过动力时,有效滤过压降低到零,则滤过停止,称为滤过平衡(filtration equilibrium)(图 8-7B)。由此可见,肾小球毛细血管不同部位的有效滤过压是不相同的,肾小球毛细血管并不是全段都有滤过作用,只有从入球小动脉端到滤过平衡出现前的肾小球毛细血管才有滤过作用。滤过平衡越接近入球小动脉端,能滤过形成超滤液的毛细血管越短,肾小球滤过率越低。反之,滤过平衡越靠近出球小动脉端,能够滤过的毛细血管越长,肾小球滤过率就越高。

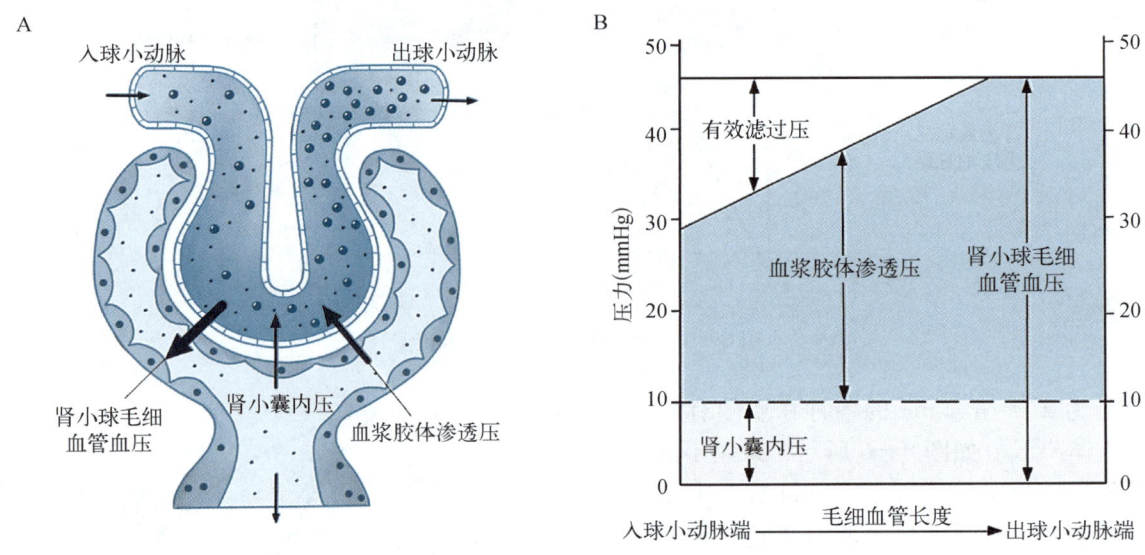

图 8-7 肾小球有效滤过压及其对肾小球滤过的影响

A. 肾小球有效滤过压示意图;B. 肾小球毛细血管血压、血浆胶体渗透压和肾小囊内压对有效滤过压的影响

二、影响肾小球滤过的因素

肾小球的滤过取决于滤过膜的面积及通透性、有效滤过压和肾血浆流量,因此凡是能影响这些因素的改变,均能影响肾小球的滤过功能。

(一)滤过膜的面积及通透性

1. **滤过膜面积改变** 成人双肾滤过膜的总面积约 1.5 m²,正常人的一个肾就足以承担双肾所完成的任务,说明肾的滤过膜面积有较大的储备量。正常情况下,滤过膜的面积比较稳定。在病理情况下,如急性肾小球肾炎时,由于肾小球毛细血管的管腔变窄或阻塞,使具有滤过功能的面积减小,肾小球滤过率亦减小,可导致少尿甚至无尿。

2. **滤过膜通透性改变** 正常生理状态下,滤过膜的通透性比较稳定。在炎症或缺氧等病理改变时,由于滤过膜上带负电荷的糖蛋白减少或消失,电学屏障作用减弱,滤过膜通透性增大,或者滤过膜的完整性破坏,使原来不能滤过的大分子血浆蛋白甚至体积更大的红细胞"漏"出,从而出现蛋白尿或血尿现象。

滤过膜的通透性可以用滤过系数（filtration coefficient，K_f）衡量。滤过系数是指在单位有效滤过压的驱动下，单位时间内经过滤过膜的滤液量。K_f 是滤过膜的有效通透系数（k）和滤过膜面积（s）的乘积。因此，凡能影响滤过膜有效通透系数和滤过面积的因素都能影响肾小球滤过率。

（二）有效滤过压

1. **肾小球毛细血管血压** 正常情况下，当全身动脉血压在 70~180 mmHg 变动时，由于肾血流量的自身调节机制，肾小球毛细血管血压可保持相对稳定，故肾小球滤过率基本不变。但若超出此自身调节范围，动脉血压升高，肾小球毛细血管血压升高，肾小球滤过率增加，反之，动脉血压降低，肾小球滤过率则减小。在病理性紧急情况下，如大失血使动脉血压降到 70 mmHg 以下，肾小球毛细血管血压降低，有效滤过压降低，肾小球滤过率降低；若血压降到 40~50 mmHg 时，肾小球滤过率可降至零，因而出现少尿甚至无尿。

2. **血浆胶体渗透压** 正常情况下，血浆蛋白浓度比较稳定，血浆胶体渗透压变化不大。但若某些因素使血浆蛋白浓度明显降低时，血浆胶体渗透压亦降低，使有效滤过压和肾小球滤过率增加。例如，静脉输入大量生理盐水，或病理情况下肝功能严重受损，血浆蛋白合成减少，或因毛细血管通透性增大，血浆蛋白丧失，都会导致血浆蛋白浓度降低，胶体渗透压下降，使有效滤过压和肾小球滤过率增加。但在临床上观察到，血浆蛋白浓度明显降低时尿量并不明显增多，这可能是因为，此时肾小球滤过膜的通透性也有所降低，且体循环毛细血管床组织液生成增多，因而肝、肾疾病引起低蛋白血症的患者，常出现腹水或组织水肿。

3. **肾小囊内压** 正常情况下肾小囊内压变动不大，因此对滤过率影响很小。但肾盂或输尿管结石、肿瘤压迫或任何原因引起尿流阻塞可引起逆行性压力升高，最终导致肾小囊内压升高，从而降低有效滤过压和肾小球滤过率。

（三）肾血浆流量

肾血浆流量主要影响滤过平衡的位置。当肾血浆流量增大时，肾小球毛细血管中血浆胶体渗透压上升速度减缓，滤过平衡就靠近出球小动脉端，有滤过作用的肾小球毛细血管长度增加，故肾小球滤过率增加；反之，当肾血浆流量减少时，滤过平衡靠近入球小动脉端，故肾小球滤过率减小。在严重缺氧和中毒性休克等病理情况下，肾交感神经强烈兴奋引起入球小动脉阻力明显增加，血流重新分配，从而使肾血流量和肾血浆流量明显减少，肾小球滤过率也明显降低，尿量减少。

第三节　肾小管和集合管的物质转运功能

肾小囊中的超滤液进入肾小管后称为小管液。小管液流经肾小管和集合管时通过重吸收和分泌，使其成分和量明显变化，形成终尿（表 8-2）。肾小管和集合管的重吸收（reabsorption）指小管液中的物质被肾小管或集合管上皮细胞转运回血液的过程。分泌（secretion）指肾小管和集合管上皮细胞将本身产生的或血液中的物质经顶端膜转运到小管液的过程。正常成人每日两肾生成的超滤液量达 180 L，而终尿量仅约为 1.5 L，这表明约 99% 的水被肾小管和集合管重吸收，仅有约 1% 被排出体外。此外，终尿中不含葡萄糖和氨基酸，说明滤过液中的这些物质已全部被重吸收。滤出的 Na^+、Ca^{2+} 和尿素等不同程度地被重吸收，而体内的肌酐、尿酸和 K^+ 等则可被分泌到小管液中排出体外。肾小管和集合管的上皮细胞通过选择性重吸收、分泌或排泄，既保留了对机体有用的物质，又清除了对机体有害和过剩的物质，保证了内环境理化性质的相对稳定。

一、肾小管和集合管中物质转运的方式

物质在肾小管和集合管的转运根据其跨过管壁的路径不同分为跨细胞途径和细胞旁途径两种，以跨细

胞途径为主；又根据跨膜转运机制的不同分为被动转运和主动转运两种。被动转运指物质顺电化学梯度通过肾小管和集合管上皮细胞的过程，包括单纯扩散、易化扩散和渗透。主动转运指物质逆电化学梯度通过肾小管和集合管上皮细胞的过程，包括原发性主动转运和继发性主动转运。

二、肾小管和集合管中各种物质的重吸收与分泌

肾小管和集合管各段上皮细胞顶端膜上和基底侧膜上的转运体和通道蛋白不同，故其转运物质的种类、方式、转运量和转运机制也不相同，其中近端小管转运的物质种类最多、数量最大，是物质重吸收的主要部位。

（一）Na^+、Cl^- 和水的重吸收

肾小球每日滤过的 Na^+ 约 99% 被肾小管和集合管重吸收。小管液中 65%~70% 的 Na^+、Cl^- 和水在近端小管被重吸收，约 20% 的 NaCl 和约 15% 的水在髓袢被重吸收，约 12% 的 Na^+、Cl^- 和不等量的水在远曲小管和集合管被重吸收。

1. 近端小管　是 Na^+、Cl^- 和水重吸收的主要部位，其中约 2/3 在近端小管的前半段经跨细胞转运途径被重吸收，其余约 1/3 在近端小管的后半段经细胞旁途径被重吸收（图 8-8）。

（1）近端小管前半段：近端小管的前半段 Na^+ 的重吸收是主动的，Na^+ 的重吸收与葡萄糖、氨基酸的重吸收及 H^+ 的分泌相耦联。由于上皮细胞基底侧膜中钠泵的作用，细胞内 Na^+ 浓度低于小管液且呈负电位，小管液中的 Na^+ 可顺浓度和电位梯度进入细胞，此过程通过顶端膜上的 Na^+-葡萄糖同向转运体、Na^+-氨基酸同向转运体与葡萄糖、氨基酸共同转运，将葡萄糖和氨基酸逆浓度转运入细胞内。进入细胞内的 Na^+ 在上皮细胞基底侧膜钠泵的作用下，不断泵出到细胞间隙以维持细胞内低 Na^+，同时 Na^+ 也经细胞间隙扩散入血。进入细胞内的葡萄糖和氨基酸则以经载体易化扩散的方式通过基底侧膜进入组织间液，进而扩散进入血液循环。此外，小管液中的 Na^+ 还可和上皮细胞内的 H^+ 由顶端膜上的 Na^+-H^+ 交换体进行逆向转运，Na^+ 顺浓度梯度进入上皮细胞内，而 H^+ 被分泌到小管液中。因 Na^+-H^+ 交换使细胞内的 H^+ 进入小管液，使 HCO_3^- 被重吸收，而 Cl^- 则不被重吸收，其结果是小管液中 Cl^- 的浓度高于管周组织间液中的浓度。

（2）近端小管后半段：在近端小管的后半段，上皮细胞顶端膜上除了有 Na^+-H^+ 交换体外，还有 Cl^--HCO_3^- 逆向交换体，后者将小管液中的 Cl^- 转运至细胞内，将 HCO_3^- 转运至小管液，HCO_3^- 则再以 CO_2 的形式重新进入细胞（见后文）。进入细胞内的 Cl^- 通过基底侧膜上的 K^+-Cl^- 同向转运体转运至细胞间液，再吸收入血。由于近端小管后半段小管液内的 Cl^- 浓度比细胞间液中浓度高 20%~40%，Cl^- 顺浓度梯度经紧密连接进入细胞间液而被动重吸收，即经细胞旁途径重吸收。Cl^- 重吸收后，造成细胞间液中的电位降低，Na^+ 顺电位梯度也经细胞旁途径被重吸收。因此，Na^+、Cl^- 在近端小管后半段的重吸收是被动的，Cl^- 为顺浓度差被动扩散，Na^+ 为顺电位差扩散，均经过细胞旁途径进入细胞间液（图 8-8）。

近端小管对水的重吸收主要是通过 AQP-1 进行的渗透作用。AQP-1 主要分布在近端小管上皮细胞顶端膜和基底侧膜，参与超滤液中 60%~70% 水的重吸收，是完成水的跨细胞重吸收的主要通道。由于 Na^+、HCO_3^-、Cl^-、葡萄糖和氨基酸主动或被动重吸收后使小管液的渗透压降低，而细胞间液的渗透压升高，水就在这一渗透压差的作用下，经跨上皮细胞和细胞旁两条途径进入细胞间液，再进入管周毛细血管而被重吸收。因此，流过近端小管后的小管液仍为等渗液，近端小管为等渗性重吸收。

2. 髓袢　髓袢各段重吸收功能各有不同。

（1）髓袢降支细段：对水通透性较高而对溶质的通透性较低。该段小管上皮细胞钠泵活性很低，对 Na^+ 也不易通透，但顶端膜和基底外侧膜存在大量 AQP-1，能促进水的重吸收，使水能迅速地进入组织液，故小管液在流经髓袢降支细段时，渗透压逐渐升高。

（2）髓袢升支细段：对水不通透，但对 Na^+ 和 Cl^- 易通透。由于 NaCl 不断扩散进入组织间液，故小管液流经髓袢升支细段时，渗透压逐渐下降。

（3）髓袢升支粗段：是 NaCl 在髓袢重吸收的主要部位。髓袢升支粗段基底侧膜上的钠泵将细胞内的

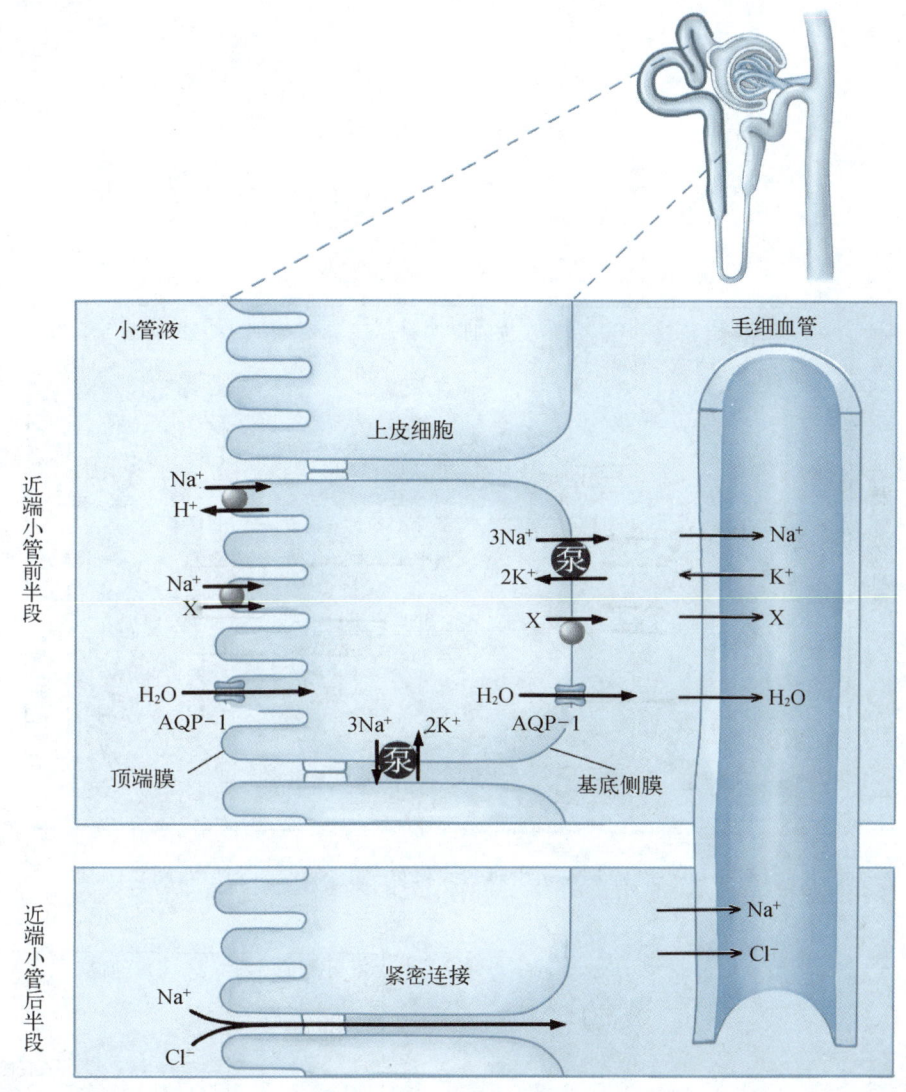

图 8-8 近端小管物质转运示意图

X 代表葡萄糖、氨基酸、磷酸盐和 Cl^- 等

Na^+ 转运至细胞间液，使细胞内的 Na^+ 浓度降低，顶端膜上电中性的 Ⅱ 型 Na^+-K^+-$2Cl^-$ 同向转运体（Na^+-K^+-$2Cl^-$ cotransporter type 2，NKCC2），将小管液中 1 个 Na^+ 顺电化学梯度转运进入上皮细胞内的同时，把 1 个 K^+ 和 2 个 Cl^- 逆浓度同向转运进入上皮细胞内（图 8-9）。进入细胞内的 Na^+ 再由基底侧膜的钠泵转运至组织间液，Cl^- 顺浓度梯度经基底侧膜上的氯通道进入组织间液，而 K^+ 则顺浓度梯度经顶端膜返回小管液中，并使小管液呈正电位。由于 K^+ 返回小管中形成正电位，这一电位差又使小管液中的 Na^+、K^+ 和 Ca^{2+} 等正离子经细胞旁途径重吸收，故这一部分重吸收属于被动转运。用哇巴因抑制钠泵后，Na^+ 和 Cl^- 的重吸收明显减少；呋塞米（速尿）和依他尼酸（利尿酸）等利尿剂通过抑制 NKCC2 后，能抑制髓袢对 Na^+ 和 Cl^- 的重吸收，从而达到利尿的目的（利尿机制详见尿液的浓缩与稀释）。

髓袢升支粗段重吸收 NaCl，而对水不通透，故该段小管液渗透压逐渐降低而管外渗透压却逐渐升高。这种髓袢升支粗段对水盐重吸收分离的现象是尿液稀释和浓缩的重要基础。

3. 远曲小管和集合管　该段对 Na^+、Cl^- 和水的重吸收可根据机体的水、盐平衡状况进行调节，属于可调节性重吸收。其中，Na^+ 的重吸收主要受醛固酮调节，水的重吸收则主要受抗利尿激素调节。

（1）远曲小管前段：能主动重吸收 NaCl 而对水不通透，使小管液渗透压继续降低。在此段，小管液中的 Na^+ 和 Cl^- 经顶端膜上的 Na^+-Cl^- 同向转运体（Na^+-Cl^- cotransporter，NCC）进入细胞内，细胞内的 Na^+ 由钠泵泵出（图 8-10A），故属于主动转运。噻嗪类（thiazide）利尿剂可抑制此处的 NCC，产生利尿作用。

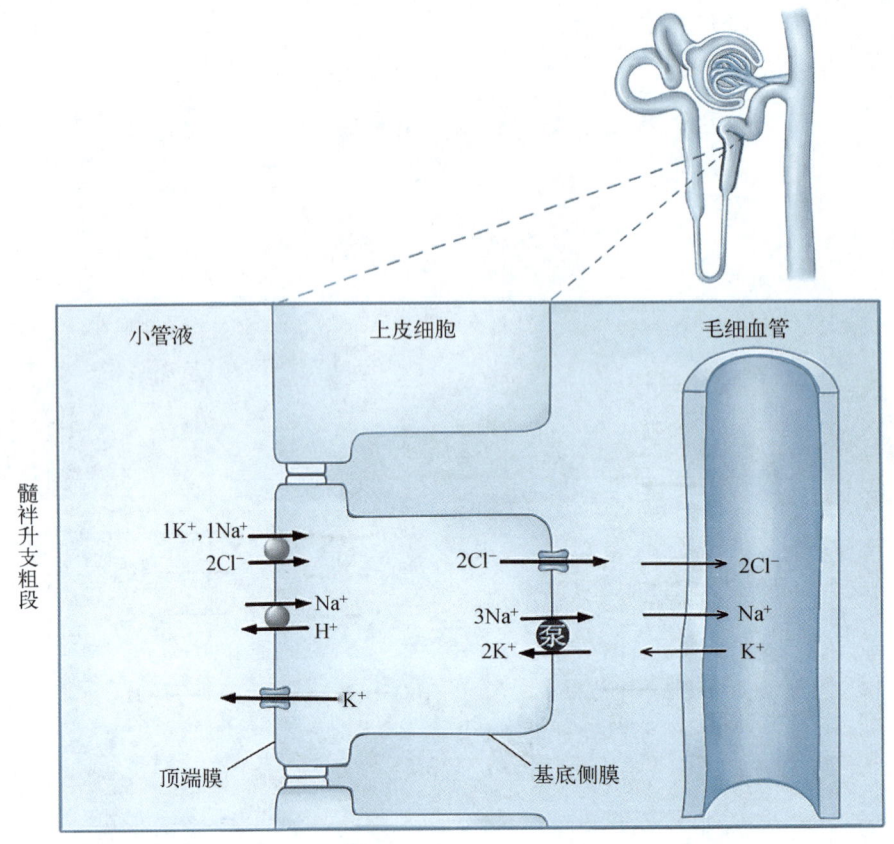

图 8-9 髓袢升支粗段对 Na^+ 和 Cl^- 的重吸收机制示意图

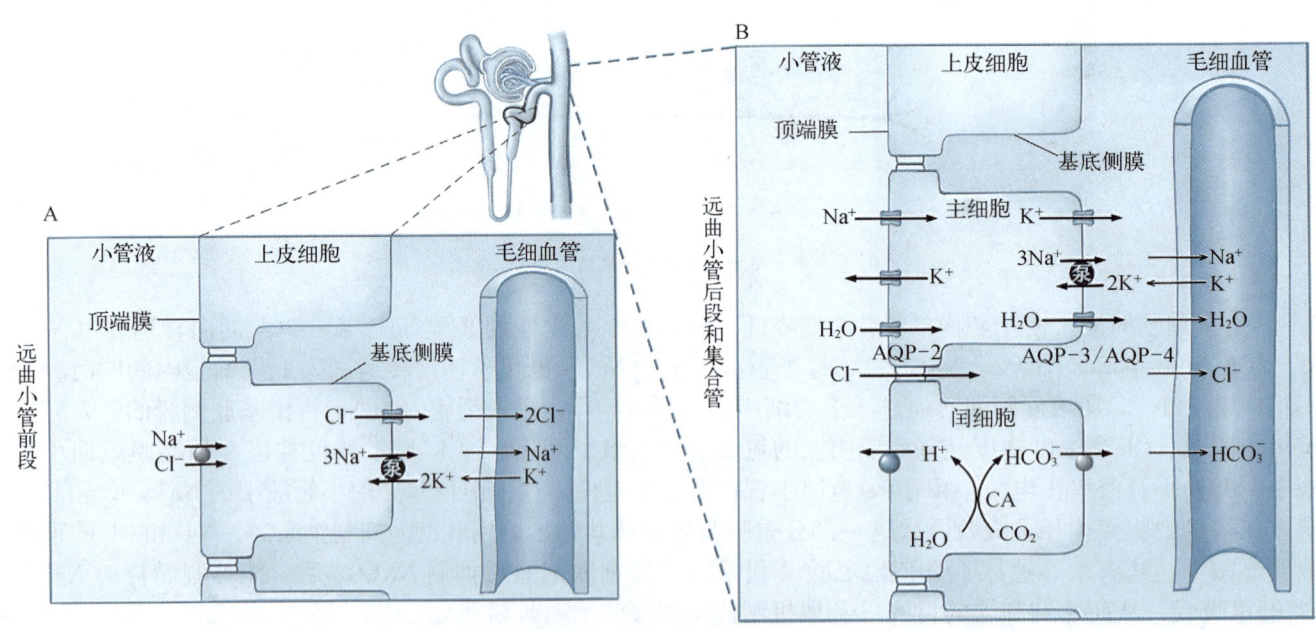

图 8-10 远曲小管和集合管重吸收 NaCl、分泌 K^+ 和 H^+ 示意图

A. 远曲小管前段 NaCl 的重吸收机制；B. 远曲小管后段和集合管的物质转运。CA，碳酸酐酶

（2）远曲小管后段和集合管：该段上皮有两类不同的细胞，即主细胞（principal cell）和闰细胞（intercalated cell）。主细胞重吸收 NaCl、水和分泌 K^+（图 8-10B）。主细胞基底侧膜上的钠泵将细胞内的 Na^+ 转运至细胞间液，使细胞内的 Na^+ 浓度降低，促使小管液中 Na^+ 经顶端膜钠通道进入细胞内。而 Na^+ 的重吸收又造成小管液呈负电位，可驱使小管液中 Cl^- 经细胞旁途径而被动重吸收，这负电位同时也是 K^+

从细胞分泌入小管腔的动力。阿米洛利可抑制远曲小管和集合管上皮细胞顶端膜的钠通道，既减少 Na^+ 的重吸收，又减少 Cl^- 经细胞旁途径的被动重吸收，从而产生利尿作用。闰细胞的功能与 H^+ 的分泌有关（图 8-10B），闰细胞主要分泌 H^+，但也涉及 K^+ 的重吸收。

集合管对水的重吸收量取决于主细胞对水的通透性。主细胞顶端膜和胞质的囊泡内含水孔蛋白-2（aquaporin-2, AQP-2）（图 8-10B），顶端膜上 AQP-2 的多少决定了上皮细胞对水通透性的强弱，而顶端膜上的 AQP-2 又受抗利尿激素调节。此外，基底侧膜上有水孔蛋白-3（aquaporin-3, AQP-3）和水孔蛋白-4（aquaporin-4, AQP-4）分布。

（二）HCO_3^- 的重吸收与 H^+ 的分泌

在普通膳食情况下，通常代谢的酸性产物多于碱性产物。机体产生的挥发性酸主要由呼吸道以 CO_2 形式排出，而肾则通过重吸收 HCO_3^-、分泌 H^+ 及分泌氨，在排出固定酸和维持机体的酸碱平衡中起重要作用。

1. **近端小管** 正常情况下，原尿中的 HCO_3^- 几乎全部被肾小管和集合管重吸收入血，其中高达 80% 的 HCO_3^- 是由近端小管重吸收的。近端小管重吸收 HCO_3^- 是以 CO_2 的形式进行的，此过程与顶端膜上的 Na^+-H^+ 交换密切相关（图 8-11）。近端小管上皮细胞通过 Na^+-H^+ 交换使 H^+ 进入小管液，进入小管液的 H^+ 与 HCO_3^- 结合生成 H_2CO_3，再解离成 CO_2 和水，这一反应由上皮细胞顶端膜表面的碳酸酐酶催化。CO_2 脂溶性强，迅速以单纯扩散方式进入上皮细胞，细胞内 CO_2 和水在碳酸酐酶的催化下形成 H_2CO_3，后者再离解成 H^+ 和 HCO_3^-。H^+ 则通过顶端膜上的 Na^+-H^+ 逆向转运分泌到小管液中，再次与 HCO_3^- 结合形成 H_2CO_3。细胞内的大部分 HCO_3^- 与其他离子以同向转运方式进入细胞间液；小部分通过 Cl^--HCO_3^- 逆向转运方式进入细胞外液。这两种转运方式所需的能量均由基底侧膜上的钠泵提供。由于近端小管重吸收 HCO_3^- 是以 CO_2 的形式进行的，CO_2 透过顶端膜的速度明显高于 Cl^-，故 HCO_3^- 的重吸收优先于 Cl^- 的重吸收。近端小管是分泌 H^+ 的主要部位，并以 Na^+-H^+ 交换为主，此外，小部分 H^+ 也可由近端小管顶端膜上的质子泵（氢-ATP 酶）主动分泌入管腔。

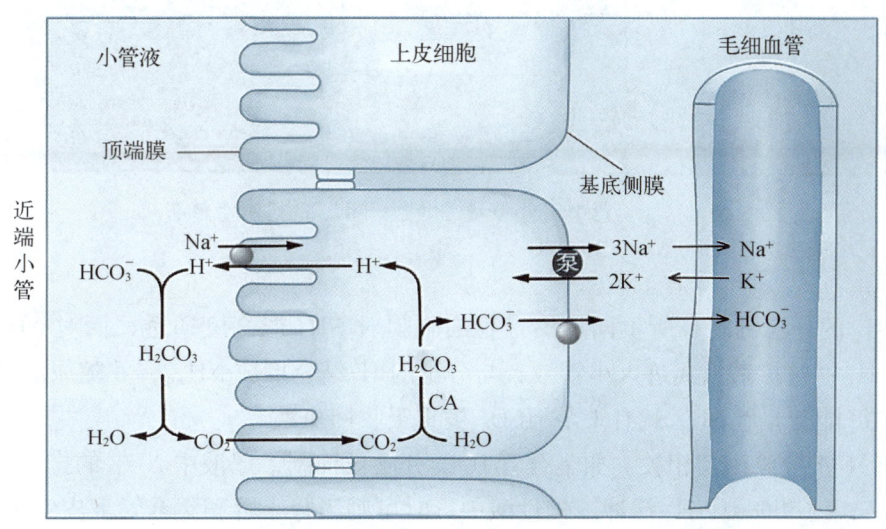

图 8-11 近端小管重吸收 HCO_3^- 的细胞机制示意图

CA，碳酸酐酶

2. **髓袢** 髓袢对 HCO_3^- 的重吸收主要发生在升支粗段，其机制同近端小管。

3. **远曲小管和集合管** 远曲小管和集合管的闰细胞可主动分泌 H^+。一般认为，远曲小管和集合管的顶端膜上存在氢泵（氢-ATP 酶）和 H^+-K^+ 交换体（氢-钾 ATP 酶）两种质子泵，两者均可将细胞内的 H^+ 泵入小管液中。泵入小管液中的 H^+ 既可与 HCO_3^- 结合，形成 H_2O 和 CO_2；又可与 HPO_4^{2-} 结合生成

$H_2PO_4^-$；还可与 NH_3 结合生成 NH_4^+，从而降低小管液中的 H^+ 浓度。闰细胞的质子泵可逆 1 000 倍左右的 H^+ 浓度差而主动转运。肾小管和集合管 H^+ 的分泌量与小管液的酸碱度相关，当小管液 pH 降低时，H^+ 的分泌减少，当小管液 pH 降至 4.5 时，H^+ 的分泌便停止。

肾小管和集合管上皮细胞的碳酸酐酶活性受 pH 的影响，当 pH 降低时，其活性增加，生成更多的 H^+，有利于肾排酸保碱。碳酸酐酶抑制剂乙酰唑胺可抑制 H^+ 分泌，使 Na^+ 和 HCO_3^- 重吸收减少，钠和水排出增多，引起利尿。

（三）NH_3 和 NH_4^+ 的分泌与 H^+、HCO_3^- 转运的关系

细胞内的 NH_3 主要由谷氨酰胺在谷氨酰胺酶的作用下脱氨生成。正常情况下，NH_3 由远曲小管和集合管分泌，但在酸中毒时，近端小管也可以分泌 NH_3。NH_3 与 H^+ 结合成 NH_4^+，在细胞内，NH_4^+ 与 NH_3+H^+ 两种形式处于一定的动态平衡状态。NH_4^+ 通过上皮细胞顶端膜逆向转运体（Na^+-H^+ 转运体）进入小管液（由 NH_4^+ 代替 H^+）。NH_3 是脂溶性分子，可通过细胞膜单纯扩散进入小管腔，也可通过基底侧膜进入细胞间隙。而 HCO_3^- 与 Na^+ 一同跨过基底侧膜进入组织间液。1 分子谷氨酰胺被代谢时，生成 2 个 NH_4^+ 进入小管液，机体获得 2 个 HCO_3^-。这一反应过程主要发生在近端小管（图 8-12）。

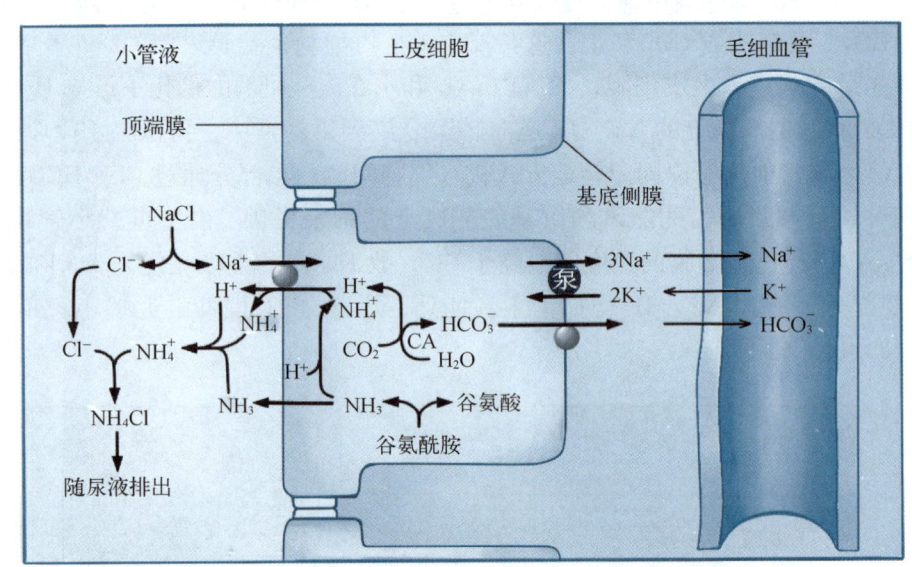

图 8-12 肾小管分泌 H^+ 和 NH_3/NH_4^+ 的机制示意图

CA，碳酸酐酶

在集合管，NH_3 的分泌机制有所不同。集合管细胞膜对 NH_3 能高度通透，而对 NH_4^+ 的通透性较低，故细胞内生成的 NH_3 通过扩散方式进入小管液，与分泌的 H^+ 结合形成 NH_4^+，并随尿液排出体外。这一反应过程中，尿液中每排出 1 个 NH_4^+ 就有 1 个 HCO_3^- 被重吸收回血液。

NH_3 的分泌与 H^+ 的分泌密切相关。如集合管 H^+ 的分泌被抑制，尿液中 NH_4^+ 的排出也就减少。生理情况下，肾分泌的 H^+，约 50% 由 NH_3 缓冲。慢性酸中毒时可刺激肾小管和集合管上皮细胞谷氨酰胺的代谢，增加 NH_4^+ 和 NH_3 的排泄和生成 HCO_3^-。故 NH_3 的分泌，不但有利于排酸（H^+），而且可以保碱（HCO_3^-），这也是肾调节机体酸碱平衡的重要机制之一。

（四）K^+ 的重吸收和分泌

1. **重吸收** 每日滤过的 K^+ 约有 94% 被重吸收，其中 65%~70% 在近端小管被重吸收，25%~30% 在髓袢被重吸收，这些部位对 K^+ 的重吸收比例是比较固定的，但目前 K^+ 重吸收的机制尚不清楚。远曲小管和集合管既能重吸收 K^+，又能分泌 K^+，并受多种因素的调节，因而其重吸收和分泌的速率是可变的。

2. 分泌　终尿中 K^+ 排出量主要取决于远曲小管和集合管主细胞 K^+ 的分泌量。远曲小管和集合管上皮细胞内的 K^+ 浓度较高，顶端膜对 K^+ 有通透性，K^+ 可顺电化学梯度通过钾通道进入小管液（K^+ 的分泌）。基底侧膜上的钠泵可将细胞内的 Na^+ 泵出细胞，同时将细胞外液中的 K^+ 泵入细胞，这是形成细胞内高 K^+ 的基础。此外，由于远曲小管和集合管顶端膜有钠通道，小管液中的 Na^+ 可顺电化学梯度扩散进入上皮细胞内，使小管液呈负电位，也构成了 K^+ 向小管液扩散的电位梯度。故凡能影响主细胞基底侧膜上钠泵活性和顶端膜对 Na^+、K^+ 通透性的因素，均可影响 K^+ 的分泌量。

此外，K^+ 的分泌还与肾小管分泌 H^+ 有关。在肾小管除有 Na^+-H^+ 交换外，还有 Na^+-K^+ 交换，两者之间存在竞争性抑制关系。发生酸中毒时，Na^+-H^+ 交换增强，则 Na^+-K^+ 交换减弱，使血 K^+ 浓度升高，引起高钾血症。反之，发生碱中毒时，上皮细胞内 H^+ 生成减少，Na^+-H^+ 交换减弱，则 Na^+-K^+ 交换加强，使血 K^+ 浓度降低，引起低钾血症。

（五）葡萄糖和氨基酸的重吸收

原尿中葡萄糖的浓度与血浆相同，但在正常情况下，终尿中几乎不含葡萄糖，表明滤过的葡萄糖全部被重吸收。微穿刺实验提示，葡萄糖的重吸收部位仅限于近端小管，特别是近端小管的前半段，如果近端小管不能将小管液中的葡萄糖全部重吸收，余下的葡萄糖将随尿液排出，出现糖尿。

葡萄糖的重吸收是与 Na^+ 耦联，逆浓度梯度进行的，属于继发性主动转运（图 8-8）。小管液中 Na^+ 和葡萄糖与近端小管上皮细胞顶端膜上的同向转运体结合后，Na^+ 顺浓度进入细胞内的同时，葡萄糖也逆浓度随之进入细胞。进入细胞内的 Na^+ 通过小管上皮细胞基底侧膜上的钠泵泵入细胞间液再进入血液，葡萄糖则由基底侧膜上的葡萄糖转运体-2（glucose transporter-2，GLUT-2）以易化扩散方式转运入细胞间液。

近端小管上皮细胞转运体的数量是有限的，故近端小管对葡萄糖的重吸收也是有一定限度的。当血糖浓度达 180 mg/100 mL 左右时，部分近端小管对葡萄糖的重吸收已达极限，尿液中开始出现葡萄糖，此时的血浆葡萄糖浓度称为肾糖阈（renal threshold for glucose）。由于每一肾单位的肾糖阈并不完全一样，血糖浓度超过肾糖阈后，随着血糖浓度的进一步升高，达到吸收葡萄糖最大极限量的肾小管数量越来越多，尿液中葡萄糖浓度也随之增高；当血糖浓度升至约 300 mg/100 mL 时，全部肾小管对葡萄糖的重吸收均已达到或超过近曲小管对葡萄糖的最大转运率（maximal rate of glucose transport），此时每分钟葡萄糖的滤过量达两肾葡萄糖重吸收极限，尿糖排出率则随血糖浓度升高而平行增加。正常人两肾葡萄糖重吸收的极限量，男性平均为 375 mg/min，女性平均为 300 mg/min。

肾小球滤过的氨基酸和葡萄糖一样，主要在近端小管被重吸收，其重吸收方式也是继发性主动重吸收，需要 Na^+ 的存在，但有多种类型氨基酸转运体。

（六）其他物质的重吸收和分泌

小管液中的 HPO_4^{2-}、SO_4^{2-} 等的重吸收机制与葡萄糖相似，只是转运体不同。部分尿酸在近端小管重吸收。大部分 Mg^{2+} 在髓袢升支粗段重吸收。滤出的少量蛋白在近端小管以入胞方式重吸收。

机体代谢产生的肌酐可通过肾小球滤过，也可被肾小管和集合管少量分泌和重吸收。此外，进入体内的青霉素、酚红和一些利尿剂因可与血浆蛋白结合而不能被肾小球滤过，但它们可在近端小管被主动分泌进入小管液中而被排出。进入体内的酚红，94% 由近端小管主动分泌进入小管液中并随尿液排出。因此，检测尿液中酚红的排泄量可作为判断近端小管分泌功能的粗略指标。

三、影响肾小管和集合管重吸收与分泌的因素

肾小管和集合管的重吸收与分泌主要受小管液中溶质的浓度及球-管平衡的影响。

（一）小管液中溶质的浓度

肾小管和集合管内的小管液与上皮细胞内液（或组织间液）之间的渗透浓度梯度是水重吸收的动力，

故小管液中的溶质所形成的渗透压是对抗肾小管水重吸收的力量。当小管液中某些溶质未被重吸收时，小管液溶质浓度升高，渗透压升高，肾小管特别是近端小管对水的重吸收减少，进而小管液中的Na^+被稀释，小管液和上皮细胞内Na^+的浓度梯度减小，从而使Na^+的重吸收减少。Na^+的重吸收减少，小管液中较多的Na^+又通过渗透作用保留相应的水，结果使尿量增多，NaCl排出量增多。这种由于小管液溶质浓度增大，渗透压增加，使水钠重吸收减少引起的利尿，称为渗透性利尿（osmotic diuresis）。糖尿病患者肾小球滤过的葡萄糖量可超过近端小管对糖的最大转运率，造成小管液渗透压升高，结果将阻碍水和NaCl的重吸收，不但会使尿液中出现葡萄糖，而且因发生渗透性利尿而使尿量增加。

临床上给患者静脉注射可被肾小球滤过而不能被肾小管重吸收的物质，如甘露醇、山梨醇等，利用它提高小管液中溶质浓度，产生渗透性利尿效应，从而达到利尿消肿的目的。

（二）球-管平衡

近端小管对溶质（特别是Na^+）和水的重吸收可随肾小球滤过率的变化而改变，即当肾小球滤过率增大时，近端小管对Na^+和水的重吸收率也增大；反之，肾小球滤过率减小时，近端小管对Na^+和水的重吸收也减少。不管肾小球滤过率增加还是减少，近端小管中Na^+和水的重吸收率总是占肾小球滤过率的65%~70%的现象称为球-管平衡（glomerulotubular balance）。这种近端小管的重吸收量与肾小球滤过率存在稳定的比例关系，也被称为定比重吸收（constant fraction reabsorption）。

定比重吸收的形成机制主要与肾小管周围毛细血管的血浆胶体渗透压变化有关。如果肾血流量不变而肾小球滤过率增加（如出球小动脉阻力增加而入球小动脉阻力不变时），流入近端小管周围毛细血管网的血流量减少，毛细血管血压下降而血浆胶体渗透压升高，使近端小管Na^+和水的重吸收增多；反之，当肾小球滤过率减少时，近端小管旁毛细血管网的血压和血浆胶体渗透压将发生相反的变化，故Na^+和水的重吸收量减少。所以，不管肾小球滤过率是增加还是减小，近端小管对Na^+和水重吸收的百分率仍保持在65%~70%。

球-管平衡的生理意义在于使尿液中排出的Na^+和水不会随肾小球滤过率的增减而出现大幅度的变化，从而保持尿量和尿钠的相对稳定。球-管平衡在某些情况下可被破坏，如发生渗透性利尿时，虽然肾小球滤过率不变，但近端小管重吸收减少，尿量和尿Na^+的排出将明显增多。

第四节　尿液的浓缩和稀释

尿液的浓缩和稀释是尿液的渗透压和血浆渗透压相比较而言的。正常的血浆渗透压约为300 mOsm/（kg·H_2O）。肾小球超滤液的渗透压与血浆的渗透压基本相同，超滤液在流经肾小管各段时，其渗透压发生变化，在近端小管和髓袢中，渗透压的变化是固定的，但经过远曲小管后段和集合管时，渗透压可随体内缺水或水过多等不同情况出现大幅度的变动。当体内缺水时，尿液被浓缩，排出的渗透压明显高于血浆渗透压，即高渗尿（hyperosmotic urine）；当体内液体量过多时，尿液被稀释，排出尿液的渗透压低于血浆渗透压，为低渗尿（hypoosmotic urine）。肾对尿液的浓缩和稀释功能在维持体液平衡和渗透压稳定中有着极为重要的作用。尿量和尿液的渗透浓度可受多种因素影响而发生很大变化。正常成年人24 h尿量为1.5~2.5 L，其渗透浓度可波动于50~1 200 mOsm/（kg·H_2O）。24 h尿量超过2.5 L称为多尿；24 h尿量少于400 mL称为少尿；如果24 h尿量不足100 mL，则称为无尿。少尿和无尿是急性肾衰竭的重要表现。

一、尿液的浓缩机制

尿液的浓缩是因为小管液中的水被重吸收，而溶质仍留在小管液中造成的。机体产生浓缩尿关键取决于肾髓质渗透浓度梯度的形成及血中抗利尿激素的浓度。

（一）肾髓质渗透浓度梯度的形成

用冰点降低法测定鼠肾组织的渗透浓度，观察到肾皮质部的渗透浓度与血浆相等，而由髓质外层向乳头部深入，组织液的渗透浓度逐渐升高，分别为血浆的 2.0 倍、3.0 倍和 4.0 倍，即形成一个肾髓质的渗透浓度梯度（图 8-13）。对不同动物的比较观察发现，动物肾髓质越厚，内髓部的渗透浓度也越高，尿液的浓缩能力也越强。例如，沙鼠肾可产生 20 倍于血浆渗透浓度的高渗尿。人类肾最多能生成 4~5 倍于血浆渗透浓度的高渗尿。可见，肾髓质的渗透浓度梯度是尿液浓缩的必备条件。目前，常用逆流倍增（countercurrent multiplication）和逆流交换（countercurrent exchange）现象来解释肾髓质高渗透浓度梯度的形成。"逆流"指两个并列管道中液体流动方向相反。髓袢和集合管的结构排列符合逆流系统，超滤液从近端小管经髓袢降支向下流动，折返后经髓袢升支向相反方向流动，再经集合管向下流动，最后进入肾小盏（图 8-14）。直小血管呈 U 形并与髓袢平行深入内髓，此结构排列方式也符合逆流系统。

1. 逆流倍增机制 髓袢和集合管的结构排列和其内流动的小管液组成逆流系统，且因髓袢和集合管各段对水和溶质的通透性和重吸收有不同特点（表 8-3），肾通过类似逆流倍增的机制建立起从外髓部至内髓部的渗透浓度梯度（图 8-14）。

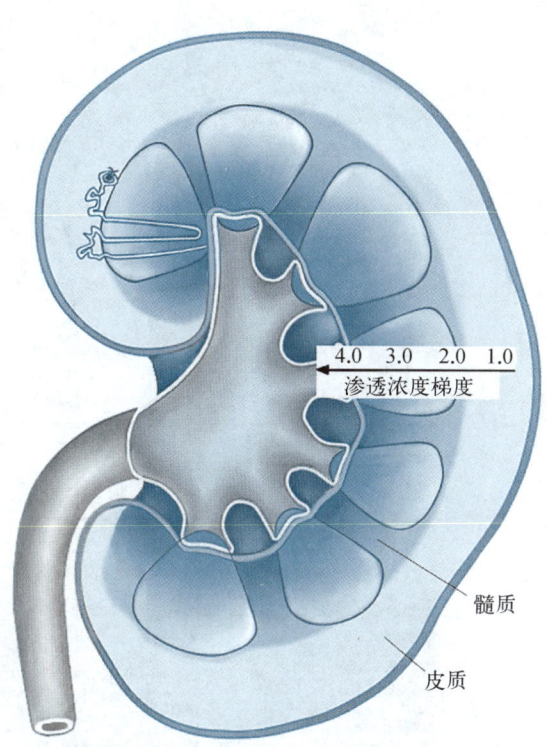

图 8-13 肾髓质渗透浓度梯度示意图
图中数值表示组织液渗透浓度和血浆渗透浓度的比值

表 8-3 各段肾小管和集合管对不同物质的通透性和作用

	对水的通透性	对 Na$^+$ 的通透性	对尿素的通透性	作用
髓袢降支细段	易通透	不易通透	中等通透	水进入内髓部组织液使小管液中 NaCl 浓度和渗透压逐渐升高；部分尿素由内髓组织液进入小管液，加入尿素再循环
髓袢升支细段	不易通透	易通透	不易通透	NaCl 由小管液进入内髓部组织液，使之渗透压升高
髓袢升支粗段	不易通透	Na$^+$ 主动重吸收，Cl$^-$ 继发性主动重吸收	不易通透	NaCl 进入外髓部组织液，使之渗透压升高
远曲小管	不易通透	主动重吸收	不易通透	NaCl 进入皮质组织液，使小管液渗透压进一步降低
集合管	在有抗利尿激素时，对水通透	主动重吸收	在皮质和外髓部不易通透，内髓部易通透	水重吸收使小管液中尿素浓度升高；NaCl 和尿素进入内髓组织液，使之渗透压升高

（1）髓袢降支细段：对水通透，而对 NaCl 相对不通透。由于髓质从外髓部向内髓部的渗透浓度梯度，降支中的水不断进入组织间隙，使小管液从上至下形成一个逐渐升高的浓度梯度，至髓袢折返处，管内液体的渗透浓度达到峰值。

（2）髓袢升支细段：高渗的小管液从降支细段折返进入髓袢升支细段，这段肾小管对水不易通透，对 NaCl 易通透。当小管液从内髓部向皮质方向流动时，NaCl 不断向组织间液扩散，导致小管液的 NaCl 浓度越来越低，而小管外组织间液 NaCl 浓度升高，增加了内髓部的渗透浓度。

（3）髓袢升支粗段：小管液经髓袢升支粗段向皮质方向流动时，该段主动重吸收 NaCl，而对水又不通透，结果是小管液在向皮质方向流动时渗透浓度逐渐降低，而小管周围组织中由于 NaCl 的堆积，渗透浓

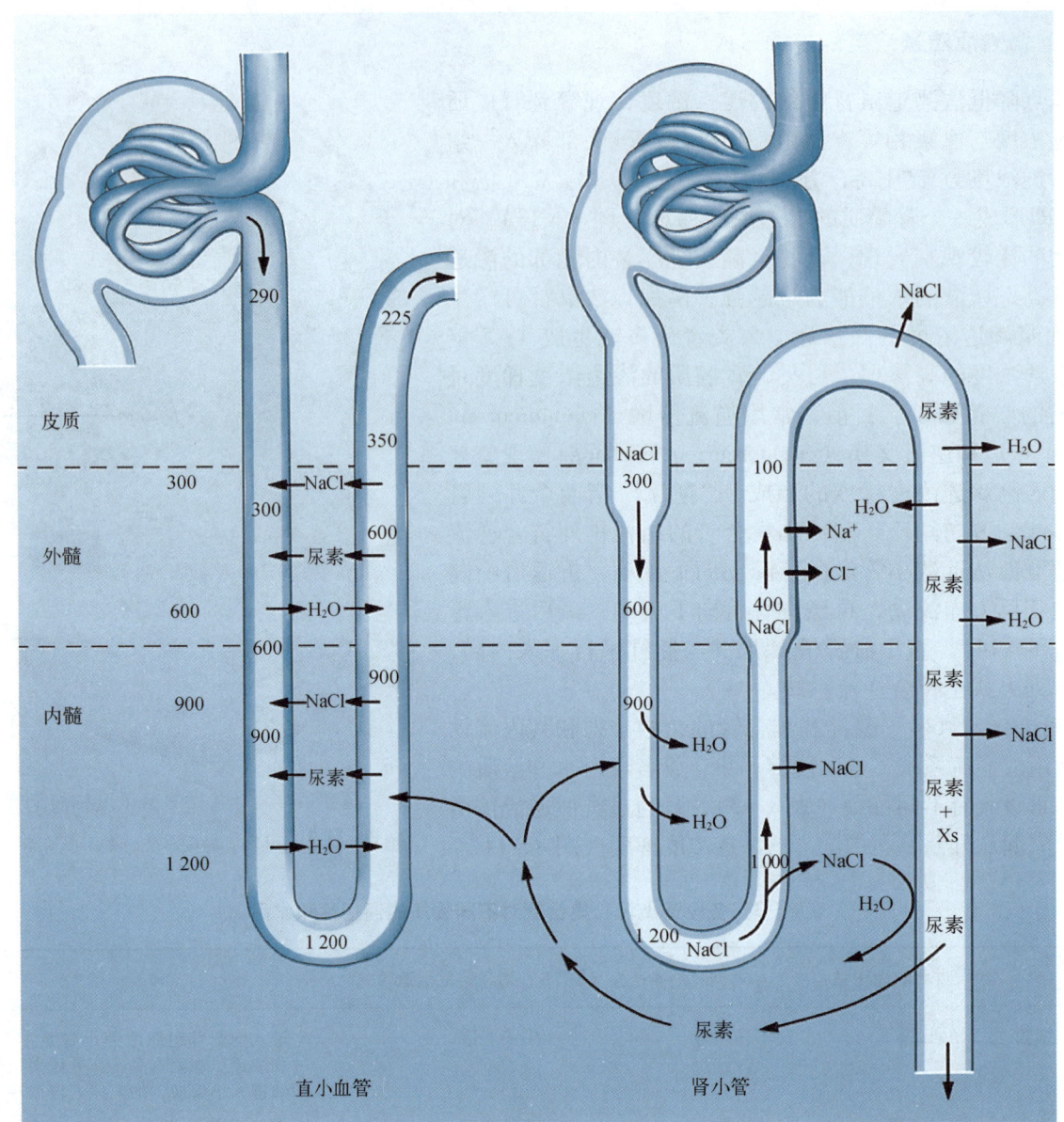

图 8-14 尿液浓缩机制示意图

Xs 表示未被重吸收的溶质，图中各个数字表示该处的渗透浓度 [mOsm/(kg·H₂O)]

度升高，形成外髓部高渗。所以外髓部组织间液高渗是由髓袢升支粗段主动重吸收 NaCl 形成的。

（4）远曲小管和集合管：远曲小管前段的上皮细胞重吸收 NaCl，而对水不易通透，小管液的渗透浓度降至最低。远曲小管后段和集合管通过上皮细胞顶端膜的钠通道对 Na⁺ 进行重吸收，对水则通过 AQP 进行重吸收。皮质部和外髓部集合管对尿素没有通透性，随着水的重吸收，小管液中的尿素浓度不断升高；达到内髓部后，上皮细胞对尿素通透性高，使尿素重吸收进入内髓部组织间液，增加内髓部间液的渗透浓度。所以内髓部组织间液高渗是由 NaCl 和尿素共同形成的。由于髓袢降支细段对尿素有一定通透性，且小管液中尿素浓度比管外组织液低，故髓质组织液中的尿素扩散进入降支细段小管液，并随小管液重新进入内髓集合管，再扩散进入内髓组织间液。这一过程被称为尿素的再循环（urea recycling）。

总而言之，从肾髓质渗透浓度梯度形成的全过程看，髓袢升支粗段对 NaCl 的主动重吸收是外髓部高渗梯度形成的主要原因，而尿素再循环和髓袢升支细段 NaCl 的被动重吸收则是内髓部高渗梯度形成的主要原因。

2. 逆流交换机制　直小血管呈 U 形结构，管壁对水和溶质都有高度通透性，而且肾髓质的组织间液存在由外髓部至内髓部的逐渐增高的高渗梯度。当血液沿直小血管降支向髓质深部流动时，在任一平面的组织间液渗透浓度均高于直小血管内的血浆，因此组织间液中的 NaCl、尿素不断向直小血管内扩散，而血液中的水则进入组织间液。越向内髓部深入，直小血管中血浆的渗透浓度越高，在折返处，其渗透浓度达最高值。当直小血管内血液在升支中向皮质方向流动时，髓质渗透浓度越来越低，血浆中的 NaCl、尿素的渗透浓度比同一水平组织间液的浓度高，于是 NaCl、尿素就顺浓度差不断向组织液扩散，而水又从组织间液向血管中渗透，这样就形成了 NaCl、尿素在直小血管升支和降支间的循环，产生逆流交换作用。当组织间液存在多余的水或溶质时，通过直小血管上述循环，将其带走，以维持渗透压梯度稳定。

直小血管的这一作用与血流量有关。正常条件下髓质血流量减少、流速较慢，有利于 NaCl 和尿素在直小血管升、降支中循环。如果直小管的血流量增加、流速加快时，带走的肾髓质溶质有所增加，导致髓质渗透梯度的减小，从而影响尿液的浓缩。

（二）血中抗利尿激素的浓度

小管内、外的渗透浓度梯度是小管液中水重吸收的动力，而肾髓质组织间液的高渗又是其关键因素，但重吸收的量又取决于集合管对水的通透性。集合管上皮细胞对水的通透性增加时，水的重吸收量就增加，小管液的渗透浓度就升高，尿液即被浓缩。集合管对水的通透性降低时，水的重吸收就减少，流经远曲小管和集合管的低渗小管液得不到浓缩，同时还可在该段继续主动或被动重吸收 Na^+ 和其他溶质，使尿液的渗透浓度进一步降低，尿液被稀释。抗利尿激素是决定集合管上皮细胞对水通透性的最重要激素，因此，尿液的浓缩或稀释程度取决于血中的抗利尿激素水平。此外，任何能影响肾髓质高渗的形成与维持以及影响集合管对水通透性的因素，都将影响肾对尿液的浓缩过程，使尿量和渗透浓度发生改变。

二、尿液的稀释机制

尿液的渗透浓度最低可至 50 mOsm/（kg·H_2O）。如前所述，小管液在到达髓袢升支粗段末端时是低渗的，远曲小管前段对水仍然不通透，但可对溶质进行重吸收，小管液可进一步被稀释，渗透浓度继续降低。而如果此时血中的抗利尿激素水平很低或缺乏，远曲小管后段和集合管（主要是集合管）对水的通透性很低，水不能被重吸收，而小管液中的溶质继续被重吸收，从而使小管液的渗透浓度进一步降低，形成大量的低渗尿。例如，饮大量清水后，血浆晶体渗透压降低，抗利尿激素释放减少，使尿量增加，尿液被稀释。抗利尿激素完全缺乏或肾小管和集合管缺乏抗利尿激素受体时，可出现尿崩症（diabetes insipidus），每日可排出高达 20 L 的低渗尿。

综上所述，尿液的浓缩和稀释过程，主要在集合管调节。髓质间液高渗梯度是水重吸收的动力，而抗利尿激素则调节集合管对水的通透性，造成终尿的渗透浓度随机体内水和溶质的情况而发生较大幅度的变化，产生高渗尿或低渗尿。

第五节　尿液生成的调节

尿液生成的过程包括肾小球滤过、肾小管和集合管的重吸收和分泌。机体对尿液生成的调节就是通过影响尿液生成的这三个基本过程而实现的，包括神经调节、体液调节和自身调节。肾内自身调节主要是肾血流量的自身调节，这在前文已述，本节主要讨论神经调节和体液调节。

一、神经调节

肾主要受交感神经支配，肾交感神经除支配肾血管外，还支配肾小管上皮细胞和球旁细胞，对肾小管的支配以近端小管、髓袢升支粗段和远端小管为主。

肾交感神经节后纤维的末梢主要释放去甲肾上腺素。肾交感神经兴奋时，可通过下列三方面的共同作用，导致尿量减少和尿钠降低：① 兴奋肾血管平滑肌的 α 受体，引起肾血管收缩而减少肾血流量。由于 α 受体分布的差异，入球小动脉比出球小动脉收缩得更明显，使肾小球毛细血管血浆流量减少，毛细血管血压下降，肾小球滤过率下降。② 通过激活 β 受体，使球旁细胞释放肾素，导致血液循环中 Ang Ⅱ 和醛固酮增加，增加肾小管对水和 NaCl 的重吸收，使尿量减少。③ 可直接刺激近端小管和髓袢（主要是近端小管）对 Na^+、Cl^- 和水的重吸收。

二、体液调节

抗利尿激素、醛固酮和心房钠尿肽这三种激素是调节尿液生成的主要体液因素。

（一）抗利尿激素

1. 抗利尿激素的来源和作用　抗利尿激素（antidiuretic hormone，ADH）又称血管升压素，是一种九肽激素，由下丘脑视上核（supraoptic nucleus）和室旁核（paraventricular nucleus）的神经内分泌细胞合成，经下丘脑-垂体束运输到神经垂体储存，需要时由轴突末梢释放入血。

抗利尿激素的主要作用是提高集合管上皮细胞对水的通透性，促进水的重吸收，使尿液浓缩，尿量减少。抗利尿激素有 V_1 和 V_2 两种受体。V_1 受体分布于血管平滑肌，激活后可引起平滑肌收缩，血管阻力增加，血压升高。V_2 受体主要分布在肾集合管上皮细胞，属于 G 蛋白耦联受体。其作用机制是抗利尿激素与集合管上皮细胞的 V_2 受体结合后，通过兴奋性 G 蛋白（Gs 蛋白）激活腺苷酸环化酶，使细胞内 cAMP 增加，cAMP 再激活蛋白激酶 A，使细胞内含有 AQP－2 的囊泡转移并镶嵌到细胞的顶端膜，从而使顶端膜对水的通透性增加。小管液中的水通过 AQP－2 重吸收进入细胞内，随即通过表达在基底侧膜的 AQP－3 和 AQP－4 的作用，进入组织间隙，最后被重吸收入血（图 8－15）。一旦刺激消失，AQP－2 通过形成囊泡载体，重新返回到胞质中，降低膜对水的通透性。

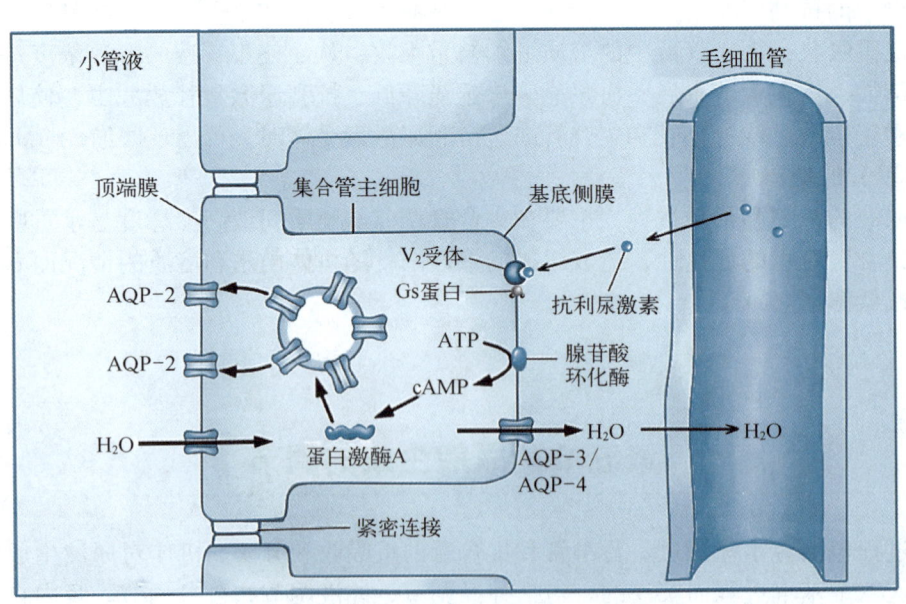

图 8－15　抗利尿激素的作用机制示意图

2. 抗利尿激素分泌的调节　抗利尿激素的释放受多种因素的调节和影响，其中最重要的是血浆晶体渗透压和循环血量。

（1）血浆晶体渗透压：是生理状态下调节抗利尿激素分泌最重要的因素。渗透压感受器（osmoreceptor）

位于下丘脑前部室周器，这些细胞对血浆晶体渗透压，尤其是 Na^+ 和 Cl^- 形成的渗透压变化最为敏感，只要血浆晶体渗透压升高 1%~2%，即可引起抗利尿激素分泌的变化。

人体在剧烈运动而大量出汗或在病理情况下发生严重呕吐、腹泻、高热等情况下，机体水分的丢失多于溶质的丢失，血浆晶体渗透压升高，下丘脑渗透压感受器受刺激，使神经垂体释放抗利尿激素，集合管对水通透性增加，水的重吸收增多，尿液浓缩，尿量减少，有利于血浆晶体渗透压恢复到正常范围。相反，饮大量清水后，血液被稀释，血浆晶体渗透压降低，引起抗利尿激素释放减少，集合管对水的重吸收减少，尿液稀释，尿量增加。饮用大量清水引起尿量增多的现象，称为水利尿（water diuresis），临床上可利用此现象来检测肾的稀释能力。但饮用大量生理盐水，则排尿量不会出现类似饮清水后的效应（图8-16）。

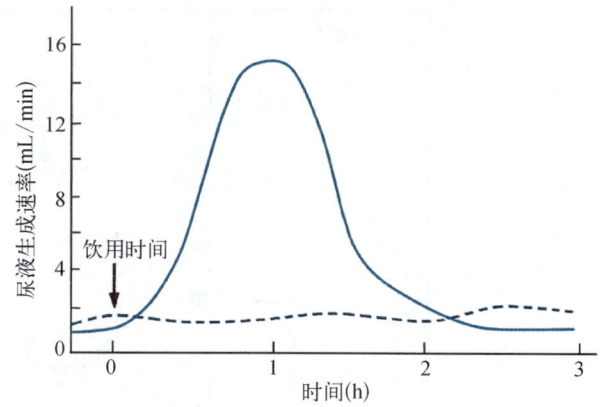

图8-16 饮清水或生理盐水后尿量的变化

实线表示一次性饮用1L清水，虚线表示一次性饮用1L生理盐水

（2）循环血量：在大量静脉输液后，循环血量增多，回心血量增加时，可刺激心肺感受器，传入冲动增多，经迷走神经传入至下丘脑，反射性地抑制抗利尿激素的释放，使水的重吸收减少，尿量增加，排出多余水分。相反，在急性大失血、严重呕吐或腹泻等情况下，循环血量减少，对心肺感受器的刺激减弱，传入冲动减少，对抗利尿激素释放的抑制作用减弱或消除，抗利尿激素释放增加，尿量减少，有利于循环血量的恢复。

（3）其他因素：除上述两个因素外，动脉血压的变化可通过压力感受器传入对抗利尿激素的释放进行调节。当动脉血压在正常范围时（平均压为100 mmHg），压力感受器传入冲动对抗利尿激素的释放起抑制作用，当动脉血压低于正常水平时，抑制作用减弱，抗利尿激素释放增加。恶心、疼痛、应激刺激、AngⅡ和低血糖等可刺激抗利尿激素分泌；某些药物，如尼古丁和吗啡等也可刺激抗利尿激素分泌；乙醇则抑制抗利尿激素分泌。

（二）醛固酮

1. 醛固酮的分泌和作用　醛固酮（aldosterone）是由肾上腺皮质球状带合成和分泌的一种激素。醛固酮主要作用于肾的远曲小管和集合管上皮细胞，增加 K^+ 的排泄和增加 Na^+、水的重吸收，故有利于机体维持细胞外液电解质和容量的稳定。

2. 醛固酮的作用机制　醛固酮进入远曲小管和集合管上皮细胞后，与胞质内受体结合，形成激素-受体复合物，后者穿过核膜进入核内，通过基因调节机制，生成多种醛固酮诱导蛋白，包括钠通道、线粒体中合成ATP的酶和钠泵等（图8-17）。顶端膜的钠通道数目增加，有利于小管液中的 Na^+ 向细胞内扩散；线粒体中合成ATP的酶增多，有利于ATP的生成，为基底侧膜钠泵提供能量；基底侧膜上的钠泵增多，加速将细胞内 Na^+ 的泵出和 K^+ 的泵入，增大细胞内与小管液之间的 Na^+ 和 K^+ 浓度差，有利于 Na^+ 的重吸收、K^+ 的分泌和 Cl^- 的重吸收等，进而有利于水的重吸收。

3. 醛固酮分泌的调节　醛固酮的分泌主要受肾素-血管紧张素系统的调节，血 K^+ 和血 Na^+ 浓度的变化也直接调节血液中醛固酮的水平。

（1）肾素-血管紧张素系统：肾素是一种蛋白水解酶，由肾球旁器的球旁细胞合成、储存和释放。肾素可以水解血浆中的血管紧张素原，生成AngⅠ（十肽），AngⅠ在ACE的作用下，生成AngⅡ（八肽）。AngⅡ在血浆和组织中被进一步水解生成AngⅢ。AngⅡ和AngⅢ可刺激肾上腺皮质球状带合成和分泌醛固酮。因此，该系统称为肾素-血管紧张素系统或肾素-血管紧张素-醛固酮系统。肾素决定了该系统的兴奋程度，而肾素的分泌受多方面因素的调节，包括肾内机制、神经和体液机制。

1）肾内机制：其感受器是位于入球小动脉的牵张感受器和位于远曲小管起始部的致密斑。牵张感受器

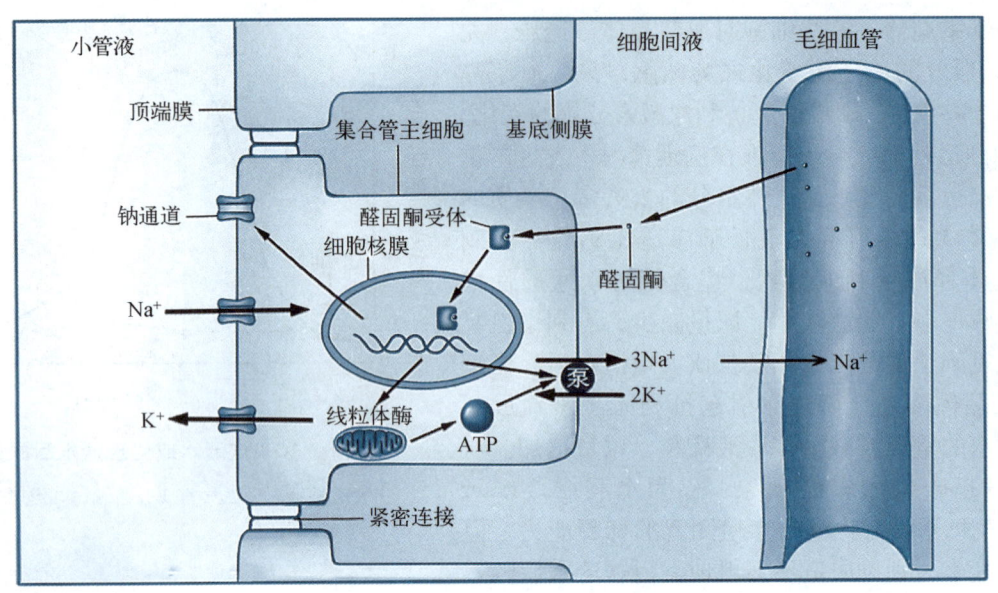

图 8-17 醛固酮作用机制示意图

能感受肾动脉的灌注压（对动脉壁的牵张程度），致密斑感受的是流经该处小管液中的 Na^+ 量。当肾动脉灌注压降低时，入球小动脉壁受牵拉的程度减小，可刺激肾素释放；反之，灌注压升高时肾素释放减少。当肾小球滤过率减少或其他因素导致流经致密斑的小管液中 Na^+ 量减少时，肾素释放增加；反之，通过致密斑处 Na^+ 量增加时肾素释放减少。

2）神经机制：肾交感神经兴奋时释放去甲肾上腺素，去甲肾上腺素作用于球旁细胞，可直接刺激肾素释放。例如，大失血时血压下降，可反射性兴奋肾交感神经，使肾素释放增加。

3）体液机制：肾上腺素和去甲肾上腺素释放增多可刺激球旁细胞释放肾素。AngⅡ、抗利尿激素、心房钠尿肽则可抑制肾素的释放。

（2）血 K^+ 和血 Na^+ 的浓度：血 K^+ 浓度升高和（或）血 Na^+ 浓度降低，均可直接刺激肾上腺皮质球状带分泌醛固酮。而当血 K^+ 浓度降低和（或）血 Na^+ 浓度升高时，则醛固酮分泌减少。但醛固酮的分泌对血 K^+ 浓度的变化更为敏感。醛固酮促进肾保 Na^+ 排 K^+，以保持血 Na^+ 和血 K^+ 浓度的稳定。由此可见，血中的 Na^+、K^+ 浓度变化通过调节醛固酮的分泌，影响远曲小管和集合管对 Na^+、K^+ 的重吸收，以负反馈的方式参与维持体内血 Na^+ 和血 K^+ 浓度的稳态。

总之，当体内细胞外液量和（或）循环血量不足时，或动脉血压明显下降时，交感神经兴奋，肾上腺髓质激素（儿茶酚胺）释放增多，肾血流量减少均可通过以上各种机制（包括肾内机制、神经和体液机制）刺激肾素释放，通过肾素-血管紧张素-醛固酮系统的激活，使细胞外液量和（或）循环血量及动脉血压得以恢复正常，所以，这一调节属于负反馈调节。

（三）心房钠尿肽

心房钠尿肽是由心房肌细胞合成和释放的一类肽类激素。当血量过多、头低足高位、身体浸入水中和中心静脉压升高时，心房壁受牵拉，刺激心房肌细胞释放心房钠尿肽。心房钠尿肽能促进肾排 Na^+、排水，是调节水钠平衡和血容量的一种重要激素。心房钠尿肽的作用机制主要包括：① 增加肾小球滤过率。心房钠尿肽能使血管平滑肌细胞胞质中的 Ca^{2+} 浓度下降，使入球小动脉舒张，肾血浆流量和肾小球滤过率增加。② 减少集合管对水的重吸收。心房钠尿肽能使集合管上皮细胞顶端膜上的钠通道关闭，抑制 NaCl 的重吸收，因而水的重吸收也减少。③ 抑制肾素、醛固酮和抗利尿激素的分泌。

（四）其他因素

肾可生成多种局部激素，影响肾自身的血流动力学和肾小管的功能，如缓激肽可舒张肾小动脉，抑制

集合管对 Na^+ 和水的重吸收；NO 可对抗 Ang Ⅱ 和去甲肾上腺素的缩血管作用；PGE_2 和 PGI_2 能舒张小动脉，增加肾血流量，抑制近端小管和髓袢升支粗段对 Na^+ 的重吸收，使尿 Na^+ 排出量增加，且可抑制抗利尿激素，使尿量增加和抑制球旁细胞释放肾素等。

总而言之，机体保持水平衡、电解质平衡及维持机体酸碱平衡主要通过机体对尿液生成的调节来实现。

第六节 清 除 率

临床上常用各种物质的清除实验来测定肾小球滤过率、肾血流量及评估肾小管功能等。

一、清除率的概念及计算方法

清除率（clearance，C）指两肾在单位时间（每分钟）内能将多少毫升血浆中所含的某种物质完全清除，这个能完全清除这种物质的血浆毫升数就称为该物质的清除率。由清除率的定义可知，要计算某种物质（X）的清除率（C_X），需要测定尿液中该物质的浓度（U_X）、每分钟尿量（V）和血浆中该物质的浓度（P_X）。用等式来表达清除率，就尿液中清除的某物质=该物质清除率毫升数的血浆中的该物质，即：

$$U_X \times V = P_X \times C_X \tag{式8-1}$$

所以，某物质的清除率计算公式为

$$C_X = \frac{U_X \times V}{P_X} \tag{式8-2}$$

需要指出的是，清除率只是一个推算的数值。实际上，肾并不可能将某一部分血浆中的某种物质完全清除，清除率更能反映的是每分钟所清除的该物质的量来自多少毫升血浆，或相当于多少毫升血浆中所含的这种物质。

二、测定清除率的意义

血浆清除率表示肾在单位时间内从血浆清除某种物质的能力。因此，血浆清除率对衡量肾的排泄功能有重要意义。

（一）测定肾小球滤过率

已知肾每分钟排出某种物质 X 的量为 $U_X \times V$，如果该物质既可经肾小球自由滤过，又可被肾小管和集合管重吸收和分泌，则 $U_X \times V$ 为每分钟肾小球滤过量、重吸收量（R_X）和分泌量（S_X）的代数和，而每分钟肾小球滤过该物质的量为肾小球滤过率（GFR）和该物质血浆浓度（P_X）的乘积，因此每分钟该物质的排出量为

$$U_X \times V = GFR \times P_X - R_X + S_X \tag{式8-3}$$

1. 菊粉清除率　如果血浆中某种物质能经肾小球自由滤过，且不被肾小管和集合管重吸收和分泌，此时上述公式应改为

$$U_X \times V = GFR \times P_X \tag{式8-4}$$

$$GFR = \frac{U_X \times V}{P_X} = C_X \qquad (式8-5)$$

该物质的清除率就等于肾小球滤过率。菊粉就是符合这个条件的物质。例如，给受试者静脉滴注一定量菊粉以保持血浆菊粉浓度恒定，然后测定单位时间内的尿量和尿中菊粉浓度。如果血浆菊粉浓度维持在 1 mg/100 mL，尿量为 1 mL/min，尿菊粉浓度为 125 mg/100 mL，则菊粉的清除率为 125 mL/min。根据对菊粉的清除率的测定，可推知肾小球滤过率为 125 mL/min。

2. **内生肌酐清除率** 应用菊粉测定肾小球滤过率虽准确可靠，但操作不便，临床上常用简便的内生肌酐清除率来推测肾小球滤过率。内生肌酐是指体内组织代谢所产生的肌酐。肉类食物中含肌酐以及肌肉剧烈活动可产生肌酐，故在检测内生肌酐清除率前应禁食肉类食物，避免剧烈运动。肌酐可通过肾小球滤过，肾小管和集合管可重吸收少量肌酐，也可分泌少量肌酐，因此，内生肌酐清除率的值可以大致评估肾小球滤过率，并可按下式计算：

$$内生肌酐清除率 = \frac{尿肌酐浓度(mg/L) \times 尿量(L/24\ h)}{血浆肌酐浓度(mg/L)} \qquad (式8-6)$$

（二）测定肾血浆流量和肾血流量

通常采用碘锐特或对氨基马尿酸清除率测定肾血流量。如果血浆在流经肾后，肾静脉血中某种物质的浓度接近零，这表示血浆中该物质经肾小球滤过和肾小管、集合管转运后，从血浆中全部清除，则该物质的血浆清除率即为每分钟的肾血浆流量。碘锐特或对氨基马尿酸具有这种特性，这两种物质的清除率平均为 660 mL/min，即可推测肾血浆流量为 660 mL/min。如果再根据受试者的血细胞比容，即可计算出肾血流量。若测得受试者的血细胞比容为 45%，肾血浆流量为 660 mL/min，则肾血流量为 1 200 mL/min。

此外，还可通过上述用菊粉或内生肌酐清除率测量出的肾小球滤过率，加上此时测算出的肾血浆流量，计算出滤过分数。

（三）推测肾小管的功能

通过对各种物质清除率的测定，可以推测出哪些物质能被肾小管净重吸收或净分泌，从而推论肾小管对不同物质的转运功能。对于能被肾小球自由滤过的物质而言，若某一物质的清除率小于肾小球滤过率，说明肾小管对该物质有重吸收或重吸收大于分泌；若某一物质的清除率大于肾小球滤过率，说明肾小管对该物质有分泌或分泌大于重吸收。例如，葡萄糖可自由通过肾小球滤过，但其清除率接近零，表明葡萄糖可全部被肾小管重吸收。尿素清除率小于肾小球滤过率，表明它被滤过之后，又被肾小管和集合管净重吸收。对于某一种不能被肾小球滤过的物质而言，若该物质的清除率大于零，说明肾小管对该物质有分泌功能。

（四）自由水清除率和渗透单位清除率

自由水清除率（free-water clearance，C_{H_2O}）是用清除率的方法定量测定肾排水情况，是对肾排出无溶质水（又称自由水）能力进行定量分析的一项指标。渗透单位清除率（osmolar clearance，C_{osm}）指肾每分钟能把多少毫升血浆中的具有渗透浓度的物质清除，它是所有溶质清除率的总和。

计算肾渗透单位清除率时，测定血浆渗透压（P_{osm}）、尿渗透压（U_{osm}）和单位时间内的尿量（V），然后用清除率公式计算，即：

$$C_{osm} = \frac{U_{osm} \times V}{P_{osm}} \qquad (式8-7)$$

因为单位时间生成的尿量等于所有溶质清除率与自由水清除率之和，所以计算自由水清除率的公式为

$$C_{H_2O} = V - C_{osm} \qquad (式8-8)$$

自由水清除率为正值时表明尿被稀释，自由水清除率为负值时表明尿液被浓缩，负值越大代表尿被浓缩程度越高。

第七节 尿液的排放

尿液是连续不断生成的，但膀胱的排尿却是间歇进行的。肾产生的尿液由集合管、肾盏、肾盂经输尿管进入膀胱，尿液在膀胱内储存达一定量时，引起反射性排尿（micturition），尿液经尿道排出体外。

一、输尿管的运动

输尿管与肾盂连接处的平滑肌细胞有自律性，可产生规则的蠕动波（1~5次/分），其推进速度为2~3 cm/s，将尿液送入膀胱。肾盂中尿量越多，内压越大，自动节律性频率越高，蠕动增强。经过输尿管蠕动，尿液被输送到膀胱。

二、膀胱和尿道的神经支配

膀胱受盆神经、腹下神经及阴部神经的支配，它们都含有传入神经纤维和传出神经纤维（图8-18）。

1. 盆神经　起自第2~4骶段脊髓，传出神经纤维属副交感神经。盆神经兴奋时，其末梢释放乙酰胆碱，使逼尿肌收缩和尿道内括约肌舒张，促进排尿。盆神经中还含有感觉纤维，能感受膀胱壁被牵拉、膀胱充胀感觉的程度。

2. 腹下神经　自腰段脊髓发出，传出神经为交感神经。腹下神经兴奋时，其末梢释放去甲肾上腺素，使膀胱逼尿肌松弛，内括约肌收缩和血管收缩，阻止尿液的排放。腹下神经中含有传导膀胱痛觉的传入神经纤维。

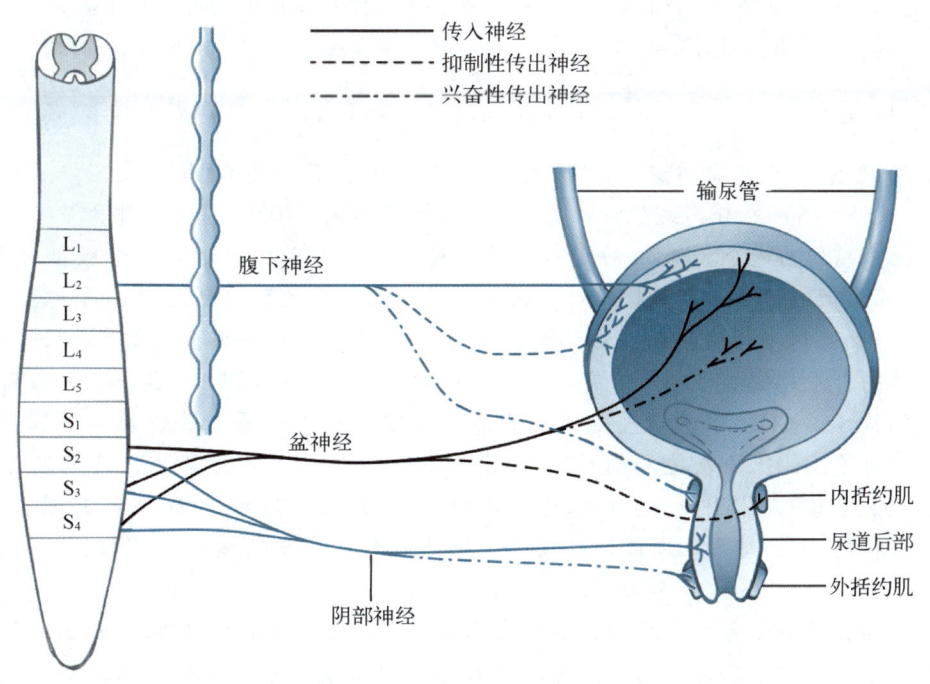

图8-18　膀胱和尿道的神经支配

L_1~L_5，第1~5腰椎；S_1~S_4，第1~4骶椎

3. **阴部神经** 起自第 2~4 骶段脊髓，属于躯体运动神经，支配膀胱外括约肌，故膀胱外括约肌的活动可随意控制。兴奋时膀胱外括约肌收缩。排尿反射时可反射性抑制阴部神经的活动。传导尿道感觉的传入神经纤维在阴部神经中。

三、排尿反射

排尿反射（micturition reflex）在脊髓水平就能完成，是一种脊髓反射。但在正常情况下，排尿反射受脑的高级中枢控制，可有意识地抑制或加强其反射过程。

当膀胱内尿量达到一定充盈度（400~500 mL）时，膀胱内的压力升高，膀胱壁感受器受牵张刺激而兴奋，冲动沿盆神经传入神经纤维传至脊髓骶段的排尿反射初级中枢，同时，冲动也上传到达脑干和大脑皮层的排尿反射高位中枢，并产生尿意。排尿反射进行时，冲动沿盆神经传出，引起逼尿肌收缩、尿道内括约肌松弛，尿液进入后尿道。尿液进入后尿道后，刺激后尿道的感受器，冲动沿传入神经再次传到脊髓排尿中枢，加强排尿活动；同时，通过皮层抑制阴部神经活动，使尿道外括约肌松弛开放，尿液排出体外。通过这种正反馈作用使排尿反射一再加强，直至膀胱内的尿液排完为止。在排尿后期，残留在尿道内的尿液，男性可通过球海绵体肌的收缩排尽；女性则靠重力作用排尽。通常排尿时腹肌和膈肌也配合收缩，使腹内压升高，协助排尿。

四、排尿异常

由于排尿是可一定程度受高位中枢随意控制的脊髓反射过程，排尿反射弧的任何一个部位受损，或骶段脊髓初级排尿中枢与高位中枢失去联系，都将导致排尿异常。尿潴留和尿失禁是临床上常见的由排尿反射异常导致的排尿异常。如果支配膀胱的传出神经（盆神经）或骶段脊髓受损，排尿反射不能发生，膀胱变得松弛扩张，大量尿液滞留在膀胱内，引起尿潴留。若骶段脊髓以上的某处脊髓全横贯性损伤，虽然骶段脊髓排尿反射的反射弧完好，但骶部初级排尿中枢的活动不能得到高位中枢的控制，此时可出现尿失禁，这种情况主要发生在脊髓休克恢复后。

此外，小儿大脑发育未完善，对骶段脊髓初级中枢的控制能力较弱，所以小儿排尿活动受意识控制较弱，排尿次数多且易发生夜间遗尿现象。

> **※ 科学小故事**
>
> 水孔蛋白发现的故事再次验证了"运气只会眷顾那些有准备的人"。彼得·阿格雷（Peter Agre）教授等（1988 年）在分离纯化红细胞膜上的 Rh 多肽时，偶然得到一种含量丰富且非常小的蛋白质。他们把分离到的这个 28 kDa 的疏水性跨膜蛋白，称为形成通道的整合膜蛋白 28（channel-forming integral membrane protein，CHIP28），他们用了不到一年的时间测定出它的氨基酸序列并克隆到了它的 cDNA。由于这个蛋白质除在红细胞膜含量特别高外，在与水代谢密切相关的肾细胞的细胞膜上含量也很高，于是他们推测也许它很可能就是大家一直在寻找的"水通道"蛋白。为了证明这种推测，他们构建了 CHIP28 表达质粒，随后，把构建好的质粒显微注射到非洲爪蟾的卵里进行表达。当他们把含有 CHIP28 表达质粒的卵放到低渗介质中以后，发现细胞迅速发生膨胀，并于 5 min 内破裂，而没有 CHIP28 表达质粒的卵形状没有变化。为进一步确定其功能，他们又将 CHIP28 重组到脂质体上，结果也发现这种细胞能够从低渗溶液中快速吸水膨胀，从而证实 CHIP28 为水孔蛋白。后来，CHIP28 被命名为"aquaporin 1"。
>
> 水通道的发现，开启了各种生物的水通道在生物化学、生理学和遗传学等方面研究的黄金时代，具有重大的科学意义。对于水通道的研究可以更好地揭示生命现象，使科学家能够研发出一些治疗因水通道异常而引发的疾病。阿格雷因此荣获了 2003 年的诺贝尔化学奖。

※ 课后拓展

1. 思考题

(1) 呕吐、腹泻引起机体大量失水对尿量有何影响?

(2) 大量饮用清水、生理盐水,尿量会发生什么改变? 阐述其机制。

(3) 病例摘要:患者,男性,68岁,退休工人。12年前在当地医院诊断为"糖尿病",予糖尿病饮食及磺脲类降糖药物治疗。但患者对糖尿病日常保健知识不了解,平日不喜欢活动、生活和饮食均不规律,血糖控制情况不理想。查体:体温36.5℃,脉搏70次/分,血压130/80 mmHg,呼吸16次/分,消瘦。

请结合生理学内容,回答以下问题:① 该患者尿量有何变化? ② 该患者尿液成分有何变化?

2. 推荐阅读

(1) NOSAKA M, ISHIDA Y, KUNINAKA Y, et al., 2021. Intrathrombotic appearances of AQP－1 and AQP－3 in relation to thrombus age in murine deep vein thrombosis model [J]. Int J Legal Med, 135 (02): 547 – 553.

(2) LI Y J, WANG W L, JIANG T, et al., 2017. Aquaporins in urinary system [J]. Adv Exp Med Biol, 969: 131 – 148.

(3) LI C L, WANG W D, 2017. Molecular biology of aquaporins [J]. Adv Exp Med Biol, 969: 1 – 34.

(木丽仙 杨 媛)

※ 第八章数字资源

 第八章 课件

 第八章 课后练习题(附参考答案)

 第八章 课后拓展思考题的解题思路

 微课8-1 肾小球的滤过功能

 微课8-2 近端小管的物质转运

 微课8-3 近端小管对葡萄糖的重吸收

 微课8-4 肾髓质、间质渗透浓度梯度的建立和维持

 微课8-5 渗透性利尿和水利尿

第九章

感 觉 器 官

导 学

感觉是客观事物在脑的主观反映。通过感觉，人能够分辨客观事物的各种属性并认识到自己机体的状态。人和动物生活的外界环境和机体的内环境总是处于不断变化之中，随着各种感觉产生，机体才能保持内环境稳态和躲避危险，才能得以生存。

感觉器官的结构和功能具有多样性，尤其是换能机制较为抽象。因此，本章内容具有以下特点：整体逻辑线索清晰，各感觉器官的功能活动有共性也有个性，知识点较细，部分内容较为抽象。

在学习本章时，建议按照以下逻辑线索进行学习。

第一，先了解感觉产生的基本过程和共同规律，认识感受器的一般生理特性，再学习视觉、听觉等不同感觉的产生过程。

第二，在对每一感觉器官进行学习时，要抓住感觉器官的主要功能均是感受刺激并进行换能，如眼在视觉产生过程中的作用，分为折光成像和感光换能两部分，换能之后才是神经冲动通过传入通路传导和皮层的感觉分析过程。

人类通过感觉认识客观世界，并使机体能够适应内、外环境的变化。感觉的产生是感受器或感觉器官、神经通路和感觉中枢三部分共同活动的结果。机体内的感受器或感觉器官多种多样，本章主要介绍视觉、听觉、平衡觉、嗅觉和味觉等感觉器官的生理功能。

第一节 概 述

机体内、外环境变化的信息首先作用于机体的感受器（receptor）或感觉器官（sense organ），然后转换为神经冲动，沿一定的感觉神经传导通路传到大脑皮层感觉中枢分析处理，产生相应的感觉。然而，由感受器传入中枢的冲动并不一定都能引起感觉，有些神经冲动在低级感觉中枢进行分析处理，并通过传出神经传向肌肉或腺体引起反应，此时并不引起主观感觉，如肌梭的传入冲动可反射性地引起肌肉收缩，但不产生主观感觉。

一、感受器和感觉器官

感受器是指分布于体表或组织内部的专门感受机体内、外环境变化的结构或装置。最简单的感受器是在体表或组织内部与痛觉和温度觉有关的游离神经末梢；有些感受器由神经末梢周围包绕结缔组织被膜构成，如环层小体和肌梭等；另有一些在结构和功能上高度分化的感觉细胞，如视网膜的视杆细胞（rod cell）和视锥细胞（cone cell），耳蜗中的毛细胞（hair cell）等，与它们的附属结构（如眼的折光系统、耳的传音装置），一起构成复杂的感觉器官。通常把分布于高等动物头部与脑神经相连的感觉器官，如眼、耳、前庭、嗅黏膜、味蕾等，称为特殊感觉器官（special sense organ）。

感受器的分类方法很多：根据所接受刺激性质的不同，可将感受器分为机械感受器、化学感受器、光感受器、温度感受器等。按刺激来源不同，又可分为内感受器和外感受器，分别感受机体内、外环境变化。外感受器还可进一步分为距离感受器（如视觉、听觉和嗅觉）和接触感受器（如触觉、压觉及味觉）。内感受器也可再分为平衡感受器、本体感受器和内脏感受器。目前，较普遍的是综合考虑刺激物和所引起的感觉或效应来分类，如触-压觉、视觉、听觉、冷、热感受器及动脉压力感受器等。

二、感受器的一般生理特性

虽然机体内的感受器结构多样，功能各异，但是都具有一些共同的生理特性。

（一）感受器的适宜刺激

感受器对不同形式刺激的敏感性不同，通常一种感受器只对某种特定形式的刺激最敏感。这种特定形式的刺激就称为该感受器的适宜刺激（adequate stimulus）。每一种感受器都有自己的适宜刺激，如视网膜视锥细胞和视杆细胞的适宜刺激是一定波长的电磁波、耳蜗毛细胞的适宜刺激是一定频率的机械振动等。适宜刺激必须达到一定的刺激强度、持续时间及作用面积才能引起某种相应感觉。每种感受器都有其特有的感觉阈值（sensory threshold）。能够在感觉上分辨同种性质刺激的最小强度差异，称为感觉辨别阈（discrimination threshold）。但是，并非只有适宜刺激才能使感受器产生反应，某些非适宜刺激有时也能引起反应，例如，大多数感受器都能被电刺激所兴奋，压迫眼球可刺激视锥细胞和视杆细胞产生光感等，但所需的刺激强度要大得多。因此，机体内、外环境中发生的各种变化，总是优先作用于适宜该刺激形式的感受器。

（二）感受器的换能作用

刺激有多种能量形式，不同形式的刺激能量由不同类型的感受器感受，并将其转换成生物电信号（动作电位）传入皮层感觉中枢，才能形成相应感觉。因此，感受器是一种生物换能器，其功能就是把作用于它们的各种形式的刺激能量转换为传入神经的动作电位，这种能量转换称为感受器的换能作用（transducer function）。

感受器在换能过程中，首先引起感受器细胞或感觉神经纤维末梢产生一种过渡性的电位变化，再将刺激能量转变为神经冲动。在感受器细胞产生的膜电位变化称为感受器电位（rceptor ptential）；而在初级传入神经末梢发生的膜电位变化称为发生器电位（generator potential）。感受器电位是由跨膜离子流引起的，通常是膜去极化变化，也有超极化，其产生机制各不相同，介导这一过程的跨膜信号转导分子主要是细胞膜上的通道蛋白或 G 蛋白耦联受体。

感受器电位和发生器电位在本质上都属于局部电位。其电位幅度可随刺激强度增大而增大，可以电紧张的形式沿细胞膜短距离传播，并可在局部实现时间性和空间性总和。所以，感受器电位和发生器电位的幅度、持续时间和波动方向，可以较准确地反映出外界刺激信号所携带的某些信息。

感受器接受的刺激信息必须传送到中枢才能引起感觉，所以产生感受器电位或发生器电位后，该感受器的传入神经纤维发生去极化，且达到阈电位而产生动作电位时，才标志着这一感受器换能作用的完成（图 9-1）。

（三）感受器的编码作用

感受器将特定形式的刺激能量转换为动作电位时，不仅发生了能量的转换，还把包含刺激性质、强度等属性的各种信息，也转移到了传入神经动作电位的序列之中，这就是感受器的编码（coding）作用。不同感受器所产生的传入神经冲动都是一些波形和幅度十分相似的动作电位，并无本质上的差别。因此，刺

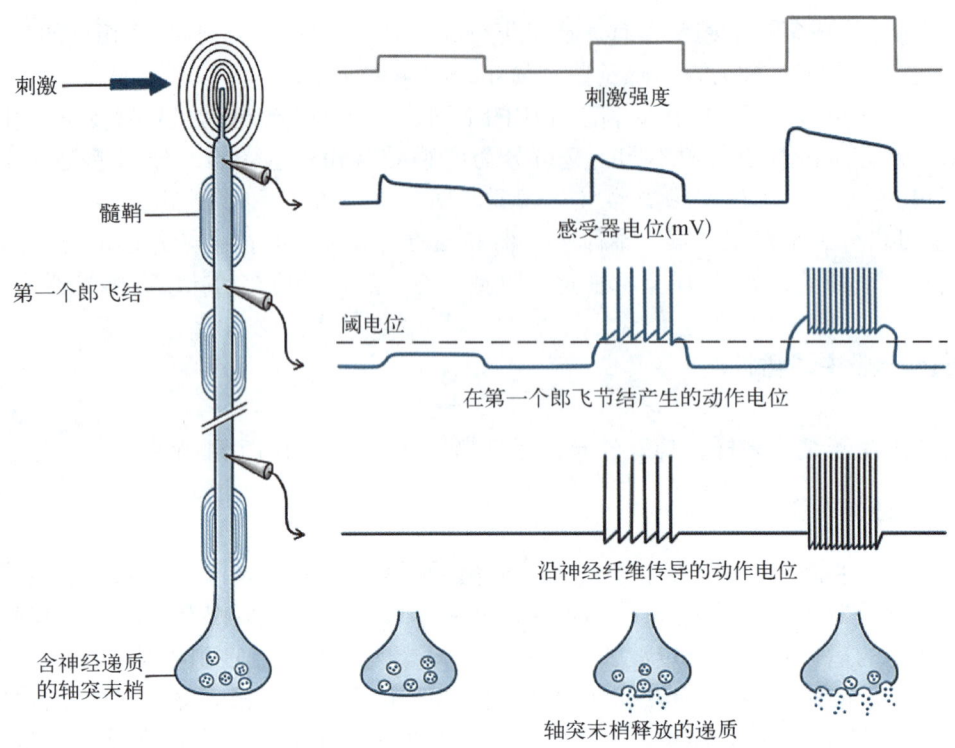

图 9-1　感受器电位与动作电位的关系示意图（以环层小体为例）

激不可能通过动作电位的幅度高低或波形特征来编码。感受器的编码作用是一个复杂的过程，感受器、神经传入通路和各级感觉中枢在编码中都发挥着重要作用。不同感受器具有不同的适宜刺激，这就决定了感受器对刺激类型的识别，部分实现了对感觉性质的编码。然而，引起的感觉性质的不同，还取决于传入冲动沿着神经传导通路所到达大脑皮层的部位。例如，用电流刺激患者的视神经或枕叶皮层时，会引起患者主观上感到视野中的某一部位出现光感。感受器接受适宜刺激发生反应后，产生的传入冲动只能循着特定通路到达特定的大脑皮层，引起特定性质的感觉。大脑皮层根据这些电信号的特定通路及对特定的排列组合形式进行分析综合，可以获得对外界的各种主观感觉。

关于感觉编码的机制至今还不十分清楚。但在实验中观察到，当给人皮肤的触-压觉感受器施以触压刺激时，随着触压力量的增大，传入神经纤维上动作电位频率逐渐增高，同时产生动作电位的传入神经纤维数目也逐渐增多。由此可见，刺激的强度可以通过每一条传入神经纤维上产生的神经冲动频率来编码，也可以通过参与信息传递的神经纤维数目来编码。

（四）感受器的适应现象

当某一恒定强度的刺激持续作用于感受器时，其传入神经纤维上的冲动频率随刺激作用时间的延长而逐渐降低甚至消失的现象，称为感受器的适应（adaptation）。不同的感受器适应的快慢和适应的程度存在很大差异，如环层小体（皮肤触觉感受器）在接受刺激时，只在刺激开始后的短时间内有传入冲动的发放，以后尽管刺激仍在继续作用，但冲动发放频率很快降低甚至消失，这样的感受器称为快适应感受器（rapidly adapting receptor），这有利于感受器和中枢接受新的刺激，适合传递快速变化的信息，有利于机体感知新事物。另外一些感受器的适应过程很缓慢，神经冲动频率只在刺激开始后不久出现轻微的降低，以后可在较长时间维持在这一水平，如颈动脉窦和主动脉弓压力感受器、颈动脉体化学感受器和肌梭等，而痛觉感受器因其传入信息有报警和保护的意义，不产生明显的适应现象。这些感受器统称为慢适应感受器（slowly adapting receptor）。

慢适应感受器的这一特性有利于机体持续监测某些功能变化。只要刺激持续存在，就不断地向神经中枢传送信息，中枢据此来随时调整机体活动。例如，颈动脉窦和主动脉弓压力感受器不断监测血压的变化,通过反射活动维持血压的相对稳定;来自肌梭的传入信息使中枢能随时掌控肌肉的状态,以维持姿势平衡。

适应并非疲劳,对某一强度的刺激产生适应之后,如果再增加该刺激的强度,又可引起传入冲动的增加。感受器发生适应的机制很复杂。在整体情况下,感觉功能的适应不仅与感受器的适应现象有关,也与信息传导途径和产生感觉的特定中枢的功能活动有关。

第二节 视 觉

视觉是由眼、视神经及其传导路径和视觉中枢共同完成的活动。通过视觉,人可以感知外界物体的大小、颜色、形状、明暗及距离的远近等。人脑从外界环境所获得的信息中,至少有70%是来自视觉。眼是引起视觉的外周感觉器官,分为折光系统和感光换能系统两部分。前者由角膜、房水、晶状体和玻璃体组成,后者则包括视网膜及与其相连的视神经纤维。视网膜中含有对光刺激高度敏感的视杆细胞和视锥细胞及与其相联系的双极细胞和神经节细胞。

人眼的适宜刺激是380~760 nm的电磁波(即可见光)。来自外界物体的光线首先通过眼的折光系统折射,成像于视网膜上(图9-2),再由感光换能系统将视网膜像所包含的视觉信息转变成电信号,并进行初步处理,然后再以动作电位的形式沿视神经传向中枢,最后在大脑皮层视觉中枢(枕叶皮层内侧面距状沟的上下缘)进行分析、处理,形成视觉。

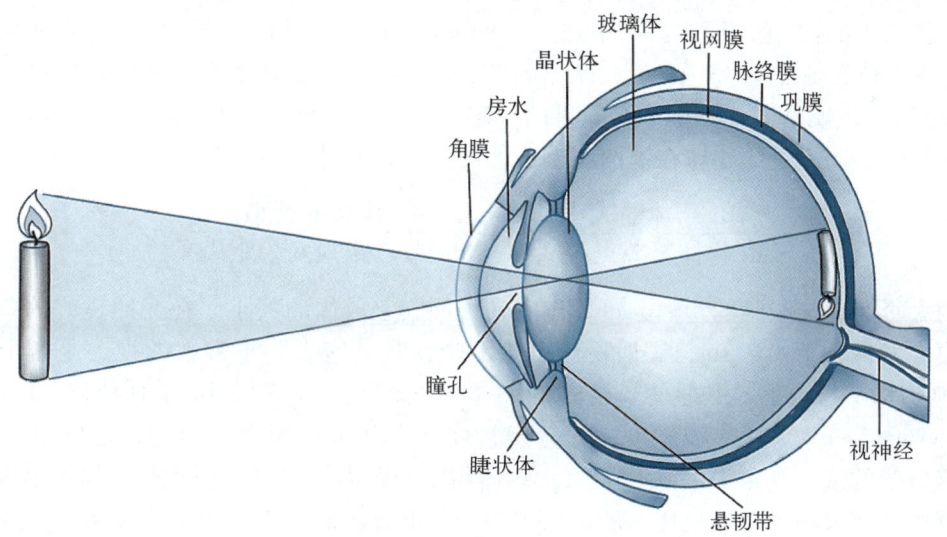

图9-2 眼的结构和物体在视网膜成像示意图

一、眼的折光系统及其调节

光线经过两个折射率不同的透明介质的界面时将发生折射,折射的程度取决于折射界面的曲率半径和两种介质的折射率之比。在眼内,光线的折射路径比较复杂。

(一)眼的折光系统及其光学特性

外界物体发出的光线在到达视网膜之前,必须经过角膜、房水、晶状体和玻璃体四种折射率不同的折光体,而这四种折光体前后界面的曲率半径都各不相同,因此光线由空气进入眼内要发生多次不同程度的折射。因角膜的折射率明显高于空气，四种折光体的折射率和曲率半径比较接近，所以在空气和角膜界面光线发生折射的程度最大。根据光学原理进行计算，可以画出光线在眼内行进的路径。但是这一计算过程相当复杂，因此有人设计了一个折光效果与正常眼基本相同的单球面折射的光学模型，称为简化眼（reduced eye，图9-3）。

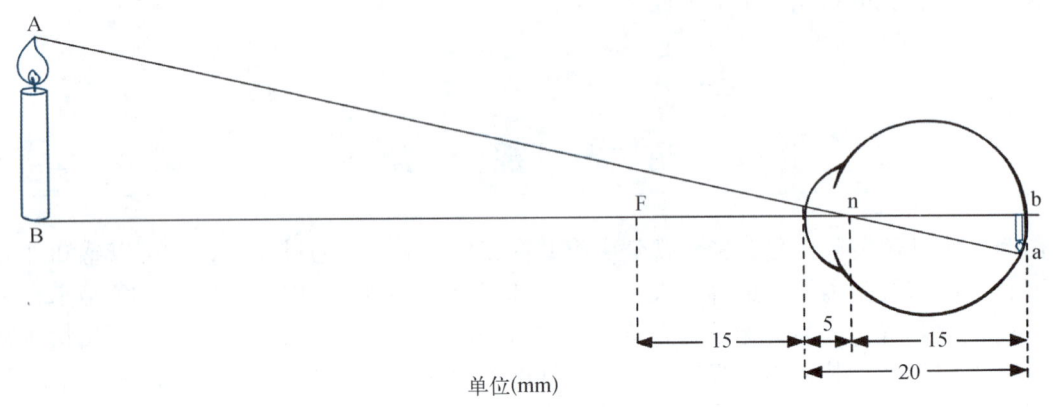

图9-3　简化眼模型

F为前焦点，n为节点，△AnB和△anb是两个相似三角形，若物体大小（AB）和物距（Bn）为已知，则可计算出视网膜上物像的大小（ab）和视角（两相似三角形对顶角）的大小

简化眼是一个假想模型，光学参数和其他特性与正常眼等值，可以用来研究折光系统的成像特性。简化眼是一个前后径为20 mm的单球面折光体，折光率为1.333。光线只在由空气进入角膜表面时一次折射。角膜球面曲率半径为5 mm，该球面中心即节点n（在球形界面后方5 mm处；前主焦点在角膜前表面之前15 mm处；后主焦点位于节点后15 mm处，距角膜前表面20 mm，正好相当于视网膜的位置，平行光折射后聚焦于后主焦点）。该模型与一个正常安静时的人眼一样，正好能使平行光折射后聚焦在视网膜上。利用简化眼可以计算出不同远近的物体在视网膜上成像的大小，其计算公式为

$$\frac{AB(物体的大小)}{Bn(物体至节点距离)} = \frac{ab(物像的大小)}{nb(节点距视网膜距离)} \tag{式9-1}$$

根据物体的大小和它与眼睛的距离，可算出它在视网膜上成像的大小。在光照良好的条件下，如果在正常人眼视网膜上的像小于4.5 μm，一般不能产生清晰视觉，这表明正常人的视力是有限度的。通常把∠AnB（即来自物体A、B两点并通过节点n的两条光线的夹角）称为眼球对物体AB的视角（visual angle）。视力（visual acuity）又称视敏度，即分辨物体两点间最小距离的能力，通常以视角的倒数来表示。正常人眼能分辨的最小视角为1′（1/60°）。物体与眼的距离一定时，视角与物体大小成正比；而同一物体，视角与物体距离眼的远近成反比。所以，视力与眼能分辨的最小视角成反变关系。测定视力时，一般是把国际上通用的视力表置于眼前5 m处，让被检测者辨认表中不同大小E字形（或Landolt环）的缺口方向。如果能正确辨认的缺口为1.5 mm（视角为1′角）时，则视敏度是1.0。此时，视网膜像缺口大小约为4.5 μm，而视网膜中央凹处一个视锥细胞的直径为1~3.3 μm，所以在视网膜上可辨认的两点之间，至少隔着1个未兴奋的视锥细胞。人眼能看清的最小视网膜像的大小，大致相当于视网膜中央凹处一个视锥细胞的平均直径。

（二）眼的调节

不作任何调节的正常人眼，平行光线经其折光系统折射后成像于后主焦点。来自6 m以外物体的光线，都可认为是近似平行的，可以在后主焦点即视网膜上形成清晰的物像。

人眼不作任何调节时所能看清物体的最远距离称为远点（far point）。理论上，正常眼的远点在无限远处。但实际上，来自远处物体的光线过弱、物体过小或者离眼的距离太远，在视网膜上成像太小，也不能

产生清晰视觉。而在看 6 m 以内的近物时，由于近物发出的光线有不同程度的辐散，如果眼不作调节，经过眼的折光系统折射后将成像于视网膜之后。因为光线到达视网膜时还未聚焦，所以在视网膜上形成一个模糊的视觉物象。那么，正常眼为何能看清近物呢？这是由于眼在视近物时进行了调节。眼的调节（近反射）包括晶状体的调节、瞳孔的调节和视轴会聚，其中晶状体的调节最重要。

1. **晶状体的调节**　晶状体是一个富有弹性的透明组织，形似双凸透镜，四周通过悬韧带系在睫状体上，睫状体内有睫状肌。

看远物时，睫状肌处于松弛状态，而悬韧带保持一定的紧张度，晶状体受悬韧带牵拉，其形状相对扁平；当看近物时，动眼神经中的副交感神经纤维反射性地兴奋，引起睫状肌收缩，悬韧带松弛，晶状体由于其本身弹性回缩而向前和向后凸出（以前凸为主），使眼的折光能力增大，从而使近物发出的辐散光线经折射后恰好聚焦成像在视网膜上（图 9-4）。因此，晶状体的最大调节能力取决于晶状体变凸的最大程度，即取决于晶状体弹性的大小。晶状体调节是通过神经反射完成的，其过程为当模糊的视觉信息传至视觉皮层时，皮层分析后形成指令性下行冲动，经皮层中脑束到达中脑正中核，再传至动眼神经缩瞳核，再经动眼神经中的副交感神经节前纤维传至睫状神经节，交换神经元后抵达睫状肌，使其环行肌收缩，引起悬韧带松弛，晶状体变凸，使视网膜成像清晰。副交感神经的递质为乙酰胆碱，临床上眼科检查时，常用后马托品阻断其受体以达到扩瞳的目的。

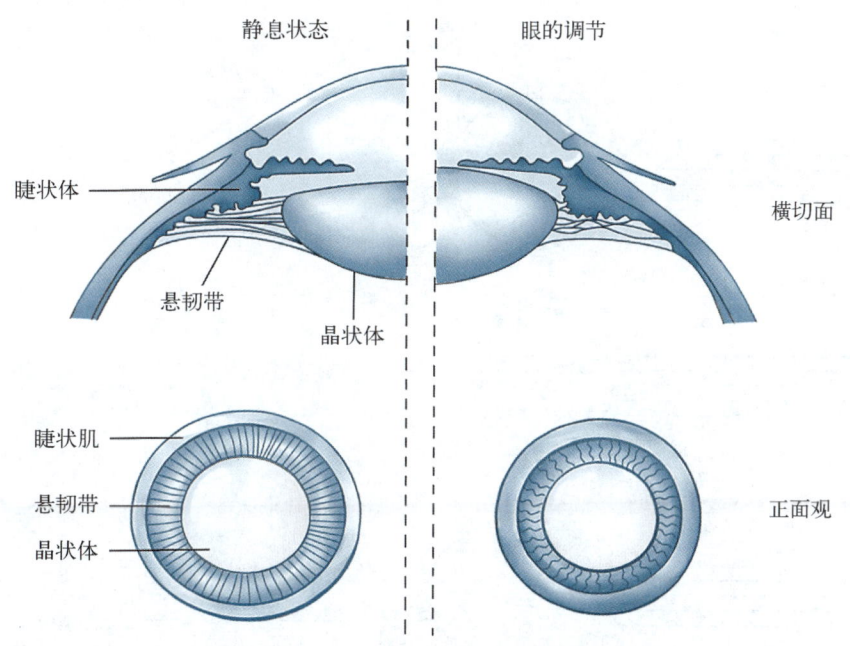

图 9-4　睫状体与晶状体在眼的调节中发生改变的示意图

晶状体调节能力的大小，可以用人眼能看清物体的最近距离，即近点（near point）来表示。10 岁左右儿童的近点平均约 9 cm，20 岁平均约为 11 cm，随着年龄增大，晶状体弹性逐渐变差，人眼的调节能力随着年龄增长逐渐减退，到 60 岁时近点可增大到 83 cm。通常把因为年龄增长导致眼的调节能力降低的现象称为老视，此时近点变远，能看清远处物体，但看不清楚近物。而当近视者出现老视时，虽然不需要眼镜矫正便可看清近物，但其眼的调节能力同样在逐渐减退。

2. **瞳孔的调节**　光线通过瞳孔入眼，正常人瞳孔直径为 1.5~8.0 mm。看近物时，可反射性地引起双侧瞳孔缩小，称为瞳孔近反射（pupillary near reflex）或瞳孔调节反射（pupillary accommodation reflex）。在上述晶状体变凸的反射中，副交感神经还支配虹膜环形肌，使虹膜环形肌收缩引起瞳孔缩小。这可以减少入眼的光量并减少折光系统的球面像差和色像差，使视网膜成像更清晰。

瞳孔的大小可随光线的强弱而改变，弱光下瞳孔放大，强光下瞳孔缩小，这是一种神经反射，称为瞳孔对光反射（pupillary light reflex）。对光反射与视近物无关，其意义在于调节进入眼内的光量，使视网膜不致因光线过强而受到损害,也不会因光线过弱而影响视物。强光照射时的瞳孔反射途径为强光照射视网膜产生的冲动经视神经上传到中脑的顶盖前区换元,然后到达双侧的动眼神经核,再经副交感神经节抵达瞳孔括约肌,使其收缩,瞳孔缩小。瞳孔对光反射的效应是双侧性的,光照射一侧眼时,两眼瞳孔同时缩小,因而称为互感性对光反射(consensual light reflex)。因为瞳孔对光反射的中枢在中脑,反射灵敏,又便于检查,所以临床上常把该反射作为判断中枢神经系统病变部位、麻醉深浅程度和病情危重程度的重要指标。

3. 视轴会聚 指当双眼注视的物体由远处移近时,两眼球的视轴向鼻侧会聚的现象。视轴会聚由两眼球内直肌反射性收缩所致,又称为辐辏反射(convergence reflex)。其生理意义在于可使双眼看近物时物体成像于两眼视网膜的对称点上,产生单一的清晰物像,避免发生复视。

(三)折光异常

正常人眼,无须进行任何调节就可使平行光聚焦在视网膜上,看清远处物体;看近物(6 m 以内)时,只要物距不小于近点,经过调节就能使物体在视网膜上形成清晰物像,称为正视眼(emmetropia)(图 9-5)。若眼的折光能力或眼球的形态异常,使平行光线不能聚焦于未调节眼的视网膜上,称为非正视眼(ametropia),包括近视、远视和散光。

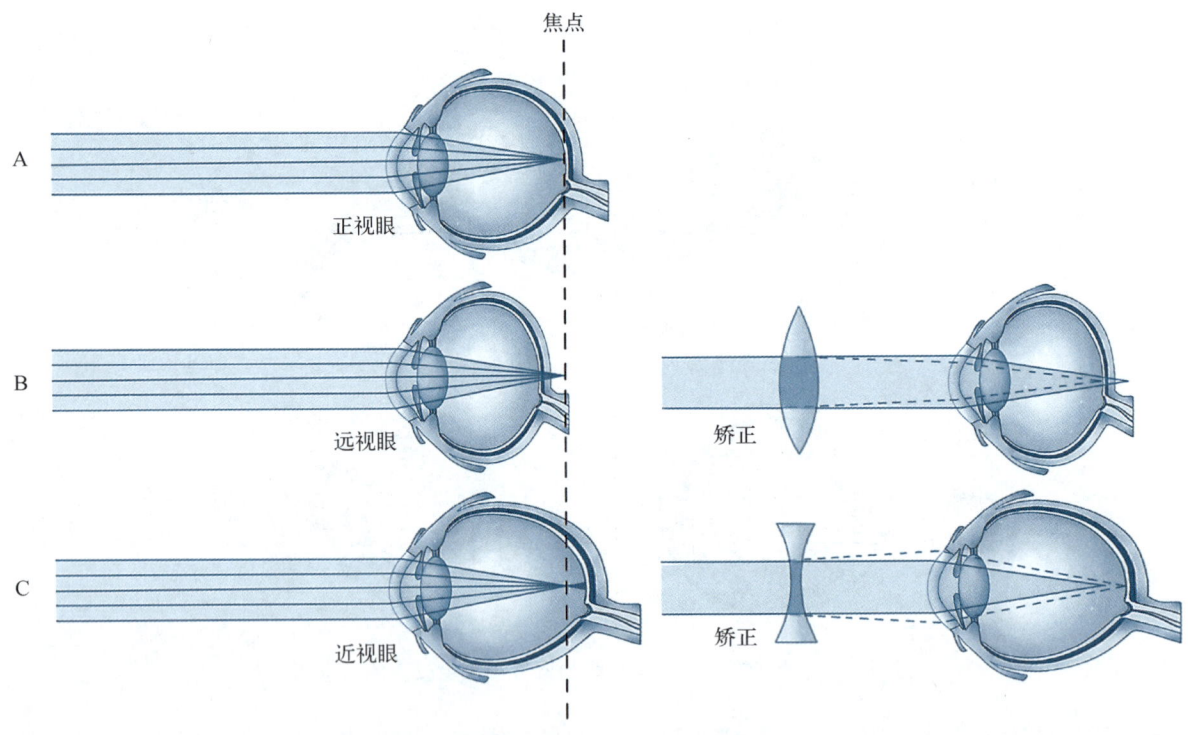

图 9-5 正视眼、远视眼和近视眼及其矫正示意图

1. 近视(myopia) 指由于眼球前后径过长(轴性近视)或折光系统折光能力过强(屈光性近视),使来自远处物体的平行光聚焦于视网膜之前,在视网膜上只形成模糊物像。近视眼看不清远处物体,但若将物体移近,由于近物发出的光线呈辐射状,故眼不需要调节或只需要较小程度的调节即可使光线聚焦于视网膜上。近视眼的远点和近点均比正视眼近,可用凹透镜矫正。

2. 远视(hyperopia) 指由于眼球前后径过短(轴性远视)或折光系统的折光能力过弱(屈光性远视),远处物体发出的光线聚焦在视网膜后方,光线到达视网膜时还未聚焦,因而不能形成清晰的物像。这时,远视眼只有通过晶状体调节,使焦点前移到视网膜上,才能看清远处的物体。可见,远视眼在看远物时就需要进行调节,在看近物时则需要更大程度的调节,但是晶状体变凸很快就达到极限,因而远视眼的近点比正视眼远,视近物的能力下降。远视眼看远物和近物都需要调节,因此容易产生疲劳,尤其是近作业或长时间看书时，可因调节疲劳而产生头痛。矫正的方法是佩戴适当焦度的凸透镜以增加折光能力。虽然老视眼和远视眼都是用凸透镜矫正，但是老视眼仅看近处时才需要凸透镜矫正，远视眼看近处和远处时都需要凸透镜矫正。

3. 散光（astigmatism） 正常眼的折光系统是一个正球面体，即其表面任何一个方位的曲率半径都相等，因而从整体折光面折射来的光线都能聚焦于视网膜上。若某种原因使角膜在某一方位上的曲率半径变大或变小，使之与其他方位的曲率半径不同时，则通过角膜不同方位的光线不能同时聚焦于视网膜上，而是有部分光线聚焦在视网膜后或视网膜前，这会导致成像不清晰或物像变形，称为散光。除角膜外，晶状体表面曲率异常也可引起散光。规则散光可用柱面镜矫正。

（四）房水和眼内压

房水指充盈于眼的前、后房中的透明液体，其成分类似于血浆。房水产生于睫状体脉络膜丛，生成后由后房经瞳孔进入前房，最后汇入静脉系统。房水的生成和回流保持动态平衡，使眼内房水量保持恒定，故眼内压相对稳定。眼内压正常情况下平均为 10~21 mmHg。房水循环障碍，前房液不被吸收，将导致眼内压增高，临床上称为青光眼。它可引起角膜、晶状体等结构的代谢障碍，最终会由于视网膜血流受阻等而失明。

二、眼的感光换能系统

来自外界物体的光线通过眼的折光系统在视网膜上形成的物像，是在物理范畴的像；而视觉系统最后在主观意识上形成的像是属于意识和心理范畴的主观映象，是由来自视网膜的神经信息通过视觉传导通路投射到皮层视觉中枢内形成。

（一）视网膜的结构特点

人眼视网膜（retina）是一层透明的神经组织，位于眼球最内层，厚 0.1~0.5 mm，结构复杂，组织学上分成 10 层，但按主要的细胞可简化为四层，由外向内为色素上皮层、感光细胞层、双极细胞层和神经节细胞层（图9-6）。感光细胞把来自物体的光学信息转变为生物电信号，然后依次经双极细胞、神经节细胞、视神经纤维，把信息传向中枢。

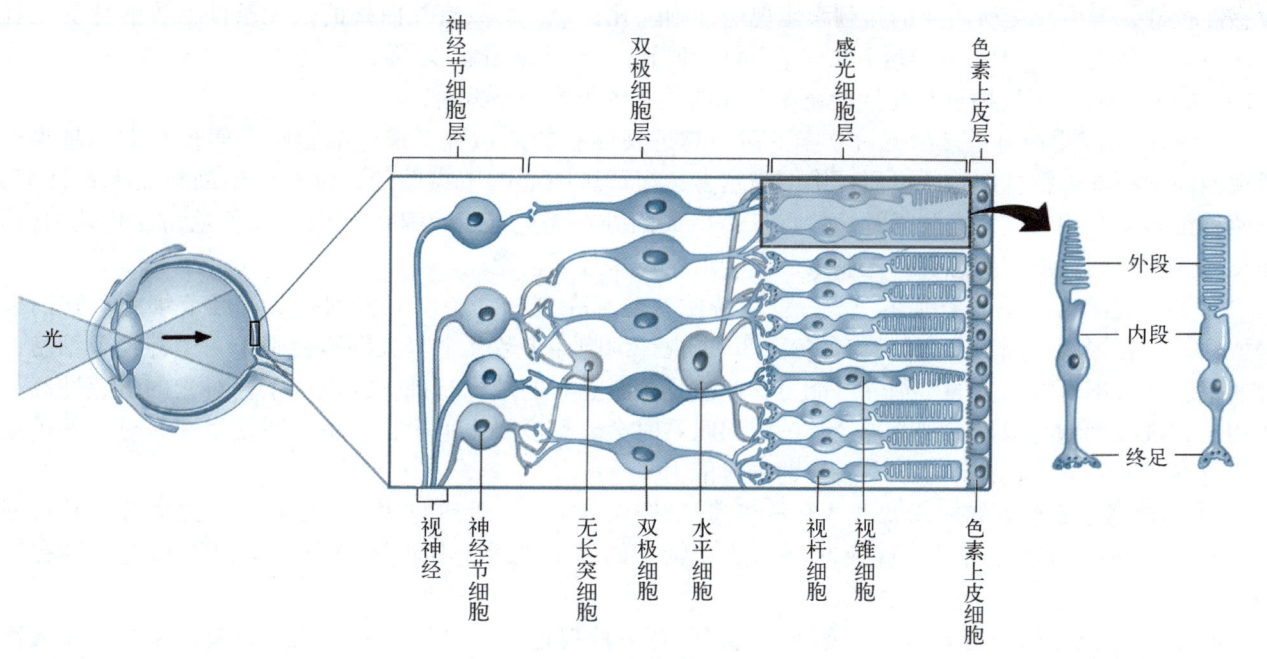

图9-6 视网膜结构示意图

色素上皮层是视网膜的最外层，其血液的供应来自脉络膜一侧。色素上皮细胞含有大量黑色素颗粒，能吸收光线防止光线反射和散射而影响视觉，有营养和保护作用。当入眼光线较强时，色素上皮细胞可伸出突起包裹视杆细胞外段，保护感光部分不被强光破坏，当光线较弱时，突起消失让视杆细胞能充分接受光刺激。色素上皮细胞在感光细胞的代谢中起重要作用，还可为视网膜外层补充来自脉络膜的营养物质。很多视网膜疾病都与色素上皮功能失调有关。视网膜剥离多发生在此层与感光细胞层之间，常引起失明。

感光细胞层中有视杆细胞和视锥细胞，这两种感光细胞内含有特殊的视色素，是真正的光感受器细胞。视杆细胞和视锥细胞在形态上都可分为外段、内段和终足三部分（图 9-6）。视杆细胞外段呈长杆状，视锥细胞的外段呈圆锥状，是视色素集中的部位，在感光换能过程中起重要作用。外段含有大量重叠成层而整齐排列在一起的囊状圆盘，称为膜盘（membranous disk）。膜盘膜与细胞膜在结构上很相似，具有脂质双分子层结构，其中镶嵌着大量蛋白质，这些蛋白质绝大部分是视色素（photopigment）。视杆细胞的外段含视色素比视锥细胞更多，每个视杆细胞有近千个膜盘，每一膜盘约有 100 万个视紫红质（视杆细胞的视色素）分子，因而它对光具有高度敏感性。而视锥细胞有三种，其外段膜盘中则分别含有三种不同的视色素。

两种感光细胞都通过终足与双极细胞发生化学性突触联系，双极细胞再与神经节细胞形成化学性突触联系。神经节细胞的轴突组成视神经（optic nerve），由眼的后极穿出眼球。视觉纤维在视网膜上汇集处，形成一淡红色圆盘状结构，位于黄斑向鼻侧约 3 mm 处，称为视神经乳头，此处无感光细胞，不能感受光刺激产生视觉，故称为盲点（blind spot）。在视网膜内，除了上述纵向的细胞联系外，还有横向联系的中间神经元。例如，水平细胞、无长突细胞，它们的突起和邻近细胞形成突触联系，在水平方向传递信号；有些无长突细胞可直接向神经节细胞传递信号。视网膜中还存在大量电突触。视觉信息在感光细胞层换能后，将在视网膜复杂的神经元环路中进行处理和加工。

（二）视网膜的两种感光换能系统

在人和多数脊椎动物的视网膜中存在着两种感光换能系统，即视杆系统和视锥系统。视杆系统是由视杆细胞及与它们相联系的双极细胞和神经节细胞等组成，对光的敏感性高，能感受弱光刺激而引起反应，但分辨率低，仅能粗略地分辨物体的轮廓，看不清微细结构，只能区别明暗，无色觉，又称晚光觉系统（scotopic vision）；视锥系统由视锥细胞及与它们相联系的双极细胞和神经节细胞等组成，视锥细胞对光的敏感性较低，产生反应所需要的光刺激比视杆细胞强几百倍，即只有在白昼的强光条件下才能感受光刺激引起视觉，但分辨率高，能看清物体表面的细节，空间分辨能力强，有色觉，又称为昼光觉系统（photopic vision）。上述两种感光换能系统存在的主要依据有以下几种。

1. **人视网膜中两种感光细胞的分布不同**　越近视网膜的周边部，视杆细胞越多而视锥细胞越少；越近视网膜中心部，视杆细胞越少而视锥细胞越多；在黄斑中心的中央凹处，仅有视锥细胞而无视杆细胞。与两种细胞分布相对应，人眼视觉的特点正是中央凹处在亮光处有最高的视敏度和色觉，在暗处则较差；相反，视网膜周边部则能感受弱光刺激，但清晰度较差且无色觉。

2. **两种感光系统会聚程度不同**　视杆系统中普遍存在视杆细胞与双极细胞及神经节细胞，它们呈会聚式联系，在视网膜周边部，甚至有多达 250 个视杆细胞经少数几个双极细胞会聚于一个神经节细胞，这样的聚合方式不可能有高的精细分辨能力，但这是刺激总和的结构基础，故视杆系统对光的敏感性高。与此相反，视锥细胞与双极细胞及神经节细胞间联系时会聚程度要小得多，在中央凹处呈现一对一的单线联系，这样的联系方式使视锥系统有较高的分辨能力。

3. **两种感光系统在不同动物种系分布不同**　某些只在白天活动的动物，如鸡、爬虫类等，其视网膜中几乎全是视锥细胞；而另一些夜间活动的动物，如猫头鹰等，其视网膜中不含视锥细胞，只有视杆细胞。

4. **两种感光系统视色素不同**　视杆细胞只含有一种视色素，参与构成无色觉的视杆系统，而视锥细胞却含 3 种吸收光谱不同的视色素，参与构成有色觉的视锥系统。

(三) 视杆细胞的感光换能机制

视紫红质 (rhodopsin) 是存在于视杆细胞内的感光物质，它在暗处呈紫红色，其最大吸收光谱在 500 nm 附近，与晚光觉系统对光谱不同部分的敏感性曲线基本一致。这说明晚光觉系统与视杆细胞中所含视紫红质的光化学反应有直接关系。

视紫红质是由视蛋白和视黄醛组成的结合蛋白质。光照时，视紫红质分子迅速分解为视蛋白和全反型视黄醛。首先，视紫红质中的 11-顺视黄醛 (11-cis-retinal) 分子在光照时，转变为全反型视黄醛 (all-$trans$-retinal)。视黄醛分子的这种构象改变，可导致视蛋白分子构象也发生改变，经过较复杂的信号转导，诱发视杆细胞出现感受器电位。这一过程中视紫红质失去颜色，称为漂白。这是一个可逆反应，分解的视紫红质在暗处又可重新合成。其反应的平衡点取决于光照的强度。其过程为全反型视黄醛从视杆细胞中释放出来，被色素上皮摄取，在异构酶的作用下异构化为 11-顺视黄醛，再返回到视杆细胞与视蛋白重新结合。此外还可通过另一条途径：全反型视黄醛先转变为全反型视黄醇 (all-$trans$ retinol)，后者是维生素 A 的一种形式，然后在异构酶的作用下转变为 11-顺视黄醇，再转变为 11-顺视黄醛，与视蛋白结合形成视紫红质。另外，储存在色素上皮中的维生素 A，即全反型视黄醇，也可以转变为 11-顺视黄醛。在视紫红质分解和再合成的过程中，有一部分视黄醛被消耗，要由从食物摄入的维生素 A 中补充。长期维生素 A 摄入不足，会影响人的晚光觉系统，引起夜盲症。

(四) 视锥细胞的换能机制和颜色视觉

视锥细胞的光化学反应和换能机制与视杆细胞相似。视锥细胞的重要功能特点是能辨别颜色。颜色视觉是一种复杂的物理心理现象，颜色的不同是不同波长的光线作用于视网膜后在人脑引起不同的主观映象。正常视网膜可分辨约 150 种颜色，每种颜色觉都由一定波长的光线引起。然而，视网膜中不存在上百种感光细胞或视色素，为何能分辨这么多颜色呢？19 世纪初提出的三原色学说认为，视网膜中存在三种视锥细胞，分别含有对红、绿、蓝三种光特别敏感的视色素。它们与视紫红质一样，也由视黄醛和视蛋白构成，结构中仅视蛋白的分子结构稍有不同，这种差异决定了视黄醛分子对某种波长的光线最为敏感。当一定波长的光线作用于视网膜时，以一定的比例使三种视锥细胞分别产生不同程度的兴奋，信息传至中枢，就产生某一颜色的视觉。近年来，三原色学说已被许多实验证实。用不超过单个视锥细胞直径的单色光束逐个检查并绘制在体视锥细胞的光谱吸收曲线，发现有三种类型视锥细胞，其吸收峰值分别在 564 nm、534 nm、420 nm 处，相当于红、绿、蓝三色光的波长。

三原色学说可以解释临床上常见的色盲和色弱的可能发病机制。色盲 (colorblindness) 是一种色觉障碍，凡不能辨认三原色中的部分或全部颜色者均为色盲。色盲可分为全色盲和部分色盲。全色盲极为少见，表现为只能分辨光线的明暗，即单色视。而部分色盲可分为红色盲、绿色盲和蓝色盲。前两者较多，常称为红绿色盲。色盲多数是由遗传因素引起，因先天缺乏含有相应的视色素的视锥细胞所致，男性居多，女性少见。色弱 (color weakness) 是对某种颜色的辨别能力较正常人差，是由于某种视锥细胞的反应能力较弱导致的，常由后天因素引起。

(五) 视网膜的信息处理

在光刺激下，由视杆细胞与视锥细胞产生的感受器电位，经过视网膜内复杂的细胞网络的传递和初步的信息处理，最后在神经节细胞产生动作电位，通过神经纤维传向视觉中枢。在视网膜的信号传导通路中，只有神经节细胞及少数无长突细胞具有产生动作电位的能力。光刺激感受器细胞引起的超极化型慢电位以电紧张的形式扩布，使突触前膜的递质释放减少，从而引起下一级细胞产生电位变化。当这些电位变化传递到神经节细胞时，通过总和作用，使神经节细胞去极化到阈电位水平，从而产生动作电位，作为视网膜的最后输出信号传向中枢，经视觉中枢分析处理，产生视觉。视网膜的信息处理过程极其复杂，详细机制尚不清楚。

三、几种与视觉有关的生理现象

在人眼视物的环境条件改变或视物的方式发生改变时,可出现以下生理现象。

(一)暗适应与明适应

1. 暗适应(dark adaptation) 指人从亮处突然进入暗处,最初看不清楚任何物体,经过一定时间逐渐恢复视力的过程。暗适应是人眼在暗处对光的敏感度逐渐提高的过程。由明处进入暗处的最初 5~8 min,视锥细胞(特别是中央凹处)的感光色素迅速合成,但视杆细胞内的视紫红质尚未恢复到足以发生兴奋的程度,故看不清物体。随着时间的延长,视紫红质便逐渐恢复,暗视觉也逐渐恢复。到 25~30 min 时,视紫红质基本恢复,暗视觉的光敏感度便达到最高值。可见,暗适应过程与感光细胞中视色素的再合成有密切关系。

2. 明适应(light adaptation) 指当人从暗处到光亮处时,最初只感到耀眼光亮而视物不清,稍等片刻视力即可恢复的过程。人处于暗处时,视杆细胞内蓄积了大量的对光高度敏感的视紫红质;到明处时,首先视紫红质迅速分解,产生耀眼的光感,等视紫红质迅速分解而浓度降低时,对光不敏感的视锥色素才能在光亮环境中发挥作用。明适应出现较快,几秒就可完成。

(二)视野

单眼固定注视正前方一点,这时该眼所能看到的空间范围称为视野(visual field)。在同一光照条件下,不同颜色的视野大小不同,从大到小依次为白色、黄色、蓝色、红色、绿色。视野的大小可能与各类感光细胞在视网膜中的分布范围有关。此外,由于鼻和额部遮挡视线,一般人颞侧和下方视野较大,鼻侧与上方视野较小。在临床上测定视野,可以帮助诊断视神经、视觉通路和视网膜病变。视网膜局部损伤可出现眼内盲点;视交叉部位损伤(如肿瘤压迫)将出现双颞侧视野缺失(双颞侧半盲)等。

(三)视后像和融合现象

注视一个较亮物体后闭上眼睛,可感觉到一个光斑,其形状和大小均与该光源或物体相似,这种主观的视觉后效应称为视后像(afterimage)。如果给以闪光刺激,则主观上的光亮感觉的持续时间比实际的闪光时间长,这是由光的后效应所致。后效应的持续时间与光刺激的强度有关。当闪光频率较低时,主观上能分辨出每一次闪光。当闪光频率增加到一定程度时,可引起主观上的连续光感,这一现象称为融合现象(fusion phenomenon)。能引起闪光融合的最低频率,称为临界融合频率(critical fusion frequency,CFF)。在中等光照强度下,临界融合频率约为 25 次/秒。电视每秒播放 60 个画面,因此观看电视时主观感觉其画面是连续的。光的强度、闪光的颜色、视角的大小、受试者的年龄及某些药物均可影响临界融合频率,中枢神经系统疲劳也可使临界融合频率下降。

(四)双眼视觉和立体视觉

双眼同时看一个物体产生的视觉,称双眼视觉(binocular vision)。当双眼同时看一个物体时,虽然在两眼视网膜各形成一个完整的物像,视觉信息又循着各自的传入通路传向中枢,但主观上只产生一个视觉形象。这是由于物体成像在两眼视网膜的对称点上,当视神经冲动传至视觉皮层时恰好被融合成一个物像。对称点指以两眼视网膜中心为准,同一方向、等距离的两点。两眼的黄斑相互对称,一眼的颞侧视网膜和另一眼的鼻侧视网膜互相对称。任何原因使两侧视网膜没有成像在对称点上,均会引起复视。双眼视觉可以弥补单眼视野中的盲点,扩大视野,并可以形成立体视觉,增加对物体大小和距离判断的准确性。双眼看立体图形时,左右眼的成像并不完全一致,左眼看到物体的左侧面多,而右眼看到物体的右侧面多,当来自两眼的图像信息经过视觉高级中枢处理后,便产生一个有立体感的物像。

第三节 听觉

耳是听觉的外周感觉器官，由外耳、中耳和内耳三部分组成。空气振动的疏密波，通过外耳、中耳的传递到达内耳耳蜗，经耳蜗的感音换能作用，将声波的机械能转变为听神经纤维上的神经冲动，传送到大脑皮层听觉中枢（人脑初级听皮层位于颞横回和颞上回），产生听觉。

耳的适宜刺激是空气振动的疏密波，一般人能感受的振动频率范围是 20～20 000 Hz，强度范围为 0.000 2～1 000 dyn/cm^2。对于每一种频率的声波，都有一个刚能引起听觉的最小强度，称为听阈（hearing threshold）。声波强度达到听阈以后继续增加时，听觉感受也相应增强。当强度增加到某一限度时，引起听觉的同时还会使鼓膜产生疼痛的感觉，这个限度称为最大可听阈（maximal auditory threshold）。每一个振动频率都有一个听阈和最大可听阈，据此可以绘制出人耳对振动频率和强度的感受范围，称为听域（audible area）。人耳听阈的最低处即最敏感的声波频率为 1 000～3 000 Hz，人的语言频率主要为 100～3 000 Hz。

一、外耳和中耳的传音功能

外耳和中耳是声波传入内耳的通路。

（一）外耳的功能

外耳由耳郭和外耳道组成。耳郭的形状有利于收集声波，有集音和判断声源方位的作用。外耳道一端开口于耳郭，另一端终止于鼓膜，是声波的传导通路。成人外耳道长约 2.5 cm，作为共鸣腔的最佳共振频率约 3 800 Hz，频率为 3 000～5 000 Hz 的声音由外耳道传到鼓膜时，其强度可以增强约 12 dB。

（二）中耳的作用

中耳由鼓膜、听骨链、鼓室和咽鼓管等结构组成（图 9-7）。其功能是将进入外耳道内的声波，通过

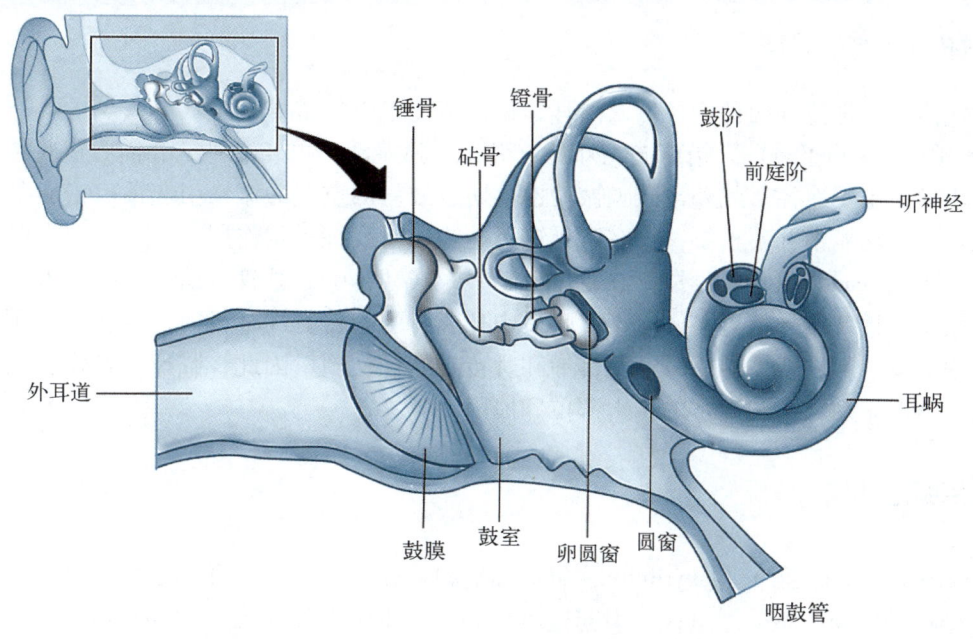

图 9-7 人耳的结构示意图

鼓膜振动和听骨链的机械传导传至内耳，引起耳蜗内淋巴液的振动。其中，鼓膜和听骨链在中耳的传音过程中发挥十分重要的作用。

1. **中耳的传音作用**　声波从外耳道传入后首先引起鼓膜的振动。鼓膜是一椭圆形浅漏斗状弹性膜，面积为 50~90 mm^2，厚度约 0.1 mm。其声学特性如同话筒中的振膜，是一种压力感受器，具有良好的频率响应特性和较小的失真度。鼓膜振动的振幅虽小，但能随声波的振幅而精细变化，因而包含了外界声波的各种信息。听骨链由锤骨、砧骨及镫骨三个听小骨及连接它们的韧带组成。锤骨柄附着于鼓膜，镫骨底板与耳蜗底部的前庭窗膜（卵圆窗）相贴。三块听小骨形成一个固定角度的杠杆系统，锤骨柄为长臂，砧骨长突为短臂，支点在听骨链重心上。当鼓膜向内运动时，通过听骨链传导，镫骨板将前庭窗膜向内推移；鼓膜向外运动时镫骨板回缩，前庭窗膜恢复至原位。这样，鼓膜的振动通过听骨链的传导，可以引起内耳前庭窗膜的振动。

2. **中耳的增压功能**　声波通过鼓膜经听骨链作用于前庭窗时，可使振动的压强增大而振幅减小。中耳的增压是通过鼓膜和前庭窗膜的面积比，以及听骨链的杠杆长短臂之比实现的。鼓膜和前庭窗膜相当于活塞的两端，根据力学原理，作用于鼓膜和前庭窗膜上的总压力相等，由于鼓膜面积明显大于前庭窗膜，故作用于前庭窗膜单位面积上的压力（压强）明显大于鼓膜。鼓膜振动有效面积（59.4 mm^2）与前庭窗膜面积（3.2 mm^2）之比为 18.6，故作用于前庭窗上的压强要增加 18.6 倍。听骨链杠杆长臂长度是短臂的 1.3 倍，声波通过鼓膜作用在锤骨柄上的压力，杠杆传导使砧骨作用于镫骨的压力增大 1.3 倍。声波通过中耳共增压 18.6×1.3＝24.1 倍，而振幅减小 1/4。

3. **中耳肌反射**　中耳具增压作用，但当 70 dB 以上的强烈声响传入耳时，中耳又可衰减声音，阻止过强的振动传入内耳。这一作用是通过镫骨肌和鼓膜张肌反射性收缩，向内牵拉锤骨柄，带动鼓膜朝中耳腔内移动，鼓膜紧张度增加，各听小骨之间连接更紧密，阻力增加，使传音效能降低。当鼓膜张肌和镫骨肌同时收缩时，声音可被衰减 30~40 dB。中耳肌反射对内耳有一定保护作用，但该反射的潜伏期为 40~160 ms，因此对突发性强噪声保护作用不大。

4. **咽鼓管**　是鼓室和鼻咽腔之间的唯一通道，它在鼻咽部的开口经常保持闭合状态，因而呼吸时鼻咽腔气压变化不影响中耳腔的气压。另外，在吞咽、打呵欠或打喷嚏时，咽鼓管可短暂开放，使外界大气可通过管道进入鼓室，保持鼓室内压与外界大气压平衡，从而保持鼓膜正常的形态和位置，有利于鼓膜的振动和听骨链的传导。当咽鼓管阻塞时，鼓室内气体被吸收，鼓室内压力降低，引起鼓膜内陷及鼓室黏膜水肿甚至液体和血浆渗出，从而产生耳鸣，影响听力。

（三）声波传入内耳的途径

声音通过气传导与骨传导两种途径传入内耳，正常情况下以气传导为主。

1. **气传导（air conduction）**　指声波经外耳道引起鼓膜振动，再经听骨链和前庭窗膜传入内耳的传导途径，是声波传导的主要途径。此外，鼓膜振动也可通过鼓室内空气的振动引起前庭窗膜的振动来进行传导，但它在正常听觉功能中并不重要，仅在听骨链运动障碍时发挥一定作用。

2. **骨传导（bone conduction）**　指声波通过引起颅骨振动再引起颞骨骨质内耳蜗内淋巴振动的传导方式。骨传导的敏感性比气传导低得多，但当鼓膜或中耳病变引起传音性耳聋时，骨传导却不受影响甚至相对增强。当耳蜗病变引起感音性耳聋时，气传导和骨传导同样受损。因此，临床上常用检查患者的气传导和骨传导受损的情况来判断听觉异常的产生部位和原因。

二、内耳耳蜗的功能

内耳（inner ear）又称迷路（labyrinth），包括耳蜗和前庭器官，其中耳蜗是感音器官，其功能是把耳蜗淋巴液的机械振动转变为感受器电位，引起递质释放，产生听神经纤维上的动作电位。简言之，耳蜗的作用就是感受声音刺激和对声音信息进行初步分析。

(一) 耳蜗的结构

耳蜗 (cochlea) 是由一条骨质管道围绕一锥形骨轴旋转 2.5~2.75 周而成，形似蜗牛壳。蜗轴为骨质、中空，听神经纤维从中通过。在耳蜗的横断面上，可见骨管被斜行的前庭膜和横行的基底膜分成三个腔，即前庭阶、鼓阶和蜗管（图 9 - 8）。前庭阶和鼓阶内充满外淋巴 (perilymph)，在耳蜗底部前庭阶被前庭窗膜封闭，鼓阶由圆窗膜封闭，两阶借耳蜗顶部的蜗孔相互沟通。蜗管为一盲管，管内充满内淋巴液 (endolymph)。基底膜上的螺旋器（又称柯蒂器, organ of Corti）浸浴在内淋巴液中，是声音的感受装置，由毛细胞及支持细胞等组成。在蜗管的近蜗轴侧有一行纵向排列的内毛细胞，靠外侧有 3~4 行外毛细胞。每一个毛细胞的顶部有上百条排列整齐的听毛，外毛细胞中较长的一些纤毛埋植于盖膜的胶冻状物质中。盖膜在内侧连接耳蜗轴，外侧则游离在内淋巴中。毛细胞的顶部与内淋巴接触，其底部则与外淋巴接触。毛细胞的底部有丰富的听神经末梢，包括传入神经和传出神经。

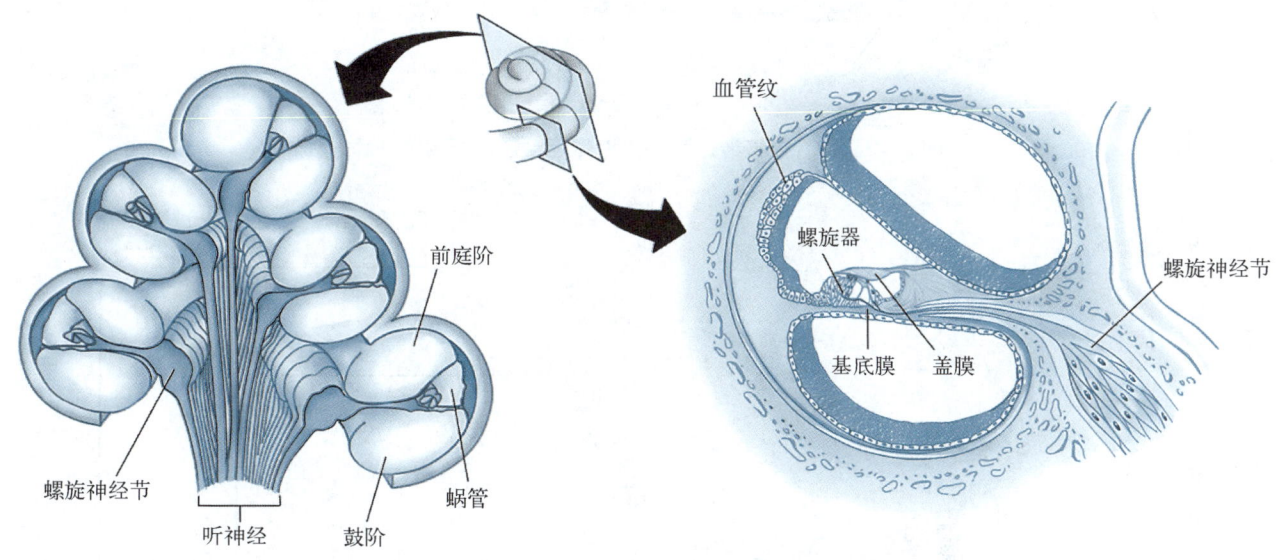

图 9 - 8 耳蜗切面结构示意图

(二) 耳蜗的感音换能作用

1. 基底膜的振动和行波理论　当声波振动由鼓膜经听骨链传导到达前庭窗（卵圆窗）膜时，若使鼓膜和听骨链内移，前庭窗膜随之内移，前庭阶压力增大，基底膜下移，鼓阶的外淋巴液压力增加并压迫圆窗膜外移（图 9 - 9）；相反，声波振动若使前庭窗膜外移，前庭阶压力减小，前庭膜和基底膜上移，从而使鼓阶中外淋巴液压力下降，又使圆窗膜内移。如此反复，引起基底膜上下振动。

人的基底膜由 2 万~3 万根横向的基底纤维组成，从基底膜的底部至顶部基底纤维逐渐变长变细，即基底膜逐渐变宽，蜗底宽约 0.04 mm，蜗顶宽约 0.5 mm。基底纤维是一种弹性纤维，粗而短的纤维共振频率高，易做高频振动，长而细的纤维共振频率低，易做低频振动。声音引起的基底膜振动是以行波 (traveling wave) 方式从基底膜底部向蜗顶方向传播的。振动由前庭窗起始向前推进而逐渐增大，行至一定距离时振幅达到最大，而后迅速减小乃至消失。基底膜不同部位的共振频率不同，声波频率越高，行波传播越近，最大振幅出现的部位越靠近耳蜗底部；而声音频率越低，行波传播的距离越远，最大振幅出现的部位越靠近耳蜗顶部（图 9 - 10）。基底膜上最大振幅所在部位的毛细胞受到的刺激最大。由基底膜不同位置的毛细胞转换而成的电信号，通过听神经纤维传到大脑颞叶听觉中枢的不同部位，便可引起不同音调的感觉。这就是耳蜗对声音频率初步分析的基本原理。

2. 耳蜗的感音换能机制　螺旋器中毛细胞的主要功能是感受声音刺激。外毛细胞顶端的听毛有些埋植于盖膜的胶状物中，有些与盖膜相接触（图 9 - 11）。由于基底膜与盖膜的附着点不同，当行波引起

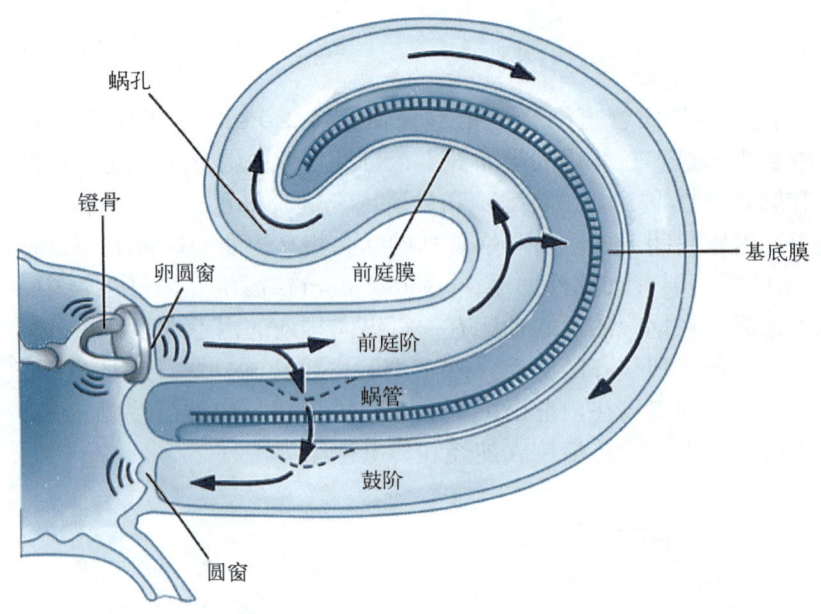

图9-9 镫骨内移通过耳蜗内液体运动造成圆窗膜外移

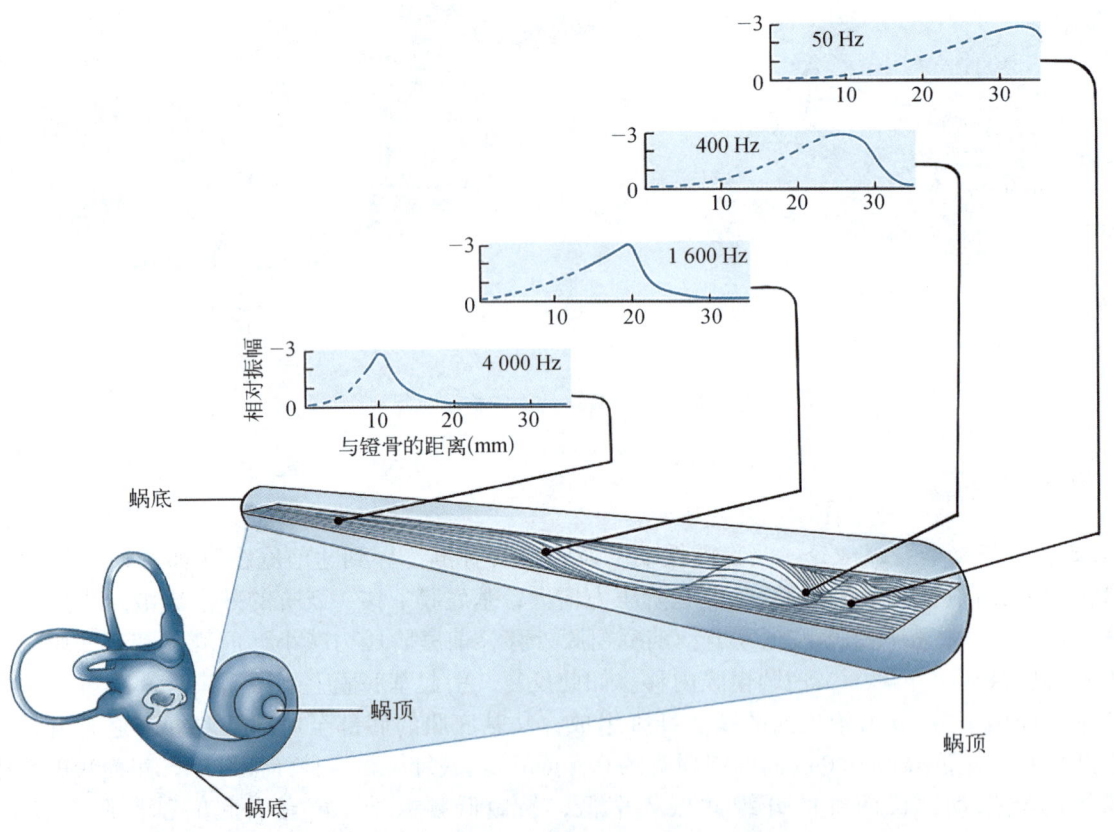

图9-10 不同频率声音引起基底膜特定部位最大的相对振幅（行波理论）

基底膜振动时，盖膜与基底膜之间发生横向交错的移动，使毛细胞的听毛受力而弯曲，从而引起毛细胞的膜电位变化。毛细胞顶部膜中存在机械门控的非特异性阳离子通道，K^+、Na^+、Ca^{2+}等离子均能通过。静息状态下，有极少部分钾通道处于开放状态。当基底膜向上偏移使毛细胞顶部听毛弯曲时，通过听毛间的顶端连接将机械力传给与其相连的机械门控钾通道，钾通道开放增多，K^+由内淋巴液流入细胞内，引起毛细胞膜去极化，产生感受器电位。膜的去极化可引起Ca^{2+}内流，并使细胞基底部释放谷氨酸（递质），通过听神经纤维末梢（突触后膜）的NMDA受体产生局部兴奋，达到阈电位时产生传入性神

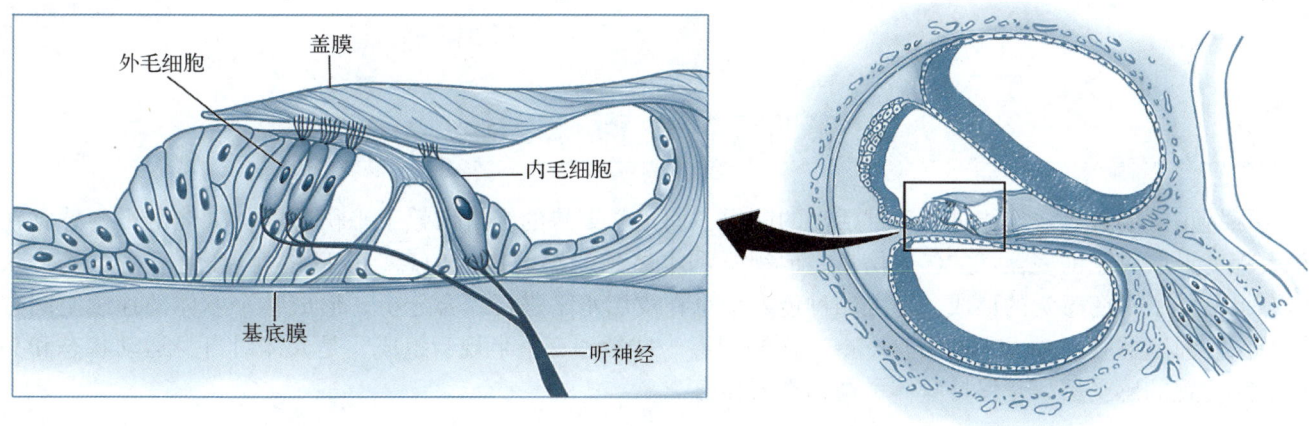

图 9-11 基底膜螺旋器的结构示意图

经冲动。反之,当基底膜下移时,钾通道关闭,毛细胞产生超极化,因而听神经上的传入神经冲动发放减少。

(三) 耳蜗的生物电现象

基底膜振动使听毛弯曲,引起耳蜗内一系列过渡性的电位变化,最后形成听神经纤维上的动作电位,从而完成耳蜗的换能作用。通常从耳蜗内可记录到耳蜗内电位和微音器电位。

1. **耳蜗内电位** 耳蜗未受到声波刺激时,在内耳不同部位可以引导出不同电位。如果将一测量电极放置在蜗管内淋巴中,将一参考电极插入鼓阶外淋巴中并接地(即使其电位为零),可记录到+80 mV 的电位差,称为耳蜗内电位(内淋巴电位)。如果将测量电极刺入基底膜上的毛细胞膜内,则可记录到膜内电位为 $-80 \sim -70$ mV,这是毛细胞的静息电位。毛细胞顶端膜外的浸浴液为内淋巴,故毛细胞顶端与内淋巴之间膜内、外的电位差可达 150~160 mV;而毛细胞周围的浸浴液为外淋巴,其膜内、外的电位差仅有 80 mV 左右。这是耳蜗毛细胞静息电位和一般细胞静息电位的不同之处。

2. **耳蜗微音器电位** 当耳蜗接受声音刺激时,在耳蜗及其附近结构可记录到与声波的频率和振动幅度完全一致的电位波动,此电信号如同讲话的声音经话筒(即微音器)将声波转变的电信号一样,经扩音机放大后输送喇叭,能复制原来的声音,因而将其命名为耳蜗微音器电位(cochlear microphonic potential, CM)。耳蜗微音器电位是多个毛细胞受到声音刺激时所产生感受器电位的总和,最大可达数毫伏,响应频率在 10 000 Hz 以上。耳蜗微音器电位的特点是发生迅速,潜伏期极短,小于 0.1 ms,没有不应期,不易疲劳,不发生适应现象;在一定强度范围内,其振幅与声压呈线性关系。

耳蜗微音器电位的位相可随刺激声音的位相倒转而逆转,而动作电位不能。耳蜗微音器电位对缺氧和深麻醉相对不敏感,即使在听神经纤维变性时微音器电位仍能出现。

三、听神经动作电位

听神经动作电位是耳蜗对声波刺激所产生的一系列反应中最后出现的电变化,是耳蜗对声波振动刺激进行换能和编码的结果,其作用是向听觉中枢传递声波信息。将引导电极放在内耳圆窗附近,可以记录到听神经动作电位。它是耳蜗微音器电位触发产生的,是从整个听神经上记录到的复合动作电位,其振幅取决于参与反应的纤维数目及放电的同步化程度。如果把微电极刺入听神经纤维内,就可以记录到听神经单纤维动作电位,它是一种"全或无"式的反应,安静时可自发放电,声音刺激时放电增加。

作用于人耳的声波振动是很复杂的,因此基底膜的振动形式和由此引起的听神经纤维的兴奋及其组合形式也多种多样,其冲动传入中枢以后,人脑可能是依据其中冲动的节律、间隔时间及起源于基底膜的部位等规律而区分不同的音量、音调和音色等信息。

第四节 平衡感觉

保持正常姿势是身体能进行各种活动的前提，而正常姿势的维持依赖于平衡感觉。人体的平衡感觉在很大程度上取决于前庭器官的传入信息，但视觉和本体感受器的传入信息、皮肤的触-压觉感受器的传入信息也参与了平衡感觉的形成。以上四种传入信息在皮层水平进行综合分析，形成整个躯体的连续空间方位图像。前庭器官（vestibular apparatus）由椭圆囊、球囊和三个半规管组成，是人体对自身运动状态和头在空间位置的感受器，是保持身体平衡的重要器官。

一、前庭器官的感受装置和适宜刺激

哺乳动物前庭器官的感受细胞都是毛细胞，其纤毛有动纤毛和静纤毛两种。毛细胞底部与来自前庭神经节的双极神经元周围突形成突触。各类毛细胞的适宜刺激是与纤毛面平行的机械作用力。当纤毛处于自然状态时，毛细胞膜内、外存在着约 -80 mV 的静息电位，与其相连的神经纤维上有持续放电；如果外力使静纤毛朝向动纤毛侧发生偏转，毛细胞膜电位减小（去极化），其底部释放神经递质增多，使与之相连的传入神经冲动发放频率增加，表现出兴奋效应；相反，当外力使动纤毛朝向静纤毛一侧弯曲时，毛细胞膜电位增大（超极化），传入神经纤维冲动减少，表现为抑制效应。前庭毛细胞的机械-电换能机制与耳蜗毛细胞相似。在正常条件下，机体的运动状态和头在空间位置的改变均以特定的方式改变毛细胞纤毛的倒向，使相应神经纤维的冲动发放频率发生改变，这些信息传到中枢，便引起特殊的运动觉和位置觉，并出现各种躯体和内脏功能的反射性改变。

（一）半规管的功能

前庭器官本身是膜质管道，其中充满内淋巴，管外与骨迷路之间有外淋巴。人体两侧内耳各有上、外（水平）和后三个半规管（semicircular canal）（图 9-12）。它们分别代表空间的三个平面。当头部前倾 30°时，外半规管与地面平行，其余两个半规管与地面垂直。三个半规管均有一相对膨大的壶腹。壶腹内各有一个长径与半规管的轴相垂直的壶腹嵴，它的表面也是由一层竖排的毛细胞构成，毛细胞基底部有前庭神经末梢，而顶部的纤毛埋植在胶质性的圆顶形壶腹帽之中，壶腹嵴将壶腹腔大部分隔断。

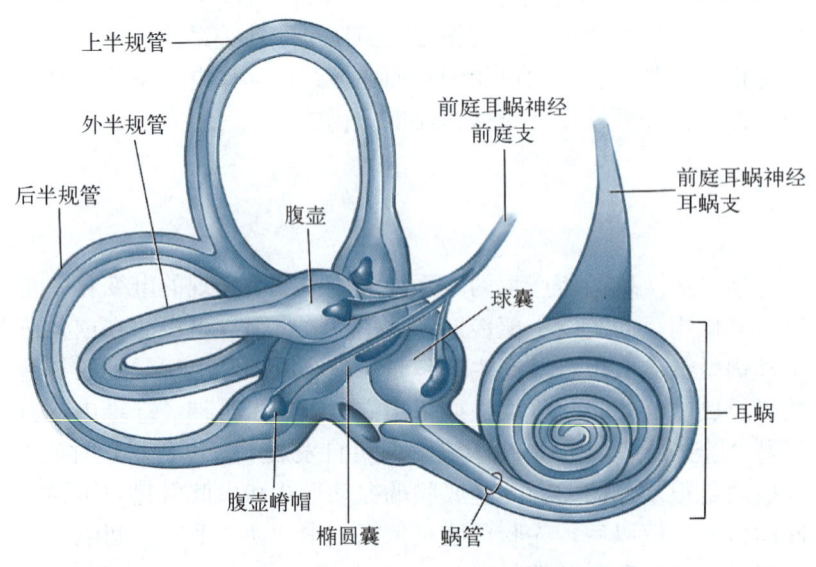

图 9-12 半规管示意图

毛细胞上动纤毛与静纤毛的相对位置是固定的，外半规管中动纤毛在椭圆囊侧，而前半规管、后半规管中动纤毛在靠近半规管侧。在外半规管内，当内淋巴由管腔向壶腹的方向移动时，静纤毛向动纤毛侧弯曲，从而引起该壶腹的传入神经向中枢发放神经冲动。半规管的适宜刺激是角加速度，当人体直立且沿水平方向旋转时，外半规管的感受器受刺激最大。旋转开始时，由于管腔中内淋巴的惯性作用，它的启动比人体和半规管本身的运动稍晚，因此当人体向左转时，左侧外半规管中的内淋巴压向壶腹的方向，使该侧毛细胞兴奋而产生较多的神经冲动；与此同时，右侧外半规管中的内淋巴移动方向是离开壶腹，于是该侧壶腹传向中枢的冲动减少。当旋转达到匀速状态时，管腔中的内淋巴与整个管腔呈同步运动，两侧壶腹中的毛细胞都处于不刺激的状态。当旋转停止时，由于内淋巴的惯性作用，两侧壶腹中毛细胞的受力方向和冲动发放情况正好与开始旋转时相反。人脑可根据两侧外半规管传入信号的不同来判定旋转方向和旋转状态，并通过反射活动来调节有关骨骼肌的张力，以保持身体姿势平衡。

（二）椭圆囊和球囊

前庭部膜迷路有两个充满内淋巴的囊结构，即椭圆囊（utricle）和球囊（saccule），两者之间有膜管相通。椭圆囊和球囊内各有一个感受装置，即囊斑。它是由感受性毛细胞、支持细胞和前庭神经末梢构成的盘状结构。毛细胞顶端的纤毛穿插在位砂膜（耳石膜）内，位砂膜是一小块胶质板，内含位砂（耳石），位砂的比重比内淋巴大，故惯性较大。在囊斑上，几乎每个毛细胞的排列方向都不完全相同。当人体直立静止时，椭圆囊囊斑的平面与地面平行，位砂膜在毛细胞纤毛的上方；球囊囊斑的平面则与地面垂直，位砂膜悬在纤毛的一侧。当人体在水平方向做直线变速运动时，位砂的惯性作用使毛细胞与位砂膜的相对位置发生改变，因此，在椭圆囊囊斑上的一些毛细胞便发生静纤毛向动纤毛一侧弯曲，继而引起某些特定的传入神经纤维发放冲动增加，信息传到中枢后，一方面引起相应的感觉，另一方面反射性地引起肌张力改变以保持身体平衡。球囊囊斑上的毛细胞则以相似的机制感受头部在空间的位置和重力作用方向之间的差异，同时也参与身体的姿势调整。

二、前庭反应

前庭器官的传入冲动到达相关神经中枢后，除引起运动觉和位置觉外，还可引起各种姿势调节反射和自主神经功能改变等反应，这些现象称为前庭反应。

（一）前庭器官姿势反射

前庭器官姿势反射的意义在于维持机体一定的姿势和保持身体平衡。直线变速运动可刺激椭圆囊和球囊的囊斑，反射性地改变颈部躯干与四肢肌肉紧张程度，以维持身体平衡，这种反射称为直线变速运动的姿势反射。例如，汽车向前开动时，由于惯性，身体会向后倾倒，可是在身体向后倒的过程中，位砂也因惯性作用使椭圆囊囊斑毛细胞的纤毛向后弯曲，发出身体向后倒的信息，反射性地引起躯干屈肌与下肢伸肌张力增加，使身体向前倾以保持平衡。当人体按不同的轴进行变速旋转运动时，有关的半规管壶腹嵴受刺激，可反射性改变颈部、躯干和四肢肌肉的肌紧张以维持姿势的平衡，这种反射称为旋转变速运动的姿势反射。例如，人开始绕纵轴向右旋转时，左侧上、下肢伸肌紧张度增强，右侧伸肌舒张，以致身体向右侧偏移以维持平衡。

（二）前庭器官自主神经反应

当半规管感受器受到过强的刺激时，通过前庭神经核与网状结构的联系，可引起机体自主神经功能失调，出现心率加速、血压下降、呼吸加深加快、出汗、恶心、呕吐、皮肤苍白、眩晕等。前庭功能过敏的人，则一般性的前庭刺激也会引起自主性反应。晕船、晕车均是前庭受刺激过强或前庭功能过敏的表现。

（三）眼震颤

旋转变速运动时刺激半规管壶腹嵴毛细胞，除可引起姿势反射外，还可出现眼外肌紧张度变化所引起的眼球不随意运动,即眼震颤(nystagmus)。眼震颤主要是半规管受刺激引起的,在生理情况下,震颤方向因受刺激的半规管不同,可分为水平性、垂直性和旋转性三种。一般临床上常检测由外半规管引起的水平旋转性眼震颤。现以头前倾30°,绕身体纵轴向左旋转所引起的水平性眼震颤来说明其发生规律。在旋转开始时,内淋巴因惯性而运动滞后(即未与半规管运动同步),可以认为是向右流动,使左侧半规管壶腹帽向壶腹方向弯曲(即静纤毛倒向动纤毛),毛细胞受刺激增强;右侧半规管壶腹帽向半规管方向弯曲(即动纤毛倒向静纤毛),毛细胞受刺激减弱。这样可反射性引起右眼外直肌紧张度增加,内直肌紧张度降低;左眼则相反。这时出现眼球缓慢向右侧移动,称为慢动相。当眼球向右移动达最大限度,不能再右移时,立刻返回到原位,称为快动相。此后反复出现慢动相和快动相,直到旋转变为匀速转动时,内淋巴与半规管做同方向的同步运动,两侧壶腹没有受到内淋巴的冲击而弯曲,眼震颤停止。当旋转停止时半规管停止运动,内淋巴又因惯性作用而继续向左流动,故两侧壶腹帽又发生与旋转开始时相反方向的弯曲,从而产生与旋转开始时相反的眼震颤。临床上以快动相的方向描述眼震颤的方向。进行眼震颤试验时,通常是20 s 旋转10次后突然停止旋转,检查旋转后的眼震颤。正常人的眼震颤持续20~40 s。眼震颤时间过长或过短,都说明前庭功能异常。临床上,静止性眼震颤可见于脑干损伤者。

第五节　嗅觉与味觉

人类的感觉器官,除前文提到的以外,还有鼻、舌等,这两个器官都属于多功能器官,感觉功能是它们的功能之一。

一、嗅觉感受器和嗅觉的一般性质

鼻是人的嗅觉器官,嗅觉(olfaction)感受器位于上鼻道及鼻中隔后上部的嗅上皮中,两侧总面积约5 cm²。嗅上皮由嗅细胞、支持细胞、基底细胞和嗅腺[又称鲍曼腺(Bowman's gland)]组成。嗅细胞属于双极神经元,是嗅觉的感受器细胞,呈细长瓶形,顶部稍膨大,有4~25条短的纤毛埋于嗅腺分泌的黏液中,细胞的底端有一长轴突,形成嗅丝(嗅神经),嗅丝属于无髓纤维,穿过筛孔到达嗅球(图9-13)。嗅细胞的静息膜电位为-55 mV,在此状态下,其自发性放电频率较低(0.5~20 Hz)。嗅觉感受器的适宜

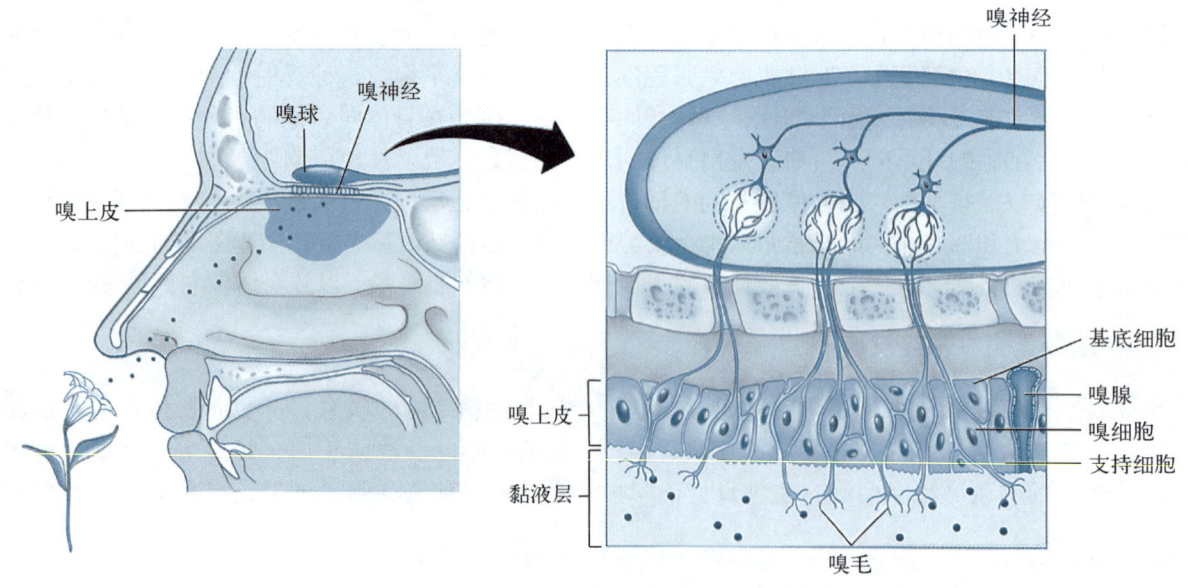

图9-13　嗅上皮结构示意图

刺激是空气中有气味的化学物质，即嗅质。通过呼吸，这些分子溶解于黏液中，并扩散到嗅细胞的纤毛上，与纤毛表面膜上的特异嗅受体蛋白结合，通过 G 蛋白产生第二信使 cAMP，导致膜上阳离子通道开放，Na^+、Ca^{2+} 内流，使感受器细胞去极化，并以电紧张方式传播至嗅细胞中枢突的轴突始段产生动作电位，动作电位沿轴突传向嗅球，再传向嗅皮层（边缘叶前底部），产生嗅觉。目前认为，多种嗅觉是由至少七种基本气味组合而形成的。大多数气味相同的物质都具有共同的分子结构。不同性质的气味刺激有其专用的感受位点和传入线路，非基本气味则由于它们在不同线路上引起的不同数量冲动的组合模式，在中枢引起特有的主观嗅觉感受。嗅敏度是指能引起嗅觉的某种物质在空气中的最小浓度。人对不同气味物质的嗅敏度不同，对于相同的气味嗅敏度也因人而异。嗅觉感受器是快适应感受器。

二、味觉感受器和味觉的一般性质

舌是人的味觉器官，味觉（guttation）感受器是味蕾（taste bud），主要分布在舌背部表面和舌缘的三种乳头内，口腔和咽部黏膜的表面也有散在的味蕾存在。味蕾的形态呈球形，直径约 50 μm，由味细胞、支持细胞和基底细胞组成（图 9-14）。味细胞是味觉感受细胞，平均每 10 天更新一次，其顶端有纤毛，称为味毛，自味蕾表面的味孔伸出，是感受味觉的关键部位，其底部周围与味神经形成化学性突触。在纤

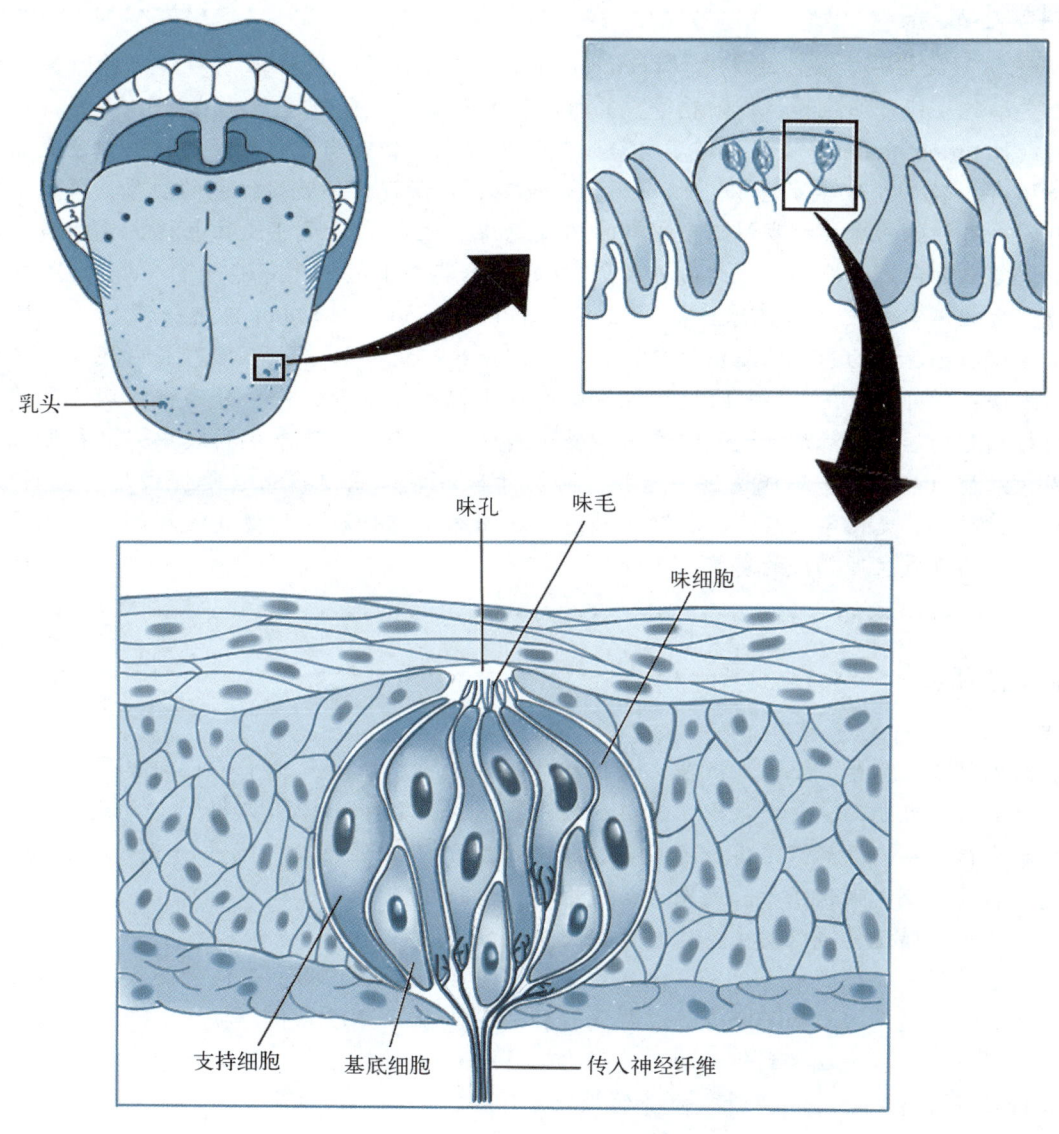

图 9-14　味蕾结构示意图

毛部的细胞膜上，有与味觉感受有关的离子（Na^+、K^+）通道及受体。把微电极插入大鼠或蛙的味觉细胞内，可以记录到-30~-40 mV的静息电位。当味觉刺激作用于纤毛部细胞膜时，可以引起去极化反应，即味觉细胞的感受器电位。

味觉感受器是一种化学感受器，适宜刺激是食物中有味道的物质。人类能分辨出4 000~10 000种不同的味觉，但都是由甜、咸、酸、苦和鲜五种基本的味觉组合而成的。不同物质的味道与其分子结构形式有关。NaCl能引起典型的咸味；无机酸的H^+和有机酸的带负电的酸根与引起酸味有关；奎宁的生物碱结构则能引起典型的苦味。五种基本味觉的换能和跨膜信号转导机制也不完全相同。例如，NaCl的咸味是由Na^+通过化学门控的钠通道进入细胞内而引起去极化的。酸味是由关闭钾通道而引起去极化的。去极化性感受器电位使位于细胞基底部的突触前膜释放神经递质，从而使味觉神经纤维产生神经冲动传向中枢。味觉的传入信息可能在孤束核、丘脑和味皮层等不同区域处理，中枢可通过来自传导五种基本味觉的专用神经通路上的神经信号及其不同组合来分辨多种味觉。

不同部位的味蕾对各种味道的敏感程度不同。舌尖部对甜味比较敏感，舌两侧对酸味敏感，舌两侧前部对咸味敏感，而舌根部对苦味敏感。刺激物温度为20~30℃时，味觉敏感度最高。味觉的辨别能力和个人对味道偏爱，也受到机体内环境的影响。例如，肾上腺皮质功能低下的患者，血液中Na^+减少，因而喜爱咸味，且对Na^+浓度的分辨能力提高。味质浓度越高，所产生的味觉越强。味觉感受器具有适应现象。

※ 科学小故事

18世纪初，荷兰科学家列文虎克（Leeuwenhoek）借助显微镜观察眼视网膜结构，鉴定出视网膜色素上皮细胞、视杆细胞和视锥细胞等，并推测这些细胞参与了视觉的形成。1851年，德国生理学家穆勒（Heinrich Muller）首次报道了视杆细胞显现红色。但是当时穆勒认为这一红色是由血液造成的。1876年，德国生理学家博尔（Franz Boll）也观察到了视杆细胞显红色的现象，并认定红色源于其含有的一类特殊物质，初步纠正了穆勒的错误。博尔还发现光照可使红色褪去变为黄色，在暗处又重新恢复成红色。遗憾的是，此后不久30岁的博尔英年早逝，没有进行下一步研究。1877年，另一位德国生理学家威廉·弗里德里希·屈内（Wilhelm Friedrich Kühne）进一步纠正了博尔的不足，他认为视杆细胞内的感光物质应为紫红色，并创造出"视紫红质"一词。屈内还发明了提取视紫红质的方法：在明矾溶液中，视网膜和视网膜色素上皮细胞分开，便于分离视网膜，然后加入胆盐可使视杆细胞内的视紫红质释放到溶液中。并运用这一方法首次从牛视网膜中完成视紫红质的提取。因视紫红质对热敏感、不能透过半透膜、可溶于硫酸铵，屈内推测它是蛋白质。他明确提出，光能解构视紫红质，光化学反应产物刺激视神经。屈内的工作将人类对视觉的理解推进到了分子水平，也因此成为视觉生理领域的奠基人之一。

※ 课后拓展

1. 思考题

（1）病例摘要：患者，女性，25岁。为保持体重常年控制饮食，几乎不吃肉类等油脂含量高的食物，不喜鸡蛋及乳制品，食蔬菜少，多以水果代餐。身高160 cm，体重41 kg。约两年前，黎明及黄昏时视物变得模糊。开始只是有一点模糊，检查视力没有明显近视。后来一到晚上就看不清路，不敢行走。自述发病以来伴眼干、畏光，头发干枯、皮肤粗糙。

试分析该患者暗视觉减退的主要原因及相关机制。

（2）贝多芬是一位伟大的音乐家，他创作了数百首顶级音乐作品。而他的绝大部分作品是在耳聋后创作的，他创造了人类的一个奇迹。耳聋后作曲简直让人难以置信。据史料记载，作曲时贝多芬用一根木棍，将木棍一端伸到钢琴的共鸣箱内，另一端用牙齿咬着"听"声音。

请分析贝多芬耳聋后还能"听"声音的原理是什么？

2. 推荐阅读

(1) OTEIZA P, BALDWIN M W, 2021. Evolution of sensory systems [J]. Curr Opin Neurobiol, 71: 52-59.

(2) KAWAMURA S, TACHIBANAKI S, 2022. Molecular bases of rod and cone differences [J]. Prog Retin Eye Res, 90: 101040.

(3) ZHENG W, HOLT J R, 2021. The mechanosensory transduction machinery in inner ear hair cells [J]. Annu Rev Biophys, 50: 31-51.

（刘晓红　潘际刚）

※ 第九章数字资源

第九章
课件

第九章
课后练习题（附参考答案）

第九章
课后拓展思考题的解题思路

微课9-1
感受器的生理学特性

第十章

神经系统的功能

导 学

机体的调控系统不断地调整各组织器官的功能活动，以适应内、外环境的变化。神经系统是整体内起主导作用的调节系统，它直接或间接调控体内各细胞、组织、器官和系统的功能，在维持机体内环境稳态中起关键性作用。

神经系统是人体结构和功能最复杂的系统，其主要功能包括感觉、运动和对内脏活动的调节和高级功能等。在本章学习过程中，常遇到的困难是本章内容多且有较为复杂的逻辑体系；未知领域较多和部分结构知识较易遗忘，也增加了学习难度。

在学习本章时，建议总体论述（第一节）和具体论述（第二至六节）两部分按不同的逻辑线索进行。总体论述部分，注重构建对神经系统活动基本原理的整体认识，以单细胞（神经元和神经胶质细胞）、两个细胞间的信息传递（突触传递）及多细胞间复杂信息整合（反射活动的基本规律）为线索。具体论述部分，以总体论述的基本原理为基础，重点学习神经系统如何实现各脑区的功能和相互联系及特点。由于人类目前对各脑区功能的认知尚不完全清楚，建议以理解该领域目前已知内容、了解研究概况和进展为主要学习任务。建议多用总结和比较的方法，将已学内容与本章知识点整合。例如，比较兴奋性突触传递和抑制性突触传递，并将其与神经肌肉接头处兴奋传递过程整合；比较交感神经和副交感神经的功能及功能特征，并将其与各系统的神经调节知识整合；将神经系统对运动功能的调节与骨骼肌收缩知识整合，形成对躯体运动的完整认知。

神经系统是人体内最高级和最复杂的控制系统。人类神经系统分为中枢和外周两部分，中枢神经系统包括脑和脊髓，外周神经系统包括神经节和神经纤维。中枢神经系统的主要功能是对传入信息进行整合、分析、处理，同时形成各种感觉、产生思维和情感及发出信息调节机体的活动。外周神经系统的传入神经为中枢提供体内、外环境因素变化的信息，传出神经则将经中枢整合后发出的信息传至效应器官，对躯体活动和内脏活动进行调控。神经系统的调节作用，使体内各种功能活动相互联系和协调为统一的整体，以适应内、外界环境因素的变化。

第一节 神经系统功能活动的基本原理

神经系统内数以亿计的神经细胞（neurocyte）和与之共生的神经胶质细胞（neuroglia）组成的神经功能网络，是神经系统对机体各种功能活动调节的基础。神经细胞又称为神经元（neuron）。目前认为，神经元生物电的产生、神经元之间电学和化学性的信息传递以及神经元对信息的整合分析活动是神经系统完成各项功能的共同机制。

一、神经元和神经胶质细胞

神经系统的细胞组成包含两类,即神经元和神经胶质细胞。神经元是神经系统基本的结构和功能单位,具有接受刺激、传递信息和整合信息的功能。神经胶质细胞分布在神经元和神经纤维之间,数目是神经元的 10~50 倍,对神经元具有保护、支持和营养等作用,对神经元的功能活动也有重要影响。

(一) 神经元

1. 神经元的基本结构和功能　人类中枢神经系统内约有 10^{11} 个神经元,不同部位的神经元形态和大小各异,其基本结构包括胞体和突起两部分(图 10-1)。神经元胞体大小不一,形状多样,主要存在于中枢和神经节中,是整个神经元代谢活动的中心和接收、处理信息的部位。神经元突起分为树突和轴突两种。树突从胞体延伸出来,多而短,反复分支以增大信息的接收面积,主要功能是接收其他神经元传来的冲动并将其传给胞体。轴突由胞体的轴丘发出,一般只有一条,开始部分称为始段(initial segment),由于此处膜上电压门控钠通道的密度较大,故阈值较神经元其他部分更低,因此动作电位首先在此处产生。轴突末端常会发出许多细小的分支,称为神经末梢,负责向其他神经元或效应器官传递信息。每个末梢膨大呈球形,称为突触小体,突触小体与其他神经元或效应器官发生联系。

2. 神经纤维的分类及其功能　以轴突和感觉神经元的周围突为轴索,轴索外面包有髓鞘或神经膜便成为神经纤维,多根神经纤维组成神经束,再组成神经干。根据有无髓鞘将神经纤维分为有髓神经纤维和无髓神经纤维。有髓神经纤维是轴索表面包绕一层髓鞘,外面包绕着神经膜;无髓神经纤维由轴索与外面包绕的神经膜构成。神经纤维的主要功能是传导兴奋和物质运输。

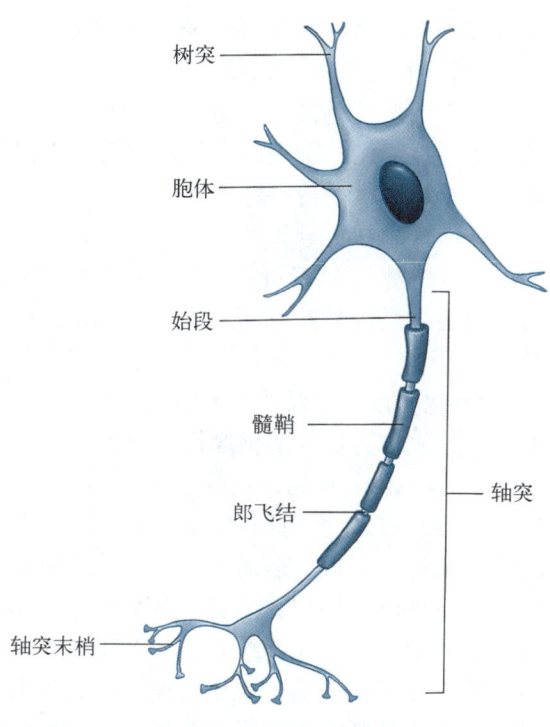

图 10-1　神经元结构示意图

(1) 神经纤维的分类:生理学上常用的分类方法有两种,一种是根据神经纤维传导兴奋的速度,将哺乳动物的周围神经分为 A、B、C 三类,其中 A 类纤维又进一步分为 α、β、γ、δ 四个亚类,这种分类方法多用于传出神经纤维。另一种是根据纤维的来源和直径大小,将感觉神经纤维分为 Ⅰ、Ⅱ、Ⅲ、Ⅳ 四类,其中 Ⅰ 类纤维又进一步分为 Ia、Ib 两个亚类,这种分类方法则用于传入神经纤维。上述两种分类方法有一定的对应关系,但又不完全等同(表 10-1)。

表 10-1　神经纤维的分类

根据神经纤维传导兴奋的速度分类	对应的根据纤维来源和直径大小分类	功　能	纤维直径 (μm)	传导速度 (m/s)
A (有髓鞘)				
α	Ia、Ib	本体感觉、躯体运动	13~22	70~120
β	Ⅱ	触-压觉	8~13	30~70
γ		支配梭内肌	4~8	15~30
δ	Ⅲ	痛觉、温度觉、触-压觉	1~4	12~30
B (有髓鞘)		自主神经节前纤维	1~3	3~15

续表

根据神经纤维传导兴奋的速度分类	对应的根据纤维来源和直径大小分类	功能	纤维直径（μm）	传导速度（m/s）
C（无髓鞘）				
后根	Ⅳ	痛觉、温度觉、触-压觉	0.4~1.2	0.6~2.0
交感		交感节后纤维	0.3~1.3	0.7~2.3

注：Ⅰa 类纤维直径稍粗，为 13~22 μm，Ⅰb 类纤维直径略细，约为 12 μm。

（2）神经纤维的传导兴奋功能和特征：在神经纤维上传导的兴奋或动作电位称为神经冲动（nerve impulse）。神经纤维的组织学特性，如直径大小、有无髓鞘等可影响神经纤维的传导功能。神经纤维直径越大，传导速度越快。有髓神经纤维的直径指包括轴索和髓鞘在内的总直径，由于髓鞘的厚度往往大于轴突和感觉神经元周围突的直径，加之有髓神经纤维以跳跃式传导的方式传导兴奋，故较粗的有髓神经纤维比无髓神经纤维的传导速度更快。

神经纤维在传导兴奋的过程中具有以下几个特征。

1）完整性：神经纤维传导兴奋是依靠局部电流来完成的，它要求神经纤维在结构和功能上都是完整的。如果神经纤维局部受损、被切断或使用麻醉药，局部电流受阻或不能产生动作电位，兴奋传导也受阻。

2）绝缘性：一根神经干中包含许多传入神经纤维和（或）传出神经纤维，但各纤维在传导兴奋时互不干扰，表现为传导的绝缘性，保证了神经调节的精确性。

3）双向性：在离体实验条件下，神经纤维上任意一点引起的兴奋，可沿神经纤维同时向两端传导，表现为传导的双向性。但在体情况下，兴奋产生部位决定了神经纤维只单向性传导兴奋，即感觉传入神经纤维将兴奋传入中枢，运动传出神经纤维把中枢的兴奋传向外周。

4）相对不疲劳性：在离体实验条件下观测到，连续电刺激神经纤维 10 h 余，神经纤维依然能保持传导兴奋的能力。神经纤维的这种不疲劳性是相对化学性突触传递而言的。在神经系统的活动中，突触部位由于受神经递质耗竭、内环境理化性质变化等因素的影响，较易发生疲劳。

（3）神经纤维的轴浆运输功能：神经元轴突内的细胞质称为轴浆，轴浆在胞体与轴突末梢之间处于流动的状态。通过轴浆的流动来实现胞体与轴突末梢之间的物质转运和交换，称为轴浆运输（axoplasmic transport）。轴浆运输具有双向性，有顺向和逆向两种，其中以顺向为主。顺向轴浆运输是指由胞体向轴突末梢的轴浆运输。顺向轴浆运输又可分为快速轴浆运输和慢速轴浆运输，前者的速度为 200~400 mm/d，主要运输具有膜结构的细胞器，如线粒体、突触囊泡和分泌颗粒等；后者的速度为 1~10 mm/d，主要指由胞体合成的蛋白质所构成的微管、微丝等结构不断向神经末梢方向的延伸。逆向轴浆运输指由轴突末梢向胞体的轴浆运输，其运输的速度约为 200 mm/d。借助逆向轴浆运输，组织产生的神经生长因子、某些病毒和毒素等在轴突末梢以吞噬方式被摄入轴浆中，然后被逆向运输到胞体。在神经科学研究中，常将能被逆向轴浆运输的示踪剂"辣根过氧化物酶"注射在神经末梢附近，经过一定时间后，即可利用显色剂呈现神经元胞体的位置及中枢某些神经核团的传入联系。

3. 神经的营养性作用　神经对其支配的组织有两方面的作用，一是通过传导神经冲动，释放神经递质，递质作用于突触后膜从而改变靶组织的功能活动，称为神经的功能作用（functional action）；二是神经末梢还能经常性地释放某些活性物质（如神经营养因子），通过调整靶组织的内在代谢活动，进而影响其结构和功能，称为神经的营养性作用（trophic action）。

神经的营养性作用在正常情况下不易被觉察，但神经被切断后则能明显地表现出来。例如，损伤或切断运动神经后，它所支配的肌肉因失去神经的营养性作用而出现糖原合成减慢和蛋白质分解加速，肌肉逐渐萎缩；若将两断端神经缝合，随着神经再生和功能恢复，上述变化可发生逆转，并逐渐恢复正常。脊髓灰质炎患者因脊髓前角运动神经元变性死亡而导致其所支配的骨骼肌逐渐发生萎缩，也说明神经纤维对肌肉有营养性作用。

(二)神经胶质细胞

神经胶质细胞是神经系统内数量众多的一大类细胞群,广泛分布于中枢和周围神经系统中。在人类的中枢神经系统中,胶质细胞主要有星形胶质细胞、少突胶质细胞和小胶质细胞三类;在周围神经系统中,胶质细胞主要有施万细胞和卫星细胞等。

1. **神经胶质细胞的特征** 神经胶质细胞在形态和功能上与神经元有很大差异。神经胶质细胞虽然也有突起,但无树突和轴突之分;细胞之间不形成化学性突触,但普遍存在缝隙连接。它们的膜电位也随细胞外 K^+ 浓度改变而改变,但不能产生动作电位。星形胶质细胞膜上还存在着多种神经递质的受体。此外,胶质细胞具有终身分裂增殖的能力。

2. **神经胶质细胞的功能** 曾经认为,神经胶质细胞只对神经元起支持、保护、营养等作用,目前的研究证实,神经胶质细胞还在维持神经元形态和功能的完整性及神经系统微环境的稳定性等方面起重要作用。神经胶质的主要作用表现在以下几方面。

(1)支持作用:中枢神经系统中没有结缔组织,神经元及其突起的空隙主要由星形胶质细胞填充。星形胶质细胞的长突起在脑和脊髓内交织成网,构成支持神经元的骨架。

(2)绝缘和屏障作用:少突胶质细胞和施万细胞可分别在中枢和周围神经系统内形成髓鞘。髓鞘有一定的绝缘作用,使神经纤维在传导兴奋时互不干扰。星形胶质细胞的血管周足是血脑屏障的重要组成部分。

(3)修复和再生作用:脑和脊髓受伤时,小胶质细胞能转变成巨噬细胞,清除变性的神经组织碎片,而留下的缺损则通过星形胶质细胞增生来填充,起修复和再生作用,但过度增生可形成脑瘤。

(4)免疫应答作用:活化的星形胶质细胞和小胶质细胞能分泌细胞因子、补体等,从而在神经免疫调节中发挥重要作用;星形胶质细胞是中枢内的抗原提呈细胞,其细胞膜上存在特异性主要组织相容性复合分子Ⅱ,后者能与被处理过的外来抗原结合,将抗原呈递给T淋巴细胞并使之激活,发生免疫反应。

(5)物质代谢和营养性作用:星形胶质细胞通过血管周足和突起连接毛细血管与神经元,有利于神经元摄取营养物质和排出代谢产物;还可以分泌多种神经营养因子,对神经元的生长、发育、存活和功能维持起营养作用。

(6)稳定细胞外 K^+ 浓度:星形胶质细胞膜上的钠泵可将细胞外过多的 K^+ 泵入细胞内,并通过缝隙连接将其分散到其他胶质细胞中,从而有助于维持细胞外 K^+ 浓度的稳定,以保证神经元功能活动的正常进行。

(7)参与某些递质及生物活性物质的代谢:星形胶质细胞膜上具有氨基酸类递质(如谷氨酸和 γ-氨基丁酸)的转运体,能摄取神经元释放的该类递质并将其转变成谷氨酰胺后转运回神经元,从而消除递质的持续作用,同时也为氨基酸类递质的合成提供前体物质。星形胶质细胞还能合成和分泌多种生物活性物质,如血管紧张素原、前列腺素、白细胞介素及多种神经营养因子等。

二、突触传递

神经系统内众多的神经元之间并不是孤立的,而是相互联系组成一个庞大而复杂的信息网络系统。神经元之间在结构上并无原生质相连,主要通过突触(synapse)来传递信息。突触是指神经元与神经元之间或者神经元与效应细胞之间结构和功能发生联系,并借以传递信息的部位。据估计,一个神经元的轴突分支可与其他神经元形成成百上千个突触联系;一个神经元的胞体和树突上约有上万个传入神经的末梢与之形成突触。因此,神经元间通过突触联系构成复杂的网络,是完成各种信息的传递和整合的结构基础。

根据突触传递媒介物性质的不同,可将突触分为电突触(electrical synapse)和化学性突触(chemical synapse)两大类。前者的信息传递媒介物为局部电流,而后者的信息传递媒介物是神经递质。

(一) 电突触传递

电突触传递的结构基础是缝隙连接（gap junction）。在构成电突触的两个神经元紧密接触的部位，两层膜之间的距离特别近，仅 2~4 nm，两侧膜上各有一个由六个亚单位围成的呈孔道样结构的连接蛋白（图 10-2）。两侧膜上的连接蛋白端端相接形成水相通道，通道沟通两个细胞的胞质并允许 Na^+、K^+、Cl^- 等带电离子通过而传递电信息。电突触传递一般为双向性传递，因通道电阻低，故传递速度较快，且不存在潜伏期。

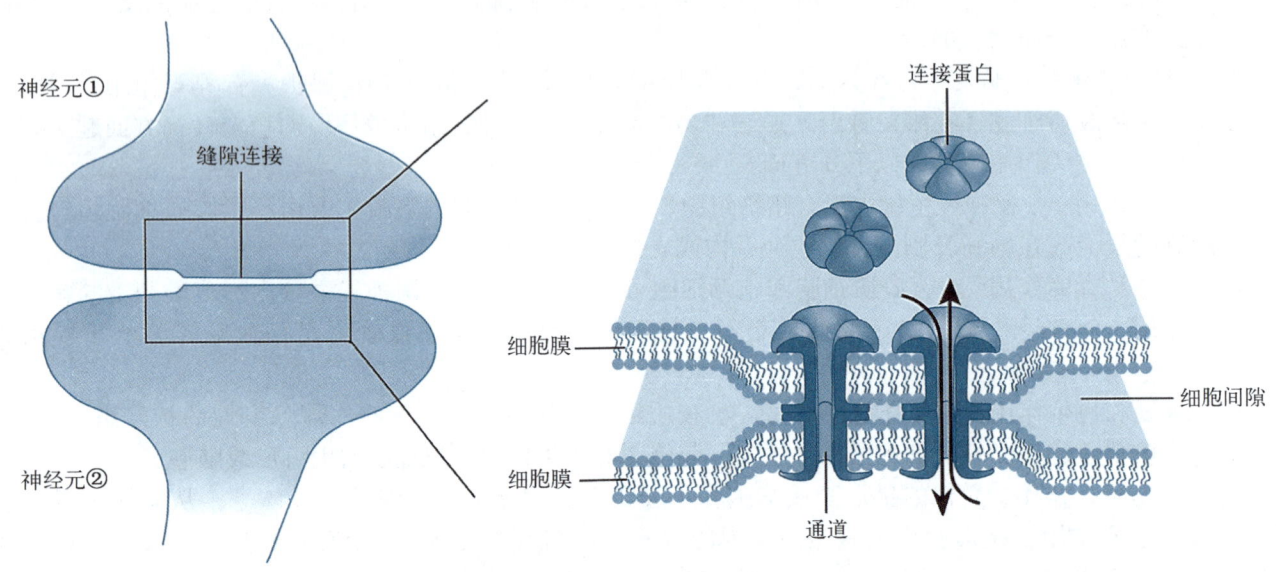

图 10-2 电突触结构示意图

(二) 化学性突触传递

根据突触前、后成分之间有无紧密的解剖学关系，可将化学性突触分为定向突触和非定向突触。化学性突触传递分为定向突触传递和非定向突触传递。

1. 定向突触传递（directed synapse transmission）　定向突触（directed synapse）又称经典突触，常简称为突触。骨骼肌神经肌肉接头属于经典突触类型，该类突触的信息传递在典型的突触结构中进行。

(1) 经典突触的微细结构：经典的突触由突触前膜、突触间隙和突触后膜三部分组成。

在电子显微镜下观察到，突触前膜和突触后膜较一般的神经细胞膜厚，约 7.5 nm，两者之间是突触间隙，宽 20~40 nm。突触前膜内侧的轴浆中含有较多的线粒体和大量直径在 20~80 nm 的小泡，后者称为突触囊泡（synaptic vesicle）（简称囊泡），囊泡内含神经递质。根据囊泡的形态和大小，可将其分为三类：① 小而清亮透明的囊泡，内含乙酰胆碱或氨基酸类递质；② 小而具有致密中心的囊泡，内含儿茶酚胺类递质；③ 大而具有致密中心的囊泡，内含神经肽类递质。一个突触可含一种或几种形态的囊泡，上述前两种突触囊泡分布在轴浆内靠近突触前膜的部位，与前膜接触、融合、破裂释放递质至突触间隙的速度很快，且递质释放仅限于在形态学上与其他部位有明显区别的特定膜结构区域，该区域称为活化区。同活化区对应的突触后膜上存在着相应的特异性受体或化学门控通道。上述第三种突触囊泡则均匀分布于突触前末梢内，并可从神经末梢膜的所有部位释放。此外，突触前膜上还存在着大量离子通道（主要是钙通道）和受体（突触前受体）。

(2) 经典突触的分类：根据形成突触所接触部位的不同可对突触进行分类。常见的经典突触主要包括轴突-胞体型突触、轴突-轴突型突触和轴突-树突型突触三类（图 10-3），它们是突触前神经元的轴突分别与突触后神经元的胞体、轴突和树突相接触形成的突触，以轴突-树突型突触最多见。另外，还存在树突-树突型突触、树突-胞体型突触、树突-轴突型突触等，其中树突-树突型突触在中枢神经系统也很常见。

(3) 经典突触传递的过程：当突触前神经元兴奋时，神经冲动经轴突传至末梢，突触前膜发生去极化，前膜上电压门控钙通道开放，细胞外的 Ca^{2+} 内流，使胞内 Ca^{2+} 浓度升高，由此促使囊泡向突触前膜移动，并与前膜接触、融合，随即在融合处破裂，以出胞的方式释放神经递质进入突触间隙。递质经突触间隙扩散至突触后膜，同后膜上的特异性受体或化学门控通道结合后，可引起突触后膜对某些离子的通透性发生改变，导致带电离子进出后膜，突触后膜发生去极化或超极化。这种发生在突触后膜上的电位变化称为突触后电位（postsynaptic potential）。

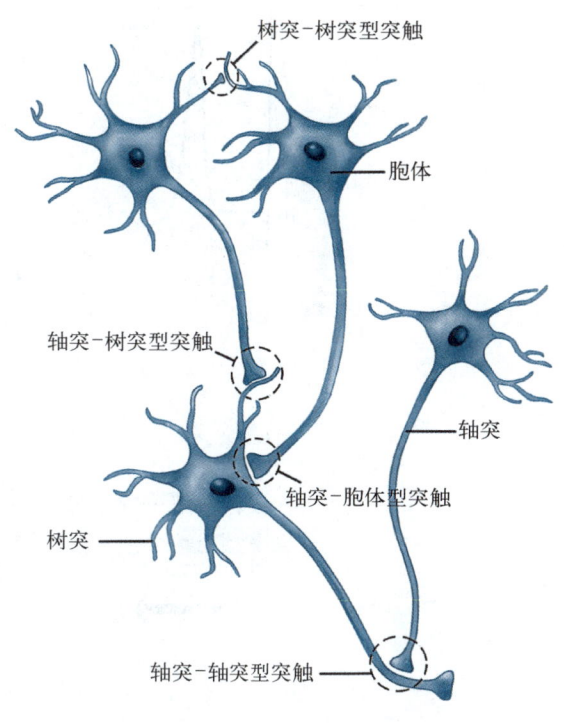

图 10-3　经典突触的类型

在上述突触传递过程中，值得注意的是：① 递质释放的量同进入突触前膜的 Ca^{2+} 量呈正相关。如果突触前膜去极化时内流的 Ca^{2+} 量减少，神经递质的释放就会减少。突触传递过程结束后，轴浆内的 Ca^{2+} 主要由 Na^+-Ca^{2+} 反向转运体迅速转运到细胞外，使细胞内 Ca^{2+} 浓度很快恢复到静息时的水平。② 递质的释放以囊泡为单位，呈量子式释放。突触小体中 Ca^{2+} 浓度升高触发囊泡内神经递质释放须经历动员、摆渡、着位、融合和出胞等复杂步骤。德国科学家托马斯·苏德霍夫（Thomas C. Südhof）因在突触结合蛋白领域的杰出贡献获得 2013 年诺贝尔生理学或医学奖。囊泡破裂释放递质后，其外壳留在突触前膜内，恢复原样后，可再用以储存递质，也可与突触前膜融合成为其组成部分。③ 神经递质在突触后膜发挥作用后，迅速被突触间隙的酶系统分解失活，或者被突触前膜重摄取以再利用。④ 经典的化学性突触传递是一个电-化学-电的过程，通过突触前神经元的电活动，诱发突触前膜释放化学递质，最终导致突触后神经元的电活动变化。

(4) 突触后电位：根据突触后膜发生去极化或超极化，可将突触后电位分为兴奋性突触后电位和抑制性突触后电位。突触、神经递质和神经递质的受体也可根据在后膜产生这两种电位变化而被分为兴奋性和抑制性两种类型。

突触前膜释放某种兴奋性递质，作用于突触后膜上的相应（兴奋性）受体，提高后膜对 Na^+、K^+ 通透性，Na^+ 内流大于 K^+ 外流，导致突触后膜发生局部去极化。这种去极化的电位称为兴奋性突触后电位（excitatory postsynaptic potential，EPSP）（图 10-4）。EPSP 是局部电位，通过时间和空间总和，若使后膜电位去极化达到阈电位水平，即可在突触后神经元轴突始段产生动作电位，引起突触后神经元兴奋；若 EPSP 总和未达阈电位水平，虽不能产生动作电位，但局部的去极化电位能提高突触后神经元的兴奋性，使之容易发生兴奋，这种现象称为易化（facilitation）。

突触前膜释放某种抑制性递质，作用于突触后膜上的相应（抑制性）受体，提高后膜对 Cl^- 和 K^+ 的通透性，特别是 Cl^- 通透性增高，Cl^- 内流和 K^+ 外流（以 Cl^- 内流为主）导致突触后膜发生局部超极化。这种超极化电位称为抑制性突触后电位（inhibitory postsynaptic potential，IPSP）（图 10-5）。IPSP 使突触后神经元的兴奋性降低，它也可发生总和，总和的结果是导致突触后神经元的兴奋性更加降低。

(5) 影响定向突触传递的因素：影响突触传递过程中任何环节的因素，都可成为影响突触传递的因素，下面主要从三个环节进行阐述。

1) 影响递质释放的因素：递质的释放量主要与进入神经末梢的 Ca^{2+} 有关，凡能影响末梢处 Ca^{2+} 内流的因素都能改变递质的释放量，从而影响突触的传递。例如，细胞外液中 Ca^{2+} 浓度降低或 Mg^{2+} 浓度增高，可引起神经末梢内流的 Ca^{2+} 量减少，使神经递质释放减少；反之，Ca^{2+} 内流增多，神经递质的释放亦增多。突触前膜上存在的突触前受体可在某些神经递质或调质的作用下改变 Ca^{2+} 内流量，进而影响递质的释放量。此外，一些神经毒素也能影响递质的释放，破伤风感染常引起痉挛性麻痹与破伤风毒素阻碍中枢神经

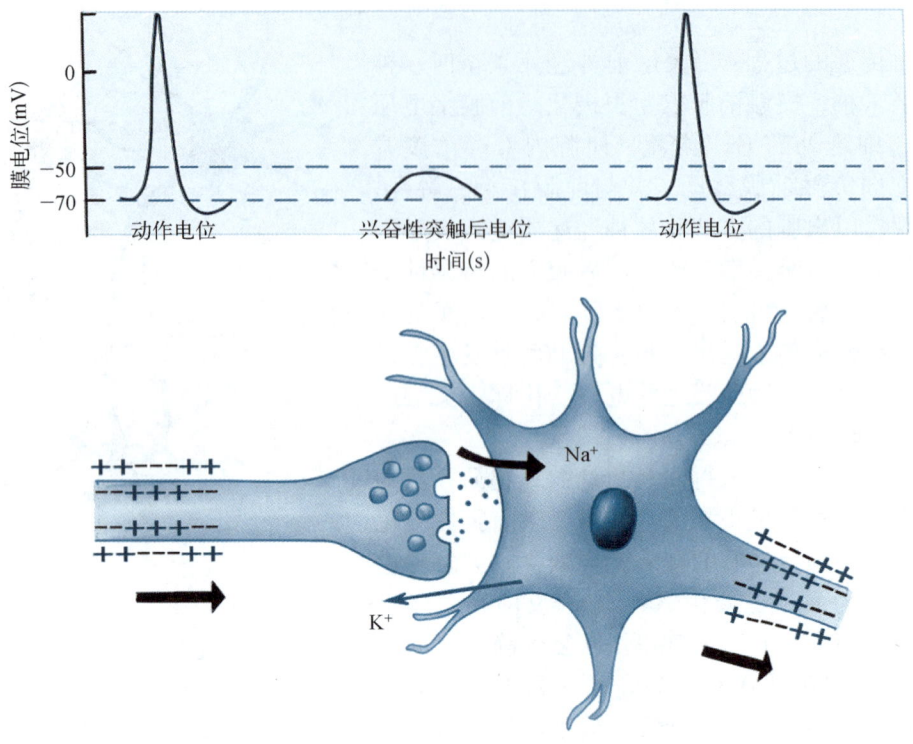

图 10-4　兴奋性突触后电位产生机制示意图

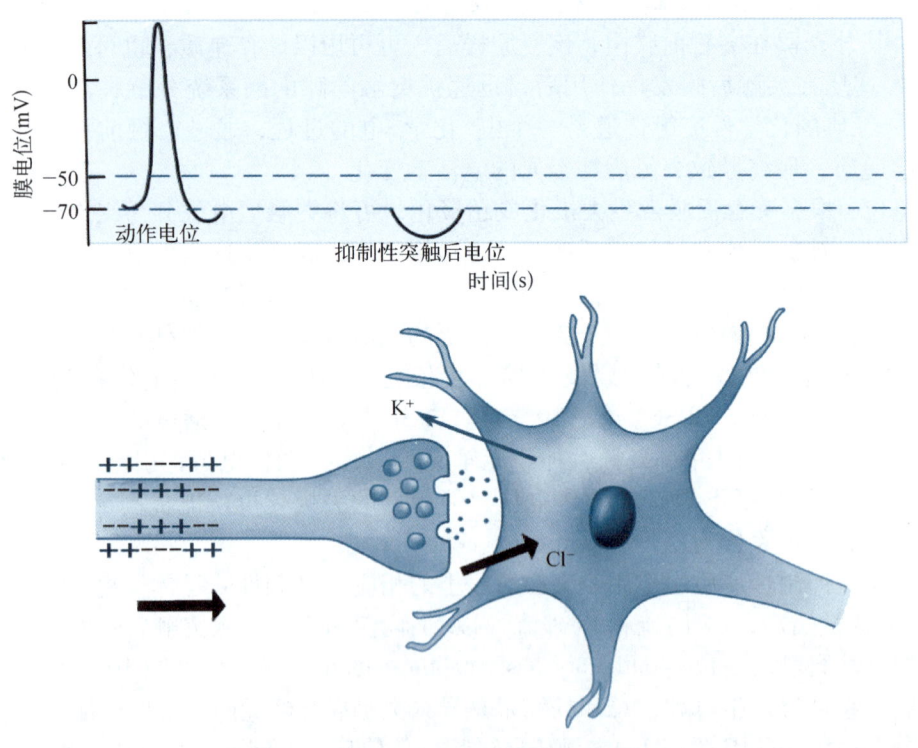

图 10-5　抑制性突触后电位产生机制示意图

递质释放有关；肉毒梭菌感染引起柔软性麻痹则是由于肉毒梭菌毒素阻滞骨骼肌神经肌肉接头处递质的释放。

2）影响已释放递质清除的因素：递质发挥生理效应后被及时消除，才能保证新的突触传递活动正常进行。因此，影响递质清除因素也能影响突触传递。例如，三环类抗抑郁药可抑制脑内去甲肾上腺素被末梢重摄取，从而加强该递质对受体的作用；利血平能抑制交感末梢突触囊泡重摄取去甲肾上腺素，使递质被末梢重摄取后停留在轴浆内被酶解,导致递质的减少以至耗竭,使突触传递受阻;新斯的明、有机磷农药等可抑制胆碱酯酶,使乙酰胆碱持续发挥作用,从而影响相应的突触传递。

3)影响受体的因素:前膜释放的递质需要与后膜上的受体结合才能产生效应,因此受体与递质结合的亲和力发生改变、受体数量变化、受体阻断剂等都能影响递质与受体的结合,从而影响突触的传递。例如,筒箭毒碱和α-银环蛇毒可阻断骨骼肌终板膜上的N_2型乙酰胆碱受体通道,使骨骼肌神经肌肉接头的兴奋传递受阻,从而导致肌肉松弛。

2. 非定向突触传递(non-directed synapse transmission)与经典突触传递相似,也是一种细胞间以化学物质为媒介的信息传递过程,具有电-化学-电的传递特征。但非定向突触传递不具有典型的突触结构(图10-6),神经末梢释放的递质扩散至距离较远和范围较广的突触后成分后发挥作用。在中枢神经系统中,单胺类神经纤维存在非定向突触;在周围神经系统中,自主神经节后纤维与平滑肌接头、自主神经节后纤维与心肌接头都是典型的非定向突触。例如,在交感神经节后纤维末梢分支上的曲张体内含有大量的囊泡,囊泡内含有高浓度的去甲肾上腺素。当神经冲动抵达曲张体时,递质从曲张体中的囊泡内释放出来,弥散至效应器细胞膜上的特异性受体上,使效应细胞发生反应。因这种突触传递不具有经典的突触结构,因而常被称为非突触性化学传递。

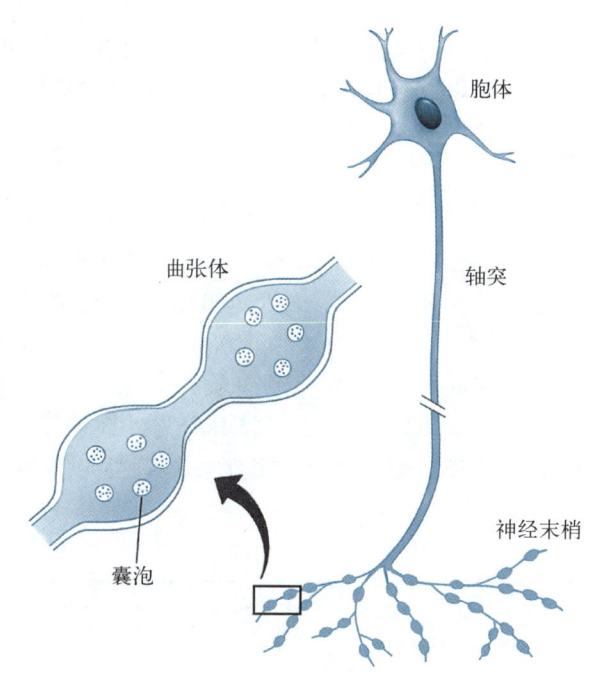

图10-6 非定向突触传递示意图

3. 突触后神经元的兴奋和抑制 一个突触后神经元通常与多个突触前神经元末梢发生突触联系,产生的突触后电位中既有EPSP又有IPSP。突触后神经元的状态取决于同时产生的EPSP和IPSP的代数和。如果IPSP占优势,膜电位总体趋势为超极化,突触后神经元表现为抑制状态;如果EPSP占优势,膜电位总体趋势为去极化,若去极化达到阈电位水平,突触后神经元产生兴奋。兴奋首先发生于轴突始段,可沿轴突扩布至末梢,也可逆向传至胞体。其逆向传导的意义可能在于消除神经元在此次兴奋前不同程度的去极化或超极化,使其状态得到一次刷新。

4. 突触的可塑性(synaptic plasticity) 指突触的形态和功能可发生较持久改变的特性。这种改变普遍存在于中枢神经系统中,参与学习、记忆的形成,是学习和记忆发生机制的生理学基础。突触传递的效率可发生变化,称为突触传递的可塑性。突触传递效率变化可增强或减弱,持续时间也长短不等。

(1)强直后增强(posttetanic potentiation,PTP):指突触前末梢在接受一短串高频刺激后,突触后电位幅度持续增大的现象。强直后增强通常可持续数分钟至数小时。其机制是高频刺激时Ca^{2+}大量进入突触前末梢,由于进入末梢内的Ca^{2+}需要较长时间才能回收到细胞内的钙库中,同时末梢内的钙库因细胞外大量Ca^{2+}的进入而出现暂时性饱和,轴浆中游离Ca^{2+}浓度持续升高,使突触前末梢持续释放神经递质,导致突触后电位增强。

(2)习惯化(habituation)与敏感化(sensitization):当重复给予较温和的刺激时,突触对刺激的反应逐渐减弱甚至消失,这种现象称为习惯化。相反,敏感化指重复出现的较强的刺激(尤其是伤害性刺激)使突触对刺激的反应性增强或延长的现象。习惯化是由重复刺激使突触前末梢钙通道逐渐失活,Ca^{2+}内流减少,突触前末梢递质释放减少所致。而敏感化则是由突触前末梢Ca^{2+}内流增加,突触前末梢递质释放增多所致。

(3)长时程增强(long-term potentiation,LTP)和长时程抑制(long-term depression,LTD):长时程增强是突触前神经元在短时间内受到快速重复的刺激后,在突触后神经元快速形成的、持续时间较长的突触后电位增强。它类似于强直后增强,但持续时间要长得多,最长可达数天。其产生机制也与强直后增强不同，其是由于突触后，而不是突触前神经元胞质内 Ca^{2+} 增加而引起。长时程增强可见于中枢神经系统的许多部位，尤其在海马等学习记忆相关的脑区发生，被认为是学习与记忆的神经基础。长时程抑制则与长时程增强相反，指突触传递效率的长时程降低。长时程抑制有多种形式，不同的形式具有不同的发生机制。长时程抑制广泛存在于海马、小脑皮层和新皮层等脑区。

三、神经递质和受体

在中枢神经系统中，化学性突触传递是最重要的突触传递方式。而化学性突触传递是以神经递质为信息传递的媒介，神经递质必须与特异性受体结合后才能完成信息的传递。因此，神经递质和受体是化学性突触传递最重要的物质基础。

（一）神经递质

神经递质（neurotransmitter）指由突触前神经元合成并释放，能特异性作用于突触后神经元或效应器细胞上的受体而产生一定效应的信息传递物质。

1. **神经递质的分类** 神经递质可依据不同的方式进行分类：① 根据生理功能不同，可将其分为兴奋性神经递质和抑制性神经递质；② 根据分子大小不同，可将其分为小分子神经递质和大分子神经肽；③ 根据分布部位不同，可将其分为外周神经递质和中枢神经递质；④ 根据化学结构不同，可将其分为胆碱类、胺类、氨基酸类、肽类、嘌呤类等（表 10-2）。

表 10-2 哺乳动物的主要神经递质及其分类

分　类	主要神经递质
胆碱类	乙酰胆碱
胺类	去甲肾上腺素、肾上腺素、多巴胺、5-羟色胺、组胺等
氨基酸类	谷氨酸、门冬氨酸、γ-氨基丁酸、甘氨酸
肽类	下丘脑调节肽*、血管升压素、缩宫素、阿片肽*、脑-肠肽*、心房钠尿肽、降钙素基因相关肽、神经肽 Y、P 物质和其他速激肽* 等
嘌呤类	ATP、腺苷
气体类	NO、CO、H_2S
脂类	花生四烯酸及其衍生物（前列腺素、血栓素等）*、神经活性类固醇* 等

* 一类物质的总称。

2. **递质共存** 过去一直认为，一个神经元内只存在一种递质，其全部末梢只释放同一种递质，称为戴尔原则（Dale's principle）。现在发现，两种或两种以上的递质（包括调质）可共存于同一神经元内，这种现象称为递质共存。神经元内共存的递质或调质可在神经元兴奋时共同释放。目前发现，递质与递质、递质与调质、调质与调质都可以共存于同一神经元，甚至共存于同一囊泡中。递质共存意义在于协调某些生理功能活动。例如，猫唾液腺受副交感神经和交感神经的双重支配，副交感神经内含乙酰胆碱和血管活性肠肽，前者能引起唾液分泌，后者则可舒张血管以增加唾液腺的血供，并增强唾液腺上胆碱能受体的亲和力，两者共同作用使唾液腺分泌大量稀薄的唾液；交感神经内含去甲肾上腺素和神经肽 Y，前者有促进唾液分泌和减少血供的作用，后者则主要收缩血管以减少血供，从而使唾液腺分泌少量黏稠的唾液。

3. **神经调质** 除神经递质外，神经元还能合成和释放一些化学物质，它们并不在神经元之间起信息传递作用，但可以增强或削弱递质的信息传递效应，对递质的信息传递起调节作用，这类物质称为神经调质（neuromodulator）。但递质在某些情况下也可起类似调质的作用，而神经调质在一些情况下也可以发挥递质的作用，故两者之间并无十分明确的界限。

4. 递质的代谢　包括递质的合成、储存、释放、降解、重摄取和再合成等步骤。乙酰胆碱和胺类等递质在胞体内相关合成酶的催化下合成，然后储存于突触囊泡中。肽类递质在基因调控下经核糖体的翻译和翻译后的酶切加工等形成。突触前末梢递质的释放已在突触传递过程中叙述。递质作用于受体，产生效应后被消除，主要有酶促降解、被突触前末梢和突触囊泡重摄取等多种方式。乙酰胆碱的消除是在胆碱酯酶作用下被水解，其水解产物胆碱可被重摄取回末梢内用于递质的再合成；去甲肾上腺素主要通过末梢的重摄取被消除，少量通过酶解失活和扩散入血；肽类递质主要依靠酶解消除。突触前末梢和突触囊泡对递质的重摄取由膜转运体介导。

（二）受体

受体（receptor）指细胞膜上或细胞内能与某些化学物质（如递质和激素等）特异性结合并产生特定生物学效应的特殊生物分子。神经递质必须与受体结合才能发挥作用。能与受体特异结合并发挥与递质相似生理效应的化学物质称为受体的激动剂（agonist）。某种化学物质与受体特异结合后不产生神经递质的生物学效应，反因其占据受体而导致神经递质不能发挥效应，这类化学物质称为受体的拮抗剂（antagonist）或阻断剂（blocker）。激动剂和拮抗剂都是受体的配体（ligand），但在多数情况下配体主要指激动剂。

1. 受体的分类与亚型　目前，常对受体进行以下三种分类：① 按天然配体的种类进行分类，受体可分为胆碱能受体、肾上腺素能受体、多巴胺受体、嘌呤受体等。② 按受体分布的部位进行分类，受体可分为膜受体、胞质受体和核受体。神经递质的受体一般为膜受体。③ 按作用机制进行分类，受体可分为 G 蛋白耦联受体（促代谢型受体）和离子通道型受体（促离子型受体）等。大多数的递质受体属于 G 蛋白耦联受体，如毒蕈碱（muscarine，M）受体、肾上腺素能受体、几乎所有的肽类递质受体和部分氨基酸类递质受体等。离子通道型受体为数不多，主要是烟碱（nicotine，N）受体和部分氨基酸类递质受体。每一种受体还可能有多种亚型。受体亚型的存在，说明一种递质能选择性地作用于多种效应器细胞而产生多种多样的生物学效应。

2. 突触前受体　在化学性突触传递的过程中，受体一般位于突触后膜，但也可存在于突触前膜。位于突触前膜的受体称为突触前受体（presynaptic receptor）。突触前受体与配体结合后，主要参与突触前末梢递质合成与释放的调节。通常情况下突触前受体被激活后，可抑制突触前末梢递质的释放，实现负反馈控制。例如，去甲肾上腺素释放后可反过来作用于突触前受体，抑制其自身的进一步释放。有时，突触前受体也能促进递质释放。例如，交感神经末梢的突触前血管紧张素受体被激活后，可促进前膜释放去甲肾上腺素。

3. 受体的调节　在不同的生理或病理情况下，膜受体的数量和与递质结合的亲和力均可发生改变。递质释放不足时，受体的数量可逐渐增加，亲和力也逐渐升高，称为受体的上调（up regulation）；反之，当递质分泌过多时，受体的数量和亲和力均可下降，称为受体的下调（down regulation）。膜受体数量的上调可通过膜的流动性将储存于胞内膜结构上的受体蛋白表达于细胞膜上而实现；而膜受体数量的下调则可通过受体蛋白的内吞入胞实现。受体亲和力改变常由受体蛋白磷酸化或去磷酸化所致。

（三）主要的神经递质及其受体

1. 胆碱类递质及受体　胆碱类递质主要是乙酰胆碱。乙酰胆碱由乙酰辅酶 A 和胆碱在胆碱乙酰基转移酶催化下生成。

以乙酰胆碱为递质的神经元称为胆碱能神经元。在中枢神经系统中，胆碱能神经元分布极为广泛。脊髓、脑干和大脑皮层内的运动神经元都是胆碱能神经元；脑干网状结构上行激动系统的各个环节、纹状体、边缘系统的梨状区、杏仁核、海马等部位也都有胆碱能神经元。以乙酰胆碱为递质的神经纤维称为胆碱能纤维。在周围神经系统中，胆碱能纤维包括支配骨骼肌的运动神经纤维、所有自主神经节前纤维、大多数副交感节后纤维（少数释放肽类或嘌呤类递质的纤维除外）、少数交感节后纤维如支配汗腺和支配骨骼肌血管的交感舒血管纤维等。

能与乙酰胆碱结合的受体称为胆碱能受体（cholinergic receptor），包括 M 受体和 N 受体，它们因能与天然植物中的毒蕈碱和烟碱结合并产生不同的生物效应而得名。目前，M 受体已分离出 $M_1 \sim M_5$ 五种亚型，均为 G 蛋白耦联受体；N 受体有 N_1 和 N_2 两种亚型，均为离子通道型受体。

胆碱能受体广泛分布于中枢和周围神经系统。分布有胆碱能受体的神经元称为胆碱能敏感神经元。中枢胆碱能系统参与神经系统几乎所有功能，包括学习和记忆、觉醒与睡眠、感觉与运动、内脏活动及情绪等多方面的调节活动。在外周，M 受体分布于大多数副交感节后纤维（少数释放肽类或嘌呤类递质的纤维除外）支配的效应器细胞、交感节后纤维支配的汗腺和骨骼肌血管的平滑肌细胞。M 受体被激活后可产生一系列自主神经效应：心脏活动被抑制，支气管和胃肠平滑肌、膀胱逼尿肌和虹膜环行肌收缩，消化腺和汗腺分泌增加，以及骨骼肌血管舒张等。这些作用统称为毒蕈碱样作用，简称 M 样作用。M 样作用可被 M 受体拮抗剂阿托品阻断。N 受体分布于自主神经节的节后神经元和骨骼肌神经肌肉接头的终板膜上。小剂量乙酰胆碱作用于 N 受体后，能兴奋自主神经节后神经元，也能引起骨骼肌的收缩；而大剂量乙酰胆碱作用于 N 受体后，则可能因受体脱敏、神经元过度去极化等导致自主神经节突触传递的阻断。所有这些作用统称为烟碱样作用，简称 N 样作用。N 样作用不能被阿托品阻断，但能被筒箭毒碱阻断。

2. 胺类递质及受体　胺类递质包括去甲肾上腺素、肾上腺素、多巴胺、5-羟色胺和组胺等，其中去甲肾上腺素、肾上腺素和多巴胺属于儿茶酚胺类，即含邻苯二酚结构的胺类。

(1) 去甲肾上腺素和肾上腺素及受体：去甲肾上腺素（norepinephrine，NE 或 noradrenaline，NA）是以酪氨酸为合成原料，酪氨酸先在酪氨酸羟化酶和多巴脱羧酶作用下形成多巴，然后在多巴胺-β-羟化酶的催化下转变成去甲肾上腺素。在肾上腺髓质嗜铬细胞和部分脑干神经元中，去甲肾上腺素在苯乙醇胺氮位甲基转移酶的作用下，进一步甲基化生成肾上腺素（epinephrine，E 或 adrenaline，A）。

以去甲肾上腺素为递质的神经元称为去甲肾上腺素能神经元。在中枢神经系统中，去甲肾上腺素能神经元的胞体主要位于低位脑干，尤其是中脑网状结构、脑桥的蓝斑及延髓网状结构的腹外侧部分，其上行纤维主要投射到大脑皮层、边缘前脑和下丘脑；下行纤维投射至低位脑干和脊髓。以肾上腺素为递质的神经元称为肾上腺素能神经元，其胞体主要分布在延髓，其纤维投射也有上行和下行部分。在中枢，去甲肾上腺素能神经元的功能主要是参与心血管活动、情绪、体温、摄食和觉醒等方面的调节；而中枢肾上腺素能神经元的功能则主要涉及心血管活动的调节。在周围神经系统中，尚未发现以肾上腺素为递质的神经纤维，肾上腺素只是作为一种由肾上腺髓质合成和分泌的内分泌激素。因此，外周的肾上腺素能纤维指以去甲肾上腺素为递质的神经纤维。多数交感节后纤维（支配汗腺和骨骼肌血管的交感胆碱能纤维除外）属于肾上腺素能纤维。

能与去甲肾上腺素或肾上腺素结合的受体称为肾上腺素能受体（adrenergic receptor），主要分为 α 和 β 两种类型。α 受体有两种亚型，即 α_1、α_2；β 受体则有三种亚型，即 β_1、β_2 和 β_3。所有的肾上腺素能受体都属于 G 蛋白耦联受体。在外周，多数交感节后纤维末梢支配的效应器细胞膜上都有肾上腺素能受体，但不同效应器官上表达的受体类型或亚型有差异，受体密度也有所不同。例如，心肌主要表达 β 受体；不同器官血管平滑肌表达 α 和 β 两种受体有差异，皮肤、肾、胃肠的血管平滑肌以 α 受体为主，而骨骼肌和肝的血管则以 β 受体为主。去甲肾上腺素和肾上腺素均可与肾上腺素能 α 受体和 β 受体结合，但亲和力和效应也是不同的。在外周，去甲肾上腺素对 α 受体的作用较强，而对 β 受体的作用则较弱。去甲肾上腺素与 α 受体（主要是 α_1 受体）结合，产生的平滑肌效应主要是兴奋性的，包括血管、子宫、虹膜辐射状肌等收缩，但也有抑制性的，如小肠舒张。去甲肾上腺素与 β 受体（主要是 β_2 受体）结合所产生的平滑肌效应是抑制性的，包括血管、子宫、小肠、支气管等舒张，但与心肌 β_1 受体结合产生的效应却是兴奋性的。β_3 受体主要分布于脂肪组织，与脂肪的分解有关。酚妥拉明能阻断 α 受体，普萘洛尔能阻断 β 受体。

(2) 多巴胺及受体：多巴胺（dopamine，DA）也是以酪氨酸为合成原料，属于儿茶酚胺类。多巴胺系统主要存在于中枢神经系统，分布在黑质-纹状体、中脑边缘系统和结节-漏斗等部位。多巴胺受体分为多种亚型，都是 G 蛋白耦联受体。中枢多巴胺系统主要与调节躯体运动、调节精神情绪活动和调节垂体内分泌功能等有关。

(3) 5-羟色胺及受体：5-羟色胺（5-hydroxytrytemine，5-HT）主要存在于中枢神经系统，释放 5-

HT 的神经元胞体主要位于脑干中缝核群内，神经元胞体发出的上行纤维到丘脑、下丘脑、边缘系统、小脑和大脑皮层等脑区，神经元胞体发出的下行纤维主要到脊髓。5-HT 的受体亚型多而复杂，包括七种主要的类型即 $5-HT_1 \sim 5-HT_7$，其中 $5-HT_1$ 和 $5-HT_2$ 可进一步分为若干种亚型。除 $5-HT_3$ 受体是离子通道型受体，其余均为 G 蛋白耦联受体。中枢的 5-HT 与睡眠、内分泌功能、体温调节、心血管活动调节、情绪反应和精神活动等有关。此外，5-HT 还具有提高痛阈和加强吗啡镇痛的作用，给动物脑室注射 5-HT 后，动物表现为痛反应迟钝。

（4）组胺及受体：中枢内，释放组胺的神经元胞体主要集中在下丘脑后部的结节乳头核内，其纤维投射却相当广泛，几乎到达中枢神经系统的所有部位。组胺的受体有四种类型，即 H_1、H_2、H_3 和 H_4，其中 H_1、H_2 和 H_3 广泛分布于中枢和周围神经系统中，H_4 受体有待研究。中枢组胺系统可能与觉醒、性行为、腺垂体激素的分泌、血压、饮水和痛觉等的调节有关。

3. **氨基酸类递质及受体**　中枢神经系统中大部分神经递质是氨基酸类递质，其按作用特点可分为兴奋性氨基酸和抑制性氨基酸两类。

兴奋性氨基酸主要包括谷氨酸（glutamic acid，Glu）和门冬氨酸（aspartic acid，Asp），它们对神经元呈现出兴奋作用。谷氨酸是脑和脊髓内主要的兴奋性递质，在大脑皮层和脊髓背侧部分含量相对较高；门冬氨酸则多见于视皮层的锥体细胞和多棘星状细胞。谷氨酸受体广泛分布于中枢神经系统中，可分为促离子型受体和促代谢型受体（G 蛋白耦联受体）两种类型。谷氨酸作为中枢最重要的兴奋性神经递质，在中枢兴奋传递、突触可塑性及应激反应中起重要作用。目前对门冬氨酸的研究还较少。

抑制性氨基酸主要包括 γ-氨基丁酸（γ-aminobutyric acid，GABA）和甘氨酸（glycine，Gly），它们对神经元呈现出抑制作用。GABA 在大脑皮层浅层和小脑皮层浦肯野细胞层含量较高，也存在于纹状体及其投射纤维中。GABA 受体可分为 $GABA_A$、$GABA_B$ 和 $GABA_C$ 共三种亚型，其中 $GABA_A$ 和 $GABA_C$ 受体属离子通道型受体，其耦联通道是 Cl^- 通道，激活时 Cl^- 内流增加；$GABA_B$ 受体为 G 蛋白耦联受体。GABA 作为脑内最主要的抑制性递质，在抗惊厥、抗焦虑、镇静、镇痛和调节下丘脑-垂体功能等方面起重要作用。

甘氨酸主要分布于脊髓和脑干中。甘氨酸受体是离子通道型受体，耦联的通道也是 Cl^- 通道，通道开放时允许 Cl^- 和其他单价阴离子进入细胞内，引起突触后膜超极化而产生 IPSP。甘氨酸对脊髓神经元有强烈抑制作用，破伤风毒素可抑制甘氨酸的释放，士的宁则可特异性阻断甘氨酸受体，导致强烈的肌肉痉挛或强直性惊厥。

4. **肽类递质及受体**　神经系统中可发挥递质、调质和激素等作用的肽类物质，称为神经肽（neuropeptide）。神经肽是机体内的一类生物活性多肽，主要分布于神经组织，也可存在于其他组织，主要包括速激肽、阿片肽、下丘脑调节肽、脑-肠肽、降钙素基因相关肽、神经肽 Y 和 P 物质等。不同的神经肽有其相应的受体，神经肽受体主要为 G 蛋白耦联受体。

5. **嘌呤类递质及受体**　嘌呤类递质主要有腺苷（adenosine）和 ATP。腺苷是中枢神经系统中的一种抑制性调质，咖啡和茶对中枢的兴奋效应是通过咖啡因和茶碱抑制腺苷的作用而产生的。腺苷受体有三种类型，即 A_1、A_2 和 A_3，其中 A_2 又可分为 A_{2A}、A_{2B} 两种亚型。腺苷受体均为 G 蛋白耦联受体。ATP 为兴奋性递质，以周围神经系统分布居多。ATP 受体可分为 P2X 和 P2Y 两种类型，各自又可再分为多种亚型。P2X 受体为离子通道型受体，而 P2Y 则属于 G 蛋白耦联受体。

6. **其他类型的神经递质**　NO、CO 和 H_2S 等气体分子可作为神经递质参与神经系统的信息传递过程。NO 能直接结合并激活鸟苷酸环化酶，使胞质内 cGMP 水平升高，从而引起一系列生物学效应。CO 的作用与 NO 相似，通过激活鸟苷酸环化酶发挥生物学效应。此外，中枢内其他内源性化学物质（如前列腺素）也被发现具有神经递质的特性和功能。

四、反射活动的基本规律

在中枢神经系统的参与下，机体对内、外环境变化做出的规律性应答称为反射。反射的结构基础是反射弧，其中反射中枢是反射弧最复杂的环节，突触是反射弧各个环节相互联络的基础。

（一）反射的分类

伊万·彼德罗维奇·巴甫洛夫（Ivan Petrovich Pavlov）把反射分为非条件反射和条件反射两类。非条件反射是人和动物在长期的种系发展中形成的，包括防御反射、食物反射、性反射等。非条件反射对于个体的生存和种族的繁衍具有重要的意义。条件反射是机体通过后天学习和训练形成的反射，是建立在非条件反射基础上的。条件反射是反射的高级形式，有极大的易变性和灵活性，数目可以是无限的，这就极大地提高了人类认识世界和适应环境的能力。

（二）反射中枢

在中枢神经系统中，调节某一特定生理功能活动的神经元群，称为反射中枢（reflex center）。在完成反射过程中，反射中枢不是单纯的传入神经和传出神经的中转联系部位，而是分析和整合传入信息并决定传出信息性质的重要部位。在中枢只经过一次突触传递的反射，称为单突触反射（monosynaptic reflex）。单突触反射是最简单的反射，如膝跳反射。在中枢经过多次突触传递的反射，则称为多突触反射（polysynaptic reflex）。人和高等动物体内的大部分反射都属于多突触反射，如屈肌反射。

（三）中枢神经元之间的联系方式

人类中枢神经系统由数以千亿计的神经元组成，中枢神经元彼此之间通过突触构成复杂而多样的联系方式，这些联系方式是实现神经中枢复杂生理功能的结构基础。中枢神经元之间的联系方式主要有以下几种（图10-7）。

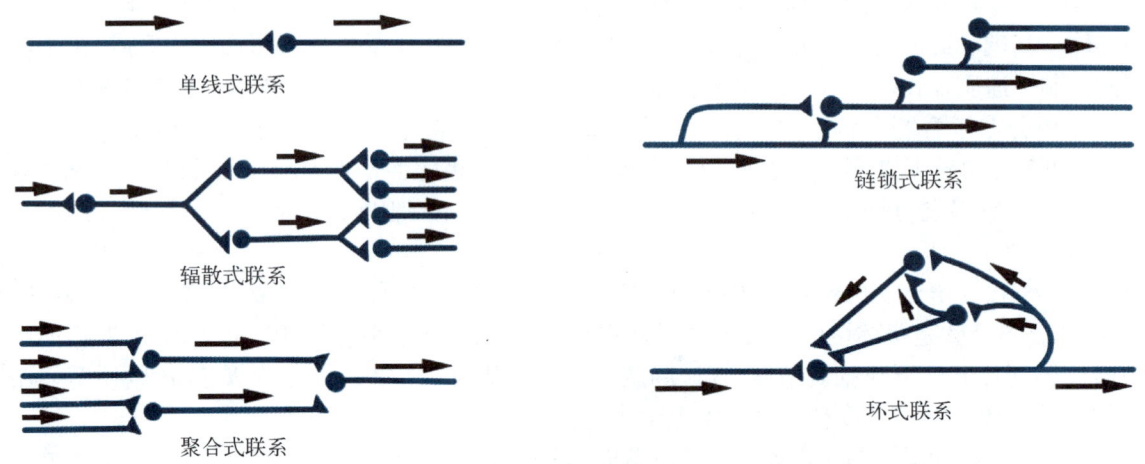

图10-7 中枢神经元联系方式示意图

箭头表示信息传递的方向

1. 单线式联系（single-line connection） 指一个突触前神经元仅与一个突触后神经元发生突触联系。例如，视网膜中央凹处的一个视锥细胞通常只与一个双极细胞形成突触联系，而该双极细胞也只与一个神经节细胞形成突触联系，这种联系方式可使视锥系统具有较高的分辨能力。其实，真正的单线式联系很少见，会聚程度较低的突触联系通常被视为单线式联系。

2. 辐散式联系（divergent connection） 指一个神经元的轴突通过其末梢分支与多个神经元形成突触联系。这种联系方式在传入通路中较多见。例如，传入神经纤维进入脊髓后，其发出的分支除了与本节段脊髓的中间神经元及传出神经元发生突触联系外，还可以通过其上升支和下降支与脊髓其他节段的中间神经元发生突触联系，从而将信息扩散至神经系统的不同部位。

3. 聚合式联系（convergent connection） 指多个神经元的轴突末梢与同一个神经元建立突触联系。这种联系方式在传出通路中较多见。例如，一个脊髓前角运动神经元，既能接收来自脊髓背根的直接传入信息，又能接收来自脊髓内部其他中间神经元的信息以及自大脑皮层或其他高位中枢长距离下行到达脊髓前角的信息，从而使来自不同神经元的兴奋和抑制在同一神经元上发生整合，导致后者兴奋或抑制。

4. 链锁式联系（chain connection） 指神经元通过侧支一个接一个依次连接的联系方式。兴奋通过链锁式联系，可以扩大空间作用范围。

5. 环式联系（recurrent connection） 指一个神经元的轴突侧支可通过与多个中间神经元联系后再返回到原来的神经元，构成闭合环路的联系方式。环式联系在神经活动中的作用取决于中间神经元的性质。若环路内中间神经元是兴奋性的，则通过环式联系使兴奋效应得到增强，其传出通路上冲动发放的时间得以延长，即产生正反馈效应；若环路内中间神经元是抑制性的，则通过环式联系使兴奋效应及时终止，即产生负反馈效应。

（四）中枢兴奋传递的特征

中枢神经系统内的信息处理通常需要通过多次突触的连续传递，其中包括许多的化学性突触传递。因此，中枢兴奋传递的特征可以被认为是由突触传递的特征决定的。兴奋在中枢的传递特征明显不同于神经纤维上兴奋的传导，主要包括以下几点。

1. 单向传递 当兴奋通过突触时，只能由突触前神经元向突触后神经元单向传递，不能逆向进行，这是因为神经递质只能通过突触前膜释放。目前，已发现突触后的细胞也能释放一些物质，如 NO 和多肽等，这些物质逆向作用于突触前膜后，可改变突触前神经元释放递质的过程，但与兴奋传递的方向无直接关系。

2. 中枢延搁（central delay） 指兴奋在通过反射中枢时，传递速度比较缓慢，耗时较长的现象。中枢延搁是由于兴奋经化学性突触传递需要经历递质的释放、扩散、与突触后膜受体结合和产生突触后电位等一系列过程。兴奋通过一个突触所需的时间为 $0.3 \sim 0.5$ ms，在反射中枢经过的突触联系越多，完成反射所需的时间就越长。

3. 兴奋的总和 在反射活动中，由于单根神经纤维传入的一次冲动所释放的递质量很少，一般不能引起传出效应。若同一纤维上有多个神经冲动相继传入，或者有许多传入神经纤维的神经冲动同时传入至中枢同一神经元，则每个冲动各自产生的 EPSP 就可以叠加起来，如果达到阈电位水平，即可引起突触后神经元爆发动作电位，此过程称为兴奋的总和，前者称为时间总和，后者称为空间总和。如果总和未达阈电位，突触后神经元虽未出现兴奋，但膜电位与阈电位水平之间的差距缩小，此时只需要接受较小刺激使之进一步去极化，便能达到阈电位，表现为易化。

4. 兴奋节律的改变 在反射活动中，传出神经传导的冲动频率与传入神经传导的冲动频率是不相同的。这是因为突触后神经元的兴奋节律不仅受突触前神经元传入冲动频率的影响，还与突触后神经元本身的功能状态有关，且一个突触后神经元通常与多个突触前神经元发生联系，故最后传出冲动的节律是多种影响因素的综合效应。

5. 后发放（after discharge） 指在某些反射活动中，当刺激停止后，传出神经仍可在一定时间内继续发放冲动的现象。后发放的结构基础是神经元间的环式联系。

6. 对内环境变化敏感和易疲劳性 突触间隙与细胞外液是相通的，因此内环境理化因素发生变化，如缺氧、CO_2 增多、麻醉剂等都可作用于突触传递的某些环节而影响突触传递。突触也是反射弧中最易发生疲劳的部位，其原因可能与长时间的活动使递质耗竭有关。

（五）中枢抑制和中枢易化

在任何反射活动中，中枢内既有兴奋过程，又有抑制过程。兴奋和抑制相辅相成，保证各种反射活动按一定顺序和强度协调进行。中枢抑制根据抑制发生的部位可分为突触后抑制和突触前抑制。

1. 突触后抑制（postsynaptic inhibition） 指通过抑制性中间神经元释放抑制性递质，使突触后膜产生 IPSP 而呈现抑制效应。突触后抑制有传入侧支性抑制和回返性抑制两种类型。

（1）传入侧支性抑制（afferent collateral inhibition）：传入神经纤维进入中枢后，一方面通过突触联系直接兴奋某一中枢神经元；另一方面通过轴突侧支兴奋一个抑制性中间神经元，后者释放抑制性神经递质，抑制另一个中枢神经元的活动，这种抑制称为传入侧支性抑制，又称为交互性抑制（reciprocal inhibition）。传入侧支性抑制的意义在于使不同中枢之间的活动保持协调一致。例如，引起屈肌反射的传入神经纤维进入脊髓后，在兴奋支配屈肌的运动神经元的同时，其侧支使抑制性中间神经元兴奋，该中间神经元与支配伸肌的神经元形成突触，使支配伸肌的神经元抑制，故屈肌收缩时伸肌舒张，从而保证屈肌反射活动协调进行（图10-8）。

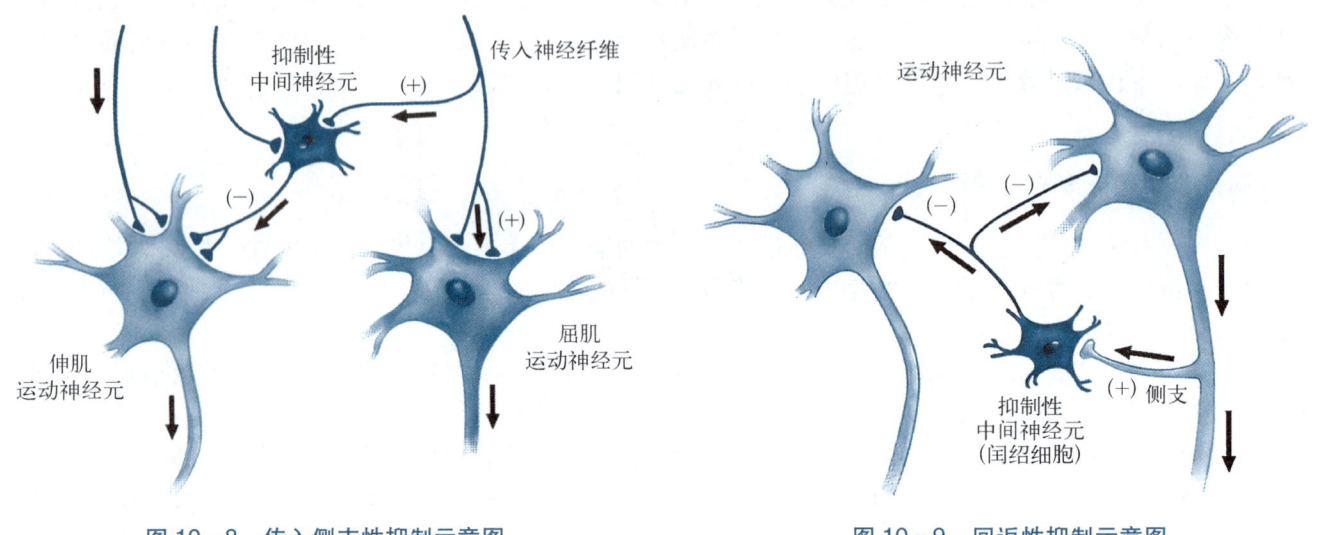

图10-8 传入侧支性抑制示意图
（+）表示兴奋作用；（-）表示抑制作用；箭头表示信息传递的方向

图10-9 回返性抑制示意图
（+）表示兴奋作用；（-）表示抑制作用；箭头表示信息传递的方向

（2）回返性抑制（recurrent inhibition）：某一中枢神经元兴奋后，产生传出冲动沿轴突外传，同时该冲动通过轴突侧支兴奋一个抑制性中间神经元，后者释放抑制性神经递质，反过来抑制原先发动兴奋的神经元及同一中枢的其他神经元，这种抑制称为回返性抑制。回返性抑制是一种典型的负反馈抑制，其意义在于及时终止运动神经元的活动，或使同一中枢内许多神经元的活动同步化。例如，脊髓前角运动神经元发出冲动沿轴突到达其支配的骨骼肌，同时冲动经轴突侧支兴奋与之构成突触的闰绍细胞，闰绍细胞是抑制性中间神经元，它兴奋时能使原先发放冲动的神经元发生抑制，同时抑制同一中枢内其他神经元的活动（图10-9）。

2. 突触前抑制（presynaptic inhibition） 指某突触传递过程因突触前膜释放递质减少而被抑制。通常情况下，突触前抑制指兴奋性突触传递的突触前末梢释放兴奋性递质减少，导致突触后膜产生EPSP减小。突触前抑制的结构基础通常是由三个神经元构成的联合型突触，即由轴突-轴突型突触和轴突-胞体型突触构成。如图10-10所示，轴突A末梢与运动神经元C构成轴突-胞体型突触，轴突B末梢和轴突A末梢构

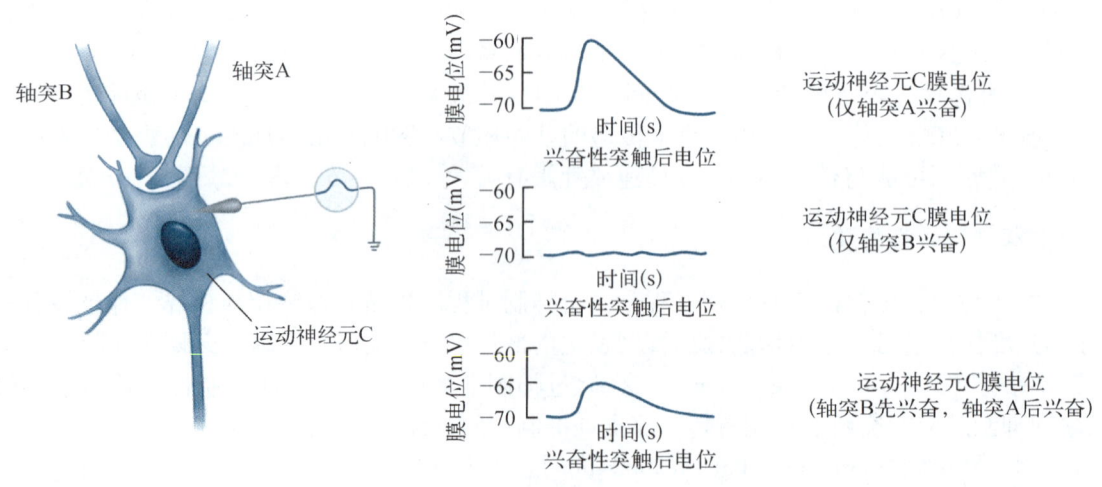

图10-10 突触前抑制产生机制示意图

成轴突-轴突型突触。当神经冲动到达轴突 A 末梢时，引起运动神经元 C 产生 EPSP；当仅有轴突 B 末梢兴奋到达时，运动神经元 C 并不产生反应。如果轴突 B 末梢先兴奋，一定时间后轴突 A 的自身兴奋才传至末梢，则运动神经元 C 产生的 EPSP 较没有轴突 B 末梢参与的情况下要小。研究表明，轴突 B 末梢兴奋时释放的 GABA 作用于轴突 A 末梢上的 $GABA_A$ 受体，引起轴突 A 末梢发生去极化。在此基础上，轴突 A 的自身兴奋传到末梢时，产生的动作电位幅度减小。由于轴突 A 末梢动作电位的幅度减小，进入轴突 A 末梢的 Ca^{2+} 量减少，轴突 A 末梢释放的兴奋性递质量就减少，最终导致运动神经元 C 的 EPSP 减小。

3. 中枢易化（central facilitation） 易化指通过突触传递使某些生理过程变得容易发生的现象。中枢易化分为突触后易化和突触前易化。通常一个突触后神经元接收多个突触前神经元传来的信息，经过总和使 EPSP 接近阈电位水平，有利于动作电位的产生，称为突触后易化。而突触前易化发生在突触前膜，与突触前抑制的结构基础相似。如果发生的是与图 10-10 中相反的变化，即轴突 B 末梢先兴奋使轴突 A 末梢的动作电位时程延长致钙通道开放时间延长，进入轴突 A 末梢的 Ca^{2+} 数量增多引起轴突 A 末梢释放兴奋性神经递质增多，最终导致运动神经元 C 产生的 EPSP 增大，也就是说轴突 A—运动神经元 C 传递发生了突触前易化。目前认为，轴突 A 末梢动作电位时程延长的机制可能是由于轴突-轴突型突触末梢释放了某种递质，引起前膜内 cAMP 浓度增高，促使钾通道发生磷酸化而过早关闭，从而延长了动作电位复极化过程。

第二节　神经系统的感觉分析功能

机体的生命活动是在动态变化着的内、外环境中进行的，感觉是大脑通过感受器或感觉器官对机体内、外环境变化产生的直接反应。体内、外各种刺激被感受器感受，然后被转换成传入神经上的神经冲动，并通过特定的神经通路传向特定的中枢加以分析、处理和整合，随后产生相应的感觉或意识，同时还可产生各种反射活动。

机体有视觉、听觉、前庭感觉等特殊感觉，还有躯体感觉、内脏感觉等一般感觉。机体的特殊感觉已在第九章叙述，本章主要阐述神经系统对一般感觉的分析功能。

一、机体的一般感觉

机体的一般感觉主要包括躯体感觉和内脏感觉。分布于机体的各种感受器，尤其是皮肤上的感受器受到相应的刺激后引起躯体感觉；而分布在内脏器官上的各种感受器受到刺激后引起内脏感觉。

（一）躯体感觉

机体通过皮肤及其附属感受器接受不同的刺激，在大脑皮层产生各种感觉，称为躯体感觉。躯体感觉包括来自皮肤的浅感觉和来自骨骼肌、肌腱和关节等处的深感觉两大类，浅感觉包括触-压觉、温度觉和痛觉；深感觉即本体感觉，主要包括位置觉和运动觉。

1. 触-压觉　由皮肤受到机械性刺激引起。微弱的机械刺激兴奋皮肤浅层的触觉感受器引起触觉；较强的机械性刺激导致深部组织变形引起压觉，两者在性质上类似，统称为触-压觉。触-压觉的感受器可以是游离神经末梢、毛囊感受器或带有附属结构的环层小体等，其分布密度和该部位对触-压觉的敏感程度成正比。例如，指尖、口唇等处密度高，而胸腹部等处密度较低，故指尖、口唇比胸腹部敏感性更高。触-压感受器的适宜刺激是机械刺激，刺激使感觉神经末梢变形，导致机械门控性离子通道开放，产生感受器电位，总和达阈电位时，产生传入神经上的动作电位，传至大脑皮层感觉区，形成触-压觉。值得注意的是，精细触-压觉属于深感觉，能感受关节的屈曲、伸展和活动程度等。

2. 温度觉　包括冷觉和热觉，由皮肤内的冷感受器和热感受器分别受到相应的刺激引起。冷感受器

位于 $A_δ$ 和 C 类传入神经纤维末梢上；热感受器位于 C 类传入神经纤维末梢上。两种感受器在皮肤呈点状分布，分布不均匀，冷感受器的数量一般为热感受器的 5~11 倍。皮肤对冷和热的敏感程度取决于冷和热感受器的分布密度，如躯干皮肤冷感受器分布密度比四肢皮肤更大，故对冷的敏感性较四肢更高。冷感受器在皮肤温度低于 30℃时开始发放冲动，随着温度逐渐下降，放电频率逐渐增加，冷觉随之增强；降温速度越快，放电频率越高，冷觉越强。热感受器在皮肤温度超过 30℃时开始发放冲动，随着皮肤温度升高，放电频率也逐渐增加，当温度超过 46℃时，热觉会消失，取而代之出现痛觉。

3. **痛觉** 是机体受到伤害性刺激后产生的不愉快的主观感觉，常伴有情绪变化、防卫反应和自主神经反应。

躯体的痛觉即躯体痛，包括体表痛和深部痛。体表痛发生在体表，主要是指皮肤受到伤害性刺激时产生的疼痛，又称为皮肤痛。皮肤痛常可产生"双重痛感"，即伤害性刺激作用后，首先出现由 $A_δ$ 纤维传导的尖锐且定位清楚的刺痛，又称快痛，刺激停止后很快消失，几乎不引起明显的情绪反应；随后是一种由 C 类纤维传导的定位不明确的烧灼样慢痛。慢痛的形成和消失都缓慢，常伴有情绪反应和心血管、呼吸等方面的变化。深部痛发生在躯体深部，主要是指骨、关节、骨膜、肌腱、韧带和肌肉等处的疼痛。深部痛一般表现为慢痛，其特点是定位不明确，可伴有恶心、出汗和血压改变等自主神经反应。深部痛可反射性地引起邻近骨骼肌收缩而导致局部组织缺血，缺血又使疼痛进一步加剧。缺血性疼痛可能是肌肉组织释放的 H^+ 和 K^+ 等致痛物质引起的。当肌持续收缩而发生痉挛时，缺血加剧，致痛物质产生增多并在局部堆积，持续刺激痛觉感受器，于是形成恶性循环，使痉挛和疼痛均进一步加重。当血供恢复后，致痛物质被带走或被降解，疼痛得到缓解。

（1）致痛物质：各种伤害性刺激造成组织损伤，损伤局部可释放或合成某些化学物质而引起痛觉，这些化学物质统称为致痛物质，如 K^+、H^+、5-羟色胺、组胺、缓激肽、P 物质、前列腺素、白三烯、血栓素等。

（2）痛觉感受器：是游离的神经末梢，没有适宜刺激，任何过强的刺激都可以成为伤害性刺激，都可引起其兴奋，且几乎不产生适应现象。在某些条件下，刺激还可能使痛觉感受器敏感化，出现痛觉过敏的现象。

（3）痛觉信息的传导：传导痛觉冲动的纤维有 $A_δ$ 和 C 类纤维。$A_δ$ 纤维传导快痛，传入冲动到达大脑皮层的第一和第二感觉区，可产生特定部位的痛觉；C 类纤维传导慢痛，传入神经纤维投射到边缘系统，可引起情绪反应。

（4）疼痛的生物学意义：痛觉虽然是发生在躯体某部分的不愉快的主观感受，但它是机体不可缺少的一种保护机制。它作为警觉信号，让个体感知到自身处境的危险，以便迅速做出逃避或防御反应，避免伤害性刺激的继续作用。在临床上，了解患者的疼痛性质和部位还有助于对疾病的诊断和病情的判断。值得注意的是，未探明原因的疼痛不宜镇痛，以免掩盖病情而贻误最佳的诊治时机；但同时也应清醒地认识到，长时间过强的疼痛会严重扰乱体内的功能活动，甚至导致休克，此时又应及时镇痛。

4. **本体感觉** 来自躯体深部的肌肉、肌腱、骨膜和关节等组织结构，主要是对躯体的空间位置、姿势、运动状态和运动方向的感觉。因感觉信息来源的位置较深，又称深部感觉。本体感觉的感受器主要有肌梭、腱器官、关节感受器等。人在闭上双眼时也能觉察肢体动作、身处空间位置和肢体拉伸等变化，正是本体感觉发挥作用的结果。

（二）内脏感觉

内脏中有痛觉感受器，但无本体感受器，所含温度觉和触-压觉感受器也很少。因此，内脏感觉主要是痛觉。

1. **内脏痛的特点** 与体表痛相比，内脏痛具有以下几个特点。

（1）定位不准确：为内脏痛最主要的特点。痛觉感受器在内脏的分布密度明显小于躯体，故而由内脏传入产生的痛觉比较模糊、弥散、定位不准确，有时甚至不引起主观感觉；产生内脏痛时，也不易明确指出疼痛的确切部位。

(2) 主要表现为慢痛。内脏痛发生较慢，疼痛持续时间较长，常渐进性增强，也可转为剧烈疼痛。

(3) 引起感受器兴奋的敏感刺激与躯体不同。内脏的痛感受器对机械牵拉、缺血、痉挛和炎症等刺激十分敏感；对切割、烧灼等通常易引起皮肤痛的刺激却不敏感。在中空内脏器官，因梗阻或管壁收缩导致的内压升高可引起非常剧烈的疼痛，如胆绞痛和肾绞痛等。

(4) 易引起不愉快的情绪活动，并伴有恶心、呕吐和心血管及呼吸活动改变。由于内脏痛的传入通路与引起情绪和自主神经反应的通路之间存在密切的联系，内脏痛常伴有情绪反应和内脏反应。此外，内脏痛包括真脏器痛和体腔壁痛，还常伴有牵涉痛。

2. **牵涉痛（referred pain）** 某些内脏疾病往往引起远隔的体表部位发生疼痛或痛觉过敏，这种现象称为牵涉痛。

(1) 常见的牵涉痛部位：某内脏器官疾病引起的牵涉痛部位是有固定关系的，如心绞痛患者常因心肌缺血感到左肩、左臂内侧、左侧颈部和心前区疼痛；胆囊炎症时常感到右肩部疼痛；阑尾炎早期感到上腹部或脐周区疼痛等（表10-3）。因而，了解牵涉痛的发生规律对于临床诊断某些疾病有一定意义。以阑尾炎为例，疼痛部位由早期的上腹部（剑突下和脐周）逐渐转移至右下腹，并出现麦氏点的压痛或伴有反跳痛，是诊断阑尾炎的重要依据。阑尾炎患者早期剑突下和脐周不适或疼痛是牵涉痛，逐渐出现的右下腹疼痛为真脏器痛，而麦氏点压痛时反跳痛则是阑尾炎症累及腹膜和腹壁引起的体腔壁痛。

表10-3 常见内脏疾病引起牵涉痛的部位

内脏疾病	牵涉痛的部位
心肌缺血	心前区、左肩、左臂内侧、左侧颈部
胃溃疡、胰腺炎	左上腹、肩胛间
胆囊炎、胆石症	右肩部
肾结石、输尿管结石	腹股沟区
阑尾炎	上腹部、脐周区

(2) 牵涉痛的机制：尚未完全阐明，目前有会聚学说和易化学说两种解释（图10-11），它们都能够部分解释牵涉痛发生的机制。会聚学说认为，来自患病内脏和牵涉痛皮肤区域的传入神经纤维进入脊髓后，与脊髓后角同一神经元换元，并由同一上行纤维传入大脑皮层，由于疼痛刺激多来源于体表部位，且大脑皮层习惯于识别来自体表的刺激，因而将来源于患病内脏的刺激误认为来自体表，于是发生牵涉痛。易化学说认为，来自患病内脏和牵涉痛皮肤区域的传入神经纤维进入脊髓后，与脊髓后角同一区域内相距很近的不同神经元换元，由患病内脏传来的冲动可通过侧支提高邻近躯体感觉神经元的兴奋性，即产生易化作用，使平常不引起体表疼痛的刺激信号变为致痛信号，即痛觉过敏，从而产生牵涉痛。

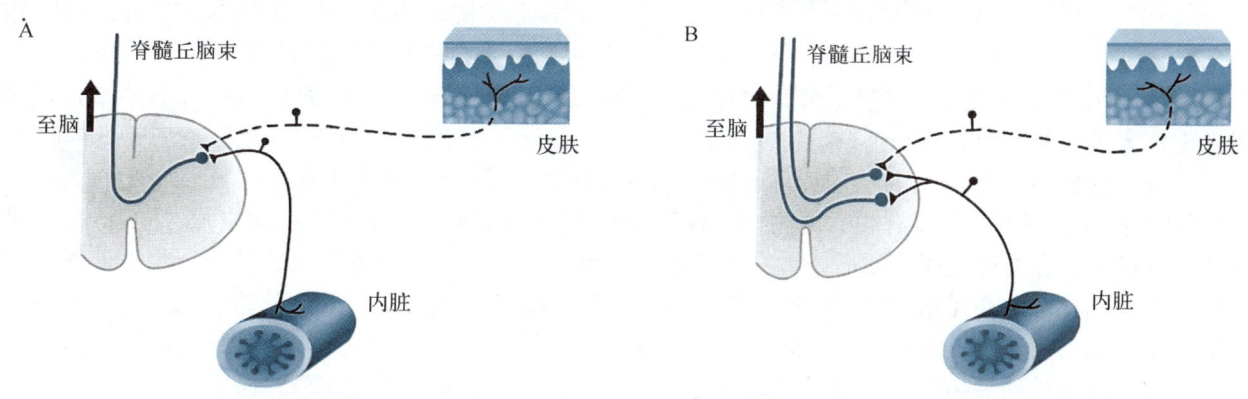

图10-11 会聚学说和易化学说示意图

A. 会聚学说；B. 易化学说

二、机体感觉的投射通路

机体的各种感觉信息通过相应的传入神经，经各自的通路传至大脑皮层感觉中枢，在中枢进行分析和整合后，产生各种特定的感觉。每一种感觉的上传都有其专门的通路，向大脑皮层的投射都是专一的。

（一）躯体感觉投射通路

躯体感觉的传入通路一般要经过三级神经元接替。第一级神经元的胞体位于脊髓后根神经节或脑神经节中，其周围突与感受器相连，中枢突进入脊髓和脑干后发出两类分支，一类分支在不同水平直接或间接通过中间神经元与运动神经元相连而构成反射弧，完成各种反射；另一类分支与第二级神经元胞体发生突触联系。第二级神经元的胞体位于脊髓背角或脑干的感觉神经核，其发出的纤维交叉至对侧上行，到达丘脑；第三级神经元的胞体在丘脑，由丘脑特异感觉接替核发出纤维投射至大脑皮层的特定区域，从而产生不同的躯体感觉。

1. **脊髓的感觉传导功能** 由脊髓上传至大脑皮层的躯体感觉传导通路可分为浅感觉传导通路和深感觉传导通路（图10-12）。

（1）浅感觉传导通路：传导痛觉、温度觉和粗略触-压觉，其传入神经纤维经后根的外侧部进入脊髓，然后在脊髓后角换元后，由第二级神经元发出纤维经白质前连合交叉至对侧后上行。其中，传导痛觉和温度觉的纤维形成脊髓丘脑侧束继续上行；传导粗略触-压觉的纤维形成脊髓丘脑前束继续上行，然后抵达丘脑。

（2）深感觉传导通路：传导本体感觉和精细触-压觉，其传入神经纤维经后根的内侧部进入脊髓，沿同侧后索的薄束和楔束上行至延髓的薄束核和楔束核换元后，由第二级神经元发出纤维交叉至对侧，并形成内侧丘系继续上行抵达丘脑。

浅感觉传导通路先交叉后上行，而深感觉传导通路先上行后交叉，所以在脊髓半横贯损伤的情况下，浅感觉障碍发生在横贯损伤的对侧，而深感觉障碍则发生在横贯损伤的同侧。

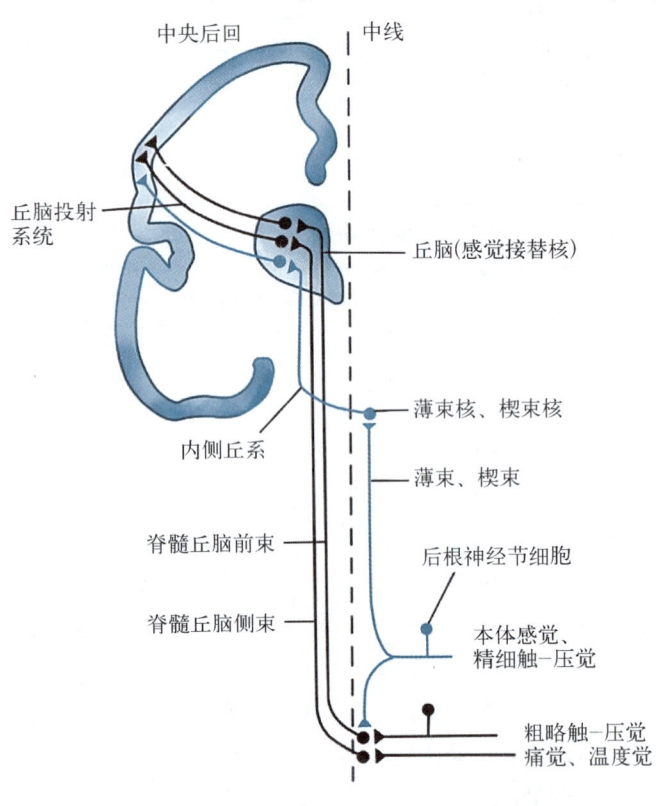

图10-12 躯体感觉传导通路示意图

2. **丘脑的感觉分析功能** 除嗅觉外，机体各种感觉传入通路都以丘脑作为重要传入中继站，丘脑还能对感觉传入进行初步的分析和整合。

（1）丘脑的核团和功能：根据丘脑不同核团或细胞群的功能特征，可将其分为以下三大类。

1）特异感觉接替核：主要有腹后内侧核、腹后外侧核、内侧膝状体和外侧膝状体等。第二级感觉神经元的传入神经纤维在此类核团换元后，再发出纤维投射到大脑皮层特定的感觉区。其中，腹后外侧核为脊髓丘脑束和内侧丘系的换元站，负责传递躯体的感觉信息；腹后内侧核为三叉丘系的换元站，负责传递头面部的感觉信息。躯体感觉冲动在丘脑的投射有一定的空间分布，这种空间分布与大脑皮层感觉区的空间定位相对应。内侧膝状体是听觉传导通路的换元站，外侧膝状体是视觉传导通路的换元站。

2）联络核：主要有丘脑前核、丘脑外侧核、丘脑枕等。它们不直接接收第二级感觉神经元投射纤维，而是接收特异感觉接替核和其他皮层下中枢来的纤维，换元后投射到大脑皮层的特定区域，主要是协调各种感觉在丘脑和大脑皮层之间的联系，还能参与运动和内脏活动调节。

3）非特异性投射核群：主要指内髓板内的核群，包括中央中核、束旁核和中央外侧核等。一般认为，这类细胞群不直接向大脑皮层进行纤维投射，但是可以间接通过多次换元接替后，弥散地投射到整个大脑皮层，具有维持和改变大脑皮层兴奋状态的作用。此外，束旁核可能与痛觉传导有关，刺激人类丘脑束旁核可加重痛觉，而毁损此区则疼痛得到缓解。

（2）丘脑的感觉投射系统：丘脑各部向大脑皮层的投射称为感觉投射系统。根据丘脑核群向大脑皮层投射特征的不同，把感觉投射系统分为特异性投射系统和非特异性投射系统（图10-13）。

1）特异性投射系统（specific projection system）：指丘脑特异感觉接替核及其投射至大脑皮层的神经通路。它们投射到大脑皮层的特定区域，具有点对点的投射关系，其投射纤维主要终止于大脑皮层的第Ⅳ层，与该层内神经元构成突触联系，主要功能是引起特定的感觉。另外，这些投射纤维还通过若干中间神经元接替，与大锥体细胞构成突触联系，从而激发大脑皮层发出传出冲动。联络核在结构上大部分也与大脑皮层有特定的投射关系，因此也归入该系统。

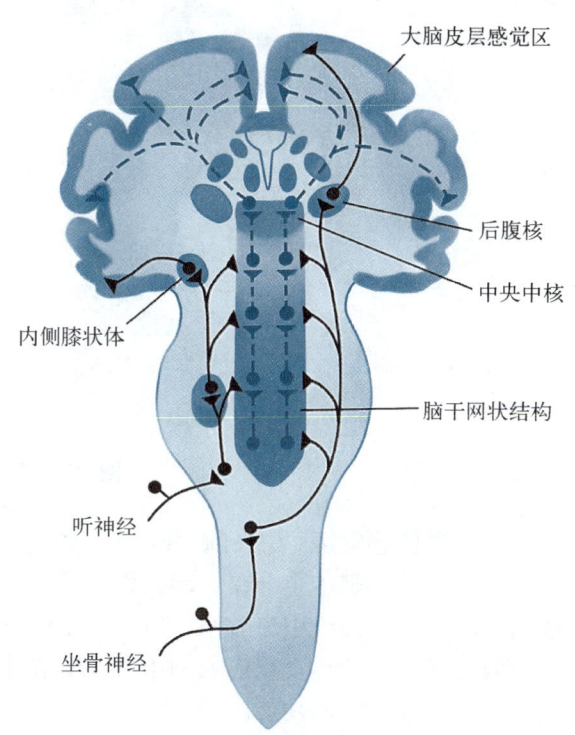

图 10-13　感觉投射系统示意图
实线表示特异性投射系统，虚线表示非特异性投射系统

2）非特异性投射系统（nonspecific projection system）：指丘脑非特异性投射核及其投射至大脑皮层的神经通路。丘脑的非特异性投射核发出纤维弥散性地投射到大脑皮层的广泛区域，与皮层不具有点对点的投射关系，其纤维进入皮层后分布于各层内，主要功能是维持和改变大脑皮层的兴奋状态。丘脑非特异性投射核接收的神经信息来自网状结构的非特异性感觉上传，究其来源仍然是各种感觉（除嗅觉外）。当这些感觉的传入神经纤维上行通过脑干时，发出侧支与脑干网状结构的神经元发生突触联系，在网状结构多次换元后失去其特异性，然后上行达丘脑的非特异性投射核。

非特异性投射系统虽然不能引起各种特定感觉，但它能使机体维持较长时间的觉醒状态，从而为特异性投射系统产生特定感觉奠定基础。在脑干网状结构内，存在着具有上行唤醒作用的功能系统，该系统主要是通过非特异性投射系统发挥作用的（详见本章第五节）。此外，非特异性投射系统对催眠和麻醉药较敏感，受损后会出现昏睡不醒。

3. 大脑皮层的感觉分析功能　大脑皮层是感觉分析的最后和最高级的部位。各种感觉传入冲动最终都到达大脑皮层，在此进行信息的加工和整合，并形成感觉和意识。不同的感觉纤维投射到大脑皮层后有一定的区域分布，此区域就称为该感觉在大脑皮层的代表区。躯体感觉代表区主要包括体表感觉区和本体感觉区（图10-14）。

（1）体表感觉区：有第一感觉区和第二感觉区，其中第一感觉区更重要。

第一感觉区位于中央后回，是分析、整合并形成全身体表感觉的主要区域。其感觉投射规律为：① 交叉性投射。一侧躯体的传入冲动向对侧皮层投射，但头面部是双侧性的。② 投射区域的面积大小与感觉分辨精细程度有关，投射区面积越大，感觉分辨精细程度越高。例如，感觉灵敏的拇指和示指投射区的面积很大；而感觉迟钝的躯干投射区则很小。③ 定位准确，呈倒置分布。下肢代表区在顶部，上肢代表区在中部，头面部代表区在底部，但头面部内部的安排是正立的。

第二感觉区位于中央前回与岛叶之间，面积远比第一感觉区小。第二感觉区内的投射安排是正立、具有双侧性的，但身体各部分的代表区远不如中央后回那么完善和具体，仅能对感觉进行粗略分析，切除后不产生明显的感觉障碍。此外，第二感觉区还接收痛觉传入的投射。

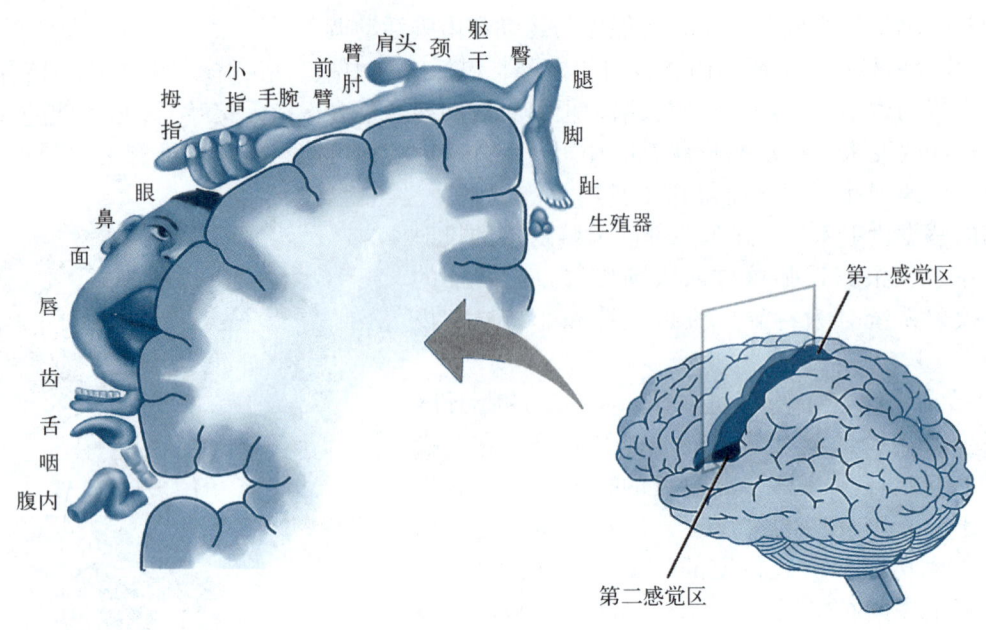

图 10-14 大脑皮层感觉投射区示意图

(2) 本体感觉区：中央前回既是运动区，又是本体感觉代表区。较低等的哺乳动物如猫、兔等，体表感觉区与运动区基本重合在一起，称为感觉运动区。灵长类动物如猴、猩猩和人类，体表感觉区和运动区逐渐分离，前者位于中央后回，后者位于中央前回，但这种分化也是相对的。例如，刺激人脑中央沟周围皮质时发现，发生运动反应的刺激有20%在中央后回，80%在中央前回，所以运动区主要在中央前回，中央后回也有运动控制功能。

（二）内脏感觉投射通路

1. **内脏感觉的传导通路** 内脏感觉的传入神经纤维走行于自主神经干中，包括交感神经和副交感神经。它们的细胞胞体主要位于脊髓第7胸段~第2腰段和第2~4骶段后根神经节，以及第Ⅶ、Ⅸ、Ⅹ对脑神经节内。一个脏器的传入神经分支可与多个脊神经节细胞形成突触联系，从邻近几个节段进入脊髓，进入脊髓后还可以跨节段联系。因此，不同脏器的传入节段可相互重叠，这可能也是造成内脏感觉定位不准确的重要原因之一。内脏感觉的传入冲动进入中枢后，沿躯体感觉的同一通路，即脊髓丘脑束和感觉投射系统上行，最终到达大脑皮层。

2. **内脏感觉代表区** 主要混杂在第一感觉区中。第二感觉区和运动区也与内脏感觉有关。电生理研究发现，刺激来自内脏的传入神经可在第一感觉区相应的区域内引出诱发电位；刺激第二感觉区及其邻近部位会产生味觉、恶心或排便等感觉；刺激运动区会产生心悸、脸发热等感觉。另外，内脏感觉传入也向边缘系统皮质投射，由于边缘系统与机体的情绪活动有关，内脏痛往往伴有情绪改变。

（三）特殊感觉投射通路

1. **视觉传入通路和视觉中枢的信息处理**

(1) 视觉传入通路：视网膜上的两种感光细胞将光刺激转换为电信号后，神经冲动经视网膜神经节细胞的轴突汇聚形成的视神经上传至视觉中枢。视神经入颅后，从两眼鼻侧视网膜发出的视神经纤维交叉到对侧，从两眼颞侧视网膜发出的纤维则不交叉。因此，来自左眼颞侧视网膜的纤维和右眼鼻侧的纤维汇聚成左侧视束，投射到左外侧膝状体，再由其发出纤维组成视辐射投射到左侧大脑半球的初级视皮层；来自左眼鼻侧视网膜的纤维和右眼颞侧视网膜的纤维汇聚成右侧视束，投射到右外侧膝状体，再由其发出纤维组成视辐射，投射到右侧半球的初级视皮层（图10-15）。值得注意的是，外侧膝状体仅有10%~20%的纤维输入来自视网膜，其余大多数的输入来自视皮层和其他脑区，表明它与皮层和其他中枢之间存在着复杂的反馈通路。

（2）视皮层：传统意义上的视皮层指大脑半球内侧面枕叶皮层距状沟的上、下缘，接收外侧膝状体信息的直接输入，又称为初级视皮层。距状沟的上缘接收视网膜上半部的投射，距状沟的下缘接收视网膜下半部的投射，距状沟的后部接收视网膜中央凹黄斑区的投射，而距状沟的前部则接收视网膜周边区的投射。近年来，视皮层的范围已扩大到顶叶、颞叶和部分额叶在内的许多新皮层区。这些皮层区中，有的还兼有其他感觉或运动的功能。

（3）视觉中枢的信息处理：任何图像经过视觉系统最后形成视觉的过程被分解为包含颜色、运动、形状等信息参数，它们沿不同的通路传导，同时对这些信息进行分析、处理，形成视皮层的方位柱、颜色柱和眼优势柱等。例如，视皮层有结构完善的感觉柱，即方位柱，只有特定方向的光带才能引发方向柱的最佳反应，且视皮层上每跨越一个方位柱，其最佳感受方向就相差5°~10°。因此，如果将视皮层上相隔很小距离的所有方位柱集合起来，就能构成具有360°方向上都能感受的完整的

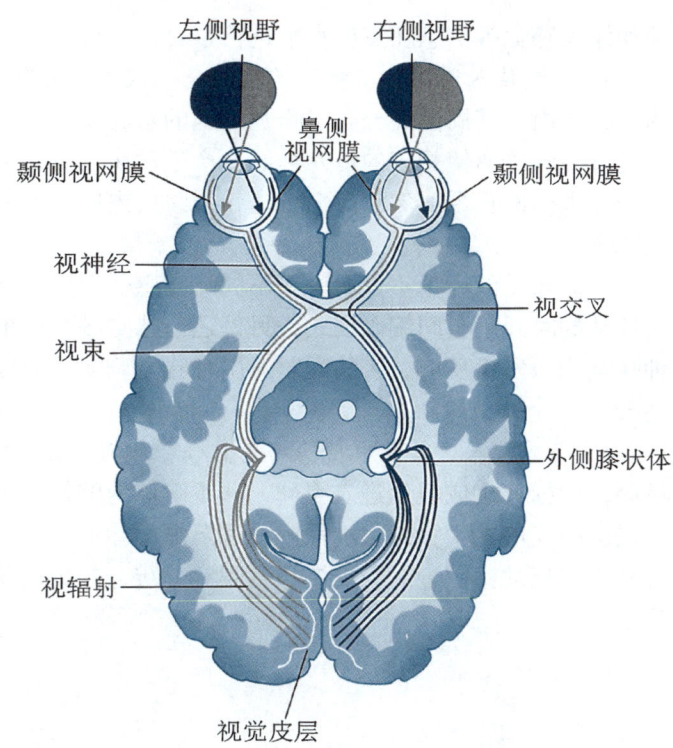

图10-15 视觉传入通路示意图

感受野。视皮层将不同神经通路中传递的关于颜色、运动、形状、深度等信息进行整合，对周边感受器所接收的感觉信息进行必要的过滤和筛选，保留对生存和生活有重要意义的视觉目标，最后将其送至高级视皮层进一步整合，形成视觉。

2. 听觉传入通路及听觉中枢的分析功能

（1）听觉传入通路：听神经传入神经纤维首先在同侧脑干的耳蜗神经核换元，换元后的纤维大部分交叉到对侧上橄榄核，再次换元后形成外侧丘系上行，小部分不交叉进入同侧外侧丘系上行。外侧丘系的纤维可直接或经下丘换元后抵达内侧膝状体，再由其发出纤维组成听辐射，投射至初级听皮层。

（2）听觉中枢的分析功能：人的初级听皮层位于颞横回和颞上回。初级听觉皮层接收来自内侧膝状体腹侧的点对点投射，因而细胞排列具有精确的频率定位。对低频组分发生反应的神经元分布于听皮层的前外侧，而对高频组分发生反应的神经元分布于听皮层的后内侧。听皮层神经元也能分析听觉刺激的声源方向、强度、持续时间和重复频率等多种参数。

3. 平衡觉传入通路和中枢的信息整合

（1）平衡觉传入通路：前庭器官接受刺激后，将其转换为神经冲动，经前庭神经上传至平衡觉中枢。前庭神经的感觉神经元胞体位于前庭神经节内，是双极神经元，其周围突分布于内耳半规管的壶腹嵴及前庭内的球囊斑和椭圆囊斑，中枢突聚合形成前庭神经，与听神经一起形成第Ⅷ对脑神经。前庭神经上行至前庭核换元后发出纤维，在脑干的内侧上行，先与外侧丘系一起上行至被盖中央束后外侧的部位，然后向上抵达背侧丘脑腹后核换元，再发出纤维向前庭皮层投射，产生平衡觉。

此外，自前庭神经核发出的纤维还组成内侧纵束，向上止于动眼神经核、滑车神经核和展神经核，向下止于颈髓前角运动神经元及副神经核，完成眼肌及颈部的反射活动；一部分纤维还下行组成前庭脊髓束，止于脊髓前角运动神经元，完成躯干、四肢的姿势反射调节；一部分纤维经小脑下脚进入小脑，参与平衡调节；一部分纤维与脑干网状结构、迷走神经背核和疑核联系，所以前庭器官受刺激时，可引起眩晕、恶心、呕吐等反应。

（2）平衡觉中枢的信息整合：平衡觉在大脑皮层的代表区位于颞上回后方。人体的平衡感觉主要与头部的空间方位有关，而头部的空间方位在很大程度上取决于前庭感受器的传入信息。此外，视觉、本体感

觉和体表感觉等信息在皮层水平进行整合，构成机体对空间方位的感受和身体平衡的维持。

4. 味觉传入通路和中枢的信息整合　人类味觉传导的第一级神经元胞体位于第Ⅶ、Ⅸ、Ⅹ对脑神经的神经节内，其周围突分布于味觉细胞的基底面，中枢突组成味觉的传入神经。味觉细胞产生的感受器电位通过突触传递使相应的传入神经上产生动作电位，传入神经上传至延髓孤束核换元后，发出纤维交叉至对侧加入内侧丘系，然后向上抵达丘脑腹后内侧核换元，再发出纤维投射至大脑后回底部和岛叶皮层，产生味觉。

不同味觉的产生不仅取决于不同味觉感受器对味觉刺激的敏感性不同，也取决于不同味觉刺激引起传入冲动的时间、空间编码模式，另外还与味觉各级中枢的整合机制有关。味觉皮层中，有的神经元仅对一种味觉刺激发生反应，有的同时对多种味觉刺激或温度刺激、机械刺激发生反应，表现为一定程度的信息整合。

5. 嗅觉传入通路和中枢的信息整合　嗅觉的感受器是嗅细胞，它是一种双极神经细胞，周围突伸向鼻腔，中枢突组成嗅丝进入嗅球，并于嗅球内的僧帽细胞换元，然后僧帽细胞的轴突形成嗅束，上传至嗅皮层。嗅皮层在生物进化过程中呈逐渐缩小趋势，在高等动物仅存于边缘叶前底部，包括梨状区皮层的前部和杏仁核的一部分。嗅皮层负责嗅觉分辨，并传递嗅觉信息到下丘脑和边缘系统，形成嗅觉记忆和情绪活动。

第三节　神经系统对躯体运动的调控

躯体运动是机体对外界反应的主要活动。在神经系统的控制下，以骨骼肌的活动为基础，不同肌群相互协调和配合，形成各种躯体运动。躯体运动的协调有赖于各级中枢神经系统的结构完整和功能完善，所以躯体运动是各级中枢之间高度协调、整合的结果。

一、运动的中枢调控概述

各种类型的运动都是在中枢神经系统的整合调控下完成的。中枢神经系统根据机体的需求对骨骼肌发出精确的指令，进而控制运动的多种参数以完成各种类型的运动。中枢神经系统不同部位对躯体运动的整合作用有明显的程度差别，越是复杂的躯体运动，越需要高级中枢的参与。

（一）运动的形式

人体的运动形式多种多样，一般可分为三大类。

1. 反射运动（reflex movement）　指不受意识控制、运动形式固定、反应迅速的运动，是最简单和最基本的运动形式。反射运动一般由特定的刺激引起，运动强度与刺激强弱有关，如膝跳反射、屈肌反射等。

2. 随意运动（voluntary movement）　指受意识控制的有目的的运动。随意运动因主观意愿而发生，其方向、轨迹、速度等都可以随意选择，并可在运动执行中随意改变。

3. 节律性运动（rhythmic movement）　指介于反射运动和随意运动之间的运动形式，其形式固定，具有节律性和连续性特点，如呼吸、咀嚼、奔跑等。节律性运动可随意开始或终止，一般由随意运动发起，但开始后的节律性运动不再受意识控制，而是自动以固定模式重复进行，并且在进行过程中能被感觉信息所调制。

（二）控制运动的主要中枢神经结构

脑内调控躯体运动的系统从高级到低级，由大脑皮层运动区、皮层下中枢（基底神经节和小脑）、脑干下行系统和脊髓等组成,彼此各有分工(图10-16)。一般认为,脊髓和脑干主要完成反射运动和简单的运动形式;大脑皮层的运动区则是发起复杂随意运动的最高级中枢;基底神经节主要参与运动的计划和准备;小脑则主要协调运动以提高运动的准确性。各级中枢之间既存在高级结构与低级结构的等级关系,又是一种相对独立、各自分工的平行关系。例如,高级中枢发出运动指令,通过低级中枢发出传出冲动,使肌肉有组织地兴奋。高级中枢除了逐级控制下级中枢外,还可以直接控制最低一级的神经元。例如,大脑皮层运动区可通过调节基底神经节、小脑、脑干等间接兴奋脊髓运动神经元,也可以通过皮层脊髓束直接兴奋脊髓运动神经元。

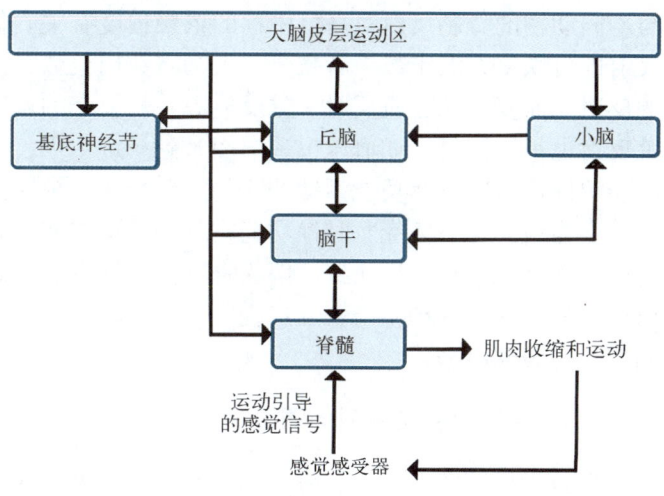

图 10-16　运动调控中枢各结构之间相互关系示意图

二、脊髓对躯体运动的调控作用

脊髓位于躯体运动中枢控制的最低水平。脊髓参与运动的相关区域是脊髓前角,经由皮质脊髓束和脑干脊髓束而受高位中枢的控制,也可在脊髓水平进行信息的整合。

(一)运动神经元和运动单位

脊髓前角存在大量运动神经元,包括 α、β 和 γ 运动神经元,它们发出的运动神经纤维经前根离开脊髓到达所支配的肌肉。

1. α 运动神经元和运动单位　α 运动神经元发出的神经纤维支配梭外肌,并直接决定骨骼肌的收缩力。α 运动神经元既接收来自皮肤、肌肉和关节等的外周传入信息,又接收来自脑干和大脑皮层的下传信息,并将这些信息整合后产生一定的传出冲动,支配骨骼肌的活动。因此,α 运动神经元是躯体骨骼肌运动反射的最后公路。一个 α 运动神经元的轴突末梢发出许多小分支,每一分支支配一根骨骼肌纤维。由一个 α 运动神经元及其所支配的全部肌纤维所构成的功能单位,称为运动单位(motor unit)。小的运动神经元(如眼外肌)只支配6~12根肌纤维,有利于肌肉进行精细运动。大的运动神经元(如三角肌)可支配约2 000根肌纤维,有利于产生较大的肌张力。

2. γ 运动神经元　胞体分散在 α 运动神经元之间,胞体较 α 运动神经元小,发出的纤维支配骨骼肌的梭内肌纤维。γ 神经元兴奋性较高,常以较高的频率持续放电,其主要功能是调节肌梭对牵张刺激的敏感性。

3. β 运动神经元　胞体的体积较大,发出的纤维支配梭内肌和梭外肌,但其具体功能尚不清楚。

(二)脊休克

有许多运动反射可在脊髓水平完成,但由于脊髓经常处于高位中枢控制下,其本身具有的功能不易表现出来。通过对脊休克的研究,有助于了解脊髓本身的功能。

1. 脊休克现象　动物实验中,在脊髓第5颈段水平以下切断脊髓,保留膈神经对膈肌呼吸运动的支配,以保持动物的呼吸功能。这种脊髓与高位中枢离断的动物称为脊动物(spinal animal)。当人和动物的脊髓与高位中枢离断后,离断平面以下脊髓的反射活动能力暂时丧失而进入无反应状态的现象,称为脊髓休克(spinal shock),简称脊休克。

2. 脊休克的主要表现　脊休克时横断损伤面以下脊髓所支配的躯体和内脏活动暂时性全部丧失,主要表现为骨骼肌的紧张性消失,外周血管扩张,血压下降,发汗反射消失,粪、尿潴留。脊休克是暂时的,一段时间后,一些以脊髓为基本中枢的反射活动可逐渐恢复。横断损伤平面以下功能反射恢复的时间与不同动物的脊髓反射对高位中枢的依赖程度有关。低等动物反射恢复较快，如蛙在脊髓离断后数分钟内反射即可恢复，犬于数天后恢复，人则需数周至数月才能恢复。在脊反射恢复的过程中，较简单和较原始的反射先恢复，如屈肌反射、腱反射等；较复杂的反射恢复较迟，如对侧伸肌反射、搔爬反射等。部分内脏反射也得以恢复，如血压也逐渐回升到一定水平，具有一定的排便和排尿能力。但是，恢复的反射活动不能很好地适应机体功能活动变化的需要，而且离断损伤水平以下的知觉和随意运动能力永久丧失，临床上称之为截瘫。脊休克暂时性功能丧失的现象并非由脊髓离断本身引起，而是由离断损伤平面下方的脊髓突然失去高位中枢调控所致，因为脊髓反射恢复后，若再次在原脊髓断面下方切断脊髓，脊休克不会再次出现。从脊休克的产生与恢复过程中可见，脊髓能完成某些简单的反射，但这些反射平时在高位中枢的控制下不易表现出来。

（三）脊髓对姿势反射的调节

姿势指机体的头、颈、躯干和四肢等与空间的相对位置，以及机体各部分之间的相对位置。中枢神经系统可通过调节骨骼肌的紧张度或产生相应的运动，以保持或改正躯体在空间的姿势，这种反射称为姿势反射（postural reflex）。在脊髓水平能完成的姿势反射有牵张反射、屈肌反射和对侧伸肌反射等。在整体情况下，这些姿势反射要受到高位中枢的调控。

1. 牵张反射（stretch reflex） 指有神经支配的骨骼肌，在受外力牵拉而伸长时，引起受牵拉的同一肌收缩的反射活动。

（1）牵张反射的类型：牵张反射有腱反射和肌紧张两种类型。腱反射（tendon reflex）指快速牵拉肌腱时发生的牵张反射。常见的腱反射有膝跳反射、跟腱反射和肘反射等。腱反射过程表现为骨骼肌的一次快速收缩和舒张，使机体原有的姿势得以维持。腱反射的传入神经纤维直径较粗，传导速度较快，反射的潜伏期短，只相当于一次突触传递的时间延搁，表明腱反射是单突触反射。临床上常通过检查腱反射来了解神经系统的功能状态。若腱反射减弱或消失，常提示反射弧某个环节受损；若腱反射亢进，常提示控制脊髓的高位中枢病变。肌紧张（muscle tonus）指缓慢持续牵拉肌腱时发生的牵张反射。肌紧张表现为受牵拉的肌肉发生持续、微弱的收缩，防止肌肉被拉长。肌紧张中枢的突触传递不止一个，故为多突触反射。肌紧张的收缩力量并不大，只是抵抗肌肉被牵拉，表现为同一肌肉的不同运动单位进行交替性的收缩，而不是同步收缩，因此不表现为明显的动作，肌紧张能持久地进行而不易发生疲劳。肌紧张是维持躯体姿势最基本的反射，是姿势反射的基础。例如，人体直立姿势时，由于重力作用，支持体重的关节趋于弯曲，弯曲的关节使伸肌肌腱受到持续牵拉，从而产生牵张反射，使伸肌的肌紧张加强，以对抗关节的屈曲，从而保持直立的姿势。伸肌和屈肌都有牵张反射，在人类，伸肌是抗重力肌，所以脊髓的牵张反射主要表现在伸肌。

（2）牵张反射的反射弧：牵张反射的结构基础即反射弧的组成如下（图10-17）。

1）感受器：牵张反射的感受器是肌梭（muscle spindle），主要感受骨骼肌长度变化。肌梭的外层为一结缔组织囊，囊内所含的肌纤维为梭内肌纤维（intrafusal fiber），囊外的肌纤维为梭外肌纤维（extrafusal fiber）。肌梭与梭外肌纤维呈并联关系；

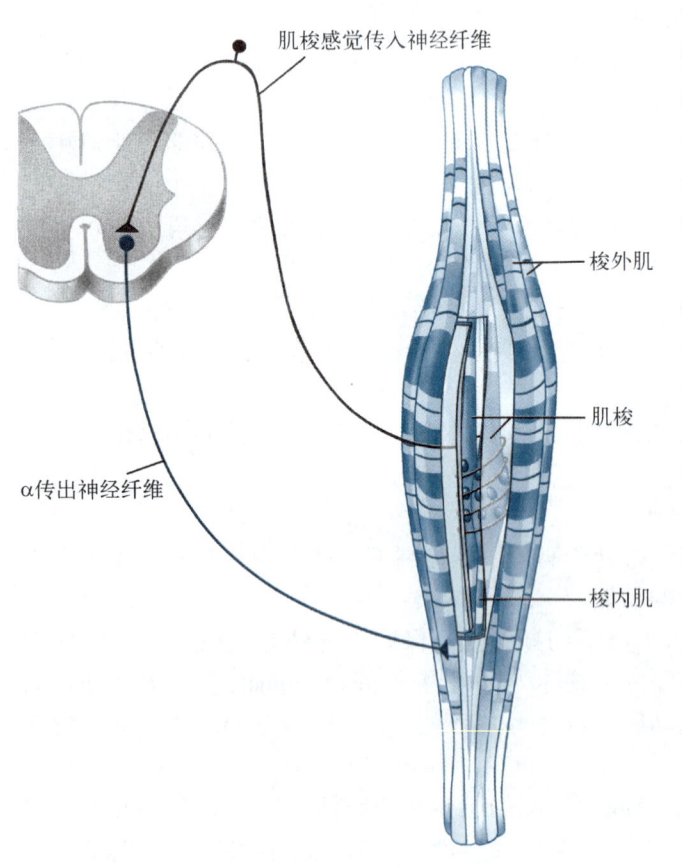

图10-17 牵张反射的反射弧示意图

梭内肌纤维的收缩成分位于纤维两端，感受装置位于中间部，两者呈串联关系（图10-17）。梭内肌纤维分为核袋纤维和核链纤维两类。核袋纤维直径较粗，中间部膨大呈袋状，细胞核集中于中间部；核链纤维直径较细，中间无膨大，细胞核分散，在整个感受装置内呈链状分布（图10-18）。当梭外肌收缩时，整块骨骼肌会表现出明显的缩短；而当梭内肌收缩时，整块骨骼肌的长度无明显变化。

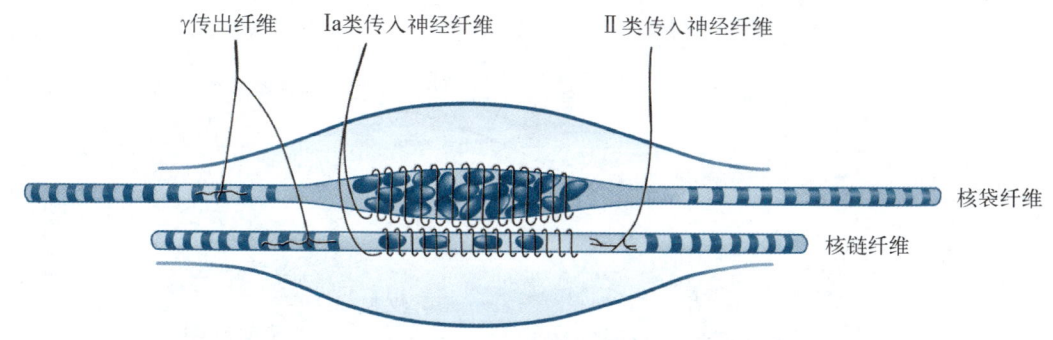

图 10-18　肌梭结构及其神经联系示意图

2）传入神经纤维：肌梭的传入神经纤维有Ia和Ⅱ类纤维（图10-18），Ia类纤维末梢呈螺旋形缠绕于核袋纤维和核链纤维的感受装置部位，Ⅱ类纤维末梢呈花枝状，主要分布于核链纤维的感受装置部位。当肌梭被突然牵拉时，冲动主要经Ia类纤维传入；当肌梭被缓慢牵拉时，冲动经Ia和Ⅱ类纤维传入。两类纤维都终止于脊髓前角的α运动神经元。

3）中枢及传出神经纤维：牵张反射的基本中枢在脊髓，主要涉及脊髓前角的α运动神经元。整体情况下，α运动神经元的活动还要受到高位中枢的调控。α运动神经元兴奋后，冲动由其轴突，即α传出神经纤维传出。

4）效应器：α运动神经元的传出神经纤维支配梭外肌纤维。当α运动神经元兴奋时，梭外肌收缩，骨骼肌会出现一次明显的张力增加和（或）缩短。

（3）牵张反射的过程：以叩击股四头肌肌腱引起股四头肌收缩的膝跳反射为例，叩击股四头肌腱实际上是股四头肌受外力牵拉而突然伸长，此时该肌的肌梭感受器因受到刺激而兴奋，冲动经Ia类纤维传入脊髓，使脊髓前角支配该肌的α运动神经元兴奋，经α传出神经纤维传出冲动增多，引起该肌的梭外肌收缩，即股四头肌的张力增加和长度缩短，以对抗外力的牵拉，从而完成牵张反射。此时可以观察到因股四头肌收缩而发生的小腿反射性快速上抬动作。

（4）γ运动神经元对牵张反射的调节：脊髓前角的γ神经元发出纤维支配肌梭的收缩成分，即梭内肌（图10-18）。γ运动神经元兴奋使梭内肌收缩，虽然梭内肌收缩强度不足以引起整块肌肉的张力增加和缩短，但可牵拉肌梭核袋纤维上的感受装置使之兴奋，从而使Ia类传入神经纤维放电增加，进而导致该肌肉的梭外肌收缩。所以，γ运动神经元兴奋可增加肌梭的敏感性。这种由γ运动神经元兴奋→梭内肌收缩→肌梭的敏感性增加→Ia类传入神经纤维传入冲动增多→α运动神经元兴奋→梭外肌收缩所形成的环路，称为γ-环路（γ-loop）。正常情况下，骨骼肌持续收缩时，α和γ运动神经元往往同时处于兴奋状态，这种现象称为α和γ共同激活。其意义在于当梭外肌收缩时，通过γ运动神经元的活动引起梭内肌收缩，从而使肌梭的传入冲动维持在一定水平，防止当梭外肌收缩时肌梭因受牵拉刺激减少而停止放电。在整体情况下，γ运动神经元在很大程度上还受到来自许多高位中枢下行通路的调控，通过改变肌梭的敏感性和躯体不同部位的牵张反射的阈值，以适应控制姿势的需要。

2. 反牵张反射（inverse stretch reflex）　与牵张反射的效应相反，其因感受器是腱器官（tendon organ），也被称为腱器官反射。腱器官分布于肌腱胶原纤维之间，与梭外肌纤维呈串联关系（图10-19）。腱器官是一种张力感受器，它对肌肉被动牵拉不太敏感，但对肌肉主动收缩产生的牵拉非常敏感，其传入神经纤维是Ib类纤维。当肌肉受牵拉时，肌梭首先兴奋而产生牵张反射；若牵拉力量进一步加大，则可兴奋腱器官，其传入冲动经Ib类纤维传至脊髓，通过兴奋脊髓内的抑制性中间神经元，使同一肌肉的α运动神经元受到抑制，从而抑制牵张反射，避免肌肉被过度牵拉而损伤（图10-19）。肌收缩过程中张力增加也刺激腱器官感受器兴奋而产生反牵张反射的增强，从而避免因肌过强收缩而导致肌肉被拉伤。在膝跳反射中，牵张反射引起股四头肌收缩而致小腿上抬是牵张反射的结果，随即发生的小腿迅速放下，一方面是由于股四头肌收缩时肌缩短导致肌梭受刺激减小，使牵张反射活动减弱，另一方面也与反牵张反射增强有关。

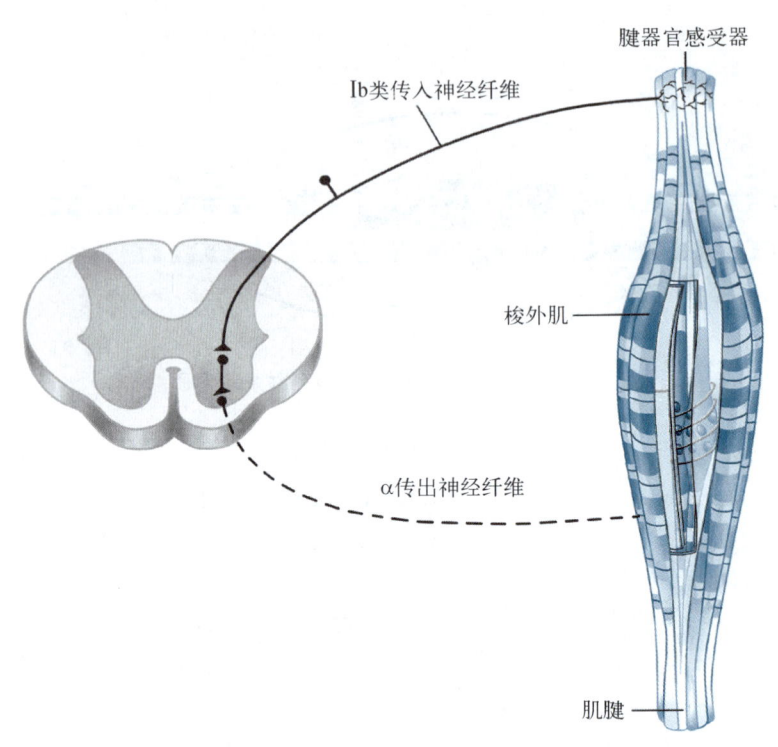

图10-19　反牵张反射的反射弧示意图

实线表示兴奋作用；虚线表示抑制作用

3. **屈肌反射和对侧伸肌反射**　当伤害性刺激作用于机体皮肤的感受器时，受刺激一侧的肢体出现回缩反应，表现为屈肌收缩而伸肌舒张，称为屈肌反射（flexor reflex）。该反射可避免机体受到进一步的伤害刺激，因而具有重要的保护作用。屈肌反射的强度与刺激强度有关，如足部受到较弱的刺激，只引起踝关节屈曲；随着刺激强度增加，则膝关节和髋关节也可发生屈曲；当刺激进一步加大到一定强度时，可在同侧肢体发生屈肌反射的基础上，引起对侧肢体关节伸直，表现为对侧伸肌收缩而屈肌舒张，称为对侧伸肌反射（crossed extensor reflex）。当一侧肢体屈曲造成身体平衡失调时，通过对侧伸肌反射使对侧肢体伸直以支撑躯体，从而维持身体的姿势平衡而不致跌倒。

三、脑干对肌紧张和姿势的调控

脑干是脊髓以上水平控制运动的重要中枢，在调节肌紧张和姿势反射中都起着非常重要的作用。在脑干的中央部有许多纵横交叉的神经纤维和散在其中的大小不等的神经元胞体，称为脑干网状结构。脑干网状结构是一个整合中枢，负责对来自脊髓、小脑、基底神经节和大脑皮层等各级中枢传来的感觉和运动信息进行整合，对肌紧张进行调节。

（一）脑干网状结构对肌紧张的调节

脑干网状结构中存在有抑制和加强肌紧张和肌运动的区域（图10-20），前者称为抑制区，后者称为易化区。

1. **抑制区**　脑干网状结构抑制区主要位于延髓网状结构的腹内侧部分。该区缺乏紧张性活动，其活动依

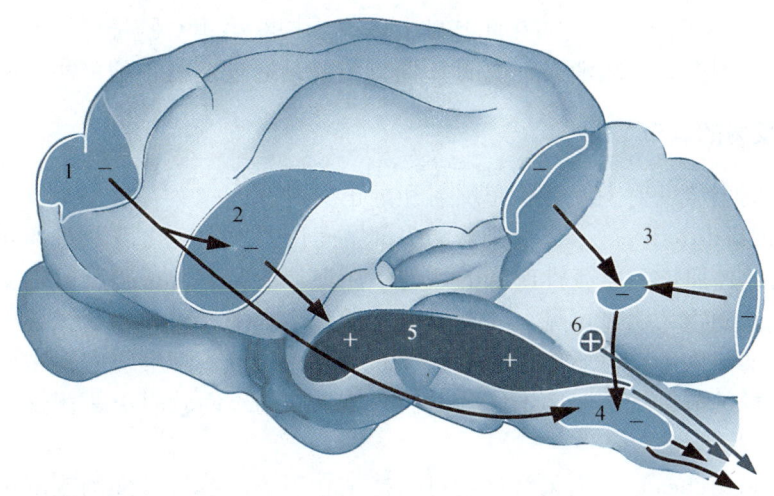

图 10-20 猫脑内与肌紧张调节有关的脑区及其下行路径示意图

下行抑制作用（-）路径：4 为网状结构抑制区，发放下行冲动抑制脊髓牵张反射，这一区接收 1 大脑皮层、2 尾核和 3 小脑传来的冲动；下行易化作用（+）路径：5 为网状结构易化区，发放下行冲动加强脊髓牵张反射；6 为延髓前庭核，有加强脊髓牵张反射的作用

赖于大脑皮层运动区、纹状体和小脑前叶蚓部传入冲动的始动作用。大脑皮层运动区、纹状体和小脑前叶蚓部，不仅有加强网状结构抑制区活动的作用，而且对网状结构易化区的活动也有抑制作用，进而使肌紧张减弱。

2. 易化区　脑干网状结构易化区分布范围较抑制区广，包括延髓网状结构背外侧部、脑桥被盖、中脑的中央灰质及被盖等脑干中央区域结构，也包括脑干以外的下丘脑和丘脑中线核群等部位。该区具有一定的紧张性活动，此外，前庭核、小脑前叶两侧部和后叶中间部的活动具有加强该区域活动的作用，进而使肌紧张增强。前庭核还可在接收内耳前庭器官的传入冲动后，通过前庭脊髓束下行，兴奋脊髓前角的 α 和 γ 运动神经元，起到加强肌紧张的作用。

正常情况下，易化区和抑制区两者的活动相互拮抗而保持相对平衡，以维持正常的肌紧张。但从活动强度来看，易化区的活动较抑制区强，因此，在肌紧张的平衡调节中易化区略占优势，故各肌群保持着适当的肌紧张。

（二）去大脑僵直

实验条件下，在猫的中脑上、下丘之间切断脑干，动物出现伸肌肌紧张亢进，表现为四肢伸直、头尾昂起、脊柱挺硬，呈角弓反张状态，这一现象称为去大脑僵直（decerebrate rigidity）（图 10-21）。去大脑僵直的发生是由于切断了大脑皮层运动区、纹状体等部位与脑干网状结构抑制区的功能联系，使抑制区活动明显降低，而易化区活动虽然也由于切断与上述中枢部位的联系而减弱，但易化区活动减弱不明显，从而导致易化区活动相对于抑制区活动明显增强。

去大脑僵直的产生机制有 α 僵直和 γ 僵直两种。前者是由于高位中枢的下行性作用直接或间接通过脊髓中间神经元提高了 α 运动神经元的活动而出现僵直；后者是由于高位中枢的下行性作用首先提高了 γ 运动神经元的活动，使肌梭的传入冲动增多，转而增强 α 神经元的活动而出现僵直。实验证明，在发生去大脑僵直后，如切断猫腰骶部后根以消除肌梭传入的影响，则可使后肢僵直消失，说明经典的去大脑僵直主要属于 γ 僵直；如在上述切断后根的去大脑猫，进一步切除小脑前叶，能使僵直再次出现，这种僵直属

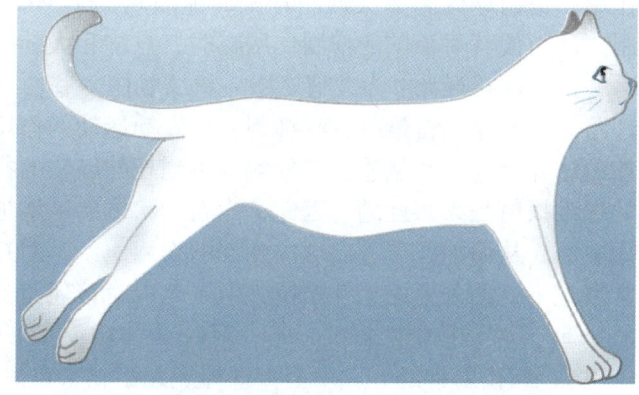

图 10-21　猫去大脑僵直示意图

于 α 僵直，因为 γ 僵直已不可能发生；如在此基础上进一步切断第Ⅷ对脑神经，消除由内耳半规管等前庭器官传到前庭核的冲动，则僵直再次消失，说明 α 僵直主要是通过前庭脊髓束实现的。

（三）脑干对姿势反射的调节

由脑干整合而完成的姿势反射主要有状态反射和翻正反射。

1. 状态反射（attitudinal reflex）　指当机体的头部空间位置发生变化以及头部与躯干的相对位置发生变化时，反射性地引起躯体肌肉的紧张性改变的活动。在正常情况下，状态反射常受高级中枢的抑制而不易表现出来，只有去大脑动物才明显可见。状态反射包括迷路紧张反射和颈紧张反射。迷路紧张反射是内耳迷路的椭圆囊和球囊的传入冲动对躯体伸肌紧张性的反射性调节，其反射中枢主要是前庭核。颈紧张反射是颈部扭曲时颈部脊椎关节韧带和肌肉本体感受器的传入冲动对四肢肌肉紧张性的反射性调节，其反射中枢位于颈部脊髓。

2. 翻正反射（righting reflex）　指正常动物可保持站立姿势，若将其推倒或四足朝天从空中抛下又可迅速地翻正过来的反射活动。翻正反射包括一系列的反射活动，最先是由于头部在空间的位置异常刺激了视觉感受器与内耳迷路，从而引起头部位置的翻正；然后头与躯干的相对位置异常，刺激颈部关节韧带和肌肉，使躯干的位置也翻正。翻正反射的中枢在中脑，作用是使机体非随意地保持正常的姿势和平衡。

四、基底神经节对躯体运动的调控

基底神经节（basal ganglia）位于大脑半球深部，是大脑皮层下一些核团的总称，主要包括尾状核、壳核、苍白球、中脑黑质和丘脑底核。尾状核、壳核和苍白球合称为纹状体。尾核和壳核因在发生上较新而被称为新纹状体。苍白球是基底神经节同其他部位广泛联系的中心，由外侧部和内侧部组成，因在发生上较古老而被称为旧纹状体。

基底神经节的主要作用是调节肌紧张和配合大脑皮层调节随意运动的稳定。此外，它与小脑共同参与随意运动的设计和编程；与丘脑和下丘脑相联系，参与自主神经活动和本能（摄食、饮水和性反射活动等）行为的调节。

（一）基底神经节的纤维联系

1. 基底神经节与大脑皮层的联系　基底神经节接收大脑皮层的纤维投射，其传出神经纤维经丘脑前腹核和外侧腹核接替后，又回到大脑皮层，从而构成基底神经节与大脑皮层之间的环路（图 10-22）。这一环路可分为直接通路和间接通路。

（1）直接通路：为大脑皮层→新纹状体→苍白球内侧部→丘脑→大脑皮层环路，该通路兴奋最终能易化大脑皮层发动运动。直接通路中大脑皮层对新纹状体的作用是兴奋性的，递质为谷氨酸；而从新纹状体到苍白球内侧部及苍白球内侧部再到丘脑的投射纤维都是抑制性的，即新纹状体对苍白球内侧部是抑制性作用，苍白球内侧部又抑制丘脑，递质均为 GABA。因此，当新纹状体活动增加时，苍白球内侧部被抑制，从而使其对丘脑的抑制作用减弱，丘脑和大脑皮层的活动增加，这种现象称为去抑制（disinhibition）。

（2）间接通路：为大脑皮层→新纹状体→苍白球外侧部→丘脑底核→苍白球内侧部→丘脑→大脑皮层环路，该通路兴奋最终具有抑制皮层发动运动的作用。间接通路中同样存在去抑制现象，即从新纹状体到苍白球外侧部以及从苍白球外侧部再到丘脑底核的投射纤维都是抑制性的，而由丘脑底核到苍白球内侧部的纤维投射是兴奋性的。因此，当新纹状体活动增加时，苍白球外侧部被抑制，使其对丘脑底核的抑制作用减弱，从而加强了苍白球内侧部的作用，使其对丘脑的抑制作用加强，丘脑和大脑皮层的活动减少。正常情况下，两条通路相互拮抗，但平时以直接通路活动为主，并保持动态平衡。

2. 黑质-纹状体投射系统　新纹状体内主要的整合神经元为中型多棘神经元，释放的递质主要是 GABA，属投射神经元。中型多棘神经元接收来自黑质致密部的多巴胺能神经纤维的投射，构成黑质-纹状体投射系统。黑质致密部的多巴胺能神经元发出纤维到新纹状体，释放多巴胺，与新纹状体上的两种受体

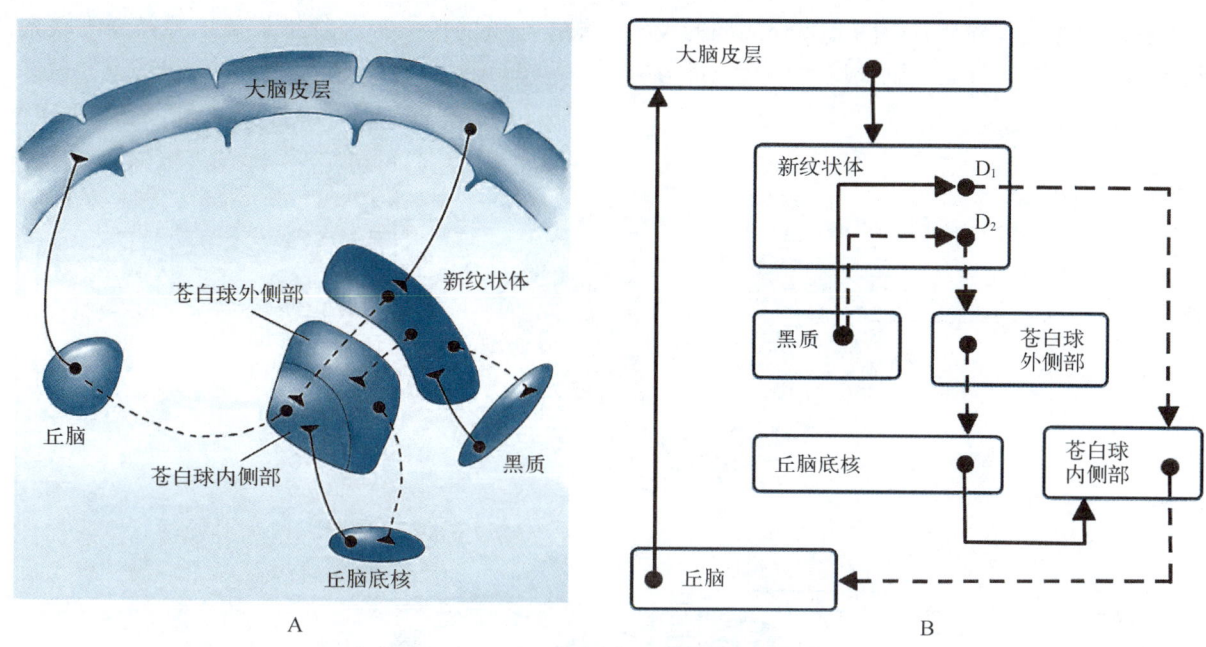

图 10-22　基底神经节与大脑皮层的联系示意图

A. 基底神经节与大脑皮层的神经环路；B. 直接通路和间接通路
实线表示兴奋作用；虚线表示抑制作用

D_1、D_2 结合。与 D_1 受体结合，激活直接通路，产生易化运动的效应；与 D_2 受体结合，可抑制间接通路，也同样产生易化运动的效应。此外，新纹状体内 GABA 能神经元也能发出纤维到黑质网状部，新纹状体内还含有胆碱能和 GABA 能中间神经元。

（二）与基底神经节损伤有关的疾病

临床上，基底神经节受损或病变时主要症状为运动功能障碍，可产生两类疾病：一类表现为肌紧张过强而运动过少，如帕金森病；另一类则表现为肌紧张不全而运动过多，如亨廷顿病。

1. **帕金森病（Parkinson disease）**　又称震颤麻痹（paralysis agitans），主要症状是全身肌紧张增强，肌肉强直，随意运动减少，动作迟缓，面部表情呆板，常伴有静止性震颤，多出现于上肢。帕金森病的主要病因是中脑黑质多巴胺能神经元变性受损。多巴胺递质可通过 D_1 受体兴奋直接通路和通过 D_2 受体抑制间接通路，从而产生易化运动的效应。所以当多巴胺递质系统受损时，可引起直接通路活动减弱而间接通路活动增强，使大脑皮层对运动的发动受到抑制，从而出现运动减少和动作缓慢的症状。临床上用多巴胺的前体左旋多巴进行治疗，能明显改善震颤麻痹患者的症状。另外，用 M 受体阻断剂东莨菪碱或苯海索等治疗也能改善震颤麻痹患者的症状，说明胆碱能神经元在其中也起一定作用。目前认为，纹状体内的胆碱能神经元功能增强也可能是引起震颤麻痹的重要原因。

2. **亨廷顿病（Huntington disease）**　又称亨廷顿舞蹈病，是一种常染色体显性遗传性神经退行性疾病，主要症状是上肢和头部不自主的舞蹈样动作，并伴有肌张力降低。亨廷顿病的主要病因是新纹状体内的 GABA 能神经元变性或遗传性缺损。当 GABA 能神经元功能降低时，新纹状体对苍白球外侧部的抑制作用减弱，引起间接通路活动减弱而直接通路活动相对增强，对大脑皮层发动运动产生易化作用，从而出现运动过多的症状。临床上常用利血平以耗竭多巴胺递质，缓解亨廷顿病患者的症状。

五、小脑对躯体运动的调控

小脑可分为绒球小结叶及小脑体两部分。小脑体以原裂为界，分为前叶和后叶两部分。小脑体又可纵分为中间的蚓部和外侧的小脑半球，小脑半球可再分为中间部及外侧部。小脑深部有三对核：顶核、中间核及齿状核，分别接收蚓部、中间部及外侧部的投射。根据小脑的传入神经纤维、传出神经纤维联系，可把小脑分为前庭小脑、脊髓小脑及皮层小脑三部分（图10-23）。

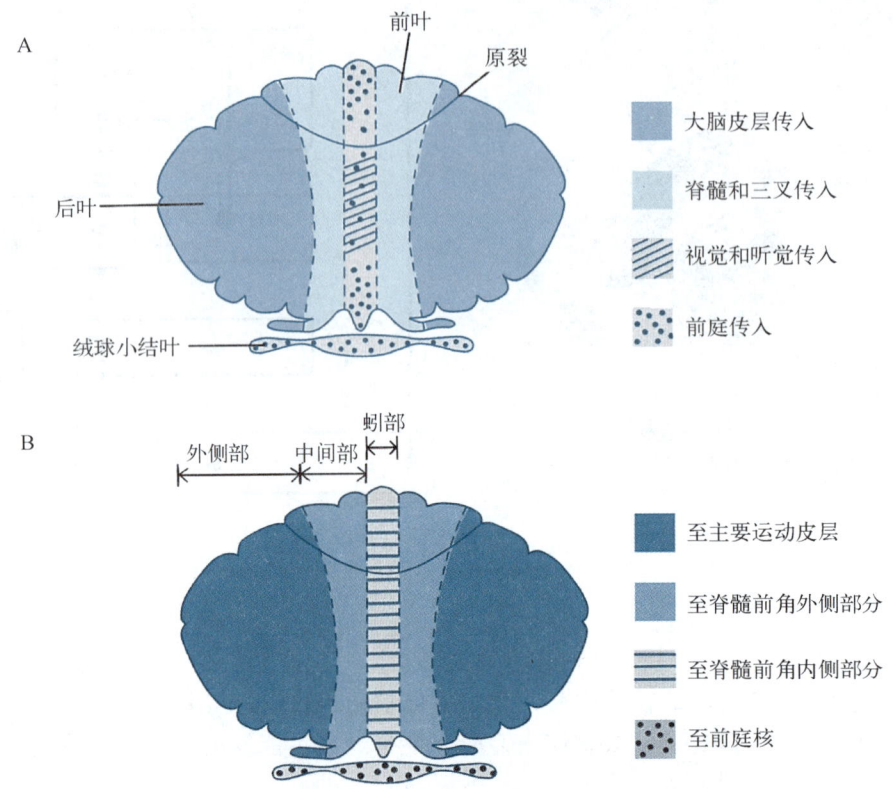

图10-23　小脑的结构分区和神经纤维联系示意图

A. 小脑的横向分区和传入神经纤维联系：以原裂和后外侧裂可将小脑横向分为前叶、后叶和绒球小结叶；小脑各种不同的传入神经纤维联系用右侧不同图例表示；B. 小脑的纵向分区和传出神经纤维联系，小脑纵向分为蚓部、半球的中间部和半球的外侧部；小脑各种不同的传出神经纤维联系用右侧不同图例表示

小脑本身不能发起运动，它通过同大脑皮层、丘脑、脑干网状结构、红核、前庭核和脊髓等保持广泛的联系，同时接收来自骨骼肌、关节等与运动直接有关的感受器以及视觉和听觉的传入冲动，而具有参与运动设计和运动的执行、协调各运动中枢活动、维持身体平衡、调节肌紧张和协调随意运动等功能。

（一）前庭小脑

前庭小脑主要由绒球小结叶构成，主要功能是控制躯体的平衡和眼球的运动。前庭小脑可以直接或间接通过前庭核接收前庭器官的传入，传出神经纤维在前庭核换元，再经前庭脊髓束抵达脊髓前角内侧部的运动神经元。其反射进行的途径为前庭器官→前庭核→绒球小结叶→前庭核→前庭脊髓束→脊髓运动神经元→肌肉。前庭小脑接收前庭器官有关头部位置改变和躯体直线或旋转加速度运动等信息，从而调节躯干和四肢近端肌群的活动，以维持身体平衡。绒球小结叶受损的个体，由于前庭核进入小脑的冲动受阻，小脑也失去了对前庭核的控制，出现平衡失调综合征，表现为头和躯干摇晃不止、步态蹒跚、站立不稳和容易跌倒等症状。

此外，前庭小脑通过接收脑桥中转的来自外侧膝状体、上丘和视皮层等处的视觉传入信息，通过对眼外肌的调节实现对眼球运动的控制，从而协调头部运动时眼的凝视运动。

（二）脊髓小脑

脊髓小脑由蚓部和半球中间部组成，主要功能是调节肌紧张和正在进行过程中的运动，协助大脑皮层对随意运动的控制。脊髓小脑主要接收脊髓小脑束和三叉小脑束的传入神经纤维以及部分视觉、听觉的传入信息，其传出冲动分别通过网状脊髓束、前庭脊髓束的下行系统调节肌紧张，同时也经丘脑外侧腹核上行至运动皮层代表区，从而调节正在进行中的运动，协助大脑皮层对随意运动的控制。小脑对肌紧张的调节具有抑制和易化双重作用，分别通过脑干网状结构抑制区和易化区而发挥作用。在进化过程中，小脑抑制肌紧张的作用逐渐减退，易化作用逐渐增强。所以，高等动物的脊髓小脑受损后，表现为肌张力减退和四肢乏力。

脊髓小脑受损后，由于不能有效地利用来自大脑皮层和外周的感觉信息来协调运动，使运动变得笨拙而不准确，表现为随意运动的力量、方向性和稳定性均不能得到很好的控制。患者不能完成精巧的动作，在运动进行过程中骨骼肌发生抖动而不能定向，尤其在精细动作的终末出现震颤，称之为意向性震颤（intention tremor）；行走时跨步过大而躯干落后，从而容易倾倒，或走路摇晃呈酩酊蹒跚状，沿直线行走则更不平稳，不能进行拮抗肌轮替快复动作（如上臂不断交替进行内旋与外旋），且动作越迅速则协调障碍越明显，称为小脑性共济失调（cerebellar ataxia）。

（三）皮层小脑

皮层小脑指小脑半球外侧部，主要功能是参与随意运动的设计和程序的编制。机体的随意运动由大脑皮层运动区发出冲动引起，冲动沿皮质脊髓束下达脊髓运动神经元引起肌运动的同时，亦经大脑皮层→脑桥→小脑束快速、完整地到达小脑，再由小脑-丘脑-大脑皮层环路返回大脑皮层。骨骼肌运动过程中的信息，主要由深部感受器将其返回至小脑和大脑，也可经视听系统返回大脑。返回入小脑的信息，经小脑同大脑皮层下传的信息比较后，再由丘脑上行达大脑皮层，大脑皮层根据小脑综合的运动信息，对下传冲动不断地进行适宜的控制，使活动的肌群不断调整其舒缩的速度和幅度以保持运动的平衡。

皮层小脑不直接接收外周感觉传入，主要与大脑皮层感觉区、运动区和联络区构成环路。一个随意运动的产生包括运动的设计和执行两个不同阶段，皮层小脑与基底神经节参与随意运动的设计过程，而脊髓小脑则参与运动的执行过程。例如，在学习某种精巧运动（如打字、体操动作或乐器演奏）的开始阶段，动作往往不协调。在学习过程中，大脑皮层与小脑不断进行联合活动，同时脊髓小脑不断接收感觉传入信息，不断纠正运动过程中发生的偏差，从而使运动逐步协调起来。在此过程中，皮层小脑参与了运动计划的形成和运动程序的编制。等运动熟练后，皮层小脑内就储存了一套运动程序。当大脑皮层发动精巧运动时，首先通过大脑-小脑环路从皮层小脑提取程序，并将它回输到运动皮层，再通过皮层脊髓束发动运动，这样，运动就变得非常协调、精巧和快速。在人类，皮层小脑受损后无明显临床表现。因此，皮层小脑调节运动的机制还有待于进一步研究。

六、大脑皮层对躯体运动的调控

大脑皮层运动区是人类控制运动的最高级中枢，通过皮层脊髓束和皮层脑干束直接或间接地影响脊髓运动神经元，以控制躯体运动。

（一）大脑皮层运动区

大脑皮层是调节随意运动的中枢。人和灵长类动物的大脑皮层运动区得到高度发展，包括中央前回、运动前区（包括运动前皮层和运动辅助区）和后部顶叶皮质等区域（图10-24）。

1. **主要的运动区** 大脑皮层运动区主要包括中央前回（4区）和运动前区（6区）。来自本体感受器和前庭器官的冲动在此分析、整合，发出的冲动经皮质脊髓束和皮质核束下行以调节机体的姿势和随意运动。

中央前回运动区有下列的功能特征：① 对躯体运动的调节支

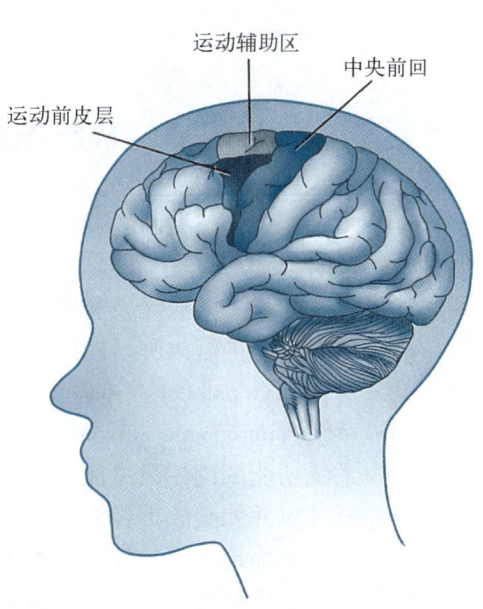

图10-24 大脑皮层主要的运动区示意图

配具有交叉的性质，即一侧皮质主要支配对侧躯体的骨骼肌。这种交叉性质不是绝对的，在头面部，除下部面肌和舌肌主要受对侧皮质支配外，其余部分均为双侧性支配。② 功能代表区的大小与运动的精细复杂程度有关，即运动越精细、越复杂，皮层相应运动区面积越大，如大拇指所占皮层面积几乎是大腿所占面积的10倍。③ 具有精细的功能定位，即皮层的特定区域支配躯体某一特定部位的肌肉。其定位安排与感觉区类似，呈倒置分布，即下肢代表区在皮层顶部，上肢代表区在中间部，头面部肌肉代表区在底部，但是头面部代表区内部的安排仍为正立位。

运动前区又包括运动前皮层和运动辅助区。电刺激运动前区一般引起双侧性运动反应，破坏该区可使双手协调动作难以完成，复杂动作变得笨拙。

2. 其他运动区　第一感觉区及后顶叶皮层（5、7区）都与运动有关。

（二）运动传导系统及其功能

大脑皮层通过皮层脊髓束和皮层脑干束控制运动。

1. 皮层脊髓束　由皮层发出后经内囊、脑干下行，到达脊髓前角运动神经元的传导束。皮层脊髓束分为皮层脊髓侧束和皮层脊髓前束。皮层脊髓束在下行过程中大部分的纤维在延髓锥体处交叉至对侧，沿脊髓外侧索下行，并贯穿脊髓的全长，形成皮层脊髓侧束，其纤维终止于同侧脊髓前角运动神经元；小部分纤维在下行过程中不交叉，只在脊髓同侧前索下行，一般只下降到脊髓胸段，形成皮层脊髓前束，其纤维终止于双侧脊髓前角运动神经元。皮层脊髓侧束主要控制四肢远端肌群，与精细运动发动、肌紧张调节关系密切；皮层脊髓前束主要控制躯干和四肢近端肌群，特别是屈肌活动，与姿势的维持、粗略运动有关。

人类皮层脊髓束受损将出现巴宾斯基征（Babinski's sign）阳性，即以钝物划足趾外侧时，出现拇趾背屈、其他四趾外展呈扇形散开的体征。临床上常以出现巴宾斯基征作为判断皮层脊髓束受损的依据。巴宾斯基征是一种较原始的屈肌反射，正常人巴宾斯基征阴性是由于高位中枢对脊髓的控制抑制该反射的发生。皮层脊髓束受损后抑制解除，故可出现此反射。婴儿因皮层脊髓束尚未发育完全以及成人在深睡或麻醉状态下，也可出现巴宾斯基征阳性。

2. 皮层脑干束　由皮层发出后经内囊到达脑干内各脑神经运动神经元的传导束，其纤维终止于脑干的脑神经感觉和运动核，控制面部肌肉的活动。

皮层脊髓束和皮层脑干束在下行过程中发出的侧支及起源于运动皮层的纤维，经脑干某些核团接替后形成网状脊髓束、顶盖脊髓束和前庭脊髓束，下行至脊髓前角运动神经元，参与躯体近端肌肉的运动、维持姿势平衡；而红核脊髓束的下行纤维至脊髓前角运动神经元，主要参与四肢远端肌肉的精细运动的调节。

第四节　神经系统对内脏活动、本能行为和情绪的调节

除受躯体运动神经控制的骨骼肌活动外，心肌、平滑肌和各种腺体的功能活动均属内脏活动。由此可见，生理学的"内脏"与解剖学中"内脏"不是同一概念。调节内脏活动的神经系统由中枢神经系统和外周神经系统的相关神经元及神经纤维共同构成。控制内脏活动的中枢神经系统的神经元主要位于下丘脑、脑干和脊髓。控制内脏活动的外周神经系统包括交感神经系统（sympathetic nervous system）和副交感神经系统（parasympathetic nervous system）。内脏活动不能随意控制，故将交感神经和副交感神经系统称为自主神经系统（autonomic nervous system），又称内脏神经系统（visceral nervous system）。通常情况下，对自主神经系统功能的阐述只关注其对效应器的作用，但实际上，来自内脏感受器的信息，其感觉神经元的传入神经纤维也并入交感神经或副交感神经。虽然各器官和系统的神经调节在前述各章均有涉及，但本节从整体上较为全面地认识神经系统对内脏活动的调节，主要包括自主神经系统（交感神经和副交感神经）的结构及特征、中枢对内脏活动的调节和神经系统对本能行为和情绪的调控。

本能行为（instinctive behavior）是与生俱来的行为、对个体和种族延续具有重要意义。情绪

（emotion）是人类在客观事物或情景变化是否符合或满足自身需要时的主观情感体验或客观表达，是人从事某种活动时的心理状态。人的本能行为主要受下丘脑和边缘系统等神经中枢的调控，情绪由脑内的奖赏和惩罚系统参与调控，由于它们的发生和调节也具有一定的非随意性，尤其是它们与自主神经系统活动密切相关，故在本节一并叙述。

一、自主神经系统

自主神经系统属于外周神经系统，它并非完全独立自主，而是受中枢神经系统控制的。组成自主神经系统的交感神经和副交感神经都包括节前神经元和节前纤维（preganglionic fiber）及节后神经元和节后纤维（postganglionic fiber）（图10-25）。自主神经系统的结构组成和特征是其生理功能及功能特征的基础。

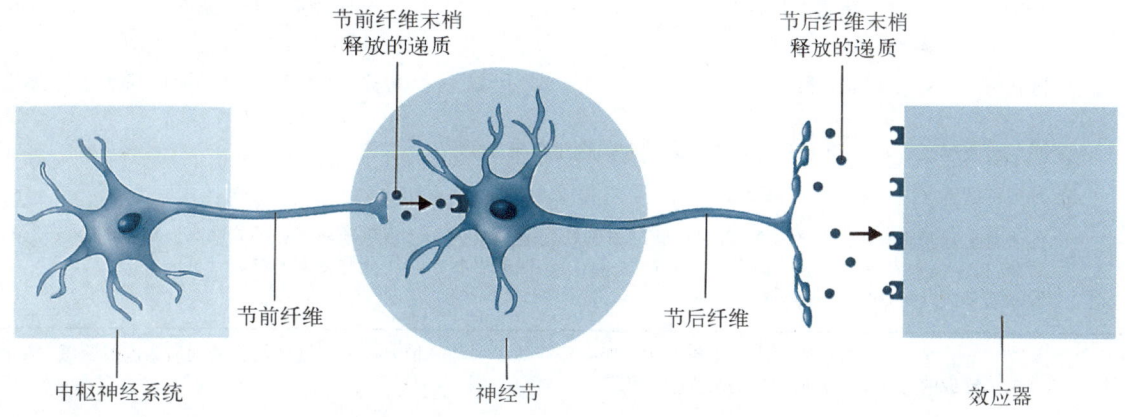

图10-25 自主神经节前和节后神经元及其神经纤维示意图

（一）交感神经和副交感神经的结构及特征

交感神经的节前神经元位于脊髓胸段（$T_1 \sim T_{12}$）和腰段（$L_1 \sim L_3$）灰质侧角，节前纤维进入椎旁神经节换元或节前纤维穿过椎旁神经节到达椎前神经节换元，换元后发出节后纤维再支配平滑肌和腺体等效应器。但支配肾上腺髓质的交感神经是节前纤维。此外，哺乳动物交感神经节后纤维还可支配心脏、膀胱、胃和小肠等器官壁内的神经节细胞，对副交感神经发挥作用。交感神经的神经节靠近脊柱，故节前纤维短、节后纤维长。交感神经的节前与节后纤维数量比通常为1：（11~17），个别多达1：200，故兴奋时产生的效应较广泛。

副交感神经节前神经元分布较为分散，包括脑干的动眼神经副核、上泌涎核、下泌涎核、迷走神经背核和疑核以及脊髓骶段（$S_2 \sim S_4$）灰质侧角。动眼神经副核发出节前纤维（第Ⅲ对脑神经），经睫状神经节换元后发出副交感神经节后纤维，支配眼睫状肌和瞳孔括约肌。上泌涎核和下泌涎核发出纤维（第Ⅶ和Ⅸ对脑神经）到蝶腭神经节、下颌下神经节换元，节后纤维支配泪腺、鼻腔内腺体、口腔内腺体和唾液腺。迷走神经背核和疑核发出纤维组成迷走神经（第Ⅹ对脑神经）到达胸、腹腔内脏器官的壁内神经节细胞换元，再发出节后纤维支配内脏器官，迷走神经的传出神经纤维约占副交感神经纤维总数的75%。脊髓骶段（$S_2 \sim S_4$）侧角发出纤维组成盆神经（节前纤维），在腹腔或盆腔器官附近或壁内换元后发出节后纤维支配远端结肠及盆腔器官。副交感神经节靠近效应器或在效应器壁内，故节前纤维长而节后纤维短。副交感神经节前与节后纤维数量比一般为1：2或1：1，故兴奋时产生的效应较局限。

（二）交感神经和副交感神经系统的功能及特征

1. 交感神经和副交感神经的功能及作用机制　自主神经系统的主要功能是调节心肌、平滑肌和腺体的活动。表10-4对交感神经和副交感神经对内脏功能的调节作用进行总结。

表 10-4 交感神经和副交感神经对内脏功能的调节作用

器官	交感神经	副交感神经
循环器官	心率加快、房室传导加快、心肌活动的同步性增加、心收缩力加强（β_1），心输出量增多；腹腔内脏和皮肤血管及分布于唾液腺与外生殖器的血管收缩（α_1），骨骼肌血管可收缩（α_1）或舒张（β_2、M），总外周阻力增大，血压升高	心率减慢、房室传导减慢、心收缩力减弱（M），心输出量减少；部分血管如软脑膜动脉和外生殖器等的血管舒张（M），血压降低
呼吸器官	支气管平滑肌舒张（β_2）、腺体分泌抑制（α_1），通气阻力减小，肺泡通气量增加	支气管平滑肌收缩（M）、促进黏液腺分泌（M），通气阻力增大，肺泡通气量减少
消化器官	抑制胃肠活动（β_2）、抑制消化腺分泌（α_2）、促进括约肌收缩（α_1）、抑制胆囊收缩（β_2），抑制消化和吸收	促进胃液和胰液分泌、胃肠运动加强、括约肌舒张、胆囊收缩（M）、刺激胃肠激素释放（M 或其他），促进消化和吸收
泌尿生殖器官	逼尿肌舒张（β_2），尿道内括约肌收缩（α_1）；妊娠子宫收缩（α_1），非妊娠子宫舒张（β_2）	逼尿肌收缩（M），尿道内括约肌舒张（M）
眼	瞳孔扩大（α_1），睫状肌松弛（β_2）	瞳孔缩小（M），睫状肌收缩（M），促进泪腺分泌（M）
皮肤	竖毛肌收缩（α_1），促进精神性发汗（α_1）和温热性发汗（M）	
代谢	加强糖酵解（β_2）和脂肪分解（β_3）	
内分泌	促进肾上腺髓质激素的释放（N），促进胰岛素和胰高血糖素的释放（β_2），抑制胰岛素和胰高血糖素的释放（α_2），促进甲状腺激素释放（α_1 和 β_2）	促进胰岛素和抑制胰高血糖素的释放（M），抑制甲状腺激素的释放（M）

注：括号内受体指引起相应效应所激活的受体。M 和 N 表示胆碱能受体，神经末梢释放的与受体结合的递质为乙酰胆碱。α 和 β 表示肾上腺素能受体，神经末梢释放的与受体结合的递质为去甲肾上腺素。

交感神经和副交感神经通过递质释放、递质与受体结合、细胞信号转导等环节实现对效应器功能活动的调节。自主神经的递质受体系统主要包括胆碱能和肾上腺素能系统，还存在肽类和嘌呤类递质及其受体如血管活性肠肽、P 物质、胃泌素释放肽和 ATP 等。

交感神经和副交感神经的节前神经末梢释放的递质均是乙酰胆碱，与节后神经元胞体细胞膜的 N 受体（通道）结合，直接引起化学门控通道的开放产生 EPSP，进而使节后神经元产生动作电位，发挥对内脏活动的调节功能。肾上腺髓质因受交感神经节前纤维的控制，在交感兴奋时也通过上述机制促进髓质激素的分泌。

绝大多数副交感神经的节后纤维（少数为肽类和嘌呤类递质）和少数交感神经的节后纤维（如支配汗腺和骨骼肌的舒血管纤维等）末梢释放的递质是乙酰胆碱，同效应器细胞膜上 M 受体结合后，通过激活 G 蛋白-IP_3 或抑制 G 蛋白-cAMP 信号转导通路产生效应。绝大多数交感神经纤维末梢（除支配汗腺和骨骼肌的舒血管纤维外）释放的递质是去甲肾上腺素，同效应器细胞膜上 α 或 β 受体结合后，通过激活 G 蛋白-IP_3 信号转导通路、激活或抑制 G 蛋白-cAMP 信号转导通路产生效应。表 10-4 对自主神经系统在各效应器官的胆碱能和肾上腺素能受体的分布也进行了总结。

2. 自主神经系统的功能特征　交感神经和副交感神经对内脏活动的调节具有如下主要特征。

（1）紧张性作用：正常情况下，交感神经和副交感神经都有持续低频的冲动传出，即具有紧张性作用（tonic action）。这种紧张性作用由中枢具有自主性活动的能力所致。对同一效应器官，两种神经纤维都有紧张性作用。当兴奋性作用占优势时，该器官活动水平升高；当抑制性作用占优势时，其活动水平就降低。但是，任一内脏器官的活动水平通常是交感神经和副交感神经相互作用的结果。

（2）对同一效应器的双重支配：多数的组织器官受交感神经和副交感神经的双重支配，两者的作用往往是相互拮抗的。例如，心交感神经能加强心脏的活动，而心迷走神经则起相反的作用。这种对效应器官的双向调节可使器官的活动状态能很快适合机体的需要。在个别外周效应器上，交感神经和副交感神经的活动可表现为协同作用。例如，交感神经和副交感神经都有促进唾液分泌的作用，其差别是前者刺激的唾液分泌量少而黏稠，含酶较多，有利于消化；后者引起稀薄的唾液分泌，水分较多有利于润滑食物，便于吞咽。但部分器官只受交感神经的支配，如皮肤的血管、竖毛肌和肾上腺髓质等。

（3）受效应器所处功能状态的影响：自主神经对某些内脏功能的调节还同该器官当时所处的状态有关。例如，由于受体表达的不同，交感神经兴奋时，通过兴奋 β_2 受体使非妊娠子宫舒张，而通过兴奋 α 受体使妊娠子宫收缩。胃幽门处于收缩状态时，刺激迷走神经能使之舒张；而幽门处于舒张状态时，刺激迷走神经则使之收缩。

（4）对整体生理功能调节的意义：交感神经和副交感神经虽然对同一器官的支配作用常表现为拮抗，但它们的活动变化是与当时整体活动状态相适应的。交感神经系统主要在环境急骤变化的情况下调动机体的潜能，以适应体内、外环境的急骤变化。例如，在肌肉剧烈运动、窒息、失血或寒冷环境等情况下，机体出现心率加快、皮肤与腹腔内脏的血管收缩、血液储存库排出血液以增加循环血量、红细胞计数增加、支气管扩张、肝糖原分解加速及血糖浓度升高、儿茶酚胺分泌增加等现象。交感神经活动常伴有肾上腺髓质激素的分泌增加，这一功能系统称为交感-肾上腺髓质系统。

副交感神经系统活动的意义主要在于保护机体、休整恢复、促进消化、积蓄能量及加强排泄和增强生殖功能等。例如，机体在安静时副交感神经活动往往加强，此时心脏活动减弱、瞳孔缩小、消化功能增强以促进营养物质的吸收和能量的补充等。副交感神经兴奋可促进胰岛素分泌增加，也常称为迷走-胰岛素系统。

二、中枢对内脏活动的调节

调节内脏活动的中枢存在于中枢神经系统的各级水平，比较简单的反射只需要脊髓即可，而复杂的内脏反射则需要更为高级的中枢共同参与。

（一）脊髓对内脏活动的调节

脊髓是内脏反射活动的初级中枢。血管张力反射、发汗反射、排尿反射、排便反射、阴茎勃起反射等基本内脏反射均可在脊髓水平完成，但失去高级中枢的支配后，脊髓对许多内脏反射的调节作用十分有限。通过脊休克动物实验或对脊髓高位离断损伤患者的临床观察可以证明脊髓在内脏活动调节中的作用。人或动物的脊休克恢复后，能够恢复的功能就是脊髓能够完成的功能，但这些功能不能很好地适应机体的需要。例如，脊髓离断损伤的患者在脊休克过去后，由平卧位转成直立位时常感到头晕。因为此时体位性血压反射的调节能力很差，外周血管阻力不能及时发生适应性改变。此外，患者虽有一定的排尿能力，但反射不受意识控制，会出现尿失禁，且排尿也不完全。

（二）脑干对内脏活动的调节

脑干自下而上由延髓、脑桥和中脑组成。从脑干的脑神经核中发出的纤维即第Ⅲ、Ⅶ、Ⅸ和Ⅹ对脑神经，对多种内脏器官的活动具有调节作用。脑干网状结构中存在着许多与内脏活动调节有关的神经元，其下行纤维支配脊髓，调节脊髓的自主神经功能。高级中枢发出的纤维通过中脑到达延髓和脊髓，调节其自主性功能活动。

延髓因是呼吸和循环等重要生命体征的基本中枢，故被称为"生命中枢"。延髓和脑桥是维持节律性呼吸运动的基本中枢。中脑不仅是瞳孔对光反射的中枢，也能对心血管活动和排尿反射等进行调节。

（三）下丘脑对内脏活动的调节

下丘脑是内脏活动的整合中枢。下丘脑可传出冲动至脑干和脊髓，通过改变自主神经系统节前神经元的活动实现对多种内脏活动的调控。下丘脑还与边缘系统、丘脑、脑干网状结构等相互密切联系，共同调节摄食行为、水平衡、体温、生物节律和情绪等复杂生理活动。下丘脑也通过垂体门脉系统和下丘脑-垂体束调节腺垂体和神经垂体的活动。

1. **自主神经系统活动调节** 动物实验中观察到,下丘脑可改变交感神经和副交感神经系统对效应器的作用。电刺激下丘脑的后部、灰结节外侧部和漏斗后部,动物出现血压升高、心率加速、胃肠蠕动减弱和瞳孔散大等交感神经兴奋反应;刺激灰结节内侧部则观察到动物心率减慢、胃肠蠕动增强等副交感神经兴奋反应。

2. **水平衡调节** 下丘脑通过调节对水的摄入与排出维持机体的水平衡。下丘脑对水摄入控制是通过渴觉产生及调节饮水行为实现的。饮水属本能行为,将在下文阐述。下丘脑对排水的控制是通过调节肾对水的排出,主要通过控制视上核和室旁核合成和释放抗利尿激素而实现的(详见第八章第五节)。下丘脑前部存在渗透压感受器,它在渴觉产生和血管升压素的分泌调节中均具有重要作用。

3. **体温调节** 下丘脑是体温调节的基本中枢。PO/AH能对机体温度感受器的传入信息进行分析整合,进而对产热和散热活动进行调节,维持体温的相对稳定(详见第七章第二节)。PO/AH也有对温度升高和降低敏感的神经元,可感受所在部位的温度变化,是中枢温度感受器所在部位。目前还认为,PO/AH是体温调定点所在部位。

4. **对生物节律的控制** 机体内各种活动常按一定的时间顺序发生变化,这种变化的节律称为生物节律(biorhythm)。人体许多生理功能如血细胞数、体温、促肾上腺皮质激素分泌等都有日周期节律。生物节律的产生机制尚不完全清楚。目前认为,下丘脑的视交叉上核可能是哺乳动物生物节律的控制中心。外环境的昼夜光照变化可影响视交叉上核的活动,使体内日周期节律与外环境的昼夜节律同步,而且这一过程与松果体分泌的褪黑素也有关系。目前,对生物钟关键机制的认识已深入基因水平,在对果蝇的研究中发现,多种基因及其编码的蛋白质参与昼夜节律调控,它们经多种途径和机制以反馈方式实现周期性的自动调节。美国的三位遗传学家也因为在揭示生物钟机制中的突出贡献而共同获得了2017年的诺贝尔生理学或医学奖。

此外,下丘脑是摄食行为最基本和最重要的中枢,还直接调控垂体的内分泌功能,参与睡眠、情绪及情绪生理反应等。

(四)大脑皮层对内脏活动的调节

大脑边缘系统和新皮层被认为是调节内脏活动的高级中枢,但目前主要是基于动物实验获得的上述认识,其机制也尚待进一步阐明。

边缘系统对各种内脏活动的调节作用复杂而多变。例如,刺激扣带回前部既可出现心率加快、血压升高、瞳孔变大等交感兴奋表现,又可出现副交感兴奋的相反变化。又如,刺激隔区可出现阴茎勃起、血压下降或上升等。

切除动物的新皮层,动物除丧失感觉和躯体运动功能外,血压、排尿和体温维持等功能均出现异常。刺激动物新皮层4区,动物会产生直肠和膀胱运动、呼吸和血管活动及唾液分泌活动等变化;刺激6区,动物可出现竖毛肌舒缩、出汗及上下肢血管的舒缩反应。

三、神经系统对本能行为和情绪的调控

本能行为和情绪活动进行过程中,常伴发自主神经系统和内分泌系统功能活动的改变。下丘脑和边缘系统在本能行为和情绪的调控中起主要作用。人类的本能行为和情绪表现种类众多,后天学习和社会因素对本能行为和情绪有很大的影响。下文仅简述主要的本能行为和情绪及其中枢调节机制。

(一)本能行为

本能是个体本身固有的、不学就会的能力。本能行为在一定欲望驱使下产生,对个体存在和种族延续具有重要意义,通常主要指摄食、饮水和性行为等。

1. **摄食行为** 指个体获得营养物质的行为。人类的摄食行为除了具有本能属性以外,还受到个人喜好、社会认知及所处环境状态等的影响。如果仅从"本能"角度来看摄食行为,其实质是在营养物质不足

时开始进食活动，在食物摄入足够即吃饱或营养物质充足的情况下拒绝进食。因此，摄食行为的中枢控制主要包括引起饥饿感和饱感的物质是什么？饥饿和饱感信息在神经中枢的什么部位、通过何种机制使机体产生摄食和拒食行为？目前对这些问题虽已开展大量实验研究，但详细机制仍不完全清楚。

目前认为，产生饥饿感和饱腹感的信息主要与血糖水平、胃肠的充盈程度等有关。早期的临床观察和实验研究发现，下丘脑的病变可引起摄食过多或食欲缺乏，刺激下丘脑外侧区可引起动物多食，破坏该区则使动物拒食，提示该区存在摄食中枢。刺激下丘脑腹内侧核可引起动物拒食，破坏此核则导致动物食欲增大而逐渐肥胖，提示该区存在饱中枢。近年的实验研究进一步证实，摄食控制的基本中枢在下丘脑室旁核和弓状核，下丘脑其他部位如背内侧和腹外侧区等在控制摄食行为中也有重要功能，而且摄食中枢和饱中枢之间存在交互抑制的关系，边缘系统的杏仁核和隔区也参与了摄食行为的调节。

2. **饮水行为** 与摄食行为相似，饮水行为既具有本能属性，又受多种因素的影响，其发生机制也不完全清楚。饮水是机体维持水平衡的重要环节，从"本能"的角度来看，渴觉驱使机体饮水，而解渴则停止饮水行为。

引起渴觉的主要因素是血浆晶体渗透压升高和细胞外液量明显减少。血浆晶体渗透压升高刺激下丘脑前部的渗透压感受器，引起渴觉。细胞外液量明显减少主要是通过激活肾素-血管紧张素系统，使血液中的 Ang Ⅱ 含量增高，进而刺激下丘脑前部的渗透压感受器，引起渴觉。口渴也与口腔和咽喉局部干燥有关。饮水行为的终止与咽喉部液体经过和肠道对渗透压监测等先后发生的串联性信息传入有关，它们介导了机体饮水后的初始解渴过程。然后，进入体内的水通过肠道的吸收进入体液，进一步通过缓解血浆晶体渗透压升高和细胞外液量明显减少来实现解渴。

下丘脑控制摄水的区域与上述摄食中枢极为靠近。破坏下丘脑外侧区后，动物除拒食外，饮水也明显减少；刺激下丘脑外侧区某部位，则可使动物饮水增多。

3. **性行为** 是在性欲基础上发生的两性的性器官接触及性交的过程，是动物维持种系生存的基本活动。人类的性行为，除了具有实现生殖功能的生物学属性外，更多的是具有社会学属性。性行为是在大脑皮层主导下、由多个中枢部位共同参与的神经反射，包括非条件反射和条件反射。性交反射过程的基本中枢在脊髓，脊休克后的恢复期内，男性的勃起和射精等与性行为有关的基本反射可逐渐恢复。但伴随性交的行为成分、发生在雌性和雄性动物一系列协调的顺序性调节，其很大程度上是在边缘系统和下丘脑进行的。下丘脑内侧视前区的神经元活动随着性行为的进行逐渐增强，刺激或毁损该区可使动物出现性行为或导致动物对异性冷淡和丧失性行为能力。切除动物的杏仁核后动物的性功能亢进，提示杏仁核在正常情况下抑制性行为。在人类，大脑皮层对性欲或性行为的控制起主导作用。大脑皮层在条件刺激相关的性欲产生和性行为调节控制中起主导作用，也可对性行为产生很强的抑制作用。

（二）情绪

情绪活动是人类的一种心理现象，包括情感体验和表达。情绪活动过程除包含情感方面的内容以外，还常伴随发生生理活动的变化，称为情绪反应。

1. **情绪活动中的情感体验和表达** 情绪是以个体愿望和需要为中介的一种心理活动，是一种主观体验。人的情绪有愉快、平静、痛苦、惊讶、恐惧、发怒、焦虑和抑郁等，大多数人的情绪都可通过表情、语言和肢体动作等表现出来，并可被其他人感知。适当的情绪表达，对机体而言可能具有适应性意义。

下丘脑是情绪活动调节的重要中枢结构，与情绪调节有关的脑区还包括边缘系统和中脑等部位。情绪活动中枢机制主要是从动物实验中获得的，下丘脑疾病的患者往往伴随出现不正常的情绪活动，也证实下丘脑参与了情绪活动的调节。

愉快是一种积极的情绪，通常由那些能够满足机体需要的刺激引起，如在饥饿时得到美味的食物；而痛苦则是一种消极的情绪，一般由那些伤害躯体和精神的刺激或因渴望得到的需求不能得到满足而产生，如严重创伤、饥饿和寒冷等。动物实验中，刺激中脑被盖腹侧区延伸到额叶皮层的近中线部分，包括中脑被盖腹侧区、内侧前脑束、伏隔核和额叶皮层等结构，能引起动物的自我满足和愉快，这些脑区称为奖赏系统或趋向系统。而刺激下丘脑后部的外侧部分、中脑的背侧和内嗅皮层等部位则可使动物感到嫌恶和痛苦，这些脑区称为惩罚系统或回避系统。

引发恐惧和发怒的环境刺激具有相似之处，一般都是对动物的机体或生命可能或已经造成威胁和伤害的信号。动物在恐惧时表现为蜷缩、后退、左右探头企图寻机逃跑等；而在发怒时则表现为攻击行为，如竖毛、张牙舞爪、发出咆哮声等。当危险信号出现时，动物通过快速判断后做出抉择，或者逃避，或者进行格斗。因此，恐惧和发怒是一种本能的防御反应。研究表明，下丘脑内存在防御反应区，主要位于近中线的腹内侧区。对于清醒动物，电刺激该区可引发防御性行为。此外，电刺激下丘脑外侧区也可引起动物出现攻击行为，电刺激下丘脑背侧区则可使其出现逃避行为。

焦虑和抑郁情绪已经成为许多人面临的问题。焦虑本是人类正常的情绪之一，是人面对潜在威胁或挑战的一种复杂情绪反应。抑郁是以情绪低落为主的精神状态，偶然的抑郁是正常的情绪波动。但焦虑和抑郁超过一定程度则被视为疾病状态。焦虑和抑郁情绪的产生及程度控制的神经调节机制尚有待阐明。

动机和成瘾的中枢机制非常复杂，目前尚不完全清楚，由于它们也与脑内奖赏和惩罚系统相关，且其内心体验或行为表现与情绪和本能行为有一定关联，故在此简单介绍。动机指激发人们产生某种行为的意念，表现为追求某种目标的主观愿望或意向。摄食、饮水和性行为等本能行为也需要动机，可能是为了追求美好的体验而激发某行为，如享受美食的过程和饱的感觉，也可能是为了避免某些负面体验而激发某行为，如避免饥饿的感受等。脑内奖赏系统和惩罚系统也是行为动机产生和抑制的重要基础。奖赏系统让人产生"想要"的愿望，并因预期会得到愉快舒适的感觉而诱导某行为的发生。惩罚系统则让人对可能的危险情境产生警觉，采取战斗或者逃跑的行为，也可抑制某些对自身产生不利影响的行为发生。成瘾泛指不能自制并不顾其消极后果而反复进行的某行为或对物品的摄入。部分药物可在多次使用后成瘾，网络游戏和赌博等也可使人产生成瘾行为。药品、物品或某些行为成瘾时，对脑的影响途径各不相同，但都与奖赏系统的激活有关，脑内的单胺类递质尤其是多巴胺活性的改变在其中可能发挥着重要作用。成瘾后若停止摄入药品或行为，则可表现为戒断症状，即躯体、精神和行为出现复杂而剧烈的变化，表现为对机体产生负面影响的情绪和内脏反应，严重情况下甚至会危及生命。

2. 情绪反应　主要包括自主神经系统和内分泌系统功能活动的改变。

（1）自主神经系统功能的活动改变：多数的情绪活动均表现为交感神经系统活动的相对亢进。例如，在动物发动防御反应时，可出现瞳孔扩大、出汗、心率加快、血压升高、骨骼肌血管舒张、皮肤和小肠血管收缩等交感活动的改变，其意义在于重新分配各器官的血流量，使骨骼肌在格斗或逃跑时获得充足的血供。在某些情况下也可表现为副交感神经系统活动的相对亢进，如食物性刺激可增强消化液分泌和胃肠道运动、性兴奋时生殖器官血管舒张、悲伤时表现为流泪等。

（2）内分泌系统功能活动的改变：情绪活动过程常引起多种激素分泌改变。例如，在创伤、疼痛等原因引起应激而出现痛苦、恐惧和焦虑等情绪反应中，血中促肾上腺皮质激素和肾上腺糖皮质激素浓度明显升高，肾上腺素、去甲肾上腺素、甲状腺激素、生长激素和催乳素等的浓度也升高；情绪波动时往往出现性激素分泌紊乱，并引起育龄期女性月经失调和性周期紊乱。

第五节　脑电活动及睡眠与觉醒

觉醒（wakefulness）与睡眠（sleep）是人和高等动物生命活动中所必需的两个相互转化的生理过程，具有明显的昼夜节律。人的各项功能活动在觉醒和睡眠状态下表现各不相同。目前，一般通过监测脑电图来客观判定个体是处于觉醒还是睡眠状态，且根据脑电活动变化进一步将睡眠分为不同的时相。故本节在阐述觉醒和睡眠生理之前，先简要介绍大脑皮层的电活动。

一、大脑皮层电活动

大脑皮层的电活动通常指脑电活动，常分为自发脑电活动和诱发脑电活动。

（一）自发脑电活动

在无明显刺激的情况下，大脑皮层经常自发地产生节律性的电位变化，称为自发脑电活动。在人的头皮表面记录到的自发脑电活动称为脑电图（electroencephalogram，EEG）。在对动物或患者进行开颅术时，还可将引导电极直接放在大脑皮层表面，此时所记录的波形称为皮层电图。脑电图和皮层电图都是反映大脑皮层的自发电活动，其波形基本相同，只是皮层电图的振幅比脑电图大。

1. 脑电图正常波形　根据频率、振幅和特征的不同，人为地将脑电图基本波形分为 α、β、θ 和 δ 四种。其中，β 波频率最高、振幅最低，δ 频率最低而振幅最高（表 10-5，图 10-26）。另外，脑电图的正常波形较为常见的还有 γ 波、σ 波和 κ 复合波等。

表 10-5　脑电图的正常波形及其对应的频率、振幅、特征和记录部位

波形名称	频率（次/秒）	振幅（μV）	特征和记录部位等
δ	0.5~3	20~200	成人深睡时可见到，婴儿时期常见；在深度麻醉、缺氧或大脑有器质性病变时也出现。在颞叶、枕叶可记录到
θ	4~7	100~150	少年脑电图的主要成分，成人见于困倦、精神压抑时；表示中枢神经系统处于抑制状态。在颞叶、顶叶部明显
α	8~13	20~100	清醒闭目且静息时明显，常呈梭形波群，睁眼或受到其他刺激时消失而出现 β 波（称为 α 阻断）。在枕叶区活动较明显
β	14~30	5~20	清醒时脑电图的主要成分，积极的精神活动时在各叶均可见到，一般在额叶、顶叶部活动较明显
γ	>30	无特定幅度范围	可能与脑内特定的信息处理过程有关

2. 脑电图波形产生机制及其变化的意义　脑电图波形与单个神经元电活动不直接相关，而是一种场电。由于机体的组织是以电解质为主要构成的导电体，脑神经元产生的电位变化可沿周围组织向体表传导并被放置于头皮的电极记录到。

脑电图是自发脑电活动，是无特殊外来刺激时大量神经元（主要是锥体细胞）在一定节律的上行性冲动作用下，同步活动所产生的大量 EPSP 和 IPSP 总和而形成的。由于锥体细胞在皮层排列整齐，其顶树突相互平行并垂直于皮层表面，使其同步电活动易总和而形成强大电场。实验中观察到，动物在中度麻醉下，皮层出现 8~12 次/秒的自发脑电活动，其波幅变化较大，与人体脑电波的 α 节律相似。如果以每秒 8~12 次的节律电刺激动物丘脑非特异性投射系统的髓板内核群，皮层上也能记录到 8~12 次/秒不同波幅的节律性电变化；若以 60 次/秒的节律性电刺激作用于丘脑非特异投射核，则皮层的类似 α 波转为 β 波。由此认为，自发脑电活动的形成，特别是同步化节律的形成，是丘脑非特异性投射系统以一定节律的上行冲动促进大脑皮层电活动同时发放或同时终止的结果。脑电活动同步化程度越大，则振幅越高、频率越

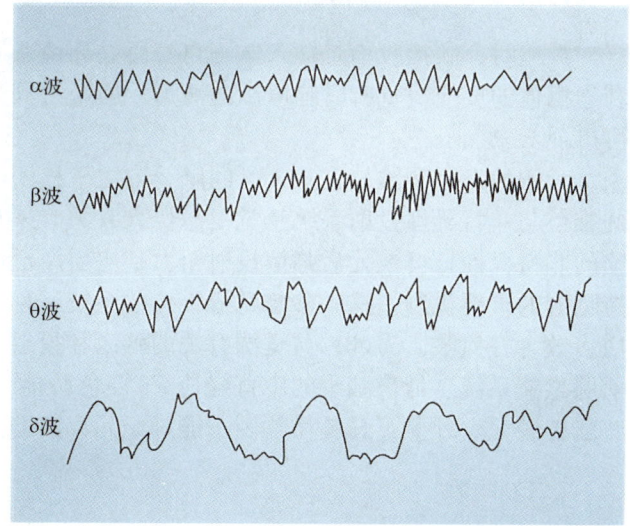

图 10-26　脑电图正常基本波形示意图

低。当脑干网状结构上行激活系统活动时，其上行冲动通过对丘脑非特异投射核的影响，可干扰丘脑非特异性投射系统与皮层之间的同步化环节，导致脑电活动不能同时发放或停止，脑电活动呈去同步化。去同步化程度越大，则振幅越低、频率越高。脑电活动同步化和去同步化分别表示皮质抑制过程的发展和兴奋状态的加强，反映了皮层抑制和兴奋的两种功能状态。在机体处于清醒状态时，脑电活动主要呈去同步化，此时皮层处于兴奋状态。皮层持续兴奋一段时间后，脑电活动转为同步化，以α节律占优势（安静闭目），继之出现θ波（困倦）直至δ波（深睡），大脑皮层由兴奋转为抑制，且抑制过程得以发展，机体便由觉醒转为睡眠。

记录和分析脑电图的正常波形，有助于客观判断受试者所处觉醒或睡眠的状态。在脑部疾病如癫痫或皮层占位病变发生时，脑电图波形还可出现异常的高频高幅改变。因此，脑电图检测在临床上也对某些脑部疾病具有重要的诊断价值。

（二）诱发脑电活动

皮层诱发电位指感觉传入系统受刺激时，在大脑皮层相应区域记录的电位变化。临床应用的有躯体感觉诱发电位、听觉和视觉诱发电位等。

由于皮层诱发电位在自发脑电活动的背景上产生，且波形幅度小，因此直接记录到的皮层诱发电位难以辨认。目前，常将记录到的皮层诱发电位用计算机进行叠加和平均处理，由此得到的电位变化称为平均诱发电位。对皮层诱发电位的记录和观察，可了解各种感觉在皮层的投射定位，也对中枢损伤部位的诊断有一定价值。

二、觉醒与睡眠

觉醒与睡眠活动交替是人类生存的必要条件。觉醒时，个体有意识地去认识和适应环境因素的变化，主动地去从事人际交流、学习和工作或其他活动。在睡眠期间，机体对环境因素变化的反应能力减弱或暂时丧失，个体处于相对独立的状态。一般情况下，成年人每日需要睡眠 7~9 h，儿童需要更多睡眠时间，新生儿需要 18~20 h，而老年人所需睡眠时间则较少。

（一）觉醒

觉醒时，脑接收信息输入监测自身所处环境，同时脑通过活跃的思维活动进行分析判断，最终做出有利于机体的反应。觉醒时脑电图的波形一般呈去同步化快波，闭目安静时枕叶可出现α波，睁眼、警醒时可出现β波。

觉醒的发生和维持是脑干、间脑、皮层下核团等多个脑区广泛相互联系和共同作用的结果。觉醒状态的维持与非特异性投射系统感觉信息传入有关。来自脑干网状结构并已失去特异性的各种感觉信息，在丘脑的非特异性核群换元后弥散投射至大脑皮层广泛区域和各层细胞，维持大脑皮层的兴奋状态，是机体维持觉醒的重要机制。这一参与觉醒维持的系统又称为网状结构上行激动系统，其中的上行和下行纤维的递质多数为谷氨酸。另外，与觉醒有关的脑区和投射系统还包括脑桥被盖核胆碱能神经元、脑桥蓝斑去甲肾上腺素能系统、低位脑干的中背缝核 5-羟色胺能系统、中脑黑质多巴胺能系统、下丘脑结节乳头体核组胺能神经元、外侧下丘脑增食因子能神经元和前脑基底部胆碱能系统等。

（二）睡眠

睡眠时机体主要表现为感觉减退、肌张力减弱、呼吸减慢、心率减慢、血压下降、胃肠活动增强和体温降低等一系列功能活动的变化。睡眠是在中枢内发生的主动过程，是保证各器官系统正常生理功能的重要阶段。睡眠对躯体和神经系统的生长和发育成熟均非常重要。睡眠在维持稳态方面也起重要作用，包括能量和物质代谢、细胞的损伤和修复及各生理功能的稳态等。睡眠时神经系统仍具有处理信息的能力，如躯体的不适感觉常在梦中以一定的形式出现。有学者认为，睡眠过程在记忆信息的处理上有重要作用。睡眠期间，可将觉醒时的记忆痕迹神经元重新激活，回放和增强记忆信息；还可将记忆信息从暂时储存的脑区转移到长期储存的脑区；也可删除不重要的记忆信息。长期睡眠不足可导致机体的警觉性、运动能力、代谢、免疫和认知等功能均明显下降。根据睡眠时眼球是否发生快速运动，可将睡眠分为非快速眼动睡眠和快速眼动睡眠，前者又称为同相睡眠，后者又称为异相睡眠或快波睡眠。

1. 非快速眼动睡眠（non-rapid eye movement sleep，NREM sleep） 根据脑电图特征，常将非快速眼动睡眠分为四个时期。通常情况下，人从清醒状态逐渐进入睡眠，会依次经历Ⅰ~Ⅳ期，在此过程中心跳和呼吸减慢、肌肉放松及体温下降等变化均愈加明显。入睡期（Ⅰ期）是清醒转入睡眠的过渡阶段，持续约数分钟。Ⅰ期的脑电图波形变慢，α节律逐渐减少，开始出现θ波活动为主的低幅混合频率。浅睡期（Ⅱ期）的脑电图波形较Ⅰ期更慢，在θ节律的背景上出现睡眠纺锤波（即σ波）和κ复合波。σ波是α波的变异，较α波频率稍快、幅度稍低。κ复合波是δ波和σ波的复合。中度睡眠期（Ⅲ期）的脑电图波形更慢，开始出现δ波，但其比例不超过50%。深度睡眠期（Ⅳ期）脑电图δ波的比例超过50%，甚至全部呈δ波。由此可见，δ波的比例增高反映出睡眠深度的加深。Ⅲ期和Ⅳ期的睡眠阶段又称为慢波睡眠（slow wave sleep，SWS）。但对于动物而言，慢波睡眠就是指非快速眼动睡眠。非快速眼动睡眠中，大脑皮层的电活动因感觉上传冲动的减少而呈同步化慢波表现。此时，腺垂体分泌生长激素明显增多，而且在体力劳动增强时主要表现为非快速眼动睡眠，尤其是慢波睡眠的时间延长，因此认为非快速眼动睡眠有利于促进躯体的生长和体力恢复。

非快速眼动睡眠的发生机制主要与抑制上述的觉醒系统有关，这一抑制系统相关脑区主要包括下丘脑腹外侧视前区、视前正中核、背内侧下丘脑、延髓面旁区、导水管周围腹外侧灰质、丘脑网状核及基底前脑和基底神经节等，其中以下丘脑腹外侧视前区的作用最为重要。另外，有学者认为在脑干尾端存在能引起睡眠和脑电图波形同步化的中枢，这一中枢向上传导可作用于大脑皮层，并与上行激动系统的作用相对抗，故又称为上行抑制系统。由此认为，上行激动系统和上行抑制系统共同作用，参与调节睡眠与觉醒的相互转化。

2. 快速眼动睡眠（rapid eye movement sleep，REM sleep） 快速眼动睡眠时，脑电图波形呈去同步化（即快波）表现，机体的各种感觉较非快速眼动睡眠进一步减退，肌张力也继续降低，除发生眼球快速运动外，还可发生阵发性肢体抽动、血压升高、心率加快和呼吸不规则等。快速眼动睡眠期唤醒受试者，多数人会诉说正在做梦，某些疾病易在夜间发作也可能与此期相关。快速眼动睡眠期间，脑内蛋白质合成和脑的耗氧量均增多，而生长激素的分泌则减少。因此认为，快速眼动睡眠促进婴幼儿神经系统的发育成熟，促进神经突触活动和建立新的突触联系，促进学习和记忆的过程。

在快速眼动睡眠发生机制中起最重要作用的脑区是脑干背外侧被盖下核，它在快速眼动睡眠的脑电图波形改变和肌张力消失中均发挥重要作用。脑干背外侧被盖下核谷氨酸能神经元在快速眼动睡眠发生前放电增加，其放电活动持续至整个快速眼动睡眠期，提示它与快速眼动睡眠启动和维持密切相关。此外，脑内多个核团可以影响脑干背外侧被盖下核神经元活动，参与调节快速眼动睡眠。导水管周围腹外侧灰质、背侧中脑深核等部位对脑干背外侧被盖下核神经元活动起抑制作用，这些脑区的GABA能神经元在非快速眼动睡眠期活动水平高，而在快速眼动睡眠期活动水平最低，被称为REM-off神经元。脑干巨细胞核和背内侧下丘脑GABA能、下丘脑黑色素浓集激素等神经元对脑干背外侧被盖下核神经元活动起兴奋作用，这些神经元在快速眼动睡眠期放电频率明显增加，在非快速眼动睡眠期和觉醒期放电停止，被称为REM-on神经元。通过REM-off神经元和REM-on神经元之间的相互作用，非快速眼动-快速眼动睡眠周期得以形成。

3. 非快速眼动-快速眼动睡眠周期 正常成人一夜的睡眠首先是从觉醒状态进入非快速眼动睡眠的Ⅰ期，然后顺序进入Ⅱ期、Ⅲ期和Ⅳ期，随后又回到Ⅱ期或Ⅰ期，最后进入快速眼动睡眠。非快速眼动睡眠四个时期和快速眼动睡眠的这种顺序性发生过程简称睡眠周期，完成一夜睡眠通常会经历3~5个睡眠周期（图10-27）。在第一个睡眠周期，完整的非快速眼动睡眠过程持续70~90 min，而快速眼动睡眠持续时间不超过5~10 min。越接近睡眠后期，非快速眼动睡眠越逐渐缩短，而快速眼动睡眠的持续时间越逐渐延长。目前认为，非快速眼动睡眠和快速眼动睡眠均可直接转为觉醒状态。

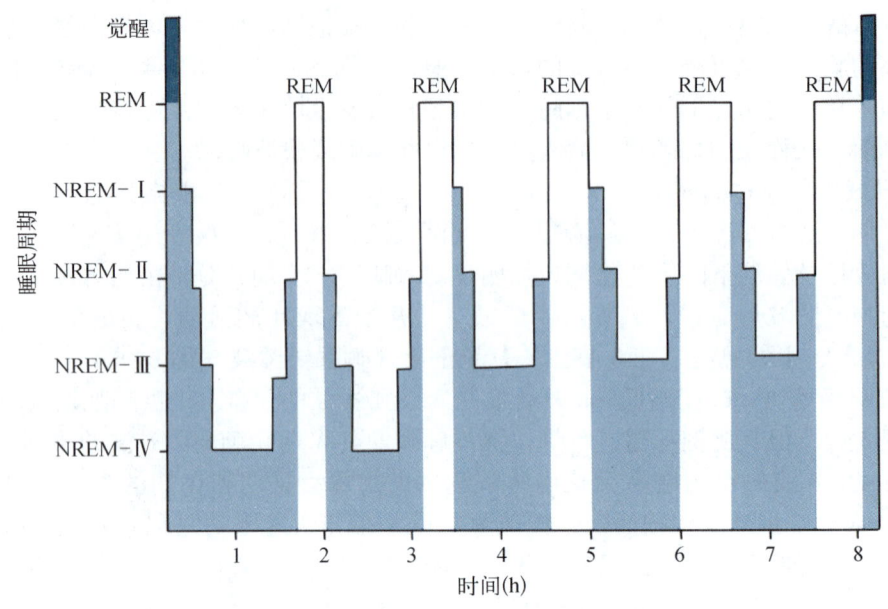

图 10-27　正常成人整夜睡眠中睡眠周期示意图

REM，快速眼动睡眠；NREM，非快速眼动睡眠

（三）觉醒与睡眠周期的发生机制

睡眠不是觉醒的简单终止，而是在中枢神经系统内主动发生的过程。

觉醒与睡眠的周期性变化是上述脑内各相关系统相互作用的动态平衡。觉醒系统兴奋时大脑皮层处在觉醒状态，而在睡眠系统兴奋时，觉醒系统被抑制，大脑皮层进入睡眠状态。

觉醒睡眠周期的发生机制还常用睡眠-觉醒相位调节双过程模型理论进行解释。该理论认为，觉醒睡眠周期的转换既受睡眠稳态过程的调节，又受生物钟的调节。在觉醒期间，机体的内源性睡眠物质会逐渐增加，当其增加到一定水平时，机体便会主动进入睡眠状态，睡眠时这些内源性物质通过某些机制被清除而处于很低的水平，如此周而复始，内源性睡眠物质随觉醒和睡眠过程而逐渐增多和减少，这就是睡眠稳态过程。目前为止，已知的内源性催眠物质有 20 余种，其中最为重要的是腺苷和前列腺素 D_2（prostaglandin D_2，PGD_2）。生物钟对觉醒睡眠周期的调节机制尚不完全清楚。目前认为，生物钟主要受视交叉上核控制。视交叉上核近日生物节律细胞接受每昼夜发生的周期性光照变化刺激，进而调节觉醒睡眠周期使其与昼夜周期一致。另外，温度、代谢、进食等也可影响视交叉上核的节律，从而对觉醒睡眠周期产生影响。

第六节　脑的高级功能

人的大脑皮层高度发达，除具有调节感觉、躯体运动和内脏活动的功能外，还有许多更为复杂的整合功能，常将其统称为脑的高级功能，如学习和记忆、语言和其他认知活动等。虽然脑的高级功能早已备受关注，断层扫描和功能性磁共振影像及其相关技术的应用也为脑高级功能的研究带来了一场革命，但目前对脑高级功能的研究手段和取得的成果仍十分有限。

一、学习和记忆

学习和记忆是两个密不可分的神经活动过程。学习是人和动物的神经系统不断接收环境信息而获得新的行为习惯的过程。学习是各种经验积累的过程，可以是来自个体自身的直接经验，也可以是来自他人的间接经验，人类对书本知识的学习就属于后者。记忆则是大脑将通过学习得到的信息进行编码、储存和提取的神经活动过程。对某信息的记忆以对该信息的编码和存储为前提，而该信息是否存在还需对其进行检索，而这一过程就称为信息提取。信息提取是对信息的回忆过程，又称信息的再呈现。学习和记忆是人脑对信息的处理过程，两者相互依存。学习是对新信息的获取，记忆则是对所获得信息的储存，记忆的信息源自学习，不产生任何记忆的学习可被认为是无效学习。

(一) 学习

学习的内容和形式非常复杂，常根据学习形式的不同将其分为非联合型学习和联合型学习两类。

1. 非联合型学习　只需要一种刺激即可产生，是一种较简单的学习形式。习惯化和敏感化是较为常见的非联合型学习，也是突触传递可塑性的表现形式。习惯化可以避免不必要的应答，敏感化有助于逃离伤害性刺激，通过这些学习可获得对生存有利的行为习惯。

2. 联合型学习　是两个或两个以上事件在时间上很接近地重复发生，最后在脑内逐渐形成联系。人类的学习主要是联合型学习，经典条件反射和操作式条件反射均属此类型。对学习的实验研究也常基于条件反射。

经典条件反射是由俄国生理学家巴甫洛夫发现的，因此又称为巴甫洛夫反射。经典条件反射是由条件刺激与非条件刺激在时间上结合而建立起来的。让犬进食可引起唾液分泌，这是非条件反射，食物是非条件刺激。铃声与犬的唾液分泌无关，但每次让犬进食前先出现铃声，这样多次结合以后，当铃声一出现，犬就会分泌唾液。由此，建立了由铃声引起唾液分泌的条件反射，铃声是条件刺激。

操作式条件反射是更为复杂的自愿行为，它的建立需要进行训练并和奖赏或惩罚相结合。马戏团动物表演多数属于操作式条件反射。例如，动物建立起"红灯亮而踩杆"的操作式条件反射包括如下过程：① 学会踩动杠杆的操作。动物在驯兽师的指导下，偶然完成踩动杠杆的操作，每一次完成均可获得食物奖赏。通过反复训练，动物就会自愿踩动杠杆以获得食物。② 建立条件刺激"红灯亮"与踩动杠杆操作的联系。红灯亮时动物踩动杠杆，立即给予食物奖励进行强化；其他颜色灯亮时动物踩动杠杆，则不给食物。如此反复多次后，动物就学会了见红灯亮就踩动杠杆。得到食物是一种奖赏性刺激，因此这种操作式条件反射是一种趋向性条件反射。同理，如果把某条件刺激与惩罚性刺激相联系，多次强化训练后，动物就不会出现某一操作。这种由于得到惩罚而产生的抑制性条件反射，称为回避性条件反射。

人类可建立起与上述相类似的条件反射，而且除了可建立起由光、声、味和触等具体的信号刺激引起的条件反射外，还可用抽象的语词代替具体的信号形成条件反射。巴甫洛夫把现实具体的信号称为第一信号，而把描述现实具体信号的语词称为第二信号。与此相对应，人类大脑皮层对第一信号发生反应的功能系统称为第一信号系统，而对第二信号发生反应的功能系统则称为第二信号系统。第二信号是代表第一信号的语言文字，是人类特有的。第二信号系统是在第一信号系统的基础上发展和完善起来的，是大脑皮层进化到人类阶段特有的产物，是人类区别于动物的主要特征。

(二) 记忆

1. 记忆的过程　通过学习进入大脑的信息，可能被记忆，也可能被遗忘。记忆和遗忘都是复杂的脑功能活动，在发生记忆的同时伴随遗忘是正常生理过程。

人类的记忆过程可分成四个连续的阶段，即感觉性记忆、第一级记忆、第二级记忆和第三级记忆（图10-28）。感觉性记忆维持时间一般不超过 1 s，信息在进入脑后立即被筛选，未被关注的信息随即消失。这种未被关注的信息可以被认为是产生了未被察觉的记忆而瞬时被遗忘。被关注的信息进入第一级记忆。第一级记忆是脑对感觉性记忆过程中不连续的、先后进入的信息进行加工和整合处理后的信息存储。第一级记忆保留时间很短，持续时间为数秒至数分钟，信息的存储也很易受外界因素干扰。此时，大部分信息会被遗忘，只有少数信息通过被反复学习和运用，而成为在第一级记忆中循环并停留较长时间的信息，进而转入第二级记忆。第二级记忆是一个大而持久的储存系统，可保持几分钟、几天甚至几年，但由于先后

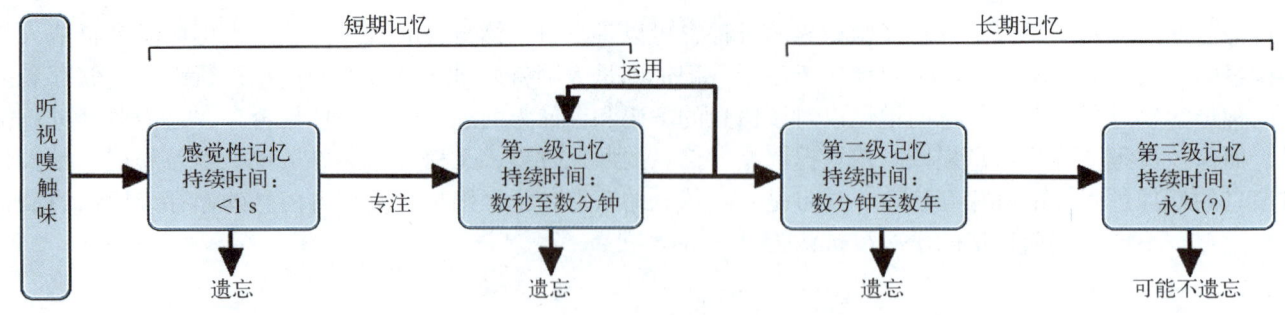

图 10-28 记忆过程示意图

进入的信息干扰,进入此期的某些信息也可被遗忘。经历数年仍未被遗忘的信息就进入了第三级记忆,第三级记忆中的信息可存留数年甚至终身。

从上述可知,记忆的每个阶段都伴随着遗忘。对学习知识后记忆和遗忘所进行的实验研究证实,遗忘在学习过程中就已经开始,最初遗忘的速率很快,以后逐渐减慢。但遗忘并不意味记忆痕迹的消失,因为再次学习已遗忘的内容,受试者自知曾经学习过该内容,而且比学习新的内容更容易。临床上将疾病情况下发生的遗忘称为遗忘症,可分为顺行性遗忘症和逆行性遗忘症两类。顺行性遗忘症患者表现为不能对新近获得的信息形成记忆,这可能与信息不能从第一级记忆转入第二级记忆有关。逆行性遗忘症常表现为不能回忆脑功能障碍发生之前一段时间内的经历,这可能与第二级记忆形成过程中发生紊乱有关。

2. 记忆的分类　根据记忆的储存和回忆的方式不同,可将记忆分为陈述性记忆和非陈述性记忆两类。根据记忆保留时间长短的不同,记忆被分为短期记忆和长期记忆。

(1) 陈述性记忆和非陈述性记忆:陈述性记忆(declarative memory)指与特定时间、地点有关的事件情节和资料的记忆,它可用语言陈述或作为一种非语言的影像形式保存在记忆中。陈述性记忆又可分为情景式记忆和语义式记忆。情景式记忆指对已发生事件的时间、地点、人物、过程和环境等信息的记忆。例如,某一次愉快的旅行经历可用文字描述回忆其中发生的细节,也可回忆呈现出旅行过程中的场景。语义式记忆指对文字和语言的记忆,如对所学知识的记忆。陈述性记忆与意识有关,能被清楚地回忆,并进行推理,能较快地建立,但也较易忘却。

非陈述性记忆(nondeclarative memory)是与操作和实践有关的记忆,如骑自行车、游泳和某些技巧性动作等。非陈述性记忆指反复多次地练习后达到"熟能生巧"而保存下来的记忆,它主要通过熟练的行为活动来表达,与意识活动无关,也不易忘却。例如,一旦学会游泳,一辈子也不会忘。陈述性记忆可以逐渐转变为非陈述性记忆。例如,学习驾车的过程,可以首先是操作过程的陈述性记忆,把每一个操作流程熟记于心,再经过长时间的练习后,驾车就变为一种技巧性动作,陈述性记忆也就变成了非陈述性记忆。

(2) 短期记忆和长期记忆:短期记忆保留时间仅几秒到几分钟,其长短仅能满足完成某项极为简单的工作,如打电话时的拨号,拨完后记忆随即消失。长期记忆保留时间可为几分钟到几天,几天到数年,有些内容甚至可终生保留。感觉性记忆和第一级记忆相当于短期记忆,第二级和第三级记忆相当于长期记忆。

(三) 学习和记忆的机制

学习和记忆的神经机制尚在研究中,未知的领域还很多。目前,主要对学习记忆的脑功能定位、突触可塑性变化及脑内蛋白质和神经递质合成等方面开展了研究。

1. 参与学习和记忆的脑区　动物实验和临床观察证实,学习和记忆存在一定的功能定位。与记忆功能密切相关的脑内结构主要包括大脑皮层联络区、海马及其邻近结构、杏仁核、丘脑和脑干网状结构等,而且在这些脑区复杂的结构和功能联系使其共同参与了学习和记忆的产生。临床观察到,陈述性记忆相关的储存脑区主要在内侧颞叶,包括海马、内嗅皮层和嗅周皮层等;非陈述性记忆的储存部位则主要在纹状体、小脑和运动皮层等。

2. 学习和记忆的突触生理机制　突触可塑性变化被认为是学习和记忆产生的细胞和分子基础。在学习和记忆过程中，突触的形态和功能均可发生变化，故分别称为突触结构的可塑和突触传递的可塑。短期记忆的基础同神经元间环路联系的持续活动有关，长期记忆则可能与新的突触联系的建立有关。动物实验表明，生活在复杂环境中的大鼠同生活在简单环境中的大鼠比较，前者的大脑皮层较后者发达，皮层内神经元间突触联系也较多。此外，突触传递的可塑性变化如敏感化、习惯化和长时程增强等都被认为是学习和记忆发生的重要分子机制（详见本章第一节）。

3. 学习和记忆的生物化学机制　　蛋白质合成是学习记忆的物质基础，尤其是长期记忆的形成和晚时相的长时程增强（维持时间在 3 h 以上）的产生依赖于蛋白质的合成。神经递质的物质代谢过程也是学习记忆产生的重要生物化学基础。脑内的多种神经递质可作为突触传递的信息物质直接参与学习记忆过程，如乙酰胆碱、儿茶酚胺、血管升压素和谷氨酸等，这些递质的合成释放改变也可能是引起学习和记忆障碍性疾病的重要原因。

二、语言和其他认知功能

认知是人脑接收的外界信息，经过加工处理，转换成心理活动，进而以行为呈现出来的过程。认知是人脑高级活动中最重要的过程，人类高度发达的大脑皮层是实现认知功能最重要的结构基础。学习、记忆和语言都属于认知功能的范畴，而且人类的语言功能高度复杂，被认为是人类特有的认知功能。

（一）大脑皮层的语言功能

语言是一个主要由声音和符号（包括文字）等组成的用于交流的系统。语言功能是人脑高级神经活动中最重要的过程之一。对独立个体而言，语言是思维得以实现的工具；对群体而言，语言是人与人之间最重要的交流工具；对于整个人类而言，语言是传承文化的工具。

1. 大脑皮层语言功能的一侧优势　　实验研究和临床观察证实，人的语言和语言相关的认知功能主要在左侧大脑半球，即左侧半球更多地参与语言相关的活动。因此，曾经将左侧半球称为优势半球。实际上右侧半球在非语词性认知功能上占优势，如空间辨认、图像识别和音乐欣赏等。两侧大脑半球的功能具有不对称性，这是人类特有的现象。大脑半球优势是在发育过程中形成的，与先天遗传有一定关系，但主要是由后天逐步形成，与人类大部分人习惯使用右手有关。大脑左、右半球的功能优势是相对的，左半球也有一定的非语词性认知功能，右侧半球也有一定的简单的语词活动功能，而且各种脑认知活动都是在左、右半球功能高度整合下完成的，两半球之间依靠胼胝体联结并进行频繁的信息交换，它不仅将两半球联结在一起而且促成两半球的协同活动。

2. 大脑皮层的语言中枢　　目前，对语言相关脑功能定位（图 10 - 29）的认识大都来自对失语症的研究。与语言输出有关的脑区主要是运动性语言区［额下回后部的布罗卡区（Broca 区）］和书写区（额中

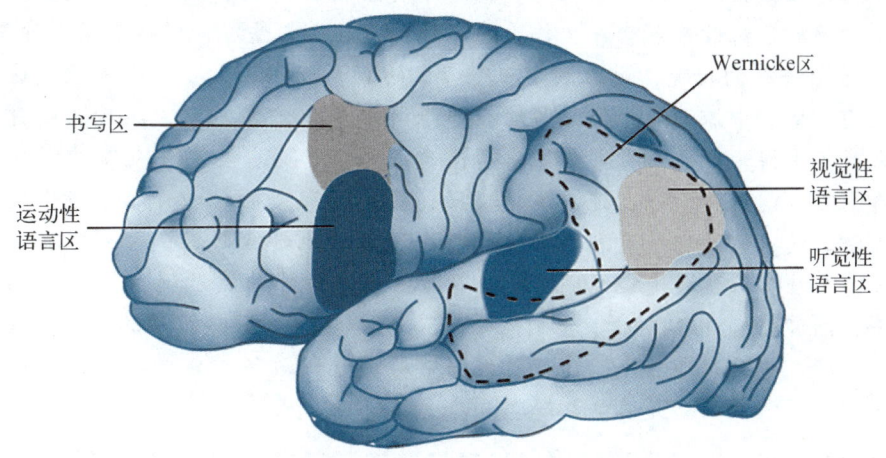

图 10 - 29　人大脑皮层语言功能区示意图

回后部）。运动性语言区受损引起运动失语症（motor aphasia），患者主要表现为不能用语词进行口头表达，但发音器官并无障碍。书写区受损引起失写症（agraphia），患者主要表现为不会书写，但其手部并无其他运动障碍。与语言输入有关的脑区主要是视觉性语言区（角回）和听觉性语言区（颞上回后部）。视觉性语言区损伤可导致失读症（alexia），患者主要表现为视觉良好但不能理解文字和符号的含义。听觉性语言区受损可导致感觉失语症（sensory aphasia），患者主要表现为能听到别人的发音，但不懂其含义。语言活动的完整功能与各区域的功能是密切相关的。严重的失语症可同时出现上述四种语言活动功能的障碍。

另外，还可出现流畅性失语症和传导性失语症。流畅失语症又称韦尼克失语症（Wernicke aphasia, Wernicke 失语症），患者说话看起来正常而流畅，或有过度表达，但所说的话中充满了杂乱语和自创词，也不能理解别人说话和书写的含义。流畅失语症由韦尼克区（Wernicke 区）损伤引起。由于听觉性语言区和视觉性语言区之间并无严格界线，将其合称为 Wernicke 区，包括颞上回、颞中回后部、缘上回以及角回。传导性失语症（conduction aphasia）患者的语言输入和输出功能都正常，主要特征表现为复述单词的困难。患者对于听到的单词尽管想努力将其复述出来，但复述过程中存在大量的单词替换、省略和错语。传导性失语症是因为脑损伤切断了 Wernicke 区和 Broca 区之间的联系，但并没有累及这两个脑区本身。

（二）大脑皮层的其他认知功能

除学习、记忆和语言功能以外，大脑皮层还有许多认知功能，如思维、计算、理解判断、创造、精神和情感等。

思维是高级认知活动，是在表象和概念的基础上进行分析、综合、判断和概括等。通过脑的思维过程，外部输入的信息被深度加工，转化为人对事物的理性、本质特征和内在联系的认识，进而形成具有个体特征的分析和解决问题的方式和途径。联合皮层被认为是产生思维最重要的中枢。

与语言功能的中枢机制研究相似，关于参与其他认知功能脑区的认识也主要是从大量的临床资料中获得。右侧顶叶皮层损伤的患者常表现为穿衣困难，常将衬衣前后穿反或只把一个胳膊伸入袖内，但患者并无肌运动障碍，称为穿衣失用症。右侧半球颞叶中部病变患者常出现不能辨认别人的面部，甚至不认识镜子里自己的面部，这种认知功能障碍称为面容失认症。额顶部损伤患者可表现为数学计算能力的损害，称为失算症。由此可见，顶叶、颞叶和额叶皮层的部分脑区与不同的认知功能有关。

※ 科学小故事

乙酰胆碱是人类发现的第一个神经递质，它的发现与德国科学家奥托·勒维（Otto Loewi）一个奇妙无比的梦有关。1904 年，勒维前往英国斯塔林（Starling）实验室进修。当时实验室里有一位来自剑桥大学的年轻生理学工作者——埃利奥特（Elliott），他通过实验发现，刺激动物的交感神经所引发的反应与注射肾上腺素的作用非常相似。勒维深受启发，猜想刺激迷走或交感神经，也许是通过其末梢释放化学物质来对效应器官产生作用的。但是，这个想法在他回国后就渐渐淡忘了。

1921 年复活节前一天的夜晚，勒维做了一个奇怪的梦，梦中他做了一个实验，这个实验竟然证实了他的一个设想！从梦中惊醒后，他匆匆地在一张薄纸片上作了笔记，然后又翻身睡去。第二天早上，当他醒来时不由得十分懊恼，因为他看不懂自己写了什么，更想不起梦中的内容。他努力回想自己那个神奇的梦，就这样，一天过去了。夜里，他又沉沉睡去。神奇的事情出现了，头一天晚上的梦竟然又上演，这次他清晰地看到了实验的整个过程！他赶紧起床，冲到实验室开始实验。他将两个蛙心离体，A 蛙心保留迷走神经，B 蛙心不保留迷走神经，然后刺激 A 蛙心的迷走神经，使其心脏跳动减慢，随即将 A 蛙心内的液体引入 B 蛙心内，结果 B 蛙心跳动的速度也慢了下来。这就是著名的双蛙心实验。据此勒维推断，迷走神经兴奋时通过释放某种化学物质使两个蛙心的活动受到抑制。后来证实，这种物质就是乙酰胆碱。

※ 课后拓展

1. 思考题

病例摘要：患者，女性，24岁。因"恶心和头晕"就诊。行全身计算机轴向断层扫描（computed axial tomography，CAT）检查发现，该患者小脑部位存在一个巨大的透射影，这提示该患者居然没有小脑。患者自述4岁时才独立站稳，7岁才能很好走路，从未跑跳过，6岁才会说话，未入校学习，其他一切正常。患者已婚，育有1女，妊娠和生产过程也无异常。诊断为原发性小脑发育不全。

（1）根据CAT检查结果，试分析该患者表现出"4岁时才独立站稳，7岁才能很好走路，从未跑跳过，6岁才会说话"这些症状的可能原因。

（2）此病例罕见，目前全球报道不超过10例，且大部分患者已死亡，而该患者并没有严重的健康问题，显然她的大脑适应了没有小脑的日子。谈一谈你对这一情况的看法。

2. 推荐阅读

（1）REN S C, WANG Y L, YUE F G, et al, 2018. The paraventricular thalamus is a critical thalamic area for wakefulness [J]. Science, 362 (6413): 429-434.

（2）TANAKA M, KUNIMATSU J, SUZUKI T W, et al, 2021. Roles of the cerebellum in motor preparation and prediction of timing [J]. Neuroscience, 462: 220-234.

（3）YU F, JIANG Q J, SUN X Y, et al, 2015. A new case of complete primary cerebellar agenesis: clinical and imaging findings in a living patient [J]. Brain, 138 (Pt 6): e353.

（陈　燕　赵春玲）

※ 第十章数字资源

第十章
课件

第十章
课后练习题（附参考答案）

第十章
课后拓展思考题的解题思路

微课10-1
经典化学性突触传递过程

第十一章

内 分 泌

导 学

内分泌系统是机体的调节系统，通过分泌各种激素发挥对机体基本功能活动的调节作用。内分泌系统和神经系统、免疫系统相互协调，构成一个整体性功能活动调节网络。

内分泌系统是一个由多种内分泌腺和内分泌细胞组成的复杂调节系统。因此，本章内容具有以下特点：知识点多、激素种类多、各种激素生物作用、分泌调节各有异同。

建议在学习本章时可按照两条逻辑线索进行。首先，以知识框架为线索将内容分为三部分。第一部分是内分泌学的概述，包括内分泌和激素概念、激素分类与作用机制、激素作用的一般特征和激素分泌节律及其分泌的调控。第二部分为下丘脑-垂体内分泌系统，下丘脑调节激素共有七种，分为促释放激素和释放抑制激素两类；下丘脑-腺垂体激素以生长激素、催乳素的生物作用及分泌调节为重点来学习；下丘脑-神经垂体的内分泌主要了解血管升压素和缩宫素的生物作用及分泌调节。第三部分介绍下丘脑-垂体以外的内分泌腺及其产生的激素，分别从激素合成与代谢、激素生物作用、分泌调节等方面进行学习。其次，在学习各种激素的生物学作用时，以它们对代谢的作用为线索，将不同激素对物质代谢和能量代谢作用的异同点进行比较和总结，以加深理解与记忆。

内分泌系统对机体的新陈代谢、生长发育、生殖等基本生命活动进行全面调控。它与神经系统和免疫系统功能活动相互配合，共同调节、维持机体内环境稳态。

第一节 内分泌与激素

内分泌系统通过激素发挥以下主要调节作用：① 调节新陈代谢，多数激素调节细胞物质代谢、能量代谢，维持机体营养、能量平衡，为生命活动奠定基础。② 调节生长发育，促进全身组织细胞生长、增殖、分化，参与细胞凋亡等，调节各器官正常生长发育与功能活动。③ 维持生殖过程，部分激素促进和维持生殖器官正常发育成熟及生殖过程；维持生殖细胞生成直至妊娠、哺乳，保证个体生命绵延及种系繁衍。④ 维持机体稳态，激素调节水电解质平衡、酸碱平衡、体温、血压等，也参与应激反应等，与神经系统、免疫系统整合调节各生理功能，以保证机体适应内、外环境的变化并维持稳态。

一、内分泌与内分泌系统

内分泌系统构成复杂的调节网络，依靠激素实现对机体的功能调节。

（一）内分泌

内分泌（endocrine）指内分泌细胞将产生的激素直接分泌到血液或细胞外液等体液中，然后以体液为媒介对靶细胞产生调节作用的分泌形式。典型内分泌细胞集中存在于内分泌腺，如垂体、甲状腺、甲状旁腺、胰岛、肾上腺、性腺等。非典型内分泌细胞如神经元、心肌、血管内皮、肝、肾、脂肪和免疫细胞等也能产生激素。

激素（hormone）是内分泌腺或器官、组织的内分泌细胞合成、分泌的高效能生物活性物质，以体液为媒介在细胞间传递调节信息。激素主要经血液循环向远处靶细胞传递信息，实现长距细胞通信，因此又称远距分泌或血分泌。激素还能以旁分泌、神经内分泌、自分泌、内在分泌和腔分泌等方式传递信息（图11-1）。

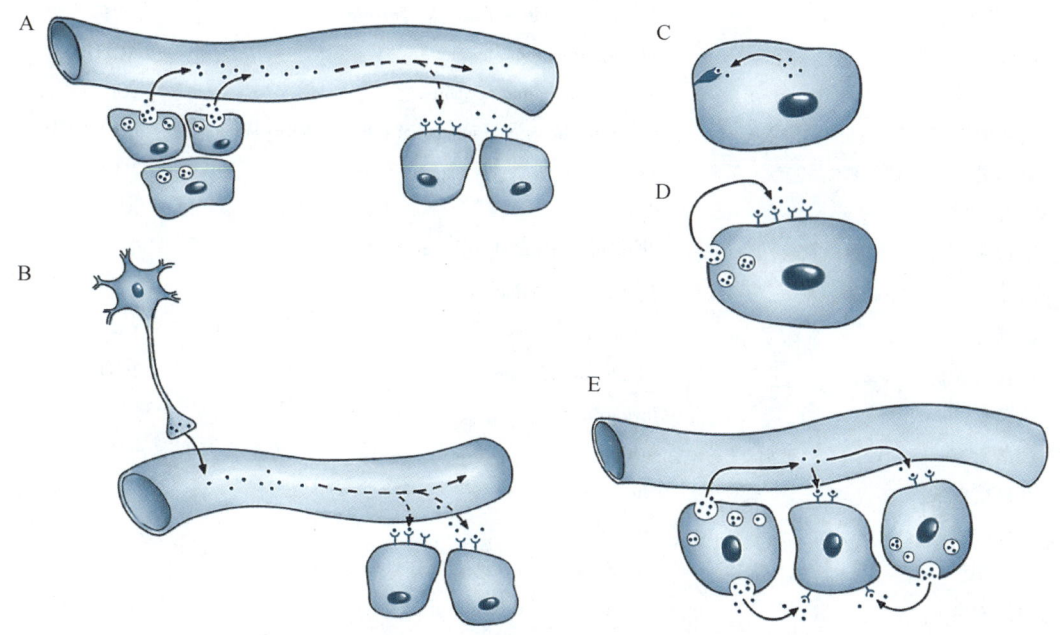

图11-1 激素传递信息的主要途径

A. 内分泌（远距分泌/血分泌）；B. 神经内分泌；C. 内在分泌；D. 自分泌；E. 旁分泌

（二）内分泌系统

经典内分泌腺及兼有内分泌功能的器官、组织组成内分泌系统（endocrine system）。内分泌系统产生的激素主要来源于以下三个方面（表11-1）：① 经典内分泌腺，如腺垂体、甲状腺、甲状旁腺、肾上腺（肾上腺皮质、肾上腺髓质）、性腺（睾丸、卵巢）、胰岛、松果体等。② 非内分泌腺器官，胃肠道、脑、心、肾、肝、胎盘等器官的一些细胞除自身特定功能外，还兼具内分泌功能。例如，胎盘的合体滋养层细胞可分泌绒毛膜生长激素、心房肌细胞可分泌心房钠尿肽等。③ 在组织器官中转化生成，如 Ang Ⅱ 就是在肺内转化而成的具有生物活性的激素。

表11-1 激素的主要来源及化学性质

主要来源	激素中文名称	激素英文名称	英文缩写	化学性质
下丘脑	促甲状腺激素释放激素	thyrotropin-releasing hormone	TRH	肽类
	促性腺激素释放激素	gonadotropin-releasing hormone	GnRH	肽类
	生长激素释放激素	growth hormone-releasing hormone	GHRH	肽类

续表

主要来源	激素中文名称	激素英文名称	英文缩写	化学性质
	生长激素抑制激素（生长抑素）	growth hormone-inhibiting hormone (somatostatin)	GHIH (SS)	肽类
	促肾上腺皮质激素释放激素	corticotropin-releasing hormone	CRH	肽类
	催乳素释放因子	prolactin-releasing factor	PRF	肽类
	催乳素抑制因子	prolactin-inhibiting factor	PIF	胺类/肽类
	血管升压素（抗利尿激素）	vasopressin (antidiuretic hormone)	VP (ADH)	肽类
	缩宫素	oxytocin	OT	肽类
腺垂体	生长激素	growth hormone	GH	肽类
	催乳素	prolactin	PRL	肽类
	促甲状腺激素	thyroid stimulating hormone (thyrotropin)	TSH	蛋白质类
	促肾上腺皮质激素	adrenocorticotropic hormone	ACTH	肽类
	卵泡刺激素	follicle stimulating hormone	FSH	蛋白质类
	黄体生成素（间质细胞刺激素）	luteinizing hormone (interstitial cell stimulating hormone)	LH (ICSH)	蛋白质类
松果体	褪黑素	melatonin	MT	胺类
	8-精缩宫素	vasotocin	AVT	肽类
甲状腺	甲状腺素（四碘甲腺原氨酸）	thyroxine (tetraiodothyronine)	T_4	胺类
	3,5,3'-三碘甲腺原氨酸	3,5,3'-triiodothyronine	T_3	胺类
	降钙素	calcitonin	CT	肽类
甲状旁腺	甲状旁腺激素	parathyroid hormone	PTH	肽类
胸腺	胸腺素	thymosin		肽类
胰岛	胰岛素	insulin		蛋白质类
	胰高血糖素	glucagon		肽类
肾上腺皮质	皮质醇	cortisol		类固醇类
	醛固酮	aldosterone	Ald	类固醇类
肾上腺髓质	肾上腺素	epinephrine (adrenaline)	E (Ad)	胺类
	去甲肾上腺素	norepinephrine (noradrenaline)	NE (NA)	胺类
睾丸	睾酮	testosterone	T	类固醇类
	抑制素	inhibin		蛋白质类
卵巢	雌二醇	estradiol	E_2	类固醇类
	孕酮	progesterone	P	类固醇类
	松弛素	relaxin		肽类
胎盘	绒毛膜生长激素	chorionic somatomammotropin	CS	肽类
	绒毛膜促性腺激素	chorionic gonadotropin	CG	肽类
心	心房钠尿肽	atrial natriuretic peptide	ANP	肽类
血管内皮	内皮素	endothelin	ET	肽类
肝	胰岛素样生长因子	insulin-like growth factor	IGF	肽类
肾	钙三醇（1,25-二羟胆钙化醇/1,25-二羟维生素D_3）	calcitriol (1,25-dihydroxycholecalciferol/1,25-dihydroxy vitamin D_3)		固醇类
胃肠道	促胰液素	secretin		肽类
	缩胆囊素	cholecystokinin	CCK	肽类
	促胃液素	gastrin		肽类
血浆	血管紧张素Ⅱ	angiotensin Ⅱ	Ang Ⅱ	肽类
脂肪组织	瘦素	leptin		肽类
各种组织	前列腺素	prostaglandin	PG	廿烷酸

二、激素的分类

激素种类繁多，可按照化学结构将其分为三类，即胺类、肽类或蛋白质类、脂类激素（包括固醇类激素和甘烷酸类激素等）。不同化学性质的激素，其代谢途径、储存方式和对靶细胞的作用途径及机制等各不相同。

（一）胺类激素

胺类激素（amine hormone）是以氨基酸为原料，经化学修饰生成的衍生物。如肾上腺素和去甲肾上腺素等儿茶酚胺类激素由酪氨酸修饰而来，水溶性强，经膜受体介导产生效应。甲状腺激素是含碘酪氨酸缩合物，脂溶性强，与胞内受体结合产生效应。

（二）肽类或蛋白质类激素

肽类或蛋白质类激素（peptide and protein hormone）种类很多，分布广泛，如下丘脑、腺垂体、甲状旁腺、胰岛、胃肠道等分泌的激素。这类激素是亲水激素，经膜受体介导产生效应。

（三）脂类激素

脂类激素（lipid hormone）以脂质为原料合成。

1. **类固醇激素** 其共同前体为胆固醇，包括醛固酮、皮质醇、孕激素、雄激素、雌激素及1,25-二羟维生素D_3等。此类激素是亲脂激素，多经胞质或核受体介导产生作用。1,25-二羟维生素D_3即钙三醇，又称固醇激素，其作用方式与类固醇激素相似。

2. **二十烷酸类激素** 花生四烯酸是一种二十碳脂肪酸，故由它转化而来的前列腺素、血栓烷及白细胞三烯等生物活性物质被称为二十烷酸类激素。这类物质多作为局部激素发挥作用，既能通过膜受体也能通过胞内受体产生效应。

三、激素的作用机制

激素对靶细胞作用的实质是经受体介导的胞内信号转导过程，最终引发靶细胞的固有生物效应，一般包含以下过程：① 受体识别；② 信号转导；③ 细胞反应；④ 效应终止。根据激素的作用机制，可将其分为Ⅰ组和Ⅱ组激素（表11-2）。

表11-2 按作用机制归类的部分激素

作 用 机 制	激 素
Ⅰ组激素（与胞内受体结合的激素）	皮质醇、醛固酮、雄激素、雌激素、孕激素、1,25-二羟维生素D_3、甲状腺素、3,5,3′-三碘甲腺原氨酸
Ⅱ组激素（与膜受体结合的激素）	
A. G蛋白耦联受体介导作用的激素	
a. cAMP为第二信使	促肾上腺皮质激素释放激素、生长抑素、促甲状腺激素、促肾上腺皮质激素、卵泡刺激素、黄体生成素、胰高血糖素、血管升压素、绒毛膜促性腺激素、阿片肽、降钙素、甲状旁腺激素、血管紧张素Ⅱ、儿茶酚胺（β肾上腺素能、α肾上腺素能）
b. 以IP_3、DG、Ca^{2+}为第二信使	促性腺激素释放激素、促甲状腺激素释放激素、血管升压素、缩宫素、儿茶酚胺、血管紧张素Ⅱ、促胃液素、血小板衍生生长因子
B. 酶联型受体介导作用的激素	
a. 酪氨酸激酶受体介导	胰岛素、胰岛素样生长因子、血小板衍生生长因子、上皮生长因子、神经生长因子

续表

作 用 机 制	激 素
b. 酪氨酸激酶结合型受体介导	生长激素、催乳素、缩宫素、促红细胞生成素、瘦素
c. 以 cGMP 为第二信使	心房钠尿肽、NO（受体在胞质）

（一）激素受体介导的细胞内机制

1. 膜受体介导的作用机制　该机制以萨瑟兰（Sutherland）第二信使学说为基础，主要内容包括：① 激素是第一信使，首先与靶细胞膜的特异受体结合；② 激素与受体结合后，激活腺苷酸环化酶；③ 在 Mg^{2+} 存在情况下，腺苷酸环化酶催化 ATP 生成 cAMP；④ cAMP 作为第二信使，逐级活化胞质中无活性的蛋白激酶等功能蛋白质，最终引发细胞的固有生物效应。除 cAMP 外，目前已知的第二信使还有 cGMP、IP_3、DG 和 Ca^{2+} 等（见第二章）。

2. 胞内受体介导的作用机制　细胞内受体包括胞质受体、胞核受体。叶先（Jesen）与戈尔斯基（Gorski）的基因表达学说认为，类固醇激素进入细胞后，首先和胞质受体结合组成激素-受体复合物，然后进入细胞核，调节基因转录与表达，改变细胞活动。该机制经过了两个主要步骤，故又称二步作用原理（见第二章）。

激素作用的信号转导机制错综复杂，有些激素可通过多种机制发挥不同作用。例如，Ⅰ组类固醇激素既可通过核受体调节基因表达，也可通过膜受体或离子通道快速调节神经细胞兴奋性。

（二）激素作用的终止

只有当激素作用被及时终止后，靶细胞才能继续接收新的信息，从而保证激素的调节效应可以适时精确地执行。

四、激素作用的一般特征

各种激素对靶细胞的调节作用不尽相同，但在调节过程中有一些共同特征。

（一）特异性作用

尽管激素经血液循环可广泛接触各部位器官、腺体、组织、细胞，但它们往往只选择性作用于特定目标——靶，分别称为该激素的靶器官、靶腺、靶组织、靶细胞，这种现象被称为激素的特异性作用。但不同激素作用的特异性高低有很大差别，如腺垂体促激素的特异性高，作用局限，主要作用于相应靶腺；而生长激素、甲状腺激素的特异性低，作用遍及全身。激素作用的特异性主要取决于靶细胞受体的分布范围。

（二）信使作用

激素是一类"信使"物质，内分泌细胞通过分泌激素将调节信息传给靶细胞，以增强或减弱靶细胞固有的生物效应。因此，激素既不能为靶细胞添加新功能，也不能提供额外能量，仅起信息传递作用。

（三）高效作用

生理状态下，激素在血浆中含量极微，一般在 pmol/L~nmol/L 数量级。但微量的激素却能引起明显的生物学效应，这是激素与受体结合后，引发胞内信号转导，通过一系统酶促反应，将信息逐级放大的结果。例如，1 mol 肾上腺素经 cAMP-PKA 途径使肝糖原分解，生成 10^8 mol 葡萄糖，生物效应放大约 1 亿倍（图 11-2）。

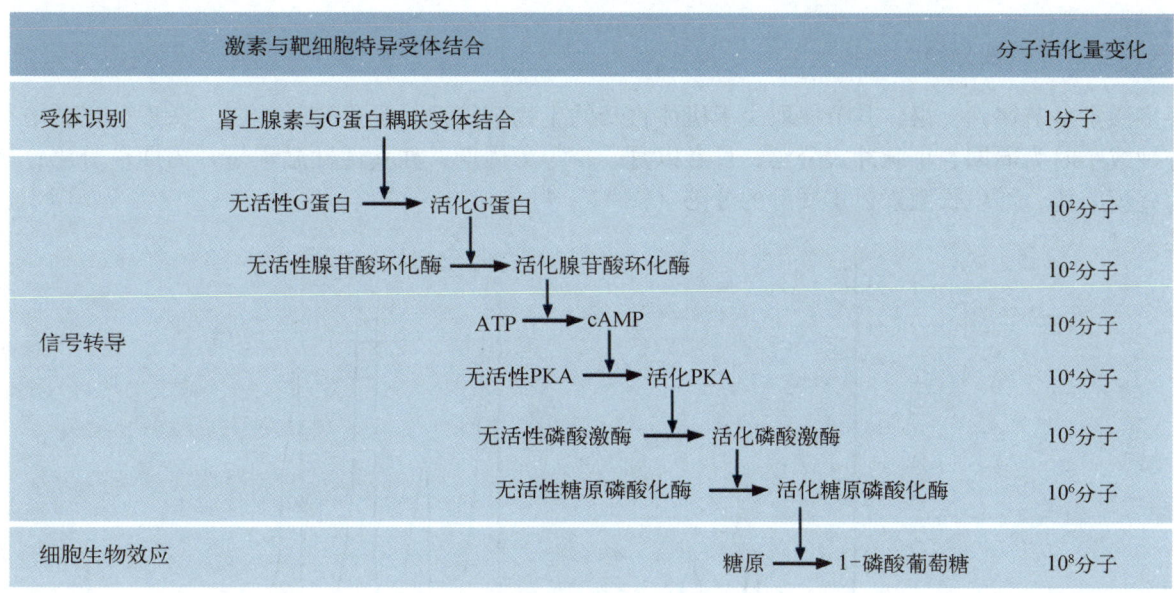

图11-2 激素的生物放大效应

PKA，蛋白激酶A

（四）相互作用

内分泌腺与内分泌细胞遍布全身，各种激素都以体液为媒介传递信息，发挥作用时总会彼此关联和影响。

1. 协同作用（synergistic action）　激素的协同作用表现为多种激素联合作用产生的总效应大于各激素单独作用产生效应的总和。例如，胰高血糖素、肾上腺素与糖皮质激素等具有协同升高血糖的作用（图11-3）。

2. 拮抗作用（antagonistic action）　指不同激素对某一生理效应产生相反的作用。例如，胰岛素降血糖作用与以上升糖激素升血糖作用拮抗。

3. 允许作用（permissive action）　指某激素对特定器官、组织或细胞无直接作用，但其存在却是另一激素发挥作用的必要基础。例如，糖皮质激素具有广泛允许作用，其本身无收缩血管作用，但只有当它存在时，儿茶酚胺类激素才能发挥其缩血管作用。

4. 竞争作用（competitive action）　由化学结构相似的激素竞争结合同一受体产生。例如，盐皮质激素（醛固酮）与孕激素结构类似，两者均能结合盐皮质激素受体，但前者与该受体亲和力远高于孕激素，因此盐皮质激素在低浓度时即可产生效应。当孕激素浓度较高时，可竞争结合盐皮质激素受体，从而减弱盐皮质激素的效应。

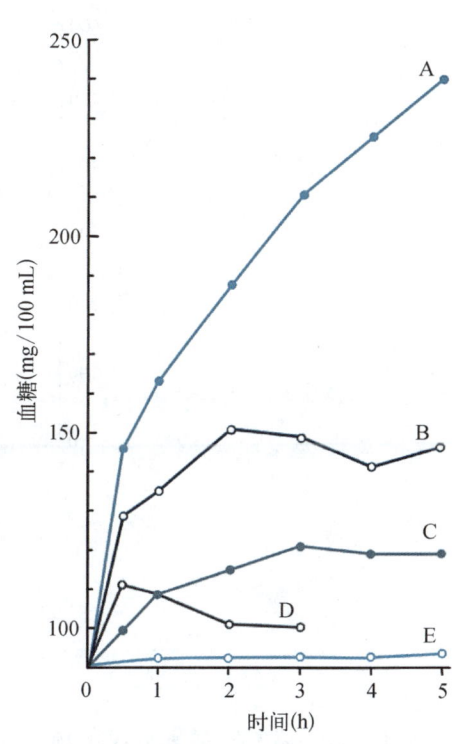

图11-3 胰高血糖素、肾上腺素和糖皮质激素升高血糖的协同作用

A. 胰高血糖素+肾上腺素+皮质醇；
B. 胰高血糖素+肾上腺素；C. 肾上腺素；
D. 胰高血糖素；E. 皮质醇

五、激素分泌节律及其分泌的调控

激素是内分泌系统发挥调节作用的基础，其分泌水平的相对稳定对内环境稳态的维持至关重要。因此，血液或体液中的激素水平受到严密调控，它既受生物节律性的影响，也受神经和体液调节，可因需要适时、适量分泌，及时启动和终止。

(一)生物节律性分泌

很多激素呈节律性分泌,其节律取决于机体自身的生物节律性,受生物钟控制。激素分泌的节律,短者以分钟或小时为周期,呈脉冲式分泌;长者以月、季等为周期,如女性性激素呈月周期性分泌;多数则表现为昼夜节律,如生长激素、皮质醇的分泌(图 11-4)。

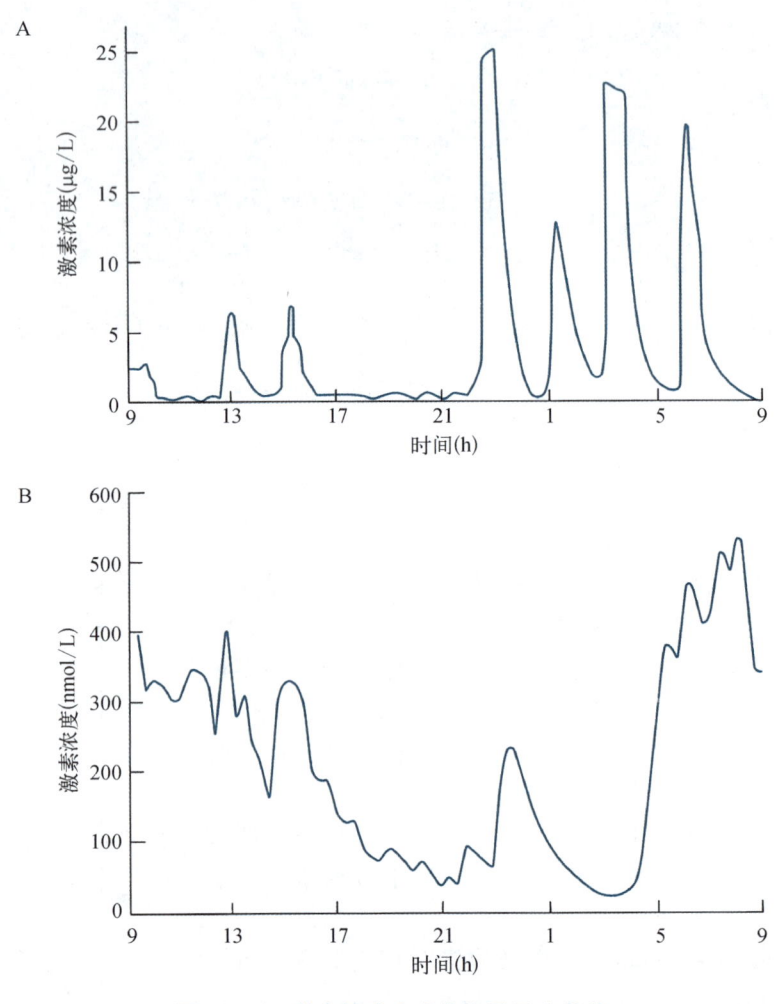

图 11-4 激素的脉冲式分泌及昼夜节律
A. 生长激素;B. 皮质醇

(二)激素分泌的调控

1. **体液调节** 激素分泌的体液调节主要包括多轴系反馈调节和代谢产物的直接反馈调节。

(1)多轴系反馈调节:轴系是有等级层次的调节系统,系统内高位激素促进下位内分泌活动,而下位激素多抑制高位内分泌活动,从而形成长反馈、短反馈和超短反馈等自动控制环路。例如,下丘脑-垂体-靶腺轴是维持激素分泌稳态的重要环路。长反馈指终末靶腺或组织分泌激素对上位腺体活动的反馈;短反馈指垂体分泌激素对下丘脑分泌活动的反馈;超短反馈则指下丘脑肽能神经元活动受其自身分泌调节肽的反馈(图 11-5A)。以上反馈调节多为负反馈,但也有少数情况为正反馈。例如,卵泡成熟发育过程中,其分泌的雌激素在血中达到一定水平后,可正反馈引起黄体生成素的分泌高峰,促发排卵(图 11-5B)。

(2)直接反馈调节:激素调节物质代谢,而物质代谢导致血液中某些物质的变化,又反过来影响相应激素的分泌,形成直接反馈调节。例如,甲状旁腺激素促进骨钙入血,血钙升高,而血钙升高通过负反馈减少甲状旁腺激素分泌,从而维持血钙稳态(图 11-5C)。

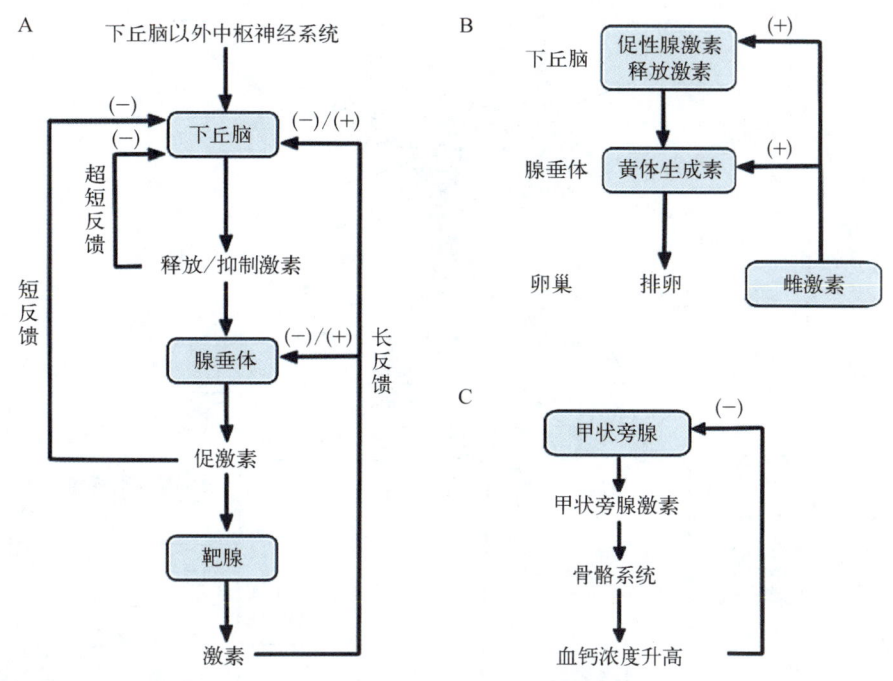

图 11-5 激素分泌的调控示意图

A. 下丘脑-垂体-靶腺轴调节系统；B. 卵泡成熟发育进程中雌激素正反馈调节黄体生成素分泌；
C. 血钙水平直接反馈调节甲状旁腺激素分泌

2. 神经调节　下丘脑上行、下行神经联系广泛且复杂，各种刺激通过神经系统影响下丘脑神经内分泌细胞的分泌活动，实现内分泌系统与整体功能活动整合。故下丘脑是神经系统和内分泌系统联系的重要枢纽。许多内分泌腺都受神经纤维的支配。例如，交感神经兴奋可使肾上腺髓质释放肾上腺素和去甲肾上腺素、甲状腺释放甲状腺激素等。

第二节　下丘脑-垂体系统及松果体内分泌

下丘脑（hypothalamus）与垂体（hypophysis，pituitary）的结构、功能联系非常紧密（图11-6），共同组成下丘脑-垂体功能单位，包括下丘脑-腺垂体系统和下丘脑-神经垂体系统。下丘脑的部分神经元兼有内分泌功能，通过调节垂体及外周靶腺激素的分泌，将神经和体液调节整合起来。

一、下丘脑-腺垂体系统内分泌

下丘脑和腺垂体间有一独特的血管网络——垂体门脉系统，它们可通过该结构直接进行双向沟通。下丘脑内侧基底部，如正中隆起、弓状核、腹内侧核、视交叉上核、室周核与室旁核内侧的小细胞神经元组成下丘脑促垂体区，下丘脑小细胞神经元的短轴突形成下丘脑结节漏斗束，末梢终止于垂体门脉系统的初级毛细血管丛，其分泌的下丘脑调节激素经垂体门脉进入次级毛细血管丛，调节腺垂体内分泌活动（图11-7）。

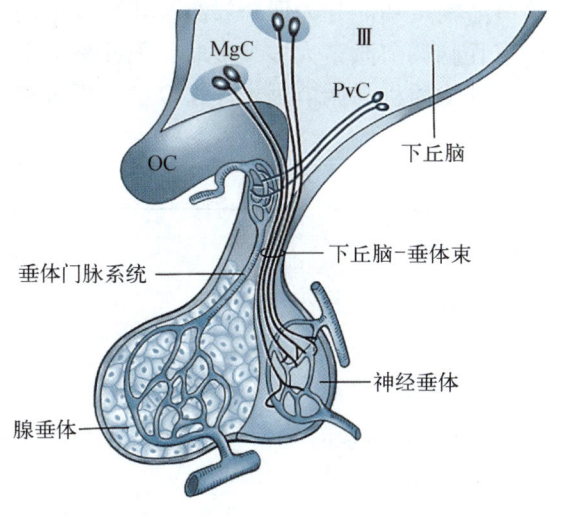

图 11-6　下丘脑与垂体的功能联系

Ⅲ，第三脑室；MgC，大细胞神经元；
OC，视交叉；PvC，小细胞神经元

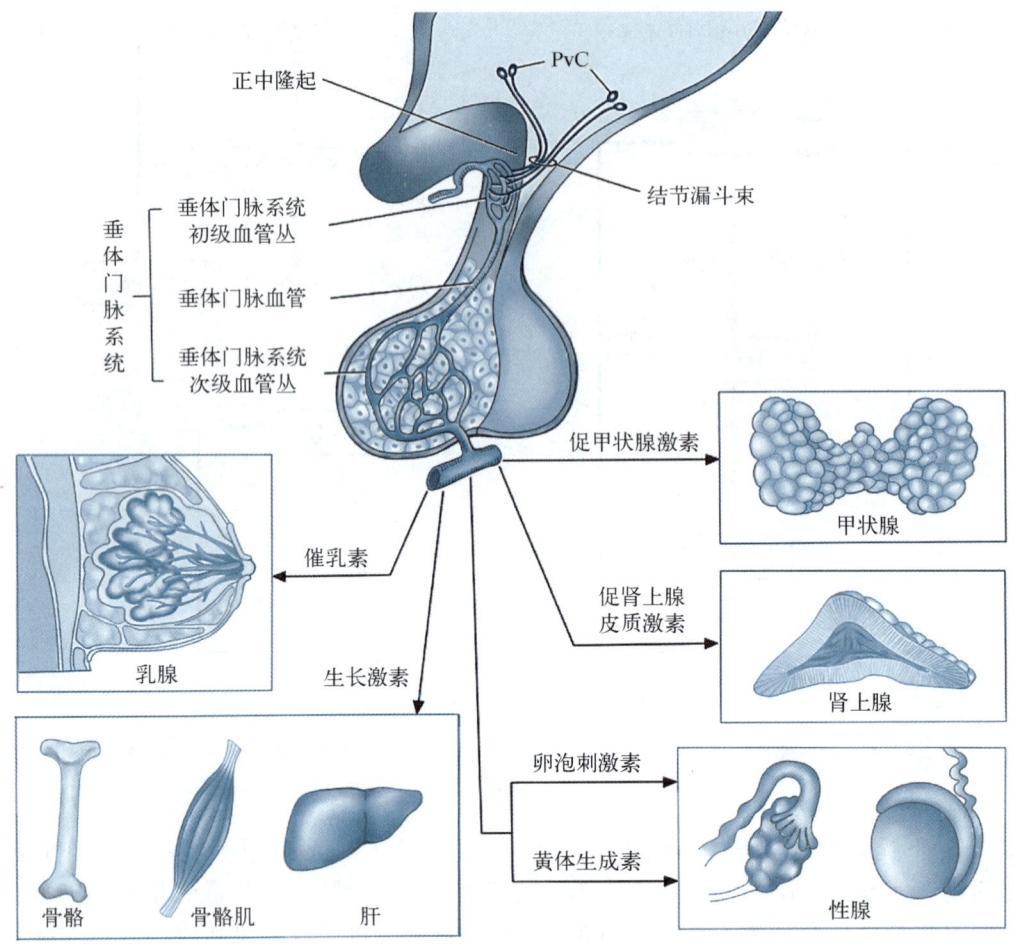

图 11-7 下丘脑-腺垂体系统

PvC，小细胞神经元

（一）下丘脑调节激素

1. **激素种类** 下丘脑促垂体区小细胞神经元分泌的能调节腺垂体活动的激素统称为下丘脑调节激素。这些激素按功能分为促释放激素和释放抑制激素两类，分别促进和抑制腺垂体内分泌活动。目前已知结构的下丘脑调节激素大多是多肽，因此称为下丘脑调节肽（hypothalamic regulatory peptide，HRP），尚不明确的活性物质称为调节因子。迄今已发现五种下丘脑调节肽，两种下丘脑调节因子（表 11-3）。

表 11-3 下丘脑调节激素、腺垂体激素与靶腺激素

下丘脑调节激素	腺垂体激素	靶腺激素
生长激素释放激素（GHRH）	生长激素（GH）	
生长抑素（SS）	生长激素（GH）	
促甲状腺激素释放激素（TRH）	促甲状腺激素（TSH）	甲状腺激素（TH）
促肾上腺皮质激素释放激素（CRH）	促肾上腺皮质激素（ACTH）	糖皮质激素（GC）
促性腺激素释放激素（GnRH）	卵泡刺激素（FSH） 黄体生成素（LH）	性激素
催乳素释放因子（PRF）	催乳素（PRL）	
催乳素抑制因子（PIF）	催乳素（PRL）	

2. 分泌调节　下丘脑调节激素的分泌调节包括神经调节和激素反馈调节。下丘脑和很多脑区有纤维联系，内、外环境变化可通过神经系统调节下丘脑激素的分泌。下丘脑与其下级内分泌腺体在功能上组成严密的轴系调节环路，下级靶腺激素常对下丘脑调节激素的合成、分泌进行负反馈调节，以维持其分泌量相对恒定。

（二）腺垂体激素

腺垂体主要分泌六种激素，分别是生长激素（growth hormone，GH）、催乳素（prolactin，PRL）、促甲状腺激素（thyroid-stimulating hormone，TSH）、促肾上腺皮质激素（adrenocorticotropic hormone，ACTH）、卵泡刺激素（follicle-stimulating hormone，FSH）及黄体生成素（luteinizing hormone，LH）。其中，TSH、ACTH、FSH 和 LH 特异性作用于各自的靶腺，形成下丘脑-垂体-靶腺轴系统。

1. **生长激素**　腺垂体中含量最多的激素是 GH。人生长激素（human growth hormone，hGH）由 191 个氨基酸残基组成，分子量为 22 kDa。其化学结构与人 PRL 相似，故两者的作用有部分交叉。

成年男子血清中 GH 基础水平小于 5 μg/L，通常儿童比成年人高，女性稍高于男性。GH 基础分泌呈节律性脉冲式释放，脉冲周期和脉冲波峰与年龄、性别等相关。血中 GH 水平还受睡眠、体育锻炼、血糖和性激素水平等影响。其半衰期为 6~20 min，主要在肝、肾降解。

（1）作用机制：GH 既可直接激活靶细胞的生长激素受体（growth hormone receptor，GHR）产生生物学效应，又可诱导产生胰岛素样生长因子（insulin-like growth factor，IGF），间接刺激靶细胞并使其发挥作用。

GHR 广泛分布于肝、软骨、骨、骨骼肌、脑、心、肾、脂肪细胞等组织或细胞，是 PRL/促红细胞生成素/细胞因子受体超家族成员。GH 分子含两个 GHR 结合位点，可与两分子 GHR 结合形成同二聚体，然后经 JAK2-STATs、JAK2-SHC 等信号转导途径介导，产生多种生物作用。受体二聚化是 GHR 活化的必需环节。

GH 部分作用通过诱导靶细胞产生 IGF 实现。血中 95% 的 IGF 由肝产生，其余由软骨、肌肉、脊髓等产生，现已分离出 IGF-1 与 IGF-2。IGF-1 通过酪氨酸激酶受体信号转导实现 GH 的部分促生长作用，还可缓冲血清 GH 波动。IGF-1 促进钙、磷、硫等元素和氨基酸进入软骨组织，增强 DNA、RNA 与蛋白质合成，促进软骨组织增殖和骨化，长骨加长。IGF-2 对胎儿生长发育具有重要意义。

（2）生物作用：GH 主要发挥促进生长发育及物质代谢的作用，也可参与应激反应（图 11-8）。

1）促进生长：机体生长发育受多种激素影响，其中 GH 发挥了关键性的调节作用。GH 广泛影响各器官组织，尤其是骨骼、肌肉及内脏器官的生长发育，故又称躯体刺激素。GH 主要促进骨、软骨、肌肉及其他组织细胞分裂增殖与蛋白质合成，加速骨骼和肌肉生长发育。GH 直接刺激骨生长板前软骨细胞分化为软骨细胞，加宽骺板，促进骨基质沉积和骨纵向生长。在幼年期，若 GH 分泌不足，患儿生长停滞，身材矮小，称为侏儒症（dwarfism）；而若 GH 分泌过多，则引起巨人症（gigantism）。在成年后，GH 分泌过多可引起肢端肥大症（acromegaly），这是因为骨骺已闭合，长骨不再生长，但肢端短骨、颅骨和软组织异常生长，表现为手足粗大、鼻大唇厚、下颌突出和内脏器官增大等。

2）调节新陈代谢：GH 对蛋白质代谢的总效应是促进合成代谢，加速软骨、骨、肌肉、肝等组织蛋白质合成；GH 促进氨基酸进入细胞，增强 DNA、RNA 合成，减少尿氮，呈正氮平衡。GH 激活激素敏感脂肪酶，促进脂肪分解，增强脂肪酸氧化供能，使能量来源由糖代谢向脂代谢转移，利于生长发育与组织修复。GH 还抑制外周组织摄取及利用葡萄糖，减少葡萄糖消耗，升高血糖水平。由 GH 分泌过多引起高血糖造成的糖尿，称为垂体性糖尿。

（3）分泌调节：有多种因素参与 GH 分泌的调节（图 11-8）。

1）下丘脑的调节：GH 分泌主要受下丘脑生长激素释放激素（growth hormone-releasing hormone，GHRH）和生长抑素（somatostatin，SS）双重调节。GHRH 诱导 GH 细胞增殖，刺激腺垂体合成、分泌 GH。而 SS 不仅抑制 GH 基础分泌，还抑制其他因素（如 GHRH、运动、胰岛素致低血糖、精氨酸等）引起的 GH 分泌。一般认为，GHRH 调节占优势，SS 则主要在应激时（GH 分泌过多）起抑制作用。

2）反馈调节：GH 对下丘脑、腺垂体有负反馈调节。GH 还可刺激 IGF-1 释放，IGF-1 通过下丘脑、腺垂体负反馈调节 GH 分泌。

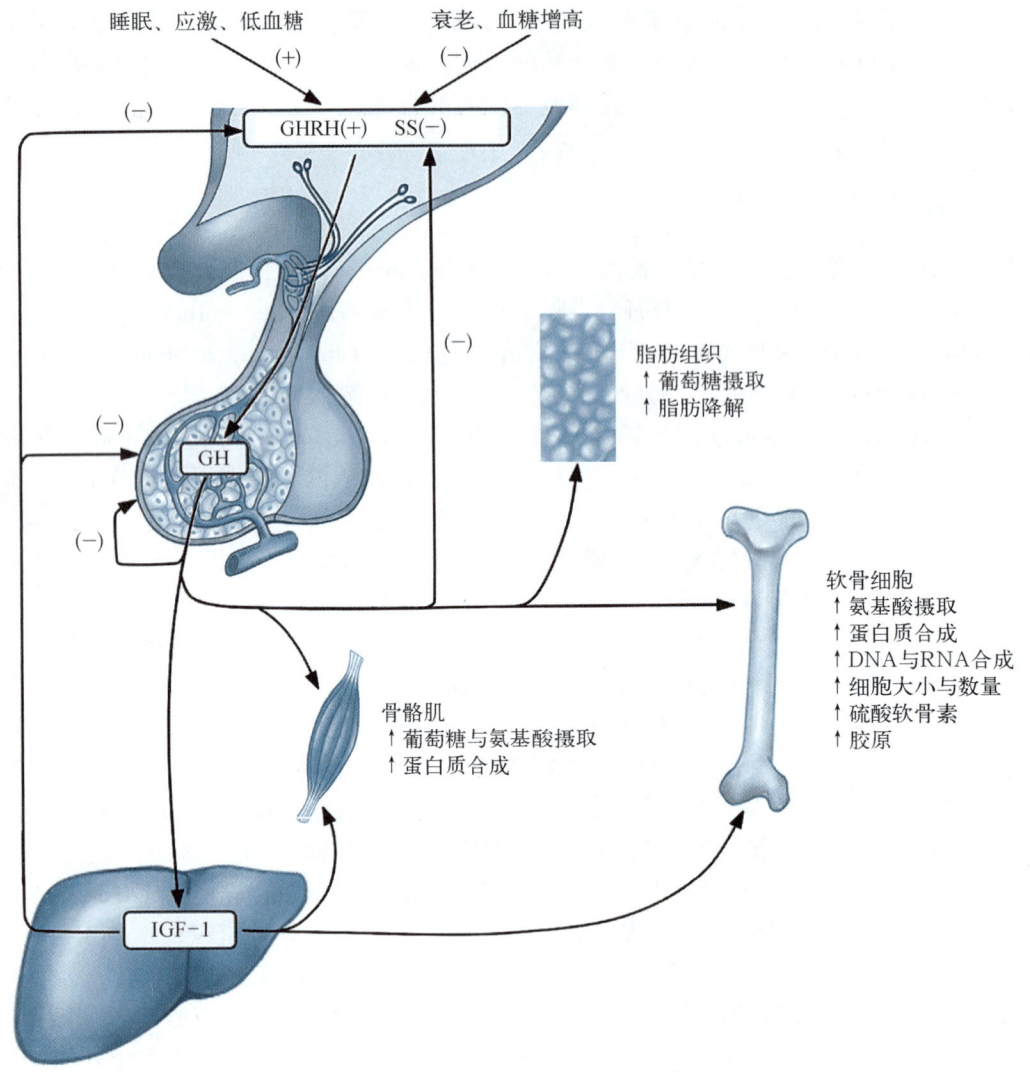

图 11-8　生长激素的主要生物作用与分泌调节

GHRH，生长激素释放激素；SS，生长抑素；GH，生长激素；IGF-1，胰岛素样生长因子-1

3）其他因素：能量供应缺乏或耗能增加如低血糖、饥饿、运动、应激等，均可使 GH 分泌增多，特别是急性低血糖对 GH 分泌的刺激作用最明显。

夜间 GH 分泌量约占全天分泌量的 70%。进入慢波睡眠时，GH 分泌增加，入睡后 1 h 左右，血中 GH 浓度达高峰；进入异相睡眠 GH 分泌减少。

甲状腺激素、雌激素、睾酮均可促进 GH 分泌。青春期血中雌激素或睾酮水平增高，GH 分泌明显增加，引起青春期突长。

2. 催乳素　人催乳素（human prolactin, hPRL）由 199 个氨基酸残基组成，分子量为 22 kDa。其化学结构与 hGH 相似，故两者作用有交叉。PRL 半衰期约为 20 min，主要在肝、肾清除。

（1）生物作用：PRL 作用广泛，对乳腺、性腺有重要作用，也参与应激及免疫调节。

1）调节乳腺活动：PRL 促进乳腺发育，发动和维持乳腺泌乳。PRL 和 GH、雌激素、孕激素、糖皮质激素、甲状腺激素等协同作用，共同促进青春期女性的乳腺发育。在妊娠期，PRL、雌激素和孕激素分泌增多，促进乳腺进一步发育。此时乳腺具备泌乳能力却不泌乳，原因是血中高水平雌激素、孕激素抑制 PRL 的泌乳作用。分娩后，血中雌激素、孕激素水平明显降低，PRL 才能发动和维持泌乳。

2）调节性腺功能：PRL 双相调节卵巢活动，小剂量 PRL 促进卵巢雌激素、孕激素合成，大剂量则表现为抑制效应。PRL 刺激 LH 受体生成，调节卵巢 LH 受体数量。PRL 为孕激素生成提供底物，促进孕激素生成，减少其分解；高浓度 PRL 则抑制颗粒细胞产生孕激素。闭经溢乳综合征患者血中 PRL 浓度异常升高，还可负反馈抑制下丘脑 GnRH 分泌，腺垂体 FSH、LH 分泌减少，结果出现无排卵及雌激素水平低下，临床表现为闭经、溢乳和不孕。此外，PRL 也可增加男性睾丸间质细胞 LH 受体数量，增加其对 LH 的敏感性。

3）参与应激反应：血中 PRL、ACTH 与 GH 浓度在应激时升高，是应激时腺垂体分泌的三种主要激素。

4）调节免疫功能：许多免疫细胞表达 PRL 受体。PRL 协同细胞因子共同促进淋巴细胞增殖，直接或间接促进 B 淋巴细胞分泌 IgM 与 IgG。

（2）分泌调节：PRL 分泌受下丘脑催乳素释放因子（prolactin-releasing factors, PRF）和催乳素抑制因子（prolactin-inhibiting factors, PIF）双重调节，两者分别促进与抑制 PRL 的分泌，平时以 PIF 的抑制作用为主。目前认为，PIF 主要是多巴胺。PRL 分泌是典型的神经-内分泌反射。哺乳期，婴儿吸吮乳头的刺激经传入神经传至下丘脑，一方面减少正中隆起释放多巴胺，解除多巴胺对 PRL 细胞的抑制；另一方面使 PRF 神经元兴奋，PRF 释放增加，反射性引起 PRL 分泌增多，促进乳腺泌乳。

3. 促激素　TSH、ACTH、FSH 和 LH 是腺垂体分泌的四种促激素，分泌入血后分别作用于各自靶腺，再经靶腺激素调节组织细胞活动。

二、下丘脑-神经垂体内分泌

神经垂体不含腺细胞，不能合成激素。神经垂体内分泌是指下丘脑视上核与室旁核大细胞神经元合成的血管升压素（vasopressin, VP）和缩宫素（oxytocin, OT），经轴浆运输至神经垂体储存和释放。下丘脑大细胞神经元（MgC）发出长轴突形成下丘脑-垂体束，末梢终止于神经垂体，所储备的神经激素直接分泌进入该部毛细血管，经体循环产生调节作用（图 11-9）。

VP 和 OT 都是九肽，仅第 3、8 位氨基酸残基不同。人 VP 第 8 位氨基酸为精氨酸，故常称精氨酸血管升压素。

（一）血管升压素

1. 生物作用　VP 又称抗利尿激素。生理水平 VP 促进肾对水的重吸收，产生抗利尿作用，以维持细胞外液量的稳态。机体脱水、失血等情况下，VP 释放量明显增加，引起血管（特别是内脏血管）的广泛收缩，从而维持动脉血压（见第四章和第八章）。

2. 分泌调节　VP 分泌主要受血浆晶体渗透压、血容量变化调节（见第八章）。

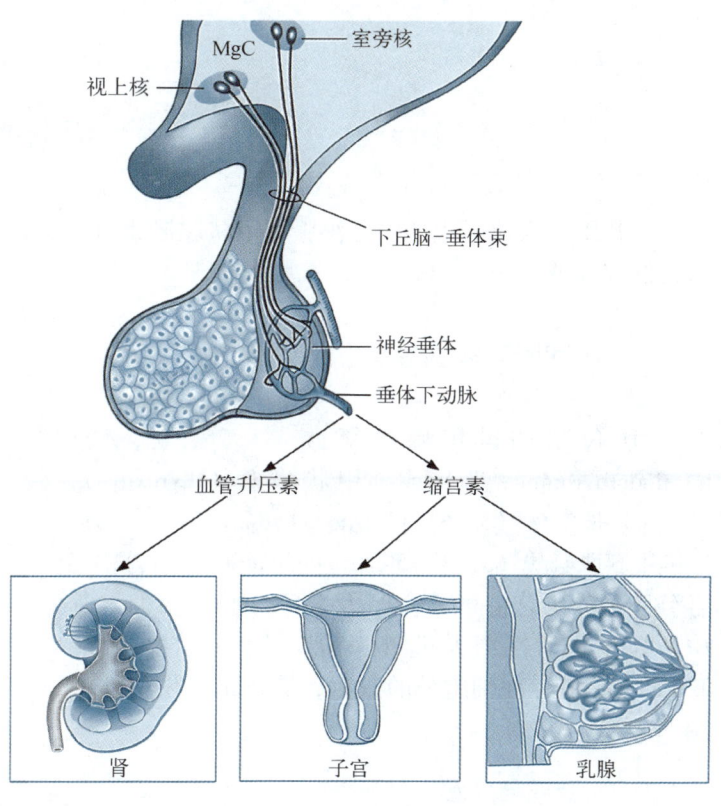

图 11-9　下丘脑-神经垂体系统

MgC，大细胞神经元

（二）缩宫素

OT 化学结构与 VP 相似，生物作用有一定重叠。

1. 生物作用

（1）刺激子宫收缩：OT 促进子宫收缩，该作用和子宫功能状态有关。因为妊娠末期子宫才开始表达 OT 受体，故 OT 对非妊娠子宫作用较弱，而对妊娠子宫作用则较强。低剂量 OT 使子宫肌节律性收缩，大剂量 OT 则使子宫产生强直性收缩。

（2）促进乳腺排乳：OT 是促进乳汁排出的关键激素。哺乳期乳腺不断分泌乳汁并将其储存于腺泡。OT 使乳腺腺泡周围肌上皮细胞收缩，腺泡内压力升高，乳汁经输乳管由乳头射出。

2. 分泌调节　OT 的分泌是神经-内分泌反射。分娩时胎儿对子宫颈的机械性扩张，可正反馈促进下丘脑 OT 神经元分泌，从而使子宫平滑肌强有力收缩，从而起到催产作用。婴儿吸吮乳头的刺激也可使 OT 神经元兴奋并引起射乳反射。

三、松果体内分泌

松果体又称松果腺，主要合成分泌的激素是褪黑素（melatonin，MT）。MT 是色氨酸衍生物，因能使青蛙皮肤变浅而得名。

1. 生物作用　MT 具有广泛的生物作用，主要包括：① 在神经系统有镇静、催眠、镇痛、抗抑郁等作用；② 抑制下丘脑-垂体-靶腺轴活动，尤其是性腺轴；③ 参与免疫调节、生物节律调整等；④ 影响心血管、肾、肺、胃肠等的功能。

2. 分泌调节　MT 的分泌呈昼夜节律，表现为典型昼低夜高的周期波动。调节 MT 分泌的环境因素是光照，视交叉上核可能是控制 MT 分泌节律的中枢。另外，MT 的分泌还与年龄有关，从青春期开始，MT 合成及分泌随年龄递减。

第三节　甲状腺内分泌

甲状腺是人体最大的内分泌腺，甲状腺激素（thyroid hormone，TH）由其滤泡上皮细胞合成，以胶质形式储存在滤泡腔。

一、甲状腺激素的合成与代谢

TH 包括四碘甲腺原氨酸（3，5，3′，5′-tetraiodothyronine，T_4）或称甲状腺素（thyroxine）、三碘甲腺原氨酸（3，5，3′-triiodothyronine，T_3）与逆三碘甲腺原氨酸（3，3′，5′-triiodothyronine，rT_3），三者分别占分泌总量 90%、9% 及 1%（图 11-10）。其中，T_3 生物活性约为 T_4 的 5 倍，rT_3 无生物活性。TH 是唯一储存在细胞外的激素，储备量可供机体使用 50～120 天。

（一）合成与分泌

1. 合成条件　TH 合成的原料是碘与甲状腺球蛋白，甲状腺过氧化物酶在 TH 合成过程中有重要作用。

（1）碘：合成 TH 所需的碘 80%～90% 来自食物，主要是碘化钠与碘化钾，其余来自饮水与空气。此外，甲状腺内从含碘化合物脱下的碘也可被循环再利用。

碘与甲状腺疾病关系密切，碘缺乏或过剩均可导致甲状腺疾病。碘缺乏可引起单纯性甲状腺肿、

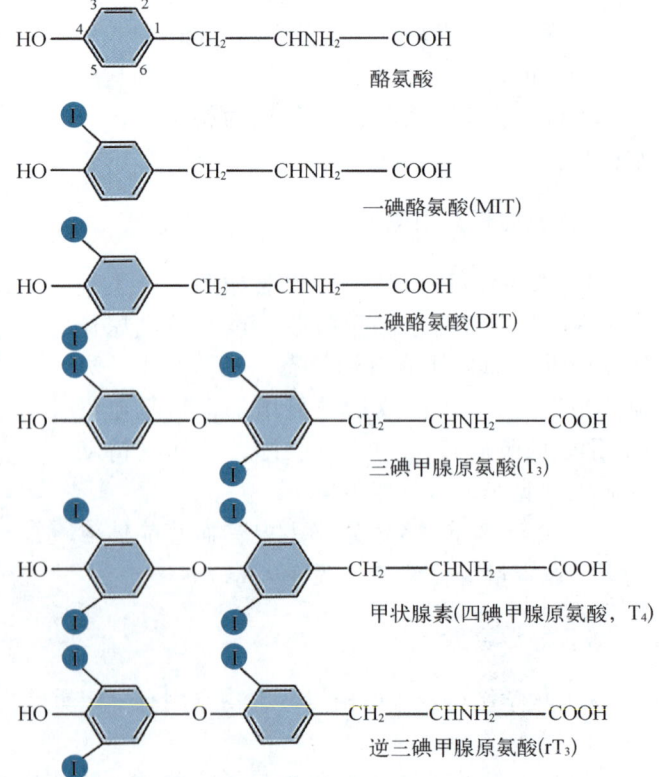

图 11-10　酪氨酸、一碘酪氨酸、二碘酪氨酸和甲状腺激素的化学结构

甲状腺结节等。碘过剩则可出现甲状腺炎、格雷夫斯病（Graves病）等。

（2）甲状腺球蛋白（thyroglobulin，TG）：在甲状腺滤泡上皮细胞内合成并储存于囊泡，以出胞形式释放至滤泡腔成为胶质基本成分，其分子中约20%的酪氨酸残基可被碘化。

（3）甲状腺过氧化物酶（thyroid peroxidase，TPO）：是TH合成的关键酶，也由甲状腺滤泡上皮细胞合成，其生成与活性受TSH调节。硫脲类药物可抑制TPO活性，抑制TH合成，是治疗甲状腺功能亢进的常用药物。

2. 合成过程　TH是酪氨酸碘化物，合成过程包括以下几个步骤（图11-11）。

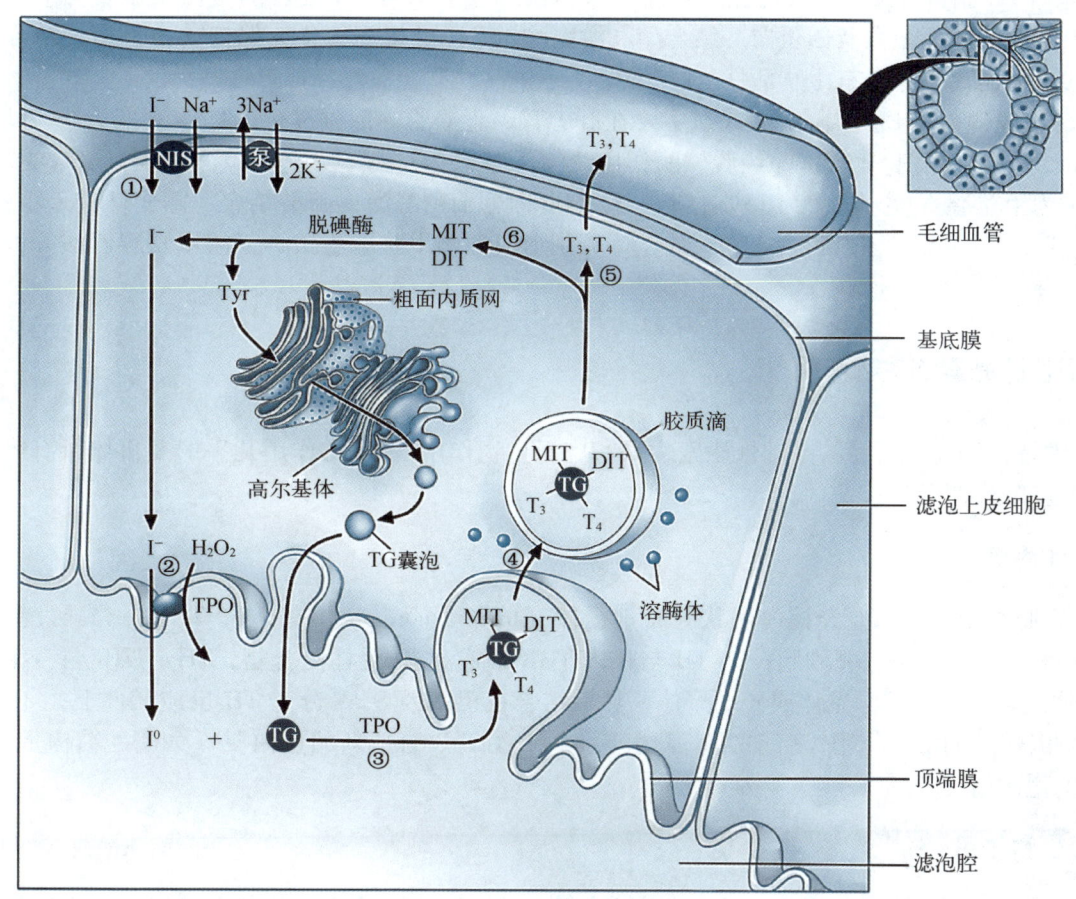

图11-11　甲状腺激素的合成及分泌

① 滤泡上皮细胞基底膜的NIS以继发性主动转运方式摄取I^-；② 在H_2O_2存在条件下，I^-被TPO活化为I^0；③ TG分子中的酪氨酸残基经TPO作用碘化为MIT、DIT，继而缩合为T_4、T_3；④ 在TSH刺激下，滤泡上皮细胞吞饮含TG的胶质滴，溶酶体蛋白酶水解TG，释放T_4、T_3、MIT和DIT；⑤ T_4、T_3分泌释放入血；⑥ MIT、DIT在脱碘酶作用下释放碘、酪氨酸供合成激素再利用

DIT，二碘酪氨酸；MIT，一碘酪氨酸；NIS，钠-碘同向转运体；T_3，三碘甲腺原氨酸；T_4，甲状腺素；TG，甲状腺球蛋白；TPO，甲状腺过氧化物酶；TSH，促甲状腺激素；Tyr，酪氨酸

（1）滤泡聚碘：一般情况下，甲状腺滤泡上皮细胞内I^-浓度为血清的30倍。滤泡上皮细胞以继发性主动转运方式摄取碘，即为碘捕获。此过程由位于滤泡上皮细胞基底膜的钠-碘同向转运体（sodium-iodide symporter，NIS）介导。NIS借助钠泵活动提供的势能，将1个I^-和2个Na^+同向转运，实现I^-的继发性主动转运。临床常用放射碘示踪法检测甲状腺聚碘能力及功能状态。

（2）碘的活化：TPO在H_2O_2存在的条件下，将I^-氧化为活化碘（I^0）。

（3）碘化：指TPO催化活化碘取代TG中酪氨酸残基苯环上氢的过程。若活化碘取代3位的氢，可生成一碘酪氨酸（monoiodotyrosine，MIT）；若3位和5位上的氢被取代，则生成二碘酪氨酸（diiodotyrosine，DIT）。

(4) 缩合：TPO 催化碘化酪氨酸的缩合或耦联。两个 DIT 缩合成 T_4，MIT 与 DIT 缩合成 T_3 及极少量 rT_3。

3. 分泌　TH 分泌受 TSH 调节，在 TSH 作用下，甲状腺滤泡上皮细胞顶端膜微绒毛将含 TG 的胶质滴移入细胞内，随后胶质滴和溶酶体融合，经蛋白水解酶作用释出游离 T_4、T_3、MIT 及 DIT 等。MIT 与 DIT 在脱碘酶作用下迅速脱碘，释放的大部分碘再循环利用。而 T_4、T_3 对脱碘酶不敏感，可迅速进入血液循环。

（二）运输和降解

1. 运输　TH 脂溶性强，主要与血浆蛋白结合运输。血浆中与 TH 结合的蛋白质主要有甲状腺素结合球蛋白、甲状腺素转运蛋白及白蛋白。结合型和游离型的 TH 可相互转化，保持动态平衡，结合型为储存和运输形式，而游离型才具有生物活性。

2. 降解　脱碘是 TH 主要降解方式，主要在肝、肾、骨骼肌等部位进行。T_4 半衰期为 6~7 d，T_3 半衰期为 1~2 d。外周组织内 80% 的 T_4 经脱碘酶作用变为 T_3（45%）与 rT_3（55%）。血液中 80% 的 T_3 来自 T_4 脱碘，其余为甲状腺直接分泌。约 15% 的 T_4、T_3 与肝内葡萄糖醛酸或硫酸结合，随胆汁进入小肠后排出。还有 5% 的 T_4、T_3 在肝、肾内脱去氨基、羧基，分别形成四碘甲状腺乙酸、三碘甲状腺乙酸等，然后随尿液排出。

二、甲状腺激素的生物作用

TH 是维持机体功能活动的基础性激素，具有广泛生物作用。TH 的作用几乎遍及机体所有组织，可从多方面调节新陈代谢及生长发育。

（一）作用机制

TH 是亲脂性激素，主要经核内甲状腺激素受体（thyroid hormone receptor，THR）介导发挥作用，其过程包括：① 游离 TH 进入靶细胞；② TH 与核内 THR 形成激素-受体复合物，TH-THR 自身结合或与视黄酸 X 受体结合，形成同二聚体或异二聚体，然后结合在靶基因 DNA 分子 TH 反应元件上；③ 解除 THR 早前对靶基因转录的沉默作用，启动沉默基因转录；④ 翻译、合成新的蛋白质（如酶、结构蛋白等），发挥相应的生物作用。

（二）生物作用

1. 促进生长发育　格尔（Gull）在 1874 年认识到，先天性甲状腺功能减退与以智力迟钝、身材矮小为特征的克汀病（cretinism）有关。1912 年古德纳奇（Gudernatsch）在实验中发现，给幼龄蝌蚪喂食少量马甲状腺组织碎片可使其提前变态发育成微型蛙。这些发现提示了 TH 是促进机体生长发育的必需因素。

TH 对胎儿与新生儿的脑发育至关重要。在胚胎期，TH 诱导神经生长因子合成，促进神经元骨架发育、增殖、分化、突触形成，促进胶质细胞生长、髓鞘形成。12 周之前的胎儿甲状腺无聚碘及合成 TH 能力，此时生长发育所需 TH 必须由母体提供。因此缺碘地区孕妇需要适时补碘，保证足够 TH 合成，以减少克汀病的发生。出生后若出现甲状腺功能低下的表现，应尽快补充 TH。

幼年期，TH 与 GH 在促进骨生长方面有协同作用。TH 刺激骨化中心发育成熟，使软骨骨化，促进长骨、牙齿生长。TH 缺乏将影响 GH 正常发挥作用，导致长骨生长缓慢、骨骺闭合延迟。但 TH 对胚胎期骨生长并非必需，先天性甲状腺发育不全患儿出生时身长可基本正常，但脑发育已受累。一般患儿在出生后数周至 3~4 个月才表现出明显的智力迟钝及长骨生长迟滞，故应在出生后 3 个月内补充 TH，否则将出现不可逆的脑发育缺陷。

2. 调节新陈代谢

（1）增强能量代谢：TH 可增加机体绝大多数组织的基础耗氧量和产热量。1 mg T_4 使机体产热增加 4 200 kJ（1 000 kcal），基础代谢率提高 28%，耗氧量也相应增加。

(2) 调节物质代谢：TH 广泛影响物质合成代谢与分解代谢，常表现为双向调节。

1) 糖代谢：一方面，TH 加速肠黏膜吸收葡萄糖，增加糖原分解，增强肝糖异生，增强肾上腺素、胰高血糖素、皮质醇及 GH 的升糖作用等，从而使血糖升高。另一方面，TH 加强外周组织对葡萄糖的利用和葡萄糖氧化，也能降低血糖。因此，甲状腺功能亢进患者餐后血糖升高，有时伴有糖尿，但随后血糖迅速降低。

2) 脂类代谢：TH 可刺激脂肪合成与分解，但促分解效应强于促合成效应。一方面，TH 增强激素敏感脂肪酶活性，增强脂肪组织对其他脂肪分解激素的敏感性，促进脂肪分解；另一方面，TH 诱导白色脂肪组织细胞增殖、分化，增强脂肪积聚。TH 对胆固醇的合成和清除也呈双向调节，但促清除效应更强。TH 增加低密度脂蛋白受体的利用，使更多胆固醇从血中清除，降低血清胆固醇水平；TH 也加强胆固醇合成。因此，甲状腺功能亢进患者脂肪消耗增加，总体脂减少，血清胆固醇水平降低。

3) 蛋白质代谢：生理情况下，TH 促进蛋白质合成，利于机体生长发育与各种功能活动，表现为正氮平衡；TH 同时也刺激蛋白质分解。因此，TH 的最终效应与其分泌量有关。TH 分泌过多时，以骨骼肌为主的外周组织蛋白质分解加速，尿氮排泄增加，肌肉收缩无力；骨基质蛋白质分解，血钙升高，骨质疏松。TH 分泌过少时，蛋白质合成障碍，组织间黏蛋白沉积，可使水滞留于皮下，引起黏液性水肿。

3. 影响器官系统功能　TH 是维持机体基础性活动的激素，对几乎所有器官系统都有不同程度影响。TH 生物作用与分泌异常时的临床表现具体归纳于表 11-4。

表 11-4　甲状腺激素生物作用与分泌异常时的临床表现

作用环节	生　物　作　用	分泌过多的表现	分泌缺乏的表现
能量代谢	↑能量代谢，↑基础代谢率	产热↑，基础代谢率↑，喜凉怕热	产热↓，基础代谢率↓，喜热恶寒
糖代谢	↑血糖（↑肠吸收，↑糖原分解，↑糖异生）；↓血糖（↑外周组织利用）	餐后血糖↑，糖尿，随后血糖↓	血糖↓
脂类代谢	↑脂肪分解>↑脂肪合成，↑胆固醇清除>↑胆固醇合成	体脂↓，血胆固醇↓	体脂↑，血胆固醇↑
蛋白质代谢	↑肝、肾与肌肉蛋白质合成	蛋白质分解↑，骨骼肌蛋白质分解↑，消瘦，体重↓	蛋白质合成↓，组织黏蛋白↑，黏液性水肿
生长发育	↑胚胎生长发育尤其是脑；↑骨生长发育（协同 GH）	骨质疏松	智力发育迟缓，身材短小（克汀病）
心血管系统	↑心率，↑心肌收缩能力，↑心输出量，↑心肌细胞 β 受体表达，↑心肌对儿茶酚胺敏感性	心动过速，心律失常甚至心力衰竭	心率↓，搏出量↓
消化系统	↑消化道运动，↑消化腺分泌	食欲↑，进食量↑，胃肠运动↑，腹泻	食欲↓，进食量↓，胃肠运动↓，腹胀便秘
神经系统	↑中枢神经系统兴奋性，↑神经细胞 β 受体表达，↑神经细胞对儿茶酚胺敏感性	烦躁，易激动，多言，多动，喜怒无常，失眠多梦，注意力分散	记忆力减退，言行迟钝，表情淡漠，少动嗜睡

注：↑表示促进或增强；↓表示抑制或减弱。

三、甲状腺功能的调节

甲状腺功能调节是多层次、多水平的，其功能直接受腺垂体 TSH 调节，形成下丘脑-腺垂体-甲状腺轴调节系统。此外，还有自身调节、神经及免疫调节。

（一）下丘脑-腺垂体-甲状腺轴的调节

在下丘脑-腺垂体-甲状腺轴中，下丘脑释放的促甲状腺激素释放激素（thyrotropin-releasing hormone,

TRH）刺激腺垂体分泌 TSH，TSH 刺激甲状腺滤泡增生、TH 合成及分泌；血中游离 T_3、T_4 达到一定水平可负反馈抑制 TSH 与 TRH 分泌，形成 TRH-TSH-TH 分泌自动控制环路（图 11-12）。

1. **下丘脑对腺垂体的调节** 下丘脑通过分泌 TRH 维持腺垂体 TSH 细胞的经常性活动。TRH 从量与质两方面调节 TSH 分泌：TRH 促进腺垂体 TSH 细胞活动及 TSH 合成、释放；TRH 促进 TSH 糖基化，保证其完整的生物活性。下丘脑还通过 SS 抑制 TSH 细胞的分泌，对抗 TRH 的作用。

下丘脑神经联系广泛，TRH 神经元活动受神经系统其他部位传来信息的影响，如寒冷刺激的传入可促进 TRH 的合成和分泌。

2. **TSH 对甲状腺的作用** TSH 是直接调节甲状腺形态、功能的关键激素。在 TRH 影响下，TSH 也呈脉冲式分泌，有日周期节律，睡眠后升高，午夜达高峰，白天降低。TSH 对甲状腺的作用主要包括以下两个方面。

（1）维持甲状腺滤泡细胞生长发育：TSH 促进甲状腺滤泡细胞增殖，腺体增大；使血管分布改变，供血量增加。TSH 还能保护滤泡细胞，使其不易凋亡。

（2）刺激 TH 合成、分泌：TSH 可通过多途径促进 TH 合成和分泌。TSH 促进 NIS 基因表达，加速碘转运；增强 TPO 表达，促进 TG 碘化及 MIT、DIT、T_3、T_4 的生成；刺激 TG 基因转录；促使滤泡细胞伸出伪足，吞饮胶质中 TG；增强溶酶体 TG 水解酶活性，加速 TG 水解反应，增加 T_3、T_4 分泌。

TSH 分泌主要受下丘脑 TRH 和外周血中 TH 水平双重调节。TRH 对腺垂体的促进作用与血中 TH 的反馈抑制作用相互抗衡，决定腺垂体 TSH 的分泌水平，从而维持外周血中 TH 稳态。一般情况下，TH 的反馈抑制效应占优势。还有一些激素也影响 TSH 分泌，如雌激素可增强 TSH 细胞对 TRH 的反应

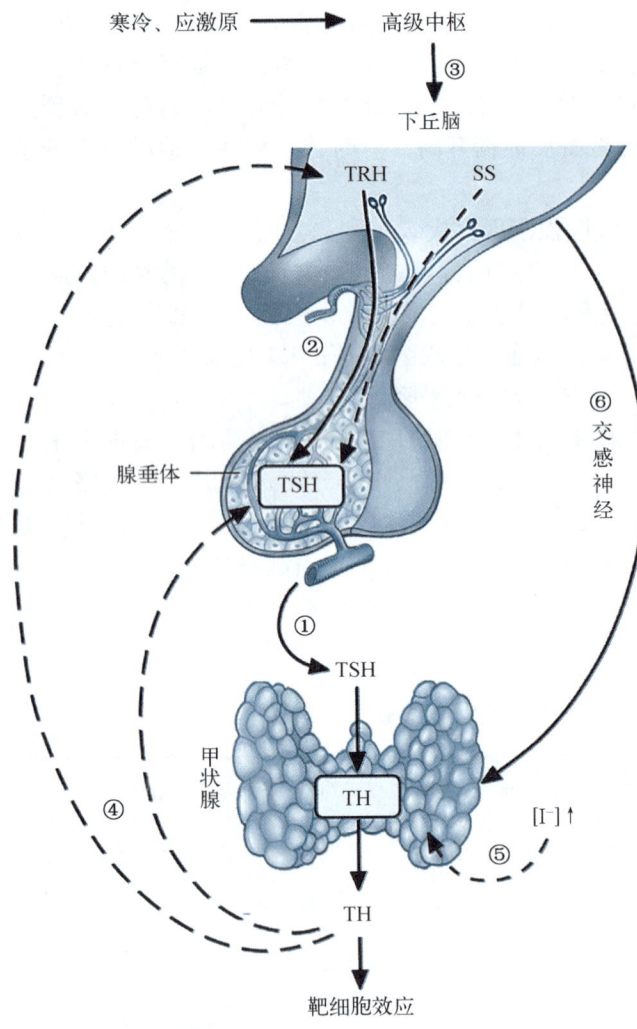

图 11-12 甲状腺功能的调节示意图

① TSH 维持甲状腺滤泡细胞生长发育、促进 TH 合成和分泌；② TSH 合成、分泌受下丘脑调节肽调节，TRH 起刺激作用，SS 有抑制作用；③ 内、外环境变化通过高级中枢，经下丘脑-腺垂体-甲状腺轴调节 TH 分泌；④ TH 反馈抑制 TRH、TSH 分泌；⑤ 血碘水平过高直接抑制甲状腺功能；⑥ 交感神经兴奋促进甲状腺分泌 TH

[I^-]，血碘水平；TH，甲状腺激素；TRH，促甲状腺激素释放激素；TSH，促甲状腺激素；SS，生长抑素

实线表示促进作用或分泌活动；虚线表示抑制作用

性，使 TSH 分泌增加；而 GH、糖皮质激素则可抑制 TSH 的分泌。

3. **TH 反馈调节**

（1）对 TSH 的反馈调节：TH 对垂体 TSH 细胞有负反馈调节作用。血中 TH 水平升高时，可下调 TSH 细胞上 TRH 受体数量和 TSH 细胞对 TRH 的敏感性，减少 TSH 的合成和分泌。另外，TH 与细胞内 TSH 受体结合后直接抑制 TSH 基因转录，TSH 合成减少。

（2）对 TRH 的反馈调节：血中 TH 水平升高直接抑制下丘脑 TRH 前体原基因的转录，进而抑制 TRH 合成。

（二）自身调节

甲状腺可根据碘供应（血碘水平）变化，通过自身调节改变摄取碘及合成 TH 的能力。当血碘开始升高时（1 mmol/L），碘活化及 TH 合成增加；但血碘增加到一定水平（10 mmol/L）后反而抑制碘活化，TH

合成减少。过量碘抑制 TH 合成的效应称为碘阻滞效应。该效应可能与高浓度碘抑制 TPO 活性有关。碘阻滞效应可发生脱逸，即碘过量摄入持续一定时间后，TH 合成又重新增加。

（三）神经、免疫调节

甲状腺受交感、副交感神经双重支配，两者分别促进和抑制 TH 分泌。神经调节和下丘脑-腺垂体-甲状腺轴的调节相互协调。

甲状腺滤泡细胞膜上有许多免疫活性物质及细胞因子受体，因此，甲状腺活动还受免疫系统调节。

第四节　甲状旁腺、维生素 D 与甲状腺 C 细胞内分泌

钙调节激素包括甲状旁腺激素（parathyroid hormone，PTH）、降钙素（calcitonin，CT）和钙三醇（calcitriol，即 1,25-二羟维生素 D_3），三者共同维持机体钙、磷稳态（图 11-13）。另外，雌激素、GH、胰岛素等也参与钙、磷代谢调节。

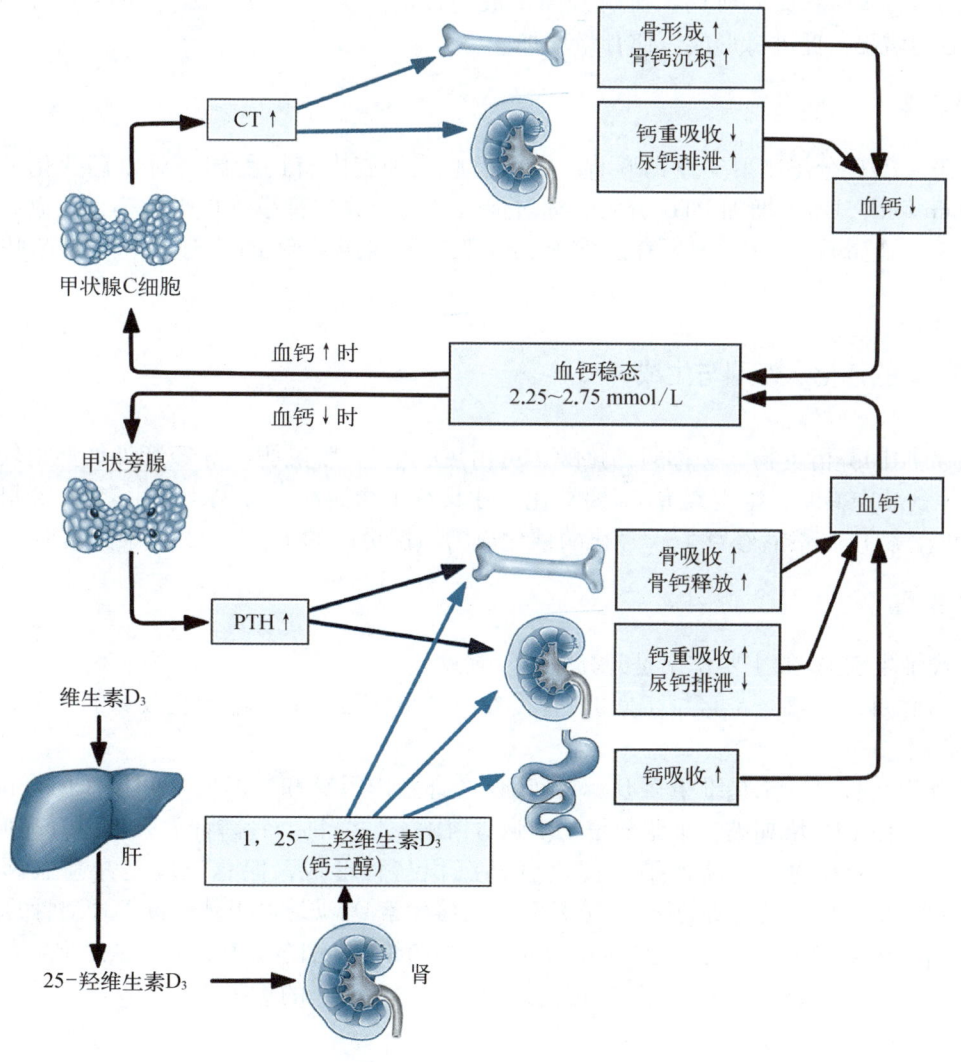

图 11-13　血钙稳态的维持

CT，降钙素；PTH，甲状旁腺激素

一、甲状旁腺激素的生物作用与分泌调节

PTH 是甲状旁腺主细胞合成、分泌的多肽，分子量为 9.5 kDa。其分泌呈昼夜节律，清晨最高，以后逐渐降低。PTH 主要在肝内水解灭活，经肾排出。

(一) 生物作用

PTH 总的效应是升高血钙及降低血磷，主要靶器官是肾、骨。甲状腺手术若误切甲状旁腺，患者将出现严重低血钙，神经、肌肉兴奋性异常增高，可发生搐搦、惊厥，严重时甚至因喉部肌肉痉挛而窒息。

1. 对肾的作用 PTH 促进远曲小管与集合管重吸收钙，减少尿钙排出，升高血钙；同时抑制近端与远曲小管重吸收磷，促进磷的排出，降低血磷。

PTH 还可激活肾内 1α-羟化酶，催化 25-羟维生素 D_3 转变成活性更高的 1,25-二羟维生素 D_3，间接促进小肠黏膜上皮细胞吸收钙、磷。

2. 对骨的作用 PTH 直接或间接作用于各种骨细胞，既促进骨吸收，又促进骨形成，因此，PTH 的最终效应与其应用方式、剂量有关。大剂量、持续应用 PTH 主要增强破骨细胞活动，促进骨吸收，加快骨基质溶解，骨钙、骨磷释放，血钙、血磷升高，最终骨量减少，骨质疏松。小剂量、间歇应用 PTH 主要使成骨细胞活动增强，促进骨形成，使骨量增加。

(二) 分泌调节

1. 血钙水平 PTH 分泌主要受血钙调节。甲状旁腺主细胞内有钙受体，对血钙变化极敏感，血钙浓度轻微下降 1 min 以内，即可增加 PTH 分泌，通过促进骨钙释放与肾小管重吸收钙，使血钙水平回升。

2. 其他因素 血磷升高、CT 大量释放使血钙降低，可间接刺激 PTH 分泌。儿茶酚胺、组胺则促进 PTH 分泌。

二、维生素 D 的活化、作用与生成调节

维生素 D_3 是胆固醇衍生物，又称胆钙化醇，可由皮肤中 7-脱氢胆固醇经紫外线照射转化而来；也可从肝、乳制品等食品中摄取。维生素 D_3 需要羟化后才具有生物活性。首先，维生素 D_3 经肝 25-羟化酶作用形成 25-羟维生素 D_3，然后经肾 1α-羟化酶催化成为活性更高的 1,25-二羟维生素 D_3。

(一) 生物作用

1,25-二羟维生素 D_3 的主要作用是升高血钙、血磷。

1. 对小肠的作用 1,25-二羟维生素 D_3 直接参与对小肠黏膜上皮细胞吸收钙的调节，同时也促进小肠黏膜细胞吸收磷。

2. 对骨的作用 1,25-二羟维生素 D_3 对骨吸收（直接作用）和骨形成（间接作用）都有影响。一方面，1,25-二羟维生素 D_3 增加破骨细胞数量，增强骨溶解，使骨钙、骨磷释放入血，升高血钙、血磷；另一方面，骨吸收引起的高血钙、高血磷又促进骨钙沉积与骨形成，但总效应是升高血钙、血磷。此外，1,25-二羟维生素 D_3 对 PTH 还有协同作用，1,25-二羟维生素 D_3 缺乏可明显减弱 PTH 对骨的作用。维生素 D 缺乏对骨代谢产生明显影响，成年人缺乏维生素 D 可致骨质疏松症与骨软化症，儿童缺乏维生素 D 可致佝偻病。

3. 对肾的作用 1,25-二羟维生素 D_3 可促进肾小管对钙、磷的重吸收。

(二) 生成调节

1. 血钙水平 血钙、血磷降低时，1α-羟化酶活性升高，促进 1,25-二羟维生素 D_3 生成，使血钙水

平回升；高血钙时，25-羟维生素 D_3 转化为 1，25-二羟维生素 D_3 减少，而转化为活性很低的 24，25-二羟维生素 D_3 增多，小肠、肾、骨的钙吸收能力下降，血钙水平回降。

2. 其他因素　PTH 诱导肾 1α-羟化酶基因转录，促进 1，25-二羟维生素 D_3 生成。当 1，25-二羟维生素 D_3 生成增多时负反馈抑制 1α-羟化酶活性。

三、降钙素的生物作用与分泌调节

CT 是甲状腺 C 细胞（或称滤泡旁细胞）分泌的多肽，分子量为 3.4 kDa。此外，支气管、前列腺等组织中也被发现有 CT 存在。

（一）生物作用

CT 的主要作用是降低血钙、血磷，主要靶器官是骨、肾。

1. 对骨的作用　CT 可抑制破骨细胞活动，减弱溶骨过程；同时，其还可增强成骨过程，使骨组织钙、磷沉积增加，血钙、血磷水平降低。

CT 对儿童血钙调节很重要，儿童骨更新速度快，通过破骨细胞活动每日向细胞外液提供 5 g 以上的钙，相当于细胞外液总钙量 5~10 倍。而 CT 对成年人血钙调节作用较小。因为 CT 引起的血钙下降刺激 PTH 分泌，可抵消 CT 的降血钙效应。另外，成人破骨细胞向细胞外液释出钙量有限，每日仅提供 0.8 g 钙。

2. 对肾的作用　CT 抑制肾小管对钙、磷、钠、氯等离子的重吸收，促进这些离子在尿液中的排出。

（二）分泌调节

1. 血钙水平　CT 分泌主要受血钙调节。血钙水平升高可增加 CT 分泌。CT 与 PTH 对血钙的调节作用相反，两者共同维持血钙稳态。CT 对血钙的调节快速而短暂，1 h 内达高峰；而 PTH 分泌高峰出现较晚，当 PTH 分泌增多时，可部分或全部抵消 CT 的作用。

2. 其他因素　进食刺激 CT 分泌，可能与促胃液素、促胰液素、缩胆囊素等胃肠激素有关，其中以促胃液素作用最强。

第五节　胰岛内分泌

胰岛是胰腺的内分泌部，胰腺中散在分布 100 万~200 万个胰岛。胰岛内至少含五种内分泌细胞：① 胰岛 α（A）细胞，约占胰岛细胞总数的 25%，分泌胰高血糖素（glucagon）；② 胰岛 β（B）细胞，占胰岛细胞总数的 60%~70%，分泌胰岛素（insulin）；③ 胰岛 δ（D）细胞，约占胰岛细胞总数的 10%，分泌 SS；④ 胰岛 D_1（H）细胞和胰岛 F（PP）细胞，很少，分别分泌血管活性肠肽和胰多肽（pancreatic polypeptide，PP）。

一、胰岛素

胰岛素是全面促进物质合成代谢，维持血糖稳态的关键激素。胰岛素在能源物质储存、生长发育中有重要意义。

胰岛素是由 51 个氨基酸残基组成的蛋白质激素，由 A、B 两条肽链组成，分子量为 5.8 kDa。胰岛素前体剪切后形成胰岛素与 C 肽，两者共同释放入血。C 肽与胰岛素分泌量呈平行关系，因此测定 C 肽含量可反映胰岛 β 细胞的分泌功能。

正常人空腹血清胰岛素浓度为 35~145 pmol/L。血中胰岛素既可以游离形式存在，也可与血浆蛋白结合，两者间呈动态平衡，但仅游离型有生物活性。胰岛素血中半衰期为 5~8 min，主要在肝、肾和外周组织灭活。

（一）作用机制

1. **胰岛素受体** 为两个 α 亚单位与两个 β 亚单位组成的四聚体糖蛋白，属酪氨酸激酶受体。α 亚单位在细胞膜外，是胰岛素结合部位。β 亚单位含三个结构域：N 末端为膜外结构域；中间为跨膜结构域；C 末端为膜内结构域，有酪氨酸激酶活性。不同细胞的胰岛素受体数量有很大差异。

2. **作用机制** 胰岛素通过胰岛素受体发挥作用，其过程包括：① 胰岛素和靶细胞膜胰岛素受体 α 亚单位结合；② 受体 β 亚单位酪氨酸残基磷酸化，酪氨酸蛋白激酶被激活；③ 激活的酪氨酸蛋白激酶使胰岛素受体底物（insulin receptor substrate，IRS）蛋白的酪氨酸残基磷酸化；④ 经 IRS 下游信号转导引发生物效应，如葡萄糖转运，糖原、蛋白质和脂肪合成，某些基因的转录、表达等（图 11-14）。

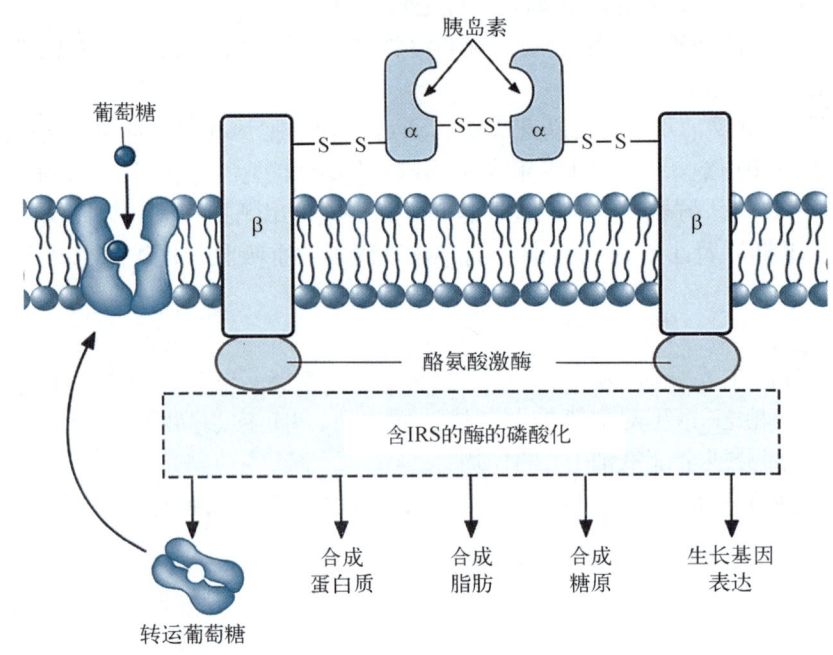

图 11-14 胰岛素的作用机制示意图

IRS，胰岛素受体底物

（二）生物作用

1. **糖代谢** 胰岛素通过增加血糖去路、减少血糖来源实现降低血糖。主要作用有：① 增加细胞膜中葡萄糖转运体数量，促进全身组织，特别是肌肉、脂肪组织摄取和利用葡萄糖；② 增强葡萄糖激酶活性，促进葡萄糖磷酸化，促进肝细胞摄取葡萄糖；③ 增强糖原合酶活性，促进肝糖原和肌糖原合成、储存；④ 降低磷酸化酶活性，抑制糖原分解；⑤ 抑制糖异生关键酶活性，减少糖异生。

2. **蛋白质代谢** 胰岛素促进蛋白质合成，抑制蛋白质分解。主要作用有：① 加速氨基酸向细胞内转运；② 促进 DNA 和 RNA 生成；③ 加速核糖体翻译，使蛋白质合成增加；④ 抑制蛋白质分解。

3. **脂肪代谢** 胰岛素促进脂肪合成、储存，抑制脂肪分解、利用。主要作用有：① 促进葡萄糖进入脂肪细胞合成脂肪；② 当肝糖原储存饱和时，肝细胞将过多的葡萄糖转变为脂肪酸，进而合成甘油三酯，并将甘油三酯转运到脂肪细胞储存；③ 降低激素敏感脂肪酶活性，抑制脂肪细胞内甘油三酯分解，减少脂肪酸入血；④ 增加大多数组织对葡萄糖的利用，减少对脂肪的利用。

4. **促进生长** 胰岛素单独作用时，促生长作用不明显；而胰岛素与 GH 一起作用时，对促进生长有明显协同作用。

(三) 分泌调节

胰岛素的分泌受到血中营养成分、激素和神经等因素的调节。

1. 营养成分的调节

(1) 血糖水平：是刺激胰岛素分泌最重要的因素。胰岛 β 细胞对血糖变化十分敏感，血糖水平升高时，胰岛素分泌增加。当血糖水平高至 17.0 mmol/L 时，胰岛素分泌达到峰值；当血糖水平低至 1.7~2.5 mmol/L 时，无胰岛素分泌。

持续高血糖刺激导致胰岛素分泌增加包括两个阶段：快速分泌阶段和慢速分泌阶段。快速分泌阶段在血糖迅速升高后 5 min 以内出现，胰岛素分泌量迅速增加 10 倍，持续 5~10 min 后分泌量下降至约 1/2 峰值。此阶段之后为慢速分泌阶段，胰岛素分泌再次增加，2~3 h 逐渐达到平稳高水平，且持续时间较长。慢速分泌阶段胰岛素分泌量大，对降低餐后血糖有重要作用（图 11 - 15）。

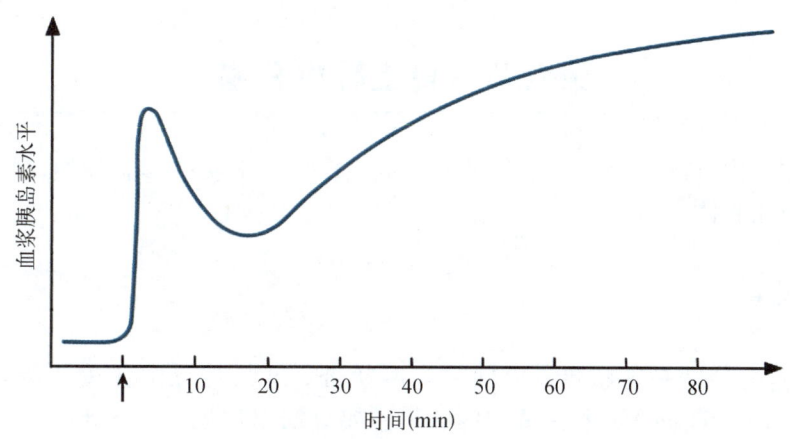

图 11 - 15　高血糖对胰岛素分泌的影响示意图

(2) 血中氨基酸、脂肪酸水平：某些氨基酸可促进胰岛素分泌，尤以精氨酸、赖氨酸作用最强。血中氨基酸对葡萄糖促进胰岛素分泌具有协同作用。血中游离脂肪酸、酮体大量增加时也促进胰岛素分泌。

2. 激素的调节

(1) 胃肠激素：抑胃肽、促胃液素、促胰液素、缩胆囊素均可促进胰岛素分泌。其中，抑胃肽的刺激是生理性调节，其他激素通过升高血糖间接实现。胃肠激素及胰岛素分泌之间的关系称为肠-胰岛素轴，其意义是当食物还在肠道内消化时，通过前馈调节已使胰岛素分泌增加，为营养物质代谢提前做好准备。

(2) 胰岛激素：胰高血糖素通过直接刺激胰岛 β 细胞和升高血糖间接作用，促进胰岛素分泌。SS 抑制胰岛 β 细胞分泌胰岛素。

(3) 其他激素：GH、皮质醇和 TH 等通过升高血糖间接刺激胰岛素分泌。例如，长期大量应用这些激素可导致胰岛 β 细胞衰竭从而引起糖尿病。

3. 神经调节　胰岛受迷走神经与交感神经双重支配。迷走神经兴奋引起胰岛素分泌的效应既可直接通过 M 受体产生，也可由胃肠激素间接产生。交感神经兴奋主要通过 α 受体抑制胰岛素分泌。

二、胰高血糖素

胰高血糖素是胰岛 α 细胞分泌的多肽，分子量为 3.5 kDa，主要在肝内降解，部分在肾内降解。

(一) 生物作用

胰高血糖素是促进物质分解代谢的激素，主要靶器官是肝。其作用包括：① 促进肝糖原分解，抑制其合成，升高血糖；② 抑制脂肪合成，促进其分解，酮体生成增加；③ 抑制肝内蛋白质合成，促进其分解，还可促使氨基酸转化为葡萄糖，增加糖异生；④ 刺激胰岛 β 细胞分泌胰岛素，胰岛 δ 细胞分泌 SS。

（二）分泌调节

1. **血糖与氨基酸水平**　血糖水平是调节胰高血糖素分泌的主要因素。血糖水平降低促进胰高血糖素分泌；反之胰高血糖素则分泌减少。血氨基酸水平增加时，一方面刺激胰岛素分泌而降低血糖；另一方面又刺激胰高血糖素分泌而升高血糖，这样可避免低血糖。

2. **激素的调节**　胰岛素、SS 直接作用于相邻胰岛 α 细胞，抑制胰高血糖素分泌；胰岛素还通过降低血糖间接刺激胰高血糖素分泌。

3. **神经调节**　交感神经兴奋经 β 受体促进胰高血糖素分泌；迷走神经兴奋经 M 受体抑制胰高血糖素分泌。

第六节　肾上腺内分泌

肾上腺是人体重要的内分泌腺，由皮质与髓质组成。皮质、髓质的形态发生、结构及功能均不相同，实际是两个独立的内分泌腺体。

一、肾上腺皮质激素

肾上腺皮质从外向内分别是球状带、束状带与网状带。球状带分泌盐皮质激素（mineralocorticoid，MC），主要是醛固酮（aldosterone）。束状带和网状带主要分泌以皮质醇（cortisol）为代表的糖皮质激素（glucocorticoid，GC）及少量雄激素。

（一）肾上腺皮质激素的合成与代谢

合成肾上腺皮质激素的原料是胆固醇，其主要来自血液中的低密度脂蛋白。胆固醇与皮质细胞膜上的低密度脂蛋白受体结合后进入细胞，形成胆固醇酯并储存。胆固醇酯分解生成游离胆固醇，被转运入线粒体，随后在胆固醇侧链裂解酶催化下生成孕烯醇酮，然后再进一步生成各种皮质激素。

血液中的皮质醇绝大多数与皮质类固醇结合球蛋白或皮质醇结合球蛋白相结合，少数和白蛋白结合，其余为游离型皮质醇。结合型皮质醇和游离型皮质醇之间呈动态平衡，仅游离型皮质醇才能发挥作用。皮质醇主要在肝降解，约 70% 降解产物为 17-羟类固醇化合物，随尿液排泄；约 15% 以原形从胆汁排泄，少量随尿液排泄。

醛固酮主要与血浆白蛋白结合。结合型醛固酮约占 60%，其余为游离型醛固酮，其代谢和皮质醇相似。

（二）糖皮质激素

1. **生物作用**　体内大多数组织有 GC 受体，故 GC 作用复杂且广泛，主要表现为以下几个方面。

（1）调节物质代谢

1）糖代谢：GC 因具有明显升糖作用而得名，是调节糖代谢的重要激素之一。GC 主要通过加速肝糖异生，减少组织对糖的利用使血糖升高。

GC 使血糖升高的作用环节主要包括：① 增加肝糖异生和糖原合成所需酶的活性，利用外周组织蛋白质分解产生的氨基酸，加速肝糖原异生；② 抑制 NADH 氧化，减少葡萄糖酵解，减少外周组织对葡萄糖的利用；③ 降低组织细胞（尤其是肌肉、脂肪组织）对胰岛素的敏感性，使其对糖利用减少。当肾上腺皮质功能亢进或大剂量应用 GC 时，患者可出现血糖升高，尿糖阳性，称为肾上腺糖尿病。

2) 脂肪代谢：GC 促进脂肪分解与脂肪酸肝内氧化。GC 也加强细胞内脂肪酸氧化功能，有利于在饥饿或应激时机体供能由糖代谢向脂代谢转移。但 GC 所致高血糖继发胰岛素分泌增加，反而加强脂肪的生成，脂肪沉积增加。当肾上腺皮质功能亢进或大剂量应用 GC 时，由于机体不同部位脂肪细胞对 GC 敏感性不同，体内脂肪重新分布，呈向心性肥胖，即脂肪主要沉积在面、颈、躯干及腹部，而四肢较少，表现为满月脸、水牛背、四肢消瘦。

3) 蛋白质代谢：GC 对肝内、肝外组织蛋白质代谢的作用不同。对于肝外组织，GC 抑制蛋白质合成，减少氨基酸进入肌肉等肝外组织，为肝糖异生提供原料；同时加速蛋白质分解。对于肝内组织，GC 促进肝外组织产生的氨基酸入肝，加速蛋白质合成。GC 分泌过多可出现骨质疏松、肌肉消瘦、皮肤变薄等体征。

（2）影响水盐代谢：GC 能和醛固酮受体交叉结合，产生一定的醛固酮样作用，但该作用仅是醛固酮作用的 1/500。此外，GC 可减小入球小动脉血管阻力，增加肾血浆流量与肾小球滤过率；并能抑制抗利尿激素分泌，故总效应是有利于肾排水。当肾上腺皮质功能严重缺陷时，患者出现排水障碍，可引起"水中毒"，服用 GC 则可缓解。

（3）参与应激：当机体遭受各种伤害性刺激（如创伤、手术、感染、疼痛、中毒、缺氧、强烈精神刺激等）时，腺垂体大量释放 ACTH，GC 也相应大量分泌，机体出现非特异性的防御反应，称为应激反应（stress reaction）。而能引起应激反应的刺激统称应激原（stressor）。

应激反应机制复杂，有多种激素参与，不仅 ACTH、GC 的分泌迅速增多，儿茶酚胺、PRL、GH、VP、胰高血糖素及醛固酮等的分泌也增多。另外，交感神经系统活动也增强。适度的应激反应有利于机体对抗应激原，提高机体对有害刺激的耐受能力。

（4）对组织器官的影响

1) 血细胞：GC 可刺激骨髓造血，增加血液中红细胞、血小板数量；GC 也可动员附着在血管壁、骨髓中的中性粒细胞进入血液循环，使外周血中性粒细胞数量增加；GC 还可抑制淋巴细胞有丝分裂、促进其凋亡，增加淋巴细胞和嗜酸性粒细胞在脾和肺的破坏，故两种细胞的数量都减少。

2) 循环系统：GC 增加心肌、血管平滑肌对儿茶酚胺的敏感性（允许作用），有利于增强心肌收缩力，增加血管紧张度，以维持正常血压。GC 还能降低毛细血管通透性，有利于维持循环血量。

3) 胃肠道：GC 促进胃酸、胃蛋白酶原分泌，提高胃腺细胞对迷走神经和促胃液素的反应性。因此，长期大量应用 GC 可诱发或加重消化性溃疡。

4) 其他：GC 促进胎儿肺表面活性物质生成和肺泡发育。GC 能维持中枢神经系统的兴奋性。大剂量 GC 还可抑制炎症反应、免疫反应，具有抗炎、抗毒、抗过敏及抗休克等作用。

2. 分泌调节　GC 分泌包括基础分泌与应激分泌，两者均受下丘脑-腺垂体-肾上腺皮质轴调节。正常生理状态下的分泌即为基础分泌，应激时的分泌为应激分泌。

（1）下丘脑-腺垂体-肾上腺皮质轴的调节：下丘脑分泌的促肾上腺皮质激素释放激素（corticotropin-releasing hormone，CRH）经垂体门脉系统运至腺垂体，与 ACTH 细胞 CRH 受体-1 结合后促进腺垂体分泌 ACTH，然后促进 GC 分泌。

ACTH 由腺垂体分泌，是维持肾上腺皮质结构、促进 GC 合成分泌的 39 肽。ACTH 对肾上腺皮质束状带、网状带作用明显强于球状带，可增加肾上腺皮质细胞核酸、蛋白质合成，促进其分裂、增殖，还能增加 GC 的合成。

下丘脑 CRH 分泌有昼夜节律，清晨觉醒前最高，随后逐渐下降，午夜降至最低，以后又逐渐升高。受 CRH 节律性分泌的控制，ACTH 与 GC 的分泌亦呈日周期节律。

（2）反馈调节：血中 GC 水平升高可负反馈调节下丘脑 CRH 及腺垂体 ACTH 的分泌，还可使 ACTH 细胞对 CRH 敏感性下降，这种长反馈是维持 GC 稳态的重要环节。腺垂体 ACTH 分泌过多通过短反馈抑制下丘脑 CRH 神经元活动；下丘脑 CRH 神经元通过超短反馈影响自身分泌活动。

临床上长期大量应用 GC 可抑制下丘脑 CRH 神经元和腺垂体 ACTH 细胞，导致 CRH、ACTH 分泌减少，患者肾上腺皮质萎缩，分泌功能减退或停止。若此时突然停药，患者可因体内 GC 突然减少出现严重后果。故应逐渐减量停药或在治疗过程间断补充 ACTH 以防止肾上腺皮质萎缩。

（3）应激性调节：应激反应中下丘脑 CRH 神经元分泌增强，促进腺垂体分泌 ACTH，继而 GC 大量分泌，提高机体对伤害性刺激的耐受能力，此时 ACTH、GC 分泌增多不受 CRH‐ACTH‐GC 轴负反馈影响。

（三）盐皮质激素

肾上腺皮质球状带分泌的盐皮质激素主要是醛固酮、11‐去氧皮质酮及11‐去氧皮质醇等，其中醛固酮生物活性最强。醛固酮促进远曲小管和集合管对 Na^+、水的重吸收及对 K^+ 的分泌，对维持细胞外液量及循环血量稳态有重要意义。醛固酮分泌主要受肾素-血管紧张素系统调节。此外，血 K^+ 水平与血 Na^+ 水平也参与醛固酮的调节（见第八章）。

（四）肾上腺雄激素

肾上腺皮质束状带与网状带可终生合成雄激素，主要有脱氢表雄酮、雄烯二酮等。

肾上腺雄激素对成年男性作用很小，但男童可因分泌过多引起性早熟。肾上腺雄激素是女性体内雄激素的主要来源，可促进女性腋毛与阴毛生长，维持性欲与性行为。

二、肾上腺髓质激素

肾上腺髓质和交感神经节后神经元在胚胎发生上同源，因此，肾上腺髓质嗜铬细胞在功能上相当于无轴突的交感神经节后神经元，主要分泌肾上腺素与去甲肾上腺素，肾上腺素与去甲肾上腺素分泌的比例约为4∶1。血中肾上腺素主要来自肾上腺髓质，去甲肾上腺素来自肾上腺髓质及肾上腺素能纤维。

（一）生物作用

1. 调节物质代谢　肾上腺素、去甲肾上腺素与不同受体结合可产生多种生理效应。例如，骨骼肌运动增强时，肾上腺素激活 $β_2$ 受体，促进肌糖原分解，为肌肉提供能量供应；必要时激活 $β_3$ 受体促进脂肪分解，为肌肉持久活动提供游离脂肪酸分解供能；肾上腺素还能激活 $α_1$ 受体促进糖异生以维持血糖浓度。

2. 参与应急反应　当机体遇到特殊紧急情况时，如剧烈运动、恐惧、愤怒、搏斗、低血糖、低血压等，交感-肾上腺髓质系统即刻调动，儿茶酚胺类物质大量分泌，机体处于反应机敏、高度警觉状态；心率加快，血压升高，心输出量增加，全身血液重新分配；呼吸加深加快；血糖升高，脂肪分解，葡萄糖、脂肪氧化增强，从而满足机体在紧急情况下骤增的能量需求。这种紧急情况下出现的交感-肾上腺髓质系统活动增强的适应性反应称为应急反应。

目前认为，坎农的"应急"与汉斯·塞里（Hans Seyle）的"应激"学说，实际都是机体在受到伤害刺激时，为应对并迅速适应环境突变，通过中枢神经系统协调神经-内分泌调节实现的自我保护性反应。前者是动员机体潜在能力以提高机体的应变力，而后者是增强机体对伤害性刺激的耐受力。

（二）分泌调节

1. 交感神经　肾上腺髓质受交感神经节前纤维支配，交感神经兴奋引起肾上腺髓质激素的分泌。

2. ACTH 与 GC　ACTH 直接或间接通过 GC 提高嗜铬细胞中相关合成酶活性，促进肾上腺髓质儿茶酚胺的合成分泌。

3. 自身反馈性调节　当肾上腺髓质中肾上腺素合成增加到一定程度时，可负反馈抑制苯乙醇胺氮位甲基转移酶活性；当去甲肾上腺素或多巴胺含量增加至一定水平时，可负反馈抑制酪氨酸羟化酶活性，阻止儿茶酚胺合成。

三、肾上腺髓质素

肾上腺髓质素（adrenomedulin，ADM）是由肾上腺髓质嗜铬细胞合成、分泌的52肽。血管内皮细胞与平滑肌也分泌 ADM，血中 ADM 主要来自血管内皮细胞。人 ADM 和 CT 基因相关肽属同一家族，具有舒张血管、利尿、抑制 Ang Ⅱ 及醛固酮释放等作用。

第七节　组织激素及功能系统器官内分泌

一些外周组织和功能器官也具有分泌激素的功能。例如，已在前述各章提及的心房钠尿肽、促红细胞生成素和前列腺素等。

一、组织激素

组织激素指机体内分布广泛、但又不专属于某个特定功能系统器官的组织分泌的激素。

（一）前列腺素

前列腺素（PG）指广泛存在于体内各组织中的典型组织激素。PG 最初在精液中发现，并被认为由前列腺分泌，故将其命名为"前列腺素"。

PG 属于廿烷酸类激素，根据其结构特征又分为多种类型。PG 分布广泛，作用复杂。不同 PG 产生的效应常互相抗衡，如前列环素能抑制血小板聚集，并有舒血管作用；而血栓烷 A_2 却能使血小板聚集，同时有缩血管作用。同一种 PG 可产生多种作用，如 PGE_2 除可舒张血管外，也抑制胃酸分泌和增强溶酶体稳定性，故能保护胃黏膜；另外也可增加肾血流量，促进排钠利尿；还能使支气管平滑肌舒张，降低肺通气阻力。

（二）瘦素

瘦素是由肥胖基因（obese gene）表达的 146 肽，分子量为 16 kDa。瘦素主要来自白色脂肪组织，褐色脂肪组织、肌肉、胃黏膜与胎盘也能少量合成。

1. **生物作用**　瘦素的主要作用是调节体内脂肪储存量并维持机体能量平衡。瘦素直接作用于脂肪细胞，抑制脂肪合成，降低体内脂肪储存量，并动员脂肪，使脂肪储存的能量转化、释放，避免发生肥胖。

2. **分泌调节**　瘦素表达与分泌受多种因素影响，最主要的影响因素为体内脂肪储量，胰岛素、肾上腺素也可刺激脂肪细胞分泌瘦素。此外，瘦素分泌呈昼夜节律，夜间分泌水平高。

二、功能系统器官内分泌

呼吸、循环、消化与排泄等系统的器官与组织可直接维护内环境稳态，被称为功能系统器官。这些器官不仅是激素的靶器官，而且兼有内分泌功能，在机体宏观活动整合中有重要作用。例如，心脏的主要功能是推动血液循环，但普通心房肌细胞也可分泌心房钠尿肽，抗衡抗利尿激素、醛固酮等的作用，参与机体水平衡调节。肾是排泄器官，但也具有重要的内分泌功能，其合成的 1,25-二羟维生素 D_3、促红细胞生成素和肾素等激素，分别参与钙、磷代谢及骨髓红系细胞造血功能和血容量的调节。

> **※ 科学小故事**
>
> 2021 年是胰岛素被发现的第 100 周年。没有发现胰岛素之前，人类对糖尿病束手无策，一旦患上糖尿病，患者只能坐以待毙。20 世纪初，人们已经意识到胰腺和糖尿病之间的关系，并提出胰腺的某种分泌物可以治疗糖尿病，但却一直没能成功提取出这种物质。那么胰岛素是怎么被发现的呢？

这要归功于一位加拿大外科医生——班廷（Banting）。班廷在一篇论文中看到，如果胆石阻塞胰腺通向十二指肠的导管，有可能引起胰腺外分泌腺萎缩，但胰岛细胞不受影响，也未出现糖尿病。这一现象提示胰岛中可能含有控制机体葡萄糖代谢的激素，从而激发了班廷的研究热情。他提出了一个大胆的设想：结扎犬的胰导管，待其腺泡萎缩只剩胰岛后，分离其内分泌物来治疗糖尿病。1921年5月中旬，班廷和助手贝斯特（Best）开始实验。实验开始时极不顺利，两周时间内10只犬中有7只死于切除手术。两个月过去了，研究进展依然不理想，他们的19只犬，因为感染和手术创伤等原因死去14只。班廷在物质与精神双重压力下，几乎喘不过气来。但这一切并没有动摇他攻克胰岛素的信心，他与贝斯特互相鼓励，决心从头做起。8月份，他们的实验获得可喜结果。在10只糖尿病犬身上共注射75次以上的提取液，都得到降低血糖与尿糖的实验结果。如此反复实验多次，提取液的治疗效果确认无疑。次年胰岛素成功应用于糖尿病患者的治疗，其神奇疗效震惊医学界。从此开启了糖尿病治疗的新纪元，胰岛素成功地解救了无数1型糖尿病患者的生命。

※ 课后拓展

1. 思考题

病例摘要：患者，女性，36岁。因"烦躁易怒、心悸、怕热、多汗、消瘦"就诊。近4个月以来烦躁、易激动，常因小事与人争吵，难以自控。自述平时虽然穿衣不多，仍感燥热、多汗。发病以来食量增加，体重却下降8 kg。查体：体温37.1℃，脉搏100次/分，呼吸20次/分，血压130/70 mmHg。患者身高160 cm，体重40 kg。双侧甲状腺对称弥漫性肿大。有伸手平举细颤，伸舌细颤。实验室检查显示：血清游离T_3、T_4水平升高，血清TSH水平降低，甲状腺刺激抗体阳性。

（1）对该患者的初步诊断及治疗策略是什么？
（2）试分析患者出现上述临床表现的原因。

2. 推荐阅读

（1）KHOSLA S, SAMAKKARNTHAI P, MONROE D G, et al, 2021. Update on the pathogenesis and treatment of skeletal fragility in type 2 diabetes mellitus [J]. Nat Rev Endocrinol, 17 (11)：685 – 697.

（2）HAGE C, GAN H W, IBBA A, et al, 2021. Advances in differential diagnosis and management of growth hormone deficiency in children [J]. Nat Rev Endocrinol, 17 (10)：608 – 624.

（3）PEVERELLI E, TREPPIEDI D, MANGILI F, et al, 2021. Drug resistance in pituitary tumours：from cell membrane to intracellular signalling [J]. Nat Rev Endocrinol, 17 (09)：560 – 571.

（4）BONNER – WEIR S, 2020. The islets of Langerhans continue to reveal their secrets [J]. Nat Rev Endocrinol, 16 (02)：73 – 74.

（5）YING W, FU W X, LEE Y S, et al, 2020. The role of macrophages in obesity-associated islet inflammation and β – cell abnormalities [J]. Nat Rev Endocrinol, 16 (02)：81 – 90.

（边　慧）

※ 第十一章数字资源

第十一章
课件

第十一章
课后练习题（附参考答案）

第十一章
课后拓展思考题的解题思路

 微课 11-1
内分泌系统概述

 微课 11-2
生长激素的生物学作用

 微课 11-3
甲状腺功能调控

 微课 11-4
胰岛素的生理功能及分泌调控

第十二章

生　殖

导　学

　　生物个体的寿命是有限的，只能通过生殖过程产生新的个体来延续种系，因此生殖功能对于种族的繁衍、遗传信息的传递、动物的进化有着重要的作用。生殖可分为无性生殖（asexual reproduction）和有性生殖（sexual reproduction）。无性生殖是不经过两性生殖细胞的结合，由母体直接产生新个体的生殖方式。有性生殖通过雌雄两种生殖细胞（精子和卵细胞）的结合，形成受精卵，再由受精卵发育成为新的个体。有性生殖产生的后代携带两个亲代随机组合的遗传密码，因此其基因总是带有新的遗传特性，从进化的角度上说，这对于种族适应环境变化是非常重要的。

　　生殖系统与其他系统相比，其特点在于生殖系统的功能具有阶段性，直到青春期才开始发挥其生理功能，而其他系统在个体出生时一般即具有生理功能；同时，生殖系统的结构存在性别差异，而其他系统的性别差异细微。本章将学习男性、女性生殖系统的功能及其调节，涉及生殖细胞的发生、激素的分泌，激素种类多、生理作用复杂，并且同一激素在不同阶段来源有所不同，激素之间存在相互作用及激素分泌的调节比较复杂。

　　在学习本章时，建议按照两条逻辑线索进行。无论是男性生殖系统还是女性生殖系统，性腺具有产生生殖细胞和性激素的双重生理功能，第一条主线主要是掌握与睾丸和卵巢相对应的生殖功能、内分泌功能及其功能的调节，特别是在学习激素分泌调节的过程中，建议牢牢抓住下丘脑-垂体-性腺轴的调控；第二条主线按照妊娠的过程（受精、着床、妊娠的维持、分娩）来进行学习。

　　生物体生长发育到一定阶段后，能产生与自己相似的个体，该功能称为生殖（reproduction）。高等动物的生殖活动需要两个性别不同的个体共同参与才能完成，生殖过程包括两性性腺中生殖细胞的发育、成熟；性行为使精子进入女性生殖道，在输卵管与卵子相遇发生受精；受精卵在输卵管中发育到一定阶段并运行至子宫腔植入子宫内膜，即着床；胚胎在子宫内发育成胎儿及胎儿成熟分娩。

第一节　男性生殖功能及其调节

　　男性生殖功能主要是睾丸产生精子及分泌雄激素，输精管和附属腺体使精子成熟、储存、运输和排放。

一、睾丸的功能

　　睾丸主要由曲细精管和结缔组织间质构成。曲细精管上皮是精子的生成部位，间质中的睾丸间质细胞具有合成和分泌雄激素的功能。

(一)睾丸的生精功能

睾丸曲细精管管壁主要由支持细胞及镶嵌在支持细胞之间的各级生精细胞构成,管周有基膜和肌上皮细胞(图12-1)。

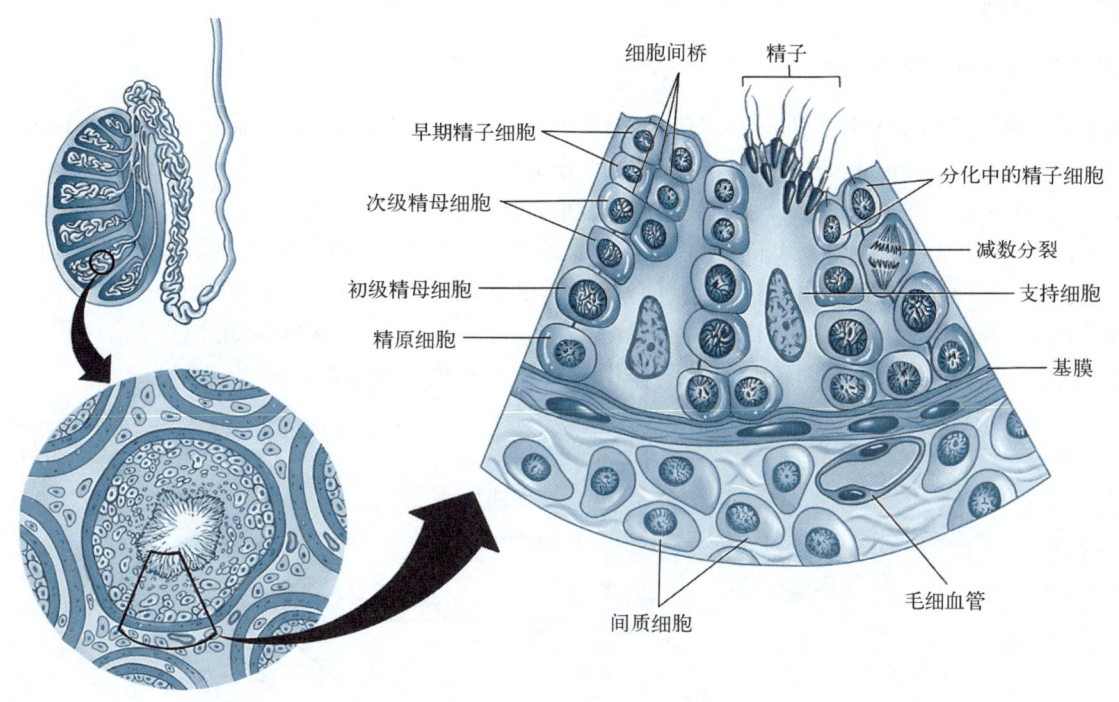

图 12-1　曲细精管结构示意图

1. **精子生成过程**　从精原细胞有丝分裂开始到发育为外形成熟的精子的过程称为精子生成(spermatogenesis),简称生精。这一过程包括三个连续的阶段。

(1) 精原细胞有丝分裂:男性自青春期开始,曲细精管上皮基底部的精原细胞可通过有丝分裂成为两个子细胞,其中一个作为干细胞储存并继续保存增殖活性,另一个经过多次有丝分裂,产生多个精原细胞并随即开始减数分裂。

(2) 精母细胞减数分裂:精原细胞开始进行减数分裂,经过初级精母细胞及次级精母细胞阶段,形成具有 23 条染色体的单倍体的精子细胞。

(3) 精子细胞形态变化:精细胞经过一系列形态的变化,失去大部分胞质,形成鞭毛,成为外形成熟的精子。精子形如蝌蚪,分为头部和尾部,头部前 2/3 有帽状的顶体结构,其中包含多种酶类,主要有蛋白水解酶和透明质酸酶,将在受精过程中发挥作用;精子尾部的鞭毛与精子的运动有关。

睾丸产生的精子虽然外形已经成熟,但还不具备运动和受精能力,必须借助于管周类肌细胞的收缩和管腔液的流动达到附睾,在附睾储存并达到功能上的成熟,获得运动和受精能力。射精是储存在附睾的精子连同附睾、精囊、前列腺和尿道球腺的分泌物一起混合成精液排出。

2. **支持细胞在生精中的作用**　支持细胞是生精上皮中唯一的体细胞,在精子的生成过程中有以下重要作用。

(1) 参与血睾屏障的形成:相邻的支持细胞在近基膜处形成紧密连接,在睾丸内的环境与血液之间形成血睾屏障(blood-testis barrier)。该屏障一方面阻止血液中的有害物质进入管腔对发育中的生精细胞造成伤害,也避免生精细胞分泌的抗原物质进入间质刺激免疫系统产生自身免疫反应;另一方面又选择性地允许一些物质(如间质细胞分泌的睾酮)进入生精小管内,为生精细胞的分化发育提供合适的微环境。

(2) 为生精细胞提供机械支持作用:各级生精细胞都镶嵌在支持细胞间形成的小室中完成其发育成熟的过程。

(3) 对生精细胞的营养作用：支持细胞可将体液中的营养物质直接或加工后提供给无血液供应的生精细胞，如从血液中获取葡萄糖，将其转化为乳酸和丙酮酸，供给生精细胞。

(4) 分泌功能：支持细胞可分泌多种转运蛋白，如雄激素结合蛋白（androgen binding protein, ABP）、金属结合蛋白和维生素结合蛋白等，协助睾酮、一些金属离子及维生素的转运，而这些物质都是精子发生所必需的。支持细胞还可分泌液体进入生精小管的管腔，帮助精子转运。

（二）睾丸的内分泌功能

睾丸主要的内分泌功能为分泌雄激素，包括睾酮（testosterone, T）、脱氢表雄酮（dehydroepiandrosterone, DHEA）和雄烯二酮（androstenedione），其中睾酮的分泌量最多，生物活性最强。

1. **雄激素的合成、代谢和利用**　雄激素由睾丸间质中一种特化的内分泌细胞——睾丸间质细胞合成，其原料为胆固醇。胆固醇主要由睾丸间质细胞通过受体介导的内吞作用直接从血液低密度脂蛋白中摄取，也有少量胆固醇来自高密度脂蛋白，还能通过滑面内质网中的乙酰辅酶A将乙酸盐合成胆固醇。胆固醇被转运到线粒体后，经侧链裂解酶的作用生成孕烯醇酮（pregnenolone）。孕烯醇酮经过羟化、脱氢等过程转变为雄烯二酮，后者在17-羟类固醇脱氢酶的作用下转化为睾酮（图12-2）。

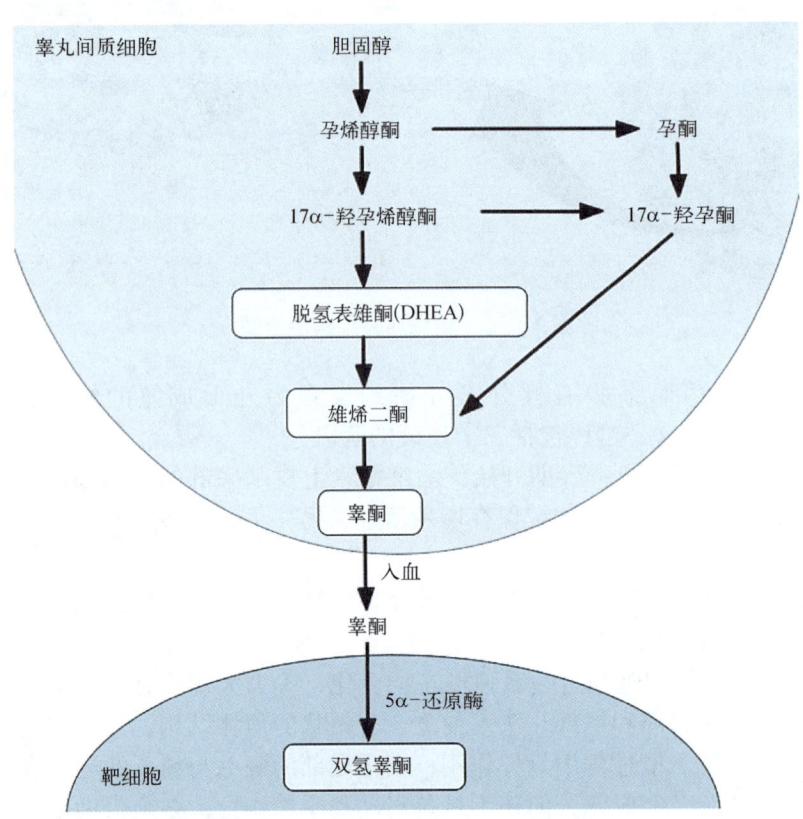

图12-2　雄激素的合成途径示意图

血液中的睾酮具有游离态和结合态两种形式，两者可以相互转化。游离态的睾酮很少，仅约2%，但一般认为只有游离的睾酮具有生物活性。约65%的睾酮与血浆中的性激素球蛋白（sex hormone blinding globulin, SHBG）结合，其余约33%的睾酮与血浆白蛋白或皮质醇结合蛋白结合。游离的睾酮经血液运输到靶组织后可直接发挥作用，或经靶细胞内5α-还原酶的作用转化为活性更强的双氢睾酮发挥作用。

睾酮主要在肝内代谢、灭活，最终的代谢产物随尿液排出。

2. **睾酮的生理作用**

(1) 对胚胎性别分化的影响：在胚胎发育期，睾酮对正常男性胎儿生殖器的发育、促使男性第一性征的形成起关键作用。如果胚胎间质细胞发育不良，或对胎盘绒毛膜促性腺激素不发生反应，而使睾酮分泌不足,胚胎不能进行正常的性别分化,这是导致男性假两性畸形的原因之一。

(2) 促进男性第二性征发育:青春期后,随着睾酮分泌的增加,阴茎、阴囊长大,其他附属性器官也开始发育。男性特有的体征出现,如阴毛、胡须出现,喉头隆起,声音低沉,骨骼、肌肉发达。同时,睾酮还刺激和维持正常的性欲。

(3) 促进生精过程:睾酮自间质细胞分泌后,与支持细胞产生的雄激素结合蛋白结合,转运至生精小管,直接或转变为活性更强的双氢睾酮,与生精上皮的雄激素受体结合,促进精子的生成。

(4) 对骨骼生长的影响:在青春期,雄激素首先促进骨骼的生长及钙磷在骨中的沉积,使身高迅速增长,身高增长到一定程度后又可导致骨骺与长骨的融合。

(5) 其他作用:睾酮可促进蛋白质的合成,抑制蛋白质的降解;影响脂代谢,表现为血中低密度脂蛋白增加,而高密度脂蛋白减少,从而使男性患心血管疾病的危险性高于更年期前的女性;促进红细胞的生成;此外,雄激素也广泛作用于中枢神经系统,参与调节具有雄性特征的行为活动。

二、睾丸功能的调节

睾丸的生精功能和内分泌功能受下丘脑和垂体的调控,睾丸分泌的激素又对下丘脑-垂体进行反馈调节。此外,睾丸内存在着复杂的细胞间相互联系,睾丸局部的旁分泌或自分泌在睾丸功能的调节中也发挥重要的作用。

(一) 下丘脑-垂体-睾丸轴的调节

从青春期开始,下丘脑以脉冲方式分泌 GnRH,每 1~3 h 一次,每次持续几分钟。GnRH 经垂体门脉系统到达腺垂体,促使腺垂体分泌 LH、FSH。伴随 GnRH 的脉冲式释放,LH 分泌也明显呈脉冲式波动,FSH 只有轻微的波动。LH 与 FSH 在睾丸分别作用于各自靶细胞发挥作用。

LH 与睾丸间质细胞膜中的 LH 受体结合,激活 G 蛋白-AC-cAMP-PKA 信号转导通路,促进胆固醇摄取利用,增强睾酮合成相关酶的活性,从而促进睾酮的合成和释放。所以,LH 又称为间质细胞刺激素。间质细胞生成的睾酮对生精过程有重要的促进作用。

FSH 与支持细胞上 FSH 受体结合,也通过 G 蛋白-AC-cAMP-PKA 信号转导通路影响支持细胞的功能,直接或间接促进生精过程。FSH 对支持细胞的作用有以下几方面:① 促进支持细胞合成分泌促精子生成的各种物质,从而启动和维持生精过程;② 促进支持细胞产生一些生物活性物质,间接调节间质细胞的功能,进而促进生精过程;③ 支持细胞在 FSH 作用下合成的雄激素结合蛋白(ABP)被分泌进入生精小管管腔,能与大量的睾酮结合,使生精小管局部具有高浓度的睾酮,有利于生精。

睾丸分泌的激素对下丘脑、腺垂体的功能有着反馈调节作用。当睾丸间质细胞分泌的睾酮在血中达到一定浓度后,可作用于下丘脑和垂体,抑制 GnRH 和 LH 的分泌。当睾丸生精过程达到一定水平时,支持细胞在 FSH 的作用下分泌抑制素,抑制素对垂体分泌 FSH 具有负反馈调节作用,但对下丘脑分泌 GnRH 的抑制作用较弱,且不影响 LH 的分泌。正是由于下丘脑、腺垂体及睾丸之间的相互联系,才保证了睾丸的正常功能活动(图 12-3)。

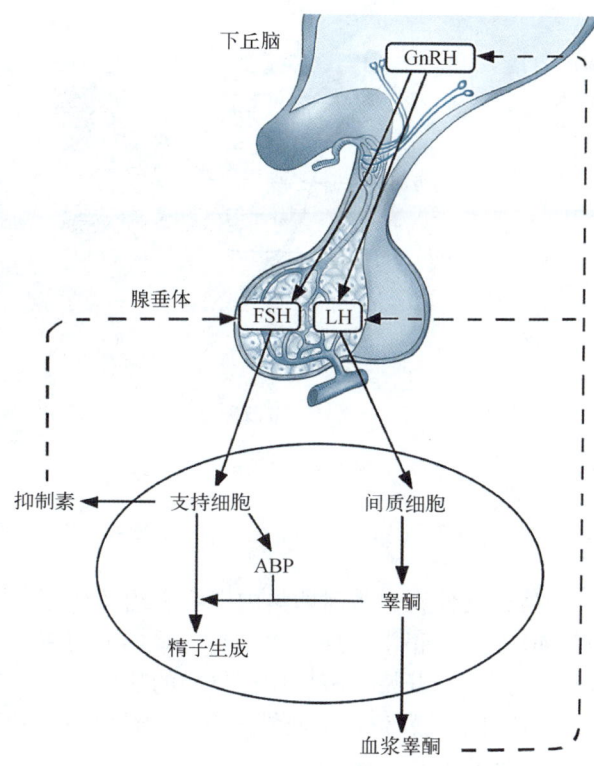

图 12-3 下丘脑-垂体-睾丸轴的调节

LH,黄体生成素;FSH,卵泡刺激素;
GnRH,促性腺激素释放激素;ABP,雄激素结合蛋白
实线表示兴奋作用;虚线表示抑制作用

(二) 睾丸内的局部调节

在睾丸内部的各种内分泌细胞还可以分泌多种调节因子，如生长因子、免疫因子等，它们也通过自分泌或旁分泌的形式调节睾丸的功能。

第二节　女性生殖功能及其调节

女性生殖功能包括卵巢的功能及妊娠、分娩等。卵巢是女性的主性器官，主要具有生殖功能和内分泌功能。副性器官包括输卵管、子宫、阴道和外阴等，在精子与卵子的输送、精子的获能、受精、妊娠和分娩中发挥作用。

一、卵巢的功能及其调节

卵巢具有产生卵子和分泌性激素的功能，即卵子的发生、卵泡的成熟和排卵，以及调节这一过程的雌激素和孕激素的合成及分泌。卵巢的以上功能受下丘脑-腺垂体-卵巢轴的调节。

(一) 卵巢的生卵作用

卵巢由外层的皮质和内部的髓质组成，皮质层较厚，由不同发育阶段的卵泡组成，髓质为疏松结缔组织，由弹性纤维和大血管组成（图12-4）。卵泡由位于中央的卵细胞和周边的颗粒细胞组成。

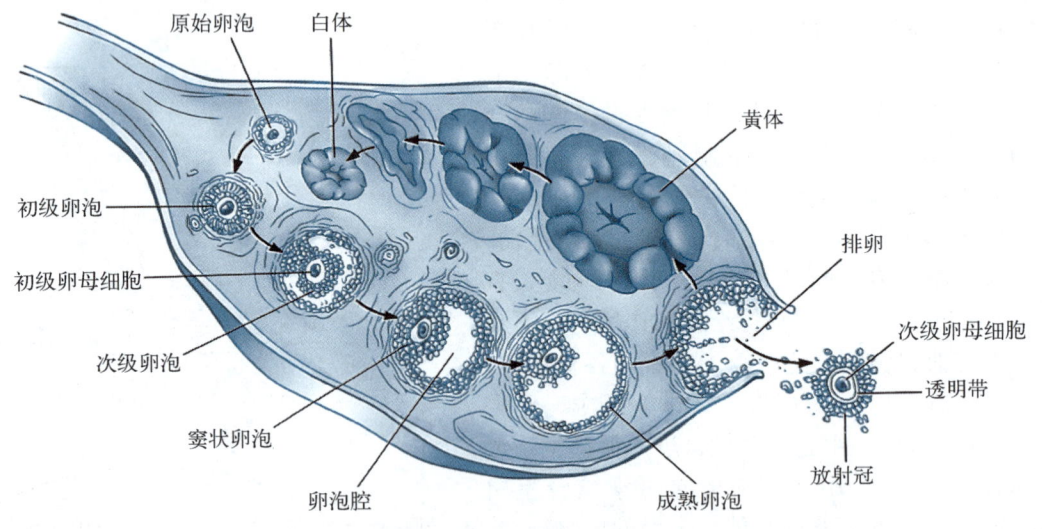

图12-4　卵巢及各级卵泡结构示意图

虽然女性在出生时卵巢内即含有约200万个原始卵泡，但到青春期时卵巢所含有的原始卵泡数降至30万~40万个。正常女性一生中平均只排出约400个成熟的卵细胞。青春期开始后，卵巢在腺垂体促性腺激素的作用下，开始具有周期性排卵的功能，即存在卵巢周期（ovarian cycle）。每个周期平均28 d，有15~20个卵泡生长发育，但通常只有一个卵泡发育成熟，并排出其中的卵细胞，其余的卵泡均在不同的发育阶段发生凋亡并成为闭锁卵泡。

在初级卵泡向成熟卵泡发育的过程中，卵泡出现一系列形态上的变化：卵细胞变大，并在其周围出现透明带，卵泡周边的颗粒细胞由单层变为多层，并形成卵丘和卵细胞周围的放射冠；卵泡中的卵泡腔变大；卵泡周围基底膜外的间质细胞分化为内膜细胞等。

在 FSH 的作用下，颗粒细胞大量合成和分泌雌激素，导致血液雌激素水平的不断升高。排卵后，颗粒细胞分泌的雌激素一方面以负反馈方式作用于腺垂体，抑制 FSH 的分泌，导致卵巢周期中卵泡发育期的结束；另一方面，血液循环中高浓度的雌激素正反馈性作用于下丘脑，促进 GnRH 的释放。GnRH 进一步促进腺垂体 LH 的分泌，形成腺垂体 LH 分泌高峰。在 LH 分泌高峰的作用下，成熟卵泡发生排卵（ovulation）。

排卵后的卵泡腔立即被血液充盈，成为血体（corpus hemorrhagicum）。同时，卵泡的内膜细胞和颗粒细胞迅速增殖，并取代血体中的血液而转化为黄体（corpus luteum），卵巢周期由此进入黄体期。在 LH 的影响下，黄体细胞具有强大的合成孕激素和雌激素的功能。排卵后，如果未受孕，则在黄体细胞分泌的孕激素和雌激素的负反馈作用下，腺垂体 LH 分泌减少。失去 LH 支持的黄体逐渐萎缩，由瘢痕组织取代，成为白体（corpus albicans）。卵巢周期到此为一个完整的周期。卵泡发育期和黄体期各约 14 天。

（二）卵巢的内分泌功能

卵巢主要分泌雌激素和孕激素，也可合成分泌少量雄激素及抑制素等。排卵前的卵泡主要分泌雌激素，包括雌酮和雌二醇，排卵后的黄体分泌孕激素和雌激素。

1. **雌激素（estrogen）** 由卵泡内膜细胞和颗粒细胞共同参与合成，以雌二醇活性为最强。雌激素对女性生殖系统的结构和功能具有重要的调节作用，对机体其他系统的功能也有广泛的影响。

（1）对生殖器官的作用：① 青春发育期，雌激素与卵巢、输卵管、子宫及阴道黏膜细胞内的受体结合，促进蛋白质的合成和细胞的分裂与生长，从而促进这些靶器官的生长发育，并维持其正常功能；② 引发月经周期中子宫内膜、子宫颈和阴道的周期性变化，如促进子宫内膜增生、使子宫颈分泌大量清亮稀薄的黏液、使阴道上皮增生和角化等；③ 促进子宫平滑肌细胞增生肥大，使平滑肌收缩能力增强，对 OT 的敏感性增加；④ 促进输卵管上皮中纤毛细胞和分泌细胞的增生，促进输卵管的收缩和纤毛摆动，有利于精子和卵细胞在其中运行；⑤ 使阴道上皮细胞糖原分解转化为乳酸，分泌物呈酸性，增强对感染的抵抗力；⑥ 与 FSH 协同促进卵泡发育，并触发 LH 分泌高峰的形成，诱发排卵。

（2）对乳腺的作用：雌激素是青春期促进乳腺发育的主要激素，可刺激乳腺导管和结缔组织增生，促进脂肪组织在乳腺的聚集。

（3）对副性征的影响：雌激素可促进其他女性第二性征的形成如全身脂肪和毛发的分布、女性体态、音调升高等。

（4）对骨骼生长发育的影响：雌激素刺激成骨细胞的活动，加速骨的生长，促进骨中钙、磷的沉积，因此，在青春期后，女性身高增长速度常快于男性。但雌激素又可促进长骨骨骺的愈合，故女性往往较男性更早停止生长，最终身高低于男性。绝经期后，雌激素水平降低导致骨骼中的钙流失，故女性在绝经后容易发生骨质疏松、骨折。

（5）对心血管系统的影响：雌激素提高血中高密度脂蛋白含量，降低血液胆固醇水平和低密度脂蛋白含量，防止动脉硬化，对心血管系统具有保护作用。

（6）其他作用：雌激素可调节蛋白质和脂肪代谢，影响水盐平衡。高浓度雌激素可增加组织液的生成，使血容量减少，进而增加醛固酮的分泌。这是月经前钠、水潴留的重要原因。

2. **孕激素（progestin）** 由卵巢黄体细胞合成，以孕酮（progesterone，P）为主。通常在雌激素作用的基础上影响靶器官的结构和功能活动。

（1）对子宫的影响：在月经周期中，孕激素主要作用于子宫内膜，促使增生的子宫内膜进一步增厚，并发生分泌期的变化，有利于胚胎的着床。胚胎着床后，孕激素促进子宫基质细胞转化为蜕膜细胞。在妊娠期，孕激素使子宫平滑肌细胞发生超极化，兴奋阈值升高，抑制其收缩，可以为胎儿生长提供适宜的生长环境。

（2）对乳腺的影响：孕激素促进乳腺小叶和腺泡的发育，为分娩后泌乳做好准备。

（3）抑制排卵：孕激素可负反馈抑制腺垂体 FSH 和 LH 的分泌，抑制卵泡发育和排卵。妊娠期间的女性由于血中高浓度的孕激素可保证不会发生二次受孕。

（4）产热作用：排卵后基础体温可升高 0.2~0.5℃，这是因为孕激素可增加能量代谢，也可作用于下丘脑体温调节中枢，提高体温调定点水平。临床上可将基础体温的双相变化作为判断排卵的标志之一。

二、月经周期及其调控

生育年龄女性的卵泡生长发育、排卵与黄体形成呈现周期性变化，周而复始，称为卵巢周期。在卵巢周期中，卵巢雌激素、孕激素的分泌也相应发生周期性变化，进而引起生殖器官出现周期性反应，月经（menstruation）是生殖期妇女周期性变化中最为明显的外在表现。

（一）月经及月经周期的概念

随着卵巢的卵泡生长、排卵和黄体形成，以及伴随雌激素和孕激素分泌水平的周期性变化，子宫内膜也呈现相应的周期性增殖、剥脱、出血的现象称为月经。两次月经之间的时间间隔为一个月经周期（menstrual cycle），正常为 21~36 天，平均为 28 天，排卵常发生于月经来潮前的第 14 天（图 12-5）。正常月经持续 2~7 天，月经以血液为主要成分，此外还含有子宫内膜碎片、子宫颈黏液及脱落的阴道上皮细胞等。

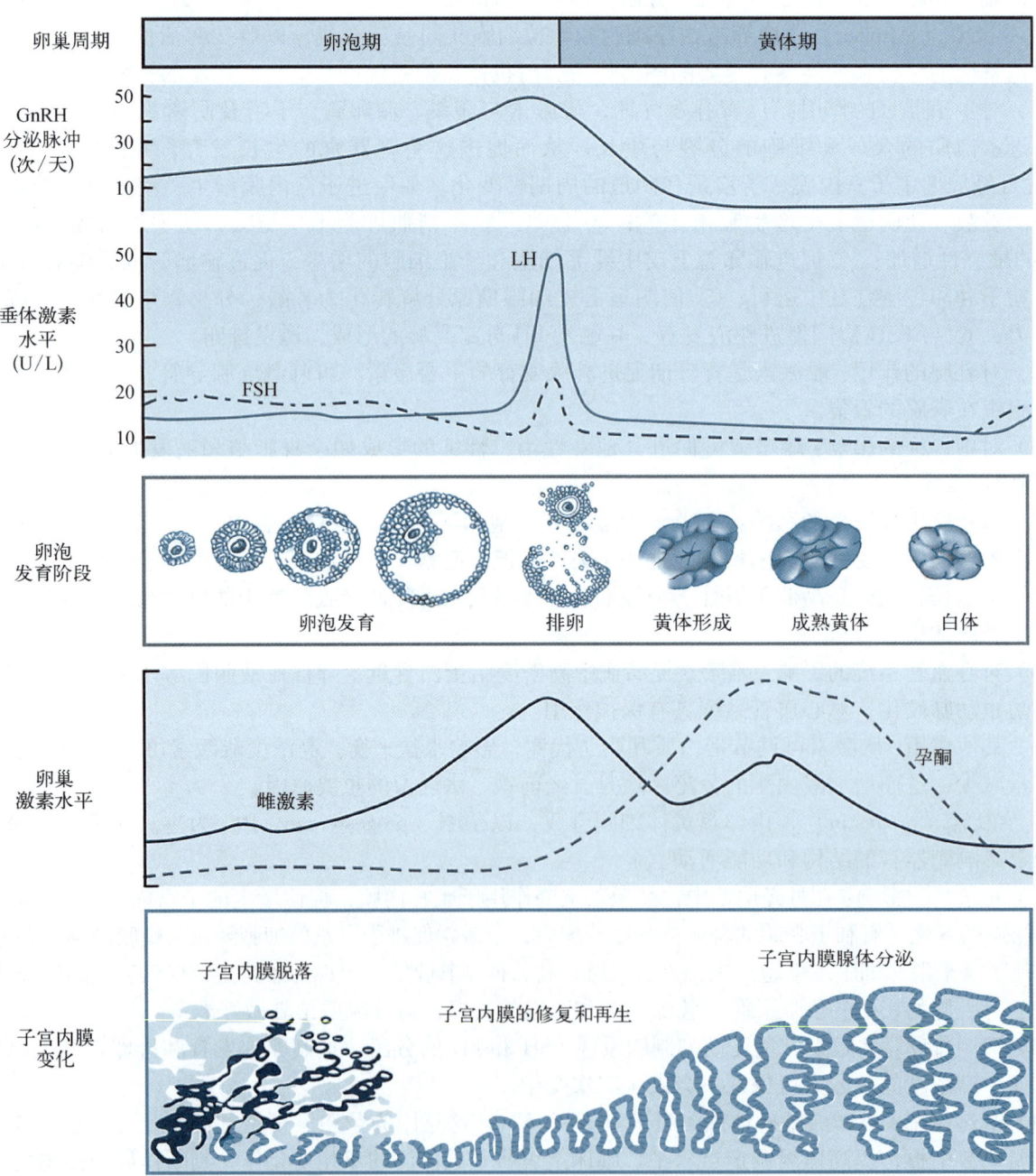

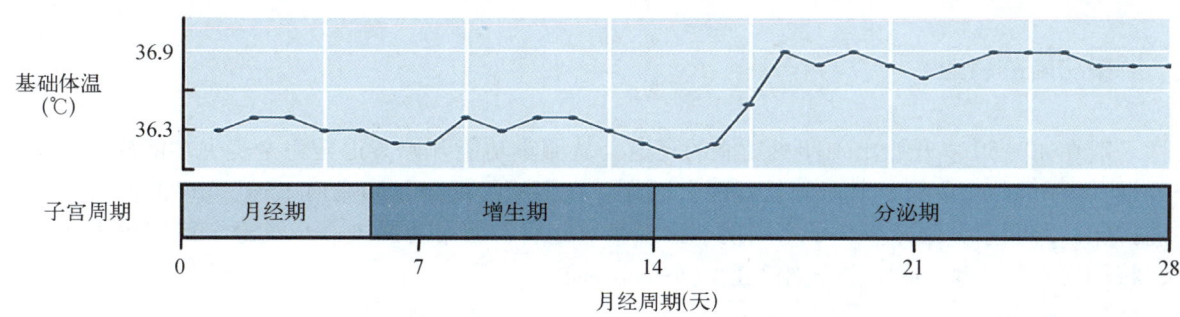

图 12-5 月经周期中生殖激素、卵巢、子宫内膜和基础体温的变化

LH，黄体生成素；FSH，卵泡刺激素；GnRH，促性腺激素释放激素

（二）月经周期的分期

在前一次月经结束时，除了深层的子宫内膜外，其余的子宫内膜都已脱落。此时卵泡逐渐发育成熟，并分泌雌激素。在雌激素的影响下，子宫内膜开始迅速增生变厚、腺体变长，进入子宫周期的增生期（proliferative phase）。此期相当于月经周期的第 5~14 天。卵泡发育成熟并排卵后，黄体形成，分泌大量雌激素和孕激素，子宫内膜继续增厚，血液供应也更加丰富，内膜基质出现轻微的水肿现象，内膜腺体变得更加迂回弯曲，开始分泌含糖原的清亮黏液，此时子宫内膜进入子宫周期的分泌期（secretory phase）。此期相当于月经周期的第 15~28 天。如果没有受孕，卵巢黄体将逐渐萎缩，来自黄体的雌激素和孕激素量急剧减少，子宫内膜开始变薄，来自子宫内膜的前列腺素导致供应子宫内膜血液的螺旋动脉发生痉挛，使子宫内膜和螺旋动脉都出现局部坏死，并逐渐发展成整个子宫内膜的脱落和出血，此为子宫周期的月经期。此过程相当于月经周期的第 1~5 天，一般持续 3~5 天，但在极端情况下可以持续 8 天。

（三）月经周期的调控

子宫内膜的周期性变化由卵巢功能的周期性变化所决定，而后者则受下丘脑和垂体的调控。卵巢的排卵和内分泌功能受腺垂体分泌的 FSH 和 LH 调节，下丘脑分泌的 GnRH 能促进腺垂体 FSH 和 LH 的分泌。卵巢分泌激素的周期性变化，一方面使子宫内膜发生周期性变化，另一方面又对下丘脑和腺垂体进行反馈调节。下丘脑、腺垂体和卵巢激素之间的相互关系构成下丘脑-腺垂体-卵巢轴。

青春期前，下丘脑-腺垂体-卵巢轴的活动处在很低的水平。进入青春期后，下丘脑 GnRH 神经元发育成熟，GnRH 呈脉冲式释放，上调腺垂体促性腺激素细胞 GnRH 受体，从而促进 FSH 和 LH 的分泌，进而引发卵巢性激素的分泌和周期性排卵。FSH 刺激卵泡的早期发育，而卵泡最终的成熟受 FSH 和 LH 的双重调控。卵泡排卵和黄体的形成则是腺垂体 LH 分泌高峰作用的结果。

卵巢分泌的激素如雌激素、孕激素和抑制素等对下丘脑和腺垂体的功能还具有反馈性调控作用。雌、孕激素除排卵前短时间对下丘脑及腺垂体进行正反馈调节外，主要进行负反馈调节。一般认为，抑制素和孕激素对下丘脑和腺垂体功能的调节为负反馈调节，即抑制素和孕激素分泌的增加可减少腺垂体 FSH 和 LH 分泌（图 12-6）。

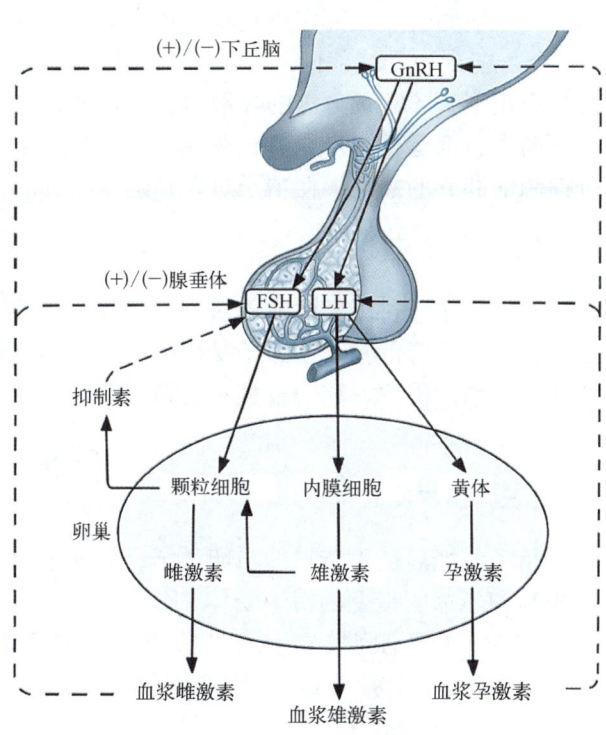

图 12-6 下丘脑-腺垂体-卵巢轴的功能联系图

LH，黄体生成素；FSH，卵泡刺激素；
GnRH，促性腺激素释放激素
实线表示兴奋作用；虚线表示抑制作用

三、卵巢功能的衰退

女性一般在 40~50 岁开始出现卵巢功能的衰退。从卵巢功能开始衰退至完全丧失功能后一年的时期称为围绝经期（perimenopause），其时间长短因人而异。在围绝经期内，卵巢对 FSH、LH 的反应性下降，卵泡常不能排卵，雌激素分泌减少，子宫周期不再规律。此后，卵巢功能进一步衰退，待卵巢中的卵泡完全耗竭后，将彻底丧失生殖功能，进入绝经期（menopause）。

第三节　妊娠和分娩

妊娠（pregnancy）指子代新个体产生、胚胎和胎儿在母体内发育成熟并排出的过程，包括受精、着床、妊娠的维持、胎儿的生长及分娩。临床上计算妊娠时间常以末次月经来潮的第一天开始算起，人类的妊娠时间为 280 天。如果以排卵开始计算，则人类的妊娠时间只有 266 天。

一、受精

排卵后的 6~7 天，在输卵管的腹壶部，精子可进入卵细胞，并与之相互融合形成受精卵，该过程被称为受精（fertilization）。

（一）精子运行

精子在女性生殖道内运行的过程比较复杂。精子射入阴道后需要经过子宫颈、子宫腔、输卵管等屏障才能到达输卵管壶腹部完成受精。正常男性每次射出的数亿个精子仅极少数活动力强的精子（一般不超过 200 个）能到达受精部位，最后一般只有一个精子冲破层层屏障与卵子相遇而使之受精。排卵前，在雌激素的作用下，子宫颈分泌的黏液清亮、稀薄，易于精子运行。雌激素还可刺激输卵管的蠕动，促进精子由峡部向壶腹部运行。排卵后，黄体产生的孕激素不但可增加子宫颈黏液的黏滞度，以阻止精子通过，而且可抑制输卵管的蠕动，使精子难以到达壶腹部。

（二）精子获能

虽然精子经过附睾的成熟过程具备了受精的能力，但是在附睾和精浆中存在多种抑制精子功能的因子，这些因子降低精子使卵子受精的能力。精液射入阴道后，需要在女性生殖道内停留一定时间才能获得使卵子受精的能力，这一过程称为精子获能（sperm capacitation）。精子获能的主要场所是子宫，其次是输卵管和子宫颈。

（三）顶体反应

精子获能后还不能立即与卵子结合。这主要是因为卵子周围存在卵丘、放射冠和透明带等屏障。精子首先与卵子透明带上的精子受体 ZP3 结合，随之引发精子的顶体反应（acrosomal reaction），即精子的顶体外膜与精子头部细胞膜融合、破裂，顶体内的各种酶溢散出来，溶解透明带、放射冠和卵丘，使精子得以与卵细胞结合。顶体反应是精子受精时的关键变化，只有完成顶体反应的精子才能与卵母细胞融合，实现受精。

（四）受精卵的形成

精子穿入卵细胞，诱发卵细胞完成第二次减数分裂，单倍体的精子与单倍体的卵子结合，形成含有 23 对染色体的受精卵。

二、着床

着床（implantation）指胚泡植入子宫内膜的过程，包括定位、黏着和穿透三个阶段（图 12-7）。

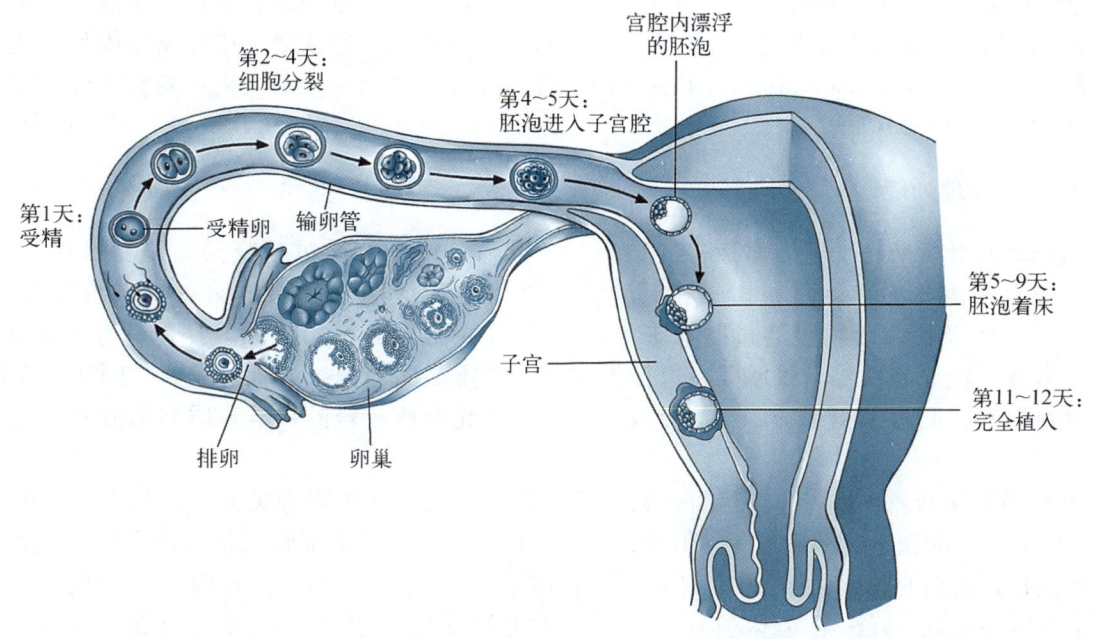

图 12-7 受精卵的形成、运行和着床示意图

受精卵在输卵管壶腹部停留约 3 天。在这 3 天里受精卵分裂生长，成为桑椹胚。桑椹胚是一个约含有 12 个细胞的细胞团，它的营养主要来源于输卵管的分泌液。桑椹胚在输卵管壶腹部的短暂停留，有利于子宫做好胚泡植入的准备。桑椹胚在输卵管的蠕动和纤毛的作用下，向子宫方向运行，进入子宫腔后，还要在子宫腔内游离 3 天。在这 3 天里，在子宫分泌液的营养下，桑椹胚生长为充有液体的胚泡，胚泡一端的细胞团发育成未来的胚胎。胚泡在排卵后 6~7 天开始附着并植入子宫内膜。从卵子受精到胚泡植入这段时间里，胚泡和子宫内膜均发生一系列适应性变化，以便为植入做好准备。在妊娠黄体分泌的孕激素的作用下，子宫内膜发生蜕膜化，表现为血管数量增加、腺体增生、内膜间质细胞变大、变圆等。胚泡脱掉外面的透明带，暴露出胚泡壁上侵入能力很强的滋养层细胞（trophoblast cell）。当胚泡与子宫内膜附着后，滋养层细胞迅速增殖，并分化为内、外两层。其外层细胞逐渐融合，形成无细胞界限的合体滋养层（syncytiotrophoblast）。合体滋养层形成的指状突起侵蚀子宫内膜和子宫内膜血管，并直接浸润在母体血液中，以获取营养。除了滋养层细胞的侵蚀特性可以帮助胚泡植入子宫内膜外，滋养层细胞和子宫内膜蛋白（如整合素与细胞骨架蛋白、肝素与硫酸乙酰肝素蛋白、蛋白水解酶与细胞间质蛋白）之间的相互作用也具有重要作用。经过上述过程，最终将胚泡完全包埋于蜕膜内，完成了胚泡的植入过程（图 12-7）。

三、妊娠的维持

胚泡着床后，蜕膜中储存的大量营养物质帮助其迅速发育生长。在妊娠早期（10 周内）主要依靠妊娠黄体分泌的孕激素和雌激素来维持妊娠。与此同时，滋养细胞穿透进入子宫肌层的内 1/3，形成胎盘（placenta）。通常将胎儿出生后分娩出的胎儿体外附属组织统称为胎盘，但实际上胎盘包括胎盘、胎膜和脐带。此后，妊娠黄体逐渐退化。妊娠期间，胎盘既是胎儿与母体间进行物质交换的场所，也是非常重要的内分泌器官，接替妊娠黄体和腺垂体产生多种激素维持妊娠，参与胎儿发育及母体适应性反应。

(一) 母体血液与胎儿血液之间存在胎盘屏障

脐带附着于胎盘胎儿侧的中央。脐动脉和脐静脉由脐带附着处呈放射状分布于整个胎盘，胎儿血液通过脐带的动脉流向胎盘小叶，在胎盘小叶的毛细血管处与母体血液进行物质交换后，再由脐带静脉流入胎儿体内。母体的血液经过绒毛小叶表面的合体滋养层、合体滋养层下方的细胞滋养层及基膜、少量结缔组织和绒毛小叶内的毛细血管内皮及基膜，与胎儿血液进行物质交换。通常把上述分隔母体和胎儿血液的几层组织称为胎盘屏障（placenta barrier）。胎盘屏障可以选择性地转运一些胎儿生长发育需要的物质。母体吸烟、酗酒和吸毒可以破坏胎盘屏障。

(二) 胎盘的生理功能

1. **胎盘的物质转运功能**　母体血液中的物质与胎儿血液中的物质进行交换，是胎盘最重要的功能之一。胎儿发育所需要的各种营养物质和氧气都从母体的血液循环中通过胎盘提供给胎儿，胎儿代谢产生的二氧化碳及代谢废物也通过胎盘进入母体的血液循环而排出。胎盘还能储存大量营养物质，如蛋白质、多肽、糖原和铁等，供胎儿在母体提供的营养不足时或分娩过程的需要。因此，在胎儿器官尚未发育成熟期间，胎盘承担了肺的气体交换、肠道的消化吸收、肾的水电解质和体液酸碱度调节等重要功能。

2. **胎盘的内分泌功能**　过去一直认为，胎盘只分泌几种蛋白或类固醇类激素，如人绒毛膜促性腺激素、人胎盘生乳素、雌激素、孕激素等。但现在发现，体内其他内分泌细胞或腺体合成和分泌的激素几乎都可以在胎盘找到它们的踪影，如 CRH、GnRH、心房钠尿肽、NO、PG、生长因子和细胞因子等。这些激素或因子在维持妊娠、妊娠期母体的适应性变化、胎儿发育及分娩的发动中起着非常重要的作用。下面介绍几种主要的胎盘激素。

(1) 人绒毛膜促性腺激素（human chorionic gonadotropin, hCG）：是早期胚泡和胎盘绒毛组织的合体滋养层细胞分泌的一种糖蛋白，其结构和功能均与 LH 相似，除了可促进胚泡植入外，它还可使母体卵巢中的月经黄体转变为妊娠黄体，继续分泌孕激素和雌激素，以维持妊娠。hCG 在妊娠早期大量分泌，妊娠 8~10 周达高峰，以后渐减少，可作为诊断早孕的指标。

(2) 人胎盘生乳素（human placental lactogen, hPL）：又称人绒毛膜促生长激素（human chorionic somatomammotropin, hCS），是胎盘合体滋养层细胞分泌的单链多肽激素。最初发现 hPL 对动物具有很强的催乳作用，故将其命名为"人胎盘生乳素"，但后来的研究证明，hPL 对人类几乎没有催乳作用，而主要具有与 GH 相同的作用，能调节母体和胎儿的物质代谢和促进胎儿生长。

(3) 雌激素：人类胎盘分泌的雌激素以雌三醇为主。雌三醇的生成需要胎儿和胎盘共同参与，母体和胎儿肾上腺皮质分泌的脱氢异雄酮硫酸盐先在胎儿肝中羟化形成 16α-羟脱氢异雄酮硫酸盐，再进入胎盘转化为雌三醇。因此，检测母体尿液中雌三醇的水平可判断胎儿在子宫内的情况。雌激素可调控胎盘、子宫、乳腺和胎儿器官的生长。妊娠晚期，雌激素通过促使激活子宫来为分娩做好准备。

(4) 孕激素：胎盘从妊娠第 6 周开始分泌孕酮。在妊娠期间，母体血中孕酮浓度随着妊娠期的增长而稳步上升，10 周后，胎盘代替卵巢持续分泌孕酮，血中孕酮含量迅速增加，到末期达峰值。孕酮是维持妊娠期子宫处于静息状态的主要激素。

四、分娩

分娩（parturition）指成熟胎儿及其附属物从母体子宫产出体外的过程。一般发生在妊娠的第 40 周左右。

(一) 分娩的发动机制

在整个妊娠期，子宫平滑肌不时有微弱缓慢而不规则的节律性收缩，在妊娠末期，这种收缩逐渐增强，最后引起强烈、规则的节律性收缩，可以在短短的几个小时内因这种节律性收缩明显增强而使胎儿从母体娩出。有关分娩发动的机制还不甚清楚，但一些内分泌、旁分泌及子宫的机械牵张作用都与分娩过程有关。

1. 来自胎盘或胎儿的信号　一些动物如羊，胎儿的成熟决定分娩启动的时间。随着胎儿的成熟，一方面胎儿迅速生长对子宫的机械性扩张作用可促进激活子宫；另一方面，胎儿下丘脑-腺垂体-肾上腺轴的激活使 GC 逐渐增多，从而促进胎盘的孕激素向雌激素转化，使孕激素水平下降，雌激素水平升高。

2. 雌/孕激素的比例　妊娠末期雌/孕激素比例增加提高了子宫对收缩刺激的敏感性。

3. PG 的作用　雌/孕激素比例的增加刺激子宫局部产生 PG（如 PGE 和 $PGF_{2\alpha}$），PG 可使子宫平滑肌细胞内 Ca^{2+} 增加，提高肌细胞的收缩性。

4. OT 的作用　OT 对子宫的收缩具有强有力的刺激作用。妊娠末期，子宫的 OT 受体上调，且分泌过程中子宫颈的扩张可刺激 OT 的分泌。

（二）分娩的过程

分娩是一个典型的正反馈过程。妊娠末期，子宫颈胶原纤维聚集减少而使其软化，子宫平滑肌发生节律性阵发性收缩，促使子宫颈口扩大，并将胎儿挤向子宫颈。当子宫开始强有力阵发性收缩后，来自产道的刺激可经脊髓的神经反射引起腹壁肌肉和膈肌收缩，促使胎儿的娩出。子宫肌的收缩和间歇交替进行，其生理意义在于保障胎儿的血液供应，避免胎儿因子宫肌持续收缩而发生窒息和导致死亡。

※ 科学小故事

2016 年 9 月 2 日，被称为"中国试管婴儿之母"的张丽珠去世，当年的试管婴儿大多数都出现在追悼会的现场，其中就包括我国第一例试管婴儿郑萌珠，她名字里的"珠"就是为了纪念赋予她生命的张丽珠。

1983 年 3 月 10 日，在被记者围了里三层外三层的产房里，张丽珠亲手迎接了郑萌珠的出生。她看见婴儿的外表正常，没有兔唇，但还是不放心，又在身上摸了一会儿，终于露出笑容。

张丽珠刚开始主持试管婴儿的研究工作时，并不是所有人看好她的工作。思想保守的人很排斥这种非自然的孕育方式，也不接受花那么大的代价在研究如何多生孩子上。甚至有人直接责问她："中国那么多人，你为什么还要搞试管婴儿？这不是和国家的计划生育政策对着干吗？"她回答道："我认为试管婴儿与国家的计划生育政策并不抵触，它是计划生育的一部分。不育症给患者家庭、社会都造成了很大的压力和伤害，几乎一半家庭都有心理压抑，夫妻关系受到影响、离婚甚至无法生存。"

患者的迫切愿望让张丽珠觉得有责任搞好试管婴儿技术。她带领研究小组在实验条件简陋、设备匮乏的条件下，克服重重困难，做出了首例试管婴儿，之后她并没有功成身退，在原有基础上开创出 B 超下一根针取卵，使临床妊娠率从早期的 6.4% 上升至 32%，活婴率达到 20%，一下子达到国际领先水平。

从那时到现在，没有人能确切统计出张丽珠参与创造了多少生命，孕育试管婴儿的辅助生殖技术已在中国遍地开花，2011 年，张丽珠教授获得中华医学会生殖医学分会中国生殖医学"终身成就奖"。

她在晚年所著的《我的医教人生》中写道："我初步意识到一个医生的一生，没有一时一刻能脱离自己的医疗工作。不论日夜，随叫随到，不能有半点疏忽。当一个医生面对患者时，实际上他正面对整个社会。"

"恳恳尽吾能，不暇问收获，辛辛尽吾时，不知有穷遏"，父亲当年勉励女儿的诗句，成为张丽珠一生的写照。

※ 课后拓展

1. 思考题

病例摘要：患者，女性，51岁。因"月经不规律半年，阵发性潮红、潮热，烦躁易怒、失眠多梦2个月"就诊。患者半年前月经开始变得无规律，有时2个月来1次，有时1个月来2次。近2个月出现阵发性潮红、潮热，伴有胸部、颈部一阵阵发热。常无缘无故发脾气，自己也常常生闷气。查体：体温36.9℃，脉搏75次/分，呼吸19次/分，血压130/70 mmHg。甲状腺无肿大。神经系统检查未见异常。

试分析该患者的诊断是什么，治疗的原则有哪些？

2. 推荐阅读

（1）HAMAZAKI N, KYOGOKU H, ARAKI H, et al, 2021. Reconstitution of the oocyte transcriptional network with transcription factors [J]. Nature, 589 (7841)：264-269.

（2）ZHOU Q, WANG M, YUAN Y, et al, 2016. Complete meiosis from embryonic stem cell-derived germ cells in vitro [J]. Cell Stem Cell, 18 (03)：330-340.

（董宇华　潘际刚）

※ 第十二章数字资源

第十二章
课件

第十二章
课后练习题（附参考答案）

第十二章
课后拓展思考题的解题思路

主要参考文献

冯志强，2007. 生理学［M］. 北京：科学出版社.
葛均波，徐永健，王辰，等，2018. 内科学［M］. 9版. 北京：人民卫生出版社.
龚非力，2014. 医学免疫学［M］. 4版. 北京：科学出版社.
管又飞，朱进霞，罗自强，2019. 医学生理学［M］. 4版. 北京：北京大学医学出版社.
邱一华，彭聿平，2018. 生理学［M］. 4版. 北京：科学出版社.
孙庆伟，周光纪，李光华，等，2017. 医学生理学［M］. 4版. 北京：人民卫生出版社.
田德安，2013. 消化疾病诊疗指南［M］. 3版. 北京：科学出版社.
王庭槐，罗自强，沈霖霖，等，2018. 生理学［M］. 9版. 北京：人民卫生出版社.
王庭槐，闫剑群，郑煜，等，2020. 生理学［M］. 3版. 北京：人民卫生出版社.
闫剑群，陆利民，刘传勇，等，2020. Human physiology 生理学［M］. 北京：人民卫生出版社.
杨成民，刘进，赵桐茂，2017. 中华输血学［M］. 北京：人民卫生出版社.
杨增明，孙青原，夏国良，2019. 生殖生物学［M］. 2版. 北京：科学出版社.
赵铁建，郭健，2018. 神经生理学［M］. 2版. 北京：人民卫生出版社.
BARRETT K E, BARMAN S M, BROOKS H L, et al, 2019. Ganong's review of medical physiology［M］. 26th ed. New York：McGraw-Hill Education.
GUYTON A C, HALL J F, 2016. Guyton and hall textbook of medical physiology［M］. 13th ed. Amsterdam：Elsevier.
HALL J E, 2016. Guyton and hall textbook of medical physiology［M］. 13th ed. Amsterdam：Elsevier.
HALL JE, HALL ME, 2021. Guyton and hall textbook of medical physiology［M］. 14th ed. Amsterdam：Elsevier.
KAUSHUNSKY K, LICHTMAN M, BEUTLER E, et al, 2016. Williams hematology［M］. 9th ed. New York：McGraw-Hill Education.
KOEPPEN B M, STANTON B A, 2017. Berne & levy physiology［M］. 7th ed. Amsterdam：Elsevier.
WIDMAIER E P, RAFF H, STRANG K T, 2014. Vander's Human Physiology：the mechanisms of body function［M］. 13th ed. New York：McGraw-Hill Education.